Handbuch
Pflanzen zu Hause

Karlheinz Rücker

HANDBUCH PFLANZEN ZU HAUSE

Pflege/Arten/Sorten

Weltbild Verlag

Lizenzausgabe mit Genehmigung des
Eugen Ulmer Verlag, Stuttgart
für Weltbild Verlag GmbH, Augsburg 1990
© Eugen Ulmer Verlag, Stuttgart
Gesamtherstellung: Brepols N.V., Turnhout, Belgien
Printed in Belgium
ISBN 3-89350-363-3

Vorwort

Noch ein Zimmerpflanzenbuch! War dies nötig? Aus Gesprächen mit Pflanzenfreunden und vielen Briefen habe ich erfahren, daß der Wunsch nach einem gründlichen und zuverlässigen Ratgeber besteht. Das Wissen um die richtige Behandlung der Pflanzen im Haus war früher weiter verbreitet als heute. Botanik und Gartenbauwissenschaft haben zwar dazu beigetragen, manches besser zu verstehen, aber wir beginnen vieles zu vergessen, was den Großeltern und Urgroßeltern noch bekannt war. Ich habe versucht, die neuen Erkenntnisse und den alten Erfahrungsschatz zu berücksichtigen. Ob das Vorhaben gelungen ist, mag der Leser entscheiden.

Viele haben mich beim Zustandekommen dieses Buches unterstützt, denen ich allen danke. Von Gerd Röllke, Bielefeld, erhielt ich manchen Rat zur Orchideenkultur. Prof. Dr. Gerhard Gröner sah sich kritisch die Angaben zu den Kakteen an. Für die Durchsicht des gesamten Manuskriptes danke ich Prof. Dr. Karl Zimmer, Hannover, und Dr. h. c. Fritz Encke, unter dessen Leitung ich vor Jahren im Frankfurter Palmengarten die ersten gärtnerischen Erfahrungen sammelte. Dank schulde ich nicht zuletzt Alfred Feßler, dem Technischen Leiter des Botanischen Gartens Tübingen, der mich bei vielen Vorhaben unterstützte.

Die schönen Zeichnungen in diesem Buch haben ein besonderes Gewicht. Kornelia Erlewein gelang es in vorbildlicher Weise, botanische Genauigkeit und technische Information in Einklang zu bringen. Ohne ihren großen Einsatz wäre das nicht möglich gewesen.

Pflanzen pflegen heißt zu allererst, ihre Bedürfnisse erkennen, Wachstum und Veränderung deuten zu lernen. Jakob Ernst von Reider, Königlich Bayerischer Landgerichts-Assessor und Mitglied mehrerer gelehrter Gesellschaften, schrieb 1832 in seinem Buch „Der vollkommene Stubengärtner":
„... die Mehrzahl der Blumenfreunde sucht nur Erholung bei den Blumen, und jede Anstrengung, selbst das Nachdenken hierüber verleidet gar Vielen die Unterhaltung mit Blumen. Ich ... bin von rationeller Darstellung aus dem Grund abgegangen, um ja dem Leser die Mühe des Nachdenkens zu ersparen. Sie haben nur dem nachzukommen, was sie hier aufgezeichnet finden, ohne nach der Ursache forschen zu müssen, und sie werden das ganze Jahr die prachtvollsten Blumen in Menge um sich haben."

Viele Bücher jüngeren Datums haben sich dieser Auffassung angeschlossen, als habe sich seit 150 Jahren nichts geändert. Das Nachdenken möchte ich den Lesern nicht ersparen – im Gegenteil, ich möchte sie vielmehr dazu anregen, auch bei der Pflege der Zimmerpflanzen nicht alles auf einen „grünen Daumen" zu schieben, sondern den Verstand zu gebrauchen.

Das bedeutet nicht, daß man studiert haben muß, um ein Alpenveilchen durch den Winter zu bringen. Viele Leute, denen man jenen „grünen Daumen" nachsagt, tun nichts anderes, als ihre Pflanzen genau zu beobachten, aus Erfolgen und Mißerfolgen zu lernen. Das braucht niemandem die „Unterhaltung mit den Blumen zu verleiden", man dringt vielmehr – ohne viel Zeit dafür opfern zu müssen – immer tiefer ein in die Geheimnisse des Pflanzenlebens und wird ein zunehmend erfolgreicher Kultivateur. Und das macht viel Spaß!

„Fern in Asien passiert ein Drama, in Belutschistan marschiert ein Heer, und ich geh Blumen gießen, Blumen gießen...", singt Georg Kreisler. Sind Pflanzenliebhaber unrealistische Traumtänzer? Einige bemerkenswerte Untersuchungen in den vergangenen Jahren haben offenbart, zu welchen Fehlentwicklungen es kommen kann, wenn Kinder in einer total technisierten Welt fern jeglicher Natur aufwachsen. Für sie scheint alles manipulierbar und programmierbar zu sein. Das Ergebnis dieser Entfremdung ist das leichtfertige Vergeuden unwiederbringlicher Ressourcen. Wem nicht völlig fremd ist, welche Ansprüche Pflanzen stellen und wie sie sich entwickeln, der hat es leichter, die immer drängenderen Probleme unserer Biosphäre zu erkennen. Zimmerpflanzen sind somit kein verstaubtes Relikt des Biedermeier.

Doch unabhängig von der Bedeutung des Umgangs mit den Pflanzen – erfreuen wir uns einfach an ihrer Schönheit, zu deren Entfaltung wir ein wenig beitragen können. Schlicht hat der Maler Philipp Otto Runge formuliert:
„Die Freude, die wir von den Blumen haben, das ist noch ordentlich vom Paradiese her."

Inhalt

Grundlagen der Zimmergärtnerei

Auswahl der Zimmerpflanzen 10

Licht 12
Lichtmessung 12
Einfluß des Lichtes auf die Pflanzen 13
Licht und Schatten 15
Licht aus der Steckdose 16
Welche Lampen eignen sich? 17
Wann müssen wir belichten? 19

Temperatur 21
Die richtige Temperatur zur richtigen Zeit 22
Das häusliche Kleinklima 23

Luftfeuchtigkeit 23
Wieviel Wasser enthält die Luft? 24
Die Verbesserung der Luftfeuchtigkeit 25
Blumenspritzen 26

Sind Zimmerpflanzen gefährlich? 27

Die richtige Pflege ist kein Geheimnis 31

Substrate 31
Wie mißt man den pH-Wert? 32
Einheitserde und Torfkultursubstrat 32
Mischungen mit Industrieerden 33
Substrate für Kakteen und andere Sukkulenten 34
Orchideenpflanzstoffe 35
Bromeliensubstrate 37

Töpfe und sonstige Gefäße 37
Wie groß soll der Topf sein? 38
Schalen, Kästen, Übertöpfe 39
Körbe und Rindenstücke 40
Umtopfen 40

Gießen 46
Wie gießen? 47
Wann gießen? 47
Warmes oder kaltes Wasser? 47
Muß es Regenwasser sein? 48
Wasseraufbereitung 48

Düngen 49
Welche Blumendünger? 50
Wann und wie düngen? 51
Besonderheiten der Düngung 52

Hydrokultur 53
Geeignete Gefäße 54
Haltesubstrate 54
Wasserstandsanzeiger 55
Wasser- und Nährstoffversorgung 55
Ionenaustauscher 56
Probleme bei der Hydrokultur 57
Pflanzenanzucht 57
Welche Pflanzen für die Hydrokultur? 58

Aus Urwald und Wüste ins Wohnzimmer: der Standort 60

Blumen auf der Fensterbank 60

Blumenfenster 63
Beleuchtung und Klimatisierung des Blumenfensters 64
Pflanzen im Blumenfenster 66

Pflanzenvitrinen 66

Wintergärten 67

Gestalten in Blumenfenster und Vitrine 70

Pflanzen in Flaschen und Aquarien 77
Pflanzen für Flaschengärten 78

Pflanzen auf Pflanzen 80

Sumpf im Zimmer 83

Lexikon der Pflanzen im Haus

Zimmerpflanzenpflege für Fortgeschrittene 86

Pflanzen erhalten – Pflanzen vermehren 86
Anzucht aus Samen 87
Wie wird richtig ausgesät? 90
Auch Farne lassen sich „aussäen" 91
Das geht am einfachsten: Teilen 92
Die unfreiwillige Vermehrung: Kindel 92
Das Bewurzeln vor dem Schnitt 94
Stecklinge in vielen Varianten 95
Fremde Wurzeln für Empfindliche 105

Wenn Riesen Zwerge bleiben 108

Sie blühen, sie blühen nicht ... 109

Blüten mitten im Winter 111

Zimmerpflanzen im Urlaub gut versorgt 115

Zimmerpflanzen in der Sommerfrische 118

Ein Quartier für den Winter 119

Zimmerpflanzen als Patienten 122

Die wichtigsten Pflanzengruppen 138

Formschöne und farbenfrohe Blattpflanzen 138

Blütenpflanzen – vom Mauerblümchen zur Tropenschönheit 140

Zimmerpflanzen für die Nase 141

Orchideen 142

Bromelien 145

Kakteen 146

Die Namen der Pflanzen 149

Pflanzen von A bis Z 152

Weiterführende Literatur 378

Register 379

Bildquellenverzeichnis 386

Grundlagen der Zimmergärtnerei

Auswahl der Zimmerpflanzen

Zu den „zartfühlendsten" Geschenken gehört der Gummibaum. Die Beschenkten wissen häufig nicht, wohin mit dem „Ungetüm". Dennoch hat der Gummibaum gegenüber anderen als Mitbringsel üblichen Zimmerpflanzen den Vorteil, daß er nahezu nicht „totzupflegen" ist. Er verträgt ein mäßig und auch ein stark geheiztes Zimmer, ist gegenüber geringer Luftfeuchte wenig empfindlich und nimmt nur allzu üppige Wassergaben übel. Viel schlimmer ist es mit einer Azalee. Im Wohnzimmer mit 22 °C und 40 % Luftfeuchte ist sie zum baldigen Tod verurteilt, besonders dann, wenn mit hartem Wasser gegossen wird. Auch die beliebten Alpenveilchen sind für derartige Räume wenig geeignet.

Wer Zimmerpflanzen verschenkt, sollte wissen, unter welchen Bedingungen die Pflanzen künftig stehen müssen – oder er sollte in Kauf nehmen, daß die Pflanzen ein nur kurzfristiges Vergnügen sind. Leichter ist es, Pflanzen für die eigenen vier Wände auszusuchen. Wer wahllos vorgeht, ist selbst schuld, wenn der Erfolg später ausbleibt. Jede Pflanze stellt bestimmte Ansprüche an Licht, Temperatur und Luftfeuchtigkeit. Erfahrene Pfleger wählen daher die Pflanzen nach den Gegenbenheiten zu Hause aus.

Zu bedenken ist, daß Zimmerpflanzen der regelmäßigen Pflege bedürfen – die einen mehr, die anderen weniger. Wer schon einmal das Gießen vergißt, ist mit einem Kaktus oder einem *Sedum* besser bedient als mit einer blühenden Azalee oder Cinerarie. Wer kalkempfindliche Pflanzen halten will, muß in Kauf nehmen, ständig Leitungswasser aufzubereiten, es sei denn, er kann auf Leitungswasser mit weniger als 10 °DH zurückgreifen. Das Fazit: Wer sich vor dem Erwerb einer Zimmerpflanze informiert und rechtzeitig überlegt, spart Ärger und Geld.

Wochenmarkt auf der Straße – gelegentlich findet man hier Zimmerpflanzen, die das Blumengeschäft nur selten anbietet.

Wer sich mit Zimmerpflanzen abgibt, gerät leicht in Gefahr, daß dies zu einer „Krankheit" wird. Vom Erfolg beflügelt, entdeckt man immer mehr reizvolle Stubengenossen, die es zu besitzen lohnt. Der Platz auf der Fensterbank und das Wohlwollen auch der geduldigsten Ehefrau (oder auch des Ehemannes) sind irgendwann erschöpft. Dann ist es Zeit, Schwerpunkte zu setzen. Man entdeckt eine Vorliebe für Orchideen, Kakteen oder auch für ausgefallene Gruppen wie etwa sukkulente Euphorbien und Begonien. Der Phantasie sind keine Grenzen gesetzt. Die Schwierigkeiten beginnen damit, besondere Pflanzen zu finden. Das Angebot im Gartencenter, Blumengeschäft oder auch in der Gärtnerei ist begrenzt. Als fortgeschrittener Pflanzenfreund entdeckt man die Spezialbetriebe, die viele Wünsche erfüllen können. In diesem Stadium des Pflanzensammelns benötigen die „Experten" kein Buch mehr über Zimmerpflanzen. Sie wissen meist mehr über ihre Pflanzen als der Gärtner, der sie ihnen verkauft.

Der gewöhnliche Pflanzenfreund steht inzwischen noch vor der Frage, wo man am billigsten die schönsten Pflanzen erwirbt. Die drei traditionellen Verkaufsstätten wurden bereits genannt. Hinzu kommen der Wochenmarkt, aber auch Versandfirmen, Supermärkte und Kaufhäuser. Die Preise muß man, unter Berücksichtigung der Qualität, vergleichen. Es gibt zuweilen günstige Angebote auf Märkten, im Blumengeschäft und Supermarkt. Wichtig ist, daß man sich im Laufe der Zeit einen Blick für die Qualität der Ware aneignet. Dies lohnt sich, denn es gibt riesige Unterschiede!

Wie kann man Qualität erkennen? Wenn man weiß, wie gesunde Pflanzen aussehen, ist es ganz leicht. Man muß die Augen aufmachen und ständig vergleichen. Stand eine „Geranie", richtig Pelargonie, längere Zeit im dunklen, warmen Geschäft, so ist sie leicht als Ladenhüter zu überführen: Sie hat lange, dünne Triebe entwickelt, ist nicht

Umschlagplatz für alle Zierpflanzen sind die Blumengroßmärkte. Hier findet sich ein riesiges Angebot, zu dem der Hobbygärtner nur über die Blumengeschäfte Zugang hat.

mehr so kräftig und kompakt, wie man es von Pelargonien gewohnt ist. Die Pflanze ist „vergeilt", wie der Gärtner sagt, oder „etioliert", wenn man sich wissenschaftlich ausdrücken will.

Neben den langen, dünnen Trieben ist auch die Beschaffenheit der Blätter ein Indiz. Eine grau-fahle Verfärbung und vertrocknete Blattränder lassen erkennen, daß sich die Pflanze nicht wohl fühlt. Kommt es gar zum Blattverlust, verkahlt die Pflanze von unten, dann ist vom Kauf abzuraten. Es gibt allerdings Pflanzen, die ihre unteren Blätter auch bei bester Pflege schon bald verlieren.

Hierzu gehören *Dieffenbachia*, *Ardisia*, die Zimmerlinde *(Sparmannia)* und die meisten Kletterpflanzen.

Es ist eine alte Gärtnerweisheit, daß ein Alpenveilchen *(Cyclamen)* „hart" sein muß, um umgedreht auf den Blättern stehen zu können. Zu hohe Temperaturen verweichlichen die Pflanze, die Blätter und Blattstiele können sie nicht halten. Bei einer blühenden Pflanze ist diese Probe leider nicht durchführbar. Es verlangt viel Erfahrung zu sehen, ob eine Pflanze schnell auf Verkaufsreife getrimmt oder qualitätsbewußt herangezogen wurde. Mit viel Stickstoff und Wärme sind Kaktussämlinge in kurzer Zeit zu achtbaren Pflanzen herangewachsen. Das Gewebe ist schwammig, weich und wenig widerstandsfähig. Die Lebenserwartung dieser Kakteen ist bescheiden. Wer dies feststellen will, muß den Habitus der Pflanze, ihr äußeres Erscheinungsbild kennen.

Noch schwieriger wird es, kranke Pflanzen auszulesen. Manche Schädlinge sind so winzig, daß sie mit dem bloßen Auge nicht oder kaum sichtbar sind. Welche Symptome die Schadorganismen verraten, ist auf den Seiten 125 bis 136 beschrieben. Als Beispiel seien noch einmal die Kakteen genannt. Noch immer werden zu einem hohem Prozentsatz Pflanzen angeboten, die von Wurzelläusen befallen sind. Wurzelläuse lassen sich oft identifizieren, wenn man die Erde betrachtet

Unser Ziel sollte es sein, die Pflanzen unter Bedingungen zu halten, die ihren Ansprüchen weitestgehend entsprechen. Da Zimmerpflanzen mehr sind als nur billige Dekorationsartikel, lehnen wahre Pflanzenfreunde Gewächse in Mini-Töpfen ebenso ab wie auf Kieselsteine geklebte Tillandsien.

und ein wenig herauskratzt: Bei Befall wird weiße „Watte" sichtbar. Werden Sie deshalb zu einem kritischen Kunden! Schauen Sie die Pflanzen genau an, sammeln Sie Erfahrungen und wählen Sie sorgfältig aus!

Ein Aspekt des Pflanzenkaufs wurde noch nicht angesprochen: die Beratung. Erfahrungsgemäß ist die fachliche Beratung in der Gärtnerei, im Gartencenter und im Blumengeschäft am besten; es sei denn, man erwischt eine Aushilfskraft. Von nicht ausgebildetem Personal im Supermarkt oder Kaufhaus darf man nicht viel Rat erwarten. Es gibt aber auch im Kaufhaus vorbildliche Blumenabteilungen, die von Fachkräften geleitet werden.

Licht

Neben der Temperatur ist das Licht der wichtigste bestimmende Faktor für die Auswahl der Zimmerpflanzen. Wer einen Frauenhaarfarn *(Adiantum)* am Südfenster der grellen Mittagssonne aussetzt, hat nicht lange Freude an ihm. Andererseits wird die Blühbereitschaft lichthungriger Pflanzen wie *Abutilon* oder Passionsblume *(Passiflora)* am Nordfenster nur gering sein. Düstere Wintertage schwächen die Aasblume *(Stapelia)* so sehr, daß, hervorgerufen von einem Schwächepilz, die gefürchteten schwarzen Flecken auftreten und die Pflanzen absterben.

Vereinfacht dargestellt, geht die Sonne im Osten auf, erreicht im Süden ihren höchsten Stand über dem Horizont und geht im Westen unter. Das Südfenster ist somit das sonnigste, gefolgt vom West- und Ostfenster. Die Dauer der direkten Besonnung ist abhängig von der geographischen Lage und der Jahreszeit. Gebäude in unmittelbarer Nähe, größere Bäume oder ein Balkon direkt über dem Fenster verringern den Lichtgenuß erheblich. Am besten ist es, selbst Beobachtungen anzustellen. Direkt hinter der Scheibe ist die Helligkeit am größten; sie nimmt zum Raum zu ständig ab. Viele Pflanzen, die im Laufe der Zeit eine beachtliche Größe erreichen, werden zuerst von der Fensterbank verbannt und schließlich immer weiter vom Fenster weggerückt. Dies ist ein Grund dafür, warum zum Beispiel Zimmerlinden nur spärlich oder gar nicht blühen. Wer denkt schon daran, daß auch Gardine oder Stores den Lichtgenuß der Pflanzen im Zimmer beeinflussen?

Lichtmessung

Die Temperatur ist leicht meßbar. Außerdem fühlen wir, ob es warm oder kalt ist. Dieses subjektive Empfinden ist für Helligkeit weniger stark ausgeprägt. Die Helligkeit oder Beleuchtungsstärke wird in Lux (lx) angegeben. Der Wert gibt die Intensität an, mit der eine Fläche beleuchtet wird. Als untere Grenze für normales Wachstum gelten 2000 bis 3000 lx. Dies ist jedoch nach Pflanzenart verschieden (siehe Seite 18 und 19).

Zur Ermittlung der Beleuchtungsstärke bedient man sich eines Luxmeters. Für den Pflanzenfreund ist es unnötig, sich ein teures Gerät anzuschaffen, denn er kann sich leicht behelfen. Mit einem Belichtungsmesser kann man die ungefähre Helligkeit feststellen. Zu beachten ist, daß Belichtungsmesser mit Selenzellen weniger empfindlich sind als die heute gebräuchlichen CdS (Cadmiumsulfit)-Fotowiderstände. Diese benötigen allerdings eine Stromquelle (Quecksilberoxid-Batterie). Bei der fotografischen Belichtungsmessung unterscheidet man zwischen der Objektmessung, bei der vom Fotoapparat aus das vom Objekt reflektierte Licht gemessen wird (in Candela je Quadratmeter = cd/m^2), und der Lichtmessung, bei der das auffallende Licht ermittelt wird (in Lux = lx). Für unseren Zweck bedient man sich der Lichtmessung, denn es interessiert uns ja, wieviel Licht auf eine Pflanze an einem bestimmten Ort fällt.

Zur Lichtmessung schiebt man vor die Meßöffnung des Belichtungsmessers eine Diffusorkalotte. Diese besitzt jedes für die Lichtmessung ausgerüstete Gerät. Als Meßergebnis erhält man eine Verschlußzeit-Blende-Kombination für die eingestellte Filmempfindlichkeit. Dieser Wert läßt sich nun umrechnen in Lux. Es entsprechen bei 18 DIN (= 50 ASA) Filmempfindlichkeit und $^1/_{30}$ Sekunde Verschlußzeit:

Blende	Lux	Blende	Lux
1,4	= 360	8	= 11500
2,8	= 1450	11	= 23000
4	= 2900	16	= 45000
5,6	= 5700	22	= 90000

Zur Umrechnung bei verschiedenen Filmempfindlichkeiten kann man sich auch einer Belichtungsrechenscheibe bedienen, wie sie von der Firma Gossen mit der Bezeichnung

„Panlux Calculator" über den Fotohandel angeboten wird.

Der Belichtungsmesser kann einen Luxmeter nicht vollwertig ersetzen, denn der Luxmeter mißt das auf die waagerechte Fläche auffallende Licht, der Belichtungsmesser dagegen das auf die annähernd halbkugelförmige des Diffusors. Für unsere Wünsche sind diese Meßwerte hinlänglich genau.

Weniger gut geeignet zur Ermittlung der Beleuchtungsstärke sind Fotoapparate mit eingebautem Belichtungsmesser und Belichtungsmesser ohne Diffusor. Mit beiden ist nur die Objektmessung möglich. Will man sich behelfen, kann man nur vom Standplatz aus eine etwa mittelstark reflektierende Fläche, am besten eine graue Fläche, anpeilen. Man erhält aber auf diese Weise nur sehr grobe Anhaltswerte, die abhängig sind von der Reflexion der gemessenen Fläche.

Die Abbildung auf Seite 14 zeigt, wie unterschiedlich die Helligkeit an den verschiedenen Fenstern ist. Gemessen wurde an einem bewölkten Tag Anfang Mai um 13 Uhr direkt hinter der Scheibe. Die Helligkeit im Freien betrug über 30 000 lx, hinter dem Westfenster 22 000 lx. Ein in die gleiche Richtung zeigendes Fenster, das aber durch zwei Bäume und einen hinausragenden Balkon beschattet wurde, erwies sich als die dunkelste Stelle der ganzen Wohnung mit 2500 lx, noch dunkler als hinter den Ostfenstern mit 4500 beziehungsweise 5500 lx. Die differierenden Werte an diesen beiden Fenstern kommen durch die Schattenwirkung eines etwa 20 m entfernt stehenden mehrstöckigen Hauses zustande. Noch günstige Werte mit rund 10 000 lx ergeben sich hinter den Nordfenstern.

Falsch wäre es, mit Hilfe eines Belichtungsmessers verschiedene Lichtquellen miteinander vergleichen zu wollen, also etwa Tageslicht mit einer Leuchtstoffröhre oder einer Glühbirne. Dabei blieben die unterschiedlichen Spektralbereiche unberücksichtigt. Die Zusammensetzung des von verschiedenen Lampentypen ausgestrahlten Lichtes differiert stark. Die Empfindlichkeit des Belichtungsmessers kann dies nicht erfassen, auch nicht inwieweit die Pflanze das angebotene Licht verwerten kann. In diesem Zusammenhang interessiert nur der Bereich des Lichtes, den die Pflanze nutzen kann, das „physiologisch wirksame" Licht.

Einfluß des Lichtes auf die Pflanzen

Daß die Pflanzen auf das Licht reagieren, sieht man schon an ihrem zielgerichteten Wachstum der Sonne entgegen. Der Botaniker bezeichnet dies als Phototropismus oder Lichtwendigkeit. Die Wurzeln reagieren

Die Helligkeit läßt sich mit Hilfe eines Belichtungsmessers hinlänglich genau ermitteln. Dazu muß die Diffusorkalotte vor die Meßöffnung geschoben und in Pflanzennähe gemessen werden.

Die Umrechnung der Verschlußzeit-Blende-Kombination in Luxwerte ist mit Hilfe des Panlux-Calculators einfach. Das Ergebnis entspricht annähernd der tatsächlichen Helligkeit. Exakter messen Luxmeter wie der Florasix.

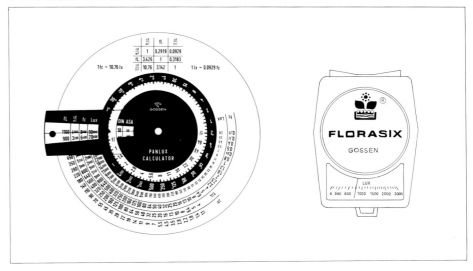

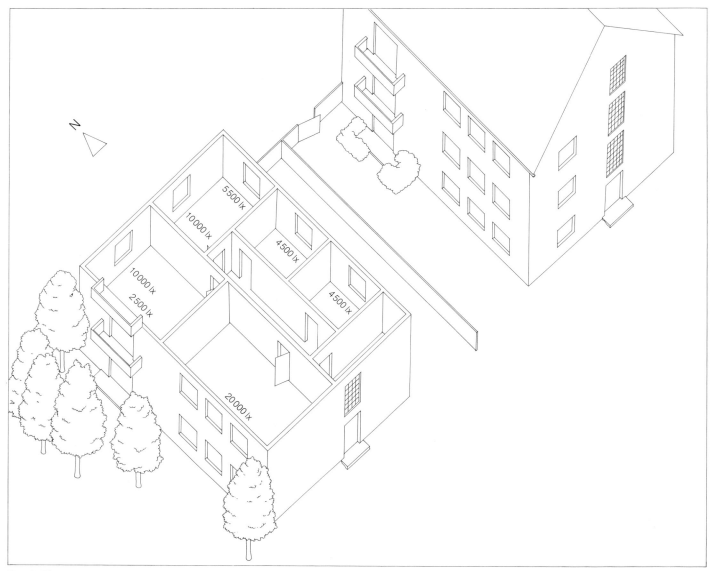

Das Südfenster muß nicht zwangsläufig das hellste, das Nordfenster nicht das dunkelste sein. Nahestehende Häuser, Bäume oder Balkone mindern den Lichteinfall oft erheblich, wie dieses Beispiel zeigt. Die im Freien ermittelte Helligkeit betrug über 30 000 Lux (lx). Alle anderen Werte wurden direkt hinter der Scheibe gemessen.

negativ phototrop, wachsen also vom Licht weg. Am Fenster läßt es sich nicht vermeiden, daß die Pflanzen schräg werden und die Blätter dem Licht zu drehen. Dem Betrachter im Zimmer zeigen sie die weniger attraktive Rückseite. Es wird gelegentlich empfohlen, die Töpfe regelmäßig zu drehen, zum Beispiel jeden zweiten Tag um einen Viertelkreis. Dies ist umständlich, außerdem vergißt man es leicht. Das Drehen sollte man auf ein Minimum beschränken und ganz unterlassen, wenn sich Blüten zeigen. Am wenigsten beeinträchtigt es die Pflanze nach einem Rückschnitt oder am Ende der Ruhezeit. Ansonsten stellt man die Pfleglinge immer mit der gleichen Seite dem Licht zu.

Eine Markierung am Topf hilft dabei. Bei umfangreichen Sammlungen läßt sich das Etikettieren nicht umgehen, ganz besonders, wenn man ein schlechtes Gedächtnis hat.
Ich habe mir angewöhnt, die kleinen, wenig störenden Kunststoffetiketten immer an den linken Topfrand zu stecken. Dadurch läßt sich der richtige Stand immer überprüfen.
Ideal ist es, wenn Pflanzen Licht von zwei Seiten erhalten. Solche Plätze, wie sie zum Beispiel in Treppenhäusern zu finden sind, sind ideal, besonders für groß werdende Pflanzen, bei denen es auf einen guten „Aufbau" ankommt: für Zimmertanne (*Araucaria*) und Schraubenbaum (*Pandanus*).

Licht wirkt sich jedoch nicht nur auf die Wachstumsrichtung aus. Auch das gesamte Aussehen der Pflanze wird beeinflußt. Pflanzen, die viel Licht mit hohem ultraviolettem Anteil erhalten, bleiben kürzer und kompakter. Blüten, die sich im nur mäßig beleuchteten Zimmer öffnen, färben sich weniger stark. Auch die Ausfärbung des Pflanzenkörpers oder des Laubes wird durch reichen Sonnengenuß intensiver. *Sedum rubrotinctum* hat grüne Blätter an einem dunklen Platz, bei hellem Stand rötlich getönte. Die Bestachelung der Kakteen ist kräftiger. Interessant ist auch der Einfluß des Lichtes auf die Blattform des Fensterblatts (Monstera): Ausgewachsene Pflanzen bilden im dunklen Raum weitgehend ganzrandige Blätter, während das Laub an hellem Platz eine Vielzahl „Fenster" aufweist.

In diesem Zusammenhang sei auch an den Einfluß des Lichtes auf den Samen erinnert. Wer Kakteensamen aussät und diesen mit Erde abdeckt, wird über schlechte Keimergebnisse klagen. Licht ist für diese Sukkulenten zur Keimung unerläßlich.

Seit einiger Zeit weiß man, daß auch die Dauer der Belichtung wichtig ist. Es gibt Pflanzen, die auf die Abnahme der Tageslänge mit der Blütenbildung reagieren, und solche, die dazu den langen Sommertag verlangen. Die Stundenzahl, bei der es zur Umstimmung – von der Blatt- zur Blütenbildung oder umgekehrt – kommt, bezeichnet man als kritische Tageslänge. Pflanzen, die bei einer Tageslichtdauer unterhalb der kritischen Tageslänge zur Blüte kommen, nennt man Kurztagpflanzen, solche, die mehr Stunden Licht wollen, Langtagpflanzen. Dies erklärt, warum bei uns Weihnachtssterne (Euphorbia pulcherrima) etwa zu Weihnachten blühen, und dies jedes Jahr ohne Ausnahme. Diese Erkenntnis gibt uns bei einigen Pflanzen die Möglichkeit, den Blütezeitpunkt zu manipulieren. Auf Seite 109 stehen hierzu weitere Angaben.

Die eben besprochene Reaktion der Pflanzen auf die Tageslänge erfolgt bei bestimmten Temperaturen oder verschiebt sich je nach der herrschenden Wärme. Licht und Temperatur stehen in einem engen Zusammenhang. Dies wird häufig übersehen. Unglücklicherweise müssen wir Wohnräume gerade zur lichtarmen Zeit heizen, zu einer Zeit also, in der viele Pflanzen niedrige Temperaturen verlangen (s.a. Seite 22).

Dieser Zusammenhang zwischen Licht und Temperatur sei an einem weiteren Beispiel erläutert: Jede Pflanze benötigt eine bestimmte Menge Licht, um wachsen und sich entwickeln zu können. Mit Hilfe des Lichts wird das aus der Luft aufgenommene Kohlendioxid in pflanzeneigene Substanzen umgewandelt, ein Vorgang, der Photosynthese oder Assimilation genannt wird. Da er lichtabhängig ist, kann er nur am Tag erfolgen. Nachts werden die gebildeten organischen Substanzen zur Aufrechterhaltung der Lebensvorgänge zum Teil wieder abgebaut (Dissimilation). Um wachsen zu können, muß die Pflanze am Tag mehr produzieren, als nachts verbraucht wird. Steht sie im Zimmer relativ dunkel, so kann sie auch nur wenig produzieren. In diesem Fall ist es notwendig, daß die Temperatur besonders nachts im unteren Bereich dessen liegt, was für die Pflanze zuträglich ist.

Dies hat folgenden Grund: Der nächtliche Abbau ist ein biochemischer Prozeß und damit wie jeder chemische Vorgang in seiner Geschwindigkeit von der Temperatur abhängig. Je wärmer es ist, umso schneller erfolgt er. Wollen wir also vermeiden, daß nachts mehr abgebaut wird als am Tag produziert wurde – was nach geraumer Zeit zum Absterben unseres Pfleglings führt –, so muß die Nachttemperatur niedrig sein. Welche Temperatur hoch und welche niedrig ist, dies ist für jede Pflanzenart verschieden. Deshalb stehen auch im speziellen Teil dieses Buches bei jeder Art Temperaturangaben.

Dieser kleine theoretische Exkurs war nötig, um eine der wichtigsten Regeln der Zimmerpflanzenpflege zu erkennen: Je heller eine Pflanze steht, umso höher darf die Temperatur sein. An dunklen Standorten sind niedrigere Temperaturen zuträglich. Dies trifft auch auf die lichtarmen Wintermonate zu. Weiterhin wurde deutlich, daß die optimale Nachttemperatur in der Regel niedriger ist als die Tagestemperatur.

Licht und Schatten
Das Blumenfenster an der Südseite des Hauses bedarf einer Schattiervorrichtung. Das Südfenster erhält die längste und intensivste Sonneneinstrahlung. Selbst sonnenhungrige Pflanzen wie Kakteen vertragen dies nicht ohne Schäden, es sei denn, sie sind durch eine besonders dichte Bestachelung geschützt. Die Schäden werden in der Regel nicht durch ein Zuviel an Licht, sondern durch zu große Wärme verursacht. Ausnahmen stellen die Schattenpflanzen

wie Maranta dar, die eine geringe Lichtverträglichkeit besitzen.

Der Grund für die starke Erwärmung ist der sogenannte Glashauseffekt: Kurzwellige Lichtstrahlen werden beim Durchdringen der Scheibe in langwellige Wärmestrahlen umgewandelt. Der Pflanzenkörper erhitzt sich stark; die Pflanze verdunstet viel Wasser, um sich abzukühlen. Dennoch kann die Pflanzentemperatur weit über die umgebende Lufttemperatur ansteigen. Zu hohe Temperaturen und Wassermangel können die Folge sein.

Ein deutlicher Zusammenhang besteht zwischen der Lichtverträglichkeit und der Luftfeuchte. Je höher die Luftfeuchte ist, umso mehr Sonne kann die Pflanze ohne Nachteile aushalten. Das gilt es zu bedenken, wenn wir die heimatlichen Bedingungen einiger Pflanzen zum Maßstab der gärtnerischen Kultur machen. Ist sie im maritimen Klima zuhause, wird man ihr in unserer „kontinentalen" Wohnzimmerluft weniger Sonne zumuten können.

Vor zuviel Sonne schützt am Blumenfenster eine Schattiervorrichtung; andere Maßnahmen wie das Auftragen von Schattierfarbe oder das Aufstellen von Matten, bei Gewächshäusern früher häufig praktiziert, scheiden aus. Die Schattierung muß zwei Voraussetzungen erfüllen: sie muß beweglich sein, also zugezogen und geöffnet werden können, und die Schattierwirkung regulierbar sein. Diese Ansprüche erfüllen nur Jalousien mit verstellbaren Lamellen. Man sollte sie vor dem Fenster anbringen. Hinter dem Fenster nehmen sie Platz weg oder beschädigen die Pflanzen beim Schließen.

Diese Phalaenopsis-Orchidee erhielt immer nur Licht von einer Seite. Alle Blätter sind zum Fenster gewachsen. Die Pflanze beginnt zu kippen. Erst beim nächsten Umtopfen läßt sich dies vorsichtig korrigieren.

Die früher so beliebten Blumenkrippen wurden inzwischen weitgehend durch die pflegeleichten Hydrokultur-Anlagen abgelöst. Tisch und größere Pflanzgefäße haben den Nachteil, daß sie nicht in unmittelbarer Nähe des Fensters stehen können. Sehr lichtbedürftige Pflanzen verlangen deshalb eine Zusatzbelichtung.

Außerdem kommt es zwischen Scheibe und Jalousie zu einem Wärmestau, wenn nicht ausreichende Lüftungsmöglichkeiten bestehen. Die geringere Lebensdauer der außen montierten Jalousie und die größere Verschmutzung muß man notgedrungen hinnehmen.
Schattiert werden muß in der Regel nur vom späten Frühjahr oder Sommer an bis zum Herbst, und zwar jeweils zu den Mittags- und Nachmittagsstunden. Morgen- und Abendsonne sind weniger gefährlich. Zu lange belassener Schatten läßt die Pflanzen lang und dünn werden und beeinträchtigt das Wachstum, da die Stoffproduktion durch den Lichtmangel reduziert ist.

Für das Kleingewächshaus ist ebenfalls eine Außenschattierung zu empfehlen. Sie ist zwar teurer als einfache Springrollos im Innern des Hauses, der Effekt ist jedoch aus den beschriebenen Gründen (Wärmestau) besser. Die kostengünstigste Lösung ist das Schattieren mit Farbe. Im Gartenfachhandel werden spezielle Farben angeboten; man kann sich aber auch selbst eine Mischung aus 2 kg Kreide, 25 g Leim und 4 l Wasser für diesen Zweck herstellen. Der Nachteil des durch Farbe erzeugten Dauerschattens ist, daß er auch bei bewölktem Himmel vorhanden ist, also der Helligkeit nicht angepaßt werden kann. Vor dem Winter muß man die Farbe wieder abwaschen.

Licht aus der Steckdose

Wie die Abbildung auf Seite 14 zeigt, sind die Lichtverhältnisse an Blumenfenstern sehr unterschiedlich. Nur selten sind sie so, wie wir uns dies für unsere Zimmerpflanzen wünschen. An dem einen Fenster ist es so hell, daß wir ohne Schatten nicht auskommen, an einem anderen so dunkel, daß selbst wenig lichtbedürftige Pflanzen nicht gedeihen wollen. Solche finsteren Stellen sind aber als Standort nicht verloren, wenn wir den Mangel mit Hilfe der künstlichen Beleuchtung ausgleichen.
Große Pflanzgefäße werden heute gerne als Raumteiler verwendet. Sie stehen inmitten des Zimmers unter sehr ungünstigen Lichtverhältnissen. Für Pflanzen in Blumenvitrinen gilt dies auch. Ohne Zusatzlicht ist ihr Schicksal schnell besiegelt. Aber auch an den hellen Fenstern kann eine zusätzliche Beleuchtung vonnöten sein. Im Winter, wenn wir die Sonne an vielen Tagen nur erahnen können, helfen Lampen über die kritische Jahreszeit.
Wir müssen unseren Pflanzen soviel Licht zukommen lassen, daß sie weiterhin wachsen können, also mehr pflanzeneigene Stoffe produzieren als nachts abgebaut werden. Die dazu notwendige Beleuchtungsstärke differiert je nach Pflanzenart. Bei den meisten Zimmerpflanzen dürfte bei einer achtstündigen Beleuchtung mit 2000 lx ein gutes Wachstum möglich sein. Für Orchideen wird ein Zusatzlicht von über 7000 lx für 9 bis 12 Stunden empfohlen. Bei *Philodendron scandens* und Dieffenbachien sind selbst 1000 lx noch ausreichend. *Epipremnum*, *Vriesea*, *Aechmea* und *Yucca* zeigen bei 1000 lx bereits einen Abbau. Bei *Cordyline* 'Red Edge' und *Ficus pumila* reichen 10 Stunden bei 2000 lx nicht aus. Die genannten Werte wurden mit Quecksilberdampf-Hochdrucklampen ermittelt. Zum Vergleich: Ein gut ausgeleuchteter Büroraum soll 750 bis 1000 lx aufweisen; manche Zimmerbeleuchtung bringt es nur auf 200 lx oder noch weniger!
Zur Ermittlung der ungefähren Beleuchtungsstärke einer künstlichen Lichtquelle können wir uns wieder eines Belichtungsmessers bedienen. Wir können die Beleuchtungsstärke auch ausrechnen, doch ist das kompliziert. Verschiedene Faktoren wie der Reflexionsgrad, die Aufhänghöhe, die zu belichtende Fläche, Leistungsrückgang durch Alterung der Lampe und andere sind zu berücksichtigen. Genaue Werte kann ein Beleuchtungstechniker errechnen.
Man gewinnt auch eine Vorstellung von der erreichbaren Beleuchtungsstärke, wenn man die installierte Lampenleistung (in Watt) auf den Quadratmeter umrechnet. In Abhängigkeit von der Aufhänghöhe lassen sich

mit den üblichen Leuchtstoffröhren bei 40 W/m² rund 750 lx, bei 70 W/m² etwa 1500 lx und bei 150 W/m² etwa 5000 lx erzielen. Für 7000 bis 10000 lx braucht man schon rund 250 bis 300 W/m², wobei die Röhren nicht höher als 25 cm über den Pflanzen hängen dürfen.

Hier noch ein Wort zur Begriffsbestimmung. „Lampe" und „Leuchte" werden ständig verwechselt. Unter Lampe versteht man die künstliche Lichtquelle, also die Glühbirne oder Leuchtstoffröhre. Die Leuchte dagegen ist das Gerät, das der Halterung und Stromversorgung der Lampe dient und die Verteilung des von der Lampe ausgestrahlten Lichtes beeinflußt.

Welche Lampen eignen sich?

Im Zimmer verwenden wir vorwiegend Glühbirnen oder Leuchtstoffröhren. Glühbirnen sind zwar billig, auch die Installationskosten sind gering, sie haben jedoch mehrere Nachteile. Die Lichtausbeute (lm/Watt) ist gering, das heißt, daß von der aufgenommenen Energie ein erheblicher Teil in die unerwünschte Wärmestrahlung umgewandelt wird. Das Licht der Glühbirnen unterscheidet sich vom Tageslicht und ist für Pflanzen nicht optimal. Hinzu kommt eine Brenndauer von nur etwa 1000 Stunden, während Leuchtstofflampen um 7500 Stunden erreichen. Die längere Lebensdauer rechtfertigt neben der besseren Lichtausbeute den höheren Preis der Leuchtstoffröhre.

Leuchtstoffröhren gibt es in verschiedenen Lichtfarben und Anschlußleistungen. Für eine ausreichende Beleuchtungsstärke benötigt man meist 40- oder 65-Watt-Lampen. Die zugehörigen Leuchten sind 126 beziehungsweise 156 cm lang. Für das geschlossene Blumenfenster, Pflanzenvitrinen oder Kleingewächshäuser empfehlen sich aus Sicherheitsgründen nur spritz- oder strahlwassergeschützte Ausführungen. Die Montage muß so erfolgen, daß die Röhren möglichst 25 bis 50 cm, maximal 150 cm über den Pflanzen hängen.

Nicht alle Lichtfarben sind auf die Pflanzen gleich wirksam. Gute Ergebnisse erzielte man mit den Lichtfarben 22 („Weiß de Luxe"), 32 („Warmton de Luxe"), 33 („Weiß") und 36 („Natura"), aber auch 25 („Universalweiß") ist brauchbar. Mit der Nr. 77 werden spezielle Pflanzenlampen unter der Bezeichnung „Osram-L-Fluora" angeboten; auch „Sylvania Gro-Lux" wurde für diesen Zweck entwickelt und ist inzwischen jedem Aquarianer bekannt. Diese Lampen sind erheblich teurer als die zuvor genannten Leuchtstoffröhren.

Interessant ist, daß man inzwischen in vielen Gartenbaubetrieben von diesen Speziallampen abgekommen ist. In Gartenbaubetrieben entscheidet die Wirtschaftlichkeit. Man merkte sehr schnell, daß bei gleicher installierter Leistung (in Watt/m²) und damit gleichen Stromkosten Speziallampen nicht überlegen sind. Genaue Untersuchungen haben dies bestätigt: Das Pflanzenwachstum war, gleiche elektrische Leistung vorausgesetzt, bei Lichtfarbe 77 nicht besser als bei 32, die Lichtfarben 22 und 30 waren sogar nahezu doppelt so wirksam wie 77!

Da wir in unseren Wohnräumen nur wenige Röhren benötigen, wirken sich die Preisunterschiede nicht so stark aus, aber ein anderer Aspekt ist auch zu bedenken: Wer sich für die Speziallampen entscheidet, muß die optische Wirkung akzeptieren. Viele mögen das rosaviolette Licht dieser Röhren nicht. Die Blütenfarben verändern sich unschön.

Aus den USA stammt eine Röhre, die seit einiger Zeit auch bei uns unter der Bezeichnung „True-Lite" erhältlich ist. Sie hat eine dem Tageslicht ähnliche Lichtfarbe, ist damit sowohl für Pflanzen günstig als auch dem Auge angenehm. Leider hat man in Deutschland bislang nur wenige Erfahrungen mit ihr sammeln können. Hinzuweisen ist noch auf den Preis, der mehr als doppelt so hoch ist wie der einer Osram-L-Fluora. Allerdings soll die Lebensdauer einer True-Lite noch um einiges höher liegen.

Eine Leuchtstoffröhre strahlt gleichmäßig in alle Richtungen ab, was für das Blumenfenster unerwünscht ist. Das Licht soll möglichst zielgerichtet auf die Pflanzen fallen. Wir wählen daher für das Blumenfenster Röhren mit Reflexschicht, was durch den Buchstaben R (Osram) beziehungsweise F (Philips) auf der Röhre gekennzeichnet ist, zum Beispiel 65/22 R = 65 Watt, Lichtfarbe 22, mit Reflexschicht. Es gibt allerdings nicht alle Lichtfarben mit Reflexschicht. Röhren mit Reflexschicht haben zwar einen geringeren Lichtstrom als Röhren ohne (65/22 = 3300 lm, 65/22 R = 3000 lm), vom ausgestrahlten Licht gelangt aber mehr auf die Pflanzen. Alternativ bietet sich eine Reflektorleuchte an.

Mit einer Reflektorlampe von 100 W, zum Beispiel Comptalux PAR 30 flood, läßt sich im Zentrum des Lichtkegels in 1 m Entfernung eine Helligkeit von 1800 lx, in 1,50 m Entfernung nur noch von 800 lx erzielen. Zum Rand des Lichtkegels nimmt die Helligkeit deutlich ab, was bei der Wahl der Beleuchtungsstärke und der Pflanzen zu beachten ist.

Im Blumenfenster sollte die Leuchte so montiert werden, daß eine blendfreie Betrachtung der Pflanzen vom Zimmer aus möglich ist. Eine Blende ist meist unumgänglich. Blumenvitrinen besitzen Lichtstreuscheiben oder ähnliches für eine blendfreie Beleuchtung.

Über eine Fensterbank kann man nur eine Leuchte montieren. Bei einer größeren zu beleuchtenden Fläche reicht eine nicht aus. Um eine gleichmäßige Helligkeit zu erzielen, sind bestimmte Abstände von Lampe zu Lampe erforderlich: bei 30 cm Aufhänghöhe über den Pflanzen 30 cm, bei 50 cm etwa 35 cm, bei 70 cm Aufhänghöhe rund 50 cm. Diese Werte treffen für Lampen mit Reflektor zu. Kürzere Abstände sind natürlich möglich, wenn eine größere Beleuchtungsstärke benötigt wird. Bei Lampen ohne Reflektor betragen die Abstände bei den genannten Aufhänghöhen 50 cm, 80 cm und 115 cm, jedoch wird man meist mehr Lampen benötigen, um die erforderliche Helligkeit zu erreichen.

Ob UV-Leuchtstoffröhren einmal Bedeutung für die Kultur sehr lichtbedürftiger Pflanzen wie Kakteen erlangen werden, läßt sich noch nicht absehen. Es gibt bislang kaum Erfahrungen. Wer Versuche anstellen will, sollte die UV-Röhren in Kombination mit anderen einsetzen.

Gelegentlich werden auch Punktstrahler für die Pflanzenbeleuchtung eingesetzt, häufig aus dekorativen Erwägungen. Die hierfür vorgesehenen Reflektorlampen entsprechen den Glühlampen; es wird also ein Draht („Wendel") elektrisch aufgeheizt. Ein aufgetragener Metallbelag als Reflexschicht sorgt für die gerichtete Lichtabstrahlung. Die Breite des Lichtbündels ist nach Lampentyp verschieden („Spot"-, „Flood"- oder „Wide-flood"-Lampen). Außerdem unterscheidet man zwischen Reflektorlampen mit geblasenem Glaskolben und solchen aus Preßglas. Preßglaskolben haben den Vorteil, bei Temperaturschocks (Wassertropfen!) nicht zu platzen, werden allerdings nur mit 100 und 150 Watt angeboten. Reflektorlampen mit geblasenem Kolben gibt es ab 40 Watt bei E 27-Sockel für übliche Fassungen, mit E 14-Sockel schon ab 25 Watt. „Flood"-Lampen (= Breitstrahler) mit Preßglaskolben und einem Ausstrahlungswinkel von 40° dürften für unsere Zwecke am besten geeignet sein. Sie sind unter der Bezeichnung „Comptalux PAR 38 flood" (Philips) und „Concentra PAR 38 Flood" (Osram) im Handel.

Das Lichtbündel hat bei 1 m Abstand von der Lampe eine Breite von 73 cm, bei 2 m 146 cm, bei 3 m 219 cm. Die Beleuchtungsstärken nehmen entsprechend ab: von 1800 lx über 450 zu 200 lx bei einer 100-

Mindestbeleuchtungsstärken für einige Zimmerpflanzen

Die Helligkeit sollte die angegebenen Lux-Werte über-, aber nicht unterschreiten

	500–700	700–1000	1000–1500	1500–2000	>2000
Aglaonema	•				
Ananas			•		
Anthurium	•				
Aphelandra			•		
Araucaria excelsa		•			
Asparagus	•				
Aspidistra	•				
Begonia			•	•	
Billbergia	•				
Bougainvillea					•
Bromelien (diverse)			•		
Calathea	•				
Calceolaria				•	
Campanula isophylla				•	
Chamaedorea		•			
Chrysanthemum					•
Cissus antarctica	•				
C. rhombifolia	•				
Clivia miniata			•		
Codiaeum				•	
Coffea arabica		•			
Cordyline terminalis		•			
Cyperus			•		
Dieffenbachia	•				
Dracaena deremensis	•				
D. draco			•		
D. fragrans	•				
D. marginata	•				
D. stricta		•			
D. surculosa	•				
× Fatshedera	•				
Fatsia	•				
Ficus benjamina		•			

Mindestbeleuchtungsstärken für einige Zimmerpflanzen

Die Helligkeit sollte die angegebenen Lux-Werte über-, aber nicht unterschreiten

	500–700	700–1000	1000–1500	1500–2000	>2000
Ficus elastica	•				
F. lyrata	•				
F. pumila	•				
Hedera	•				
Gardenia		•			
Hibiscus rosa-sinensis				•	
Howeia	•				
Hoya carnosa		•			
Hydrangea				•	
Kalanchoë				•	
Nephrolepis		•			
Orchideen (diverse)				•	
Pandanus		•			
Passiflora				•	
Peperomia		•			
Philodendron	•				
Pilea		•			
Piper	•				
Platycerium	•				
Polyscias		•			
Rhapis excelsa		•			
Saintpaulia		•			
Sansevieria	•				
Schefflera	•				
Spathiphyllum	•				
Syngonium	•				
Tetrastigma	•				
Tradescantia		•			

Diese nach verschiedenen Autoren zusammengestellten Zahlen geben nur grobe Anhaltswerte für die unterste Grenze der Beleuchtungsstärke. Ist die tatsächliche Helligkeit nicht deutlich intensiver, dann wird man mit keinem guten Wachstum und bei einigen Blütenpflanzen nicht mit Blüten rechnen können. Diese auf unterschiedliche Weise ermittelten Zahlen sind somit nur mit Vorsicht zu interpretieren.

Watt-Lampe im Zentrum des Lichtbündels; am Rande beträgt die Helligkeit nur etwa die Hälfte. Für eine 150-Watt-Lampe betragen die Werte bei 1 m 3050 lx, bei 2 m 760 lx und bei 3 m 335 lx.

Da nicht nur Licht, sondern auch Wärme abgestrahlt wird, ist ein Abstand zwischen Pflanzen und Lampe von möglichst 1 m einzuhalten. Ist dies nicht möglich, bietet sich „Comptalux PAR 38 cool flood" an, eine Lampe, die mit einer für Wärmestrahlen durchlässigen Reflektorschicht ausgestattet ist. Hiermit sollen Abstände bis zu 30 cm ohne Pflanzenschäden möglich sein. Noch ein Hinweis zur ästhetischen Wirkung dieser Lampen. „Comptalux" ist einschließlich Sockel 13,3 cm lang und hat einen Durchmesser von 12,2 cm. Sie ist also nicht gerade unauffällig, und man muß sie schon geschickt installieren, damit es nicht wie auf einem Messestand aussieht.

Was bislang dem Gärtner vorbehalten war, bietet sich nun auch dem Pflanzenfreund an: Entladungslampen. Dieser Lampentyp erzeugt Licht durch einen Entladungsvorgang in einem ionisierten Gas, dem meist zusätzlich Leuchtstoffe beigefügt wurden. Bislang waren die Lampen riesig dimensioniert und entwickelten soviel Wärme, daß ein großer Abstand zu den Pflanzen einzuhalten war. Hinzu kommt, daß die Entladungslampen ein Vorschaltgerät benötigen, eine Drossel, die zusätzlichen Platz beansprucht. Der Vorzug ist eine unerreichte Lichtausbeute.

Seit kurzem findet man solche Entladungslampen auch in kleineren Abmessungen mit ansprechenden Leuchten, die das Vorschaltgerät beinhalten. Es handelt sich um Quecksilberdampf-Hochdrucklampen mit der Abkürzung HQL. Für Leuchten, die wohnraumgeeignet sind, gibt es Lampenleistungen von 50 bis 250 W. Im Abstand von 70 cm im Lot unter einer 50-W-HQL mißt man immerhin 2000 lx, bei einer 125-W-HQL sogar 5000 lx.

Die hohen Kosten für die Anschaffung dieser Leuchten und Lampen schrecken zunächst ab. Je länger die Lampen brennen, um so günstiger fallen sie im Vergleich zu anderen Typen aus. Für Entladungslampen sollte man sich entscheiden, wenn einmal eine lange tägliche Beleuchtungsdauer erwünscht ist, weiterhin eine große Helligkeit oder aber ein Abstand zwischen Lampe und Pflanze so groß gewählt werden muß, daß andere Typen eine zu geringe Helligkeit ergäben. Letzteres ist schon bei einer Entfernung von 70 cm zu bedenken!

Wann müssen wir belichten?
Wir belichten Zimmerpflanzen, weil sie entweder „lichthungrig" sind und im Winter in

Mit einer nur geringen Stromaufnahme von 80 Watt läßt sich diese dunkle Blumenecke ausreichend belichten. Voraussetzung ist eine Quecksilberdampf-Hochdrucklampe, für die es inzwischen hübsche, in Wohnräumen nicht störende Leuchten gibt.

unseren Breiten nicht genügend Sonne erhalten oder weil wir sie an einem dunklen Platz aufstellen. Die zusätzliche Belichtung der „Sonnenkinder" ist nur von Oktober bis März erforderlich; beim zweiten Fall dürfen wir notgedrungen das ganze Jahr über nicht sparen. Die tägliche Beleuchtungsdauer ist von den jeweiligen Lichtverhältnissen (natürliches und Kunstlicht) abhängig. Bei einem zehnstündigen Lichtgenuß mit 500 lx erhält die Pflanze die gleiche Energie wie bei 5 Stunden mit 1000 lx. In der Regel wird man mit 6 bis 8 Stunden auskommen. Wenn wir schon bei 3 oder 4 Stunden Zusatzlicht gesunde, gut wachsende Pflanzen bemerken, brauchen die Lampen nicht länger zu brennen.

Eine optimale Helligkeit dient dem Pflanzenwachstum nicht, wenn die Temperatur zu niedrig ist. Wärmebedürftige Pflanzen können schon bei 10 °C ihr Wachstum einstellen. Eine intensive Belichtung sollte daher mit optimalen Temperaturen einhergehen.

Mit Hilfe einer Zeitschaltuhr läßt sich die Belichtung automatisieren. Solche Zeitschaltuhren gibt es schon für etwa 50 DM. Sie werden zwischen Stecker und Steckdose angebracht. Soll die Zeitschaltuhr direkt in einem Blumenfenster, einer Vitrine oder einem Kleingewächshaus hängen, müssen sie für solche feuchten Räume geeignet sein. Auf das Wetter kann die Zeitschaltuhr nicht reagieren. Dies vermag nur ein Dämmerungsschalter, der die Lampen bei einer zu wählenden minimalen Helligkeit ein- und nach Überschreiten des Grenzwerts wieder ausschaltet. Für diesen Luxus müssen wir schon rund 300 DM oder mehr investieren.

Temperatur

Zimmerpflanzen sind der Mode unterworfen. Das Pflanzensortiment, das wir vor 50 oder gar 100 Jahren in den Wohnräumen fanden, unterscheidet sich von dem heutigen. Viele früher sehr verbreitete Topfpflanzen sind inzwischen völlig von der Bildfläche verschwunden. Diese Mode hat ihre Ursache nicht nur im wechselnden Geschmack und den Absatzbemühungen eines cleveren Produktionszweiges. Es gibt vielmehr ganz handfeste Gründe, die diesen Wechsel zwingend bestimmten: Das Klima in unseren Wohnräumen hat sich geändert. Früher thronte in der Wohnstube ein großer Kohleofen, der entweder tagsüber brannte oder nur fürs Wochenende eingeheizt wurde, während sich an den übrigen Tagen die Familie in der Küche aufhielt. Das Schlafzimmer wurde überhaupt nicht geheizt. Die Pflanzen in diesen Räumen mußten mit Temperaturen vorlieb nehmen, die kaum über 5 °C im Winter hinauskamen. Im Wohnzimmer schwankte die Temperatur extrem.

Heute sorgt die Zentralheizung für eine gleichmäßige Zimmertemperatur, die meist zwischen 19 °C und 23 °C liegt. Erst die deutliche Verteuerung der Heizmaterialien brachte uns in Erinnerung, daß wir nachts den Thermostat um einige Grad herunterstellen können.

Auch die Temperaturunterschiede im Zimmer – nicht zeitlich, sondern räumlich gesehen – sind geringer geworden. Die Heizkörper sind thermodynamisch günstig unter dem Fenster plaziert und nicht, wie früher der Kachelofen, in der entgegengesetzten Zimmerecke. Damals war der Platz am Fenster viel kühler als der nahe des Ofens.

Den veränderten Bedingungen hat das Angebot der Gärtner zum Teil Rechnung getragen. Es macht uns heute weniger Schwierigkeiten, wärmebedürftige Pflanzen zu kultivieren als solche, die niedrigerer Temperaturen bedürfen. Azaleen (*Rhododendron simsii*), Kamelien (*Camellia japonica*), Alpenveilchen (*Cyclamen persicum*), Clivien (*Clivia miniata*), Myrten (*Myrtus communis*), Fliederprimeln (*Primula malacoides*) und Pantoffelblumen (*Calceolaria*-Hybriden) – um nur einige zu nennen – fühlen sich in den heutigen Wohnstuben nicht mehr wohl. Sie führen ein kümmerliches Dasein und haben eine ausgesprochen niedrige Lebenserwartung. Knospig oder blühend gekaufte Azaleen, Alpenveilchen oder Fliederprimeln überstehen oft nur mühsam die Blütezeit. Wann sieht man heute schon einmal solche riesigen, vieljährigen Prachtexemplare von Alpenveilchen, wie man sie früher häufiger auf der Fensterbank fand? Der erfolglose Pfleger rätselt, warum sein Alpenveilchen verschied, ob er doch lieber von unten statt von oben hätte gießen sollen, was völlig gleich ist, wenn man nicht gerade ins „Herz" gießt. An das naheliegende, die zu hohe Temperatur, denkt er nicht. Am problemlosesten sind alle die Pflanzen, die man als tolerant bezeichnen könnte, also jene, die sowohl bei niedrigeren als auch bei höheren Temperaturen gedeihen. Zu diesen „Zimmerhelden" gehören so bekannte Pflanzen wie Calla (*Zantedeschia aethiopica*), Zimmerlinde (*Sparmannia africana*), Aralie (*Fatsia japonica*), Efeuaralie (× *Fatshedera lizei*), „Philodendron" oder Fensterblatt (*Monstera deliciosa*), Russischer- und Känguruhwein (*Cissus antarctica* und *C. rhombifolia*), Grünlilie oder „Fliegender Holländer" (*Chlorophytum comosum*) und Passionsblume (*Passiflora caerulea*), aber auch weniger bekannte wie die reizende *Ledebouria socialis*, die sich sowohl in einem warmen als auch in einem kaum geheizten Raum prächtig entwickeln kann.

Leider sind auch die geheizten Räume nicht – wie man nach dem bisher Gesagten meinen könnte – ideal für alle wärmeliebenden Pflanzen. Das „Flammende Käthchen" (*Kalanchoë bloßfeldiana*), die Sansevierien (*Sansevieria trifasciata* mit ihren Sorten) und viele andere sukkulenten Pflanzen sind leicht zufriedenzustellen, aber schon Mimosen (*Mimosa pudica*), Dieffenbachien (*Dieffenbachia*-Arten und -Sorten) und Rhoeo (*Rhoeo spathacea*) zeigen durch Blattfall, gelbe Blätter oder auch braune Blattspitzen an, daß neben der Temperatur auch die Luftfeuchtigkeit stimmen muß. Doch hierauf wollen wir erst später eingehen.

Der Gärtner hat die Pflanzen nach ihren Temperaturansprüchen unterteilt in solche für das Kalthaus, das temperierte Haus und für das Warmhaus. Hierzu gehören die Heiztemperaturen: für das Kalthaus bis 12 °C, etwa 14 °C bis 17 °C für das temperierte Haus und über 18 °C für das Warmhaus. Kalthauspflanzen sind, bis auf einige Ausnahmen wie der einheimische Efeu (*Hedera helix*) und die Hirschzunge (*Phyllitis scolopendrium*), nicht winterhart, überstehen also keine Frostperiode. Exakt können wir die Temperatur nicht auf die Bedürfnisse der Pflanzen einstellen. Wir

Zur Ermittlung der Temperaturextreme verwenden wir Minimum-Maximum-Thermometer.

Ein Bodenthermometer sollte bei keinem Zimmergärtner fehlen.

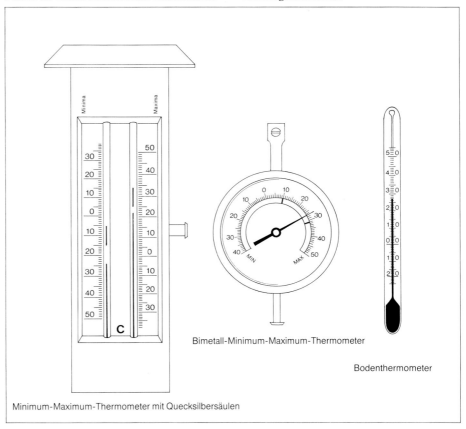

Minimum-Maximum-Thermometer mit Quecksilbersäulen

Bimetall-Minimum-Maximum-Thermometer

Bodenthermometer

Pflanzen, die wie diese Masdevallien keine hohen Temperaturen vertragen, kann man in eine mit Sphagnum oder Perlite gefüllte Schale stellen. Das Füllsubstrat wird ständig feucht gehalten und sorgt durch die Verdunstungskälte für zuträglichere Temperaturen während der Sommermonate.

temperieren die Wohnräume schließlich nach unseren Bedürfnissen. Aber wir können die für die jeweilige Temperatur geeigneten Pflanzen aussuchen und haben damit schon etwas Wesentliches zu deren Gedeihen getan.

Die Temperatur läßt sich relativ leicht mit Hilfe eines Thermometers ermitteln. Einige Dinge sind bei der Temperaturmessung allerdings zu berücksichtigen. Da uns die Temperatur in Pflanzennähe interessiert, nutzt es wenig, wenn das Thermometer in einer ganz entgegengesetzten Ecke hängt. Es sollte sich vielmehr in unmittelbarer Pflanzennähe und auch -höhe befinden. Ein Schutz vor direkter Wärmestrahlung, ob Sonne oder Heizung, kann erforderlich werden. Dazu eignet sich gut die im Haushalt gebräuchliche Aluminiumfolie, aus der man ein Schutzschild formt, der in einem geringen Abstand zum Thermometer montiert wird. Auch sollte das Thermometer nicht in der hintersten Ecke aufgehängt werden, wo kaum eine Luftbewegung stattfindet.
Wollen wir die höchsten oder niedrigsten herrschenden Temperaturen wissen, dann verwenden wir ein „Minimum-Maximum-Thermometer". Es sind entweder Quecksilber- oder Bimetallthermometer, die nicht sehr genaue Werte liefern, für unsere Zwecke jedoch ausreichen. Die Quecksilbersäule oder das Bimetall schieben einen „Reiter" beziehungsweise Zeiger bis zum höchsten oder niedrigsten Wert. Nach dem Ablesen holt man die Reiter mit Hilfe eines kleinen Magneten beziehungsweise den Zeiger durch einen Knopfdruck zurück.
Wichtig sind solche Minimum-Maximum-Thermometer zum Beispiel zur Überprüfung der Eignung eines Überwinterungsraums. Wollen wir etwa Kakteen in einem Kellerraum überwintern, so sollten wir wissen, wie weit die Temperatur nachts absinken kann. Zeigt das Thermometer nach einer kalten Nacht einen Minimumwert von 0 oder weniger als 0 °C an, dann kann dieser Raum für einige empfindliche Arten ungeeignet sein.

Die richtige Temperatur zur richtigen Zeit
Auf Seite 15 wurde schon beschrieben, daß nahezu alle Pflanzen nachts niedrigere Temperaturen als tagsüber benötigen. Die Temperaturdifferenz kann 2 °C bis 5 °C betragen. Dies entspricht auch den Bedingungen, denen die Pflanzen in der Natur ausgesetzt sind. An den Heimatstandorten einiger Kakteen ist die nächtliche Abkühlung noch viel stärker; als Beispiel seien die aus dem Hochland der Anden stammenden Lobivien genannt. Extreme Hitze am Tag wechselt ab mit Nachttemperaturen, die oft nur wenige Grad über dem Gefrierpunkt liegen oder zu bestimmten Jahreszeiten sogar darunter absinken können. Diese hübsch blühenden Kakteen dürfen wir auch bei uns nicht verweichlichen, sondern müssen sie ähnlich wie in ihrer Heimat halten. Einen sommer- und herbstlichen Stand im Freien mit den entsprechenden Temperaturdifferenzen belohnen sie mit einer attraktiven Bestachelung und besonderer Blühwilligkeit.
Moderne thermostatgesteuerte Zentralheizungen machen es leicht, die um wenige Grad niedrigere Nachttemperatur zu schaffen. Auch im Kleingewächshaus und im Blumenfenster ist dies kein Problem. Der zweimal täglich notwendige Schaltvorgang läßt sich relativ leicht automatisieren. Entweder koppelt man zwei Thermostaten, von denen der eine auf Tages-, der andere auf Nachttemperatur programmiert ist, mit einer Zeitschaltuhr, oder man bedient sich statt der Zeitschaltuhr eines Dämmerungsschalters. Daneben werden auch mehrstufige Temperaturregler angeboten, die die Verwendung von mehreren Thermostaten erübrigen, zum Beispiel der elektrische Temperaturregler ER 1 der Firma Krieger, Herdecke-Ende, mit einer eingebauten Fotozelle. Solche Steuergeräte erhält man für die Zentralheizung über den Heizungsfachhandel, für Blumenfenster, Vitrinen usw. durch die Hersteller und Lieferanten von Kleingewächshäusern.
Die Temperatur muß nicht nur der Tageszeit angepaßt werden, auch die Jahreszeit ist zu berücksichtigen. Da aber gerade im Winter die Zimmertemperaturen noch über denen der übrigen Jahreszeiten liegen können, müssen wir Ausweichquartiere suchen. Bei mir führt dies mindestens zweimal im Jahr zu einem großen Umräumen: Das helle Wohnzimmerfenster, das vom Frühjahr bis Herbst die Kakteen und anderen Sukkulenten beherbergt, wird freigeräumt für die wärmebedürftigen tropischen und subtropischen Blatt- und Blütenpflanzen, die die Zeit zuvor im ungeheizten Schlafzimmer zubrachten. Dieser Raum wird nun gebraucht für die Zimmerpflanzen, die es im Winter kühler wollen. Die Kakteen kommen gar ans Kellerfenster. Orchideen wie *Pleione* und Zwiebelgewächse wie *Sprekelia*, die alle im Herbst ihr Laub verlieren, haben nun kein Anrecht mehr auf einen hel-

len Fensterplatz. Sie kommen ebenfalls in den Keller, der mit seinen niedrigen Temperaturen noch dafür sorgt, daß auch im nächsten Jahr mit Blüten zu rechnen ist. Im Frühjahr darauf werden dann wieder die angestammten Plätze eingenommen.
Hier wurde nicht die Temperatur den Pflanzenwünschen angepaßt, was in Wohnräumen schwerlich möglich ist, hier wanderten die Pflanzen zu jenen Plätzen, die ihnen der Jahreszeit entsprechend am besten zusagten. Haben wir keinen kühlen Raum zur Verfügung, dann dürfen wir uns nicht wundern, wenn viele Kakteen nicht blühen wollen oder etwa der Blütenstand der Clivie jedes Jahr zwischen den Blättern stecken bleibt. Da dies die Freude an den Pflanzen schmälert, müssen wir notgedrungen auf sie verzichten, denn wer will schon aus diesem Grund eine neue Wohnung mit Überwinterungsraum suchen?

Das häusliche Kleinklima

Bei dem einen wachsen Kamelien und Azaleen hervorragend, der andere „hat Glück" mit den doch so heiklen *Calathea* und *Adiantum*. Vielfach sind es ganz simple Dinge, die den Erfolg oder Mißerfolg bedingen. Abgesehen von Pflegemaßnahmen wie dem Gießen, ist in vielen Fällen die Temperatur entscheidend. Vielleicht hat der erfolgreiche Azaleengärtner eine Etagenheizung mit einem Ofen dem Fenster entgegengesetzt. Dem anderen aber, der sich schon lange vergeblich um blühende Azaleen bemüht, gelingt es deshalb nicht, weil die Töpfe auf der Fensterbank stehen, unter denen sich die Heizkörper der Zentralheizung befinden.
Auch die Beschaffenheit der Fenster selbst ist nicht unwichtig. In der Nähe eines älteren, einfachen Fensters ist es kühl und zieht es womöglich. An einer modernen Isolierverglasung mit doppelten Scheiben mißt man fast die gleichen Temperaturen wie inmitten des Zimmers. Die steinerne Fensterbank leitet die Kälte hervorragend, ist somit – von keinem Heizkörper erwärmt – um viele Grade kälter als die umgebende Luft. Die Erde in den darauf stehenden Töpfen kühlt sich ab, was fatale Folgen hat, denn eine niedrige Bodentemperatur beeinträchtigt oder verhindert die Wasser- und Nährstoffaufnahme durch die Wurzeln und begünstigt das Auftreten von Wurzelkrankheiten. Hängende Blätter zeigen an, daß es mit der Wasseraufnahme nicht stimmt. Einfache Abhilfe läßt sich mit Styroporplatten schaffen. Es sieht zwar nicht sonderlich schön aus, wenn alle Töpfe auf dem weißen Schaumstoff stehen, aber dieses Material isoliert ausgezeichnet. Ideal ist für empfindliche Pflanzen ein elektrisches Heizkabel, zum Beispiel „Floratherm" der Firma Krieger, das auch mit einem Thermostat ausgerüstet ist. Solch ein Heizkabel ermöglicht auch unter ansonsten ungünstigen Bedingungen die Pflege empfindlicher Pflanzen. Denken wir daran, daß zum Beispiel die optimale Bodentemperatur der Flamingoblume (*Anthurium*-Scherzerianum-Hybriden) bei 22 °C liegt, genau wie die der robusten Efeutute (*Epipremnum aureum*), der Dieffenbachie (*Dieffenbachia*-Arten und -Sorten) und des Wunderstrauchs (*Codiaeum*-Hybriden). Haben sie „kalte Füße", dann währt die Freude an ihnen nicht lang. Im Gegensatz dazu haben die Pantoffelblume (*Calceolaria*-Hybriden), die Fiederprimel (*Primula malacoides*) und die Aschenblume (*Senecio*-Hybriden) nur geringe Ansprüche: Sie sind bereits mit 15 °C Bodentemperatur vollauf zufrieden.
Viele Pflanzenfreunde sind zu Recht unzufrieden mit den Temperaturangaben für die Pfleglinge in der Fachliteratur, da es schwer fällt, diese Ratschläge zu befolgen. Dennoch sind diese Angaben nötig und stehen auch im speziellen Teil dieses Buches, um Anhaltspunkte zu geben. Mit diesem Kapitel sollte angeregt werden, die eigenen vier Wände auf die Möglichkeiten der Zimmerpflanzenpflege hin zu untersuchen. Man findet dann sicherlich Standplätze, die unter anderem recht unterschiedliche Temperaturen aufweisen. Nutzt man diese Unterschiede aus, kann man schon viele der Ratschläge befolgen, selbst wenn dies mit mehrmaligem Umräumen verbunden ist. Können spezifische Temperaturansprüche überhaupt nicht erfüllt werden, so muß man letztlich auf diese Pflanzenart verzichten.

Bereits vor rund 150 Jahren versuchte man, das Klima der Wohnräume pflanzenfreundlicher zu machen. Blumentische mit Springbrunnen sollten eine hohe Luftfeuchte gewährleisten. Diese sinnvolle Konstruktion kam ohne Pumpe aus. Das Wasser aus dem oben im Tisch befindlichen Behälter wurde durch Luftdruck versprüht und lief in den unteren Behälter. War der obere leer, ließ man durch einen Hahn das Wasser aus dem unteren Behälter ab und füllte es oben wieder ein.

Luftfeuchtigkeit

Wenn wir Zimmerpflanzen danach auswählen, welche Ansprüche sie stellen und was wir davon erfüllen können, dann dürfen wir nicht nur an die Helligkeit und die Temperatur denken. Von ähnlicher Bedeutung ist die Luftfeuchtigkeit. Sie ist in unseren Wohnräumen abhängig von der Luftfeuchte im Freien und davon, ob geheizt wird oder nicht.
Agaven und *Yucca* kommen in Strauchsavannen, viele Kakteen in wüstenähnlichen Gebieten vor. Dort ist die Luftfeuchtigkeit sehr niedrig. Diesen Bedingungen haben sich die Pflanzen angepaßt. An eine hohe Luftfeuchte dagegen haben sich die Mimose (*Mimosa pudica*), Farne wie *Adiantum*, blühende Topfpflanzen wie *Medinilla magnifica* oder *Aeschynanthus* sowie Blattpflanzen wie *Calathea* gewöhnt. Kakteen vertragen die trockene Zimmerluft; mit *Adiantum*, *Calathea* und vielen anderen wird man unter diesen Bedingungen weniger erfolgreich sein. „Zimmerhelden" wie Gummibaum (*Ficus elastica*) und Fensterblatt (*Monstera deliciosa*) sind aus dem immergrünen tropischen Regenwald zu uns gekommen. Dort kann die Temperatur und damit auch die Luftfeuchte stark schwanken. Die ledrigen, derben Blätter sind die Konsequenz: Nach dem Schluß der Spaltöffnungen auf der Blattunterseite verdunstet nur noch wenig Wasser. Trockene Luft während der winterlichen Heizperiode kann ihnen nicht viel anhaben.
Man kann es vielen Pflanzen ansehen, ob sie trockene Luft überstehen oder nicht. Große, weiche Blätter, die von keiner dik-

Im geschlossenen Blumenfenster oder der Vitrine, dort, wo sich eine hohe Luftfeuchte schaffen läßt, kann der Blumenfreund aus dem vollen schöpfen. Hier gedeihen Orchideen wie × Vuylstekeara (Cambria) 'Plush' und die weiße Calanthe, dort entwickeln sich auch Buntlaubig wie Calathea, Cordyline oder der Wunderstrauch (Codiaeum) besonders üppig.

ken Wachsschicht (Kutikula) geschützt sind, deuten auf starke Verdunstung und hohen Anspruch an die Luftfeuchte hin. Ledrige Blätter mit einer glänzenden Oberfläche, zum Beispiel des Gummibaums, lassen eine größere Widerstandsfähigkeit erkennen. Ähnliches gilt für stark behaarte Blätter. Sind die Blätter reduziert oder fehlen sie ganz, dann darf man mit einer guten Verträglichkeit auch trockenster Luft rechnen.

Trockene Luft führt zu einer starken Verdunstung (Transpiration) durch die Pflanzen, wenn sie nicht durch eine bestimmte Beschaffenheit davor geschützt sind. Die Transpiration ist kein unerwünschter Vorgang, sondern für die Pflanze lebensnotwendig. Durch die Transpiration entsteht eine Saugspannung, die erst den Transport von Wasser und darin gelösten Nährstoffen in der Pflanze ermöglicht. Die Verdunstung erfolgt einmal durch die gesamte Pflanzenoberfläche, in weitaus stärkerem Maße aber durch die sogenannten Spaltöffnungen (Stomata), die sich meist an der Blattunterseite befinden. „Schlappt" die Pflanze, hat sie also mehr Wasser verloren als sie durch die Wurzeln nachliefern kann, dann schließen sich die Spaltöffnungen. Geschlossene Spaltöffnungen haben aber den Nachteil, daß der Stofftransport und die Kohlendioxid-Aufnahme reduziert sind und damit auch das Wachstum stockt. Die gleiche Auswirkung hat eine völlig mit Wasser gesättigte Luft. Dann ist ebenfalls eine Verdunstung nicht mehr möglich.

In unseren Wohnräumen ist die Luft fast immer zu trocknen. Dadurch ist die Transpiration schon recht hoch, sie wird aber noch gesteigert durch eine hohe Blatt-Temperatur, zum Beispiel bei Sonneneinstrahlung oder direkt unter einer Lampe, und Luftbewegung (Zugluft!).

Wieviel Wasser enthält die Luft?
Bei der Luftfeuchtigkeit unterscheiden wir zwischen zwei Einheiten: der absoluten und der relativen Luftfeuchtigkeit. Die absolute

Luftfeuchtigkeit (aF) gibt an, wieviel Gramm Wasser 1 m³ Luft enthält. Viel mehr interessiert uns aber die relative Luftfeuchte (rF), die uns verdeutlicht, wieviel Prozent der maximal aufnehmbaren Wassermenge die Luft enthält. Diese maximal aufnehmbare Wassermenge, die Sättigungsmenge, ist je nach Temperatur verschieden:

5 °C = 6,8 g/m³	20 °C = 17,3 g/m³
10 °C = 9,4 g/m³	25 °C = 23,1 g/m³
15 °C = 12,9 g/m³	30 °C = 30,4 g/m³

Die Unterschiede sind also sehr erheblich. Machen wir uns die Auswirkungen anhand einiger Beispiele klar. Bei 15 °C (Sättigung = 12,9 g/m³) sind bei 40 % relativer Feuchte 5,16 g Wasser je Kubikmeter Luft enthalten, bei 80 % rF schon 10,32 g/m³. Bei 25 °C (Sättigung 23,1 g/m³) dagegen enthält die Luft bei 40 % rF bereits 9,24 g/m³, bei 80 % rF sogar 18,48 g/m³.

Beziehen wir das nun auf einen gewöhnlichen Wohnraum mit 50 m³ Rauminhalt (4 m breit, 5 m lang, 2,5 m hoch). Die mit Wasser gesättigte Luft enthält bei 15 °C 645 g Wasser, bei 25 °C 1155 g.

Aus diesen Zahlen wird der Zusammenhang zwischen Temperatur und Luftfeuchte deutlich, und wir können uns nun auch klarmachen, welche Wassermengen verdunstet werden müssen, um die Luftfeuchte zu erhöhen. Ein ungeheiztes Zimmer (50 m³) mit 15 °C hat zum Beispiel die hohe Luftfeuchte von 90 % rF. Wenn wir nun auf 25 °C aufheizen, ohne Wasser zu verdunsten, dann sinkt die Luftfeuchte auf gut 50 % ab! Wollen wir bei 15 °C die Luftfeuchte von 40 % rF auf 80 % rF erhöhen, so müssen wir 258 g Wasser verdunsten, bei 25 °C gar 462 g Wasser.

Andererseits wird Wasser in beachtlicher Menge flüssig ausgeschieden, wenn die Temperatur sinkt. Beträgt in dem Raum mit 50 m³ die Luftfeuchte 90 % und sinkt die Temperatur von 25 °C auf 15 °C ab, dann schlagen annähernd 395 g Wasser als Tau nieder. Diesen Niederschlag bemerken wir an den kühlsten Stellen des Raums, in der Regel an den Fenstern. Die Temperatur in der Nähe der Scheiben ist, ganz besonders bei einfacher Verglasung, um einige Grade niedriger als die Zimmertemperatur; beim Abkühlen wird der Taupunkt unterschritten, und Wassertropfen schlagen sich an der Scheibe nieder. Da dies meist im Winter geschieht, wenn es ohnehin nicht sehr hell ist, führt das Beschlagen der Scheibe zu einer sehr unerwünschten weiteren Reduzierung des Lichtgenusses. Abhilfe läßt sich nur durch intensive Luftbewegung schaffen. Ideal sind in dieser Hinsicht Konvektoren direkt unter dem Fenster. Konvektoren sind moderne Heizkörper mit Lamellen zur Vergrößerung der Abstrahlung.

Die Rechenbeispiele machen uns auch deutlich, wie wenig wirkungsvoll zum Beispiel die Verdunster an Heizkörpern sind, da die Wassermenge viel zu gering ist. Auch das sporadische Besprühen der Pflanzen ist wohl eher geeignet, das Gewissen zu beruhigen, als eine spürbare Verbesserung des Raumklimas zu bewirken.

Die Verbesserung der Luftfeuchtigkeit

So wie ein Thermometer gehört ein Hygrometer zu den unentbehrlichen Utensilien des Zimmerpflanzengärtners. Es zeigt uns an, ob die Luftfeuchtigkeit ausreicht oder ob wir etwas zur Verbesserung unternehmen müssen. Am gebräuchlichsten sind Haarhygrometer. Haare – heute allerdings meist Kunststoff-Fäden – verändern aufgrund ihrer hygroskopischen Eigenschaften ihre Länge und übertragen diese Veränderung über ein Hebelsystem auf einen Zeiger. Ein neues Haarhygrometer muß zuerst geeicht werden. Dazu umwickelt man es mit einem feuchten Lappen oder gibt es in eine Kiste, in der man durch Sprühen eine gesättigte Atmosphäre schafft. Nach einiger Zeit muß der Zeiger einen Wert von 96 % rF anzeigen. Ist dies nicht der Fall, wird an einer Stellschraube korrigiert. Das Eichen muß in größeren Abständen wiederholt werden.

So wie ein Thermometer, so muß auch ein Hygrometer vor direkter Sonneneinstrahlung geschützt aufgehängt werden. Sehr exakte Werte zeigen Hygrometer nicht an. Im Bereich von 30 bis 90 % rF ist die Genauigkeit ± 2 %, darüber und darunter sogar nur ± 5 %. Wem dies nicht ausreicht, der muß ein Psychrometer verwenden. Das Psychrometer besteht aus zwei Thermometern, wovon eine Quecksilbersäule durch ein feuchtgehaltenes Gewebe gekühlt wird. Aus der Temperaturdifferenz läßt sich auf einer Tabelle die relative Luftfeuchte bestimmen.

Nur mit elektrischen Luftbefeuchtern ist das Klima in den Wohnräumen nachhaltig zu verbessern. Es gibt zwar eine Vielzahl von anderen Rezepten, aber alle sind nicht sehr effektiv. Eine Ausnahme mögen die flachen Schalen für die Fensterbänke sein, in die Wasser gefüllt wird. Die Töpfe stehen in den Schalen auf Rosten, kommen mit dem Wasser somit nicht in Berührung, was sonst auch zu einem Vernässen der Erde führen würde. Bei der Pflege von Orchideen wurden mit dieser Methode schon gute Erfolge erzielt. Der beste Effekt ist dann zu erwarten, wenn sich unter der Fensterbank Heizkörper befinden.

Regelmäßig muß Wasser nachgefüllt werden, und auch die Schalen sind häufig zu reinigen, da sich schnell Algen ansiedeln. Die Luftfeuchtigkeit des Raumes läßt sich auf diese Weise nur geringfügig verbessern, aber offensichtlich wird in Pflanzennähe ein Kleinklima geschaffen, das sich positiv auswirkt.

Bei den elektrischen Luftbefeuchtern gibt es drei verschiedene Systeme: Zerstäuber, Verdampfer und Verdunster. Der Zerstäuber zerreißt mittels einer rotierenden Scheibe das Wasser, und die Zentrifugalkraft wirbelt die 0,005 bis 0,02 mm feinen Tröpfchen

Auf Fensterbänken unter denen Heizkörper warme und trockene Luft schaffen, leisten diese Verdunsterschalen gute Dienste. Die Pflanzen stehen auf Gitterrosten und kommen mit dem Wasservorrat in der Schale nicht in Berührung.

Für empfindliche Pflanzen, die unter trockener Zimmerluft leiden, bietet sich diese Pyramide an. Halt verschafft ihr eine Konstruktion, wie sie für Lampenschirme angeboten wird. Darauf kommt ein feines Drahtgeflecht, das mit Osmunda, Sphagnum oder ähnlichem zu verkleiden ist. Die Pyramide steht in einer wasserdichten Wanne, deren Boden mit Bimskies, Perlite oder Hygromull bedeckt ist. Dieses Material hält man ständig feucht. Es sorgt für eine hohe Luftfeuchte. Nur der Verschönerung dienen die Rindenstücke.

in den Raum. Diese Geräte sind ziemlich laut, außerdem kommt es auf Möbeln und anderen Dingen zu Kalkablagerungen. Es gibt auch einen Luftbefeuchter, der den Nebel durch Ultraschall erzeugt.

Ein Verdampfer ist nichts anderes als ein thermostatisch gesteuerter Wasserkocher. Das Wasser wird erhitzt, und Wasserdampf entweicht durch die Austrittsöffnung. Kalkablagerung im Wohnraum tritt bei diesem Prinzip nicht auf, dafür verkalkt der Verdampfer und muß häufig gereinigt werden, wenn wir nicht ausschließlich entkalktes Wasser verwenden.

Verdampfer verbrauchen viel Strom. Familien sollten sich nicht für diese Geräte entscheiden, denn Kinder können sich leicht an dem heißen Wasserdampf verbrühen. Auch ist zu bedenken, daß der Verdampfer einige Liter nahezu kochendes Wasser enthält und somit eine potentielle Gefahrenquelle darstellt. Besonders in kleineren Räumen macht sich bemerkbar, daß Verdampfer Wärme entwickeln, was im Sommer sicher unerwünscht ist. Nicht zuletzt ist diese Art der „Heizung" recht kostspielig.

Für große Räume ungeeignet sind die Geräte des dritten Systems, die Verdunster. Für kleinere und mittelgroße Räume allerdings sind sie ideal. Bei diesen Luftbefeuchtern bläst oder saugt ein Ventilator Luft durch einen ständig feucht gehaltenen Filter. Die Verdunstungsintensität steht in Abhängigkeit zur herrschenden Luftfeuchte. Ist die Luft feucht genug, kann nichts mehr verdunsten. Zu einem „Sprühregen" kann es nicht kommen. Verdunster sind sehr sparsam in der Unterhaltung und leise. Die Stromkosten sind niedrig; von Zeit zu Zeit muß der Filter gewechselt werden.

Leider sind die Dimensionen der Luftbefeuchter so, daß sie nicht schamhaft in einer kleinen Ecke versteckt werden können. Ein Verdunster zum Beispiel für einen 40 m³ großen Raum mit einem Wasservorrat von 10 l hat Außenmaße von rund 45 × 25 × 30 cm.

Mit einem Luftbefeuchter tun wir nicht nur unseren Zimmerpflanzen etwas Gutes. Die höhere Luftfeuchte soll auch die Empfindlichkeit gegen Erkältungskrankheiten verringern. Hölzerne Möbel und Musikinstrumente sind ebenfalls sehr dankbar. Bilder nehmen keinen Schaden. Die Kosten für die Luftbefeuchtung sollte man daher nicht nur dem Konto Zimmerpflanzen zurechnen.

Zu hohe Luftfeuchtigkeit kommt in Wohnräumen praktisch nicht vor. In geschlossenen Blumenfenstern dagegen ist dies schon möglich. Man hilft sich sehr leicht, indem man die Scheibe zum Wohnraum einen Spalt öffnet. In Kleingewächshäusern ist wie in den Wohnräumen die Luft fast immer zu trocknen. Zeigt aus irgendwelchen Gründen das Hygrometer doch einen zu hohen Wert – mangelhaftes Wachstum und Krankheitsgefahr wären die Folge –, dann hilft nur das teure „Trockenheizen": Die Heizung wird bei offener Lüftung angestellt.

Richtige Lichtverhältnisse, geeignete Temperatur und Luftfeuchtigkeit, damit haben wir das Wichtigste für das Wohlbefinden unserer Zimmerpflanzen getan. Wir haben die Alternative, entweder unsere Auswahl auf die Arten zu beschränken, die bei den herrschenden Bedingungen gedeihen, oder aber einige Mühen und Kosten auf uns zu nehmen, um die Voraussetzungen für die Anspruchsvolleren zu schaffen.

Blumenspritzen

Die Rechenbeispiele auf Seite 25 haben gezeigt, welche Wassermengen notwendig sind, um die relative Luftfeuchte nachhaltig zu erhöhen. Welchen Wert haben dann die beliebten Blumenspritzen, die nahezu jeder Zimmerpflanzengärtner besitzt? Zur Erhöhung der Luftfeuchte können sie nur wenig beitragen, aber ganz nutzlos sind sie nicht. Mit ihnen läßt sich ein feiner Tau auf den Pflanzen erzeugen. Tau ist für viele Pflanzen aus niederschlagsarmen Gebieten die wichtigste Wasserquelle. Blätter und Stengel können, mit einigen Ausnahmen, zwar nur geringe Mengen Wasser aufnehmen, aber der Tau benetzt auch den Boden, und die nahe der Oberfläche liegenden Wurzeln saugen die Feuchtigkeit begierig auf.

Diesen morgendlichen Niederschlag können wir mit der Blumenspritze imitieren. Dies empfiehlt sich besonders, wenn wir Pflanzen am Ende der Ruhezeit zu neuem Wachstum anregen wollen. Sukkulente Pflanzen wie Kakteen, die während des Winters trocken standen, würden es übel nehmen, erhielten sie übergangslos eine kräftige Wassergabe aus der Gießkanne. Aus dem darauffolgenden langsamen Abtrocknen der Erde sehen wir, daß die Wurzeltätigkeit noch nicht völlig in Gang gekommen ist. Feine Saugwurzeln starben ab, und neue müssen entstehen. Der Tau aus der Blumenspritze, mehrere Tage lang verabreicht, regt das Wachstum an und erleichtert den Übergang. Die Blumenspritzen sollten für diesen Zweck das Wasser möglichst fein zerstäuben.

Es gibt Orchideenfreunde, die ihre Pfleglinge nahezu ausschließlich per Blumenspritze mit Feuchtigkeit versorgen. Jeden Morgen erhalten die Orchideen eine Dusche und gedeihen dabei prächtig. Grundsätzlich sprühen wir nur morgens, bei großer Hitze zur Abkühlung von Pflanzen wie Alpenveilchen auch mehrmals täglich. Die Pflanzen sollten jeweils abends abgetrocknet sein, sonst würden dies die Krankheitsgefahr erhöhen.

Regelmäßiges Sprühen ist lebensnotwendig für solche Pflanzen, die an ihren heimatlichen Standorten den Tau als Quelle des lebensnotwendigen Wassers nutzen, wie zum Beispiel die „grauen" Tillandsien. Der Pflanzenkörper ist bei ihnen übersät mit kleinen Saugschuppen (daher die Färbung), die das Wasser rasch aufnehmen. Im Sommer sprühen wir jeden Morgen und abends taunaß, an trüben Tagen nur einmal. Im Winter ist Vorsicht angebracht: Zuviel Feuchtigkeit führt zur Fäulnis. Daher nur sporadisch oder gar nicht sprühen.

Sind Zimmerpflanzen gefährlich?

Wenn hier Auswahlkriterien für Zimmerpflanzen diskutiert werden, darf nicht unberücksichtigt bleiben, daß einige in dem Ruf stehen, giftig zu sein. Dies ist ein wichtiger Aspekt für alle diejenigen, die kleine Kinder im Haus haben und sie vor Schaden bewahren wollen.

Leider sind unsere Kenntnisse über die Bedenklichkeit der Zimmerpflanzen noch unvollkommen, zum Teil sogar widersprüchlich. 1919 wurde aus Hawaii gemeldet, ein Kind sei nach dem Genuß eines einzigen Blattes des Weihnachtssterns (*Euphorbia pulcherrima*) gestorben. Auch wurde berichtet, der Milchsaft dieser Pflanze könne, in die Augen gelangt, zur Blindheit führen. Versuche in den USA haben aber weder diese extreme Giftigkeit noch die Gefahr für die Augen bestätigen können. Vielmehr hieß es, daß der Weihnachtsstern, sollte er wirklich giftig sein, dies nur in sehr geringem Maß sein könne. Leichte Hautreizungen, die in Tierversuchen nach dem Aufbringen des Weihnachtsstern-Milchsaftes auftraten, gingen innerhalb von 36 Stunden wieder zurück.

Andererseits weiß man von vielen Vertretern dieser Familie, darunter auch Zimmerpflanzen wie dem Christusdorn (*Euphorbia milii*) und *Euphorbia tirucalli*, daß der Milchsaft zu starken Reizungen der Haut und der Augen führt. Die hautreizende Wirkung von *Euphorbia tirucalli* ist besonders intensiv. Mit diesem Wolfsmilchgewächs pflanzt man deshalb in tropischen Ländern unbewehrte aber doch wehrhafte Hecken gegen unerwünschte Eindringlinge.

Noch eine weitere Eigenschaft des Milchsaftes exotischer Wolfsmilchgewächse sei erwähnt, weil sie in jüngster Zeit besonderes Aufsehen erregte: Es hieß, bestimmte Inhaltsstoffe könnten Krebs auslösen. Zutreffender ist, daß der Milchsaft die krebsauslösende Wirkung anderer Stoffe verstärken kann. Dies gilt aber keinesfalls für alle Arten, offensichtlich nicht für jene, deren Milchsaft besonders starke Hautreizungen verursacht.

Wer mit Wolfsmilchgewächsen hantiert, sollte Handschuhe anziehen. Mit der seit kurzem in Mode gekommenen Wüstenrose (*Adenium*) sollte man ähnlich vorsichtig umgehen. Auch die Korallenranke (*Euphorbia fulgens*) kann während der Blütezeit allergische Reaktionen hervorrufen. Außerordentlich giftig ist eine weitere sukkulente Pflanze: *Cotyledon wallichii*, ein Dickblattgewächs aus Südafrika.

Wenn von giftigen Zimmerpflanzen die Rede ist, muß an erster Stelle der Oleander (*Nerium oleander*) genannt werden. Dringend ist darauf zu achten, daß Kinder keine Pflanzenteile verzehren. Sowohl Stiel und Blätter als auch Blüten und Früchte sind giftig. Der Genuß von Pflanzenteilen kann zu Erbrechen, Schmerzen im Unterleib, Schwindel, Störungen des Herzrhythmus, erweiterten Pupillen, blutigem Durchfall und Atemlähmung führen. Es sollte auch vermieden werden, daß Pflanzensaft in Wunden gelangt.

Noch giftiger und unbedingt von Kindern fernzuhalten ist *Ricinus communis*, der jedoch nur während der Anzucht im Zimmer stehen kann. Zu Atembeschwerden, Erbrechen und Schwäche soll der Genuß von *Sedum morganianum* führen.

Auch ein Liliengewächs ist bei den giftigen Zimmerpflanzen zu nennen: *Gloriosa rothschildiana*, die Ruhmeskrone. Die walzenförmigen Knollen enthalten das aus den Herbstzeitlosen bekannte Alkaloid Colchicin. In Indien und Ceylon, so heißt es, hat man die Knollen schon in selbstmörderischer Absicht gegessen.

Allgemein bekannt ist, daß das Berühren bestimmter Primelarten die Haut empfindlicher Personen unangenehm reizt. Dies gilt besonders für die Becherprimel (*Primula obconica*), aber auch für die Chinesenprimel (*P. praenitens*, syn. *P. sinensis*). Den Wirkstoff Primin, der diesen Reiz verursacht, enthält die Fliederprimel (*P. malacoides*) nicht. Auch von *Primula obconica* gibt es inzwischen zumindest priminarme Sorten, zum Beispiel 'Mayers Nonprimina Bayernblut'.

Auch viele Aronstabgewächse (Araceae) wie die Flamingoblume (*Anthurium*), die Zimmercalla (*Zantedeschia aethiopica*), *Monstera* und *Philodendron* sowie die Dieffenbachie kommen als Verursacher von Hautreizungen infrage. Bei vielen dürften dafür Calciumoxalate verantwortlich sein, die in Kristallform (zum Beispiel Nadeln = Rhaphiden) in den Pflanzen enthalten sind. Gelangen solche Pflanzenteile in den Mund, führt dies zu einem Brennen und Anschwellen der Schleimhäute von Mund und Hals sowie zum Brechreiz. Da auch die Efeutute (*Epipremnum*) Rhaphiden enthält – ihr veralteter botanischer Name *Rhaphidophora* weist darauf hin –, ist bei ihr ähnliches zu erwarten. Als besonders gefährlicher Vertreter dieser Familie gilt die Dieffenbachie. Sie verursacht ebenfalls Hautreizungen, Entzündungen der Schleimhaut bis hin zu Lähmungen des Halses. Der Pflanzensaft soll sogar Strychnin enthalten. Zumindest weiß man, daß die Wirkung der Calciumoxalatkristalle durch ein toxisches Protein verstärkt wird. Man berichtet, daß Rhizome von Dieffenbachien sogar zur Folter verwendet wurden. Das Opfer mußte auf den

Zwar bleibt Euphorbia tirucalli auch bei uns nicht klein, aber zu solchen großen Bäumen wie in der südafrikanischen Heimat wächst sie nicht heran. Ähnlich wie unsere Heckenpflanzen läßt sich diese Euphorbie niedrig halten. Dicht gepflanzt bildet sie so wegen ihres scharfen, ätzenden Milchsaftes einen lebenden Zaun.

Pflanzenteilen kauen. Unter Brennen schwollen daraufhin Zunge und Schleimhäute so stark an, daß der Bedauernswerte kein Wort mehr sprechen konnte.
Andererseits gibt es Aronstabgewächse, die als Nutzpflanzen Verwendung finden. Alocasien und Colocasien entdecken wir vorwiegend in botanischen Gärten als Zierpflanzen. Beide Gattungen enthalten Arten, die genießbare Knollen produzieren. Und wer stolzer Besitzer der schönblättrigen *Xanthosoma lindenii* ist, weiß wohl kaum, daß aus ihr und anderen Arten eine in Südamerika angebaute Kulturpflanze entstand.

Die Früchte unseres weitverbreiteten Fensterblatts (*Monstera deliciosa*) gelten trotz der schleimhautreizenden Wirkung als besonders köstlich. Bei ihm wie auch bei anderen Aronstabgewächsen sucht man nach calciumoxalatarmen oder gar -freien Typen. Von anderen Zimmerpflanzen ist bekannter, daß sie nicht nur einen schönen Anblick, sondern auch etwas Nahrhaftes zu bieten haben. Denken wir nur an die Dattelpalme (*Phoenix dactylifera*) oder die Ananas (*Ananas comosus*).
Nutzpflanzen zweifelhaften Werts sind jene, die halluzinogene (rauscherzeugende) Inhaltsstoffe enthalten. Die bekannteste Zimmerpflanze in diesem Kreis ist *Lophophora williamsii*, der Schnapskopfkaktus oder Payote. Archäologische Grabungen in jüngster Zeit zeigten, daß die Wirkung dieser unbewehrten Kakteen schon vor rund 3000 Jahren bekannt war und bei religiösen Handlungen Verwendung fand. Der Kult um diese „Pflanze der Götter" hielt sich bis in unsere Tage.
Der Mescalin genannte Wirkstoff löst schon in geringen Dosen von 0,2 bis 0,4 g Rauschzustände aus. Mescalin und ähnliche Alkaloide finden sich noch in einigen anderen, zum Teil falsche Payote genannten Kakteen. An erster Stelle sind *Trichocereus pachanoi* und *T. terschekii* zu nennen, die Mescalin in ähnlich hoher Konzentration wie der Payote enthalten. Halluzinogene sind darüber hinaus zu finden in *Ariocarpus fissuratus*, *A. retusus*, *Coryphantha*-Arten, *Echinocereus salm-dyckianus*, *E. triglochidiatus*, *Epithelantha micromeris*, *Mammillaria*-Arten wie *M. heyderii*, *Pachycereus pecten-aboriginum* und *Pelecyphora aselliformis*. Von *Carnegiea gigantea* vermutet man eine ähnliche Wirkung.
Halluzinogene finden sich in vielen Pflanzen anderer Familien, so im Samen von *Cytisus canariensis*, *Datura aurea* (syn. *Brugmansia aurea*) und anderen Arten, *Oncidium cebolleta* sowie in Früchten einer in Neuguinea verbreiteten *Pandanus*-Art. Selbst unsere Buntnesseln (*Coleus blumei* und *C. pumilus*) stehen im Verdacht, wegen ihrer berauschenden Wirkung in Mexiko gekaut zu werden.
Ein Versuch mit den genannten halluzinogenen Pflanzen, die bei uns auf der Fensterbank stehen, dürfte nicht die gewünschte Wirkung auslösen. Die Wirkstoffe entstehen unter den lichtarmen Bedingungen Mitteleuropas nur in geringer Konzentration.
Von vielen Nachtschatten- und Rosengewächsen ist bekannt, daß zwar die Früchte eßbar, die übrigen Pflanzenteile jedoch schädlich sind. Man sollte verhindern, daß Kinder beispielsweise Blätter des Korallenstrauches (*Solanum pseudocapsicum*) verzehren. Die meist roten Früchte des Zierpaprikas (*Capsicum annuum*) steckt man besser nicht in den Mund, denn sie sind scharf und verursachen ein bemerkenswertes Brennen. Unser Zierpaprika unterscheidet sich damit von anderen Auslesen der gleichen Art, deren bis zu 15 cm großen Früchte man in vielen Ländern auch wegen des gesundheitlichen Wertes schätzt.
Diese Aufzählung sollte nun nicht dazu führen, daß besorgte Mütter und Väter alles Grüne aus der Umgebung ihrer Kinder verbannen. Wichtiger ist es, frühzeitig auf die Gefahren hinzuweisen. Die giftigsten Vertreter wie Oleander sollte man allerdings

von Kleinkindern fernhalten. Und haben Kinder wirklich einmal das Blatt einer Zimmerpflanze gegessen, so muß man nicht sofort das Schlimmste annehmen. Viele Pflanzen werden nur in höheren Dosen gefährlich. Ernsthafte Vergiftungserscheinungen zeigen sich bei einem 25 Pfund schweren Kind erst dann, wenn es $1/4$ bis $1/2$ Pfund Azaleenblätter geschluckt hat. Einen geschmacklichen Anreiz, soviel davon zu essen, gibt es sicher nicht.

Ebenfalls muß der Kontakt mit einer in der Tabelle aufgeführten Pflanze nicht zwangsläufig zu einer Hauterkrankung führen. Einmal muß eine subjektive Empfindlichkeit dafür vorhanden sein, zum anderen ist bei einigen Arten ein ständiger Kontakt über längere Zeit hinweg nötig, um die Symptome hervorzurufen. Mit Sicherheit ist die Liste noch unvollständig. Weitere Arten besonders aus den Familien der Wolfsmilchgewächse und der Aronstabgewächse werden noch hinzukommen.

Die Ursachen und die Auswirkung können stark differieren. Die Hauterkrankung kann zum Beispiel durch mechanische Reize ausgelöst werden, zum Beispiel durch die „Stacheln" von *Opuntia microdasys*. Eine besondere Erkrankungsform ist die Erhöhung der Lichtempfindlichkeit, wie sie beispielsweise nach dem Kontakt mit *Citrus*- und *Ficus*-Arten beobachtet wurde.

Über dieses Thema wissen wir noch viel zu wenig. Nahezu unbekannt sind auch die Wirkungen der Zimmerpflanzen auf Haustiere. Wer Stubenvögel hält, kennt deren

Harmlos sehen die weißen Polster auf den Gliedern von Opuntia microdasys aus.

Vorliebe für Blätter von Tradescantien und *Zebrina*. Auch Katzen scheinen sie zu munden. Viele Leser werden von weiteren eigenmächtigen Versuchen der Haustiere zur Bereicherung der Speisekarte berichten können. Eindeutige Vergiftungen oder Empfindlichkeiten waren jedoch nur selten nachzuweisen.

Können Pflanzen schädlich oder gar gefährlich werden, selbst wenn wir keine Teile davon verzehren oder berühren? Empfindliche Personen reagieren auf den intensiven Duft einiger Arten mit Kopfschmerzen, zum Beispiel auf *Jasminum* oder *Hoya*. Andererseits schätzen wir die ätherischen Pflanzenöle zum Inhalieren bei Erkrankungen der Bronchien oder des Nasenraumes. *Eucalyptus* sollen so viele Stoffe in die umgebende Luft abgeben, daß eine spürbare Wirkung auf Erkältete zu erwarten ist. Leider eignen sich diese schnellwachsenden Gehölze nur für größere Anlagen wie Wintergärten.

Am häufigsten beschäftigt die Frage, ob Pflanzen im Schlafzimmer stehen dürfen oder ob man sie besser nachts herausräumt. Tagsüber produzieren sie Sauerstoff, nachts dagegen verbrauchen sie das lebensnotwendige O_2 und geben dafür das unerwünschte Kohlendioxid ab. In Tübingen ermittelte man diese Werte in einem Gewächshaus, das der Innenarchitekt Dieter Schempp zu Wohnung und Büro umfunktioniert hatte. Im Laufe des Tages, so stellte man fest, steigt der Sauerstoffgehalt über den der Außenluft. Nachts dagegen sinkt er langsam ab, jedoch nie wesentlich unter den Außenwert. Auch der CO_2-Gehalt stieg nachts – obwohl nahezu die Hälfte der Grundfläche bepflanzt war – nie annäherungsweise auf einen bedenklichen Wert an. Gesundheitliche Beeinträchtigungen sind somit auszuschließen.

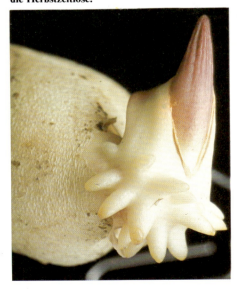

Die Knollen der Ruhmeskrone (Gloriosa rothschildiana), hier mit einem jungen Austrieb, enthalten den gleichen giftigen Inhaltsstoff wie die Herbstzeitlose.

Erst die starke Vergrößerung des Elektronenmikroskops offenbart, welche Ansammlung von heimtückischen Spießen mit gefährlichen Widerhaken die Opuntienpolster darstellen.

Wer, wie Dieter Schempp, im Gewächshaus wohnt und den dort auftretenden größeren Temperaturdifferenzen ausgesetzt ist, wird abgehärtet und weniger anfällig gegen Erkältungen. Je höher die Luftfeuchte ist, umso weniger muß man heizen. Der Körper verdunstet bei hoher Luftfeuchte weniger Wasser. Die fehlende Verdunstungskälte bewirkt, daß wir niedrigere Temperaturen als angenehm warm empfinden im Vergleich zu geringer Luftfeuchte.

Wenn wir nun noch hören, daß die emotionale Stabilität erhöht und die Gefahr neurotischer Störungen bei jenen Personen verringert wird, die Kontakt mit Pflanzen haben im Vergleich zu denen ohne Pflanzenkontakt, dann kann es keine Frage mehr geben, wofür wir uns entscheiden.

Zimmerpflanzen, die bei empfindlichen Personen Hauterkrankungen verursachen können

Adenium-Arten	Wüstenrose
Agave americana	Agave
Allamanda cathartica	
Ananas comosus	Ananas
Arachnoides adiantiformis	Lederfarn
Chrysanthemum indicum	Chrysantheme
Citrus-Arten	Orangen, Zitronen usw.
Codiaeum variegatum	Wunderstrauch, Croton
Coffea arabica	Kaffee
Dahlia-Hybriden	Dahlien
Drosera-Arten	Sonnentau
Dieffenbachia-Arten	
Epipremnum aureum	Efeutute
Euphorbia-Arten	Weihnachtsstern, Christusdorn u.a.
Ficus-Arten	Gummibaum
Freesia-Hybriden	Freesien
Hedera helix	Efeu
Hyazinthus orientalis	Hyazinthen
Iris-Hybriden	Iris, Schwertlilien
Jatropha-Arten	
Laurus nobilis	Lorbeer
Monstera deliciosa	Fensterblatt
Musa paradisiaca	Banane
Narcissus pseudonarcissus	Narzisse
Nerium oleander	Oleander
Opuntia microdasys	Opuntie
Pedilanthus tithymaloides	
Pelargonium-Arten	Pelargonien, „Geranien"
Philodendron-Arten	Baumfreund
Plumeria-Arten	
Polyscias-Arten	
Primula-Arten	Primeln
Rhoeo spathacea	
Scilla-Arten	Blausterne u.a.
Setcreasea pallida	
Sparmannia africana	Zimmerlinde
Streptocarpus rexii	Drehfrucht
Tulipa-Hybriden	Tulpen

Hinzu kommen sicher noch viele weitere Vertreter der Wolfsmilch- und der Aronstabgewächse, die bislang noch nicht untersucht wurden.

Die richtige Pflege ist kein Geheimnis

Wir haben bereits gesehen, daß Licht, Temperatur und Luftfeuchtigkeit stimmen müssen, sollen die Zimmerpflanzen gut gedeihen. Es gehört noch mehr dazu. Im Gegensatz zu freiwachsenden Gewächsen steht der Topfpflanze nur wenig Erde zu Verfügung. Die Topferde muß den Wurzeln optimale Entwicklungsmöglichkeiten bieten, muß Wasser und Dünger in zuträglicher Menge bereit halten. Dem richtigen Gießen kommt besondere Bedeutung zu. Und düngen sollte man auch von Zeit zu Zeit. Im Winter schätzen viele Zimmerpflanzen eine Ruhezeit, einige dagegen im Sommer. Nachfolgend sind solche grundsätzlichen Pflegemaßnahmen erläutert. Aus gutem Grund beginnt dies mit der Wahl der richtigen Erde, beeinflußt doch diese Entscheidung die weitere Behandlung wie das Gießen und Düngen.

Substrate

Früher ging man mit einem Eimer ausgerüstet zum nächsten Gärtner, um „Praxiserde" für die Zimmer- und Balkonpflanzen zu holen. Mit dieser versehen, konnte dann das jährliche Umtopfen beginnen. Was man mit nach Hause brachte, wußte man nicht genau. Man kannte weder den Kalk- noch den Nährstoffgehalt der Erde. Aber wenn es ein guter Gärtner war, der sein Handwerk verstand und der nicht einen Erdhaufen mit „billiger" Erde für seine Kunden bereithielt, kaufte man eine Erdmischung, in der viele Pflanzen gediehen. Ideal war es, wenn der Gärtner extra eine bestimmte Mischung zum Beispiel für ein Alpenveilchen oder eine Azalee herstellte.

Heute sieht dies etwas anders aus. Man geht entweder in das Blumen- oder Gartenfachgeschäft, den Supermarkt oder das Kaufhaus und erwirbt eine der vielen „Tütchenerden". In vielen Fällen weiß man genauso wenig wie früher, wie gut oder schlecht diese Blumenerde ist. Diese sogenannte Blumenerde gehört zu den unerfreulichsten Kapiteln der Zimmerpflanzenpflege.

Vor einigen Jahren überprüfte die Landwirtschaftliche Untersuchungs- und Forschungsanstalt in Münster/Westfalen insgesamt 136 verschiedene Blumenerden aus dem gesamten Bundesgebiet. Das Ergebnis war erschreckend. Die Unterschiede waren extrem, sowohl was den Nährstoffgehalt, die organische Substanz und den pH-Wert anbetraf. Der größte Teil der Erden genügt nicht den Anforderungen. Selbst eine bestimmte Marke war nicht das eine wie das andere Mal.

Seit dieser Zeit hat sich nicht allzuviel geändert. Noch immer kann jeder, der Lust dazu verspürt, eine beliebig zusammengestellte Mischung in Tüten füllen und für gutes Geld verkaufen. Auf der anderen Seite gibt es sehr gute Erden. Wie aber soll der Blumenfreund erkennen, ob diese Erde geeignet ist, das Leben seiner Pfleglinge zu verlängern oder zu verkürzen? Bleibt ihm, nachdem nur noch wenige Gärtner Erde abgeben, nichts anderes übrig, als selbst etwas zurechtzumischen?

Nun, dies ist zum Glück nicht so. Woher sollte man auch die vielen Bestandteile für die Erdmischungen bekommen? Neben Sand, Lehm und Torf und Kompost hatte der Gärtner früher Heide-, Nadel-, Laub-, Mistbeet-, Moor- und Rasenerde. Die Rezeptur etwa für Alpenveilchen *(Cyclamen persicum)* war Betriebsgeheimnis. Rezepte findet man noch heute in alten oder veralteten Büchern. Diese mehr oder weniger kunstvollen Mischungen sind in Gartenbaubetrieben längst überholt. Anstelle dieser Praxiserden sind sogenannte Industrieerden getreten.

Man spricht heute meist nicht mehr von Erden, sondern von „Substraten". Das Wort Substrat bedeutet Nährboden oder auch Unterlage. Man versteht hierunter alles, worin Pflanzen wurzeln; von Erdmischungen auch mit Kunststoff-Anteilen über Rindenstücke für Orchideen bis zum Blähton für die Hydrokultur. Das Substrat hat die Aufgabe, den Pflanzen Halt zu verschaffen und ihnen Wasser und darin gelöste Nährstoffe anzubieten. Darüber hinaus muß das Substrat genügend Luft enthalten, um die Sauerstoffversorgung der Wurzeln zu ermöglichen.

Hieraus können wir ableiten, welche Anforderungen wir an ein für die Zimmerpflanzenpflege geeignetes Substrat stellen: Es muß einmal alle für die Pflanzen notwendigen Nährstoffe in zuträglicher Menge enthalten. Damit in Zusammenhang steht der pH-Wert, der ein Maß darstellt für das Verhältnis der sauren zu den alkalischen oder basischen Bodenbestandteilen. Saure Böden haben einen niedrigen pH-Wert unter 7, alkalische einen über 7; pH 7 kennzeichnet den Neutralpunkt.

Führen wir einem Boden, zum Beispiel durch Gießen mit hartem Wasser, ständig Kalk zu, so erhöhen wir damit langsam den pH-Wert. Ein hoher pH-Wert hat zur Folge, daß bestimmte Nährstoffe im Boden gebunden werden und damit für die Pflanzen wertlos sind. Dies führt zu Mangelerscheinungen, wobei aber nicht jede Pflanzenart gleich empfindlich reagiert. „Kalkfliehende" Pflanzen wie Azaleen schätzen einen stark sauren Boden unter pH 5; andere sind mit einem schwach sauren von pH 5 bis 6 zufrieden, wie zum Beispiel Alpenveilchen, Gardenien und die meisten Palmen. „Kalkholde" Pflanzen wie die Zimmercalla *(Zantedeschia aethiopica)* und die Passionsblumen *(Passiflora)* vertragen auch ein neutrales oder leicht alkalisches Substrat bis pH 8.

Da die Mehrzahl aller Topfpflanzen in einem schwach sauren Substrat hervorragend gedeiht, haben gute Blumenerden diese Beschaffenheit. Bei der erwähnten Prüfung schwankte der pH-Wert je nach Fabrikat von 2,9 bis 7,2! Die Reaktion der Erde ändert sich im Laufe der Zeit beispielsweise durch hartes Gießwasser und die Wurzelausscheidungen der Pflanzen.

Nicht nur Kalkmangel ist die Folge eines zu niedrigen pH-Werts. Der pH-Wert des Substrats hat Einfluß auf die Löslichkeit verschiedener Nährstoffe. Obwohl Gardenien eine saure Erde schätzen, reagieren sie mit starken Blattschäden auf zu niedrige Werte.

Wie mißt man den pH-Wert?

Will man von einer fertigen Blumenerde oder einer selbst hergestellten Mischung den pH-Wert wissen, so läßt sich dies recht einfach ermitteln. Am billigsten wäre es – wie oft empfohlen wird –, Indikatorpapier zu verwenden. Doch Indikatorpapier ist für die Untersuchung von Erden ungeeignet. Es kommt zu keiner Verfärbung; man sieht jeweils nur die Eigenfarbe des Papiers. Besser eignen sich Indikatorstäbchen, wobei man beim Kauf darauf achten sollte, daß sie den interessierenden pH-Bereich anzeigen und daß sie nicht „bluten". Bei nichtblutenden Stäbchen tropft die Farbe nicht gleich aus dem Indikatorträger heraus, so daß man sie einige Minuten in der Flüssigkeit liegen lassen kann. Beim Untersuchen der Böden kann dies nötig sein, da sich der Farbumschlag oft nicht gleich einstellt. Hieraus geht hervor, daß nur Flüssigkeiten mit Hilfe dieser Teststäbchen zu messen sind. Man muß also die Erde mit etwas destilliertem Wasser anrühren und etwa 10 Minuten stehen lassen.

Einfach ist auch die Verwendung des Hellige-Pehameters. Dieses einfache Gerät, das vom Samenfachhandel und in Garten-Centern angeboten wird, besteht aus einer Platte mit einer Mulde zur Aufnahme der Bodenprobe. Auf die Erde gibt man wenige Tropfen einer Indikatorflüssigkeit. Je nach Bodenreaktion ändert sich die Farbe der Flüssigkeit. Durch das Neigen der Platte läuft die Flüssigkeit in eine Rinne und kann hier mit der Farbskala verglichen werden. Auch dieses Ergebnis ist nicht exakt, reicht aber für unsere Zwecke. Die Firma Sudbury bietet ein Topfpflanzen-Test-Set an, welches neben einer Indikatorflüssigkeit Kalk zum Anheben und eine Schwefelverbindung zum Absenken des pH-Werts enthält.

Einheitserde und Torfkultursubstrat

Da, wie wir sahen, viele Pflanzen in einem schwach sauren Substrat gedeihen, konnte man für diese eine „Einheitserde" entwickeln. Die Arbeit leistete Prof. Fruhstorfer, weshalb diese Erde auch unter dem Namen Fruhstorfer Erde bekannt wurde. Sie besteht zu 60 bis 70 % aus Weißtorf und zu 30 bis 40 % aus Ton oder Untergrundlehm. Neuere Mixturen enthalten noch Styroporflocken (Styromull) zur Verbesserung der Durchlüftung. Der pH-Wert liegt im schwach sauren Bereich zwischen pH 5,3 und 5,8.

Einheitserde wird in Kleinpackungen (1,5, 2,5, 5, 10 und mehr Liter) unter dem Namen „frux" angeboten. Sie enthält schnellwirkende Nährstoffe sowie Langzeitdünger, die ein Nachdüngen erst nach 6 bis 8 Wochen nötig machen. Dem Gärtner ist diese Erde unter der Bezeichnung ED 73 bekannt (früher ED 63). Er verwendet darüber hinaus noch den Einheitserde-Typ P (Pikiererde, für Vermehrung, Jungpflanzenanzucht und salzempfindliche Pflanzen) und den Typ T (Topferde), die sich voneinander in ihrem Nährstoffgehalt (Salzkonzentration) unterscheiden. Beide gibt es nicht in Kleinpackungen.

Einheitserde bietet eine Vielzahl an Vorteilen. Weißtorf als wesentlichster Bestandteil zeichnet sich durch hohe Strukturstabilität aus. Dies bedeutet, daß der Torf lange seine gute Eigenschaft behält und trotz der guten Wasserkapazität eine optimale Durchlüftung ermöglicht. Von Komposterden kann man dies in der Regel nicht behaupten. Die Bestandteile werden schneller durch die Mikroorganismen des Bodens abgebaut. Der Boden pappt zusammen, es kommt zu Sauerstoffmangel und damit zu Wurzelschäden. Beim Gießen ist zu beachten, daß stark torfhaltige Substrate feuchter sein müssen als mineralische. Einen Teil des Wassers bindet der Torf so stark, daß er für die Pflanze nicht verfügbar ist. Sie zeigen schon Wassermangel an, obwohl der Boden noch Feuchtigkeit enthält.

Der Lehm- oder Tonanteil der Einheitserde sorgt für eine hohe Sorptionskapazität. Hierunter versteht man die Eigenschaft, (in diesem Fall) Nährstoffe festzuhalten und bei Bedarf abzugeben. Substrate mit hoher Sorptionskapazität bewirken eine gleichmäßige Nährstoffnachlieferung. Andererseits können sie bei einer Überdüngung die Salze binden und so Schäden verhindern. Diese Eigenschaft, Extreme abzumildern, bezeichnet der Fachmann als „Pufferung".

Neben der Einheitserde gibt es noch andere Substrate, die ähnlich günstige Eigenschaften besitzen. Torfkultursubstrat (TKS) besteht aus Weißtorf, der auf etwa pH 4,8 bis 5 aufgekalkt wird, und Nährstoffen. Es ist wie Einheitserde strukturstabil, hat jedoch, da kein Lehm oder Ton enthalten ist, eine geringere Sorptionskapazität. Somit muß man etwas sorgfältiger düngen, das heißt genau dosiert und in regelmäßigen Abständen. Auch TKS enthält wie Einheitserde Nährstoffe in langsamfließender Form, so daß meist erst nach 8 Wochen nachgedüngt werden muß.

TKS gibt es in Kleinpackungen. Es entspricht dem im Gartenbau gebräuchlichen TKS II mit einer für die meisten Topfpflanzen zuträglichen Nährstoffkonzentration. Davon unterscheidet sich TKS I durch den geringeren Salzgehalt. Es ist für salzempfindliche und zur Anzucht geeignet. Ein ähnlich hochwertiges Substrat ist „Compo Sana", das ebenfalls aus Torf (50 % Weiß- und 50 % Schwarztorf) sowie aus 8 % Hygromull („Atmungsflocken") besteht. Schwarztorf ist stärker zersetzt, feiner und nimmt mehr Wasser auf. Die Luftführung ist weniger gut als bei Weißtorf, doch puffert er besser. Die ungünstigen Eigenschaften des Schwarztorfs werden durch das Hygromull ausgeglichen, das strukturstabilisierend wirkt. Die Nährstoffkonzentration ist niedriger als bei TKS II oder „frux" (ED 73), also auch für Salzempfindliche geeignet. Der pH-Wert liegt etwa bei 4,8.

Bei allen drei Substraten ist ein Teil des Stickstoffs in langsamfließender Form enthalten. Dies bedeutet, daß ein Teil erst im Laufe der Zeit pflanzenverfügbar wird. Die Nährstoffversorgung ist also annähernd gleichmäßig über einige Wochen. Solche Erden mit langsamfließenden Nährstoffen sollten in feuchtem Zustand nicht längere Zeit gelagert werden, da sich sonst sämtlicher Stickstoff löst und die Konzentration direkt nach dem Umpflanzen zu hoch ist. Die Erde ist daher trocken zu lagern und erst vor Gebrauch wieder anzufeuchten. Ein großer Vorteil der Industrieerden ist, daß sie „praktisch steril" sind, also keine schädlichen Bodenorganismen enthalten, und somit auch für die Anzucht geeignet sind, wenn dafür nicht ein niedriger Salzgehalt gewünscht wird. Alle diese Erden haben als Grundbestandteile Torf. Sie werden unter dem Namen Torfsubstrate zusammengefaßt.

Bevor wir uns für ein Substrat entscheiden, müssen wir uns über den Verwendungszweck im klaren sein. Balkonkastenpflanzen, die nur wenige Monate schmücken sollen und dann weggeworfen werden, bedürfen keiner so hochwertigen Erde wie etwa Palmen oder eine Clivie, die vielleicht mehrere Jahre nicht verpflanzt werden. Für diese spielt die bereits angesprochene Strukturstabilität eine entscheidende Rolle, denn noch nach einem Jahr soll die Durchlüftung genau so gut sein wie kurz nach dem Eintopfen. Wir wählen daher am besten ein Substrat auf Torfbasis wie Einheitserde, TKS oder Compo Sana und mischen vielleicht noch etwas Lehm hinzu, wenn die jeweilige Pflanze dies schätzt. Auch für Pflanzwannen und Grundbeete von Wintergärten, deren Erde nur in größeren Abständen gewechselt werden kann, empfehlen sich diese Substrate. Mischungen mit Komposterde sind vielleicht um einiges billiger, besonders, wenn man selbst Kompost aus dem Garten besitzt, sie verlangen aber ein sehr viel vorsichtigeres Gießen und müssen häufiger ausgetauscht werden.

Fertig in Tüten gepackte „Balkonkastenerde" ist im allgemeinen nur für diesen Zweck geeignet und nicht für anspruchsvolle Topfpflanzen.

Wie wir sahen, basieren alle modernen Substrate auf Torf. Torf ist das Ergebnis der Zersetzung vorwiegend pflanzlicher Rückstände unter Wassersättigung und Sauerstoffmangel. Torflagerstätten bezeichnen wir als Moore. Moore gehören nicht nur in der Bundesrepublik zu jenen Landschaften, die bereits in hohem Maße zerstört sind und deshalb eines strengen Schutzes bedürfen.

Das Ende des Torfabbaus ist in absehbarer Zeit gekommen. Lieferungen aus dem Ausland, etwa der Sowjetunion, erfolgen bislang unregelmäßig und decken nicht den Bedarf. Hinzu kommt, daß es bei Torf erhebliche Qualitätsunterschiede gibt.

Der Mangel an Torf bedingt, daß inzwischen auch minderwertiger abgestochen wird. Dieser Torf ist entweder schon zu sehr zersetzt, verdichtet bald und zeichnet sich nicht durch die lang anhaltende Strukturstabilität aus. Oder er ist in erheblichem Maße mit Unkrautsamen oder schädlichen Bodenlebewesen wie an Pflanzen saugenden Fadenwürmern (Nematoden) verseucht.

Es wird Zeit, sich nach einem Ersatz für Torf umzusehen. Eine Patentlösung gibt es noch nicht. Als einzige Alternative bieten sich derzeit Komposte aus Rinden an, die bei der Holzverarbeitung anfallen. Sie sind in viel stärkerem Maße als jene Rindenstücke zersetzt, die uns von der Orchideenkultur bekannt sind. Bisherige Kulturversuche mit Mischungen von Torf mit Rindenkompost waren vielversprechend, doch es bedarf noch vieler Untersuchungen, um schließlich ein Substrat zu finden, das, ähnlich wie Einheitserde, für fast alle Topfpflanzen brauchbar ist. Immerhin sind die ersten Produkte auf dem Markt.

Mischungen mit Industrieerden

Die torfhaltigen Substrate sind auch eine ausgezeichnete Ausgangsbasis, um spezifische Mischungen herzustellen. Für manche sukkulenten Pflanzen – das sind solche, die Wasser speichern und somit Trockenperioden überdauern können – kann es angebracht sein, die Wasserkapazität zu verringern. Dazu setzt man mehr oder weniger Sand zu. Der Sand sollte immer grobkörnig (scharfer Sand) und kalkfrei sein. Am besten ist reiner Quarzsand. Feinbestandteile kann man durch Waschen entfernen. Pflanzen wie das Zypergras *(Cyperus alternifolius)* oder die Zimmercalla *(Zantedeschia aethiopica)* schätzen eine lehmige Erde. Dazu mengen wir dem Ausgangssubstrat krümeligen Lehm bei. Ihn kann man nirgends kaufen, aber er ist ohne große Schwierigkeiten zu beschaffen. Ein frischer Maulwurfshügel im Wald oder auf der Wiese liefert meist einen idealen Lehm. Völlig ungeeignet ist der bei Bauarbeiten anfallende Untergrundlehm, der biologisch tot ist, fest zusammenpappt und die Durchlüftung beeinträchtigt. Durch das Zumischen von Lehm kann allerdings die Bodenreaktion verändert werden. Stark kalkhaltiger Lehm (vor Gebrauch am besten messen!) würde den pH-Wert erhöhen und ist somit ungeeignet.

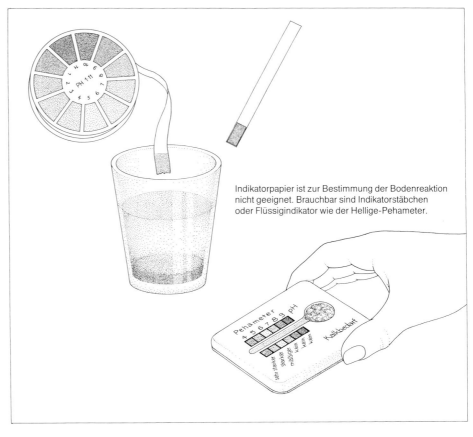

Indikatorpapier ist zur Bestimmung der Bodenreaktion nicht geeignet. Brauchbar sind Indikatorstäbchen oder Flüssigindikator wie der Hellige-Pehameter.

Rein mineralische Substrate wie Lavagrus sind für einige Kakteen wie Melocactus neryi eine gute Voraussetzung für zuträgliche Wasserversorgung und gesundes Gedeihen.

Für den Frauenhaarfarn *(Adiantum)*, einige Orchideen und Ananasgewächse ist der Salzgehalt der meisten in Kleinpackungen erhältlichen Industrieerden zu hoch. Sie werden abgemagert, am besten durch Zumischen von Weißtorf. Auch Sphagnum ist geeignet. Sphagnum sind Torfmoose, die man zum Beispiel an feuchten Plätzen im Wald findet. Orchideengärtnereien oder Firmen, die „Orchideenbedarf" führen, bieten Sphagnum an. Wie Torf ist Sphagnum einige Zeit strukturstabil und sauer. Es findet vorwiegend in Orchideen- und Bromeliensubstraten Verwendung, entweder frisch oder aber getrocknet. Die wasserhaltende Kraft ist noch höher als die des Torfs! Das frische Sphagnum legen wir etwa 48 Stunden ins Wasser, damit alle mitgebrachten Kleintiere an die Oberfläche kommen und abgesammelt werden können.

Wenn wir Torf (etwa pH 2,5 bis 4) oder Sphagnum (pH 3,5 bis 4,5) einer Industrieerde beimischen, so führt dies zur Veränderung des pH-Werts. Die Mischung wird saurer, der pH-Wert niedriger. Sinkt er unter den gewünschten Wert, hilft kohlensaurer Kalk, der auch im Garten Verwendung findet. Um Torf auf pH 6,5 anzuheben, gibt man je Liter 6 bis 10 g kohlensauren Kalk. Wer es genau machen will, kommt um das Messen der Bodenreaktion nicht herum. Saure Substrate sollte man grundsätzlich nicht über den Neutralpunkt anheben, da sonst pflanzenschädigende Substanzen frei werden können.

Manche Zimmerpflanzen sind bekannt dafür, daß ihre Wurzeln sehr leicht faulen. Dazu gehören neben anderen die Weihnachtskakteen, Orchideen, die Kamelie, Maranten, viele Farne und Vertreter der Schwarzmundgewächse (Melastomataceae). Sie stellen besondere Ansprüche an die Durchlüftung des Bodens. Ein verdichtetes Substrat in Verbindung mit reichlichem Gießen kann tödlich sein. Um die Bodenstruktur möglichst lange zu stabilisieren, mischen wir dem Substrat Styromull bei. Styromull ist nichts anderes als zu kleinen Schnitzeln zermahlenes Styropor, ein geschäumter Kunststoff (Polystyrol), der als Verpackungsmaterial weit verbreitet ist. Bei geringem Bedarf können wir die Verpackungselemente fein zerbröseln und haben so die gewünschte Mischungskomponente. Ideal ist Styromull auch für Substrate in Pflanzwannen, Trögen und Wintergärten, da es dort nicht so häufig gewechselt wird.

Substrate für Kakteen und andere Sukkulenten

Selten ist über eine gartenbauliche Frage mehr diskutiert worden als über jene, welche Eigenschaften ein Substrat für Kakteen besitzen muß. Einer schwört auf jene Rezeptur, andere hatten mit einer völlig anderen Mischung beste Erfolge. Dies ist ein Indiz dafür, daß die Ansprüche der Kakteen so spezifisch nicht sein können. Wenn es also einmal nicht klappt, dann ist meist nicht das Substrat daran schuld, sondern falsches Gießen oder anderes. In älteren Kakteenbüchern findet man Empfehlungen wie diese: „Am besten nimmt man für seine Kakteen gute alte Mistbeeterde, der man ein reichliches Drittel gröberen Sand und ein Viertel alten, nicht mehr bindenden Lehm zusetzt, außerdem noch etwas zerstoßenen Mörtelkalk. Mengt man nun noch etwas zerstoßene Holzkohle bei, so fördert dies die Gesunderhaltung der Wurzeln" (Berger, 1929). Noch in einem 1977 erschienen Buch wird eine ähnliche Mischung empfohlen, nur daß anstelle von Mistbeeterde Lehm- und Lauberde genannt wird. Ohne eine bestimmte „Glaubensrichtung" vertreten zu wollen, kann man behaupten, daß solche Angaben heute überholt sind. Kakteenpfleger reden sich zwar immer noch die Köpfe heiß darüber, welchen pH-Wert das Substrat haben soll, man ist sich aber einig darin, daß der Wert niedriger als der Neutralpunkt liegen soll; ob nun 5,5 oder 6 oder auch 6,5, dies scheint ziemlich gleichgültig zu sein. Entgegen der früher verbreiteten Ansicht, Kakteen benötigten ein stark kalkhaltiges Substrat, damit die Stachelbildung gefördert wird, zeigten Messungen an Naturstandorten, daß viele Böden dort sauer sind. Vom Beimischen eines Kalkdüngers ist daher abzuraten, es sei denn, man hat eine sehr kalkarme Mischung. In diesem Fall kann Gips (etwa 5 bis 10 g je Liter Substrat) dem Kalkmangel vorbeugen, ohne den pH-Wert zu erhöhen. Gips reagiert in wäßriger Lösung sogar sauer. Der pH-Wert bewegt sich unerwünschter Weise ohnehin durch kontinuierliches Gießen mit kalkhaltigem Wasser nach oben.

Über eine weitere Eigenschaft des Kakteensubstrats gibt es keine unterschiedliche Auffassung: Es soll wasserdurchlässig sein und insgesamt eine geringe Wasserkapazität besitzen. Dies läßt sich durch verschiedene Ingredienzen erreichen. Sand ist altbewährt. Am besten ist grober (scharfer) Quarzsand, der keinen Kalk und keine Feinbestandteile enthält. Baustellensand kann man durch Waschen verbessern. Jedem Aquarianer ist dies bekannt. Neben Sand eignen sich Bimskies oder noch besser Lava- oder Urgesteinsgrus. Leider ist Urgesteinsgrus (stark verwittertes Urgestein wie Granit oder Basalt) nur in einzelnen Kakteengärtnereien erhältlich. Lavagrus gibt es bei einzelnen Zooversandfirmen unter der Bezeichnung Lavalit. Wer keine Bezugsquelle findet, nimmt als Ersatz grob zerstoßenen Blähton.

Von Lava- oder Urgesteinsgrus müssen wir unbedingt alle Feinbestandteile absieben oder besser ausspülen. Ansonsten sammeln sie sich in der unteren Topfhälfte und führen zum Vernässen. Besonders Lavagrus verleitet uns zum zu häufigen Gießen, da die oberen Steinchen völlig trocken aussehen, wenn es unten im Topf noch naß ist. Wurzelschäden sind die Folge, besonders bei niedrigen Bodentemperaturen. Die besten Erfahrungen habe ich mit Lavagrus gewonnen, wenn die Pflanzen über der Heizung standen und einen „warmen Fuß" hatten.

Analysen von Lavagrus ließen einen pH-Wert von 7 bis 7,5 sowie einen Salzgehalt von 0,1 % erkennen. Von den Pflanzennährstoffen war Phosphor im Vergleich zu den anderen etwas schwach vertreten. Um dem abzuhelfen, hat man im Botanischen Garten Tübingen die Lavaschlacke mit einer Superphosphat-Lösung übergossen (690 g Superphosphat in Wasser aufgelöst auf 1 m³ Lavaschlacke). Der sauer wirkende Dünger senkt den pH-Wert ab, was sehr günstig ist, da ein Wert über 7 für Kakteen recht hoch ist.

Lavagrus hat eine geringe Sorptinskapazität. Das heißt, er hält nur in geringem Umfang Nährstoffe fest. Die puffernde Wirkung ist damit ebenfalls niedrig. Man sollte somit lieber häufiger und weniger konzentriert düngen, je größer der Anteil Lavagrus in der Mischung ist. Salzablagerungen auf der Oberfläche sind ebenfalls die Ursache der geringen Sorptionskapazität und kein Indiz für die Versalzung des Substrats.

Eine Standardmischung für Kakteen sieht demnach so aus: ¹/₃ Einheitserde oder TKS, ¹/₃ grober Sand, ¹/₃ Lava-, Urgesteinsgrus oder Bimskies. Der Einheitserde-Anteil kann bis auf 50 % erhöht werden für humusliebende Arten wie einige Mammillarien, *Echinopsis* sowie *Gymnocalycium*. Als Grundsatz gilt: Kakteen mit vielen feinen Faserwurzeln schätzen ein mehr torfhaltiges Substrat, Kakteen mit rübenähnlichen Wurzeln ein stärker mineralisches, also mit weniger Einheitserde. Manche Kakteenpfleger verwenden sogar lehmige Erden, etwa eine Mischung aus 30 Vol.-% feinkrümeligem Lehm, 30 % Sand und 40 % TKS. Kompost, besonders frischer, ist für Kakteen nicht geeignet. Das Beimischen von Holzkohle ist mir nicht nur bei Kakteenerde unsympathisch. Holzkohle soll unerwünschte Substanzen adsorbieren. Holzkohle bindet zwar Stoffe, aber nicht selektiv nur unerwünschte. Daher läßt man sie mit Ausnahme von Vermehrungssubstraten lieber draußen.

Ziegelmehl und Ziegelbrocken waren vor einigen Jahren ebenfalls wichtige Mischungsbestandteile. Abgesehen davon, daß man Ziegeleien als Quelle kaum noch findet, ist Ziegelmehl geradezu gefährlich, da es das Substrat stark verdichtet und die Durchlüftung behindert. Gegen Ziegelbrocken ist nichts einzuwenden.

Für die verschiedenen fertig abgepackten Kakteenerden gilt das gleiche wie für sonstige Substrate: die Unterschiede sind groß. Für viele sukkulente Pflanzen geeignet ist zum Beispiel „Compo Cactea", das wie „Compo Sana" aus Torf besteht und 5 % Hygromull, aber 15 bis 20 % Quarzsand enthält. Der Nährstoffgehalt ist etwas niedriger als der von Compo Sana. Dies ist ganz besonders für Stickstoff wichtig, da sonst die Pflanzen mastig und krankheitsanfällig werden.

Für eine Kakteengruppe gilt das bisher Gesagte nicht: die epiphytischen Kakteen. Epiphyten oder „Aufsitzer" wachsen auf Bäumen oder anderen großen Pflanzen. Sie wurzeln in der mehr oder weniger vorhandenen organischen Substanz („Mulm"). Auch die Kakteenfamilie enthält Epiphyten: Oster- und Weihnachtskakteen (*Rhipsalidopsis* und *Schlumbergera*), Phyllokakteen und *Rhipsalis*. Sie alle schätzen mehr Feuchtigkeit und ein humusreiches Substrat. Geeignet sind die verschiedenen Torfsubstrate mit erhöhtem Styromullanteil und Zusätzen von Sphagnum und (oder) feiner Borke oder Farnwurzeln (Osmunda).

Vorwiegend in Mooren gedeihen die Torfmoose oder Sphagnum-Arten. Frisches Sphagnum gibt einen guten Pflanzstoff für Orchideen, Bromelien und andere epiphytisch wachsende Pflanzen ab. Vor der Verwendung legt man Sphagnum ins Wasser, damit Schnecken und andere unerwünschte Gäste zum Vorschein kommen.

Nun gibt es neben den Kakteen noch eine Vielzahl anderer sukkulenter Pflanzen. Unter Sukkulenz versteht man die Eigenschaft, Wasser in besonders dafür geeigneten Geweben zu speichern. Zu den Sukkulenten gehören neben den Kakteen die vielen Zimmerpflanzen mit fleischigen Blättern wie Agaven, *Aloë*, Echeverien, Euphorbien, *Kalanchoë*, Sansevierien, *Sedum*, Stapelien und die Lebenden Steine. Sie alle gedeihen in einer Erde, die der beschriebenen Kakteen-Standardmischung entspricht, einen höheren Torfanteil oder auch Zusätze von Lehm enthält. Genaue Angaben stehen im speziellen Teil dieses Buches.

Orchideenpflanzstoffe

Fertige Orchideensubstrate, meist Pflanzstoffe genannt, bietet das Blumengeschäft oder der Gartenbedarf in der Regel nicht an. Man muß sich schon direkt an eine Orchideengärtnerei wenden oder aber an eine Firma, die die verschiedenen Utensilien für den Orchideenfreund bereithält. Orchideen benötigen nun einmal etwas Besonderes. Mit den bisher beschriebenen Blumenerden hätten wir bei ihnen kein Glück. Dies hängt mit der besonderen Lebensweise der Orchideen zusammen. Die meisten Orchideen, die als Zimmerpflanzen infrage kommen, sind Epiphyten oder Aufsitzer, genau wie die zuvor beschriebenen Kakteengattungen. Ausnahmen sind zum Beispiel die bekannten Frauenschuhorchideen (*Paphiopedilum*)

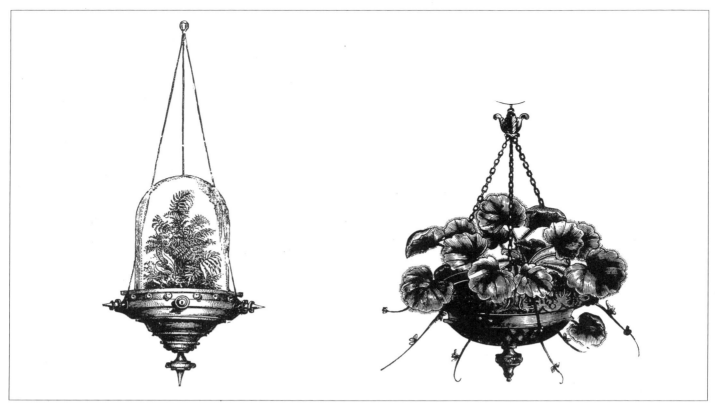

Im Vergleich zu unseren nüchternen Pflanzgefäßen heute waren die Töpfe früher mehr oder weniger kunstvoll gestaltet. Dies galt besonders für Ampeln, die sogar mit einer Glaslocke für empfindliche Gewächse versehen sein konnten.

und *Pleione*, die zu den terrestrischen Orchideen gehören, also in der Erde wurzeln. Epiphytische Pflanzen haben sich ihrem besonderen Standort angepaßt. Die Ananasgewächse (Bromelien) haben vielfach einen Trichter ausgebildet, um das vom Blätterdach herabtropfende Wasser aufzufangen. Anders die Orchideen. Viele Arten besitzen wasserspeichernde Gewebe, um über Durststrecken hinwegzukommen. Eine Besonderheit sind die Wurzeln. Sie saugen begierig alles benetzende Naß wie ein Schwamm auf. Dazu befähigt sie eine Schicht abgestorbener Zellen (Velamen radicum oder kurz Velamen). Nun ist es kaum möglich, diese Lebensweise der Orchideen im Wohnzimmer zu imitieren. Einmal fehlt uns die an vielen heimatlichen Standorten zumindest zeitweise herrschende hohe Luftfeuchtigkeit, zum anderen dürfte das Berieseln einige Schwierigkeiten bereiten. Wir tun daher den Orchideen Gewalt an und stecken sie in ein Substrat. Dieses Substrat darf aber nicht soviel Wasser speichern wie übliche Blumenerde, sondern muß viel mehr Luft an die Wurzeln heranlassen. Dieses lockere Gefüge muß möglichst lange erhalten bleiben. Hinzu kommt noch, daß viele Orchideen salzempfindlich sind. Sie vertragen nur geringe Nährstoffkonzentrationen. Dem muß das Substrat Rechnung tragen, und es soll sich beim regelmäßigen Düngen auch nicht so stark mit Nährstoffen anreichern, daß Wurzelschäden zu befürchten sind.

Früher wurden fast ausschließlich Mischungen aus Sphagnum (Torf- oder Sumpfmoos) sowie den Wurzeln des Tüpfelfarns (Polypodium) und des Königsfarns (Osmunda) verwendet. Weitere Mischungskomponenten waren möglichst grober Torf und zerkleinertes Buchen- oder Eichenlaub. Osmunda und auch Polypodium werden heute weniger häufig angeboten und haben an Bedeutung verloren. Als Ersatz gibt es unter anderem Baumfarne („Mexifarn"). Viel wichtiger sind in den letzten Jahren Rinden- und Borkenstücke geworden, die von Kiefern, Fichten, Tannen, Douglasien oder Sequoien stammen. Gute Erfahrungen wurden besonders mit Tannenrinden gesammelt („Red fir bark", „Wonderbark", „Vitabark" und „White fir bark"). Rinden sollten grundsätzlich entharzt und sterilisiert sein.

Kunststoffe wie Styromull werden häufig zur Auflockerung von torfhaltigen Orchideensubstraten verwendet. Styroporschnitzel mit aufgerauhter Oberfläche zur Verbesserung der Wasserhaltekraft können auch alleiniger Bestandteil des Orchideensubstrats sein. Diese Styroporschnitzel werden unter der Bezeichnung „Orchid chips" angeboten.

Immer wichtiger wird Korkschrot, die kleingemahlene Rinde der Korkeiche (*Quercus suber*). Es macht das Substrat noch durchlässiger als Styromull, sollte aber in einer Mischung nie mehr als zu $1/3$ enthalten sein. Bei einigen Orchideen mit besonders empfindlichen Wurzeln versucht man, sie in groben Holzkohlenstücken wachsen zu lassen. Von welchen Bäumen die Holzkohle gewonnen wurde, ist gleichgültig.

Derzeit ist der Markt für Orchideensubstrate heftig in Bewegung. Rinden sind nicht mehr in gewünschter Menge und jederzeit erhältlich. Korkschrot als Alternative wurde bereits erwähnt, doch kann es nur Mischungskomponente sein. Erneut wendet man sich Perlite zu, einem weißen, krümeligen Material, das auf den ersten Blick Styromull ähnelt. Es ist aber feiner und kein synthetisches Produkt, sondern durch Erhitzen aus einem vulkanischen Gestein entstanden. Beim Erhitzen bläht es sich

stark auf, so daß es nur zwischen 40 und 65 g/l wiegt. Es kann Wasser und die darin gelösten Nährsalze aufnehmen. Im Boden ist es unzersetzbar, nur gegen mechanische Beanspruchung ist es empfindlich. Dies bedeutet, daß es vor der Verwendung vorsichtig aufzubewahren ist, damit nicht zu viele Feinbestandteile die bodenlockernde Wirkung beeinträchtigen. Perlite läßt sich für viele Zwecke einsetzen. Es ist nützlich in Substraten für Dauerbewässerungssysteme und für die Pflanzenvermehrung.
Für welchen Pflanzstoff man sich entscheidet, ist fast eine Glaubenssache. Es gibt, genau wie bei den Kakteen, eine Vielzahl an Rezepten, was wiederum ein Zeichen dafür ist, daß es mit verschiedenen geht. Voraussetzung ist, daß das Substrat einen pH-Wert von etwa 5 bis 5,5 hat und die bereits genannten Anforderungen (gute Durchlüftung, möglichst lange Strukturstabilität, nicht zu hoher Salzgehalt) erfüllt. Je weniger wasserhaltend der Pflanzstoff ist, umso häufiger muß allerdings auch gegossen und gedüngt werden. Dies trifft besonders auf Orchid chips zu. Um den richtigen pH-Wert zu erreichen, kalkt man zu saure Stoffe wie Torf und Rinden auf (etwa 3 bis 10 g kohlensauren Kalk = Calciumcarbonat je Liter) und mischt diesen beiden auch noch etwa 0,5 g eines Volldüngers je Liter bei. Wem die Mischerei zuviel ist, kaufe eines der fertigen Produkte wie „Orchi-Mix", das sich gut bewährt hat.
Pflanzstoffe mit organischen Bestandteilen wie Torf, Polypodium, Sphagnum, Osmunda und auch Rinde werden mehr oder weniger schnell biologisch abgebaut. Darunter leidet die Durchlüftung, außerdem erhöht sich der Salzgehalt. Die Pflanzstoffe sind dann zu erneuern, die Orchideen umzutopfen. Spätestens nach zwei bis drei Jahren ist dies der Fall. Dies erübrigt sich bei Orchid chips.
Ein Pflanzstoff für sauerstoffbedürftige Orchideen wie *Cattleya*, *Vanda*, *Oncidium* und viele andere könnte zum Beispiel aus 2 Teilen Osmunda und 1 Teil Sphagnum, aufgelockert nochmals mit 1 Teil Styromull, oder aus 3 Teilen Rindenstücken wie Vitabark und 1 Teil grobem Weißtorf bestehen (zuzüglich Kalk und Dünger wie beschrieben). Für die „Nicht-Aufsitzer" unter den Orchideen, die im Boden wachsen (terrestrische Orchideen) oder wachsen können, wie *Paphiopedilum*, *Calanthe*, *Cymbidium* oder *Zygopetalum*, kann der Torfanteil erhöht oder zu Osmunda und Sphagnum noch 1 Teil lehmige Erde beigemischt werden. Viel wichtiger jedoch als solche Rezepte ist ein auf den Pflanzstoff abgestimmtes Gießen und Düngen sowie das rechtzeitige Umpflanzen.

Grundsätzlich sollte man vorsichtig mit dem Düngen der Pflanzstoffe sein. Werden die Orchideen regelmäßig flüssig gedüngt, dann kann auf die Grunddüngung verzichtet werden. Nur das Aufkalken darf man nicht vergessen, sonst sind Schäden die Folge.

Bromeliensubstrate

Die Ananasgewächse oder Bromeliaceae, kurz Bromelien genannt, stellen ebenfalls hohe Ansprüche an die Durchlüftung des Substrats. Zu dieser Pflanzenfamilie gehören sowohl epiphytische, also auf anderen Pflanzen wachsende, als auch im Boden wurzelnde Arten. Vertreter der ersten Gruppe sind die seit einiger Zeit sehr populär gewordenen „grauen" Tillandsien. Sie werden am besten mit etwas Orchideensubstrat an Rinden- oder Stammstücken befestigt. Dies ist ausführlich auf Seite 40 beschrieben.
Die anderen Bromelien gedeihen im gewöhnlichen Blumentopf. Als Substrat verwendete man früher Mischungen mit Nadelerde, zum Beispiel 1 Teil Nadelerde und 1 Teil grober Weißtorf. Nadelerde ist aber kaum erhältlich, so daß wir auf andere Mischungen zurückgreifen müssen. Gut geeignet ist Weißtorf mit 25 Vol-% Styromull. Auch TKS I und Einheitserde P werden verwendet, doch sind beide nicht immer in kleinen Mengen erhältlich. Das „Compo-Spezialsubstrat für Dauerbewässerungssysteme" könnte Abhilfe schaffen. Es enthält groben Weißtorf mit einem hohen Anteil Styromull und nur sehr geringen Nährsalzmengen. Der pH-Wert von etwa 5,5 ist günstig. Es erfüllt damit die Anforderungen gute Durchlüftung und pH zwischen 4 und 6 sowie niedrigen Salzgehalt.

Töpfe und sonstige Gefäße

Noch immer dominiert der „gute alte Tontopf", obwohl er seit vielen Jahren Konkurrenz hat. Dafür sprechen sicher nicht nur sachliche Gründe. Man hat sich an den Tontopf gewöhnt. Vielen Blumenfreunden ist der Kunststofftopf unsympathisch. Brauchbar sind beide, man muß nur die besonderen Eigenschaften des jeweiligen Materials berücksichtigen. Der Hauptunterschied: gebrannter Ton ist wasserdurchlässig, Kunststoff nicht. Pflanzen in Kunststofftöpfen brauchen daher weniger Wasser als solche in Tontöpfen. Dies ist ganz wichtig und wohl ein Grund dafür, weshalb viele nach wie vor den Tontopf bevorzugen. Gerade die Anfänger unter den Blumenfreunden neigen dazu, zuviel zu gießen aus Angst, die Pflanze könne vertrocknen. Dieses Zuviel an Wasser hat im Kunststofftopf die dramatischeren Folgen. Daher der Rat: Jeder sollte den Topf verwenden, mit dem er am besten zurechtkommt.
Die Verdunstung durch die Tontopfwand ist eigentlich nicht erwünscht. Einmal wird Wasser unproduktiv verbraucht, zum anderen erzeugt die Verdunstung Kälte. Die Erde im Tontopf ist bei gleichem Standort meßbar kühler als die im Kunststofftopf – ein Nachteil besonders dann, wenn die Topfpflanzen auf einer Fensterbank stehen, unter der sich keine Heizkörper befinden. Neue Tontöpfe, so heißt es überall, sind vor Gebrauch 24 Stunden zu wässern, um schädliche Stoffe aus der Tonwand zu entfernen. Ich habe nie feststellen können, daß solche „schädlichen Stoffe" vorhanden sind und zu Wurzelschäden führen, kann dies aber zumindest bei empfindlichen Pflanzen nicht ausschließen. Mit Sicherheit entzieht ein trockener Tontopf der Erde Feuchtig-

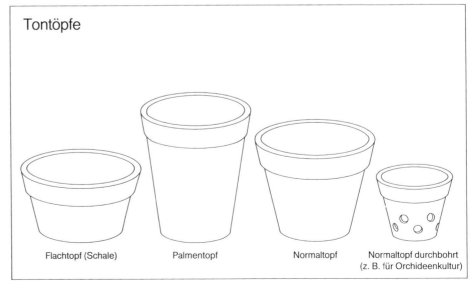

Tontöpfe

Flachtopf (Schale)   Palmentopf   Normaltopf   Normaltopf durchbohrt (z. B. für Orchideenkultur)

Ein Vorteil des Tontopfes ist seine Wasserdurchlässigkeit. Sukkulente Pflanzen in Tontöpfen können während der Wintermonate, wenn ihr Wasserbedarf gering ist, indirekt bewässert werden. In eine Schale mit Bimskies oder Perlite gestellt, dringt genügend Feuchtigkeit durch die Tonwand, wenn das Füllsubstrat regelmäßig Wasser erhält. Zu reichliche Wassergaben, die für Sukkulenten gefährlich wären, sind auf die Weise ausgeschlossen.

keit, so daß das Wässern schon seine Bedeutung hat.

Mit dem Wasser dringen auch Salze durch die Topfwand und lagern sich dort ab („blühen aus"). Schön sieht deshalb nur ein neuer Tontopf aus. Die Wasserdurchlässigkeit der Tonwand hat aber auch einen Vorteil, nämlich dann, wenn man die Töpfe in Torf „einfüttert" und diesen feucht hält. Das Wasser dringt von außen in den Topf ein und sorgt für eine gleichmäßige Feuchtigkeit. Noch besser als Torf eignet sich Bimskies oder Perlite zum Einfüttern der Töpfe.

Bei hohen, schweren Pflanzen erweist sich das größere Gewicht des Tontopfs als vorteilhaft: das Ganze kippt nicht so leicht. Kunststofftöpfe haben weniger schräge Wände, somit eine größere Standfläche, um diesen Nachteil etwas auszugleichen. Dadurch ergibt sich bei gleicher Topfgröße beim Kunststofftopf ein größeres Volumen. Heute findet man fast ausschließlich Töpfe aus Hartplastik; die Styroportöpfe haben sich nicht bewährt. Sie sind viel zu leicht und werden bei dem leichtesten Wurzeldruck gesprengt. Sansevierien führen die Nachteile dieses Topfes am ehesten vor Augen. Töpfe aus Hartplastik halten dagegen viele Jahre. Das Material altert nicht mehr so schnell wie früher, als es bald brüchig wurde.

Kunststofftöpfe sind sofort verwendbar; auch ältere Töpfe sind leicht zu reinigen und auch zu desinfizieren. Salze blühen nicht aus. Interessant ist es, die Wurzelbildung im Ton- und Kunststofftopf zu vergleichen. In dem ersten wachsen alle Wurzeln zur Wandung und täuschen so beim Austopfen eine bessere Wurzelbildung vor. Anders im Kunststofftopf: Die Wurzeln wachsen gleichmäßig durch das Substrat und nutzen dieses besser aus. Ein dichter Wurzelfilz am Rand kann sich so kaum bilden.

Wen die Sammelwut gepackt hat, wird bald zu schätzen wissen, daß es quadratische Kunststofftöpfe gibt. Auf der gleichen Standfläche lassen sich von ihnen mehr unterbringen als runde. Was macht man mit einem alten, „ausgeblühten" Tontopf, den man reinigen und von Schadorganismen befreien will? In Gartenbaubetrieben gab es vor vielen Jahren Topfbrennöfen, in die alle alten Töpfe gestapelt und dann auf 700 °C erhitzt wurden. Sie waren dann absolut steril, und der Kalk platzte von selbst ab. Der Backofen in der Küche erreicht diese hohen Temperaturen nicht. Die maximal 250 bis 300 °C reichen aber zum Desinfizieren gut aus. Nur die Kalkrückstände muß man mit einer Drahtbürste entfernen. Wem dies zu mühsam ist, der werfe die alten Töpfe weg und kaufe neue. Beim Brennen im Herd ist noch darauf zu achten, daß langsam aufgeheizt und langsam wieder abgekühlt wird, sonst gibt es Bruch. Die Hausfrau wird gegen diesen Mißbrauch des Küchenherdes kaum etwas einzuwenden haben, denn unangenehme Gerüche entstehen dabei kaum. Anders ist es, wenn man auf diese Weise Erde desinfizieren will. Dies stinkt ganz beachtlich.

Den Kalkrückständen kann man auch mit verdünnten Säuren wie Oxalsäure zu Leibe rücken. Beim Umgang mit Säuren ist jedoch größte Vorsicht geboten!

Wie groß soll der Topf sein?

Wenn man gelegentlich den Hinweis findet, mache Zimmerpflanzen nähmen einen zu großen Topf übel, so werden hier Ursachen und Wirkungen verwechselt. Mißerfolge haben andere Gründe, wie zu hohe Feuchtigkeit durch ungeeignetes Substrat oder falsches Gießen. In einem großen Topf ist natürlich mehr Erde als in einem kleinen, und mehr Erde bedeutet ein größeres Wasservolumen. Allein aus Platzgründen wird man den Blumentopf nicht größer wählen als er sein muß. Die Wurzeln müssen ausreichend Platz darin finden, dürfen keinesfalls mit wenig Erde hineingezwängt werden.

Häufig stehen Zimmerpflanzen in zu kleinen Töpfen. Besonders bei Kakteen ist dies eine Unsitte. Der Grund hierfür ist allein die bessere Platzausnutzung beim Gärtner; auf 1 m² stehen in 5-cm-Töpfen viel mehr Kakteen als in 10-cm-Töpfen. Der fortgeschrittene Kakteenpfleger setzt darum jede Neuerwerbung erst einmal in einen größeren Topf. Manche vertreten die Auffassung, kleiner als 10 cm dürfe auch für Kakteen kein Topf sein! Übrigens wird die Größe des Topfes oben gemessen, und zwar innen (lichte Weite). Kakteen und auch andere Sukkulenten stecken oft gar in 4-cm-Töpfen. Der Sproßdurchmesser ist dann nicht viel geringer. Erde kann man nur noch vermuten.

Pflanzen in zu kleinen Töpfen sind erheblichen Feuchtigkeitsschwankungen unterworfen. Nach dem Gießen ist die Erde feucht, aber das Wasser ist schnell aufgenommen oder verdunstet. Bis zum nächsten Wässern herrscht Wassermangel.

Die Höhe des Topfes ist meist einheitlich. Früher hatte man noch die Auswahl zwischen „Halbtöpfen", die etwas niedriger sind und besonders für Azaleen Verwendung fanden, und dem „Langtopf", der ideal für Palmen mit ihren Pfahlwurzeln ist. Hat man das Glück, solche flachen oder hohen Töpfe zu finden, sollte man sofort zugreifen, denn dies ist leider selten geworden. Gerade die flachen Töpfe könnte man vielfältig verwenden: für sukkulente Pflanzen mit flachen, weitstreifenden Wurzeln, für Orchideen. Viele Ausläufer bildende Pflanzen stehen ideal in solchen Gefäßen, zum Beispiel *Sansevieria trifasciata* 'Hahnii', 'Silver Hahnii' und 'Golden Hahnii'. Ein Kakteensammler schneidet alle seine Kunststofftöpfe oben ab, weil er mit flachen Töpfen bessere Erfahrungen gemacht hat: Die Kontrolle der Feuchtigkeit ist viel einfacher. Orchideenfreunde versuchen gelegentlich, die Substratdurchlüftung zu verbessern, indem sie die Topfwandung durchlöchern.

Schalen, Kästen, Übertöpfe

Für manche Pflanzen, wie die eben erwähnten kleinen Sansevierien oder auch Orchideen wie *Pleione*-Arten, bieten sich Schalen an. Die geringe Tiefe im Verhältnis zum oberen Durchmesser reicht aus, dem Drang, Wurzeln oder Ausläufer in die Breite zu schicken, Rechnung zu tragen. Schalen gibt es sowohl aus Kunststoff als auch aus Ton. Tonschalen sind häufig in mehreren Größen erhältlich und preiswerter. Ich verwende Schalen gern als „Kinderstube". Jungpflanzen sitzen zu mehreren besser in einer Schale als allein in einem kleinen Topf. Es ist viel einfacher, die Erde in einer Schale gleichmäßig feucht zu halten als die in einem kleinen Topf. In größeren Schalen oder Kästen lassen sich kleine Gruppen zusammenstellen. Natürlich sind hierfür nur Pflanzen mit gleichen Ansprüchen geeignet. Und in Konkurrenz zueinander dürfen sie auch nicht treten, weder um das Licht, noch um Wasser und Nährstoffe.

Alle bisher beschriebenen Gefäße – Töpfe, Schalen und Kästen – haben unten eine oder mehrere Öffnungen, damit überschüssiges Wasser abfließen kann. Was ist von solchen zu halten, die „dicht" sind? Für die Hydrokultur ist dies Voraussetzung, doch hierauf soll später eingegangen werden. Herkömmlich kultivierte Pflanzen müssen in solchen Gefäßen sehr exakt gegossen werden, was Neulingen oft Schwierigkeiten bereitet. Weniger gefährlich wird es, wenn unten im Gefäß eine Schicht Kieselsteine oder Styromull das Abtropfen aus der Füllerde zuläßt. Natürlich muß vor jedem Gießen abgewartet werden, bis das „Reservoir" ebenfalls weitgehend leer ist. Dies erfordert anfangs ein wenig Aufmerksamkeit und Fingerspitzengefühl, bis man den richtigen Gießrhythmus gefunden hat.

Geeignet sind hierfür Glas- und Steingutgefäße, Porzellan und bedingt auch Keramik. Das Glas sollte eingefärbt und somit lichtundurchlässig sein. Zumindest bei einigen Pflanzenarten hat man nämlich gesehen, daß sich durch das Licht die Wurzeln nicht mehr normal entwickeln können. Vom Haushaltsgeschirr her weiß man, daß Keramik nicht gleich Keramik ist. Die eine Schüssel sieht nach drei Jahren noch wie neu aus, bei der anderen ist schon nach einem Jahr die Glasur gesprungen. Auch die Widerstandsfähigkeit gegen chemische Einflüsse differiert. Bei der Hydrokultur wurde beobachtet, daß aus der Glasur minderwertiger Keramikgefäße Schwermetalle in so hoher Konzentration gelöst werden, daß Wurzelschäden auftraten. Dabei ist die Aggressivität der Bodenlösung umso höher, je saurer sie ist und je höher der Salzgehalt liegt. Leider sieht man es den Keramiktöpfen nicht an, ob sie gut oder schlecht sind.

Kakteen und andere Sukkulenten setzt man gerne in flache rechteckige Schalen. Mancher Blumenfreund zimmert sie sich aus Holz selbst zusammen und verkleidet sie innen mit verzinktem Blech. Dies ist gefährlich! Zink wird durch Säure- und Düngereinwirkung gelöst und verursacht Schäden. Bei einem sauren Substrat (Moorbeetpflanzen wie Azaleen und Eriken) ist die Gefahr größer. Bleche mit einem einfachen Zinkanstrich sind angreifbarer als feuerverzinkte, aber die sollte man lieber nicht verwenden. Edelstahl ist sicher ideal, aber teuer und in den entsprechenden Maßen kaum erhältlich. Ist man sich über die Eignung bestimmter Metalle nicht klar und will sicher gehen, so kann man innen einen Anstrich mit einem pflanzenunschädlichen Kunstkautschuk auftragen, wie er für Wasserbecken üblich ist.

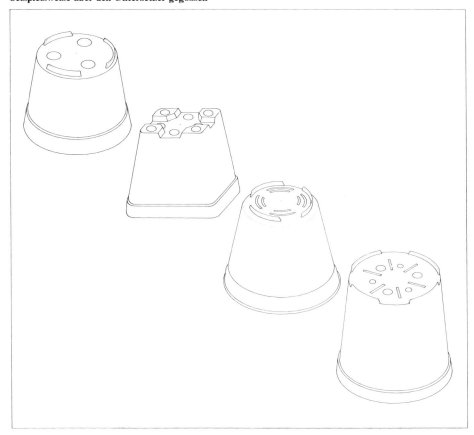

Die Böden der Kunststofftöpfe können sehr unterschiedlich geformt sein. Dies beinflußt die Wasseraufnahme sehr stark, wenn beispielsweise über den Untersetzer gegossen wird. Die Standfestigkeit ist bei dem Topf, dessen Boden unten abgerundet ist (zweiter von rechts), gering.

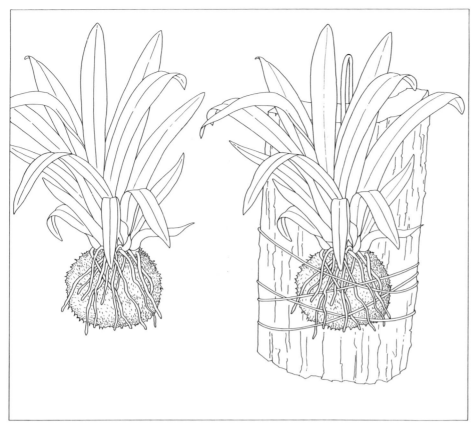

Pflanzen mit empfindlichen Wurzeln wie diese Orchideen werden nicht in Töpfe gepflanzt, sondern mit wenig Substrat an ein Stück Korkrinde oder ähnliches gebunden.

Körbe und Rindenstücke

Epiphyten gedeihen hervorragend in speziell für diesen Zweck hergestellten Körben aus dünnen Kanthölzern. Sie gibt es aus Fichte und auch aus hochwertigen, haltbaren, dafür aber teuren Hölzern wie Mahagoni. Nahezu unbegrenzt haltbar sind solche Pflanzkörbe aus Kunststoff; über deren Schönheit läßt sich allerdings streiten. Diese Pflanzkörbe sind nicht nur für Orchideen geeignet. In botanischen Gärten findet man Beispiele dafür, was sonst noch alles darin wächst, von Farnen wie *Platycerium bifurcatum* über die insektenfangenden Kannenpflanzen *(Nepenthes)*, Flamingoblumen *(Anthurium)*, aber auch die lange Ausläufer bildenden Sansevierien (zum Beispiel *Sansevieria grandis, S. pinguicula)*, hübsche Ampelpflanzen wie Episcien und Schlinger und Kletterer wie Passionsblumen. Sie alle müssen nicht in Pflanzkörben gehalten werden, können aber, wenn man die geeigneten Räumlichkeiten dazu hat.

Für die Gute Stube braucht man sich keine Pflanzkörbe anzuschaffen, denn sie müssen gegossen oder getaucht werden, und dann läßt sich ein leichter Regenschauer nicht vermeiden. In einem großen Blumenfenster oder Kleingewächshaus spielt dies keine Rolle.

Die gleichen Schwierigkeiten gibt es, wenn wir epiphytische Orchideen oder Kakteen *(Rhipsalis)* auf Rinden- oder Baumfarnstücken aufbinden. Sie wachsen dort hervorragend, wenn die Luftfeuchte hoch genug ist und die Pflanzen mehrmals täglich gesprüht werden. Das trifft auch auf die beliebten „grauen" Tillandsien zu, die man auf Aststücke oder – was allerdings scheußlich aussieht – Styropor binden und unter den genannten Bedingungen erfolgreich pflegen kann. Doch geht dies eben nur im Kleingewächshaus.

Umtopfen

Wenn Palmen, Clivien *(Clivia miniata)*, Grünlilien *(Chlorophytum comosum)* oder Zierspargel *(Asparagus)* langsam die Erde über den Topfrand hinaus anheben oder Sansevierien gar den Topf sprengen, dann ist es höchste Zeit, in einen größeren Topf umzupflanzen. Soweit sollte man es aber nicht kommen lassen. Um den richtigen Zeitpunkt fürs Umtopfen zu erkennen, bedarf es ein wenig Erfahrung. Die Pflanze braucht einen größeren Topf, wenn die Erde völlig durchwurzelt ist. Dies kann jährlich notwendig werden bei stark wachsenden Zimmerpflanzen; langsame Wachser würden diese häufige Störung übelnehmen. Nach dem Austopfen erkennt man den Durchwurzelungsgrad. Feinwurzelige Pflanzen täuschen im Tontopf eine stärkere Durchwurzelung vor als dies tatsächlich der Fall ist. Die Wurzeln wachsen zielstrebig zum Rand zu, während sie im Kunststofftopf das Substrat gleichmäßig durchziehen.

Es gibt aber auch andere Gründe, die ein Umpflanzen erforderlich machen. Im Kapitel „Substrate" ist bereits beschrieben, daß die Erde je nach ihrer Zusammensetzung im Laufe der Zeit ihre Struktur verändert. Minderwertige Erden verdichten sich vielleicht schon nach einem Jahr, während ein weitgehend aus grobem Weißtorf bestehendes Substrat nach drei oder vier Jahren genauso gut durchlüftet ist wie zu Beginn. Auch bei den Orchideenpflanzstoffen wurde hierauf hingewiesen.

Ein weiterer Grund ist das „Versauern" der Erde. Das Gießen mit hartem Wasser führt dem Substrat ständig kalkhaltige Verbindungen zu, die sich anreichern und so den pH-Wert anheben. Die Blumenerde versauert also nicht, im Gegenteil: sie wird alkalisch. Kalkrückstände überziehen die Substratoberfläche wie ein heller Schleier. Algen finden auf dieser Kruste ideale Lebensbedingungen, und sie verursachen einen muffig-sauren Geruch, der zur falschen Bezeichnung „versauern" führte. Solche saure Erde wird soweit wie möglich abgeschüttelt, ohne jedoch die Wurzeln zu sehr in Mitleidenschaft zu ziehen. Überhaupt ist beim Umtopfen grundsätzlich darauf zu achten, daß die Wurzeln nicht beschädigt werden. Besonders dicke, fleischige Wurzeln läßt man ungeschoren. Nur abgefaulte Wurzeln sind zu entfernen, aber solche Faulstellen sind oft ein Zeichen dafür, daß irgend etwas nicht stimmt. Im Gegensatz zu den fleischigen kann ein sehr dichter Topfballen aus feinen Wurzeln mit einem Hölzchen vorsichtig aufgelockert werden. Das Umtopfen nutzen wir gleich zum Teilen oder Verjüngen. Näheres hierzu steht auf den Seiten 92 bis 94.

Welche Jahreszeit wählt man fürs Umtopfen? Als Regel gilt, daß dies am besten am Ende der Ruhezeit mit Beginn des Wachstums erfolgt. Dies wird meist im Frühjahr ab März der Fall sein. Nur wenige Arten haben ihre Ruhezeit im Frühjahr und Sommer. Hierzu gehören die verbreitete Zim-

Austopfen

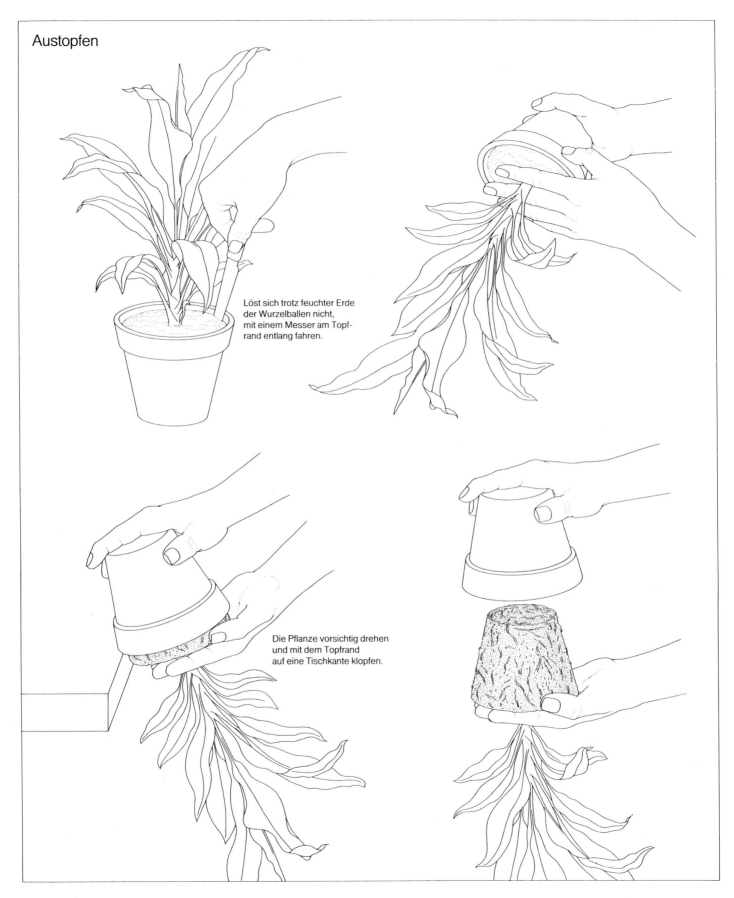

Löst sich trotz feuchter Erde der Wurzelballen nicht, mit einem Messer am Topfrand entlang fahren.

Die Pflanze vorsichtig drehen und mit dem Topfrand auf eine Tischkante klopfen.

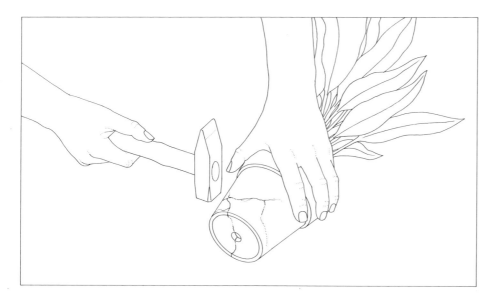

mercalla *(Zantedeschia aethiopica)*, das zu den Mittagsblumengewächsen gehörende *Conophytum,* die sukkulenten Pelargonien und auch einige Orchideen, etwa aus den Gattungen *Odontoglossum* und *Phalaenopsis.* Man muß die Pflanzen beobachten, dann erkennt man ohne Schwierigkeiten, wann das Wachstum beginnt und die Zeit für das Umtopfen gekommen ist.
Bei sehr stark wachsenden Pflanzen, die keine strenge Ruhe brauchen, ist die Jahreszeit nicht von wesentlicher Bedeutung. Bei einigen Orchideen dagegen konnte man feststellen, daß sie nur zu bestimmten Jahreszeiten Wurzeln bilden. Werden die Arten anschließend verpflanzt und ihre Wurzeln dabei beschädigt, was sich nie ganz vermeiden läßt, dann können sie die Verletzungen nicht mehr ausgleichen.
Die Handgriffe des Umtopfens zeigt am besten ein Gärtner. Zuerst muß man die Pflanzen aus dem alten Gefäß herausbekommen. Dies geht am einfachsten und wurzelschonendsten bei feuchtem Ballen. Kleinere Töpfe dreht man um und klopft den Rand auf eine Tischkante auf. Bei großen Töpfen geht dies nicht mehr. Man löst die Wurzeln von der Topfwand, indem man mit einem Messer zwischen Ballen und Topf entlangfährt. Anschließend hebt man die Pflanze vorsichtig heraus. Aus Töpfen mit glatten, undurchlässigen Wänden (aus Kunststoff, Keramik) lassen sich die Wurzeln leicht lösen. Schwieriger ist es bei Tontöpfen. Stark durchwurzelte Tontöpfe zerschlägt man am besten mit einem Hammer, um die Wurzeln zu schonen. Wachsen Orchideen in Holzkörbchen, so schmiegen sich ihre Wurzeln so eng an das Holz, daß sie kaum zu lösen sind. Am besten besprühen wir die Wurzeln mehrmals hintereinander, bis sie sich richtig vollgesogen haben. Dann ist die Chance größer, sie heil vom Holz trennen zu können.

Oben: Haben die Wurzeln den Topf völlig ausgefüllt, dann bereitet das Austopfen nicht selten Schwierigkeiten. In diesen Fällen ist es besser, den Verlust eines Topfes inkauf zu nehmen, als Wurzelschäden zu verursachen.

Unten: Alpenveilchen topft man so ein, daß die Knolle mindestens $1/3$ über der Erde steht. Nur die Knöllchen der Sämlinge sind völlig mit Erde bedeckt.

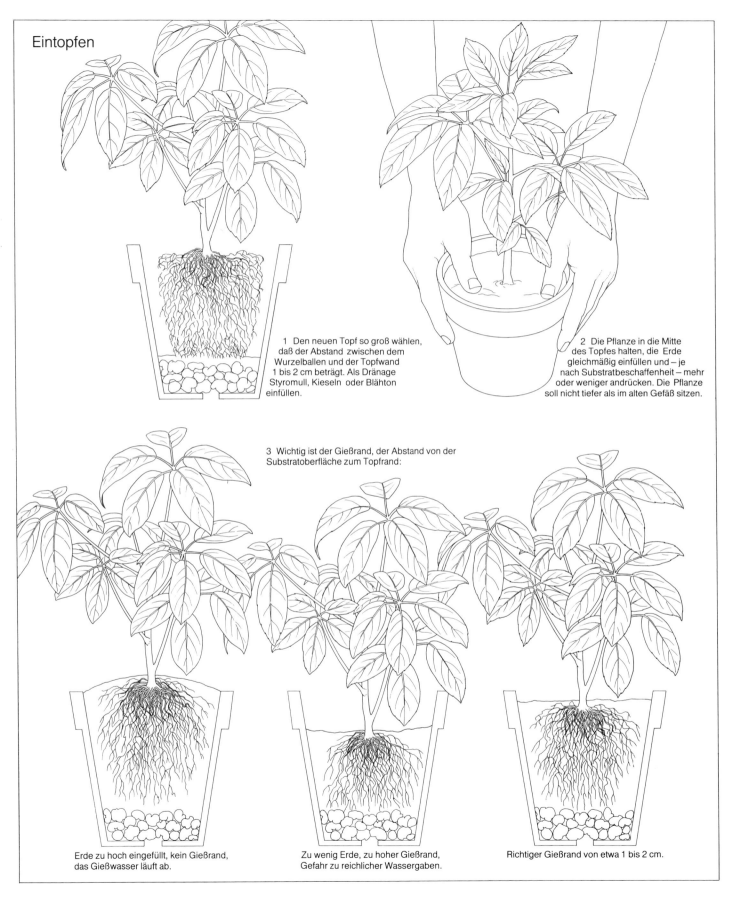

Oben: Monopodiale Orchideen haben eine mehr oder weniger senkrechte durchgehende Sproßachse mit unbegrenztem Längenwachstum. Bei sympodialen Orchideen (rechts) endet der Sproß beispielsweise in einer beblätterten Pseudobulbe, während ein Seitentrieb das Wachstum fortsetzt. Hierdurch entsteht eine waagrechte Achse. Der Sproß scheint über das Substrat zu kriechen.

Unten: Beim Umpflanzen der sympodialen Orchideen sind Besonderheiten zu beachten: Die Achse wird schon einige Zeit vor dem Umpflanzen durchtrennt. Die ältesten, oft schon unbeblätterten Pseudobulben, die Rückbulben, dienen der Vermehrung. Der vordere Teil ist mit der ältesten Pseudobulbe so in eine Ecke zu setzen, daß die Triebspitze zur Mitte zeigt.

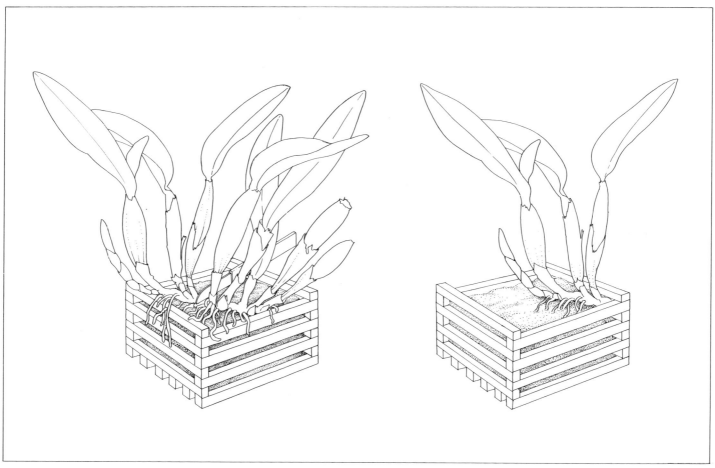

Um wieviel größer nun der neue Topf sein soll, ist abhängig von der Wachstumsgeschwindigkeit der Pflanze. Langsamwachsende erhalten ein nur wenig größeres Gefäß. Als Richtschnur gilt, daß zwischen Ballen und neuem Topf 2 cm breit Erde sein soll.

Früher wurde das Abzugsloch des Topfes mit Scherben abgedeckt. Bei Torfsubstraten ist dies in der Regel überflüssig. Nur bei Pflanzen mit empfindlichen Wurzeln, die sofort auf zu hohe Feuchtigkeit mit Fäulnis reagieren (zum Beispiel Stapelien, Weihnachtskakteen), deckt man den Topfboden mit Styromull ab. Ist ein höheres Gewicht erwünscht, um die Standfestigkeit zu verbessern, nimmt man Kieselsteine anstelle des Styromulls. Gefäße ohne Abzugsloch benötigen diese Dränage auf jeden Fall. Bei Orchideenfreunden ist Styromull als Dränageschicht ins Gerede gekommen. Sie haben den Eindruck gewonnen, daß sich der geschäumte Kunststoff im Laufe der Zeit elektrisch auflädt und dann mehr Wasser festhält als wünschenswert ist.

Nun setzt man die Pflanze in den neuen Topf, und zwar möglichst in die Mitte und so hoch, wie dies bisher der Fall war. Die meisten Pflanzenarten würden es übelnehmen, steckte man sie zu tief in die Erde. Das Alpenveilchen überlebt es nur kurze Zeit, wenn die Knolle völlig mit Erde bedeckt ist. Bei vielen Kakteen ist der Wurzelhals, also die Stelle, wo der oberirdische Pflanzenkörper in die Wurzeln übergeht, die empfindlichste Stelle. Das zu tiefe Einpflanzen führt dort mit Sicherheit zur Fäulnis.

Es ist selbstverständlich, daß unser Pflegling in der Mitte des neuen Topfes plaziert wird. Aber es gibt auch Ausnahmen von dieser Regel: Bei den Orchideen unterscheidet man zwischen monopodial und sympodial wachsenden. Der monopodiale Wuchs ist der „übliche" mit einer mehr oder weniger aufrechten, durchgehenden Sproßachse. Solche Orchideen wie *Angraecum*, *Phalaenopsis* oder *Vanda* werden wie beschrieben in die Mitte gesetzt. Sympodiale Orchideen wachsen vorwiegend in die Breite. Der Sproß kriecht gewissermaßen über die Erdoberfläche, weshalb man auch von Bodentrieben spricht. Diese Wuchsform ist typisch für *Cattleya*, *Coelogyne*, *Dendrobium*, *Laelia*, *Lycaste*, *Miltonia* und *Oncidium*. Ihre Sprosse sind im Spitzenwachstum begrenzt. Der Sproß besteht oft nur aus Bulbe und Blatt. Nach einiger Zeit setzt ein Seitentrieb das Wachstum fort. Hierdurch entsteht diese waagrechte Scheinachse. Beim Umtopfen setzen wir nun den ältesten Trieb, die Rückbulbe, nicht in die Mitte, sondern an den Rand, damit die sich neu bildenden Seitensprossen das charakteristische Wachstum fortsetzen können, ohne gleich über den Topf hinaus zu müssen.

So wie die Erde einer umzusetzenden Zimmerpflanze nie trocken sein darf, so soll auch das neue Substrat – mit Ausnahme der Sukkulenten – stets feucht sein. Dies gilt besonders für die vorwiegend aus Torf bestehenden Standarderden. Die Erde drückt man nach dem Einfüllen nur schwach an, mineralische Substrate, zum Beispiel lehmige für Palmen, etwas fester. Stets muß ein Gießrand von 1 bis 2 cm Höhe zwischen Erdoberfläche und Topfrand verbleiben. Ansonsten läuft das Wasser beim Gießen sofort ab, ohne in die Erde einzudringen.

Wenn ich bei den Kulturhinweisen für die wichtigsten Pflanzen im Haus auch Angaben zur Umpflanzhäufigkeit gemacht habe, so sind diese nur als Hilfestellung für den unerfahrenen Pflanzenfreund zu verstehen. Ein Exemplar, das nicht wachsen will und wenig Wurzeln hat, wird selbstverständlich nicht umgetopft, nur weil dies „jährlich"

Um Verletzungen beim Umtopfen bedornter Pflanzen zu vermeiden, bedient man sich einer zusammengefalteten Zeitung oder einer Wurstzange.

empfohlen wurde. Jungpflanzen, die schnell ihren kleinen Topf durchwurzeln, lassen wir nicht darin hungern, nur weil das Jahr noch nicht verstrichen ist. Den sichersten Aufschluß über den richtigen Zeitpunkt gibt ein Blick auf die Wurzeln.

Vor der Kontrolle der Wurzeln sollte man sich nicht scheuen. Wollen die Pflanzen nicht wachsen oder entwickeln sie sich anders als sie sollen, so empfiehlt sich häufig das Austopfen und der Blick auf die Wurzeln (siehe auch Seite 126). Das Austopfen schadet in der Regel nicht. Nur bei einigen Arten ist erwähnt, daß man sie möglichst selten stören sollte. Eine frische Erde bietet nur Vorteile, auch wenn die Wurzeln braun sind und faulen. In diesem Fall wählt man, wie schon gesagt, einen kleineren oder gleichgroßen, niemals einen größeren Topf.

Gießen

„Wie oft soll ich diese Pflanze gießen?", häufig wurde mir diese Frage gestellt, und jedesmal brachte sie mich in Verlegenheit. Sie ist nämlich nicht mit einem Rezept zu beantworten: man nehme eine Kanne und gieße täglich oder jeden zweiten Tag. Dies kann bei dem einen dazu führen, daß der Pflegling „totgegossen" wird, bei dem anderen, daß wegen zu geringer Feuchtigkeit die Entwicklung stockt oder gar Knospen abgeworfen werden. Einem solchen Rezept steht entgegen, daß zu viele Faktoren die Häufigkeit der Wassergaben beeinflussen. Dies beginnt schon mit den individuellen Gießgewohnheiten. Wer das Wasser fast tropfenweise verabreicht, muß bei Azaleen, Cinerarien oder *Hibiscus* vielleicht zweimal am Tag zur Gießkanne greifen. Nutzt man dagegen die Wasserkapazität der Erde voll aus, dann genügt es, bei großem Topfvolumen ein- oder zweimal pro Woche zu gießen.

Nun reicht es aber immer noch nicht aus, die Rezeptur um eine Mengenangabe zu erweitern, etwa auf „täglich 100 cm³". Pflanzen mit großen, weichen Blättern verbrauchen und brauchen damit mehr Wasser als solche mit kleinem, ledrigem Laub, das durch eine dicke Wachsschicht noch geschützt sein kann. Fehlen die Blätter vollständig, wie dies bei vielen sukkulenten Pflanzen der Fall ist, dann weist dies auf einen geringen Wasserbedarf hin.

Während des Hauptwachstums ist der Wasserbedarf größer als zur Ruhezeit. Selbst Kakteen schätzen es während des Wachstums und der Blüte nicht, wenn die Erde völlig austrocknet. Im Winter dagegen stehen die meisten von ihnen am besten über mehrere Monate völlig trocken. Es wurde auch schon darauf hingewiesen, daß die Verdunstung in einem lufttrockenen Raum größer ist als in einem luftfeuchten.

Der erfahrene Blumenfreund beobachtet seine Pflanzen genau. Er sieht, wenn sie kräftig wachsen, bemerkt, wenn die Ruhezeit beginnt und reagiert darauf, wenn nach der Ruhe der neue Austrieb einsetzt. Das Anpassen der Wassergaben an den Wachstumsrhythmus ist beispielsweise bei Orchideen sehr wichtig. Ruhe, Austrieb und Blüte sind zwar auch von der Jahreszeit abhängig, doch können sie sich um mehrere Monate verschieben. Hinweise auf Blüte und Austrieb sind somit nur Anhaltspunkte. Ohne genaue Beobachtung läßt sich das Gießen dem Wachstumsrhythmus nicht anpassen.

Doch damit sind noch nicht alle Schwierigkeiten genannt! Es tauchte eben schon der Begriff „Wasserkapazität" auf. Darunter versteht man die Menge Wasser, die ein Substrat aufzunehmen in der Lage ist. Die Unterschiede sind beachtlich: 1 l Sand ist mit 100 g Wasser bereits gesättigt, 1 l Lehm erst mit 350 g Wasser, und 1 l Torf hat erst mit 900 g Wasser genug. Es liegt auf der Hand, daß wir das Blumengießen diesen Substrateigenschaften anpassen müssen. Viel wichtiger noch als die Wasserkapazität ist der Anteil Wasser, der von der Pflanze verwertet werden kann. Einen Teil des Wassers hält das Substrat so fest, daß die Saugleistung der Wurzeln nicht ausreicht. Im Sand sind 70% des vorhandenen Wassers für die Pflanze erreichbar, im Lehm nur noch rund 55% und im Torf sogar nur etwa 45%. Von den 900 g Wasser in 1 l Torf sind also rund 500 g nicht nutzbar! Damit wird verständlich, warum ein Torfsubstrat nie austrocknen darf. Denn 100 g Wasser in 1 l Sand bedeuten optimale Wasserversorgung, in Lehm und Torf bereits gefährlichen Mangel. Wir können nun folgende Regel festhalten: Je mehr Torf ein Substrat enthält und je mehr Feinbestandteile (Lehm, Ton), umso höher muß der Feuchtigkeitsgehalt stets sein. In einem mineralischen Substrat mit groben Bestandteilen (Sand, Grus) reicht eine geringere Feuchtigkeit aus, aber es muß häufiger gegossen werden, da die Wasserkapazität geringer ist. Noch ein weiteres ist zu bedenken: Der Tontopf verdunstet Wasser über die gesamte Oberfläche; der Wasserverbrauch ist damit höher als in Kunststofftöpfen.

Zimmerpflanzen werden, dies ist eine alte Erfahrung, im allgemeinen zuviel gegossen. Wurzelschäden sind die Folge. Die Pflanze kann trotz reichlichen Angebots nicht genügend Wasser aufnehmen und „schlappt". Häufig wird dann noch mehr gegossen und der Schaden verstärkt. Trockenheitsschäden sind viel seltener und meist weniger gravierend. Wer unsicher ist, gieße erst einmal vorsichtig und beobachte die Reaktion. Wenn Menge und Intervalle nicht stimmen, wird man dies schnell merken. Wer aufmerksam gießt, hat bald den richtigen Rhythmus gefunden. Falsch wäre es, ein- oder zweimal am Tag einen Fingerhut voll Wasser zu geben. Besser ist es, in größeren Abständen das Substrat kräftig zu durchfeuchten.

Die Sorge um das richtige Gießen wäre man mit einem Schlag los, wenn man die Feuchtigkeit im Boden messen und den Wassernachschub nach den Meßwerten ausrichten könnte. Solche Feuchtigkeitsmesser gibt es tatsächlich. Sie waren bisher aber nur für den Einsatz in Gartenbaubetrieben gedacht und für den Pflanzenfreund auch viel zu teuer. Nun findet man aber sporadisch Kleingeräte, die, aus „Billigländern" importiert, um 20 DM kosten. Den Feuchtigkeitsgehalt geben diese Geräte in abstrakten Werten von 1 bis 4 oder 10 an. Für einige verbreitete Topfpflanzen wird in den Bedienungsanleitungen der optimale Bereich genannt. Ich habe zwei verschiedene Fabrikate ausprobiert. Die Ergebnisse konnten wenig begeistern. Dies beginnt bereits damit, daß ein Fühler in den Topf gespießt werden muß. In einem stark durchwurzelten

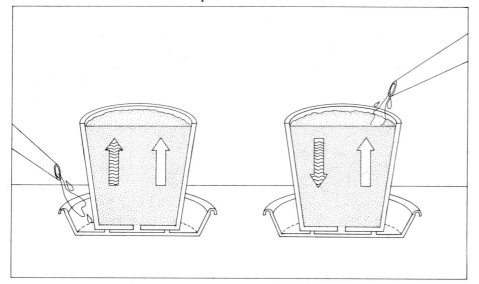

Wird über den Untersetzer gegossen, dann saugt die Erde das Wasser von unten nach oben auf. Die Verdunstung über die Substratoberfläche bewirkt einen Wasserstrom ebenfalls von unten nach oben. Die Erde im oberen Teil des Topfes reichert sich mit Salzen stärker an als beim Gießen von oben. Das von oben eindringende Wasser wäscht die Salze aus und transportiert sie nach unten.

oder aber einem mineralischen Substrat mit groben Bestandteilen ist das nahezu unmöglich. Viel schwerer wiegt die Tatsache, daß diese Meßgeräte die spezifischen Eigenschaften der Substrate nicht berücksichtigen können. Diese Feuchtigkeitsmesser können somit Fingerspitzengefühl und Routine beim Gießen nicht ersetzen.

In der Regel stehen die Blumentöpfe auf der Fensterbank in Untersetzern, damit sich beim Gießen kein Sturzbach auf Fensterbank oder Teppich ergießt. Diese praktischen Untersetzer verleiten dazu, zu reichlich zu gießen und Wasser im Untersetzer stehen zu lassen. Das vertragen nur wenige Pflanzen wie die Zimmercalla (*Zantedeschia aethiopica*), das Cypergras (*Cyperus alternifolius* und andere) oder die *Microcoelium*-Palmen. Darum sei all jenen, die noch nicht das richtige Gefühl für die notwendige Wassermenge je Topf besitzen, empfohlen, kurze Zeit nach dem Gießen die Untersetzer zu kontrollieren und darin stehendes Wasser wegzuschütten.

Wie gießen?
Es ist eine alte Streitfrage, ob man Alpenveilchen „von oben" oder „von unten" gießen soll. Jede Partei schwört auf ihre Methode. Was ist besser? Wie wirkt es sich auf die Pflanze aus? Gießen wir in den Untersetzer, dann saugt die Erde das Wasser auf – wenn wir reichlich gießen bis zur Oberfläche. Knolle und Blätter des Alpenveilchens bleiben dabei trocken, was die Fäulnisgefahr reduziert. Das Wasser bewegt sich immer nur von unten nach oben: Es wird von unten nach oben gesaugt, um schließlich an der Erdoberfläche zu verdunsten. Hierbei reichern sich die Nährsalze an der Oberfläche an und fehlen möglicherweise im unteren Topfbereich, wo sich die meisten Wurzeln befinden.

Gießen wir von oben ins „Herz", dann brauchen wir uns nicht zu wundern, wenn die Blätter und Knospen abfaulen. Gießen wir aber von oben so, daß nur die Erde, nicht aber das „Herz" benetzt wird, dann kann nichts Nachteiliges passieren. Beim Eindringen bewegt sich das Wasser von oben nach unten, beim Verdunsten von unten nach oben. Eine Salzanreicherung in der oberen Erdschicht wird auf diese Weise vermieden.

Der Streit um das richtige Gießen ist somit leicht zu schlichten: Beide Methoden sind erfolgversprechend. Beim Gießen von oben soll möglichst nur die Erde naß werden. Schüttet man das Wasser in den Untersetzer, dann sollte man von Zeit zu Zeit seinem Prinzip untreu werden und von oben kräftig gießen, damit keine Salzanreicherung an der Oberfläche erfolgt.

Noch eine Besonderheit ist zu erwähnen: In der Familie der Ananasgewächse (Bromeliaceae) gibt es viele Arten, deren Blätter einen Trichter, auch Zisterne genannt, bilden. Wie werden sie gegossen, in den Trichter, oder wird die Erde benetzt? Der Trichter hat die Aufgabe, Wasser aufzufangen und zu speichern. Dies ist aber nur sinnvoll, wenn die Bromelien auch in der Lage sind, dem „Vorratsbehälter" Wasser zu entnehmen. Tatsächlich befinden sich vornehmlich an der Basis der Blätter besonders ausgebildete Zellen, die dazu in der Lage sind. Bei manchen Arten haben die Wurzeln nur noch Haltefunktion, während die Wasseraufnahme fast ausschließlich auf dem beschriebenen Weg erfolgt. Bei den als Topfpflanzen verbreiteten Ananasgewächsen kann man grundsätzlich Wasser in den Trichter gießen, auch wenn dies bei manchen wie dem Zimmerhafer (*Billbergia nutans*) keine merklichen Vorteile bringt. Zusätzlich sollte aber auch die Erde durchfeuchtet werden, denn dadurch erreichen wir ein schnelleres Wachstum.

Selbstverständlich kann auch über die Zisterne gedüngt werden. Man gießt einfach die schwach konzentrierte Düngerlösung hinein (übliche Blumendünger in der halben angegebenen Konzentration). Gelegentlich erneuern wir das Wasser im Trichter, damit sich keine Algen ansiedeln können. Am wirkungsvollsten ist die Düngung sowohl über den Trichter als auch das Substrat.

Wann gießen?
Nicht unwichtig ist auch die Tageszeit, zu der gegossen wird. Ein schwerwiegender Fehler wäre es, bei intensiver Sonneneinstrahlung zu beginnen. Einmal können sich die Pflanzen unter der Einstrahlung erhitzen und werden durch das erheblich kältere Wasser geschockt. Das Usambaraveilchen (*Saintpaulia ionantha*) reagiert hierauf besonders empfindlich mit einer irreparablen Schädigung des Blattgrüns. Sehr hell stehende Pflanzen sind oft übersät von solchen gelben Flecken. Zum anderen läßt sich kaum vermeiden, daß Wassertropfen auf den Blättern bleiben und die Sonnenstrahlen wie ein Brennglas fokusieren. Auf den Blättern, selbst auf den fleischigen Körpern sukkulenter Pflanzen entstehen dadurch häßliche Flecken, die zusätzlich Ausgangspunkt von Pilzinfektionen sein können. Wer solche Schäden vermeiden will, gieße deshalb nicht bei direkter Sonne. Am besten geschieht dies am zeitigen Morgen: Bis die Sonne kommt, ist das Wasser wieder abgetrocknet.

Muß man ausnahmsweise doch während der Mittagsstunden gießen, weil die Pflanze „schlappt", dann füllt man das Wasser in den Untersatz oder – noch besser – nimmt den Topf aus der Sonne. Wir machen es damit der Pflanze leichter, den Wasserverlust auszugleichen.

Besonders Vorsichtige könnten auf die Idee kommen, nur abends zu gießen. Empfindliche Zimmerpflanzen können dies aber ebenfalls übel vermerken. Sie trocknen während der Nacht nicht mehr ab, und Pilze und Bakterien haben es leichter, Schaden anzurichten. Die beste Zeit ist also der zeitige Morgen.

Während des Winterhalbjahres beeinflußt die Sonne das Gießen sukkulenter Pflanzen ebenfalls. Kakteen oder auch Stapelien sind während dieser lichtarmen Zeit besonders empfindlich. Erfahrene Pfleger warten mit dem Gießen bis zu einem hellen Tag, damit das rasche Abtrocknen gewährleistet ist.

Warmes oder kaltes Wasser?
Wie muß das ideale Gießwasser beschaffen sein? Zunächst sollten wir auf die Temperatur des Wassers achten. Es ist keinesfalls gleichgültig, ob wir frisch aus der Leitung entnommenes Wasser von 5 °C, temperiertes von 15 oder 20 °C oder aber angewärmtes von 30 °C verwenden. Wir verändern dadurch die Temperatur der Topferde. Eine niedrige Bodentemperatur aber behindert die Wasser- und Nährstoffaufnahme und kann gar zu Wurzelfäule führen. Wer es besonders gut meint und das Wasser aufwärmt auf 30 °C oder mehr, schadet den Pflanzen ebenfalls.

Hat das Wasser eine Zimmertemperatur von etwa 20 °C, dann werden wir den Ansprüchen der meisten Zimmerpflanzen gerecht. Besonders empfindlich auf kaltes Wasser reagieren zum Beispiel Gesneriengewächse wie das Usambaraveilchen (*Saintpaulia ionantha*), die Gloxinien (*Sinningia*-Hybriden), die Drehfrucht (*Streptocarpus*-Hybriden), *Smithiantha*, auch Wolfsmilchgewächse wie der Weihnachtsstern (*Euphorbia pulcherrima*). Im günstigsten Fall verzögert dies nur das Wachstum, aber das liegt ja nicht in unserer Absicht.

Einen Anhaltspunkt für die optimale Gießwassertemperatur geben die im speziellen Teil genannten Bodentemperaturen. Wenn Pantoffelblumen (*Calceolaria*-Hybriden) und die Fliederprimeln (*Primula malacoides*) mit 15 °C Bodentemperaturen vorlieb nehmen, dann reicht auch Wasser mit dieser Temperatur aus.

Die Temperatur des Leitungswassers ist jahreszeitlich recht unterschiedlich und auch abhängig davon, wie lange wir den Hahn aufgedreht haben. 5 °C im Winter und über 20 °C im Sommer sind nicht ungewöhnlich. Wenn wir das Wasser abstehen lassen, aller-

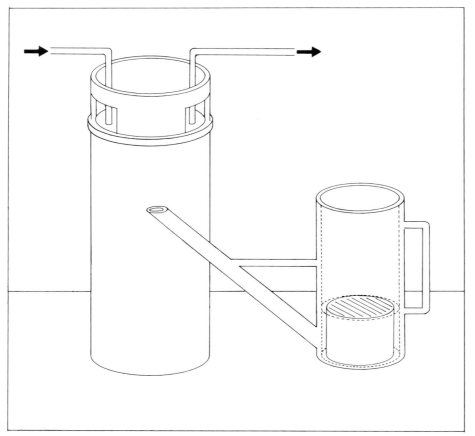

Mit Salz regenerierbare Wasserenthärter (Ionenaustauscher), wie sie beispielsweise für Bügeleisen angeboten werden, eignen sich nicht zur Verbesserung des Gießwassers. Dafür bedarf es besonders präparierter Ionenaustauscher. Es gibt größere Aufbereitungsanlagen und Gießkannen mit Ionenaustauschern, die nach einiger Zeit erschöpft und gegen neue zu ersetzen sind.

dings nicht auf einer kühlen Unterlage (Fensterbank!), dann erreicht es die gewünschte Zimmertemperatur. Im allgemeinen läßt man es in der Gießkanne stehen.
Hierzu noch einige Hinweise: Sowohl in Fachgeschäften als auch in Kaufhäusern findet man die unmöglichsten Kannen. Mehr oder weniger „künstlerisch" gestaltet, vermögen sie ihre Funktion kaum noch zu erfüllen. Die häufigsten Fehler sind zu geringes Volumen, unpraktische Form (Wasser läuft beim Kippen auch aus der Einfüllöffnung heraus) und rostendes Material. Am besten eignet sich eine Gießkanne aus hochwertigem Kunststoff, die mindestens 1 l Wasser faßt. Beträgt der Inhalt genau 1 l oder ein Mehrfaches davon, dann vereinfacht dies die Dosierung beim Düngen. Eine Nährsalzlösung läßt man besser nicht in der Kanne stehen, da pflanzenschädliche Stoffe gelöst werden könnten.

Muß es Regenwasser sein?
Wer hat heute noch die Möglichkeit, Regenwasser aufzufangen? Von allen Zimmerpflanzengärtnern dürfte es nur ein geringer Teil sein. Außerdem ist auch das Regenwasser nicht uneingeschränkt empfehlenswert. In dichtbesiedelten Räumen ist die Luftverschmutzung so stark, daß der Regen viele unerwünschte Substanzen mitbringt. Wer Regenwasser sammeln will, sollte dies nicht nach einer längeren Trockenperiode tun, sondern abwarten, bis Luft und Dach sauber gewaschen sind. Erst dann beginnt man mit dem Auffangen. Die Abzweigung am Regenfallrohr benötigt daher einen Mechanismus, der den ersten Niederschlag in die Kanalisation, den nachfolgenden in die Regentonne gelangen läßt.
Wer nur Leitungswasser hat, braucht nicht zu verzagen. Es ist in vielen Fällen brauchbar. Die Eignung zum Blumengießen wird im wesentlichen von der Wasserhärte bestimmt. Dies ist sehr wichtig, weshalb wir uns damit etwas näher befassen müssen. Magnesium- und Calciumverbindungen sind die Ursache der Wasserhärte. Ihr Gehalt, die „Gesamthärte", wird beziffert in Deutschen Härtegraden (°dH, neuerdings nur noch °d). Sehr weiches Wasser hat bis 7°d, sehr hartes über 21°d.

Die Gesamthärte läßt sich nun noch unterteilen in die Carbonathärte, die aus den Verbindungen der Kohlensäure mit Calcium und Magnesium herrührt, und die Nichtcarbonathärte, worunter alle nicht auf Kohlensäure zurückzuführenden Salze zu verstehen sind (alle Sulfate, Nitrate, Chloride und andere). Die Carbonathärte läßt sich auf einfache Weise durch Erhitzen des Wassers entfernen (Calcium- und Magnesiumbicarbonate zerfallen in Kohlendioxid, das in die Luft entweicht, und Carbonate, die sich absetzen). Die Rückstände finden wir als Kesselstein in Boilern und Kaffeemaschinen. Die Carbonathärte läßt sich also recht leicht entfernen, weshalb sie auch vorübergehende („temporäre") Härte genannt wird. Anders ist dies mit der Nichtcarbonathärte, die man ihrer Beständigkeit wegen auch bleibende („permanente") Härte nennt. Sie läßt sich durch Kochen nicht beseitigen.
Zur Beurteilung der Eignung als Gießwasser interessiert uns zunächst einmal die Gesamthärte. Ein Wasser bis zu 10°d kann unbedenklich für alle Zimmerpflanzen verwendet werden. Ist das Wasser härter, so muß man bei empfindlichen Pflanzen wie Orchideen schon an eine Aufbereitung denken. Ab 15°d ist grundsätzlich nur enthärtetes Wasser zu verwenden. Eine durstige Pflanze, die im Sommer täglich 300 cm³ Wasser braucht, erhält mit 15°d hartem Wasser pro Monat immerhin 1,5 g Salze. Die Wasserhärte kann man beim jeweiligen Wasserversorgungsunternehmen erfragen. Ohne großen Aufwand läßt sich die Härte auch selbst ermitteln. Es gibt dazu flüssige Indikatoren, die dem Aquarianer bekannt und in jeder Zoohandlung zu finden sind. Noch einfacher ist der „Merckoquant-Gesamthärte-Test" der Firma Merck, Darmstadt. Es sind kleine Teststäbchen, die kurz in das Wasser getaucht werden. Die Färbung der Testzone läßt die Gesamthärte in einem Bereich von etwa 3 bis 23°d erkennen. Diese Teststäbchen sind nur im Chemiefachhandel erhältlich.
Gärtnern ist eine Regel bekannt: Bilden sich auf den Blättern nach dem Benetzen Kalkringe, so hat das Wasser eine Härte um 10°d. Ist dagegen das Blatt von einer dünnen, weißen Schicht überzogen, so kann man von einer Härte über 15°d ausgehen.

Wasseraufbereitung
Was machen wir nun mit Leitungs- oder Brunnenwasser, das mehr als 15°d aufweist? Schon seit langer Zeit wird das Abkochen des Wassers praktiziert. Auf diese Weise läßt sich, wie bereits beschrieben, die Carbonathärte reduzieren. Damit ist schon viel erreicht, denn die Carbonathärte

stört am meisten, da sie den pH-Wert anhebt. Das Abkochen des Wassers ist aber weder bequem noch billig. Außerdem muß es immer im voraus geschehen, damit es wieder abkühlt.

Der Gartenfachhandel bietet zur Wasserenthärtung einige Produkte wie zum Beispiel Aquisal an. Aquisal enthält eine Mischung organischer und anorganischer Säuren, Salze sowie Konservierungsmittel. Ein Indikator zeigt durch Farbumschlag an, wenn dem Wasser ausreichende Mengen des Enthärters beigemischt wurden. Daß Aquisal Stickstoff, Phosphor und Kali enthält (0,28 g N, 0,27 g P_2O_5 und 0,46 g K_2O je 100 cm^3), ist beim Düngen zu berücksichtigen. Bei einer mittleren Wasserhärte reduziert man die Düngung um die Hälfte. Bei sehr hartem Wasser müßte noch weniger zusätzlich gedüngt werden, doch dann sind andere Enthärtungsmethoden empfehlenswerter.

Wer mit Chemikalien umzugehen versteht, kann die Carbonathärte auch mit Hilfe von Schwefelsäure reduzieren. Um sie um 1° zu verringern, brauchen wir je Kubikmeter Wasser 10 cm^3 konzentrierte Schwefelsäure. Doch Vorsicht beim Umgang mit Schwefelsäure! Säurefeste Gefäße, am besten aus Kunststoff, verwenden! Bei höheren Salzgehalten ist Oxalsäure besser geeignet. Mit ihr lassen sich nämlich alle Calciumverbindungen, also nicht nur die Carbonate, in das weitgehend unlösliche Calciumoxalat verwandeln. Dieses setzt sich als weißer Satz ab. Um 1 m^3 Wasser um 1°d zu reduzieren, benötigt man 22,5 g der im Chemiefachhandel erhältlichen technischen Oxalsäure.

Oberhalb 25°d empfiehlt sich die Entsalzung des Wassers. Auch hier bieten sich verschiedene Möglichkeiten an: die Verwendung von Ionenaustauschern und die Entsalzung mit Hilfe der Umkehrosmose. Beide Verfahren sollen hier nur kurz erläutert werden, denn sonst müßten wir tiefer in Physik und Chemie eindringen.

Ionenaustauscher sind im Haushalt schon vielfach gebräuchlich, zum Beispiel, um das Wasser für Dampfbügeleisen zu entkalken. Es sind kleine Kunstharzkügelchen, die aus einer Lösung bestimmte Stoffe entnehmen und dafür andere abgeben, eben austauschen. Die vielleicht schon vorhandenen Ionenaustauscher können wir für die Gießwasseraufbereitung nicht verwenden, wenn sie mit Kochsalz regeneriert werden. Sie entnehmen dem Wasser zwar Calcium und Magnesium, dennoch erhöht sich hierbei der pH-Wert. Besser sind Ionenaustauscher, die speziell für die Gießwasseraufbereitung angeboten werden. Sie lassen sich nicht regenerieren, so daß sie nach einiger Zeit ausgewechselt werden müssen. Sehr praktisch sind Gießkannen mit eingebauten Ionenaustauschern.

Der Begriff Osmose ist vielleicht noch aus der Schule bekannt. Hierunter verstehen wir folgendes: Sind zwei unterschiedlich konzentrierte Flüssigkeiten durch eine halbdurchlässige Membran voneinander getrennt, dann saugt die stärker konzentrierte durch die Membran hindurch das Lösungsmittel, in diesem Fall das Wasser, nicht aber die darin gelösten Salze an. Die Konzentrationen der Lösungen gleichen sich an.

Bei der Umkehrosmose wir dieser Vorgang nun durch das Erzeugen eines Drucks umgekehrt: Das aus der Leitung kommende Wasser mit seinen verschiedenen darin gelösten Stoffen wird durch eine Membran gepreßt, wobei alle Stoffe zurückgehalten werden. Auf der einen Seite der Membran kommt sauberes Wasser heraus, auf der anderen wird das mit Salzen angereicherte in den Ausguß geleitet. Seit kurzem gibt es nach dieser Methode arbeitende Geräte auch für den Hausgebrauch. Sie wurden für Aquarianer entwickelt, sind aber nicht nur dem Fisch-, sondern auch dem Blumenpfleger nützlich. Allerdings sind diese Apparate nicht billig!

Ganz gleich, welches Verfahren der Gießwasseraufbereitung man auch anwendet, auf eines sollte stets geachtet werden: Das Wasser braucht und darf auch nicht total enthärtet werden. Es reicht völlig aus, wenn wir die Härte auf 5°d senken. Keinesfalls sollte sie niedriger als 3°d liegen. Total entsalztes Wasser ist also zu vermeiden.

Nur am Rande sei erwähnt, daß sich entsalztes Wasser nicht für die Zubereitung von Getränken und Speisen eignet. Die im Wasser gelösten Salze sind lebensnotwendig. Salzarmes Wasser erhöht die Gefahr von Herzerkrankungen.

Düngen

Fragt man einmal nach den Todesursachen von Zimmerpflanzen, dann kommen Fehler beim Düngen – wenn überhaupt – ziemlich an letzter Stelle. Einmal halten viele Pflanzen diesbezüglich eine Menge aus, zum anderen ist eine einigermaßen hinlängliche Ernährung mit den bereits gedüngten Erden sowie den üblichen Blumendüngern relativ problemlos. Es kommt dem Pflanzenfreund ja auch nicht so sehr auf ein maximales Wachstum und die dafür erforderliche optimale Nährstoffversorgung an. Manchmal wäre es sogar ganz angenehm, wenn der Gummibaum und die Zimmerlinde nicht gar so schnell wachsen oder das Fensterblatt nicht solchen Durchmesser erreichen würde, daß man entweder an das Köpfen oder gar Ausquartieren des Zöglings denken muß.

Pflanzen, die jahrelang keinen Tropfen Nährlösung erhielten, können noch immer ganz leidlich aussehen. Mit einem Wachstumsrekord wird man allerdings nicht rechnen dürfen. Dies ist aber nicht zu verallgemeinern. Schnellwachsende Arten wie Cinerarien, Azaleen oder Buntnesseln zeigen schon bald durch das Gelbwerden der Blätter an, daß sie „Hunger" haben. Andererseits ist das Gelbwerden – der Gärtner nennt dies Chlorose – nicht immer ein Zeichen dafür, daß Nährstoffe fehlen. Häufig dürfte die Ursache woanders liegen.

Die empfindliche Mimose bildet zum Beispiel im Winter nur noch gelbe Blätter, wenn die Bodentemperatur zu niedrig ist. Unterhalb einer je nach Art verschiedenen Temperatur ist nämlich die Nährstoffaufnahme durch die Wurzeln gehemmt oder völlig blockiert. Sehr empfindlich reagiert hierauf auch die Gardenie. Bei ihr kann Chlorose aber auch ein Symptom für zuviel Kalk im Boden sein. Bei der Brunfelsie, bei der man so viel falsch machen kann, spielt ebenfalls der pH-Wert eine große Rolle. Liegt er zu hoch, dann ist das lebenswichtige Eisen kaum noch aufnehmbar. Dieser Schaden ist noch zu beheben. Nach einer speziellen Düngung und einem neuen, sauren Substrat erkennt man bald, daß sich der Patient auf dem Weg der Besserung befindet. Haben die gelben Blätter ihre Ursache in einem zu intensiven Lichtgenuß, dann kann man anstellen was man will, die Blattaufhellungen sind irreparabel.

Zeigen unsere Zimmerpflanzen in der beschriebenen Weise an, daß sie mit etwas unzufrieden sind, dann sollten wir uns überlegen, wann zuletzt gedüngt wurde, auf jeden Fall aber prüfen, welche anderen Faktoren noch für die Blattschäden verantwortlich sein könnten.

Für die Düngung der Zimmerpflanzen gibt es die unmöglichsten Hausrezepte. Wasser, in dem wochenlang Eierschalen lagen, ist noch relativ harmlos, es stinkt nur ein bißchen. Kaffeesatz erfreut sich diesbezüglich ebenfalls erstaunlicher Beliebtheit. Manche Pfleger schwören auf die Wirkung des Biers zur Azaleendüngung. Selbst von guten Erfolgen mit in Wasser gelösten Kopfschmerztabletten wird berichtet. Solche zweifelhaften Experimente sind nicht empfehlenswert. Genauso unnötig ist es, mit Schaufel und Handfeger Reitwege und Weiden abzusuchen.

Es liegt noch gar nicht so lange zurück, daß ich als junger Gärtner in einem botanischen Garten mit einem Kollegen zusammenarbeitete, der die prächtigen Kannenpflanzen *(Nepenthes)* nur mit getrockneten Kuhfladen zu düngen wagte. Alljährlich wurde dieser anrüchige Dünger in Kisten gefüllt auf einen Heizkörper zum Trocknen gestellt und anschließend über das Substrat gestreut. Heute nimmt man die üblichen löslichen Volldünger in schwacher Konzentration, und die *Nepenthes* entwickeln genauso üppig ihre den Insekten zum Verhängnis werdenden Fallen.

Organische Dünger wie Kompost, gut verrotteter Mist, Hornspäne und ähnliche, auch der getrocknete Kuhfladen und Jauche sind für die modernen Torfsubstrate wenig geeignet. Mikroorganismen müssen die Nährstoffe aus den organischen Substanzen erst aufschließen und verwertbar machen. Die vorwiegend aus Torf bestehenden Substrate sowie andere stark saure Erden weisen einen sehr geringen Bakteriengehalt auf. Mineralische, direkt verwertbare Dünger sind darum vorzuziehen.

Welche Blumendünger?
Bis auf wenige Ausnahmen kommt der Blumenfreund sehr gut mit einem oder zwei der üblichen Blumendünger aus. Da wären zunächst die „normalen" wie Mairol, Substral oder Compo Blumendünger. Daneben empfiehlt sich die Verwendung eines Kakteendüngers. Er zeichnet sich aus durch einen höheren Anteil Phosphor und Kali im Verhältnis zu Stickstoff. Weitere Spezialdünger sind etwas für den schon recht weit fortgeschrittenen Hobbygärtner oder Profi.

Beim Düngen müssen wir notgedrungen Kompromisse machen. Die Flamingoblume *(Anthurium)* schätzt während des Blattwachstums ein relatives Nährstoffverhältnis der lebenswichtigen Elemente Stickstoff (N) zu Phosphor (angegeben in P_2O_5) zu Kali (K_2O) von 6:1:2. Das bedeutet, daß sie sechsmal mehr Stickstoff als Phosphor braucht und an Kalium nur ein Drittel der Stickstoffmenge. Bei Azaleen soll ein Verhältnis von 3:1:2 besonders günstig sein. Den Gloxinien wäre bei der Blütenentwicklung 1:5:8 gerade recht. Alle diese Wünsche kann und muß der Blumenfreund nicht erfüllen. Selbst die Wissenschaftler sind sich da nicht immer einig und kommen bei Versuchen zu unterschiedlichen Ergebnissen. Für uns reicht es, wenn wir wissen, ob die jeweilige Pflanze einen hohen oder niedrigen Nährstoffbedarf hat und ob wir stickstoffbetont (also mit Blumendünger) oder phosphor- und kalibetont (also mit Kakteendünger) düngen sollen.

Im speziellen Teil dieses Buches wurde für alle erwähnten Pflanzen der Versuch unternommen, entsprechende Düngehinweise zu geben. Da nicht bei allen ausführliche Untersuchungen bekannt sind, konnte ich nur auf Erfahrungswerte zurückgreifen. Es wird nicht ausbleiben, daß andere Blumenpfleger auf andere Rezepte schwören.

Können wir Hydrokulturdünger für in Erde wurzelnde Pflanzen verwenden oder übliche Blumendünger für die Hydrokultur? Hydrokulturdünger enthalten neben den Hauptnährstoffen Stickstoff, Phosphor und Kali noch Magnesium und alle lebensnotwendigen Spurenelemente. Sie können bedenkenlos auch für die Erdkultur eingesetzt werden. Gute Blumendünger enthalten ebenfalls alle lebensnotwendigen Nährstoffe und sind damit ebenfalls für die Hydrokultur geeignet. Allerdings liegen in speziell für diesen Zweck hergestellten Düngern die Nährstoffe in einer Form vor, die die Aufnehmbarkeit aus der Lösung erleichtert.

Seit kurzer Zeit gibt es in Kleinpackungen für den Hobbygärtner sogenannte „Dauerdünger", die über eine längere Zeit hinweg die Nährstoffversorgung sicherstellen. Damit sind nicht die Ionenaustauscher („Düngebatterien") für die Hydrokultur gemeint, sondern Nährstoffkonzentrate, die über eine bestimmte Frist die Versorgung zumindest mit den Hauptnährstoffen sicherstellen. Es gibt zwei verschiedene Typen. Die einen, wie zum Beispiel Nitrophoska permanent, Plantosan 4D und Triabon, geben einen Teil ihrer Nährstoffe erst nach einem chemischen Umwandlungsprozeß frei. Dies gilt allerdings nur für Stickstoff und in gewissem Umfang auch für Phosphor und Kali, wenn diese beiden in schwerlöslichen Verbindungen vorliegen.

Der zweite Typ umfaßt Düngemittel, deren einzelne Granulatkügelchen von einem Kunststoffmantel umhüllt wurden. Durch diese Hülle fließt ein kontinuierlicher Strom aller Nährstoffe, die im Granulat enthalten sind. Ein Beispiel für den zweiten Typ ist Osmocote, auch als „Balkonkastendünger Osmocote" angeboten. Die Versorgung mit Spurenelementen ist zusätzlich zu sichern, zum Beispiel durch den Mikronährstoffdünger Radigen.

Zu beachten ist, daß diese Düngemittel mit langsamfließender Nährstoffversorgung erst nach 1 bis 2 Wochen ihre volle Wirkung erreichen. Kunststoffummantelte Dünger dürfen nicht der Erde aufgestreut, sondern müssen untergemischt werden, um die Nährstoffe abgeben zu können. Alle Langzeitdünger empfehlen sich besonders für robuste Pflanzen mit hohem Nährstoffbedarf. Die Dosierung liegt je nach Dünger und Pflanzenart zwischen 2 und 5 g/l Erde. Ob man Langzeitdünger einsetzen will, bleibt jedem überlassen. Sie garantieren nicht automatisch ein besseres Pflanzenwachstum. Wer seine Pflanzen sorgfältig pflegt und aufmerksam beobachtet, kann mit herkömmlichen Düngern die Versorgung sogar besser dem jeweiligen Bedarf anpassen. Wer aber das Düngen als lästige Pflicht betrachtet, es häufig vergißt, dem seien die Langzeitdünger angeraten.

Wer Wert darauf legt, seine Pflanzen mit einem Dünger auf organischer Grundlage zu ernähren, kann flüssigen Guano verwenden, der aus Vogelexkrementen gewonnen wird. Seine Nährstoffkonzentration ist geringer als die üblicher mineralischer Blumendünger. Bei seiner Verwendung ist zu bedenken, daß er phosphorbetont (N:P:K-Verhältnis etwa 1:2:1) ist. Sehr stickstoff- und kalibedürftige Pflanzen verlangen eine zusätzliche Versorgung mit diesen beiden Elementen. Guano ist aber reich an Spurenelementen und sonstigen Wirkstoffen, was sich recht günstig auswirken kann. Ähnliches gilt für Produkte wie Algen- und Fischemulsion, die besonders bei Orchideen Verwendung finden. Angenehm ist die Arbeit mit Fischemulsion aber nicht, denn dieses klebrige Zeug stinkt recht unangenehm.

Die Entscheidung für einen Dünger hängt nicht zuletzt von seiner Preiswürdigkeit ab. Wir können sie beurteilen, wenn wir die Nährstoffgehalte miteinander vergleichen. Leider ist es bei den Kleinpackungen noch nicht obligatorisch, die Nährstoffgehalte anzugeben. Kostet eine Flasche Dünger mit 14% N, 12% P_2O_5 und 14% K_2O sowie allen wichtigen Spurenelementen genau so viel wie die gleiche Menge eines Düngemittels mit 7% N, 6% P_2O_5 und 7% K_2O, dann entscheiden wir uns selbstverständlich für den ersten.

Unseriös ist es, die Nährstoffgehalte eines flüssigen Konzentrats „im Feststoff" anzugeben, denn wieviel dieses Feststoffs in dem Konzentrat enthalten ist, bleibt offen. Organische Düngemittel enthalten meist die

Hauptnährstoffe in vergleichsweise geringer Konzentration. Sie sind somit relativ teuer, doch ist zu bedenken, daß sie weit mehr Spurenelemente und andere Vitalstoffe enthalten als rein mineralische Gemische, so daß zumindest sporadisch Gaben dennoch empfehlenswert sein können. Ich verwende zum Beispiel Guano flüssig ganz gerne bei sukkulenten Pflanzen zu Jahreszeiten, in denen sie nur langsam wachsen und darum nur wenig Stickstoff erhalten sollen.
Teurer als herkömmliche Mineraldünger sind auch alle Langzeitdünger. Der Luxus, die Nährstoffversorgung für einige Zeit vergessen zu können, kostet Geld.

Wann und wie düngen?
Für das Düngen gibt es einige sehr leicht zu befolgende Regeln: Die Lösung nur auf feuchten Wurzelballen gießen, nie auf trockenen! Blätter dabei nicht benetzen; wenn dies doch passiert, mit klarem Wasser abwaschen! Nicht in praller Sonne stehende Pflanzen düngen, den Nachmittag abwarten

Viele Ananasgewächse wie Vriesea splendens schätzen es, wenn Wasser in ihren Blattrosetten, die eine Zisterne bilden, steht. Über die Zisterne lassen sie sich auch mit Nährstoffen versorgen. Der Dünger darf aber nur schwach konzentriert sein.

oder den nächsten Morgen oder aber den Topf in den Schatten stellen! Die auf der Packung angegebene Dosierung nicht überschreiten, sondern lieber häufiger und schwächer konzentriert düngen! Frühestens 6 bis 8 Wochen nach dem Umtopfen düngen, denn fast alle Erden enthalten einen Nährstoffvorrat! Nur wenn dies ausgeschlossen werden kann, darf schon nach 1 Woche begonnen werden. Die Häufigkeit der Düngegaben dem Wachstumsrhythmus der Pflanzen anpassen! Während der Ruhezeit grundsätzlich keine Nährlösung verabreichen!

Der letzte Hinweis bedarf einer ausführlicheren Erläuterung: Nehmen wir als Beispiel *Pleione bulbocodioides*, reizende kleine Erdorchideen, die ausgesprochen einfach zu pflegen sind und hervorragend gedeihen, wenn der ausgeprägte Wachstumsrhythmus eingehalten wird. Während des Winters machen sie eine strenge Ruhe durch. Blatt und Wurzeln sterben ab. Die Knolle treibt erst im Frühjahr wieder aus. Während der Ruhezeit, wenn weder Blatt noch Wurzeln funktionsfähig sind, wäre es völlig unsinnig zu düngen. Als erstes entwickelt sich im Frühjahr die Blüte. Zu diesem Zeitpunkt existieren nur Wurzelansätze. Das Blatt entfaltet sich erst nach der Blüte. Dann sind auch Wurzeln in ausreichender Menge vorhanden, um die Nährstoffe aufzunehmen. Jetzt wird regelmäßig gedüngt, denn die Orchidee muß Reservestoffe in die neu zu bildende Knolle einlagern, um für den kommenden Winter vorzusorgen. Im Spätherbst/Winter sterben Blatt und Wurzeln wieder ab. Schon eine Weile vorher hören wir mit den Düngergaben auf, denn der Stickstoff würde den Übergang in die Ruhe stören.

Vergleichbar ist dies mit den Kakteen. Sie haben ebenfalls eine strikte Ruhezeit, während der sie nicht gegossen und natürlich auch nicht gedüngt werden. Während ihrer Wachstumsperiode reagieren sie dagegen sehr positiv auf Düngegaben. Auch bei Pflanzen mit nicht so ausgeprägter Ruhezeit ist entsprechend zu verfahren: Wachsen sie nicht oder nur langsam, so wird selten oder gar nicht gedüngt. In der Regel wird dies im Winter sein. In dieser Zeit ist die Energiezufuhr per Sonnenlicht im Minimum. Energie ist unerläßlich, um die Nährstoffe auch zu verwerten. Schon aus diesem Grund wäre es unsinnig, im Winter genauso viel wie im Sommer zu düngen.

Wie ist nun vorzugehen? Während des Wachstums gießt man die salzverträglichen und weniger salzempfindlichen Zimmerpflanzen mit einer Konzentration wie auf der Düngerpackung angegeben. Für salzempfindliche wird die Dosierung mindestens um die Hälfte reduziert. Salzempfindlich sind die meisten Orchideen, viele Ananasgewächse (Bromelien), besonders aber folgende Pflanzen: Frauenhaarfarn (*Adiantum*-Arten und -Sorten), Zierspargel (*Asparagus setaceus* 'Plumosus'), Flamingoblume (*Anthurium*-Scherzerianum-Hybriden), Kamelie (*Camellia japonica*), Cattleyen, Dendrobien, Eriken (*Erica gracilis*), Gardenien (*Gardenia jasminoides*), *Phalaenopsis*, Bechernprimeln (*Primula obconica*), Azaleen (*Rhododendron simsii*) und *Vriesea splendens*. Etwas vereinfacht dargestellt ist Vorsicht bei allen Orchideen, Farnen, Erikengewächsen, Gesnerien- und Aronstabgewächsen angebracht.

Bei der Häufigkeit der Düngergaben hält man sich während der Wachstumszeit an die Angaben des Düngerherstellers. In der Regel werden wöchentlich Gaben empfohlen. Den Salzempfindlichen und Langsamwachsenden genügen Düngegüsse in Abständen von 14 Tagen oder gar 3 Wochen. Diese Intervalle werden schon vor Beginn der Ruhezeit größer. Und noch einmal der Rat: Lieber etwas zurückhaltend düngen als zuviel!

Auf einen zu hohen Salzgehalt deuten Wurzelschäden, besonders das Absterben der Wurzelspitzen, Blattrandschäden und bei einigen Pflanzen auch Kümmerwuchs hin. Leider läßt es sich nicht vermeiden, daß durch ständiges Gießen und Düngen der Salzgehalt im Substrat erhöht wird. Nicht immer können wir in eine frische Erde umtopfen, wenn der Salzgehalt ein zuträgliches Maß überschritten hat, denn bestimmte Pflanzen nehmen solche häufigen Störungen übel. Wir behelfen uns in anderer Weise: Jährlich einmal durchspülen wir das Substrat mit Wasser. Hierzu genügt Leitungswasser. Wir gießen nach und nach mit einer dem dreifachen Topfvolumen entsprechenden Wassermenge. Dazu einige Beispiele: Ein 10-cm-Tontopf faßt rund 300 cm³. Wir müßten somit 900 cm³ Wasser, das sind fast 1 l, langsam auf das Substrat gießen. Bei einem 13-cm-Tontopf sind dies bei etwa 815 cm³ Inhalt etwa 2,5 l Wasser. Das auf Kubikzentimeter genaue Ausrechnen des Topfinhalts ist überflüssig; die Zahlen dienen nur dazu, sich die benötigte Menge Wasser leichter vorzustellen. Mehr schadet natürlich nicht. Nach dem Durchspülen dürfen wir das regelmäßige Düngen nicht vergessen, da das Substrat nun kaum noch lösliche Nährstoffe enthält.

Bei allen Blumendüngern ist der Deckel gleichzeitig Meßbecher. Wer Dünger in größeren Packungen kaufen will, kann für die Zimmerpflanzen jeden vollöslichen, chloridfreien Volldünger verwenden. Je Liter Wasser gibt man 2 g des Düngers, für salzempfindliche Pflanzen 1 g oder nur 0,5 g, für nährstoffbedürftige wie Pelargonien, Hortensien oder Chrysanthemen auch 3 g/l Wasser.

Besonderheiten der Düngung

Der Leser wird vielleicht Hinweise vermissen, wie die Düngung zu modifizieren ist, je nachdem, ob die Pflanze gerade Blätter und Sprosse oder aber Blüten bildet. In vielen älteren Büchern ist nämlich zu lesen, daß während der Blattentwicklung (vegetatives Wachstum) stickstoffbetont zu düngen sei, zur Blütezeit (generatives Wachstum) aber phosphorbetont. Der Gärtner verwendet zu letzterem bestimmte „Blühdünger" wie zum Beispiel Fertisal.

Dies würde das Düngen unserer Zimmerpflanzen in unnötiger Weise komplizieren und ist außerdem in vielen Fällen unnötig. Es gibt zwar Pflanzen, die zur Blütenbildung und -entwicklung einen geringeren Stickstoffbedarf haben, bei anderen ist es aber gerade umgekehrt. Bei ein und derselben Pflanze ist es sogar je nach Entwicklungsstadium verschieden. Die pauschale Behauptung „für das vegetative Wachstum mehr Stickstoff, für das generative mehr Phosphor" ist somit falsch.

Folgendes ist wichtig: Für die Blütenbildung sind in der Regel andere Faktoren verantwortlich als das Düngen. Machen wir keine schwerwiegenden Fehler, die Schäden durch Nährstoffmangel oder Überkonzentration verursachen, kann das Düngen die Blütenbildung kaum behindern. Nur dann, wenn ein blühfauler Geselle mit sehr dunkel, intensiv grün gefärbten Blättern eine überoptimale Stickstoffversorgung anzeigt, wäre der Versuch angebracht, durch verminderte Stickstoffdüngung, zum Beispiel durch Verwendung eines Kakteendüngers in halber Konzentration nach vorheriger kurzer Hungerperiode, die Blühfaulheit zu beseitigen. Noch einmal sei aber betont, daß für die Blühfaulheit meist andere Gründe verantwortlich sind.

Daß wir Ananasgewächse auch über den Trichter düngen können, wurde bereits erwähnt. Was tun wir bei den Arten, die keinen Trichter bilden und deren Wurzeln nur der Verankerung dienen? Das beste Beispiel sind die beliebten „grauen" Tillandsien. *Tillandsia usneoides* verzichtet sogar ganz auf Wurzeln. Sie erhalten während des Sommers mit dem täglich zu versprühenden Wasser (s. Seite 26 und 27) die notwendigen Nährstoffe. Von dem Blumendünger genügt etwa $1/4$ der angegebenen Menge je Liter Wasser. Ansonsten 0,05 bis 0,1 %ige (0,5 bis 1 g/l Wasser) Volldüngerlösungen verwenden. Übrigens können auch Pflanzen ohne Saugschuppen Nährstoffe über das Blatt aufnehmen. Der Gärtner nutzt dies mit der Blattdüngung aus. Auch der Zimmergärtner kann sich dieser Methode bedienen, wenn es gilt, akuten Mangel zu beseitigen oder wenn die Wurzeln gelitten haben. Wir dosieren dazu wie bei den Tillandsien beschrieben. Die Blattdüngung darf aber nie bei direkter Sonne vorgenommen werden. Vorsicht ist auch bei Pflanzen mit behaarten Blättern, zum Beispiel Gesneriengewächsen wie dem Usambaraveilchen *(Saintpaulia ionantha)*, angebracht. Zur ausschließlichen Ernährung reicht die Blattdüngung auf Dauer nicht aus. Sie kann nur eine zusätzliche Nährstoffquelle sein.

Per Blattdüngung läßt sich Eisenmangel beheben oder lindern. Eisenmangel tritt meist auf, wenn durch einen zu hohen pH-Wert (über 6,5) das Eisen im Substrat nicht mehr pflanzenverfügbar ist. In nur schwach mit Eisen versorgten Erden ist Eisenmangel gelegentlich im Sommer zu beobachten. Die jüngsten Blätter sind dann gelb verfärbt, wobei die Blattadern grün bleiben. Schnelle Abhilfe schafft eine Blattdüngung mit den Eisenpräparaten „Fetrilon" oder Gabi Mikro Fe.

Auf eine Besonderheit der Ernährung von Orchideen ist noch hinzuweisen. Auf den Seiten 35 bis 37 wurde beschrieben, welche verschiedenen Rezepturen es für Orchideenpflanzstoffe gibt. Wenn eine gute Durchlüftung und ausreichende Wasserversorgung gewährleistet ist, sind alle brauchbar. Zu beachten ist nur der Einfluß des Substrates auf die Gießhäufigkeit und die Düngung. Verwenden wir Torf und Sphagnum, dann zersetzt sich dieses organische Material innerhalb eines Jahres, maximal in zwei Jahren so stark, daß wir umtopfen müssen. Osmunda und Baumfarn halten länger; noch dauerhafter ist Rinde, während Styroporschnitzel wie Orchid Chips nicht verrotten. Beim Verrotten zerfallen die Substratbestandteile, die ja nichts anderes als abgestorbene Pflanzenteile sind, in die Stoffe, aus denen sich der Pflanzenkörper aufbaut. Diese Elemente sind genau die Nährstoffe, die wir mit den Düngemitteln zuführen.

Je schneller sich ein Pflanzstoff zersetzt, umso mehr Nährstoffe werden frei. Diese wichtige Erkenntnis ist beim Düngen der salzempfindlichen Orchideen zu beachten! Der bei Orchideen genannte Düngerhythmus kann nur die Grundregel sein, die je nach den Gegebenheiten zu variieren ist: Bei sich schnell zersetzenden Pflanzstoffen weniger, bei stabilen häufiger, aber nur schwach konzentriert düngen. Bei kurzlebigen Substratmischungen empfehlen Orchideengärtner ein Nährstoffverhältnis von 1:1:1, bei den langlebigen wie Rinde und Styromull ein solches von 3:1:1.

Hydrokultur

Will man den Herstellern von Hydrokulturgefäßen glauben, dann ist es mit Hilfe dieses Kulturverfahrens möglich, alle Schwierigkeiten bei der Zimmerpflanzenpflege zu überwinden. Tatsächlich gelingt es mit seiner Hilfe selbst Leuten ohne „grünen Daumen", beachtliche Kulturerfolge zu erzielen. Ein Wundermittel, mit dem plötzlich alles gelingt, ist es allerdings nicht. Bestimmte Voraussetzungen müssen geschaffen werden.

Was ist nun unter der Hydrokultur zu verstehen? Übersetzt müßte man von „Wasserkultur" sprechen. Darüber hinaus gibt es noch die Bezeichnung „erdlose Pflanzenkultur". Wie der Name sagt, wachsen die Pflanzen nicht wie üblich in einer Erdmischung, sondern in Wasser, das mit Nährsalzen angereichert wurde.

Die ersten Versuche, Pflanzen auf diese Weise heranzuziehen, liegen über 270 Jahre zurück. Lange Zeit war die Hydrokultur nur eine Domäne der Wissenschaft. Sie konnte auf diese Weise leicht die Auswirkungen einer variierten Nährstoffversorgung untersuchen. Heute gibt es noch eine Vielzahl anderer Einsatzgebiete, von der Pflanzenanzucht in geschlossenen Räumen wie Raumfahrzeugen bis hin zum Hydrotopf auf der Fensterbank.

Kleine Hydrotöpfe für den Hobbygärtner gibt es schon lange. Die Hydrokultur im Zimmer oder Kleingewächshaus spielte jedoch bis vor wenigen Jahren keine große Rolle. Sie blieb vielmehr den experimentierfreudigen Pflanzenfreunden vorbehalten. Das hat sich inzwischen geändert.

Das Angebot an Hydrokulturtöpfen ist heute kaum noch zu überblicken. Mit der Verbreitung wuchsen auch unsere Erfahrungen. Die Wasserkultur ist heute bei Zimmerpflanzen ohne besondere Probleme möglich.

Der wesentliche Vorteil der Hydrokultur liegt darin, daß den Pflanzen ein größerer Wasservorrat zur Verfügung steht. Die Pflanzen können somit über eine längere Zeit stehen, ohne gegossen zu werden, was sich besonders bei kurzen Reisen als vorteilhaft erweist. Damit wird auch deutlich, daß die Wasserkultur von sukkulenten Pflanzen wie Kakteen wenig Vorteile bietet. Dennoch

Hydrotöpfe ersparen nur dann regelmäßiges Gießen, wenn der Wasservorrat groß genug ist. Beim linken Gefäß ist dies der Fall. Beim rechten füllt der Kulturtopf den Übertopf weitgehend aus, so daß für die Nährlösung kaum Platz verbleibt.

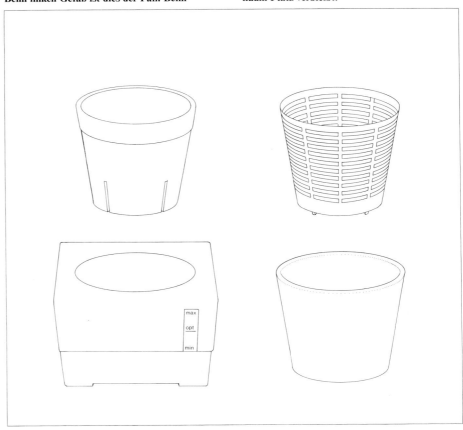

findet man immer wieder auch Kakteen in Hydrokulturtöpfen. Es wird auch gelegentlich behauptet, Kakteen würden in einer Nährlösung besser wachsen als in den üblichen Kakteenerden. Die Ursache solcher Erfahrungen mag jedoch in erster Linie in Fehlern bei der herkömmlichen Pflege von Kakteen zu suchen sein. Andererseits sollte jeder Zimmerpflanzengärtner die Kulturmethode bevorzugen, mit der er die besten Ergebnisse erzielt.

Alle anderen „Vorteile", die noch im Zusammenhang mit der Hydrokultur genannt werden, sind nicht unumstritten. So ist es keinesfalls so, daß Pflanzen in einer Nährlösung vor dem Befall mit Krankheiten und Schädlingen geschützt sind. Die Larven der Trauermücken können sich sehr unangenehm bemerkbar machen. Werden Pflanzen in „gewöhnlicher" Erde sachgerecht gepflegt, sind sie mit Sicherheit nicht anfälliger. Die Erdkultur hat sogar den Vorteil, daß sich Fehler bei der Düngung wegen der sogenannten Pufferung des Bodens weitaus weniger stark auswirken.

Geeignete Gefäße

Es gibt die verschiedensten Gefäße für die Hydrokultur im Wohnbereich. Das Angebot hat in den letzten Jahren enorm zugenommen, und die meisten heute auf dem Markt befindlichen Gefäße sind auch für unsere Zwecke geeignet. Fast alle Gefäße bestehen aus einem Übertopf und einem Einsatz oder Kulturtopf. Vor einigen Jahren fand man vorwiegend Gefäße, die einen sehr kleinen Kulturtopf besaßen. Schnellwachsende Pflanzen hatten das Topfvolumen bald ausgefüllt, ein Umpflanzen war jedoch fast unmöglich. Ein erheblicher Nachteil war, daß sie aus einem durchsichtigen Glas oder Kunststoff bestanden. Man weiß aus vielen Versuchen, daß eine Belichtung der Wurzeln nachteilig ist.

Ob man sich für ein Gefäß aus Kunststoff, Keramik oder Naturstein entscheidet, ist eine Frage des Geschmacks und des Geldbeutels. Auf folgende Dinge sollte man aber unbedingt achten:

1. Das Gefäß muß absolut wasserdicht sein. Es gibt Gefäße die ein Fenster zur Kontrolle der Wasserstandshöhe besitzen. Bei einzelnen Fabrikaten tritt an dieser Stelle Wasser aus.

2. Der Wasservorrat muß ausreichend groß sein, um die Vorteile der Hydrokultur ausnutzen zu können. Ganz besonders dann, wenn großblättrige, viel Wasser verdunstende Pflanzen gepflegt werden sollen, ist dies sehr wichtig.

3. Schließlich soll das Material widerstandsfähig gegen chemische Einflüsse sein. Auf diesen Punkt wurde bereits auf Seite 39 hingewiesen.

Der Einsatz eines Hydrotopfes besteht im einfachsten Fall aus einem Kunststoff-Gittertopf. Kulturtöpfe sollte man grundsätzlich verwenden, denn es bringt einige Nachteile mit sich, wenn man das Haltesubstrat direkt in das Gefäß schüttet. Es ist dann nämlich nicht möglich, die Pflanze herauszunehmen, den Topf zu reinigen und – vorausgesetzt, daß sich kein Rohr im Topf befindet – die alte Nährlösung gegen eine neue auszutauschen.

Der Kulturtopf darf nicht zu klein sein, damit die Pflanzen ausreichend Möglichkeit finden, sich in dem Haltesubstrat zu verankern. Bei größeren Trögen setzt man die Pflanzen mit einem Styroportopf in die Wanne hinein. Dieses „Topf-in-Topf-System" bietet den Vorteil, daß das Auswechseln von nicht mehr schönen Pflanzen relativ leicht möglich ist.

Wie oben schon angedeutet, kann für die Hydrokultur jedes wasserdichte Gefäß verwendet werden. Voraussetzung sollte allerdings sein, daß die Gefäßtiefe nicht weniger als 20 cm beträgt. So hoch sollte etwa die Blähtonschicht sein. Dies kann in kleineren Gefäßen nicht geboten werden. Gehen wir von 20 cm Höhe aus, so sollte die Füllhöhe der Nährlösung knapp 7 cm nicht überschreiten (rund $1/3$). So werden Sauerstoff-Mangelschäden vermieden.

Haltesubstrate

Dieses Kapitel kann heute recht schnell abgehandelt werden. Früher diskutierte man lange darüber, welches Halte- oder Füllsubstrat man am besten verwenden soll. Es wurden zu diesem Zweck Bimskies, Ziegelsplitt, Quarzkies, Granitsplitt, Flußkies, Sand, Vermiculit, Schlacke und Kunststoffe wie die PVC-Borsten „Biolaston" angeboten. Heute verwendet man im allgemeinen Blähton, der sich gut bewährt hat. Es sind braune Kügelchen verschiedener Durchmesser. Für die Hydrokultur bevorzugt man Körnungen von 5 bis 20 mm. Wie der Name schon sagt, wird dieses Material aus Ton hergestellt. Bei Temperaturen von rund 1000 °C wird der Ton in einem Ofen gebrannt und dabei Preßluft eingeblasen.

Für unseren Zweck hat Blähton verschiedene Vorteile: Er hat ein geringes Gewicht und wird von der Nährlösung nicht angegriffen. Nährsalze können sich nur an der Oberfläche ablagern (was man besonders bei den oberen Kügelchen sehen kann). Die Oberflächenbeschaffenheit garantiert eine gute Luft-Wasser-Führung. Nicht zuletzt ist das Hantieren mit diesem Material problemlos, im Gegensatz zu dem scharfkanti-

Dieses Modell läßt den Aufbau einer Hydroanlage gut erkennen: Die Pflanze, ein Pandanus veitchii, sitzt mit Wurzel und Haltesubstrat in einem Kulturtopf, der wiederum in einem Mantelgefäß mit der Nährlösung steht. Der Wasserstandsanzeiger vorn ermöglicht die Kontrolle der Anstauhöhe.

Pflanzen mit vielen, dicken Wurzeln eignen sich nur bedingt für die Hydrokultur. Die Wurzeln dieser Grünlilie (Chlorophytum comosum 'Variegatum') haben rasch den Platz im Mantelgefäß ausgefüllt.

gen Splitt oder den Kunststoffborsten. Leider ist nicht jeder Blähton gleich gut geeignet. Entscheidend für seine Qualität ist der verwendete Ton. Ein kalkhaltiger Ton mit hohem Salzgehalt kann keinen brauchbaren Blähton ergeben. Darum empfiehlt es sich, keinen vielleicht billigeren Blähton aus der Baustoffhandlung zu kaufen, sondern nur solchen, der für die Hydrokultur ausgewiesen ist. Wer die Möglichkeit hat, den Salzgehalt zu messen, kann das wie folgt tun: 100 g Blähton staubfein zerklopfen, mit 1 l destilliertem Wasser übergießen, einige Tage stehen lassen und währenddessen mehrfach schütteln; anschließend mit einem Leitfähigkeitsmesser prüfen. Ein guter Blähton hat einen Wert von nicht mehr als 200 Mikro-Siemens. Grundsätzlich empfiehlt es sich, neuen Blähton vor der Verwendung gründlich zu durchspülen. Spätestens wenn nach einigen Jahren das Umpflanzen erforderlich wird, tauscht man auch das Füllsubstrat aus. Eine Aufbereitung mit einer schwach konzentrierten Säure ist zwar denkbar, aber zu umständlich. Nützlich ist es, von Zeit zu Zeit den Einsatz aus dem Übertopf herauszunehmen und den Blähton mit zimmerwarmem Wasser gründlich zu durchspülen.

Wasserstandsanzeiger

Zur Kontrolle der Wasserstandshöhe werden sogenannte Wasserstandsanzeiger angeboten. Sie sind zum Teil in die Kunststoffeinsätze montiert. Ein Wasserstandsanzeiger besteht aus einem Rohr, in dem sich ein Stab mit einem Schwimmer bewegt. Markierungen an dem Rohr, die sich natürlich außerhalb des Haltesubstrates befinden müssen, ermöglichen eine genaue Kontrolle der Füllhöhe. Manche Gefäße sind so konstruiert, daß eine bestimmte Füllhöhe nicht überschritten werden kann, weil sonst das Wasser ausläuft.
Der Wasserstandsanzeiger sollte so einfach wie möglich konstruiert sein. Je einfacher er ist, desto geringer ist die Störanfälligkeit. Man sollte darauf achten, daß das Rohr, in dem sich der Schwimmer bewegt, eine ausreichend große Öffnung am unteren Ende besitzt, damit diese durch Mikroorganismen nicht so schnell verstopft wird. Hängende, funktionsuntüchtige Wasserstandsanzeiger kommen leider gar zu oft vor. Vertrocknete oder ertrunkene Pflanzen sind die Folge. Ein guter Wasserstandsanzeiger sollte bereits auf Minimum stehen, wenn sich noch 1 cm Nährlösung im Gefäß befindet.
Eine andere Möglichkeit, die Wasserstandshöhe zu kontrollieren, ist das Vorhandensein eines kleinen Fensters am ansonsten undurchsichtigen Hydrokulturgefäß. Dies

Als Haltesubstrat wird derzeit fast ausnahmslos Blähton verwendet. Die runden, harten Kügelchen sollen aus einem nur wenige Salze enthaltenen Ton gebrannt sein. Das Bild zeigt im Hintergrund die weißgestreifte Dracaena deremensis, davor Epipremnum aureum, rechts eine Begonia-Rex-Hybride, ganz vorn Ficus pumila.

ist sehr praktisch, vorausgesetzt, das Gefäß ist an dieser Stelle nicht undicht. Ein schwerwiegender Fehler wäre es, den Wasserstand auf einem zu hohen Niveau zu halten. Die Wurzeln würden unweigerlich ersticken.

Wasser- und Nährstoffversorgung

Die Nährlösung, die wir unseren Pflanzen anbieten, entscheidet im wesentlichen über deren Gedeihen. Die Qualität des verwendeten Wassers, die Konzentration der Nährstoffe sowie deren Verhältnis zueinander sind bestimmende Faktoren. Früher mußte man sich nach bestimmten Rezepten recht aufwendig Nährlösungen zusammenstellen. Heute gibt es eine Reihe von Hydrokultur-Düngern im Handel, die alle notwendigen Elemente in geeigneter Zusammensetzung und leicht aufnehmbarer Form enthalten. Auch Volldünger wie zum Beispiel Wuxal sind gut geeignet. Mit den Düngern wird die Nährlösung in der angegebenen Konzentration hergestellt. Im Winter und bei salzempfindlichen Pflanzen wie Orchideen empfiehlt es sich, die Konzentration zu verringern.
Schwierigkeiten bereitet bei der Hydrokultur häufig die Eisenversorgung. Das Eisen wird bei zu hohen pH-Werten festgelegt. Dies geschieht bereits bei einem Wert über pH 6. Auch bei Verwendung von Volldüngern sollte zusätzlich ein Eisenpräparat verabreicht werden. Geeignet sind „Fetrilon" oder „Sequestren 138", die man während des Sommers in einer Konzentration von 0,02 bis 0,05 %, im Winter 0,01 bis 0,02 % der Nährlösung zusetzt.
Die geringe Menge, die wir für die Nährlösung benötigen, ist schwierig abzuwiegen. Es empfiehlt sich daher, eine „Stammlösung" anzusetzen. Hierbei ist der Begriff Stammlösung nicht exakt, da sich die Eisenpräparate im Wasser nicht lösen. Man geht folgendermaßen vor: Man wiegt von dem Eisenpräparat eine geringe Menge ab, die gerade noch annähernd genau zu ermitteln ist. Diese wird mit Wasser gemischt, und von dieser Stammlösung gibt man nun jeweils soviel der anzusetzenden Nährlö-

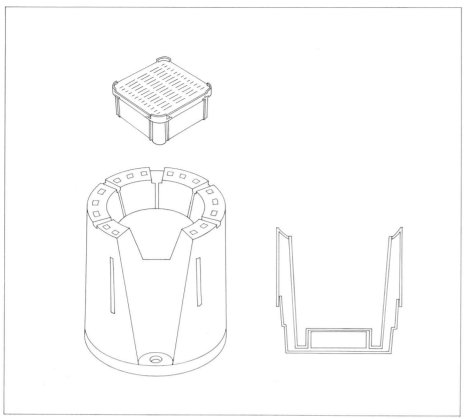

Einige Kulturtöpfe besitzen eine Aussparung im Boden zur Aufnahme der Düngebatterie. Verbrauchte Ionenaustausch-Dünger lassen sich leicht auswechseln. Allerdings empfehlen sich Düngebatterien nicht bei weichem Wasser.

sung zu, daß die oben angegebene Konzentration erreicht wird. Die Stammlösung kann etwa ein halbes Jahr lang verwendet werden. Dabei ist nur zu beachten, daß vor der Verwendung jeweils gründlich umgerührt werden muß. Einfacher ist die Dosierung der in kleinen Flaschen gehandelten flüssigen Präparate wie „Gabi Mikro-Fe". Die Nährlösung wird alle 4 bis 6 Wochen ausgetauscht. Der vollständige Wechsel empfiehlt sich, da die Wurzeln Stoffe ausscheiden, die ab einer bestimmten Konzentration unverträglich sind. Bei großen Anlagen reicht ein vollständiger Wechsel in weiteren Abständen. Zum Absaugen der verbrauchten Lösung gibt es einfache Pumpen, die der Fachhandel bereithält. Zwischenzeitlich wird nur Wasser nachgefüllt. Bei Pflanzen mit hohem Nährstoffbedürfnis reicht dies nicht aus. Darum gießen wir gelegentlich mit einer Nährlösung nach. Eine bestimmte Regel läßt sich hierfür nicht aufstellen. Auch bei der die Arbeit reduzierenden Hydrokultur dürfen wir die Pflanzen nicht ganz vergessen, sondern müssen deren Entwicklung beobachten.

Auf die Frage der Wasserqualität muß hier nicht mehr eingegangen werden. Alles was dazu bereits gesagt wurde, gilt auch für die Hydrokultur.

Ionenaustauscher
Wem die Zubereitung einer geeigneten Nährlösung zu umständlich ist, der hat die Möglichkeit, sich die Arbeit mit Hilfe eines Ionenaustauschers zu erleichtern. Unter dem Namen „Lewatit HD 5" oder „Hydrokulturdünger mit Langzeitautomatik" wird speziell für die Hydrokultur ein unlösliches Kunstharz angeboten, das mit den für die Pflanzenernährung notwendigen Makro- und Mikronährstoffen „belegt" ist. Die Nährstoffionen sind an dem Kunstharz gebunden und werden kontinuierlich freigesetzt, wobei aus dem Wasser gleichzeitig Ionen aufgenommen werden. Aufgrund dieses Vorgangs ist es überflüssig, ja sogar falsch, eine Wasserenthärtung durchzuführen. Die Nährstoffionen werden durch die Ausscheidungen der Pflanzenwurzeln und die Salze des Gießwassers freigesetzt und damit für die Pflanze verfügbar.

Lewatit HD 5 enthält je Liter 18 g Stickstoff, 7 g Phosphor und 15 g Kali, darüber hinaus die Spurenelemente Eisen, Kupfer, Mangan, Bor, Molybdän und Zink. Je Topfpflanze gibt man je nach Nährstoffbedürftigkeit eine Menge von 25 bis 50 cm^3 Lewatit HD 5. Die Pflanze ist damit über einen Zeitraum von mindestens 4 bis 6 Monaten mit allen Nährstoffen versorgt. Es ist während dieser Zeit nur noch notwendig, die jeweils verdunstete Wassermenge nachzufüllen. Nach 6 Monaten wechselt man die „Lewatit HD 5-Batterie" aus oder, wenn es lose eingefüllt wurde, schwemmt man neuen Ionenaustauscher ein. Bei Verwendung eines weniger geeigneten Blähtons oder sehr harten Wassers steigt nach etwa 4 Monaten der pH-Wert der Lösung langsam an. Dann warten wir die genannten 6 Monate nicht ab, sondern wechseln den Ionenaustauscher schon früher aus.

Sehr weiches Wasser mit einem Salzgehalt unter 100 mg/l ist in vielerlei Hinsicht erfreulich, da Boiler und Waschmaschine nicht so schnell verkalken. Bei der Verwendung von Ionenaustauschern bereitet dieses salzarme Wasser Schwierigkeiten. Da im Wasser nicht viel zum Austauschen enthalten ist, werden auch nicht genügend Nährstoffe frei. In diesem Fall kann man versuchen, dem Wasser eine Messerspitze Gips beizumischen oder die Menge Lewatit pro Pflanze auf 15 g zu reduzieren, dafür aber bereits nach 3 Monaten zu wechseln. Außerdem schüttet man den Ionenaustauscher auf den Blähton und schwemmt ihn mit Wasser ein, so daß die Kügelchen in den Wurzelbereich gelangen. Auf Düngebatterien sollte man bei solch weichem Wasser lieber verzichten.

Mit Hilfe einfacher Teststäbchen ist es möglich zu kontrollieren, ob der Ionenaustauscher noch genügend Nährstoffe freigibt. Wir verwenden dazu den „Merckoquant-Nitrat-Test", messen also den Gehalt an Nitratstickstoff. Das Stäbchen tauchen wir mit seiner Testfläche in die Lösung. Je nach Nitratgehalt verfärbt sich die Testfläche rosa bis violett. Ist der Nährstoffgehalt unter 30 mg/l, bei nährstoffbedürftigen Pflanzen unter etwa 50 mg/l abgesunken, so wechseln wir den Ionenaustauscher aus.

Eine zweite Testfläche am Stäbchen verfärbt sich, wenn die Lösung Nitrit enthält, das für alle Pflanzen hochgiftig ist. In diesem Fall ist die Nährlösung sofort auszuwechseln. Nitrit entsteht in der Regel nur unter ungünstigen Bedingungen, besonders bei zu niedrigen Temperaturen der Nährlösung. Es empfehlen sich Werte zwischen 18 und maximal 25 °C. Niemals darf die Temperatur der Nährlösung unter 15 °C absinken. Mit diesem zuletzt angesprochenen Punkt, der Temperatur der Nährlösung, haben wir eine der häufigsten Ursachen für Fehlschläge bei der Hydrokultur. Gute Erfahrungen mit Orchideen in Hydrokultur konnte man nur dann gewinnen, wenn die Nährlösungstemperatur hoch genug lag. So verwundert es nicht, daß sich in erster Linie wärmebedürftige Orchideen für dieses Kulturverfahren anbieten.

Was ist mit Kalthausorchideen und anderen Pflanzen zu tun, die im Winter kühl stehen wollen? Einmal ist es möglich und meist auch vorteilhaft, die Lufttemperatur besonders nachts weiter absinken zu lassen als die Temperatur der Nährlösung. Letztere kann um 2 bis 4 °C höher liegen. Dies empfiehlt sich für alle Arten, die noch „im Wuchs" bleiben, also keine strenge Ruhe durchmachen und nur Temperaturen bis hinab zu 15 °C fordern. Kalthausorchideen, die im Winter noch kühler stehen wollen, schränken in der Regel ihre Aktivitäten ohnehin so sehr ein, daß wir keine Nährlösung, sondern nur Wasser einfüllen können und auch das nur bis zu einem sehr niedrigen Pegel. Auf diese Weise ist die Gefahr der Nitritbildung ausgeschaltet.

Probleme bei der Hydrokultur
Noch eines ist bei der Hydrokultur zu bedenken: Werden Fehler bei der Nährstoffversorgung gemacht, so wirken sich diese schlagartig aus. Ist der Wasserstand im Gefäß zu hoch oder vergißt man, rechtzeitig Wasser nachzufüllen und der Wurzelbereich trocknet aus, so kommt es zur Wurzelfäule. Pilze breiten sich aus, die dann nur noch sehr schwer einzudämmen sind. An ausreichenden Erfahrungen, welche Pflanzenschutzmittel in welcher Form dann einzusetzen sind, mangelt es bisher. Hier spielt die Verträglichkeit der Pflanzenschutzmittel für die jeweilige Art eine große Rolle. Gelegentlich wurde empfohlen, die Wurzel für einige Stunden in eine Orthocid-83-Lösung zu tauchen.

Relativ häufig treten in Hydrokulturen Springschwänze (Collembolen) auf. Diese winzigen Insekten sind zwar selbst nicht schädlich, können aber zur Ausbreitung von Wurzelfäule beitragen. Mit Hilfe der gebräuchlichen Insektenbekämpfungsmittel (Insektizide), die man mehrmals durch das Füllsubstrat laufen läßt, kann man versuchen, der Plage Herr zu werden.

Gelegentlich wird behauptet, Pflanzen in Hydrokultur würden nicht von Krankheiten und Schädlingen befallen. Dies ist insoweit richtig, als optimal ernährte Pflanzen widerstandsfähiger und weniger anfällig sind, andererseits Fehler durch unregelmäßiges, falsch dosiertes Gießen ausgeschlossen sind. Gerade zu vieles Gießen ist aber die Hauptsache für Wurzelschäden und Wurzelfäule.

Pflanzenanzucht
Für die Hydrokultur verwendet man am besten Pflanzen, die nicht in Erde herangezogen wurden. Man erwirbt entweder im Fachhandel Hydrokulturpflanzen oder vermehrt selbst durch Stecklinge. Hierzu schneidet man die Stecklinge und bewurzelt diese in einem Glas mit Wasser. Haben die Pflanzen ausreichend Wurzeln gebildet, kommen sie in die Hydrokulturgefäße. Es ist natürlich auch möglich, und dies wird häufig empfohlen, Pflanzen aus Erde auf die Hydrokultur umzustellen. Untersuchungen haben jedoch gezeigt, daß sich Wurzeln von in Hydrokultur gewachsenen Pflanzen morphologisch von jenen unterscheiden, die in Erde heranwuchsen. Die Wurzelhaare von Hydrokulturpflanzen sind länger und dünner, auch die am Ende befindliche Wurzelhaube (Kalyptra) ist anders ausgebildet. Wird nun eine in Erde herangewachsene Pflanze auf Hydrokultur umgestellt, so tritt ein gehöriger Wachstumsschock ein. Die Pflanze ist in den ersten Tagen nicht in der Lage, Wasser und Nährstoffe in ausreichender Menge aufzunehmen. Die alten Wurzeln faulen; neue müssen sich bilden, die dann die Ernährung der Pflanze übernehmen. Die oben erwähnte Bewurzelung im Wasserglas bietet daher erhebliche Vorzüge. Auf diese Weise ist es möglich, Pflanzen unter hydrokulturähnlichen Bedingungen heranzuziehen.

Im Erwerbsgartenbau bewurzelt man Pflanzen für die Hydrokultur meist in sehr feinkörnigem Blähton (2 bis 4 mm) oder einer Steinwolle. Weiter ist ein Polyurethanschaum mit dem Handelsnamen Baystrat hierfür geeignet. Statt feinem Blähton ist zerschlagener grober brauchbar oder grober Sand ohne Feinbestandteile sowie feiner Kies, wie er für Aquarien angeboten wird. Sogar Aussaaten sind auf solch feinem Material möglich.

Wer von Erd- auf Hydrokultur umstellen will, sollte bedenken, daß dies bei jungen Pflanzen leichter geht als bei großen, ehrwürdigen Exemplaren. Die Erde muß in nicht zu kaltem Wasser gründlich ausgewaschen werden. Erdreste können zur Fäulnis und damit zum Absterben der ganzen Pflanze führen. Jeder, der dies einmal versucht, stellt bald fest, wie schwierig das vollständige Auswaschen ist. Die feinen Wurzeln umschließen die Erdpartikel sehr innig und lassen sich nur unter Wurzelverlusten lösen. Besonders Torf wird unlösbar festgehalten. Zur Not weicht man den Wurzelballen über Nacht ein.

Vor dem Einsetzen in den Hydrotopf sind alle beschädigten oder faulenden Wurzeln zurückzuschneiden. Eine schwach konzentrierte (0,5 g je Liter Wasser) Chinosol-Lösung, in die man die Wurzeln für einige Minuten taucht, kann zusätzlich der Fäulnisgefahr vorbeugen. Chinosol ist im Gartenfachhandel oder auch in Drogerien erhältlich.

Das Eintopfen ist etwas schwieriger als in Erde. Schwach bewurzelte Pflanzen kippen leicht. Sie brauchen möglicherweise einen zusätzlichen Halt, bis sich die neugebildeten Wurzeln verankern. Lassen wir uns hierdurch nicht verleiten, die Pflanzen tiefer als ursprünglich zu setzen.

Zum Anwachsen füllen wir nur Wasser oder eine sehr schwache Nährlösung ein, etwa $1/10$ der angegebenen Konzentration. Die alten Wurzeln sollen nicht bis ins Wasser reichen, da sie sonst faulen. Je nach Pflanzenart haben sich bei genügend Wärme nach 14 Tagen bis 4 Wochen so viele neue Wurzeln gebildet, daß stärker gedüngt wird.

Durch das vorsichtige Umhüllen der Pflanze mit einer Folientüte erleichtern wir das Anwachsen. Dies schafft eine höhere Luftfeuchte und verhindert das „Schlappen". Kakteen und alle anderen Sukkulenten erhalten diese Hilfe nicht.

Trotz aller Hilfestellung wird das Umstellen von Erd- auf Hydrokultur nicht immer gelingen. Bei allen Pflanzen, die auch bei der Stecklingsvermehrung Schwierigkeiten machen, ist Vorsicht vonnöten. So gelingt es nur selten, eine Zimmertanne oder einen größeren Wunderstrauch *(Codiaeum)* an die Hydrokultur zu gewöhnen. Auch bei allen Palmen muß man geduldig sein, denn es dauert einige Zeit, bis sie den mit der Umstellung verbundenen Schock überwunden haben.

Selbstverständlich ist, daß sich die Pflanzen während ihrer Wachstumszeit – meist im Frühjahr/Frühsommer – am besten umstellen lassen. Während der winterlichen Ruhe sind die Ausfälle noch um vieles größer.

Bei der Wahl des Gefäßes sollte man noch beachten, daß das spätere Umpflanzen in der Regel mit Schwierigkeiten verbunden ist. Je nachdem, um welche Art Hydrotopf es sich handelt, steht man vor dem Problem, die Wurzeln möglichst ohne Verluste aus dem Einsatz herauszubekommen. Es gibt Gefäße, die Gittertöpfe als Einsatz haben. Hier kann man nur mit Gittertopf umsetzen oder ihn zerschneiden. Aber auch bei anderen Systemen wachsen die Wurzeln aus den Öffnungen der Einsätze heraus. Das Umpflanzen ist also auf ein Minimum zu beschränken. Deshalb wählen wir ausreichend große Töpfe, auf die Wachstums-

Ein Nachteil der Hydrokultur ist das bisher begrenzte Sortiment blühender Pflanzen. Zu den wichtigsten zählt die Flamingoblume (Anthurium-Andreanum-Hybride). Im Vordergrund Aglaonema commutatum 'Pseudobracteatum', hinten rechts Schefflera arboricola, hinten links Dizygotheca elegantissima.

geschwindigkeit und die erreichbare Größe der Pflanze abgestimmt.

Welche Pflanzen für die Hydrokultur?
Wer mag, kann in Nährlösung alle Pflanzen heranziehen, von Tomaten und Kopfsalat über Weinreben bis hin zum Gummibaum und Fleißigen Lieschen. Dem Experimentierfreudigen eröffnet sich ein weites Feld. Stellen wir darum die Frage nach der Zweckmäßigkeit. Die Hydrokultur ermöglicht es, Pflanzen über längere Zeit ohne großen Aufwand und ohne tägliches Gießen zu pflegen. Diese Vorteile nutzen wir am besten bei langlebigen Pflanzen mit mittlerem und höherem Wasserverbrauch. Wer Spaß daran hat, mag die Wasserkultur auch für Sukkulenten sowie kurzlebige Blütenpflanzen nutzen. Es bringt ihm nur gegenüber der herkömmlichen Anzucht in Erde kaum Vorteile.
Hier höre ich nun die empörten Aufschreie all derer, bei denen dieser Kaktus, jene Euphorbie und Gasterie sowie auch manche Blütenpflanze in Hydrokultur um vieles besser als in Erde gedieh. Noch einmal möchte ich dazu ermuntern, die Methode anzuwenden, mit der man am besten zurecht kommt. Wie bei jedem Hobby, so macht auch die Beschäftigung mit Pflanzen dann besonderen Spaß, wenn man vom Stadium des puren Nachahmens, der strikten Befolgung eines mehr oder weniger guten Rezeptes zum Stadium des Experimentierens vordringt.
Natürlich wird eine Warmhauspflanze Schaden nehmen, wenn man sie zur Kalthausbewohnerin machen will. Aber man kann bestimmte Substrate, Düngerrhythmen und vieles andere erproben, und eines dieser Experimentierfelder ist die Hydrokultur. So darf man sich auch nicht wundern, daß zwei subjektive Ansichten, die recht entgegengesetzt klingen mögen, beide zum Erfolg führen. Die Schwierigkeit besteht nur darin, die Ursachen für einen Erfolg oder Mißerfolg zu erkennen.
Es gibt inzwischen ein Standardsortiment für die Hydrokultur. Es enthält jene Pflanzen, mit denen die besten Erfahrungen gesammelt wurden. Grünpflanzen stehen an erster Stelle, weit oben *Schefflera actinophylla*, eine Pflanze, die weitgehend vergessen war und nun durch die Hydrokultur eine Renaissance erfährt. Unentbehrlich sind auch Vertreter der Gattungen *Aglaonema, Dieffenbachia, Cissus, Dracaena, Epipremnum,* × *Fatshedera* und *Fatsia, Ficus, Monstera* und *Philodendron* sowie *Syngonium*. Neben *Schefflera actinophylla* und der Efeuaralie (× *Fatshedera lizei*) sind es vor allen Dingen die Gummibaumarten *(Ficus)* sowie Fensterblatt *(Monstera)* und Baumfreund *(Philodendron)*, die als hochwachsende Pflanzen, als „Gerüstbildner" in größeren Gefäßen Verwendung finden.
Es ist ein weiterer Vorteil der Hydrokultur, daß wir verschiedene Arten in ein großes Gefäß zusammenpflanzen können. Auf unterschiedliche Ansprüche an Substrat und Gießrhythmus brauchen wir ja keine Rücksicht zu nehmen. Natürlich dürfen wir keine ausgeprägte Warmhauspflanze mit einer Kalthauspflanze vergesellschaften. Je nach Standort wird die Lebenserwartung der einen oder anderen sehr bescheiden sein. Die Anforderung an Temperatur, Licht und Luftfeuchtigkeit müssen wir bei der Hydrokultur genau wie bei der Erdkultur erfüllen.
Die Aufzählung der Standardpflanzen enthält auch einige Kletterpflanzen: den Russischen Wein *(Cissus antarctica)* und den Königswein *(Cissus rhombifolia)*, die Efeutute *(Epipremnum aureum)*, unter den Gummibäumen den kleinblättrigen *Ficus pumila* sowie als Vertreter der Baumfreunde *Philodendron scandens*. Für diese Kletterpflanzen – sie „klettern" zwar nicht alle, aber wir wollen sie doch unter diesem Begriff hier zusammenfassen – bietet sich die Hydrokultur besonders an. Wer nämlich zum Beispiel eine Efeutute über mehrere Jahre pflegt und mit ihren meterlangen Trieben eine ganze Wand verziert, steht vor kaum lösbaren Problemen, wenn sich das Auswechseln der Erde nicht mehr vermeiden läßt. Der „Gordische Knoten" läßt sich ohne Verlust einiger Blätter oder gar Triebe nicht lösen. In Hydrokulturen lassen sich solche Aktionen auf ein Minimum beschränken. Ein ausreichend großes Einzelgefäß und regelmäßiges Durchspülen des Füllsubstrats vorausgesetzt, wächst die Kletterpflanze viele Jahre auch ohne Umpflanzen. Auch die regelmäßige Pflege wird vereinfacht: Die Kontrolle der Substratfeuchtigkeit ist bei über Sichthöhe hängenden Kletterpflanzen schwierig. Mit dem Hydrotopf entfällt dieses Problem wegen des Wasserstandsanzeigers.

Neben den genannten Standardpflanzen, bereichert noch eine Reihe weiterer gut gedeihender Grünpflanzen das Hydrosortiment. Als Beispiele seien die Peperomien genannt, besonders *Peperomia obtusifolia* 'Variegata', aber auch *Polyscias*, die hübsche *Rhoeo spathacea*, *Cordyline*, *Pisonia* und auch *Codiaeum*, der Wunderstrauch. Bei den beiden letztgenannten ist die Umstellung von Erd- auf Wasserkultur nicht einfach. Dies trifft auch auf die beliebte Zimmertanne (*Araucaria heterophylla*) zu. Sind solche Problemkinder eingewachsen, dann halten sie in der Regel sehr gut. Mit den Palmen wird man die gleichen Erfahrungen machen. Darum, will man nicht gleich Hydropflanzen aus Samen heranziehen, stelle man nur junge Pflanzen um. Alle diese heiklen Kandidaten erhalten bis zum Anwachsen einen Verdunstungsschutz in Form einer Folientüte.

Es gibt einige Pflanzen, die in Hydrokultur gedeihen, sich aber dennoch nicht besonders dafür eignen. Sie bilden in der Nährlösung ein besonders üppiges Wurzelwerk, so daß ihnen das Einzelgefäß entweder zu klein wird oder sie im Gemeinschaftstrog den Nachbarn bedrängen. Ein Beispiel ist das Zypergras (*Cyperus alternifolius*). Auch bei einigen *Spathiphyllum*-Hybriden wird man dies bemerken sowie bei dem Zierspargel (*Asparagus densiflorus* 'Sprengeri') und dem „Fliegenden Holländer" (*Chlorophytum comosum* 'Variegatum'). In Wasserkultur herangezogene *Chlorophytum*-Pflanzen haben außerdem oft häßliche braune Blattspitzen.

Mit *Spathiphyllum* wurde bereits eine blühende Topfpflanze genannt. Die kleiner bleibenden Arten und Sorten sind neben den Flamingoblumen (*Anthurium*-Andreanum- und -Scherzerianum-Hybriden) die für Gemeinschaftspflanzungen am besten geeigneten Blütenpflanzen. *Spathiphyllum* nimmt zudem noch mit relativ wenig Licht vorlieb.

Viel zu selten sieht man Begonien in Hydrokultur. Die vielen vom Gärtner als „Blattbegonien" bezeichneten Arten und Hybriden könnten das Sortiment bereichern. Der Name Blattbegonie kennzeichnet diese Gruppe nur unvollkommen. Neben den zierenden Blättern sind auch die Blüten nicht zu verachten. Sie sind zwar nicht so auffällig wie die der Elatior-, Lorraine- oder auch Knollenbegonien, aber nicht minder hübsch. Leider werden diese Blattbegonien nur sporadisch in Blumengeschäften angeboten.

Ansonsten werden in Hydrogefäßen nur wenige blühende Topfpflanzen gehandelt wie das Flammende Käthchen (*Kalanchoë*-Blossfeldiana-Hybriden), *Crossandra infundibuliformis* oder das Usambaraveilchen (*Saintpaulia ionantha*). Hält man sie gemeinsam mit anderen Pflanzen, empfiehlt sich die Verwendung von Ionenaustauschern. Nicht unerwähnt bleiben sollen die Ananasgewächse. Mit *Billbergia nutans* und *Aechmea fasciata* hat man lange haltbare Pflanzen für die Hydrokultur. Gelegentlich wurde beobachtet, daß bei dieser Kulturmethode die Kindel, das sind die sich bildenden Seitentriebe, leichter zur Blüte kommen.

Überraschend gute Erfolge wurden auch mit Orchideen erzielt, zum Beispiel mit *Cattleya*- und *Cymbidium*-Hybriden, *Dendrobium*-, *Lycaste*- und *Paphiopedilum*-Arten. Voraussetzung ist eine ausreichend hohe Temperatur der Nährlösung. Sie sollte auch im Winter nicht unter 18 °C, bei sehr wärmebedürftigen nicht unter 20 °C absinken. Befindet sich unter dem Standplatz kein Heizkörper, wird man ohne Heizkabel, wie es auf Seite 23 beschrieben ist, nicht auskommen.

Ich habe bereits darauf hingewiesen, daß ich die Vorteile der Wasserkultur für sukkulente Pflanzen nicht so hoch einschätze. Dennoch hierzu einige Hinweise. Kakteenfreunde kennen ein Kulturverfahren, daß eigentlich zwischen der Hydro- und der Erdkultur liegt: die Pflege der Kakteen in Bimskies. Statt einer bestimmten Erdmischung stehen die Pflanzen in reinem Bimskies, der, je nach Jahreszeit unterschiedlich oft, durchfeuchtet und auch mit Nährstoffen angereichert wird. Einige, die es erprobten, berichten begeistert von der günstigen Entwicklung der Pflanzen. Doch führen mehrere Wege nach Rom.

Bei der Hydrokultur sukkulenter Pflanzen wie Kakteen, Euphorbien, Gasterien und vielen anderen sind wie auch bei der Anzucht in Erde die besonderen Nährstoffansprüche (weniger Stickstoff im Verhältnis zu Phosphor und Kali) zu beachten. Es wird empfohlen, die Nährlösung nie bis zur oberen Markierung, sondern nur bis zur Hälfte anzustauen. Die Konzentration der Lösung wird dem Wachstum angepaßt. Während der Ruhezeit wird kein Wasser angestaut, sondern nur sporadisch das Haltesubstrat angefeuchtet.

Die Umstellung von der Erd- auf Hydrokultur erfolgt am besten vor Beginn der Wachstumsperiode. Die trocken stehenden Pflanzen haben ohnehin kaum noch funktionsfähige Wurzeln. Aus der Erde herausgenommen, entfernt man alles Abgestorbene. Es macht nichts, wenn nur noch wenig Wurzelreste verbleiben. Nun darf man die Pflanzen keinesfalls zu tief in das Haltesubstrat stecken. Der empfindliche Wurzelhals würde sonst faulen!

Auch sukkulente Pflanzen gedeihen in Hydrokultur, doch sind die Vorteile gegenüber der herkömmlichen Pflege in Erde nur gering.

Es bleibt noch, auf die Zwiebel- und Knollengewächse hinzuweisen. Alle zur Ruhe einziehenden Arten wie die als „Amaryllis" bekannten *Hippeastrum*-Hybriden pflegt man entsprechend den Kakteen. Wenn die Blätter gelb geworden sind, wird kein Wasser mehr angestaut, sondern nur noch von Zeit zu Zeit das Haltesubstrat durchfeuchtet. Bei allen anderen wird die Konzentration der Nährlösung der Wachstumsintensität angepaßt, bis hin zum Wasser ohne jegliche Nährsalzzugabe im Winter. Beim Einpflanzen ist darauf zu achten, daß der Zwiebelboden, von dem die Wurzeln ausgehen, nicht in die Nährlösung reicht, sondern mindestens 2 cm darüber liegt. Bei Zwiebelgewächsen sowie bei sukkulenten Pflanzen ist auch in Hydrokultur auf Befall mit Trauermücken zu achten!

Diese Grundregeln der Hydrokultur lassen sich sinngemäß bei allen Zimmerpflanzen anwenden. Vielleicht gewinnen durch diese Kulturverfahren wieder einige Pflanzen an Bedeutung, die derzeit zu Unrecht nicht angeboten werden.

Aus Urwald und Wüste ins Wohnzimmer: der Standort

So unterschiedlich wie die Herkunft der Zimmerpflanzen, so sehr differieren auch ihre Ansprüche an Licht, Temperatur und Luftfeuchte. In den vorigen Kapiteln ist dies ausführlich beschrieben. Wenn wir die Ansprüche kennengelernt haben, dann können wir uns daran machen, entsprechende Plätze in den eigenen vier Wänden auszuwählen oder, falls sich keine geeigneten finden, mit möglichst geringem technischem Aufwand welche zu schaffen. Aber bevor wir an größere Um- oder Einbauten denken, nehmen wir zunächst das Vorhandene genau unter die Lupe, denn Fensterbank ist nicht gleich Fensterbank und Blumenfenster nicht gleich Blumenfenster. Mit Hilfe von großen Flaschen oder Gläsern, mit Aquarien oder nur malerischen Baumstämmen lassen sich nahezu ideale Wuchsorte für bestimmte Pflanzen schaffen.

Blumen auf der Fensterbank

Nahezu alle Zimmerpflanzenfreunde beginnen ihr Hobby mit ersten Versuchen auf der Fensterbank. Bei den meisten bleibt es dabei, denn nur einige haben die Möglichkeit, sich ein Kleingewächshaus zuzulegen. Die Fensterbank ist somit der wichtigste Standplatz für Zimmerpflanzen. Die Motive, Pflanzen dorthin zu stellen, sind unterschiedlich. Für den einen hat die Pflanze nur dekorativen Charakter. Es geht ihm nicht primär darum, die Pflanze zu pflegen und sich an einem möglichen Kulturerfolg zu erfreuen, sondern um die Verschönerung seines Heims. Der Pflanze kommt der gleiche Stellenwert zu wie einer Porzellanfigur oder einem Bild, nur daß sie der regelmäßigen Pflege bedarf. Der andere hat Spaß an der Pflanze und holt sie sich deswegen nach Hause. Die damit verbundene ästhetische Bereicherung nimmt er erfreut als Dreingabe. Allerdings leidet nicht selten der Anblick, wenn sich die Sammelleidenschaft einstellt und auch der letzte Quadratzentimeter der Fensterbank ausgenutzt werden muß.

Beide Motive der Pflanzenpflege sind zu respektieren. Dem ersten ist zu empfehlen, mit den sogenannten Zimmerhelden vorlieb zu nehmen wie Gummibaum, Fensterblatt, Sansevierie oder Schusterpalme, die keine diffizilen Ansprüche stellen und auch eine falsche Behandlung nicht gleich mit einem „Totalschaden" quittieren. Ein Mindestmaß an Kenntnis der Pflegebedingungen und an Einfühlungsvermögen ist aber auch bei diesen erforderlich.

Der Pflanzenfreund dagegen wagt sich mit zunehmenden Erfolgen und wachsender Erfahrung an immer heiklere Pfleglinge. Er wird überrascht sein, wie umfangreich das Sortiment der Pflanzen ist, die auf der Fensterbank gedeihen. Allerdings ist Fensterbank nicht gleich Fensterbank, und was hier wächst, ist vielleicht dort zu langsamem Siechtum verurteilt. Schauen wir uns darum diesen Standort einmal etwas näher an.

Bei manchen Fensterbänken beginnt der Ärger schon mit der zu geringen Breite, die nicht einmal für einen 10-cm-Topf ausreicht. Dem läßt sich mit nicht allzu komplizierten Konstruktionen abhelfen. Kunststoffurnierte Bretter, die an eingedübelten Stahlblechkonsolen befestigt werden, eignen sich gut. Für Heizkörper gibt es anschraubbare Halterungen. Ein Weg findet sich immer, eine zu schmale Fensterbank auch ohne große Umbauten und für wenig Geld zu verbreitern. Ganz wichtig ist es, ob das Fenster eine einfache oder doppelte Verglasung hat. An einer Einfachscheibe ist es relativ kühl und die Luft feuchter als in der Mitte des Zimmers. Hier gedeihen zum Beispiel Alpenveilchen und Fliederprimeln prächtig. Mit Orchideen dagegen wird man wenig Freude haben. Sie empfehlen sich für Isolierfenster, an denen es nicht wesentlich kühler als im Zentrum des Raumes ist. Für Alpenveilchen wäre dieser Platz weit weniger günstig, es sei denn, das gesamte Zimmer hat die gewünschte Temperatur.

An Fenstern in Altbauwohnungen zieht es oft furchtbar. Wer kennt nicht die mit Roßhaar vollgestopften „Würste", die den Kaltlufteinfall bremsen sollen? Auf einer mit Pflanzen bestandenen Fensterbank ist dies nicht brauchbar. Einmal dichtet es nicht genügend ab, zum anderen saugt sich die Füllung mit Wasser voll, das beim Gießen daneben tropft oder an der kalten Scheibe kondensiert. Da es an solchen Fenstern kalt ist, empfiehlt sich die schon auf Seite 23 beschriebene Verwendung von Styroporplatten. Sie sollten nicht zu dünn sein, mindestens 1 cm, besser 2 cm, um ausreichend zu isolieren. Das Styropor wird nun so zugeschnitten, daß wir eine Bodenplatte mit der Tiefe entsprechend der Fensterbank erhalten sowie eine weitere, die rechtwinklig auf die Bodenplatte geklebt wird. Hierzu brauchen wir einen speziellen Styroporkleber, denn die übrigen lösen das Styropor auf. Nun könnte man noch einen weiteren Streifen vorn ankleben, um die nicht immer sehr dekorativen Töpfe zum Betrachter hin abzudecken. Dies empfiehlt sich nur dann, wenn sich unterhalb der Fensterbank ein Heizkörper befindet, der die erwünschte Bodenwärme und Luftbewegung schafft, aber auch sehr trockene Luft zur Folge hat. Ansonsten lassen wir die Styroporabdeckung nach vorne offen, damit die Warmluft vom Zimmer für eine nicht zu niedrige Bodentemperatur sorgt.

Der unerfahrene Pflanzenfreund kann sich nur schwer vorstellen, welch großen Einfluß die Bodentemperatur hat. Nur selten wird man so nachhaltig daran erinnert wie in diesem Fall: Zum Ende des Winters hatte ich in zwei Blumentöpfe je eine Zwiebel des Schönhäutchens (*Hymenocallis narcissiflora*) gesteckt, und es war Zufall, daß der eine Topf auf einer Fensterbank ohne Heizkörper, der andere auf einer mit sehr dicht darunter befindlichem Heizkörper landete. Schon nach vier Wochen war es kaum zu glauben, daß die Zwiebeln zur gleichen Zeit gesteckt wurden. Die Blätter der Pflanze auf

der beheizten Bank hatten schon etwa 25 cm Länge erreicht, während sie bei der anderen gerade 4 cm aus der Zwiebel spitzten.
Bei der Zwiebeltreiberei werden solche Unterschiede besonders offenkundig. Aber auch bei langsam wachsenden Pflanzen kann sich das Aussehen ändern. Die kleinbleibenden, sehr robusten *Sansevieria trifasciata* 'Hahnii', 'Silver Hahnii' und 'Golden Hahnii' strecken sich merklich, wenn sie von einer unbeheizten Fensterbank auf eine warme kommen.
Was können wir tun, wenn wir Pflanzen pflegen wollen, die „kalte Füße" übelnehmen, wir aber nur eine kühle Fensterbank zu bieten haben? Eine Bodenheizung kann diesen Mangel beseitigen. Als erstes brauchen wir dazu eine Pflanzenwanne oder -schale, die den Maßen der Fensterbank entspricht und eine Höhe von mindestens 10 cm hat. In dieser Schale legen wir nun ein Heizkabel schlangenförmig aus. Die Bodenheizkabel sind schutzgeerdet, so daß sie auch beim Gießen der Pflanzen mit Wasser in Kontakt kommen können. Andere Heizkabel, die nicht für diesen Zweck vorgesehen sind, sind möglicherweise nicht gefahrlos zu verwenden oder aber erhitzen sich zu stark, so daß sie nicht infrage kommen. Bodenheizkabel gibt es in verschiedenen Längen für Flächen von 0,15 bis über 10 m^2 und werden zum Beispiel unter dem Markennamen „Floratherm" angeboten.
Auf dieses Kabel streuen wir nun eine Schicht Sand und stellen darauf unsere Topfpflanzen. Welche Bodentemperatur erreicht wird, ist abhängig davon, wieviel Kabel in der Schale liegt. Die gewünschte Temperatur läßt sich nach einigen Versuchen leicht erzielen. Wer es perfektionieren will, schließt einen elektronischen Tempe-

Besonders in alten Bauernhäusern waren Fenstersimse verbreitet, die durch Scheiben nach außen und nach innen abgeschlossen waren. Hier wuchsen besonders subtropische Pflanzen hervorragend.

Ein Blumenerker aus der Mitte des vorigen Jahrhunderts. Die Pflanzen standen auf breiten Simsen unter optimalen Lichtverhältnissen. Die niedrige Temperatur gestattete auch die Überwinterung von Kübelpflanzen wie Agave americana, für die wir in unseren heutigen Wohnräumen meist vergeblich nach einem geeigneten Platz suchen.

raturregler an. Mit Hilfe eines Fühlers, den wir in den Sand der Schale stecken, läßt sich der gewünschte Wert exakt einhalten. Solche technische Perfektion ist natürlich nicht billig.
Bei einer Fensterbank mit Heizkörpern darunter haben wir mit ganz anderen Problemen zu kämpfen. Die Bodentemperatur ist, je nachdem wie weit der Heizkörper von der Fensterbank entfernt ist, gut bis optimal. Hydrokulturen gelingen hier besonders gut. Leider ist die aufsteigende Warmluft sehr trocken, was viele Pflanzen übelnehmen und im günstigsten Fall mit braunen Blattspitzen quittieren. Abhilfe läßt sich mit einer Schale schaffen, in die wir Wasser zum Verdunsten füllen. Nur dürfen wir die Pflanzen keinesfalls ins Wasser stellen, sondern auf eine Erhöhung, die über den maximalen Wasserspiegel hinausreicht. Es gibt eine Vielzahl von Möglichkeiten, dies zu bewerkstelligen. Solche Schalen mit einlegbaren Rosten gibt es auch zu kaufen.
Es verdunstet soviel Wasser, daß sich zwar nicht die Luftfeuchte des gesamten Raumes merklich erhöht, wohl aber die im unmittelbaren Bereich der Pflanzen. Voraussetzung ist, daß immer Wasser in der Schale steht, und nicht nur dann nachgefüllt wird, wenn wir uns gerade einmal daran erinnern. Daß tiefe Schalen besser sind als flache, zeigt sich schnell.

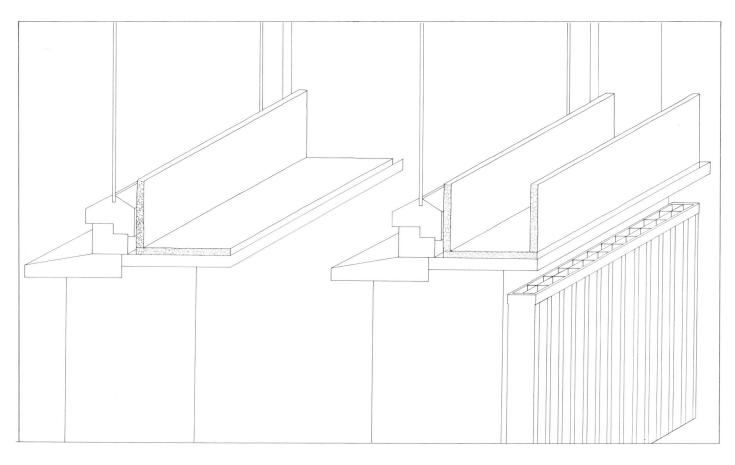

Oben links: Vor Zugluft und „kalten Füßen" schützen auf einer Fensterbank ohne Heizkörper zwei Styroporplatten, von denen die eine senkrecht auf die andere geklebt wird.

Oben rechts: Eine weitere, vorn angeklebte Styroporplatte ist vonnöten, wenn die vom Heizkörper strömende trockene Luft den Pflanzen nicht bekommt.

Unten: Die ideale Lösung für kalte Fenstersimse: Die Pflanzen stehen in einem wasserdichten, sandgefüllten Kasten. Auf dem Boden des Kastens liegt in Schlangenlinien ein Heizkabel. Ein Temperaturfühler mißt die Bodentemperatur. Der Thermostat hält exakt den gewünschten Wert. Die Styropor-Chips auf dem Sand reduzieren die unproduktive Wärmeabstrahlung.

Diese wenigen Beispiele mögen genügen, um zu zeigen, wie ohne großen Aufwand eine Fensterbank „pflanzenfreundlicher" gemacht werden kann. Was einer Verbesserung bedarf, entscheiden die jeweilige bauliche Situation sowie die Ansprüche der Pflanzen, die hier wachsen sollen. Für handwerklich Begabte gibt es sicher keine unüberwindlichen Schwierigkeiten.

Blumenfenster

Der Schritt von der Pflege der Zimmerpflanzen auf der Fensterbank hin zum ausgebauten Blumenfenster ist nicht so groß, wie dies vielleicht den Anschein haben mag. Zumindest muß die Einrichtung eines Blumenfensters nicht mit hohen Kosten verbunden sein. Der handwerklich Begabte kann vieles selbst tun, besonders wenn es sich um ein zum Zimmer hin offenes Blumenfenster handelt.

Solch ein „offenes Blumenfenster" ist nichts anderes als eine Fensterbank, die sich zum Beispiel wegen ihrer Tiefe besonders für das Aufstellen unserer Topfpflanzen eignet. Wir können dort alle die Pflanzen pflegen, die gewöhnlich auf der Fensterbank gedeihen. Wollen wir uns an heiklere Gewächse heranwagen, ist der Einbau eines „geschlossenen Blumenfensters" zu erwägen. Bei ihm stehen die Pflanzen zwischen zwei Scheiben; eine zweite trennt also die Pflanzen zum Wohnraum zu ab und schafft somit einen geschlossenen, relativ kleinen Raum, der sich leichter wie gewünscht klimatisieren läßt als der gesamte Wohnraum.

Das Doppelfenster mag die Idee zum geschlossenen Blumenfenster geliefert haben. Diese doppelten Fenster, nur durch ein wenig tiefes Simsbrett voneinander getrennt, sieht man gelegentlich noch in alten Bauernhäusern. Mit der Verbreiterung des Simsbretts entstand das geschlossene Blumenfenster. Aufmerksamen Beobachtern war nicht entgangen, daß sich die Pflanzen in diesem abgeschlossenen Raum besonders üppig entwickeln. Leider wird bei Neubauten oft nicht daran gedacht, durch nur geringfügige Änderungen den nachträglichen Einbau eines Blumenfensters zu ermöglichen. Somit sind Blumenfenster heute nicht häufiger als vor etwa 50 Jahren.

Die oft ausgesprochen hübschen Blumenerker gehören der Vergangenheit an. Und obwohl unter Slogans wie „Grün bringt Leben ins Haus" nie mehr über Pflanzen in Wohnräumen geschrieben wurde als heute, lassen gerade die populären Architekturzeitschriften erkennen, mit welcher Hilflosigkeit die Architekten an diese Dinge herangehen. Als vordergründiges Dekorationselement stellen sie die Pflanzen an Stellen im Wohnraum, die einem Zeitungsständer zukommen mögen, die Lebenserwartung der Zimmerpflanzen aber auf ein Minimum reduzieren – ein Wegwerfartikel, dem nur ein „Mindesthaltbarkeitsdatum" fehlt.

Mit dem Blumenfenster wollen wir gerade das Gegenteil erreichen: einen Platz schaffen, an dem viele Zimmerpflanzenarten prächtig gedeihen können. Damit gilt es,

Das englische Blumenfenster aus der Mitte des vorigen Jahrhunderts besaß schon eine größere Pflanzwanne. Dies gestattet, die Pflanzen nicht nur nebeneinander aufzustellen, sondern nach ästhetischen Aspekten zu gruppieren, zu gestalten.

zunächst einmal die Ansprüche der Pflanzen zu bedenken und diese schließlich mit unseren ästhetischen Vorstellungen in Einklang zu bringen. Wie auch bei der „Auswahl der Zimmerpflanzen", gilt unsere Aufmerksamkeit als erstes den Lichtverhältnissen. Wie auf den Seiten 12 bis 14 ausführlich beschrieben, ist die Himmelsrichtung von entscheidender Bedeutung. Die Ostseite wird meist als ideal bezeichnet, aber mit entsprechenden Hilfsmitteln wie Schattierung oder Beleuchtung lassen sich an allen anderen Seiten brauchbare Bedingungen schaffen. Die Einzelheiten sind schon in den vorhergehenden Kapiteln besprochen, so daß hier nur noch die baulichen Besonderheiten des Blumenfensters interessieren.
Eine Tiefe des Blumenfensters von 50 bis 60 cm ist in der Regel ausreichend. Da lassen sich schon viele Pflanzen, auch größer werdende unterbringen. Die maximale Tiefe ist abhängig von der Reichweite der Arme, denn wir müssen gelegentlich an die Pflanzen heran oder aber das Fenster putzen, ohne die gesamte Anlage auszuräumen. Eine Tiefe über 80 cm läßt sich kaum noch bewältigen.
Da die Außenwand mit 25 bis 35 cm um einiges schmäler ist, müssen wir entscheiden, ob das Blumenfenster in den Raum hinein bzw. über die Außenwand hinausragen soll oder aber beides. Das mit der Außenwand bündige Fenster läßt sich in der Regel nachträglich einfacher und billiger einbauen. Das überkragende Fenster, der Erker, verändert die Fassade des Hauses und bedarf der Genehmigung durch die Baubehörde.
In der Regel haben wir eine Brüstung und kein bodentiefes Fenster. Eine zu hohe Brüstung erschwert das Betrachten der Pflanzen und sieht unschön aus. 50 bis 60 cm sind gut, 80 bis 90 cm schon zu hoch. Eingeschlossen ist hierin schon die Höhe der Pflanzwanne, die nicht unter 20 cm liegen soll. Je größer die Anlage ist, um so höher muß auch die Pflanzwanne sein, dementsprechend große Pflanzen werden benötigt. Ein großes Fenster mit nur kleinbleibenden Pflanzen bestückt sieht nicht gerade begeisternd aus. Und die Höhe eines Blumentopfes ist nur wenig geringer als der obere Durchmesser (ein 16-cm-Topf zum Beispiel ist etwa 14 cm hoch). Eine kräftig wachsende *Phoenix*-Palme ist bald mit einem 20-cm-Topf nicht mehr zufrieden. Außerdem werden in großen Fenstern auch gerne Epiphytenstämme eingebaut, die bei einer Höhe von über 1 m eine ausreichende Verankerung in der Pflanzwanne erfordern.
Bei kleineren Pflanzwannen in offenen Blumenfenstern reicht es, wenn wir sie auf einfache Winkeleisen-Kernrollen mit einer Auflageplatte stellen. Größere Wannen bedürfen einer aufwendigeren Standkonstruktion, denn die Belastung ist nicht unerheblich. Einmal hat die Wanne ein erhebliches Gewicht, besonders solche aus Beton oder Kunst- beziehungsweise Naturstein. Hinzu kommt die Füllung. Füllen wir eine 20 cm hohe, 70 cm tiefe und 200 cm lange Pflanzwanne mit Blähton, so macht dies knapp 2 Zentner aus – ohne das noch einzufüllende Wasser und die Pflanzen! Die Konstruktion muß dieses Gewicht tragen können. In der Regel wird man die Konstruktion mit dem unter dem Fenster befindlichen Heizkörper verbinden.
Auf die Konstruktion kommt nun direkt die Pflanzwanne oder zuerst ein Auflageboden. Von größter Wichtigkeit ist, daß Öffnungen im Auflageboden in unmittelbarer Nähe des Außenfensters den Durchtritt der Warmluft ermöglichen. Zum einen, um ausreichend hohe Temperaturen im Blumenfenster zu erreichen, zum anderen, um den Einfall von Kaltluft und die Kondenswasserbildung an der Scheibe zu unterbinden.
Ideal ist es, anstelle der herkömmlichen Radiatorheizkörper die leistungsfähigeren und dabei weniger voluminösen Konvektoren zu verwenden. Konvektoren sind Lamellenrohre, deren Blechrippen die Wärmeabstrahlung und die Luftbewegung erhöhen. Selbstverständlich muß auch die Verkleidung von Konstruktion und Heizkörper, sei sie aus Holz oder einem anderen Material, die Luftzufuhr gestatten.
Für die Außenfront wählt man am besten, nicht zuletzt zur Heizkostenersparnis, eine Isolierverglasung, zum Beispiel Thermopane oder Gado. Die Kippfenster-Ausführung ist gut für das offene Blumenfenster, das geschlossene erfordert eine etwas aufwendigere Lösung. Für Wohnungen im Parterre ist eine feste Verglasung erwägenswert. Ob beweglich oder nicht, auf jeden Fall ist eine Schiebelüftung oberhalb des Fensters vorzusehen. Und daß der Lamellenstore vor der Frontscheibe die ideale Schattierung ist, wurde bereits erwähnt.
Das geschlossene Fenster trennt man zum Wohnraum am besten mit zwei Schiebefenstern ab, wozu man 4 bis 6 mm starkes Spiegelglas wählt. Glasschiebetüren sind viel praktischer als Fensterflügel. Man kann zum Beispiel die Tür einen Spalt offen lassen, wenn dies zum Erreichen eines bestimmten Klimas im Blumenfenster wünschenswert ist. Gelegentliche Erfahrungen zeigen, daß unter bestimmten Bedingungen eine zu hohe Luftfeuchte herrschen kann.
Auch als Seitenabschluß empfiehlt sich eine Glasscheibe, damit die Pflanzen auch von der Seite und nicht nur direkt von vorn betrachtet werden können. Grenzt oben oder seitlich Mauerwerk an das Blumenfenster, so ist für eine ausreichende Isolierung zu sorgen, damit die Feuchtigkeit keinen Schaden anrichten kann. Dies gilt gleichermaßen für die Fensterlaibung und den -sturz.

Beleuchtung und Klimatisierung des Blumenfensters

An der „Decke" des Blumenfensters darf man Aufhängevorrichtungen nicht vergessen. Wir brauchen sie sowohl zur Befestigung einer Zusatzbeleuchtung als auch zum Aufhängen von Ampelpflanzen, Orchideenkörben und ähnlichem. Ein sehr angenehmes Licht verschafft ein zwischen Lampen und Pflanzen befindliches Lichtraster. Eine Blende zum Raum ist selbstverständlich.
Auch wenn wir eine zusätzliche Belichtung beim Ausbau des Blumenfensters zunächst nicht planen, sollten wir dennoch die elektrische Zuleitung vorsehen. Steckdosen – nur in für Feuchträume geeigneter Ausführung! – brauchen wir für eine Zusatzheizung und für den elektrischen Luftbefeuchter.
Die Zusatzheizung wird erforderlich, wenn der Heizkörper eine zu geringe Wärmeabgabe hat oder die Luftführung so ungünstig ist, daß die Frontscheibe im Winter beschlägt. Abhilfe schafft ein in unmittelbarer Nähe aufgestellter Floratherm-Rohrheizkörper. Ein Floratherm-Bodenheizkabel erhöht eine zu niedrige Bodentemperatur in der Wanne.
Der Perfektionierung des Blumenfensters sind keine Grenzen gesetzt. Thermostat und Hygrostat steuern die Temperatur und die Luftfeuchte. Den elektrischen Luftbefeuchter versorgt direkt die Wasserleitung. Eine Zeitschaltuhr hält exakt die Belichtungszeit ein. Und sogar das Gießen läßt sich in gewissen Umfang automatisieren, zum Beispiel durch einen Tensioschalter, durch Tröpfchenbewässerung oder ähnliches. Schon die Hydrokultur vereinfacht die Bewässerung. Und eine wasserdichte Pflanzwanne bietet sich ja geradezu für die Hydrokultur an.
Es liegt nahe, daß diese Automatisierung nicht billig ist und sich nur für größere Anlagen empfiehlt.

Beispiel für ein geschlossenes Blumenfenster, wie es sich nachträglich ohne allzu großen Aufwand einbauen läßt.

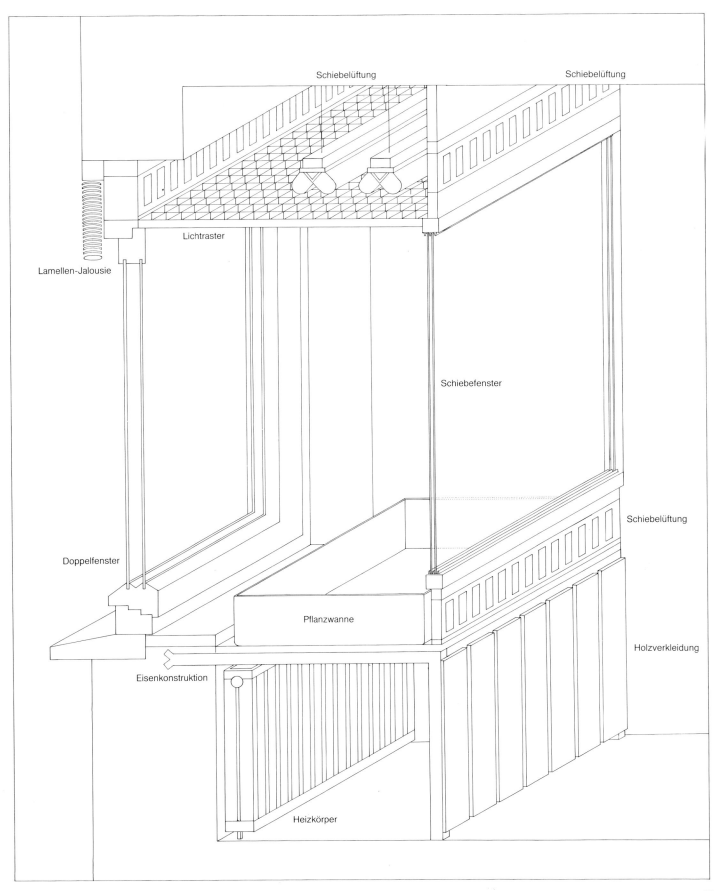

Pflanzen im Blumenfenster

Die automatische Bewässerung ist am ehesten möglich, wenn alle Zimmerpflanzen ohne Topf in eine Wanne gesetzt werden. Wir können dann aber nur solche Pflanzen gemeinsam pflegen, die annähernd die gleichen Ansprüche an die Wasserversorgung stellen. Ein Nachteil ist es auch, daß das Auswechseln der Pflanzen umständlich ist. Alteingesessene Pflanzen sind so stark verwurzelt, daß wir sie nicht herausnehmen können, ohne die Nachbarn in Mitleidenschaft zu ziehen. Und nicht zuletzt ist zu bedenken, daß wir die ausgepflanzten Zimmerpflanzen der gegenseitigen Konkurrenz aussetzen, was nicht der Fall ist, wenn alle einen für sich abgeschlossenen Wurzelbereich im Blumentopf haben.

Wer auf blühende Pflanzen besonderen Wert legt, dem sei nachdrücklich empfohlen, alle im Blumentopf zu lassen. Er kann ohne Schwierigkeiten austauschen und hat so immer etwas Blühendes im Fenster stehen. Auch relativ kurzlebige Blütenpflanzen wie Cinerarien oder die Fliederprimel können für einige Wochen das Blumenfenster bereichern und werden nach dem Abblühen weggeworfen. Für das geschlossene Blumenfenster mit relativ hohen Temperaturen und hoher Luftfeuchte ist aber der Platz fast zu schade für solche recht anspruchslosen Gewächse, denen auch ein „gewöhnlicher" Platz auf der Fensterbank recht ist. Ja, dieden beiden Pflanzen des Kalthauses würden wir mit dem Tropenklima sogar einen schlechten Dienst erweisen und ihr Dasein wesentlich verkürzen.

Belassen wir die Pflanzen in ihren Töpfen, dann füttern wir sie in Torf, Blähton, Bimskies oder ein ähnliches Material ein. Pflanzen im Tontopf erhalten durch die poröse Topfwand Feuchtigkeit, wenn wir den umgebenden Torf stets feucht halten. Das Feuchthalten des Torfs hat noch den Vorteil, daß sich Bodendecker wie etwa die Stachelspelze *(Oplismenus hirtellus)*, *Pellionia repens* oder die verschiedenen Fittonien ausbreiten und so ein sehr hübsches, naturähnliches Bild bewirken. Auch bei ausläuferbildenden Farnen haben wir bald um den Topf eine Kinderstube versammelt, die bisweilen schon lästig werden kann. Umgibt die Pflanzen nur trockenes Füllmaterial, dann verspüren die Pflanzen keine Neigung sich auszubreiten, und die ganze Anlage wirkt steril.

Diesen Nachteil haben übrigens Hydrokultur-Anlagen. Der in der Regel verwendete Blähton ist in den obersten Schichten trocken und bietet Ausläufern keine Chance einzuwurzeln. Bodendecker sind aus diesem Grund in Hydrokultur nicht zu finden oder nur in Einzelexemplaren, die zudem erbarmungswürdig aussehen. Es ist nicht auszuschließen, daß es in Zukunft durch Verwendung anderer Füllsubstrate gelingen mag, diesen Nachteil zu überwinden. Andererseits darf der Vorteil der Hydrokultur gerade im Blumenfenster nicht übersehen werden: Neben dem geringeren Aufwand für Gießen und Düngen können wir – ausgepflanzt oder in Einsatztöpfen (Gitter- oder Styroportöpfe) – Pflanzen mit unterschiedlichen Feuchtigkeitsansprüchen gemeinsam in der Wanne halten, ohne daß die einen durch zuviel Wasser, die anderen wegen Wassermangel Schaden erleiden.

Es sei noch einmal daran erinnert, daß die Pflanzwanne aus einem Material sein muß, das den Einwirkungen der gelösten Salze und Huminsäuren standhält. Andernfalls ist die Wanne mit einer stabilen Folie auszukleiden oder erhält einen pflanzenunschädlichen Anstrich (Kunststoffsiegel, Kunstkautschuk, Bitumen).

Pflanzenvitrinen

Wenn wir wollen und über Platz und nötiges Kleingeld verfügen, dann können wir ein Blumenfenster auch mitten im Zimmer aufstellen. Allerdings nennen wir das Ganze nicht mehr Blumenfenster, sondern Vitrine oder – ein wenig hochtrabend – Zimmergewächshaus. Es besteht aus einer Metall- oder Holzkonstruktion, vier Seitenwänden aus Glas, einer Pflanzwanne und einem „Dach", in dem die Beleuchtung untergebracht ist. Diese Beleuchtung ist unumgänglich, denn die Vitrine steht ja nicht an einem Fenster, so daß die Pflanzen nicht genügend Tageslicht erhalten.

Solche Pflanzenvitrinen gibt es einschließlich der Installationen fertig zu kaufen, allerdings kosten sie mehrere hundert bis mehrere tausend DM. Sie sind ausgestattet mit Heizung, Luftbefeuchtung und der schon erwähnten Belichtung. Von der recht- und zu vergleichen den funktionellen, mit allen technischen Raffinessen ausgestatteten Vitrinen unserer Tage.

Pflanzenvitrinen aus der zweiten Hälfte des vorigen Jahrhunderts. Sie waren besonders kunstvoll aus Gußeisen gefertigt und sind nicht

vieleckigen Form bis hin zur runden sind alle Außenmaße vertreten. Für die Konstruktion hat sich das dauerhafte und leichte Aluminium bewährt. Hölzerne bestehen meist aus dem widerstandsfähigen Redwood.
Bei größeren Vitrinen ist mindestens eine Seite als gläserne Schiebetür ausgebildet, bei kleineren läßt sich das Dach hochklappen. Seit einiger Zeit gibt es auch Vitrinen, deren untere Hälfte als Aquarium, die obere als Zimmergewächshaus zu nutzen sind. Dies ist zwar sehr nett anzuschauen, doch bleibt für Pflanzen nicht allzu viel Raum übrig. Ein begeisterter Blumenfreund ist damit kaum zufrieden.
Bei dem vielfältigen Angebot wird nur der unentwegte Bastler an das Selberbauen einer Vitrine denken. Eine Ausnahme kann dann notwendig werden, wenn die Vitrine in eine Ecke eingepaßt werden soll. Hier gilt entsprechend das, was zum Bau eines Blumenfensters bereits im vorigen Kapitel gesagt wurde.
Je nach ihrer Größe bieten Zimmergewächshäuser unterschiedliche Möglichkeiten der Nutzung. Besonders bieten sie sich für die Pflege von Ananasgewächsen (Bromeliaceae), Orchideen oder auch Kakteen an. Eine mittelgroße Vitrine kann schon eine beachtliche Sammlung von Pflanzen aus diesen Familien beherbergen. Nicht zu vergessen sind auch die schöngefärbten tropischen Blattpflanzen. Wer erst einmal Gefallen daran gefunden hat, dem wird auch die größte Vitrine bald zu klein.
Wer sich eine Vitrine anschaffen will, der sollte sich darüber klar sein, welche Pflanzen er darin halten will. Wer epiphytische Bromelien oder Orchideen schätzt, benötigt eine ausreichend hohe, damit sich der Epiphytenstamm auch unterbringen läßt. Außerdem werden hohe Anforderungen an Lichtintensität und Temperatur gestellt.

Pflanzenvitrinen gibt es in verschiedenen Formen und Größen. Entscheident sind die exakte Temperaturregelung und eine ausreichende Belichtung.

Wintergärten

Vom Gummibaum auf der Fensterbank zum Wald unter dem schützenden Dach des Wohnhauses ist es kein so großer Schritt, wie es den Anschein haben mag. Das ausgebaute, überkragende Blumenfenster führt schnurgerade zum Wintergarten, mit fließenden Übergängen. Dabei war die Entwicklung umgekehrt. Orangerien entstanden, weil hochherrschaftliche Gastgeber ihre nicht minder hochgestellten Gäste zu ungewöhnlicher Jahreszeit mit Obst aus südlichen Gefilden überraschen wollten. 1336 gilt als das Geburtsjahr der Orangerien. Aus dem luftigen, hellen Überwinterungsraum entstand der repräsentative Wintergarten mit dekorativen Pflanzen wie Palmen und Cycadeen. Die Lust an der Kultur subtropischer und tropischer Pflanzen spielte meist nur eine untergeordnete Rolle. Viel wichtiger waren die repräsentativen Räume für allerlei Festlichkeiten. Die Natur fand Eingang in die Innenräume; die Unterschiede zwischen Innen und Außen verwischten sich, zunächst durch illusionistische Kuppelfresken und Landschaftsbilder an den Wänden. Der Wintergarten war vergleichbar mit der Bühne; die Pflanzen stellten die lebende Kulisse dar. Das beste Beispiel hierfür ist der Wintergärten in der Münchner Residenz Ludwig II.
Wintergärten waren aber auch eine technische Herausforderung. Gigantische Anlagen entstanden, in denen ausgewachsene Bäume Platz fanden, so der Kristallpalast in London zur 1. Weltausstellung 1850–1851. Wiederum fließend sind die Übergänge zu dem, was wir heute schlicht Gewächshaus nennen. Mitte des vorigen Jahrhunderts entstanden die ersten bemerkenswerten Anlagen, zum Beispiel im Botanischen Garten in Berlin, im Palmengarten zu Frankfurt/Main oder das Kräuterhaus im Kölner Botanischen Garten.
Vor der Jahrhundertwende gehörte auch der, allerdings viel bescheidenere, Wintergarten zum festen Bestandteil der Häuser des wohlhabenden Bürgertums. Es waren mit Glas umgebene Terrassen oder auch Balkone. Je kleiner sie wurden, um so weniger waren sie ein „Garten", also ein bewohnbarer Raum, sondern schließlich nur noch Abstellplatz für Pflanzen, wobei wir wieder beim ausgebauten Blumenfenster angelangt sind. Mit den Anlehngewächshäusern – Kleingewächshäuser, die aussehen wie der Länge nach durchgeschnitten und mit dieser Seite an die Hauswand gestellt – schließt sich der Kreis.
So unterschiedlich Wintergärten sind, so verschieden sind Technik und Nutzung. Grundsätzliches läßt sich dazu kaum

sagen. Am besten werden solche Pläne mit einem Architekten durchgesprochen. Zu bedenken ist, daß Wintergärten feuchte Räume sind, also einer entsprechenden Isolierung und elektrischen Installation bedürfen. Die Heizung muß nach der angestrebten Temperatur und dem Wärmedurchgang des Bedachungsmaterials ausgelegt sein. Die gestiegenen Heizkosten verlangen heute selbstverständlich eine sogenannte Mehrfachbedachung, etwa Isolierglas oder Plexiglas-Stegdoppelplatten. Inzwischen gibt es bereits Dreifachplatten.

Beim Wintergarten im Erdgeschoß ist im besonderen Maße die Temperaturverteilung zu beachten. Den Pflanzen bekommt es gar nicht, wenn sie einen „heißen Kopf" haben, dafür aber „kalte Füße", weil die Heizkörper ausschließlich den Luftraum erwärmen. Gegebenenfalls ist eine Bodenheizung unumgänglich.

Werden die Pflanzen nicht mit Töpfen oder Kübeln aufgestellt, sondern in ein Grundbeet ausgepflanzt, dann ist für eine ausreichend hohe Bodenschicht zu sorgen. Je nach Größe der Pflanzen sollte sie 30, 40 cm oder mehr betragen. Die statische Belastung des Bodens ist zu beachten! Aus statischen Erwägungen, aber auch zur langfristigen Stabilisierung der Bodenstruktur mischen wir der Erde – am besten ein Torfsubstrat wie Einheitserde – rund $1/4$ Styromull bei.

Je größer die lichtdurchlässige Fläche ist, um so mehr heizt die Sonne den Innenraum auf. Die Lüftung muß entsprechend bemessen sein unter Berücksichtigung der kultivierten Pflanzen. Die typischen Pflanzen für Wintergärten schätzen es kühl und luftig, zum Beispiel Palmen wie *Trachycarpus*, *Chamaerops* und *Howeia*, Palmfarngewächse (Cycadaceae) oder die „Neuholländer" – das sind australische Pflanzen wie die schönen Proteus- (Proteaceae) und Myrtengewächse (Myrtaceae). Viele Orchideen und Bromelien vertragen im Sommer hohe Temperaturen, so daß die Lüftung weniger wirkungsvoll sein kann. Allerdings wollen sie auch im Winter wärmer stehen, und das strapaziert den Geldbeutel. Aus Kostengründen darf auch eine verschließbare Tür zu den übrigen Räumen des Hauses nicht fehlen.

Je nach Lage des Wintergartens ist eine Schattierung in Erwägung zu ziehen. Es sind damit die gleichen Details zu bedenken wie beim Blumenfenster. Je größer ein Wintergarten ist, um so intensiver können wir ihn auch als Wohnraum nutzen, als grünes Zimmer, auch wenn es draußen friert und schneit.

Wer ein Gewächshaus besitzt, kennt das Problem: Bei Sonneneinstrahlung heizt es sich schnell und häufig über das gewünschte Maß auf, während es im Winter bei trübem Wetter und nachts viel Wärme nach außen abstrahlt und somit hohe Heizkosten verursacht. Könnte man die überschüssige Energie vom sonnigen Tag bis zur Nacht speichern, entstünden nahezu keine Heizkosten. Ja, der Wärmegewinn ist sogar so hoch, daß sich die Energie für das Wohnhaus nutzen läßt. Leider gibt es bislang keine leistungsfähigen technisch ausgereiften Speicher. Aber bereits Wasser als Wärmespeicher und gegebenenfalls Wärmepumpen zeigen interessante Möglichkeiten.

Ein Team aus Architekten und einem Gärtner, „log-id" genannt, kam auf die Idee, einen großen Wintergarten dem Wohnhaus so vorzulagern, daß er als Wärmefalle dient. $30 m^3$ Wasser werden auf diese Weise bei Sonne erwärmt und beheizen das Wohnhaus. Es entsteht ein grüner, vielfältig nutzbarer Wohnraum. Wer möchte nicht gerne seinen Frühstückskaffe in subtropischer Pracht einnehmen oder beim Duft der Engelstrompeten *(Datura)* nach Feierabend genüßlich die Zeitung lesen? Dann, wenn es kalt ist und keine Sonne scheint, trennen dichte Wände den Wintergarten vom übrigen Haus, damit er nicht zu viel Energie verbraucht. Die Temperatur im Wintergarten kann bis auf 5 °C absinken. Voraussetzung ist, daß nur solche Pflanzen dort wachsen, die diese niedrigen Werte aushalten. Die subtropische Flora hat viele hierfür geeignete Arten zu bieten.

Weiterhin ist zu bedenken, daß der Wintergarten nur dann seine Funktion als Lichtfalle während der kalten Jahreszeit erfüllen kann, wenn die Sonnenstrahlen möglichst ungehindert in das Gewächshaus eindringen können. In unmittelbarer Nähe der Scheiben dürfen demnach nur solche Pflanzen sitzen, die im Winter ihr Laub verlieren oder einen kräftigen Rückschnitt dulden. Macht ein solcher Wintergarten nicht furchtbar viel Arbeit? Je nach Größe sind, dies haben Versuche gezeigt, pro Tag im Durchschnitt nicht mehr als 10 bis 20 Minuten erforderlich. Ich meine, dies ist ein vertretbarer Aufwand in Anbetracht der Möglichkeiten, die ein Wintergarten bietet.

Die einfachste Form des Wintergartens ist ein Erker mit bodentiefen Fenstern und Gefäßen oder Wannen, die das Aufstellen der Pflanzen auf dem Boden gestatten. Der Stahlstich zeigt ein Beispiel aus dem 19. Jahrhundert.

Den intensivsten Kontakt mit Zimmerpflanzen ermöglicht der Wintergarten. Hier wird das Pflegen zum Wohnen mit Pflanzen.

Um Erfahrungen zu sammeln, lebte und arbeitete das log-id-Team einige Jahre in einem Gewächshaus von 400 m². Dieser intensive Kontakt mit den Pflanzen eröffne, so stellte Dieter Schempp danach fest, eine Erlebniswelt, die man in keinem herkömmlichen Raum auch nur erahnen könne. Man fühlt sich direkt den Naturgesetzen unterworfen, sieht die Pflanzen wachsen und sich und damit den gesamten Raum verändern. Man erlebt das Blühen und Vergehen, genießt den unerwarteten Blütenduft und freut sich, wenn subtropische Früchte reifen, ist plötzlich selbst Bestandteil eines natürlichen Kreislaufs.

An dieser Stelle taucht die Frage auf, ob unsere heutige Form des Wohnens die „natürliche" ist oder ob wir uns Behausungen schaffen, die gar einen negativen Einfluß ausüben. Soviel läßt sich heute dazu sagen: Der intensive Kontakt mit Pflanzen sowie die Übernahme der Verantwortung für ihr Gedeihen haben eine wohltuende Wirkung. Das zumindest zeitweilige Leben in einem Wintergarten ist ein Agressionen abbauender Ausgleich in unserer technisierten, hektischen Zeit.

Gestalten in Blumenfenster und Vitrine

Entsteht eine Sammlung nicht zufällig, sondern wählen wir die verschiedenen Pflanzen bewußt aus, so wird das Ergebnis in jedem Fall dem Ideal näherkommen. Wir können die Arten nach ihren jeweiligen Ansprüchen zusammenstellen: Lichthungrige für sonnige Plätze, Wärmebedürftige für beheizte Fenster, Kalthauspflanzen für nur mäßig warme Räume, gegen Lufttrockenheit Empfindliche in die Vitrine. Es bleibt nicht aus, daß wir Kompromisse eingehen müssen. Wir wählen zum Beispiel eine Temperatur, die für alle im Blumenfenster oder der Vitrine stehenden Pflanzen zuträglich, wenn auch nicht optimal ist. So will eine Art im Winter vorzugsweise bei 6 bis 8 °C, die nächste bei 8 bis 12 °C, eine weitere bei 12 bis 15 °C stehen. Alle drei sind zufrieden, wenn wir als Kompromiß 10 °C einstellen.

Es bestehen keine Zweifel daran, daß die Pflanzenwahl vorrangig nach den Kulturansprüchen zu erfolgen hat. Aber es wäre schade, beschränkten wir uns nur auf dieses Auswahlkriterium. Die vielerlei Gestalten bieten uns die Möglichkeit, Formen und Farben zusammenzustellen, um einer bestimmten ästhetischen Vorstellung zu entsprechen. Voraussetzung ist, sich die Pflanzen unter diesen Gesichtspunkten einmal genau anzuschauen: Da gibt es aufrechte, strenge Formen, da gibt es elegant überhängende, schwingende; wir unterscheiden Arten mit vielen kleinen und wenigen großen Blättern, mit hellem oder dunklem Laub, mit auffälligen, kräftig gefärbten Blüten und reine Blattpflanzen. Jede Art stellt einen bestimmten Typ dar, der zu einem anderen harmoniert oder kontrastiert.

Wir müssen lernen, mit den Pflanzencharakteren wie der Künstler mit seinen Farben zu malen. Die gekonnte Zusammenstellung verlangt eine klare künstlerische Absicht, ein bestimmtes Thema. Die Rangstufen sind festzulegen, die Aufgaben zu verteilen. Sechs Beispiele sollen dies verdeutlichen. Mit Unterstützung des Botanischen Gartens in Tübingen haben sie der Stuttgarter Floristmeister Herbert Rühle und ich zusammengestellt. Es handelt sich um Beispiele für kühle und warme Räume, jeweils unter sonnigen und schattigen Bedingungen, um ein Blumenfenster für Sukkulentenfreunde und ein geschlossenes Blumenfenster mit hoher Temperatur und Luftfeuchte (S. 71 bis 76).

Unter kühlen Räumen verstehen wir solche, deren Temperatur im Winter nachts um 10 °C liegt. Am Tag kann besonders bei Sonneneinstrahlung das Thermometer ansteigen, sollte jedoch nicht über 18 °C hinausgehen. Die Pflanzen für warme Räume schätzen es im Winter nachts nicht unter 16 bis 18 °C.

Im geschlossenen Blumenfenster können wir schließlich auch heikle Pflanzen halten, die noch ein wenig wärmer, nicht unter 18 bis 20 °C, stehen sollten.

Das „Sukkulentenfenster" ist ein gutes Beispiel dafür, daß man bei Pflanzensammlungen Kompromisse eingehen muß. Als Temperaturrichtwert für dieses Fenster haben wir 10 °C im Winter sowohl tagsüber als auch nachts angenommen. Natürlich kann bei Sonneneinstrahlung am Tag die Temperatur um einige Grade ansteigen.

Diese Temperaturen sind nun nicht für alle Pflanzen optimal, die in diesem Fenster stehen. Euphorbien zum Beispiel würde man für sich stehend ein wenig wärmer halten. Manche Kakteen dagegen schätzen Wintertemperaturen, die noch deutlich unter dem genannten Wert liegen. Doch als Kompromiß ist 10 °C richtig. Bei dieser Wärme ist davon auszugehen, daß alle gut über den Winter kommen.

Bei der Pflanzenauswahl für diese Beispiele habe ich das übliche Zimmerpflanzensortiment zugrunde gelegt, lediglich beim geschlossenen Blumenfenster und beim Sukkulentenfenster finden sich auch Arten, die nur in Spezialitätenbetrieben erhältlich sind. Solche Fenster sind ohnehin etwas für fortgeschrittene Stubengärtner, die sich dann mit dem üblichen Sortiment nicht mehr zufrieden geben.

Das Sukkulentenfenster zeigt, daß Gruppierungen dann an Ausdruckskraft gewinnen, wenn wir versuchen, unterschiedliche Pflanzengestalten zu vereinen. Eine Aufreihung säulenförmiger oder runder Kakteen wirkt langweilig.

Die kerzengerade in die Höhe zeigende *Dracaena* in Beispiel 5 bestimmt und dominiert das ganze Fenster. Sie duldet nichts Gleichwertiges neben sich. Sowohl die Ardisie auf der linken Seite als auch die *Dieffenbachia* rechts im Fenster bilden Gegengewichte, ohne der *Dracaena* ihren dominierenden Rang streitig zu machen. Verbindungen schaffen die weichen, schwingenden Formen der Begonie, der Anthurie und des Farns am rechten Bildrand. Alles andere ordnet sich unter: die Fittonie, selbst das großblättrige *Philodendron*. Weniger eindeutig ist die Dominanz im vierten Beispiel. Der Gummibaum im Zentrum läßt sich von seinem Gattungsgenossen im linken Bildrand sowie von der *Dracaena* auf der rechten Seite den Rang streitig machen. Die Spannung in diesem Fenster rührt nicht vom Sich-Über- und Sich-Unterordnen her.

Nur Pflanzen mit relativ kleinen Blättern wurden hier verwendet. Die Formen sind nicht streng und starr, sondern abgemildert, schwingend. Eine wichtige Funktion übernehmen die reichlich verwendeten überhängenden Pflanzen. Seinen besonderen Reiz erhält dieses Fenster durch die Farbe. Spannungsvoll sind hier grünblättrige und buntlaubige Pflanzen verwendet. Grün und Gelbgrün geben sich ein Stelldichein. Auch die gelben Früchte des Orangenbäumchens passen in dieses Spiel. Die Andersartigkeit der roten Peperomien weist geradezu auf die Gestaltungsabsicht hin.

„Licht und Dunkel" könnte man das Thema des geschlossenen Blumenfensters nennen. Oberseits dunkelgrün, unterseits tief weinrot sind die Blätter von *Trichostigma*. Dieser dunkelgrüne, rötlich überhauchte Farbton setzt sich rechts bis zu *Piper crocatum* und *Cissus amazonica* fort. Im linken Bildteil übernehmen die hängende *Episcia* und *Siderasis fuscata* am unteren Rand diese Aufgabe. Die Gegengewichte sind links *Ctenanthe lubbersiana*, *Sonerila margaritacea* 'Argentea', *Xanthosoma lindenii* 'Magnifica' sowie die hängende Kannenpflanze. Die Blütenfarben wurden bei den genannten drei Beispielen sparsam, aber bewußt eingesetzt. Der rote Farbton der Blätter setzt sich im geschlossenen Blumenfenster in der Farbe des Blütenstands der Guzmanien fort. Das Gelb der Blattpanaschur im Beispiel 4 ist nicht nur in den Orangen, sondern auch in den Blüten der *Kalanchoë* zu finden. Anders im zweiten Fenster, wo farbige Schwerpunkte erst durch die Blüten der Flamingoblume und der Elatiorbegonien entstehen.

In den Tabellen sind die wichtigsten Pflanzenarten für die jeweiligen Bedingungen genannt. Dies kann nur eine kleine Auswahl sein. Der Kreativität sind keine Grenzen gesetzt. Wer noch einen Schritt weiter gehen will, kann Pflanzen nach ihrer geographischen Herkunft auswählen. Nehmen wir als besonders exklusives Beispiel Gewächse Neuseelands. Dort kommen herrliche Fuchsien vor wie *Fuchsia procumbens*, *F. excorticata* und andere. Einige *Pittosporum*-Arten könnten hinzukommen, die herrliche Teufelskralle *Clianthus puniceus*, eine ganze Fülle von *Hebe*-Arten, Farne wie das bei uns winterharte *Blechnum penna-marina* und noch manch anderes.

Denken wir auch an die Flora Tenneriffas. Euphorbien und viele schöne *Aeonium*-Arten geben allein eine umfangreiche Sammlung ab. Hinzu kommen reizvolle kleine Gewächse wie *Monanthes laxiflora*. Von dieser Pflanzenauswahl nach der geographischen Herkunft ist es nur noch ein kleiner Schritt zu der noch kleineren Einheit,

1. Pflanzen für sonnige, im Winter kühle Blumenfenster

Alle abgebildeten Pflanzen sowie die Sukkulenten von Seite 73

Abutilon-Arten und -Hybriden ✻	
Acorus gramineus ◐	
Amaryllis belladonna	Belladonnalilie
Araucaria heterophylla u.a.	Zimmertanne
Asparagus densiflorus 'Sprengeri' ✻	Zierspargel
Bougainvillea-Arten und -Sorten	
Calceolaria-Arten und -Sorten	Pantoffelblumen
Callistemon citrinus	Zylinderputzer
Camellia japonica	Kamelie
Campanula isophylla	Hängende Glockenblume
Chamaerops humilis ◐	Zwergpalme
Citrus-Arten	Orangen-, Zitronenbäumchen
Clivia miniata	Clivie
Cytisus × racemosus, C. × spachianus	Geißklee
Dionaea muscipula ◐	Venusfliegenfalle
Duchesnea indica	Scheinerdbeere
Erica-Arten und -Hybriden	Eriken
Gardenia jasminoides ✻	Gardenie
Grevillea robusta ✻	
Hebe-Arten, *H.*-Andersonii-Hybriden	Strauchveronika
Hibiscus rosa-sinensis ✻	Roseneibisch
Hoya carnosa ✻	Wachsblume
Hydrangea macrophylla	Hortensie
Impatiens walleriana, I.-Hybriden ✻	Fleißiges Lieschen
Laurus nobilis	Lorbeer
Lysimachia nummularia	Pfennigkraut
Musa-Arten ✻	Bananen
Myrtus communis	Myrte

Orchideen des Kalthauses wie *Cymbidium* und *Odontoglossum grande* ◐	
Passiflora caerulea ✻	Passionsblume
Pelargonium graveolens, P. radens u.a. ✻	Duftgeranien
Phoenix canariensis, P. dactylifera ✻	Dattelpalmen
Pittosporum tobira	Klebsame
Primula malacoides, P. vulgaris u.a.	Fliederprimeln u.a.
Rhododendron simsii ◐	Azaleen
Sansevieria-Arten ✻	Sansevierien
Solanum pseudocapsicum	Korallenstrauch
Tillandsia-Arten (nur „graue" Tillandsien) ✻	
Vallota speciosa ✻	
Yucca aloifolia u.a. ✻	
Zantedeschia aethiopica ✻	Zimmercalla

Pflanzen im sonnigen, im Winter kühlen Blumenfenster:
1 *Pelargonium tomentosum* (Duftgeranie), 2 *Grevillea robusta*, 3 *Carex brunnea* 'Variegata', 4 *Sparmannia africana* 'Variegata' (Zimmerlinde), 5 *Cyclamen persicum* (Alpenveilchen), 6 *Carex brunnea* 'Variegata', 7 *Rosmarinus officinalis*, 8 *Coleus*-Blumei-Hybride, 9 *Eriobotrya japonica* (Wollmispel), 10 *Chlorophytum comosum* (Grünlilie), 11 *Myrtus communis*.

◐ = leichter Schatten
✻ = auch für wärmere Plätze

2. Pflanzen für schattige, im Winter kühle Fenster

Alle abgebildeten Pflanzen		*Scirpus cernuus*	Frauenhaar
Aspidistra elatior *	Schuster-, Metzgerpalme	*Selaginella kraussiana*	Mooskraut
Aucuba japonica	Goldorange	*Stenotaphrum secundatum*	
Begonia grandis var. *evansiana* u. a.	Begonien	*Tibouchina urvilleana* *	
Billbergia nutans *	Zimmerhafer	*Trachycarpus fortunei*	Hanfpalme
Brunfelsia pauciflora var. *calycina*		*Tradescantia*-Arten und -Sorten *	
Camellia japonica *	Kamelie	*Viburnum tinus*	Laurustinus, Schneball
Chlorophytum comosum,	Grünlilie	*Zebrina pendula* *	Zebrakraut
Cissus rhombifolius, *C. antarctica* *	Klimme, Russischer Wein		
Cleyera japonica			
Cyclamen persicum	Alpenveilchen		
Duchesnea indica	Scheinerdbeere		
× *Fatshedera lizei* *	Efeuaralie		
Fatsia japonica *	Aralie		
Ficus-Arten wie *F. pumila* *	Kletternder Gummibaum		
Fuchsia-Arten und -Sorten	Fuchsien		
Ligularia tussilaginea (syn. *Tussilago japonica*, *Farfugium grande*)			
Nerium oleander	Oleander		
Ophiopogon-Arten	Schlangenbart		
Orchideen wie *Coelogyne cristata*			
Parthenocissus henryana *			
Pellaea rotundifolia *	Pellefarn		
Phyllitis scolopendrium	Hirschzungenfarn		
Pilea cadierei, *P. microphylla* *	Kanonierblume		
Piper nigrum *	Schwarzer Pfeffer		
Platycerium bifurcatum *	Geweihfarn		
Plectranthus fruticosus	Mottenkönig		
Polystichum-Arten	Tüpfelfarne		
Rubus reflexus			
Ruscus-Arten	Mäusedorn		

* = auch für wärmere Plätze

Pflanzen im beschatteten, im Winter kühlen Blumenfenster:
1 Saxifraga stolonifera (Judenbart), 2 Pteris cretica 'Wimsettii' (Saumfarn), 3 Pteris tremula (Saumfarn), 4 Tolmiea menziesii (Henne und Küken), 5 Paphiopedilum Ashburtoniae und P. Leeanum, 6 Senecio mikanioides (Sommerefeu), 7 Schefflera arboricola, 8 Ophiopogon japonicus (Schlangenbart), 9 Soleirolia soleirolii (Bubiköpfchen), 10 Saxifraga stolonifera (Judenbart), 11 Paphiopedilum St. Albans, 12 Hedera helix (Efeu), 13 Blechnum gibbum, 14 Cyrtomium falcatum 'Rochfordianum'.

3. Sukkulente Pflanzen für kühle, sonnige Fenster

Alle abgebildeten Pflanzen
Adromischus-Arten
Agave-Arten
Aloë-Arten
Bowiea volubilis
Cotyledon-Arten
Crassula-Arten
Cyphostemma juttae (syn. *Cissus j.*)
Echeveria-Arten
Euphorbia (die meisten Arten)
Gasteria-Arten
Haworthia-Arten
Huernia-Arten
Kalanchoë-Arten
Pachyphytum-Arten
Sedum-Arten
Senecio-Arten der früheren Gattung *Kleinia*
Stapelia-Arten
Tradescantia navicularis

Die meisten Kakteen mit Ausnahme zum Beispiel der *Rhipsalis* und verwandter Gattungen. Viele Mittagsblumengewächse.

Das Sukkulentenfenster: 1 Euphorbia grandicornis, 2 verschiedene Mammillaria-Arten, 3 Begonia incana, 4 Aeonium tabuliforme, 5 Dyckia altissima, 6 Greenovia aurea, 7 Euphorbia atropurpurea, 8 Aeonium arboreum 'Atropurpureum', 9 Crassula falcata, 10 Cereus hexagonus und C. peruvianus, 11 Haemanthus albiflos, 12 Mammillaria elegans, 13 Begonia venosa, 14 Kalanchoë pumila, 15 Orthophytum vagans, 16 Cleistocactus jujuyensis und C. strausii, 17 Yucca aloifolia 'Tricolor', 18 Begonia venosa.

4. Pflanzen für warme, sonnige Blumenfenster

Alle abgebildeten Pflanzen	
Acalypha hispida, A.-Wilkesiana-Hybriden	Fuchsschwanz
Achimenes-Hybriden	
Aechmea fasciata	
Allamanda cathartica ○	
Beloperone guttata	Zierhopfen
Bifrenaria harrisoniae	
Browallia speciosa	
Cocos nucifera	Kokospalme
Coffea arabica	Kaffeestrauch
Coleus-Arten und -Sorten ○	Buntnessel
Cymbidium-Hybriden (Mini-C.)	Cypergräser
Cyperus-Arten	
Euphorbia pulcherrima	Weihnachtsstern
Ficus elastica, F. lyrata u. a.	Gummibaum
Gardenia jasminoides	Gardenie
Gloriosa rothschildiana u. a.	
Gynura aurantiaca 'Purple Passion'	
Hibiscus rosa-sinensis	Roseneibisch
Jacaranda mimosifolia	
Mandevilla-Arten (syn. *Dipladenia*)	
Microcoelum weddelianum	„Kokospälmchen"
Mimosa pudica	Mimose, Sinnespflanze
Monstera-Arten	Baumfreund, „Philodendron"
Neoregelia-Arten	
Pachystachys lutea	
Pandanus-Arten ○	Schraubenbaum
Sansevieria-Arten ○	Sansevierien
Stephanotis floribunda	Kranzschlinge
Tillandsia-Arten (graue T.) ○	

Im Winter wärmetolerante Sukkulenten wie *Ceropegia woodii*, einige *Huernia*-Arten, *Haworthia, Gasteria*, viele *Euphorbien, Pachypodium*-Arten sowie Kakteen aus den Gattungen *Astrophytum, Discocactus, Echinocactus, Ferocactus, Melocactus*, Phyllocacteen und einige Mammillarien (alle ○).

Pflanzen im warmen, sonnigen Blumenfenster: 1 Ficus microcarpa, 2 Peperomia magnoliaefolia 'Variegata', 3 Senecio marcroglossus 'Variegatus', 4 × Citrofortunella mitis, 5 Peperomia metallica, 6 Ficus cyathistipula, 7 Ficus rubiginosa, 8 Hoya carnosa 'Variegata', 8 Kalanchoë-Blossfeldiana-Hybride, 10 Kalanchoë manginii, 11 Dracaena surculosa 'Punctata', 12 Peperomia glabella 'Variegata', 13 Kalanchoë manginii, 14 Ficus benjamina, 15 Peperomia argyreia.

Obwohl lichtbedürftig, vertragen die wenigsten Arten, besonders während der Sommermonate und zur Mittagszeit, volle Sonne. Ungewöhnlich sonnenverträgliche Arten sind mit ○ gekennzeichnet.

5. Pflanzen für warme, schattige Blumenfenster

Alle abgebildeten Arten		*Sinningia speciosa*	Gloxinie
Adiantum-Arten und -Sorten	Frauenhaarfarn	*Spathiphyllum*-Arten und -Sorten	
Ananas comosus, A. bracteatus	Ananas	*Sprekelia formosissima*	Jakobslilie
Aphelandra squarrosa u.a.	Ganzkölbchen	*Streptocarpus*-Hybriden	Drehfrucht
Ardisia crenata, A. crispa		*Tradescantia*-Arten und -Sorten	
Asparagus setaceus (syn. *A. plumosus*)	Zierspargel	*Zebrina pendula*	Zebrakraut
Asplenium nidus	Nestfarn		
Begonia-Arten und -Sorten (mit Ausnahme bes. empfindlicher)	Begonien, Schiefblatt		
Blechnum gibbum			
Chamaedorea-Arten	Bergpalme		
Chlorophytum comosum	Grünlilie		
Cissus-Arten	Klimme, „Wein"		
Coelogyne massangeana			
Cordyline fruticosa			
Coussapoa schottii			
Crossandra infundibuliformis			
Cryptanthus-Arten und -Sorten			
Didymochlaena truncatula			
Dizygotheca elegantissima	Fingeraralie		
Dracaena fragrans, D. surculosa			
Ficus-Arten	Gummibaum		
Geogenanthus undatus			
Nephrolepis-Arten und -Sorten			
Nidularium-Arten			
Phalaenopsis-Hybriden			
Philodendron-Arten	Baumfreund		
Phlebodium aureum (syn. *Polypodium a.*)			
Piper-Arten	Pfeffer		
Pisonia brunoniana (syn. *Heimerliodendron b.*)			
Platycerium bifurcatum	Geweihfarn		
Polyscias-Arten und -Sorten			
Rechsteineria cardinalis			
Rhipsalis-Arten			
Schefflera-Arten			

Pflanzen im warmen, beschatteten Blumenfenster: 1 Pellionia repens 'Argentea', 2 Ardisia humilis, 3 Begonia-Elatiorhybride, 4 Begonia albopicta, 5 Fittonia verschaffeltii 'Argyroneura', 6 Philodendron mamei, 7 Aglaonema commutatum, 8 Dracaena deremensis, 9 Epipremnum aureum (syn. Scindapsus aureus), 10 Anthurium-Scherzerianum-Hybride, 11 Aglaonema costatum, 12 Dieffenbachia-Hybride 'Rudolf Roehrs', 13 Dieffenbachia-Hybride 'Exotica', 14 Fittonia verschaffeltii 'Pearcei', 15 Nephrolepis exaltata.

6. Pflanzen für warme, geschlossene Blumenfenster

Alle abgebildeten Pflanzen
Aeschynanthus-Arten
Begonia-Arten und -Sorten
Bertolonia-Arten
Caladium-Arten und -Hybriden
Calathea-Arten
Cissus discolor
Columnea-Arten
Ctenanthe-Arten
Dracaena goldieana
Episcia-Arten und -Sorten
Maranta-Arten und -Sorten
Medinilla magnifica u.a.
Peperomia-Arten
Pteris quadriaurita 'Argyraea'
Sanchezia parvibracteata

Daneben viele Orchideen, die meisten Ananasgewächse (Bromelien), alle Pflanzen, die für das warme, schattige Blumenfenster empfohlen wurden sowie viele andere Bewohner tropischer Gebiete.

Pflanzen im geschlossenen Blumenfenster: 1 Ctenanthe lubbersiana, 2 Siderasis fuscata, 3 Episcia reptans, 4 Triolena pustulata, 5 Selaginella spec., 6 Guzmania-Hybride, 7 Dichorisandra reginae, 8 Calathea makoyana, 9 Trichostigma peruviana, 10 Hoffmannia refulgens, 11 Piper crocatum, 12 Nepenthes alata, 13 Sonerila margaritacea 'Argentea', 14 Xanthosoma lindenii 'Magnifica', 15 Cissus amazonica, 16 Hoffmannia refulgens.

der Pflanzengesellschaft, wie zum Beispiel dem tropischen immergrünen Regenwald. Für die hohen, schattenwerfenden Gehölze haben wir natürlich keinen Platz. Aber Gummibäume, *Philodendron* und manche andere verbreitete Topfpflanzen vermitteln einen ähnlichen Eindruck. Viele buntblättrige Topfpflanzen entstammen ja der schattenertragenden Krautflora dieses Gebiets. Nicht zu vergessen sind die Epiphyten wie Orchideen und Bromelien.

Die Epiphyten sind aber auch ein Beispiel dafür, daß wir ein ganz natürliches Bild nicht schaffen können. Viele Gummibäume zum Beispiel kommen in ihrer Heimat epiphytisch vor, das heißt, die Vögel tragen die Samenkörner auf die Gipfel der hohen Urwaldbäume. Dort keimt der Gummibaum, wächst und gedeiht und treibt mit seinen Wurzeln so lange, bis er den Boden erreicht. Auch *Ficus elastica*, unser „Standardgummibaum", kommt auf diese Weise in seiner Heimat oft epiphytisch vor. Nicht anders ist es mit dem kleinblättrigen *Ficus benjamina*.

Aber so weit können wir den natürlichen Standort nicht nachahmen. Ohnehin sind solche natürliche Pflanzenbilder etwas für Spezialisten, die sich intensiv mit der Flora eines bestimmten Gebietes befassen. Nicht zuletzt wird es oft Schwierigkeiten bereiten, alle gewünschten Pflanzen zu erhalten. Es gibt zwar einige Gärtnereien, die auch ausgefallene Gewächse bereithalten, aber oft nur in geringer Stückzahl. Außerdem muß man sich die Pflanzen häufig selbst abholen, da dem Gärtner der Versand zu umständlich ist. So bleibt nur der Weg, durch Kontakt mit Gleichgesinnten, mit botanischen Gärten oder mit Pflanzenfreunden im Ausland sich Jungpflanzen zu beschaffen oder Samen, aus denen man dann im Laufe der Zeit seine Sammlung aufbaut.

Urlaubsreisen in ferne Länder ermöglichen es, die Flora dieses Gebietes zu studieren. Vieles läßt sich zu Hause weder im Blumenfenster noch im Kleingewächshaus nachvollziehen. Aber die Beobachtung bislang unbekannter Pflanzengesellschaften gibt mehr Sicherheit bei der Pflanzenwahl zu Hause und der Gestaltung.

Eine Hilfe bieten auch die botanischen Gärten. Sie versuchen vielfach, in ihren Gewächshäusern natürliche Vegetationsbilder zu schaffen, die einen Eindruck beispielsweise von der Flora der Kanaren oder dem tropischen Regenwald vermitteln.

Die Reisen sollten wir nicht zu „Plündertouren" nutzen, was leider in der Vergangenheit oft geschah. Wenn man nur auf diese Weise zu einer begehrten Art kommen kann, dann genügen Samen oder Stecklinge.

Pflanzen in Flaschen und Aquarien

Flaschengärten sind groß in Mode gekommen. Sie werden mit den verschiedensten Gewächsen bepflanzt und nicht nur über den Blumenfachhandel, sondern selbst in Supermärkten angeboten. Allerdings muß man den Begriff „Flaschengarten" schon recht weit fassen, soll all das dazu gehören, was unter diesem Namen heute zu finden ist: bis hin zu überdimensionalen Kognakgläsern und oben offenen Halbkugeln. Mit den „richtigen" Flaschengärten, die völlig geschlossen sind, hat dies wenig zu tun. Die Pflanzenkultur in solchen geschlossenen Glasgefäßen hatte ihren Ursprung in den „Wardschen Kästen". Im Jahr 1830 machte der englische Arzt Dr. Nathaniel Ward eine interessante Beobachtung: In ein Glas hatte er Erde mit einer Schmetterlingspuppe gefüllt und anschließend verschlossen, damit ihm der erwartete Schmetterling nicht entwischt. Nach einer Weile bemerkte er, daß sich ein kleiner Farn und Gräser in dem Glas offensichtlich gut entwickelten, obwohl weder Wasser nachgefüllt wurde, noch ein Luftwechsel stattfinden konnte. Sogleich begann er mit Experimenten, die das Gleiche bestätigten: Pflanzen können sich in abgeschlossenen Glasgefäßen über längere Zeit hinweg entwickeln. Ward erkannte auch sofort die Nutzanwendung seiner Entdeckung, der „Wardschen Kästen": Mit ihrer Hilfe war der Transport von Pflanzen auf dem Seeweg von Kontinent zu Kontinent möglich, ohne Verluste befürchten zu müssen.

Neben völlig geschlossenen Kästen gab es auch solche, die gelüftet und auch schattiert werden konnten.

Schon bald erfreuten sich solche geschlossenen Pflanzenkulturräume, Salon-Pflanzenhaus sowie Fenster- oder Zimmergewächshaus genannt, großer Beliebtheit. Besonders Farne, aber auch viele andere Pflanzen wurden um die Mitte des vorigen Jahrhunderts auf diese Weise erfolgreich gepflegt.

Wie ist dieses Phänomen zu erklären, daß Pflanzen in einem abgeschlossenen, beschränkten Luftraum über längere Zeit hinweg gedeihen können? Die Pflanze braucht wie alle Lebewesen zur Aufrechterhaltung ihrer Lebensfunktionen Sauerstoff. Diesen entnimmt sie der Luft und gibt dafür Kohlendioxid ab. Dieser Vorgang wird jedoch am Tag durch einen anderen überdeckt: Bei der Assimilation oder Photosynthese werden aus Wasser und Kohlendioxid mit Hilfe der Sonnenenergie organische Stoffe aufgebaut. Hierbei wird Sauerstoff frei. Wir haben also zwei entgegengesetzte Vorgänge: Bei der ständig stattfindenden Atmung oder Dissimilation wird Sauerstoff verbraucht und Kohlendioxid abgegeben, bei der das Tageslicht bedürfenden Photosynthese wird Kohlendioxid aufgenommen und Sauerstoff frei.

Dieser Kreislauf sorgt dafür, daß die Pflanze in dem geschlossenen Gefäß nicht „erstickt". Auch an Wasser fehlt es nicht, denn es kann ja nicht entweichen. Das aus der Erde aufgenommene Wasser wird an die Luft abgegeben. Diese ist immer völlig oder nahezu mit Wasserdampf gesättigt. An den Scheiben kondensiert das Wasser und tropft auf die Erde zurück. Damit haben wir einen weiteren Kreislauf. Und neue Nährstoffe werden durch sich zersetzende alte Blätter auch wieder zugeführt.

Hier wird auch ein Nachteil der Pflanzenkultur in geschlossenen Gefäßen deutlich: Die Scheiben sind immer mehr oder weniger beschlagen, was die Betrachtung der Pflanzen hindert. Diesem Nachteil stehen aber so viele Vorteile gegenüber, daß wir ihn gern in Kauf nehmen sollten. Wir können in geschlossenen Glasgefäßen Pflanzen kultivieren, die ansonsten im Zimmer nicht überleben würden, da sie die trockene Luft nicht vertragen. Denken wir nur an empfindliche Farne oder *Selaginella*. Andererseits müssen wir den begrenzten Raum berücksichtigen und entsprechend schwachwüchsige und kleinbleibende Pflanzen auswählen. Glücklicherweise kommt uns das insgesamt schwächere Wachstum in geschlossenen Gefäßen zugute. Der Gasaustausch der Pflanze ist wegen der mit Wasserdampf gesättigten Luft gering und der Kohlendioxidgehalt nicht optimal.

Ganz anders sind die Verhältnisse in einem offenen Glasgefäß. Je größer die Öffnung ist, umso mehr gehen die Vorteile der Flaschengärten verloren. Die erwähnten Kognakschwenker haben keine funktionelle, nur noch ästhetische Aufgabe. Man wähle daher die Gefäße kritisch aus. Gefäße mit einem engen Hals sind leicht zu verschließen, aber nur mit einigen Schwierigkeiten zu bepflanzen.

Zuunterst kommt eine Dränageschicht aus Blähton oder Kieseln. Anschließend muß die Erde eingefüllt werden, ohne das Glas zu verschmieren. Am besten eignet sich übrigens ein Torfsubstrat, wie auf Seite 32 beschrieben. Zum Einfüllen rollen wir ein Stück Papier zu einem Trichter zusammen. Die Erde rutscht nur mühsam an ihren Bestimmungsort, denn wir müssen sie zuvor anfeuchten. Im Glas läßt sich dies nicht gut nachholen. Nach einem leichten Andrücken des Substrats wird bepflanzt. Die Pflanzen werden in Zeitungspapier möglichst

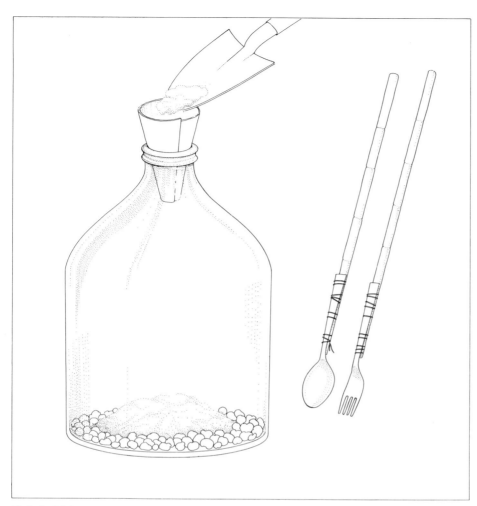

Einfache Hilfsmittel erleichtern das Bepflanzen einer enghalsigen Flasche: ein Papiertrichter sowie Gabel und Löffel, die an Stäben festgebunden werden.

Pflanzen für Flaschengärten

Gut bepflanzte Flaschengärten sind im Handel eine Seltenheit. Die ungeeignetsten Pflanzen werden häufig in solche Gefäße gesteckt. Hierzu gehören zum Beispiel Sämlinge der Flamingoblume (*Anthurium*-Andreanum-Hybriden) oder der Nestfarn (*Asplenium nidus*). Sie werden bald zu groß. Das gleiche gilt für die Ananasgewächse *Vriesea* und *Guzmania*. Solche Arrangements bereiten nur kurze Zeit Freude, werden bald zum wahren Dickicht.
Wenig sinnvoll ist es, Kakteen und andere Sukkulenten in Flaschen zu setzen, ganz gleich, ob in offene oder geschlossene. Ein solcher Behälter ohne Wasserabzug führt bald zu Ausfällen. Eine Ausnahme stellen die epiphytischen Kakteen wie *Rhipsalis* dar, die hervorragend für Flaschengärten geeignet sind.
Das Beschaffen geeigneter Pflanzen ist die größte Schwierigkeit, wollen wir uns einen Flaschengarten anlegen. Die idealen Bewohner gehören nämlich nicht zum üblichen Sortiment unserer Gärtner und sind somit nur nach längerem Suchen erhältlich, manchmal auch nur durch die Freundlichkeit eines botanischen Gartens.
Ohne Probleme erhält man zum Beispiel den kletternden Gummibaum *Ficus pumila*, einige kleinbleibende Peperomien oder *Pilea*-Arten. Auch die kleinblättrige *Fittonia verschaffeltii* 'Minima' wird gelegentlich angeboten sowie der auch kühle Temperaturen vertragende Farn *Pellaea rotundifolia*. Besonders hübsch sind die buntblättrigen Begonien, die unter dem Sammelnamen „Mexicross" bekannt sind und die sicher jedes Blumengeschäft besorgt. Auf diese Weise wird man wohl auch die Farne *Pteris ensiformis* in den Sorten 'Victoriae' und 'Evergemiensis' sowie *Didymochlaena truncatula* erhalten.
An Spezialitätengärtnereien muß man sich schon wenden, sucht man die aufrechtwachsenden epiphytischen Kakteen *Rhipsalis mesembryanthemoides* oder *Hatiora salicornioides*. Übrigens darf man sich nicht wundern, wenn die baumbewohnenden Kakteen nach kurzer Zeit in der Flasche statt der kräftig rot getönten Triebe nur noch „gewöhnliche" grüne ausbilden. Daran ist der schwächere Lichtgenuß schuld. Der mit verschiedenen Zimmerpflanzen besetzte Flaschengarten soll ja keinen Standort mit direkter Sonneneinstrahlung erhalten, denn der Luftraum in geschlossenen Gefäßen würde sich alsbald zu stark erhitzen. Ein heller bis halbschattiger Platz ist besser geeignet. In der Mehrzahl wählen wir ja auch Pflanzen aus, die ohnehin nicht mehr Licht wollen.

„schlank" eingewickelt und durch den Flaschenhals geschoben. Mit an Stöcken befestigten Löffeln und Gabeln bringen wir sie an ihren endgültigen Platz, was ein wenig Geschicklichkeit erfordert.
Viel einfacher geht die Bepflanzung eines Vollglasaquariums. Bequem gelangt alles da hin, wo wir es haben wollen. Auch kleine Aststücke oder Wurzeln lassen sich einbauen, was recht reizvoll wirkt.
Falsch wäre es, ein Gefäß direkt nach dem Bepflanzen zu verschließen. Ich habe dies anfangs gemacht und einiges Lehrgeld zahlen müssen. Besser ist es, eine Weile zu warten, bis die Pflanzen angewachsen sind. Es bleibt uns dann auch die Möglichkeit, den Deckel zu schließen, wenn die richtige Feuchtigkeit herrscht. Eine mittlere Feuchtigkeit, nicht zu trocken und nicht zu naß, entscheidet wesentlich über den Erfolg.

Direkt nach dem Pflanzen müssen wir leicht angießen, weshalb es zu diesem Zeitpunkt im Gefäß auch viel zu naß ist.
Für das Aquarium benötigen wir zum Verschließen eine passende Glasscheibe. Sie wird mit einer Kunststoffmasse, Klebestreifen oder ähnlichem befestigt. Allerdings sollte die Befestigung nicht für die Ewigkeit gedacht sein, denn es kann irgendwann notwendig werden, daß wir das Gefäß wieder öffnen. Schon bald ist dies erforderlich, wenn unbemerkt eine kleine Schnecke mit hineingelangt ist, die sich nun an den Pflanzen gütlich tut. Nach einer Weile können sich auf der feuchten Innenseite des Glases Algen ansiedeln, die den Lichtgenuß erheblich mindern und entfernt werden müssen. Doch keine Angst, Flaschengärten machen, sind sie erst einmal bepflanzt, viel weniger Arbeit als Zimmerpflanzen in Töpfen!

Schon erwähnt wurde *Ficus pumila*, der trotz naher Verwandtschaft nur wenig an unseren Gummibaum erinnert. Es gibt auch noch weitere kleinbleibende Vertreter dieser Gattung, die sich für Flaschengärten anbieten. Besonders zierend sind die buntblättrigen. „Buntblättrig" ist eigentlich etwas hochgestapelt, denn außer grün weist das Blatt nur noch gelbe, grüngelbe oder weißgelbe Farbtöne auf; der Gärtner spricht von panaschierten Blättern. *Ficus sagittata* 'Variegata' ist besonders hübsch, leider nicht leicht erhältlich. Nur für große Gefäße eignet sich *Ficus aspera* 'Parcellii'. In größeren Behältern dürfen die sogenannten Bodendecker nicht fehlen, also die Pflanzen, die über den Boden kriechend die Oberfläche mehr oder weniger dicht bedecken. Das altbekannte Bubiköpfchen *(Soleirolia soleirolii)* ist solch ein Bodendecker, hätte allerdings in kleinen Behältnissen bald alles andere überwuchert. Ideale Pflanzen für diesen Zweck sind *Selaginella*-Arten. Das Mooskraut, das in Wohnräumen ansonsten nur schwer am Leben zu halten ist, gedeiht in der feuchten Luft der Flaschengärten ausgezeichnet. Als Beispiele seien *Selaginella uncinata* und *S. kraussiana* genannt. Weniger dicht wird ein Teppich aus kleinblättrigen Peperomien.
Tradescantien sind bei Blumenfreunden zu Recht weit verbreitet, da sie auch unter widrigen Verhältnissen noch zu wachsen vermögen. Besonders *Tradescantia albiflora* und *T. blossfeldiana* sind häufig neben dem Zebrakraut *(Zebrina pendula)* anzutreffen. Für Flaschengärten sollte man auf sie verzichten, nicht nur, weil sie zu rasch wachsen und häufig zurückgeschnitten werden müssen. Für sie ist der Platz in den Glasbehältern eigentlich zu schade. Dort können wir es mit weniger robusten Verwandten wie *Callisia elegans* versuchen, die ein wunderschön gestreiftes Blatt hat und nicht so wuchsfreudig ist.
Ähnlich wie die Tradecantien vermögen auch die *Pellionia*-Arten über den Boden zu kriechen. Leider findet man sie meist nur in botanischen Gärten als hübsche Ampelpflanzen. Sie wachsen zunächst aufrecht, hängen dann aber über. *Pellionia pulchra* wird zur Zierde jedes Flaschengartens, *P. repens* einschließlich der Sorte 'Argentea' steht ihr kaum nach, wächst aber stärker.
Schaut man sich unter den niedrigbleibenden Pflanzen um, dann ist man überrascht, wieviele schönblättrige Arten und Sorten es gibt, die sich für die Bepflanzung von Gefäßen eignen. Darum sollte man Geduld haben und die Suche nach ihnen nach den ersten Mißerfolgen nicht gleich aufgeben!
Gerade die Familie der Acanthusgewächse (Acanthaceae), zu der zum Beispiel das Ganzkölbchen *(Aphelandra squarrosa)* und der Zimmerhopfen *(Beloperone guttata)* gehören, ist eine sehr reichhaltige, aber bisher kaum genutzte Quelle. Hierher passende Vertreter dieser Familie sind *Chameranthemum igneum, Dipteracanthus portellae, Hemigraphis repanda* und *Aphelandra maculata* (syn. *Stenandrium lindenii*), um nur einige zu nennen. Etwas höher wird *Pseuderanthemum reticulatum*. Ähnlich zu verwenden sind die den Acanthusgewächsen zugehörenden *Alternanthera amoena* und *A. versicolor*.
Während wir auf die Ananasgewächse *Vriesea* und *Guzmania* verzichten sollten, da sie für Flaschen zu groß werden, dürfen wir die kleinbleibenden *Cryptanthus*-Arten und -Sorten aus der gleichen Familie keinesfalls vergessen.
Diese Aufzählung ließe sich noch mit vielen anderen Pflanzen wie *Plectranthus oerten-*

Nicht alle Glasgefäße sind zum Flaschengarten geeignet. Grün eingefärbte und weitgeöffnete Gefäße wie das Kognacglas sind nicht zu empfehlen. Zu empfehlen sind alle mit kleiner oder verschließbarer Öffnung.

Vor rund 150 Jahren erkannte man, daß empfindliche Pflanzen wie einige Farne in hermetisch abgeschlossenen Kästen ausgezeichnet gedeihen. In großen Wardschen Kästen lassen sich ganze Landschaften nachempfinden, wie dieses Beispiel aus dem Jahr 1861 zeigt.

dahlii oder *Mikania ternata* fortsetzen. Für die Auswahl entscheidend bleibt letzten Endes, was man erhält. Alle diese Pflanzen gedeihen in geschlossenen oder weitgehend geschlossenen Gefäßen im geheizten Wohnraum. Wo es im Winter kühler wird, müssen wir auf andere Pflanzen zurückgreifen, zum Beispiel auf „Henne und Küken" (*Tolmiea menziesii*) oder Sorten von *Liriope muscari*, die sich besonders in den USA großer Beliebtheit erfreuen und bei uns von einigen Staudengärtnereien angeboten werden. Andere *Liriope*-Arten und auch *Ophiopogon jaburan* eignen sich der starken Ausläuferbildung wegen nicht so gut. Sie breiten sich zu stark aus und bedrängen die Nachbarn.

Bei den Mooskräutern gibt es Arten, die sich für den mäßig geheizten Raum eignen wie *Selaginella apoda*. Der bereits genannte Farn *Pellaea rotundifolia* hat keine allzu großen Temperaturansprüche, ebenso wie der altbekannte Judenbart (*Saxifraga stolonifera*). Die kleinen einheimischen Farne wie die Mauerraute (*Asplenium ruta-muraria*) oder der Braunstielige Streifenfarn (*Asplenium trichomanes*) sind einen Versuch wert. Insgesamt ist die Pflanzenauswahl für Flaschengärten in kühlen Räumen deutlich geringer.

Ob im kühlen oder warmen Raum, der Standort des Flaschengartens will mit Bedacht ausgesucht werden! Direkte Sonneneinstrahlung verursacht in Kürze Temperaturen in geschlossenen Gefäßen, die auch die robustesten Arten nicht überleben. Hell doch ohne direkte Sonne, so sollte der ideale Platz sein.

An kühlen Fenstern sind geschlossene Behälter regelmäßig zu kontrollieren. Dort schlägt sich das Wasser stets an der Innenseite des Glases nieder, die zum Fenster zeigt, weil diese Seite am kühlsten ist. Das Wasser rinnt die Scheibe hinab und führt der Erde das Wasser wieder zu, das durch die Pflanzen oder Verdunstung entzogen wurde. An der entgegengesetzten Seite funktioniert dieser Kreislauf allerdings nicht, weil sich das Wasser hier nicht niederschlägt. Somit trocknet die Erde auf dieser Seite langsam aus, obwohl kein Wasser aus dem geschlossenen Behälter entweichen kann. Man wundert sich, wenn die Pflanzen auf dieser Seite des Flaschengartens plötzlich nicht mehr gedeihen wollen.

Abhilfe läßt sich auf ganz einfache Weise schaffen. In regelmäßigen Abständen wird der Flaschengarten gedreht. Wie oft dies geschehen muß, zeigt uns bald die Erfahrung.

Pflanzen auf Pflanzen

Daß es Pflanzen gibt, die sich nicht den Boden als Standort ausgesucht haben, ist bei den Orchideen und Bromelien oder Ananasgewächsen (Seiten 142 bis 146) nachzulesen. Diese Gewächse bezeichnet man als Epiphyten, das heißt wörtlich übersetzt „Auf-Pflanzen"; in dem verzweifelten Bemühen, einen deutschen Begriff hierfür zu finden, werden sie auch „Aufsitzer" genannt. Diese Aufsitzer haben sich höher werdende Pflanzen als Sitzplatz ausgewählt.

Epiphyten sind keinesfalls nur etwas Exotisches. Auch unsere einheimische Flora kennt einige Epiphyten, zum Beispiel viele Moose und Flechten, Farne wie den Engelsüß (*Polypodium vulgare*) und versehentlich auch einmal eine höhere Pflanze. Ich kenne einen alten Bergahorn, auf dem in halber Höhe eine Vogelbeere thront, die natürlich ihre Wurzeln nun bis in den Boden geschickt hat. Die Vögel haben wohl das Ihrige zu diesem absonderlichen Standort beigetragen. Normalerweise sind höhere Pflanzen bei uns keine Epiphyten.

Bei der Pflege im Zimmer halten wir viele in ihrer Heimat epiphytisch wachsende Pflanzen der Einfachheit halber im Topf. Sie wachsen dort meist genauso gut. Epiphyten sind uns sehr willkommen, wenn es um die Gestaltung eines Blumenfensters oder einer Vitrine geht. Wir bauen einen Epiphytenstamm, der ein erwünschtes gestalterisches Element abgibt. Er schafft Höhe, er wirkt raumgliedernd.

Wir wählen eine Holzart, die über viele Jahre beständig ist und nicht so schnell fault. Bewährt haben sich alte Rebstöcke, die aber nicht leicht zu haben sind. Sehr gute Erfahrungen konnte man im Botanischen Garten in Tübingen mit Robinienstämmen sammeln. Das Holz erwies sich als sehr dauerhaft, nur die Rinde löste sich nach einer Weile. Daß wir reich verzweigte, malerisch geformte Äste auswählen, versteht sich von selbst. Erwünscht sind möglichst viele Astgabeln, denn dort hinein setzen wir unsere Aufsitzer.

Der Ast muß nun in irgendeiner Form im Fenster oder der Vitrine befestigt werden. Die Art und Weise ist abhängig von den jeweiligen Gegebenheiten. Eine alte Methode ist es, den Ast in einen großen Blumentopf zu stellen und diesen mit Beton oder Montagemörtel, der sehr schnell abbindet, auszugießen. Dieses Gewicht am Fuß des Stammes muß geschickt kaschiert werden, damit es nicht als Fremdkörper in unserem Stück gestalteter Natur steht. Natürlich kann man den Ast auch mit Draht fixieren oder verschrauben.

Für die Bepflanzung der Flaschengärten wählt man vorrangig kleinblättrige Pflanzen wie den grün-weiß panaschierten Gummibaum (Ficus sagittata 'Variegata') und Pellionia repens 'Argentea'.

Ein großer Epiphytenstamm, bepflanzt mit verschiedenen Bromelien, Rhipsalis und Epipremnum aureum.

Wollen wir kleine Pflanzen auf den Ästen befestigen, so genügt es, die Wurzeln mit einer Handvoll Sphagnum oder ähnlicher Substrate, die bei der Orchideenkultur Verwendung finden, zu umwickeln und diesen Wurzel-Substrat-Ballen mit dünnem Kupferdraht am Ast festzubinden. Je größer die Pflanzen sind und je mehr Wurzelraum sie beanspruchen, um so aufwendiger ist die Befestigung. Wir müssen dann eine künstliche Substratnische schaffen. Am einfachsten geht dies mit einem feinen, engmaschigen Drahtgeflecht. Auch ein Nylonstrumpf leistet gute Dienste. Rindenstücke der Korkeiche können wir so um einen Stamm befestigen, daß eine Nische entsteht. Auf diesen Korkstücken lassen sich Epiphyten wie einige Orchideen und graue Tillandsien ganz ohne Substrat befestigen. Die Wurzeln krallen sich im Laufe der Zeit an dieser Unterlage fest. Voraussetzung hierfür ist eine hohe Luftfeuchte und möglichst ein regelmäßiger morgendlicher tauähnlicher Niederschlag, etwa mit Hilfe eines Zerstäubers und Verwendung von möglichst Regenwasser.

Mit Hilfe von Korkstücken können wir auch einen Epiphytenbaum basteln, ohne daß uns irgendwelche Äste zur Verfügung stehen. Wir benötigen dazu einen kräftigen Eisenstab, um den wir Kunststoff-Abflußrohre stecken. Diese Konstruktion, die von einem Zementgewicht gehalten wird, kaschieren wir mit Korkrindenstücken (siehe Seite 83).

Einige Pflanzen für Epiphytenstämme wurden bereits angesprochen: die Orchideen und Ananasgewächse. Mit Ausnahme der Orchideenarten, die im Boden oder auf Felsen wachsen, sind nahezu alle für Epiphytenstämme geeignet. Allerdings ist es bei den größer werdenden Arten nicht selten ein Platzproblem. Auch die Zahl der Ananasgewächse oder Bromelien für diesen Zweck ist riesig. Weiterhin empfehlen sich Farne wie die ebenfalls groß werdenden *Phlebodium*, *Platycerium* und *Asplenium*. Selbst Kakteen wie *Hatiora* und *Rhipsalis* eignen sich. Kleinblättrige Peperomien sollten genau wie *Ceropegia woodii* nicht fehlen. Aronstabgewächse kommen in ihrer tropischen Heimat häufig epiphytisch vor. Leider sind die für Epiphytenstämme besonders gut geeigneten *Anthurium*-Arten wie *A. friedrichsthalii* und *A. gracilis* bei uns kaum erhältlich. Nicht vergessen darf man Gesneriengewächse wie *Aeschynanthus*, *Codonanthe*, *Columnea* und *Nematanthus* sowie *Episcia*.

Ein Epiphytenstamm wirkt dann erst, wenn sich einige Kletterpflanzen um ihn ranken. Die ideale Pflanze für diesen Zweck ist *Ficus pumila*, aber auch die empfindlicheren *F. sagittata* und *F. villosa*. Zu nennen sind noch die verschiedenen *Piper*-Arten, *Cissus discolor*, *Rubus reflexus* und *Dioscorea*-Arten. Aber mit einigen der letztgenannten Pflanzen sind wir schon in die Hohe Schule der Zimmergärtnerei eingedrungen. Daß es unzählige Experimentiermöglichkeiten gibt, wurde vielleicht anhand der wenigen Beispiele deutlich. Voraussetzung sind jeweils hohe Temperatur und für die meisten Pflanzen hohe Luftfeuchte. Die gemäßigten Klimaten beherbergen nun einmal – wie eingangs betont – sehr viel weniger Epiphyten als die Tropen mit ihrer üppigen Vegetation.

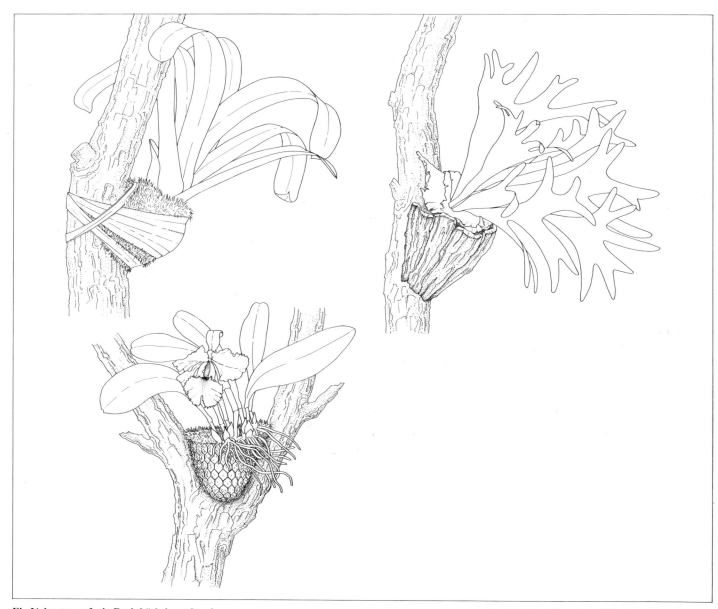

Ein Nylonstrumpf, ein Drahtkörbchen oder ein Korkrindenstück halten die Pflanze samt Substrat am Epiphytenstamm. Der Draht rostet nach einiger Zeit und muß erneuert werden. Die Rinde nagelt oder schraubt man an den Stamm. Anstelle des Strumpfes läßt sich auch Kupferdraht verwenden.

Rechts oben: Die geringe Substratmenge an den Epiphytenstämmen trocknet leicht aus und ist dann nur schwer zu befeuchten. Sehr praktisch sind kleine Tontöpfe, die bis auf die obere Öffnung vom Substrat umgeben sind. Der Boden des Topfes ist mit einer Dichtungsmasse verschlossen. Das in den Topf gefüllte Wasser dringt langsam durch die Tonwand und sorgt für eine gleichmäßige Feuchtigkeit.

Das regelmäßige Befeuchten der geringen Substratmengen ist selbstverständlich, ebenfalls das regelmäßige flüssige Düngen. Dem Substrat bereits Mineralsalze beizumischen, empfiehlt sich nicht, denn jede Stickstoffgabe beschleunigt die Zersetzung. Hinzu kommt, daß diejenigen Pflanzen, die sich stark an das epiphytische Leben angepaßt haben, ohnehin ihre Wurzeln vorwiegend zum Festhalten verwenden. Wasser und Nährstoffe nehmen sie über die Blätter auf. Wir düngen, wie auf Seite 53 beschrieben.

Rechts unten: Wer keinen ansehnlichen Stamm zur Verfügung hat, kann sich einen für diesen Zweck geeigneten „Baum" selbst basteln. Für Festigkeit sorgt ein im Topf oder Eimer einzementierter Stahlstab. Darüber werden Kunststoff-Abflußrohre ineinander gesteckt. Damit der Epiphytenbaum auch hübsch anzusehen ist, schraubt man zuletzt Rindenstücke der Korkeiche auf die Rohre. Auf diese Weise erhält man auch Nischen zur Aufnahme von Pflanzen und Substrat.

Sumpf im Zimmer

Wen reizt es nicht, im Zimmer auch Sumpf- und Wasserpflanzen zu halten? Voraussetzung dazu ist zunächst nicht mehr als ein Aquarium oder ähnliches Glasbecken. Je größer es ist, um so leichter ist es, Pflanzengesellschaften darin am Leben zu erhalten. Doch selbst die einzelne Pflanze, etwa ein Cypergras, ist eine nette Bereicherung unseres Gärtchens im Zimmer. Und für eine einzelne Pflanze reicht schon ein normaler Blumentopf mit Untersetzer, damit das Wasser darin stehen kann, oder ein größeres Marmeladen- oder Gurkenglas.

Leider ist das Pflanzensortiment für ein Sumpfgärtchen im Zimmer bislang sehr mager. Der Blumenhandel bietet uns nur *Acorus gramineus*, verschiedene *Cyperus*-Arten, *Carex brunnea*, *Scirpus cernuus*, *Houttuynea cordata* und *Stenotaphrum secundatum*. Um *Houttuynea* zu erhalten, müssen wir uns an eine Staudengärtnerei wenden, die diese am geschützten Standort weitgehend winterharte Pflanze vermehrt. Mit ein wenig Phantasie wird das Sortiment erheblich größer. Wir müssen uns nur zunächst überlegen, welchen Platz das Sumpfgärtchen finden soll und welche Licht- und Temperaturverhältnisse es dort erwarten.

Doch wenden wir uns zunächst der Anlage des Sumpfgärtchens zu. Ich sagte bereits, daß es auf Dauer einfacher ist, ein größeres Becken in Ordnung zu halten als ein kleines. Aquarienfreunden verrate ich damit nichts Neues, denn für ein Warm- oder Kaltwasseraquarium gilt gleiches. Ob der Behälter rechteckig oder rund ist, spielt keine Rolle. Er muß nur wasserdicht sein und aus Glas oder nicht eingefärbtem Kunststoff, damit er genügend Licht durchläßt. In der Regel nehmen wir ein übliches Aquarium, wenn es möglich ist, nicht unter 100 l Inhalt.

Den Boden bedecken wir zunächst 2 cm hoch mit Kieseln. Darauf wird die Pflanzenerde geschichtet. Es ist vorteilhaft, keine übliche Blumenerde zu verwenden, sondern ein Substrat wie für den Boden des Aquariums. Das besteht im wesentlichen aus grobem Flußsand, dem wir etwa $1/5$ alten, abgelagerten, krümeligen Lehm oder Ton beimischen. Einige Arten gedeihen offensichtlich besser, wenn wir bis zu $1/3$ Torf beifügen. Der Zoohandel bietet Aquarien-Tonerde an. Wie hoch die Erde angefüllt wird, ist von der Beckengröße und den zu verwendenden Pflanzen abhängig. Die Substrathöhe sollte möglichst 8 bis 10 cm nicht unterschreiten.

Zu bedenken ist, daß viele Pflanzen, die wir in das Sumpfgärtchen setzen, nicht im Wasser stehen wollen. Der Wurzelhals sollte,

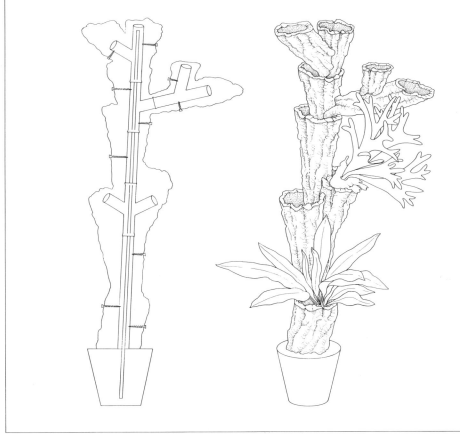

Sumpfgarten mit der rotstengeligen Houttuynia cordata, dem grasähnlichen Scirpus cernuus und Acorus gramineus 'Pusillus' (Mitte).

zum Beispiel bei *Scirpus cernuus*, immer oberhalb des Wasserspiegels liegen. Um Pflanzen mit unterschiedlichen Ansprüchen Lebensraum zu schaffen, füllen wir ohnehin die Erde nicht gleichmäßig hoch an. Auch aus optischen Gründen lassen wir im Vordergrund einen kleinen Teil ganz frei, so daß die Kieseln zu sehen sind. Hier entsteht eine kleine Wasserfläche, die wir, sofern das Becken groß genug ist, für Schwimmpflanzen nutzen können. Die Sumpfpflanzen aber kommen auf die umgebende „Uferzone", sitzen also oberhalb des Wasserspiegels. Nur bei sehr großen Anlagen ist es möglich, auch Pflanzen – die es vertragen – mehrere Zentimeter tief ins Wasser zu setzen. Dies kann ein sehr schönes, natürliches Bild abgeben.

Ganz entscheidend für den Kulturerfolg ist die Belichtung des Sumpfgärtchens. Die meisten der hierfür vorzusehenden Pflanzen scheuen zwar die direkte, pralle Sonne, wollen aber sehr hell stehen. Besonders im Winter kann dies Schwierigkeiten bereiten, wenn wir keine Zusatzbelichtung installieren. Bei der Bepflanzung bereits zeigt es sich, daß es einfacher ist, ganz junge Exemplare zu verwenden. Einmal geht dies leichter, weil der Topfballen kleiner ist und sich gut im Becken unterbringen läßt, ohne ihn verkleinern zu müssen. Zum anderen wachsen Jungpflanzen leichter an. Kriechende Arten, die an ihren Stengelknoten wurzeln, können auch ohne Vorkultur als Steckling in die feuchte Erde gedrückt werden.

Für übliche Zimmertemperaturen, die auch im Winter nicht unter 18 °C absinken, bieten sich an erster Stelle die auf Seite 226 genannten *Cyperus*-Arten mit Ausnahme von *C. albostriatus* an. Auch *Stenotaphrum secundatum*, *Carex brunnea*, *Acorus gramineus* und *Scirpus cernuus* halten bei diesen Temperaturen aus, wenngleich sie mit niedrigeren vorlieb nehmen. Alle sind Gräser oder Grasähnliche. Breite, runde Blattformen fehlen. *Houttuynia cordata*, ein Unkraut aus dem temperierten südostasiatischen Raum mit wechselständigen herzförmigen Blättern und kleinen weißen, im Sommer erscheinenden Blütchen, kann die Lücke füllen, doch sollten die Temperaturen im Winter 18 °C nicht überschreiten, eher etwas niedriger liegen. Fühlt sich *Houttuynia* wohl, dann wird sie mit ihren langen, recht unangenehm riechenden Rhizomen lästig und bedrängt die zierlicheren Nachbarn.

Eine Quelle hat man sich bislang für Sumpfgärtchen noch gar nicht erschlossen: die Aquarienpflanzen. Dem Aquarianer sind sie mehr oder weniger bekannt, dem Zimmergärtner kaum. Viele Aquarienpflanzen sind ja keine echten Wasserpflanzen, die ihr ganzes Leben untergetaucht verbringen, sondern entstammen sumpfigen Standorten, wo sie nach Regenfällen eine begrenzte Zeit überflutet werden. Ein Beispiel dafür ist der bereits genannte Zwergkalmus *(Acorus gramineus)*. Viele Aquarianer haben mit ihm schon schlechte Erfahrungen gemacht, weil er unter Wasser nur begrenzte Zeit aushält.

Aber auch viele bewährte Aquarienpflanzen wachsen in ihrer Heimat nicht ständig unter Wasser. Leicht erkennen kann man das an der wohl robustesten und damit wohl auch verbreitetsten Aquarienpflanze, an *Hygrophila stricta*, bekannter noch als *Nomaphila stricta*. In flachen Becken hebt sich der Stengel über die Wasserfläche empor und bildet kräftige Blätter, die derber als die Unterwasserblätter sind. Ja, über Wasser entwickelt sie sich viel besser als unter der Oberfläche. Allerdings schafft sie nur dann den Übergang vom feuchten Naß ins Trockene, wenn die Luftfeuchte hoch genug ist. Keinesfalls können wir eine bislang im Wasser gewachsene Pflanze einfach in ein Sumpfgärtchen setzen. Im Wasser haben die Blätter keinen ausreichenden Verdunstungsschutz entwickelt. Wir greifen daher am besten auf emerse, also über dem Wasser gewachsene Exemplare (oder Stecklinge davon) zurück oder gewöhnen die Pflanze sehr langsam und vorsichtig um. Umgewöhnen heißt hier, sie in ganz flaches Wasser zu setzen, damit sich die neugebildeten Blätter über den Spiegel heben. Die alten Blätter sind außerhalb des Wassers unweigerlich zum Sterben verurteilt. Erst wenn genügend Luftblätter entstanden, entfernen wir die noch vorhandenen Wasserblätter und wagen den Schritt aufs Land.

In gleicher Weise gehen wir bei allen anderen Aquarienpflanzen vor, die das Leben über dem Wasser ertragen oder gar vorziehen. Die Zahl ist viel größer, als man zunächst vermutet. Als Beispiele seien *Anubias*-Arten wie *A. congensis*, *A. lanceolata* und besonders die zierliche *A. nana* genannt, *Bacopa caroliniana* (auch als *B. amplexicaulis* angeboten), das Papageienblatt (*Alternanthera reineckii*), *Cryptocoryne*-Arten wie *C. albida* und *C. wendtii*, das Sumpflöffelchen (*Ludwigia palustris*) sowie die nur für größere Becken geeigneten *Echinodorus cordifolia*, *Lobelia cardinalis*, *Sagittaria graminea* und *S. platyphylla*. Auf der freien Wasserfläche schwimmt der Wasserfarn (*Ceratopteris thalictroides*) oder, in größeren Anlagen, der Wassersalat (*Pistia stratiotes*).

In kühlen Räumen fällt die Pflanzenwahl anders aus. Von den anfangs genannten Gräsern wurde bereits gesagt, daß sie sich auch mit niedrigeren Temperaturen zufriedengeben. Auch *Houttuynia cordata* steht hier richtig. Hinzu können einige einheimische Gewächse kommen. An erster Stelle möchte ich *Lysimachia nummularia* nennen, das Pfennigkraut. Es ist ausführlich auf Seite 283 beschrieben. Auch in Mitteleuropa wachsen einige Süß- und Sauergräser, die sich für das Sumpfgärtchen eignen, zum Beispiel einige Binsen wie *Scirpus setaceus, Juncus bulbosus* oder das Sumpfried, *Eleocharis pauciflora*. Ganz reizend sind die Simsenlilien *Tofieldia calyculata* und *T. pusilla*. Für größere Becken wären Versuche mit der Drachenwurz (*Calla palustris*), dem Fieberklee (*Menyanthes trifoliata*), der Bachbunge (*Veronica beccabunga*) und noch manchen anderen Bewohnern feuchter Standorte zu empfehlen. Allerdings soll dies nicht dazu verleiten, diese Pflanzen am natürlichen Standort auszugraben. Gerade die Flora unserer Feuchtbiotope ist in hohem Maße gefährdet. Es ist ein Grundsatz jedes wahren Pflanzenfreundes, nur Pflanzen aus der Gärtnerei zu verwenden oder ausnahmsweise, wenn die Art nicht auf diese Weise zu beschaffen ist, Samen am Standort zu suchen und die Anzucht auszuprobieren. Dies mag in manchen Fällen schwierig sein, aber solch ein Sumpfgärtchen ist ohnehin nur dem schon Erfahreneren zu raten. Man braucht schon etwas mehr Fingerspitzengefühl als bei den unverwüstlichen Sansevierien oder Gummibäumen. Unumgänglich ist ein luftiger, kühler Platz um 5 bis 10°C im Winter und, wie bei den wärmebedürftigen Arten, viel Licht ohne Prallsonne.

Natürlich müssen die Sumpfpflanzen auch ernährt werden. Unsere Mischung enthält kaum Nährstoffe, es sei denn, wir mischen

Houttuynia cordata nimmt mit niedrigen Temperaturen vorlieb. Während der frostfreien Jahreszeit gedeiht sie im Garten selbst in der vollen Sonne – vorausgesetzt, die Erde trocknet nie aus.

Torf bei und wählen hierzu TKS. Die Nährstoffarmut hat für das Anwachsen große Vorteile. Aber wenn sich die Pflanzen etabliert haben, darf der Dünger nicht ausbleiben. Bei sehr empfindlichen Gewächsen mischen wir einen Blumendünger in Salzform mit feinem Lehm und stecken Kügelchen davon in die Erde. Bei robusten Arten drücken wir den Dünger direkt einige Zentimeter tief in den Boden, wobei wir uns dann vorzugsweise eines granulierten Volldüngers bedienen. Es ist nur darauf zu achten, daß er chloridfrei, also blau, keinesfalls rot eingefärbt ist.

Zimmerpflanzenpflege für Fortgeschrittene

Es ist bei jedem Hobby so: Wer die einführenden Lektionen erlernt hat, den drängt es, die Höheren Weihen zu erringen. Wem es gelingt, selbst heikle Pflanzen am Leben zu erhalten, der ist nur noch zufrieden, wenn er ein wahres Prachtexemplar vorzuweisen hat, das über und über mit Blüten bedeckt ist. Mit dem richtigen Standort und zuträglichem Gießen ist es dann nicht mehr getan. Alle denkbaren gärtnerischen Tricks sind in Erwägung zu ziehen, angefangen mit dem regelmäßigen Verjüngen der Pflanzen über die Manipulation des Längenwachstums bis hin zur sicheren Blütenbildung.

Pflanzen erhalten – Pflanzen vermehren

Das Vermehren von Topfpflanzen ist nicht nur für den Gärtner interessant, wie mancher Zimmerpflanzenfreund zunächst vermuten mag. Es geht nicht nur darum, aus eins zwei oder mehrere zu machen, obwohl dies auch von Zeit zu Zeit notwendig werden kann, etwa um dem guten Nachbarn zu einer Pflanze zu verhelfen, die dieser schon lange sucht. Vermehren muß man vielmehr auch, um bestimmte Pflanzen am Leben zu erhalten. Sie werden nach einiger Zeit unansehnlich oder zu groß. Meine *Begonia × erythrophylla* demonstriert mir dies gerade besonders eindringlich: Sie ist mit ihren über den Boden kriechenden Trieben über den Topf hinausgewachsen. Es wird höchste Zeit, sie abzuschneiden, denn einmal hat der Topf nicht mehr die erforderliche Standfestigkeit, zum anderen sieht die Pflanze nicht mehr schön aus. Schneide ich der Blattbegonie nun die Triebspitzen ab, dann treibt sie zwar aus den verbliebenen Stümpfen wieder aus, aber kräftigere Pflanzen lassen sich aus den abgeschnittenen Spitzen ziehen, wenn diese zur Bewurzelung in ein geeignetes Substrat gesteckt werden.

Genauso ist es mit dem Fensterblatt (*Monstera deliciosa*). Es wird immer länger, und irgendwann muß man ihm mit dem Messer zu Leibe rücken. Stand das Fensterblatt an einem ihm zusagenden Platz und wurde gut gepflegt, dann ist der „Stamm" ständig dicker, die Blätter sind zunehmend größer und schöner geworden. Es wäre nun jammerschade, das schöne Oberteil wegzuwerfen und die schmächtige Basis zu behalten.

Damit sind wir schon mittendrin in den Methoden der Pflanzenvermehrung. Das eben Beschriebene gehört zu den Verfahren der vegetativen Vermehrung, wie dies der Gärtner nennt. Teilen, Abmoosen, Bewurzeln von Blattstecklingen und ähnliches rechnen wir ebenfalls dazu. Die Alternative dazu wäre die generative Vermehrung, die Vermehrung durch Samen oder bei Farnen durch Sporen.

Der dicke, nahezu waagrechte Sproß der Begonia × erythrophylla ist über den Topf hinausgewachsen. Nun bleibt nichts anderes übrig, als ihn abzuschneiden. Die schönste Pflanze entsteht jedoch nicht aus dem verbleibenden Stumpf, sondern aus der abgeschnittenen Spitze.

Anzucht aus Samen

Es ist erstaunlich, wieviele Pflanzen sich im Zimmer erfolgreich aus Samen heranziehen lassen. Ich habe mich oft gewundert, wenn mir ein Zimmerpflanzenfreund von seinen Erfolgen berichtete. Selbst weitgehend Unerfahrenen gelingt es, Mimosen, Passionsblumen, Kakteen und sogar Palmen aus Samenkörnern heranzuziehen. Einige Grundregeln gilt es zu beachten.

Zunächst brauchen wir ein Aussaatgefäß und eine geeignete Erde. Ein nicht zu großer Blumentopf eignet sich, ebenso flache Schalen. Es empfiehlt sich, nur neue Gefäße zu verwenden, da diese keine pflanzenschädlichen Bakterien oder Pilze enthalten. Gebrauchte Kunststofftöpfe lassen sich leichter reinigen als Tontöpfe, was bei wiederholter Verwendung von Vorteil ist.

Seit einigen Jahren werden sehr preiswerte „Mini-" oder „Zimmer-Gewächshäuser" angeboten. Sie bestehen aus einer eingefärbten Kunststoffschale und einer glasklaren Haube. Verschiedene Größen werden zum Beispiel im „Jiffy-Programm" angeboten. Einige Modelle haben eine verstellbare Lüftungsklappe oder Haube. Ich halte dies nicht für unbedingt erforderlich, zumal der Lüftungseffekt nur beschränkt ist. Durch Unterlegen eines Holzes oder ähnlichem läßt sich gleiches bewirken.

Mit ein bißchen Phantasie findet man im Haushalt eine Menge brauchbarer Kunststoffschalen. Für die Farnanzucht haben sich zum Beispiel Kästen, in denen gerahmte Dias geliefert werden, hervorragend bewährt. Ein Freund kultiviert seit geraumer Zeit Moose in glasklaren Kunststoffschalen, in denen Salzbrezeln angeboten werden. Ideal sind die in verschiedenen Größen und Formen erhältlichen Gefrierdosen.

Diese wenigen Beispiele lassen sich beliebig erweitern. Entscheidend ist nur, daß der Behälter wasserdicht und möglichst aus Kunststoff, die Schale möglichst 5 cm hoch ist und ein nicht eingefärbter Deckel einerseits ein Austrocknen des Samens verhindert, andererseits Licht durchläßt. Letzteres ist für die Samenkeimung mancher Arten unerläßlich.

Gebrauchte Gefäße sind vor einer erneuten Verwendung zu desinfizieren. Gebräuchlich sind hierzu Mittel wie Delegol. Leider ist Delegol nicht überall ohne Schwierigkeiten zu bekommen. Ich habe deshalb das in Drogerien, Apotheken und selbst in Supermärkten käufliche Sagrotan verwendet und beste Ergebnisse erzielt. Pflanzenschäden von den am Gefäß verbleibenden Mittelresten habe ich selbst bei hoher Konzentration der Lösung nicht beobachten können.

Die zweite wichtige Voraussetzung für die erfolgreiche Anzucht aus Samen ist ein geeignetes Aussaatsubstrat. Es sollte möglichst frei sein von pflanzenschädlichen Mikroorganismen und nur wenig Dünger enthalten. Für viele Pflanzen ideal ist das Torfsubstrat TKS I, das auch in Kleinpackungen erhältlich ist. Sehr praktisch sind auch Torfquelltöpfe, die unter der Bezeichnung „Jiffy-7" angeboten werden. Es ist schwach aufgedüngter Torf, der zu Tablettenform gepreßt wurde. Vor Gebrauch legt man die „Tabletten" in möglichst lauwarmes Wasser. In kurzer Zeit quellen sie auf. Ein feines Kunststoffnetz sorgt für die gewünschte Form.

Wenn wir Schale und Erde beisammen haben, können wir schon mit der Aussaat beginnen, vorausgesetzt, die gewünschten Sämereien stehen zur Verfügung. Dies ist bei Zimmerpflanzen nicht immer einfach. Gelegentlich werden die Buntnessel (*Coleus*-Blumei-Hybriden), Mimosen (*Mimosa pudica*), die „Schwarzäugige Susanne" (*Thunbergia alata*), Passionsblumen (*Passiflora caerulea*) und noch einige andere Topfpflanzen angeboten. Auch Kakteensamen ist meist ohne Schwierigkeiten erhältlich. Nach vielen anderen wird man vergeblich suchen. Wer Datteln im Feinkostgeschäft kauft, kann aus den großen Samen in einigen Jahren stattliche Palmen heranziehen. Um die Keimung zu beschleunigen, empfiehlt es sich, die harte Schale vor der Aussaat ein wenig anzufeilen.

Im Feinkostladen ist noch mehr zu holen! Avokados keimen ohne Probleme, ganz gleich, ob man sie zur Hälfte in Erde oder ähnlich wie Hyazinthen in ein Glas steckt. Die Kerne von Orangen und Zitronen keimen zwar auch sicher, aber man wird an den daraus hervorgegangenen Pflänzchen nur wenig Freude haben. Die Pflanzen sind sparrig und empfindlich gegen verschiedenerlei Ungeziefer. In der Regel wandern diese Orangen- oder Zitronenbäumchen schon bald auf dem Müll.

Auch Bananensamen wird seit geraumer Zeit angeboten. Es ist schon ein Erlebnis, die Entwicklung dieser Pflanzen vom Sämling bis zur kräftigen Pflanze zu verfolgen.

Torfpreßtöpfe in verschiedenen Formen und Größen ersetzen bei der Aussaat und der Stecklingsvermehrung die herkömmlichen Gefäße. Der Vorteil ist, daß später die Jungpflanze mitsamt dem Torftopf eingepflanzt werden kann und der noch lockere Wurzelballen nicht zerfällt. Noch praktischer sind die Torfquelltöpfe (Jiffy 7, unten).

Die meisten Kakteen lassen sich ohne Schwierigkeiten aus Samen heranziehen. In unseren Breiten kultivierte Pflanzen sind in der Regel wüchsiger als Importpflanzen. Bereits in wenigen Jahren können sich Sämlinge zu stattlichen Exemplaren entwickeln.

Viele Pflanzenarten setzen auch im Zimmer Samen an. Allerdings muß man gelegentlich etwas nachhelfen. Bei den Begonien zum Beispiel sitzen die weiblichen und die männlichen Organe auf verschiedenen Blüten. Mit Hilfe eines Pinsels muß man den Blütenstaub von einer männlichen Blüte auf den Stempel der weiblichen übertragen.

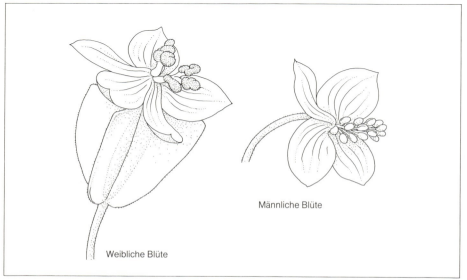

Weibliche Blüte

Männliche Blüte

Die Freude wird bei den Bananen nach wenigen Jahren getrübt, wenn sie mehrere Meter Höhe erreicht haben.

Bei Datteln und Bananen wird man bemerken, daß nicht alle Samen keimen. Dies weist keinesfalls auf eine mindere Qualität des Saatguts hin. Bei den Palmen zum Beispiel liegt je nach Art die mittlere Keimfähigkeit bei 40 bis 80 %. Dies heißt, daß im ungünstigsten Fall von 10 Samen nur 4 keimen. Je älter der Samen wird, umso geringer ist die Keimfähigkeit. Kein Pflanzenfreund sollte verzweifeln, wenn sich nach acht Tagen noch nichts in der Aussaatschale „rührt". Bei Datteln kann man es erleben, daß sogar nach einem Jahr noch Samen auflaufen, während die ersten bereits nach wenigen Wochen Leben zeigten. Ganz unterschiedlich keimen auch viele Kakteen, zum Beispiel Opuntien. Man hüte sich deshalb, die Schale zu früh wegzukippen! Bei Kakteen ist es wichtig, wie bei fast allen anderen Pflanzen auch, möglichst frisches Saatgut zu verwenden.

In einigen wenigen Fällen wird man von seinen eigenen Zimmerpflanzen Samen ernten können. Beim Zierpaprika *(Capsicum annuum)*, dem Korallenstrauch *(Solanum pseudocapsicum)* oder der Ardisie ist dies regelmäßig der Fall. Gelegentlich findet man an Clivien *(Clivia miniata)* oder Blutblumen *(Haemanthus katharinae)* nach der Blüte rote Beeren. Die Früchte lassen wir möglichst lange an der Pflanze, einmal, weil sie eine besondere Zierde sind, zum anderen, um sicher zu sein, daß der Samen ausgereift ist. Nach der Ernte reinigen wir den Samen gründlich vom Fruchtfleisch und säen ihn gleich aus.

Bei manchen Zimmerpflanzen muß man ein wenig nachhelfen, damit sie auch sicher Samen ansetzen. An Begonien sitzen männliche und weibliche Blüten. Letzte sind an ihrem großen geflügelten Fruchtknoten leicht zu erkennen. Mit einem feinen Haarpinsel übertragen wir den Blütenstaub von einer männlichen Blüte auf die Narbe der weiblichen Blüte einer zweiten Pflanze. Nach einigen Wochen ist der Samen reif und wird umgehend ausgesät.

Aussaat feinkörniger Samen

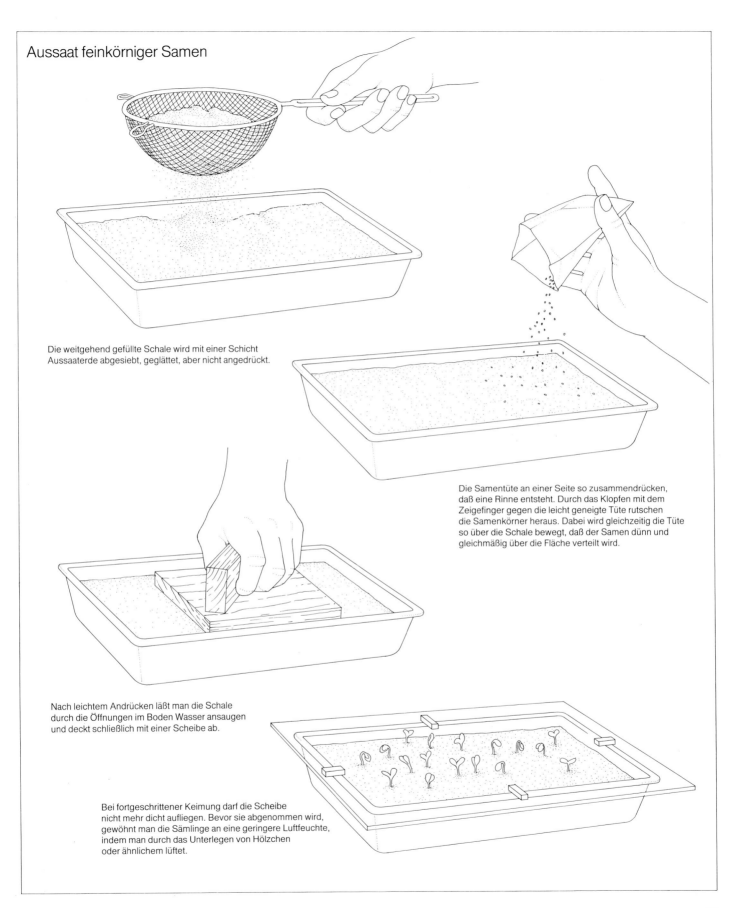

Die weitgehend gefüllte Schale wird mit einer Schicht Aussaaterde abgesiebt, geglättet, aber nicht angedrückt.

Die Samentüte an einer Seite so zusammendrücken, daß eine Rinne entsteht. Durch das Klopfen mit dem Zeigefinger gegen die leicht geneigte Tüte rutschen die Samenkörner heraus. Dabei wird gleichzeitig die Tüte so über die Schale bewegt, daß der Samen dünn und gleichmäßig über die Fläche verteilt wird.

Nach leichtem Andrücken läßt man die Schale durch die Öffnungen im Boden Wasser ansaugen und deckt schließlich mit einer Scheibe ab.

Bei fortgeschrittener Keimung darf die Scheibe nicht mehr dicht aufliegen. Bevor sie abgenommen wird, gewöhnt man die Sämlinge an eine geringere Luftfeuchte, indem man durch das Unterlegen von Hölzchen oder ähnlichem lüftet.

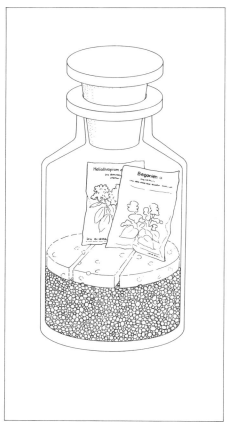

Kann der Samen nicht frisch verbraucht werden, so bewahrt man ihn kühl und trocken auf. Eine Schicht Kiesel- oder Blaugel in der dichtschließenden Flasche entzieht der Luft die Feuchtigkeit. Das Kieselgel zeigt durch Verfärbung von Blau nach Rosa, wenn es kein Wasser mehr aufnehmen kann. Im Backofen läßt es sich regenerieren.

Eine Keimprobe läßt erkennen, ob alter Samen noch keimfähig ist. Der Samen wird dazu in eine Schale auf Filterpapier gestreut, das immer feucht zu halten ist.

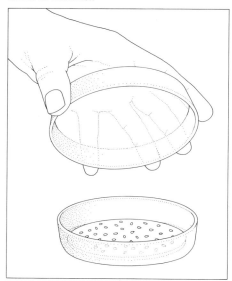

Wie wird richtig ausgesät?

Bei der Aussaat von Begoniensamen kann jeder Pflanzenfreund seine Geschicklichkeit beweisen: Die Körner sind winzig. Bei manchen Sorten braucht man 50000 Korn, um 1 g aufzuwiegen! Wie verteilen wir den staubfeinen Samen gleichmäßig auf das Substrat? Zunächst muß die Schale richtig hergerichtet werden. Die Erde brauchen wir nur wenig anzudrücken, an den Rändern der Schale etwas kräftiger. Für die oberste Schicht ist die Erde fein abzusieben. Ich mißbrauche in solchen Fällen ein grobes Küchensieb. Anschließend wird mit einem Brett oder einem ähnlichen glatten Gegenstand leicht angedrückt. Die feinen Begoniensamen können nun nicht mehr in die Spalten zwischen grobe Substratpartikel fallen. Solch feine Samen müssen nämlich auf der Oberfläche liegen bleiben, dürfen nicht abgedeckt werden.

Dies gilt ebenso für die „Lichtkeimer". Das sind Arten, die im Dunkeln nicht oder nur schlecht keimen. Von den Zimmerpflanzen gehören zum Beispiel die Kakteen, Ananasgewächse (Bromelien), das „Flammende Käthchen" (Kalanchoë), auch die Flamingoblume (Anthurium-Andreanum-Hybriden) und Aralie (Fatsia japonica), die Pantoffelblumen (Calceolaria-Hybriden), Petunien, Gloxinien (Sinningia-Hybriden), Smithiantha und die Drehfrucht (Streptocarpus-Hybriden) hinzu. Sie alle werden nicht mit Erde abgedeckt.

Ein Gegensatz, ein „Dunkelkeimer", sind viele Zierspargel (Asparagus) und unser Alpenveilchen. Bei ihm sowie allen indifferent reagierenden Arten übersieben wir die Samenkörner etwa so hoch mit Erde wie die Körner dick sind. Die Alpenveilchensamen decken wir zusätzlich mit einer schwarzen Folie oder einer Glasscheibe und einem schwarzen Tuch ab.

Das Abschirmen mit einer Glasscheibe, mit Folie oder ähnlichem ist auch bei allen nicht mit Erde abgedeckten Samen unerläßlich. Die Gefahr, daß sie austrocknen, ist sonst zu groß. Nach dem Keimen wird die Abdeckung entfernt.

Erst wenn die Samen keimen, erkennen wir, ob gleichmäßig ausgesät wurde oder ob die Pflanzen an einigen Stellen zu dicht stehen. Am gleichmäßigsten läßt sich feiner Samen so aussäen: Wir schneiden die Samentüte auf und knicken eine Seite in der Mitte ein. Dieser Knick wird zur „Rutschbahn". Die Tüte hält man nun mit vier Fingern ziemlich weit unten fest, während gleichmäßig schnell mit dem Zeigefinger an die Tüte geklopft wird. Dadurch rieseln die Körner langsam durch den Knick aus der Tüte heraus (s. S. 89).

Das gleichmäßige Verteilen größerer Samenkörner bereitet keine Schwierigkeiten. Bei Verwendung von Torfquelltöpfen werden sie einfach in den Torf hineingedrückt. Solche Torfquelltöpfe (Jiffy-7) empfehlen sich besonders für schnellwachsende Sämlinge wie die „Schwarzäugige Susanne" (Thunbergia alata), die nach kurzer Zeit mitsamt Torftopf in das endgültige Gefäß gesetzt werden. Die Wurzeln wachsen ungehindert durch das Kunststoffnetz des Torftopfes hindurch. Langsame Wachser wie Kakteen und die „Lebenden Steine" sät man nach meiner Erfahrung besser in das Substrat einer Aussaatschale. Sie stehen dort besser bis zum Vereinzeln und lassen sich auch leichter aus der Erde herausnehmen.

Doch noch einmal zurück zu den Aussaaten: Die Samen jeder Pflanzenart fordern einen ganz bestimmten Temperaturbereich für die optimale Keimung. Im Zimmer können wir diesen Ansprüchen nicht immer entsprechen. Das Fleißige Lieschen (Impatiens) ist zum Beispiel schon mit 15 bis 18 °C zufrieden. Das Alpenveilchen (Cyclamen persicum) will 18 °C und die Gloxinie (Sinningia-Hybriden) sogar 25 °C. So warm wird es auf der Fensterbank in den seltensten Fällen sein. Auf der Heizung ist auch nicht der richtige Platz, weil dort das Licht fehlt. Wer sich mit der Aussaat solch wärmebedürftiger Sämereien beschäftigen will, kommt ohne eine Bodenheizung nicht aus. Auf Seite 23 wurde schon das Floratherm-Heizkabel beschrieben.

In England kennt man seit vielen Jahren Anzuchtkästen mit einer thermostatgesteuerten Heizung. Sie sind sehr praktisch, aber nicht ganz billig. Außerdem benötigen sie mehr Platz als eine kleine Schale. Aufwendig ausgestattete Anzuchtkästen sind mit einer Beleuchtung und einem Luftbefeuchter versehen. Wer sich solche zweifellos hervorragenden „Mini-Anzuchtgewächshäuser" kaufen will, sollte bedenken, daß nur Pflanzen mit gleichen Ansprüchen gleichzeitig darin gedeihen können. Wer den Thermostat auf 25 °C einstellt und neben den Warmhauspflanzen Kalthausbewohner plaziert, darf keine optimalen Ergebnisse erwarten.

Pikieren nennt der Gärtner das Vereinzeln der Pflanzen. Sie werden mit einem spitz zulaufenden Holz- oder Kunststoffstäbchen aus der Erde herausgehoben und in einem größeren Abstand zueinander in eine neue Schale gesetzt. Unterläßt man das Pikieren, werden die Pflanzen lang und anfällig gegen Bodenpilze. Solche Sämlingskrankheiten können zum Beispiel bei Begonien, Stapelien oder Ananasgewächsen zu hohen Ausfällen führen. Um die Erkrankungsgefahr

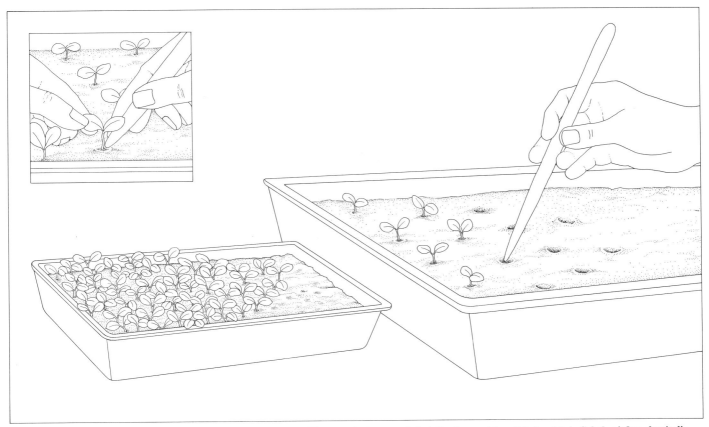

Bleiben die Sämlinge zu lang in der Aussaatschale und stehen sie dort zu dicht, so kommt es rasch zu Pilzkrankheiten. Daher rechtzeitig durch Pikieren für einen freien, luftigen Stand sorgen. Beim Einsetzen in das vorgebohrte Loch die Keimlingswurzel nicht umbiegen. Längere Wurzeln lieber etwas einkürzen. Mit dem Pikierholz die Erde anschließend leicht andrücken (oben links) und jede Schale gießen, damit die Wurzeln Bodenschluß haben.

zu verhindern, können die Aussaaten noch mit einer Chinosol-Lösung (1 g auf 2 l Wasser) überbraust werden. Chinosol ist im Gartenfachhandel oder in Apotheken und Drogerien erhältlich. Feine Samen dürfen übrigens nicht überbraust werden, um sie nicht in die Erde einzuschwemmen. Man läßt die Saaterde stattdessen von unten durch die Öffnungen der Schale Wasser ansaugen. Eine Alternative ist das „Beizen" des Samens. Für unsere Zwecke ist die Trockenbeize mit einem pulverförmigen Captan-Mittel (zum Beispiel Orthocid 83) am einfachsten. Wir füllen dazu den Samen in ein kleines Glas oder eine Tüte, geben eine geringe Menge des Staubs hinzu und schütteln dies so lange, bis jedes Samenkorn von einer dünnen Staubschicht umhüllt ist. Das überschüssige Pflanzenschutzmittel wird abgesiebt. Mit diesem Verfahren wurden zum Beispiel bei Kakteen gute Erfolge erzielt.

Auch Farne lassen sich „aussäen"
Farne gehören nicht zu den samenbildenden Pflanzen, lassen sich aber trotzdem „aussäen". Statt des Samens streuen wir die Sporen aus, die sich auf der Unterseite der Wedel bilden. Während der Geweihfarn recht groß werden muß, bevor die ersten sporentragenden Wedel erscheinen, erleben wir dies schon nach kurzer Zeit bei dem kleinen *Pteris ensiformis*, der in den Sorten 'Evergemiensis' und 'Victoriae' im Handel zu finden ist. Die Sporen sind reif, wenn sie sich braun gefärbt haben. Zur Ernte schneiden wir am besten den ganzen Wedel ab und stecken ihn in einen Briefumschlag oder eine Tüte und kleben sie gründlich zu. An einem warmen, luftigen Ort fallen die Sporen innerhalb einer Woche aus. Durch Abstreifen von den Blättern helfen wir besser nicht nach, da dies den Anteil an Verunreinigungen vergrößert. Solche Verunreinigungen faulen nach der Aussaat und können den Erfolg in Frage stellen.
Bei der Farnanzucht aus Sporen ist Hygiene entscheidend für den Erfolg. Nur neue oder desinfizierte Schalen sind zu verwenden. Sehr gut haben sich, wie bereits erwähnt, Diakästen oder Tiefkühldosen mit Deckel aus Kunststoff bewährt. Das Substrat – Torf oder TKS 1 – wird vor Verwendung mit kochendem Wasser überbrüht. Anschließend läßt man es abtropfen, füllt es noch warm in den Behälter und verschließt ihn. Nach dem Abkühlen hebt man den Deckel nur soweit an, daß man die Sporen aussäen kann und verschließt ihn umgehend wieder. Nun stellt man die Aussaatschale an einen warmen, hellen Platz. Vor greller Sonne schützt ein Seidenpapier. Nach wenigen Wochen bildet sich ein feiner, grüner Rasen. Dies sind die Vorkeime oder Prothallien. Haben wir es mit der Hygiene nicht so genau genommen, dann sind Schimmelpilze, Moose oder Algen schneller als die Farnsporen und behindern deren Entwicklung. Auf den Vorkeimen befinden sich männliche und weibliche Organe, und dort findet erst, wenn es ausreichend feucht ist, die Befruchtung statt. Den Erfolg sehen wir an den ersten sich bildenden Farnblättchen. Wenn Prothallien oder die Farnpflänzchen zu dicht stehen, muß wie bei den Sämlingen pikiert werden. Dazu entnehmen wir der Schale etwa pfenniggroße Rasenstücke. Je nach Art dauert

Nach der Aussaat der Farnsporen bilden sich zunächst grüne Rasen aus Vorkeimen (Prothallien).

es nun Monate, bis ansehnliche Farnpflanzen herangewachsen sind. Ein wenig Geduld ist schon erforderlich. Aber wer Spaß am Experimentieren hat, findet gerade mit der Farnvermehrung eine reizvolle und interessante Beschäftigung.

Später, wenn die Befruchtung erfolgte, zeigen sich die ersten kleinen Farnwedel. Im Bild sind Hirschzungenfarne (Phyllitis scolopendrium) zu sehen.

Das geht am einfachsten: Teilen

Ich sehe noch genau vor mir, wie meine Mutter sich alle paar Jahre den Zierspargel (*Asparagus densiflorus*) vornahm, der sich inzwischen schon wieder förmlich aus dem Topf herausgehoben hatte. Sie nahm ein großes Brotmesser und schnitt die ausgetopfte Pflanze senkrecht in zwei Teile. Dabei wurde eine ganze Menge der knollenähnlichen Wurzeln zerschnitten, aber dies nahm der Zierspargel nicht übel. Er wuchs nach dem Verpflanzen deutlich besser als zuvor.

So rabiat wird man mit den meisten Arten nicht umgehen können. Dennoch ist das Teilen die einfachste Methode, aus einer Pflanze zwei oder mehr zu machen oder ein zu groß geratenes Exemplar auf einen erträglichen Umfang zu reduzieren. Die berühmte Ausnahme von der Regel sind die Marantengewächse *Maranta*, *Calathea* und *Stromanthe*. Bei ihnen bedarf es Fingerspitzengefühls, um die Teilung zum Erfolg werden zu lassen. Reißen wir die Pflanzen zu gewalttätig auseinander und schädigen das Wurzelwerk zu stark, dann ist kaum mit dem Anwachsen der Teilstücke zu rechnen.

Von unseren verbreitetsten Zimmerpflanzen läßt sich eine ganze Menge durch Teilung vermehren. Dazu gehören die altbekannte Schuster- oder Metzgerpalme (*Aspidistra elatior*), das Frauenhaargras (*Scirpus cernuus*), das Cypergras (*Cyperus*-Arten), der Schlangenbart (*Ophiopogon jaburan*), das Bubiköpfchen (*Soleirolia soleirolii*), *Acorus gramineus*, Farne wie *Adiantum* und *Pteris ensiformis* sowie die bereits genannten Zierspargel und Marantengewächse.

Der große Vorteil der Vermehrung durch Teilung liegt darin, daß keine besonderen Vermehrungseinrichtungen vonnöten sind, die Pflanzen vielmehr sofort wieder eingetopft und an ihren ursprünglichen Platz gestellt werden können. Man führt sie mit Beginn der Wachstumsperiode, bei Marantengewächsen im Frühsommer durch. Anschließend wird vorsichtig gegossen. Die Pflanzen haben nun mehr Erde zur Verfügung, die mehr Wasser speichern kann. Leicht kommt es daher zu Vernässung und Fäulnis der ohnehin etwas in Mitleidenschaft gezogenen Wurzeln.

Die unfreiwillige Vermehrung: Kindel

Wer gärtnert, der lernt es mit der Zeit, eine Pflanze wegzuwerfen, die nicht gesund ist oder anderweitig in Mitleidenschaft gezogen wurde. Aber selbst dem „abgebrühten" Gärtner fällt es schwer, ein kräftiges Exemplar auf den Kompost zu kippen. Es geht oft nicht anders bei Pflanzen, die sich ohne unser Zutun vermehren, die Kindel bilden. Unter Kindel versteht der Gärtner die an der Mutterpflanze entspringenden Seitensprosse. Ursprünglich nannte man nur die Erneuerungssprosse der Ananasgewächse Kindel. Sie haben bei diesen Pflanzen eine wichtige Bedeutung: Jedes Exemplar blüht

Auf den Knollen der Pleione können nach dem Abfallen des Blattes kleine Pflänzchen entstehen (Bubillen), die bereits Wurzeln haben.

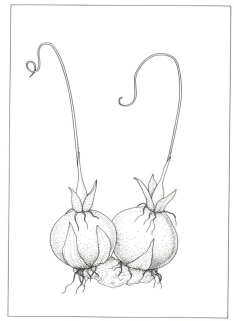

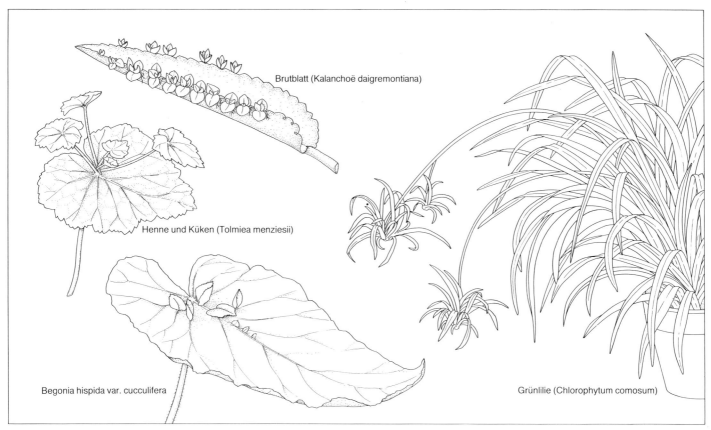

Manche Pflanzen sorgen bei der Zimmerkultur auch ohne unser Zutun für genügend Nachwuchs. Diese als lebendgebärend bezeichneten Arten bilden auf Blättern oder Stielen kleine Brutpflänzchen mit Wurzeln. Bei einer bestimmten Größe können die Brutpflanzen abfallen und auf der Erde anwachsen.

Die Vermehrung der Zwiebel- und Knollengewächse ist dann einfach, wenn sie regelmäßig Brutzwiebeln oder -knollen bilden. Vallota speciosa beispielsweise sorgt reichlich für Nachkommen, die in wenigen Jahren zu blühfähigen Pflanzen heranwachsen.

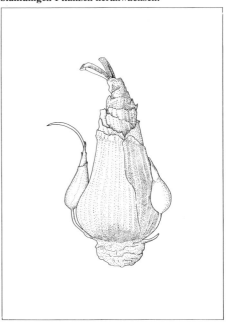

nur einmal und stirbt danach ab. Zuvor aber entstehen diese Erneuerungssprosse, die den Fortbestand auch ohne Samenansatz sicherstellen würden.
Heute wird der Begriff Kindel auch für Seitentriebe von Arten anderer Familien angewandt. Als Beispiele seien verschiedene sukkulente Pflanzen wie *Aloë aristata*, *Gasteria verrucosa*, *Haworthia glabrata*, *Sansevieria trifasciata*, aber auch Zwiebel- und Knollengewächse wie „Amaryllis" (*Hippeastrum*-Hybriden), *Vallota speciosa* und *Ledebouria socialis* genannt.
Die Kindelbildung kann bei manchen Arten so stark sein, daß sie die Ausbildung einer großen und damit attraktiven oder blühfähigen Pflanze verhindert. Beim Zimmerhafer *(Billbergia nutans)* wurde dies schon geschildert. Es bleibt uns dann nichts anderes übrig, als die Pflanze auszutopfen und die Kindel mit einem scharfen Messer abzutrennen. Die kräftigste Pflanze kommt wieder in den Topf und erhält bei dieser Gelegenheit frische Erde. Die vielen Kindel kann man leider nicht alle behalten. Nur bei raren Arten oder Sorten topft man die Kindel ebenfalls ein, und sei es, um etwas zum Tauschen mit einem Gleichgesinnten zu haben. Bei Sansevierien, *Aloë*, *Billbergia nutans* und anderen wandern notgedrungen viele auf den Müll.
In den meisten Fällen ist uns die Kindelbildung willkommen. Pflanzenverluste treten beim Abtrennen nur selten auf. Je mehr Wurzeln das Kindel hat, umso leichter wächst es an. Bei Aechmeen zum Beispiel kommt es vor, daß das Kindel noch gar keine Wurzel besitzt. Dann sind bis zur Bewurzelung ein warmer Platz und vorsichtiges Gießen vonnöten. Kindel von sukkulenten Pflanzen wie *Haworthia* läßt man zunächst einige Stunden liegen, bis die Wundfläche abgetrocknet ist. Erst dann wird eingetopft und die nächsten Wochen nur vorsichtig gegossen. Manche Pflanzen brauchen schon 4 oder 5 Wochen, bis sie richtig an-

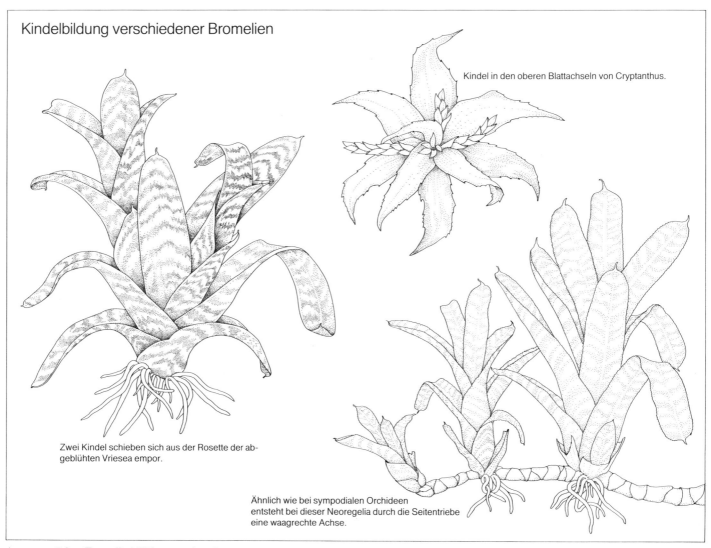

Kindelbildung verschiedener Bromelien

Kindel in den oberen Blattachseln von Cryptanthus.

Zwei Kindel schieben sich aus der Rosette der abgeblühten Vriesea empor.

Ähnlich wie bei sympodialen Orchideen entsteht bei dieser Neoregelia durch die Seitentriebe eine waagrechte Achse.

Ananasgewächse (Bromelien) blühen nur einmal. Bevor die Pflanzen absterben, sorgen sie für den sicheren Fortbestand, indem sie sogenannte Kindel bilden.

gewachsen sind. Die ansonsten so robusten *Ledebouria-socialis*-Zwiebeln tun sich etwas schwer damit. Dann gilt die Regel: Ein Zuviel an Wasser nutzt nicht der Wurzelbildung, sondern begünstigt die Fäulnis! Grundsätzlich wird man das Abtrennen und die Bewurzelung von Kindeln während der Wachstumszeit, also meist im Frühjahr bis Sommer, und nicht während der Ruhe durchführen.

Das Bewurzeln vor dem Schnitt

Bevor wir uns der Pflanzenvermehrung durch Stecklinge zuwenden, eine Methode, die schon gewisse Anforderungen an den Zimmerpflanzengärtner stellt, sei zunächst ein Verfahren beschrieben, das sehr viel leichter auch beim Ungeübten zum Erfolg führt. Es klingt ein wenig verrückt, aber im Grunde ist es nichts anderes als eine Umkehrung der Reihenfolge: Zunächst läßt man die Pflanze an gewünschter Stelle Wurzeln bilden, dann wird der Steckling geschnitten. Als Abmoosen ist dies vielen Pflanzenfreunden bekannt. In den Tropen ist es eine der verbreitetsten Vermehrungsmethoden. Im Wohnraum ist das Abmoosen besonders bei großblättrigen Pflanzen von Vorteil. Sie verdunsten wegen der großen Blattfläche viel Feuchtigkeit, was durch die trockene Zimmerluft noch gesteigert wird, so daß Stecklinge von ihnen schrumpfen und nicht wie gewünscht Wurzeln bilden. Hat die abgeschnittene Triebspitze schon Wurzeln, besteht die Gefahr des Vertrocknens nicht mehr.

Pflanzen mit einem verholzten Stamm bilden meist nur recht langsam und meist nur bei hohen Temperaturen Wurzeln. Darum sind es vorwiegend verholzende Pflanzen wie die verschiedenen Gummibäume, die auf diese Weise vermehrt werden. Nahezu alle Gummibäume, die in Gärtnereien und Blumengeschäften im Angebot sind, wurden abgemoost. Die früher übliche Vermehrung des Gummibaums durch ein Stammstück mit einem „Auge" führt zu kleinen Pflanzen, die erst in einigen Jahren zu dekorativen Exemplaren heranwachsen. Darum werden die abgemoosten („markottierten") aus südlichen Ländern importiert. Sie sind schon nach wenigen Wochen im Topf eingewurzelt, schnell verkaufsfertig und damit preisgünstig.

Wenn auch der Gummibaum (*Ficus elastica* 'Decora') nebst anderen *Ficus*-Arten das Paradebeispiel für das Abmoosen ist, so empfiehlt es sich doch auch für viele andere Zimmerpflanzen wie den Wunderstrauch (*Codiaeum*-Hybriden), die Dracaenen und Cordylinen, für viele Aronstab- und Araliengewächse wie *Aglaonema*, *Anthurium*, *Dieffenbachia*, *Monstera*, *Philodendron*, *Syngonium* sowie × *Fatshedera*, *Fatsia* und *Schefflera*. Selbst von Palmen wie *Chamaedorea* und blühenden Topfpflanzen wie *Camellia* und *Hibiscus* lassen sich auf diese Weise Nachkommen heranziehen.

Wie wird abgemoost? In vielen Fällen wird man zunächst in der Höhe des Stamms, in der er später abgetrennt werden soll, einen schräg nach oben führenden Schnitt bis zu $1/3$ oder $1/2$ der Stammdicke vornehmen. Zur rascheren Bewurzelung pudern wir die Schnittfläche mit einem Bewurzelungshormon wie „Wurzelfix" ein. Umstritten ist es, ob man in den Schnitt etwas einklemmen soll, zum Beispiel einen kleinen, flachen Stein, ein Stück Folie oder ein Streichholz, um das Verwachsen der Schnittstellen zu verhindern. Schaden kann es zumindest nicht. Um die Schnittstelle befestigen wir zunächst nur unten eine Manschette aus einer Kunststoffolie. In die Manschette stopfen wir feuchtes Sphagnum oder feuchten Torf. Dann wird die Manschette auch oben zugebunden. Aus der geschlossenen Manschette verdunstet kaum Wasser, so daß die Feuchtigkeit nur sporadisch zu kontrollieren ist. Je nach Wachstumsbedingungen und Pflanzenart bilden sich innerhalb von 3 bis mehreren Wochen die ersten Wurzeln.

Bald darauf können wir die Manschette entfernen. Vorsicht, der kleine Sphagnum- oder Torfballen sollte nicht auseinanderfallen, sonst können die Wurzelansätze mit abgerissen werden! Etwa 1 cm unterhalb der Bewurzelungsstelle trennen wir nun den Stamm durch. Das bewurzelte Oberteil kommt gleich in einen Topf mit einem der jeweiligen Pflanze zusagenden Substrat. Das kopflose Unterteil wird entweder weggeworfen, oder wir warten den Durchtrieb ab. Die Neuaustriebe sind dann auf die gleiche Weise zu bewurzeln.

Das Einschneiden des Stammes ist nicht bei allen Arten erforderlich. Viele bilden ohnehin kurze oder auch längere Luftwurzeln aus, die eine solche Behandlung überflüssig machen. Als Beispiel seien Anthurien, *Monstera*, *Pandanus*, *Philodendron* und *Syngonium* genannt. Bei ihnen genügt es, die mit feuchtem Torf oder Sphagnum gefüllte Manschette um solche Luftwurzeln herum anzubringen. Dazu kann es notwendig werden, ein oder auch mehrere Blätter vorher zu entfernen. Dies sollte dann schon einige Tage vor Anbringen der Manschette geschehen, um keine Fäulnis an der noch frischen Schnittstelle aufkommen zu lassen.

Stecklinge in vielen Varianten
Es ist schon eine wunderbare Sache: wir schneiden ganz bestimmte Teile einer Pflanze ab, und diese sind dann in der Lage, das Fehlende neu zu bilden. Solches Regenerationsvermögen ist den meisten Tieren nicht zu eigen. Die Stecklingsvermehrung ist neben der Aussaat für den Gärtner die wichtigste Methode, um Pflanzen in großer Stückzahl zu erhalten. Durch Teilung, Kindel und ähnliches kann man nur mit Geduld zu größeren Beständen kommen. Sorten, die möglicherweise durch langwierige Kreuzung verschiedener Ausgangsformen entstanden, lassen sich in der Regel ohnehin nur vegetativ vermehren, da aus einer Aussaat die verschiedensten Varianten hervorgehen würden. In diesem Fall ist meist die Stecklingsvermehrung das Verfahren der Wahl.

Für den Zimmerpflanzenfreund ist die Stecklingsvermehrung ein wenig aufwendiger als Teilung oder Abmoosen. Er braucht eine praktisch sterile Schale, ein Vermehrungssubstrat, möglicherweise Bewurzelungshormone, eine Abdeckhaube, um eine „gespannte" Luft zu erzeugen, und nicht zuletzt einen ausreichend hellen und warmen Platz. In einigen Fällen wird er ohne eine Bodenheizung nicht auskommen.

Das klingt schlimmer, als es in Wirklichkeit ist. Auf geeignete Schalen, am besten aus Kunststoff, wurde bereits hingewiesen: entweder kleine „Zimmer-" oder „Mini-Gewächshäuser", die gleich eine Haube besitzen, oder beliebige andere Kunststoffschalen, wie man sie in jedem Haushalt findet. Wer nur einen oder zwei

Keikis heißen die kleinen Pflanzen, die sich am Blütenstiel einiger Phalaenopsis bilden. Haben sie genügend Wurzeln, werden sie mit einem Stück des Stiels abgetrennt und zum Anwachsen mit einem Drahthaken auf dem Pflanzstoff befestigt.

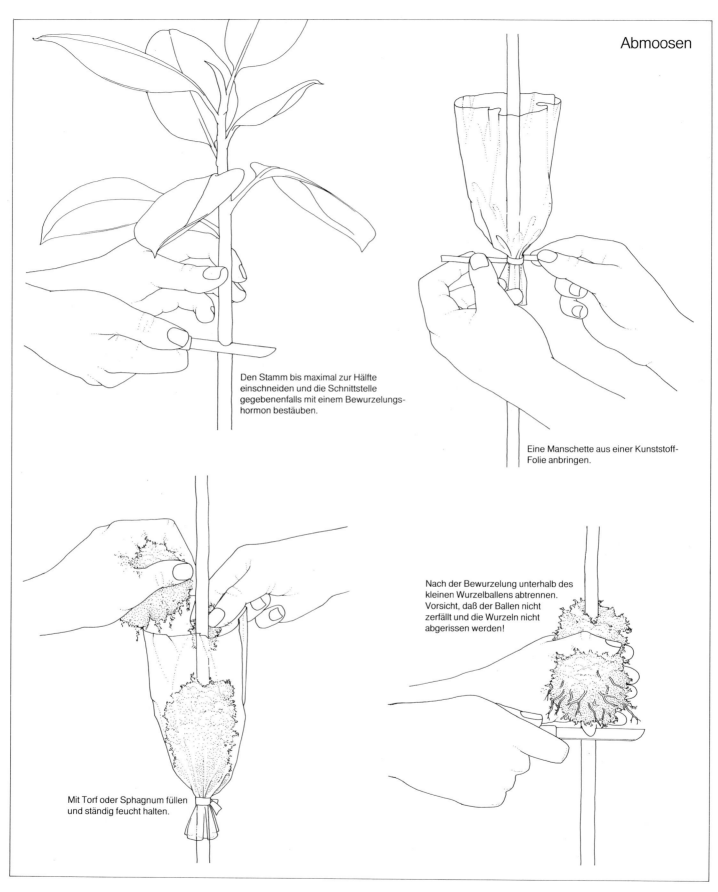

Die Bewurzelung vieler Stecklinge erfolgt nur bei hohen Bodentemperaturen. Ein Floratherm-Heizkabel mit Temperaturfühler und Thermostat hält exakt jeden gewünschten Wert.

Stecklinge bewurzeln will, wird natürlich keine riesige Schale aufstellen, sondern einen kleinen Kunststofftopf verwenden. Solche kleinen Kunststofftöpfe haben den Vorteil, daß die Pflänzchen nach der Bewurzelung einen festen Wurzelballen haben und leichter umzusetzen sind. Es gibt auch Töpfe, die gleich mit einer Folien-Abdeckhaube und Bewurzelungshormonen geliefert werden.

Das „klassische" Substrat für die Stecklingsbewurzelung ist eine Mischung aus $^1/_2$ Torf und $^1/_2$ groben Sand. Auch TKS I ist brauchbar. Sehr praktisch sind auch bei der Stecklingsvermehrung Torfquelltöpfe, wie sie auf Seite 87 beschrieben wurden. Nach dem Aufquellen bohren wir mit einem spitzen Gegenstand ein Loch in die Mitte des Torftopfes, und schon können wir den Steckling hineinsetzen. Eine Abdeckhaube läßt sich, wenn nicht schon bei der Schale vorhanden, mit Hilfe einer Kunststoffolie leicht selbst basteln.

Am schwierigsten ist es, für eine ausreichende Bodentemperatur zu sorgen. Nur wenige Pflanzen bewurzeln bei niedrigen Temperaturen. Die hübsche Glockenblume *(Campanula isophylla)* ist schon mit 10 bis 15 °C zufrieden. Ab 10 °C werden auch grünblättrige Efeu Wurzeln bilden; die buntlaubigen dagegen verlangen schon mindestens 16 °C. Mindestens 18 °C brauchen Stecklinge von Topfchrysanthemen, Echeverien, Fuchsien, Hortensien, Edelpelargonien, Azaleen und Sansevierien. Wer dagegen auf die Bewurzelung von Brunfelsien, Kamelien, dem Wunderstrauch *(Codiaeum)*, *Philodendron erubescens*, *Stephanotis* oder die Blattstücke von Rex-Begonien hofft, sollte schon für mindestens 25 °C sorgen. Wo kein Heizkörper für so hohe Temperaturen sorgt, hilft ein Bodenheizkabel wie auf Seite 23 beschrieben. Noch besser sind die mit Heizung, Belichtung und Luftbefeuchtung ausgestatteten Vermehrungskästen.

Damit die Stecklinge nicht austrocknen, kann man in die Erde einen kleinen Tontopf stecken, dessen Abzugsloch verschlossen wurde. Mit Wasser gefüllt, dringt nun kontinuierlich Feuchtigkeit durch die Tonwand.

Doch nun von den Produktionsmitteln zur Produktion selbst. In den meisten Fällen wird man Kopfstecklinge schneiden. Das sind die beblätterten Spitzen der einzelnen Triebe. Ein solcher Kopfsteckling hat meist die Länge von 6 bis 8 cm und etwa 4 Blätter, doch dafür kann es keine Regel geben. Bei Pflanzen wie *Scindapsus*, *Epipremnum*, *Hoya* oder *Stephanotis* sind die Abstände zwischen den Blattansatzstellen am Stengel ziemlich lang, so daß ein Steckling mit zwei Blättern, von denen das untere dann sogar noch entfernt wird, ausreichend ist. Die Stellen am Stengel, aus denen die Blätter entspringen, heißen übrigens Knoten (Nodien), die Stengelstücke dazwischen Zwischenknotenstücke (Internodien, s. S. 140). Jeder Steckling muß über eine ausreichende Blattfläche verfügen, denn diese produziert die für die Wurzelbildung benötigten Stoffe. Andererseits darf die Blattfläche nicht zu groß sein, da sonst die Verdunstung zu stark wird, der Steckling schrumpft und sich nicht mehr erholen kann. Dies gilt insbesondere für weichblättrige Pflanzen wie die Buntnessel *(Coleus)*. Letzten Endes entscheidet auch die Härte des Stengels, wo der Stecklingsschnitt erfolgen soll. Bei *Hibiscus* und Hortensien *(Hydrangea)* zum Beispiel kann man gut sehen, daß die Triebspitzen ziemlich weich sind, die Stengel nach unten zunehmend härter werden und verholzen. Je weicher der Steckling ist, umso leichter bewurzelt er, umso leichter fault er aber auch. Wir entscheiden uns dann in der Regel für einen „halbweichen" Steckling, für einen Steckling also, der nicht mehr so weich ist wie die Spitze, aber auch nicht völlig verhärtet. Mit ein wenig Übung wird man diese Stelle sehr rasch erkennen; die erfolgreiche Bewurzelung ist die Folge.

Diese aufblasbare Pflanzenglocke leistet nicht nur bei der Stecklingsbewurzelung gute Dienste. Auch Pflanzen, die eine hohe Luftfeuchte fordern, halten in der Glocke einige Zeit aus.

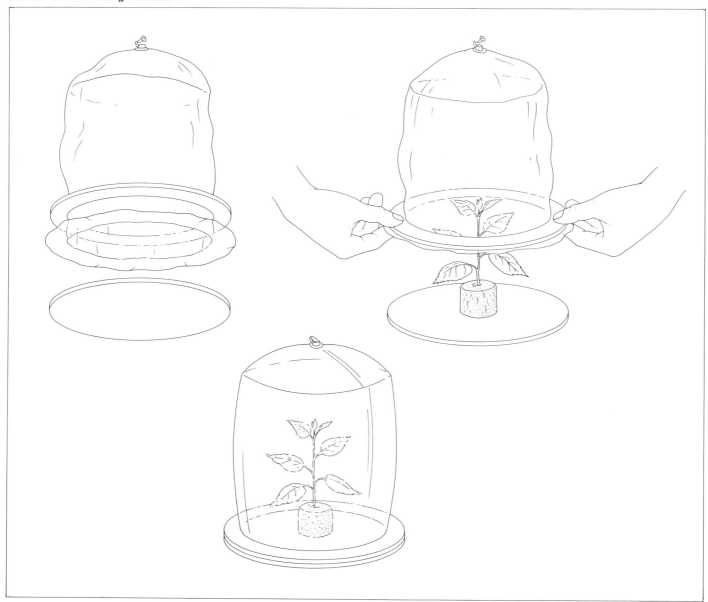

Ein Steckling mit einer Sproßspitze wird als Kopfsteckling, jedes weitere Stengelstück ohne Spitze als Teilsteckling bezeichnet. Zur Vermehrung sind sie gleichermaßen gut geeignet, wenn der Stengel nicht zu weich und nicht zu sehr verholzt ist. Bis zur Wurzelbildung muß die Verdunstung des Stecklings gebremst werden, indem man mit Hilfe einer Kunststofftüte oder ähnlichem für eine hohe Luftfeuchte sorgt.

Ist das Stengelstück unterhalb des entnommenen Kopfstecklings nicht verhärtet, dann können wir auch noch „Teilstecklinge" schneiden. So nennt man alle beblätterten Stengelabschnitte ohne die Sproßspitze. Sofern wir eine Auswahl haben, suchen wir die kräftigste, gesündeste Pflanze für den Stecklingsschnitt aus. Hungrige Pflanzen mit gelben Blättern haben zu wenig Reservestoffe für die Regeneration. Auch pilz- oder schädlingsbefallene Pflanzen sind ungeeignet. Die Mutterpflanze sollte in der Regel nur Blätter bilden, derzeit keine Blüten angesetzt haben; der Gärtner spricht von der vegetativen Phase im Gegensatz zur generativen, der Blütezeit.

Zum Stecklingsschneiden unerläßlich ist ein scharfes Messer. Ein ausgedientes Küchenmesser ist meist nicht geeignet, eine Schere völlig falsch. Das Messer muß einwandfrei scharf sein, darf nicht quetschen! Rasier- oder Skalpellklingen eignen sich gut. Den Schnitt nehmen wir etwa $^{1}/_{2}$ cm unter dem Knoten vor. Das daraus entspringende Blatt – oder wenn es zwei sind, alle beide – schneiden wir ebenfalls direkt am Stengel ab. Die Schnittfläche – bei Teilstecklingen nur die untere, die Wurzeln bilden soll – tauchen wir nun in ein Bewurzelungshormon, wie zum Beispiel „Wurzelfix". Bei leicht bewurzelnden Arten wie Buntnessel *(Coleus)*, Fleißiges Lieschen *(Impatiens)* oder Efeu *(Hedera)* erübrigt sich dies. Leider haben die Bewurzelungshormone nur eine begrenzte Haltbarkeit. Wer nur gelegentlich Stecklinge vermehrt, sollte versuchen, von einem Freund eine geringe Menge zu bekommen.

Von dem Bewurzelungshormon bleibt eine geringe Menge auf der Schnittfläche haften, und so stecken wir den Steckling in das vorbereitete Vermehrungssubstrat. Mit einem angespitzten Holz bohren wir ein Loch vor, damit der Steckling nicht beim In-die-Erde-drücken verletzt wird.

Bei Zimmerpflanzenfreunden beliebt ist die Stecklingsvermehrung im Wasserglas. Kein Aussaatgefäß ist erforderlich, kein Vermehrungssubstrat. Ist die Wassertemperatur

Schon nach kurzer Zeit bilden Comellinengewächse wie Geogenanthus undatus im Wasserglas Wurzeln und können eingetopft werden.

Im Wasserglas, das ein wenig Lewatit HD 5 enthält, lassen sich selbst empfindliche Pflanzen oder gar Blätter wie diese Schefflera arboricola bewurzeln.

Links oben: Aus jedem Blattquirl des Cypergrases entsteht im Wasser ein neues Pflänzchen. Zunächst die Blätter einkürzen. Den Quirl nicht – wie es häufig falsch gemacht wird – mit dem Stiel nach oben ins Wasser setzen!

Rechts oben: Begonien besitzen ein hohes Regenerationsvermögen. Aus einem Blatt kann gleich eine ganze Anzahl Nachkommen entstehen. Die Adern des Blattes werden an einigen Stellen durchtrennt. Mit kleinen Steinchen beschwert, bilden sich an den Schnittstellen die Jungpflanzen.

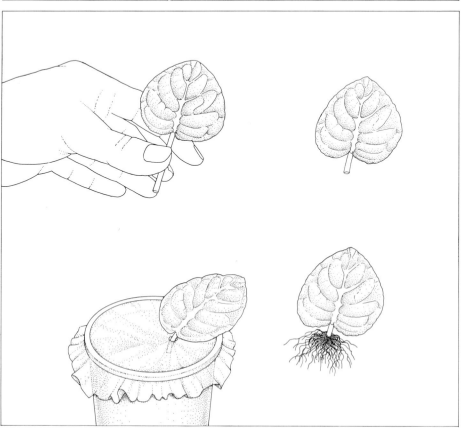

Links unten: Das Usambaraveilchen bewurzelt leichter, wenn der Stiel gekürzt wird. Die Blätter wachsen sowohl in Erde als auch im Wasser an.

Rechts unten: Nach der Bewurzelung das Stutzen nicht vergessen! Die linke Pflanze wurde zu spät gestutzt. Die Verzweigung erfolgt erst oben; das kann zu keinem schönen Pflanzenaufbau führen. Richtig ist es in den meisten Fällen, die Spitze direkt nach der Bewurzelung herauszukneifen. In der Regel wird weich gestutzt, daß heißt, nur bis zu dem noch nicht verholzten Sproßabschnitt zurücknehmen. Eine Ausnahme ist der starke Rückschnitt älterer, verkahlter Pflanzen. Beim Stutzen keinen langen Stumpf stehen lassen.

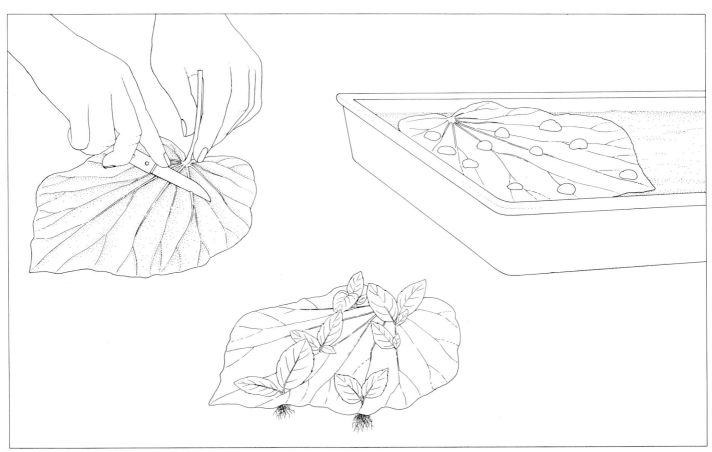

ausreichend, ist auch bei vielen Pflanzen mit einem Bewurzelungserfolg zu rechnen. Der Nachteil dieser Methode: Die Pflanzen erleiden nach dem Umpflanzen in Erde zunächst einen „Schock", was bei der Stecklingsbewurzelung in Erde entfällt. Wer seine Stecklinge im Wasserglas bewurzeln will, sollte deshalb möglichst früh in Erde umsetzen, nicht erst dann, wenn die Wurzeln schon das halbe Glas ausfüllen.

Im Wasserglas bewurzelt der Blattquirl des Cypergrases ideal und bildet bald seine ersten kleinen Halme. Auch mit Blättern des Usambaraveilchens (*Saintpaulia ionantha*) kann man es versuchen. Damit sind wir schon bei der nächsten Gruppe, den Blattstecklingen angelangt. Durch Blattstecklinge lassen sich viele Zimmerpflanzen vermehren. Man muß aber bedenken, daß es wesentlich länger dauert, eine ansehnliche Pflanze aus einem Blatt heranzuziehen als aus einer Triebspitze, also aus einem Kopfsteckling.

Unfreiwillig vermehren sich oft einige sukkulente Pflanzen durch Blätter, die abgebrochen wurden. Bei vielen *Sedum*-Arten wie *Sedum rubrotinctum* und *S. morganianum* fallen die Blätter schon bei der leichtesten Berührung ab. Wenn man ein *Sedum rubrotinctum* aus einem eng stehenden Bestand herausholt, sind einzelne Stiele nahezu unbeblättert. Wo die Blätter hinfallen, bilden sie Wurzeln. Auf der Fensterbank vertrocknen sie nach einiger Zeit, aber auf Erde entsteht bald ein neues Pflänzchen. Dies können wir nutzen, wenn wir von einer Art oder Sorte mehrere Pflanzen wollen. Leicht bewurzeln auch die Blätter einiger anderer sukkulenter Pflanzen wie *Aloë, Cotyledon, Crassula, Echeveria, Gasteria, Kalanchoë, Pachyphytum, Sansevieria* und *Senecio*. Auch die wasserspeichernden Blätter der Peperomien lassen sich bewurzeln, doch kommt es bei ihnen häufiger zur Fäulnis. Grundsätzlich gilt bei der Vermehrung sukkulenter Pflanzen durch Blätter, daß die Schnitt- oder Abbruchfläche zunächst abtrocknen muß, bevor sie in die Erde gesteckt werden.

Geradezu klassisch ist die Vermehrung von Begonien durch Blätter. Diese Pflanzen sind für ihr phänomenales Regenerationsvermögen berühmt. Wenn wir das Blatt in Stücke von nur 2 × 2 cm zerschneiden und auf die Erde legen, entsteht bei ausreichender Bodentemperatur (24 bis 25 °C) und vorausgesetzt, sogenannte Vermehrungspilze treiben nicht ihr Unwesen, aus jedem Stückchen eine neue Pflanze. Wenn wir das ganze Blatt waagerecht auf die Erde legen und nur kleine Schnitte quer durch die Blattadern machen, entstehen an diesen Stellen jeweils ganze Pflanzen.

Auch die Drehfruchtblätter (*Streptocarpus*) lassen solche Gewaltakte über sich ergehen. Bei ihnen können wir das Blatt entweder entlang der Ader in zwei Hälften schneiden oder aber quer in viele Stücke. Auf die Blätter des Usambaraveilchens haben wir

Das Blatt der Drehfrucht (Streptocarpus) läßt sich zur Vermehrung längs oder quer teilen. Bei der ersten Variante wird die Blattader herausgetrennt, bei der zweiten verwirft man die Spitze und die Basis.

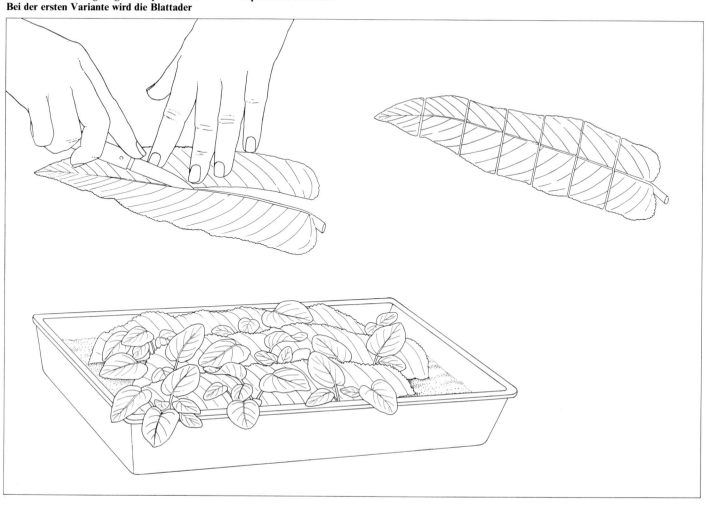

Hohe Bodentemperaturen sind Voraussetzung für die Bewurzelung der Stammstecklinge. Doch nicht immer gelingt die Vermehrung. Die Verfärbung zeigt an, daß die Pflanzen zu faulen beginnen.

Fleischige, nicht stark verholzende Sprosse ergeben gute Stammstecklinge. Jedes Stammstück braucht mindestens ein „Auge". Bis zur Hälfte in die Vermehrungserde gelegt, bewurzelt es bei hohen Bodentemperaturen

103

Ist der Blattschopf auf der Ananasfrucht noch frisch und grün, so läßt er sich abtrennen, vom Fruchtfleisch reinigen und bei hohen Bodentemperaturen bewurzeln.

schon hingewiesen. Hier ist darauf zu achten, daß der Blattstiel nur so kurz sein soll, daß sich das Blatt noch gut stecken läßt. Je länger der Blattstiel ist, umso länger dauert es, bis sich Wurzeln und Blätter bilden.

Die Stecklinge kommen alle wie schon vorher beschrieben in ein Vermehrungssubstrat oder in Torfquelltöpfe und erhalten eine Haube aus Kunststoff oder Glas, um den Wasserverlust zu beschränken. Bei den Blättern sukkulenter Pflanzen ist dies nicht erforderlich.

Nach der Bewurzelung ist darauf zu achten, daß wir schöne Pflanzen erhalten. Mancher Zimmerpflanzengärtner wird sich schon gewundert haben, daß aus seinem Usambarablatt keine schöne Rosette, sondern ein rechtes Durcheinander wurde. Dies liegt daran, daß immer mehrere Rosetten gleichzeitig aus einem Blatt entstehen und diese sich dann gegenseitig bedrängen, werden sie nicht vereinzelt.

Mit der Bewurzelung eines Stecklings ist noch nicht alles getan, um schließlich auch eine dekorative Zimmerpflanze zu erhalten. Wir müssen die Jungpflanzen „formieren", sie in die gewünschte Form bringen. Dazu ist in vielen Fällen etwas vonnöten, was Pflanzenfreunde nur schwer übers Herz bringen: Der gerade bewurzelte und nun fröhlich mit dem Sproßwachstum beginnende Steckling muß „geköpft" werden. Die Gärtner sprechen vom „Stutzen" oder „Pinzieren". Dieses Stutzen ist unumgänglich, wollen wir keine „Bohnenstange", sondern eine reich verzweigte Pflanze erzielen. Verzweigt sich der Pflegling ohnehin, so erübrigt sich jede Nachhilfe. Bei anderen Arten wiederum ist das Stutzen zwecklos, denn es bildet sich nur ein Neutrieb. Vielleicht sind es auch zwei Triebspitzen, aber ein Busch wird es nicht. Beispiele dafür sind *Ardisia*, *Monstera* und *Philodendron* sowie Avocado. Sie stutzen wir lieber nicht, denn es gäbe nur einen Trieb mit einem „Knick".

Bei vielen weichstieligen, nicht oder kaum verholzenden Pflanzen wie dem Flammenden Käthchen (*Kalanchoë*), dem Fleißigen Lieschen (*Impatiens*), der Buntnessel (*Coleus*) und *Iresine* ist Stutzen obligatorisch. Auch viele Pflanzen mit verholzenden Stielen verlangen diesen Eingriff. So zum Beispiel die Zimmerlinde (*Sparmannia africana*), der Roseneibisch (*Hibiscus rosa-sinensis*), *Coussapoa* und auch die Lianen wie *Allamanda*. Azaleen und Eriken müssen mehrmals geköpft werden, doch wird sie der Zimmerpflanzengärtner kaum selbst heranziehen.

Wichtig ist, mit dem Stutzen nicht allzu lange zu warten. Aus dem jungen, noch nicht verholzten Stiel treiben die Augen williger aus. Außerdem ist die Chance größer, daß nicht nur das oberste Auge, sondern noch weiter darunter liegende austreiben und so zu dem gewünschten buschigen Wuchs führen. Auch sieht es hübscher aus, wenn die Verzweigung möglichst weit unten beginnt. Wir wollen ja kein „Hochstämmchen" wie bei Fuchsien oder Rosen erzielen. Darum möglichst bald stutzen, auch wenn man es noch so schwer übers Herz bringt. Köpfen ist hier nichts Gewalttätiges!

Fremde Wurzeln für Empfindliche

Für die meisten Zimmerpflanzen spielt das Veredeln keine Rolle. Die Fingeraralie (*Dizygotheca elegantissima*) wird heute fast nur noch „wurzelecht" angeboten; es sind aus Samen herangezogene Pflanzen. Dies ist ein Beispiel dafür, daß die Veredlung an Bedeutung verloren hat. Früher wurde die Fingeraralie durch seitliches Einspitzen auf *Meryta denhamii* vermehrt.

Ein Beispiel gibt es aus jüngerer Zeit, daß Pflanzen durch Veredlung Eingang in das Topfpflanzensortiment gefunden haben. Es sind die phantasievoll als „Wüstenrosen" bezeichneten *Adenium obesum* und *A. swazicum*. Nur botanische Gärtner kannten sie, bis man auf die Idee kam, sie auf junge Triebe von Oleander zu veredeln. Das Ergebnis ist eine gut haltbare, herrlich blühende Pflanze. Allerdings muß man in Kauf nehmen, daß die Pflanze ansonsten nicht an Schönheit gewonnen hat, im Gegenteil: Der kräftige sukkulente Stamm der Wüstenrose sieht schon etwas seltsam aus auf der viel dünneren Oleander-Unterlage.

Veredelt wird wie folgt: Während der Wachstumszeit von Oleander werden junge Triebe abgeschnitten und bewurzelt. Nach 1 bis 2 Jahren hat er die erforderliche Dicke erreicht. Er wird wenige Zentimeter über dem Boden schräg abgeschnitten. Nun schneidet man das *Adenium* ebenfalls schräg ab, und zwar so, daß es genau auf die Unterlage paßt. Die Stengeldurchmesser von beiden sollten in etwa gleich sein. Mit einem Kakteenstachel oder einer Stecknadel wird die Wüstenrose auf dem Oleander fixiert. Das Frühjahr ist die beste Zeit.

Am häufigsten findet man veredelte oder, wie es auch genannt wird, gepfropfte Kakteen. Sie sind sehr beliebt und werden für wenig Geld angeboten, zum Teil unter Namen wie Bananen- oder Erdbeerkaktus. Bei diesen „bunten" Formen handelt es sich um blattgrünfreie Mutanten von *Gymnocalycium mihanovichii*, *Chamaecereus silvestrii* und anderen, die wegen des fehlenden Blattgrüns (Chlorophyll) nicht lebensfähig wären.

Während sich über die Schönheit dieser grellfarbigen Kakteen streiten läßt, ist die Beurteilung der Unterlage eindeutig. Leider werden die meisten Kakteen auf Unterlagen aus der Gattung *Hylocereus* veredelt. Dies sind Pflanzen von tropisch-feuchten Standorten, die keine niedrigen Temperaturen und keine Trockenheit vertragen. Diese Ansprüche stehen im Gegensatz zu denen der aufgepfropften Kakteenart. Daß diese ungeeignete Ehe nach kurz oder lang in die Brüche geht, ist nicht verwunderlich. Darum lieber keine auf *Hylocereus* veredelten Kakteen kaufen! Glücklicherweise kann auch der Laie Hylocereen an deren an-

Schwachwachsende, empfindliche Kamelien- und Azaleensorten veredelt man auf robustere. Verschiedene Veredlungsmethoden bieten sich an.

Durch Klammern oder ein Gummiband für guten Kontakt der Schnittflächen sorgen.

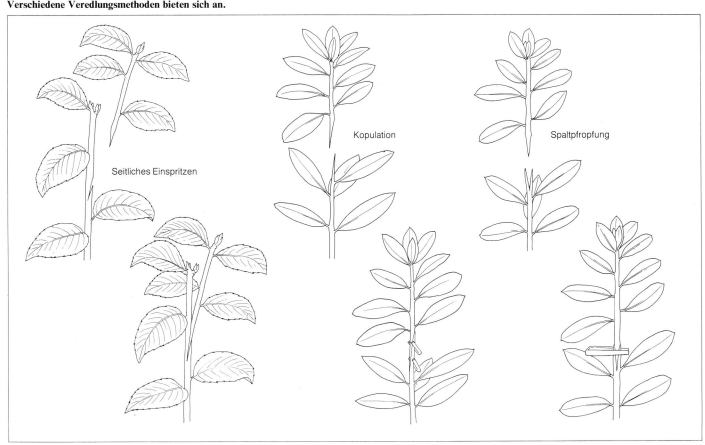

Seitliches Einspritzen Kopulation Spaltpfropfung

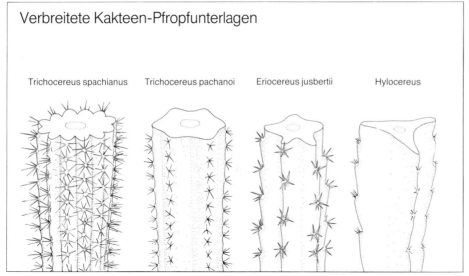

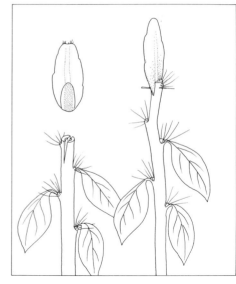

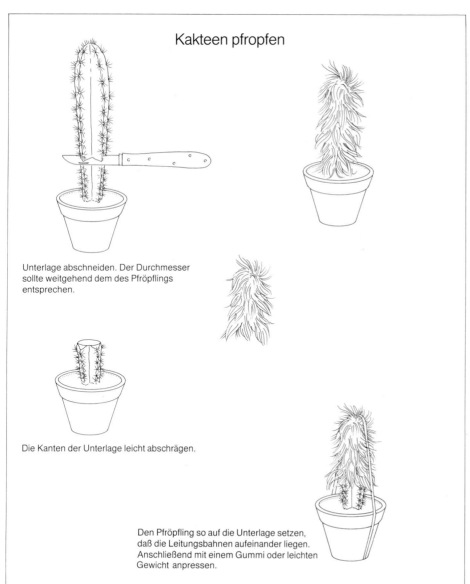

nähernd dreieckigem Querschnitt leicht erkennen.
Gut bewährt haben sich als Pfropfunterlagen folgende Arten: *Eriocereus jusbertii*, *Opuntia bergeriana*, *Trichocereus macrogonus*, *T. pachanoi* und *T. schickendantzii*. Für Blattkakteen wie Weihnachtskaktus (*Schlumbergera*) und Osterkaktus (*Rhipsalidopsis*) finden vorwiegend *Pereskia aculeata* und *Pereskiopsis velutina* als Unterlage Verwendung. Diese Unterlagen werden entweder aus Samen herangezogen, was einige Zeit dauert, bis die Sämlinge ausreichend stark sind, oder als Steckling bewurzelt. Das Pfropfen erfolgt während der Wachstumszeit zwischen spätem Frühjahr und Sommer. Man wählt am besten einen hellen, warmen Tag aus. Unterlage und Pfröpfling sollen schon am Tag zuvor nicht trocken stehen, damit sie schön „saftig" sind.
Mit einem sehr scharfen Messer werden beide waagerecht durchtrennt. Dann setzt man den Pfröpfling so auf die Unterlage, daß die Leitbündel möglichst aufeinander liegen. Die Leitbündel sind als deutlicher Ring im Querschnitt zu erkennen. Nun muß man den Pfröpfling schwach auf die Unterlage pressen, bis das Verwachsen erfolgt. Dazu kann man entweder Gummiringe verwenden oder irgendeine selbstgebastelte Vorrichtung. Gummiringe springen oft unkontrolliert weg und mit ihnen der Pfröpfling. Viel einfacher ist es, einen Stab dicht an die Unterlage zu stecken und an diesen quer dazu eine Klammer anzubringen, die ihrerseits auf den mit Watte gepolsterten „Kopf" des Pfröpflings drückt. Zum Anwachsen stellen wir den Topf an einen warmen Platz mit mindestens 20 °C.
Noch eine weitere Veredlung sei genannt: die der Aasblumen wie *Stapelia*, *Tricho-*

Links: Blattkakteen lassen sich mittels Spaltpropfung auf Pereskia veredeln. Die Basis des Blattes wird beidseitig schräg angeschnitten. Pfröpfling und Unterlage fixiert man mit einem Dorn oder einer Nadel.

Rechts oben: Erst durch Veredlung auf Oleander ist die Wüstenrose (Adenium) zu einer robusten Zimmerpflanze geworden.

caulon oder *Hoodia* auf *Ceropegia*-Knollen. *Ceropegia woodii*, die Leuchterblume, ist als hübsche Ampelpflanze bekannt. Sie bildet Knollen aus, die als Unterlage dienen können. Die Leuchterblumen werden dazu kräftig ernährt. Zwischen Frühjahr und Sommer nimmt man die kräftigsten Knollen heraus und trennt die Triebe ab. Dann steckt man die Knolle wieder ²/₃ in die Erde und läßt sie gut anwachsen. Danach wird die Knollenspitze so abgetrennt, wie es dem Querschnitt der Aasblume entspricht. Wie bei den Kakteen wird die Aasblume auf der Unterlage fixiert. Nach wenigen Wochen sind sie angewachsen. Die neuen *Ceropegia*-Austriebe werden immer bis auf einzelne entfernt.
Die Veredlung wird man nur bei schwerwachsenden Aasblumen anwenden, um zum Kulturerfolg zu kommen. Auch bei Kakteen sollte die Veredlung nur ein Hilfsmittel sein, wenn man anderweitig keinen Erfolg hat oder die Veredlung unumgänglich ist, weil die Kakteen zum Beispiel kein Blattgrün ausbilden. Besonders auf starkwachsenden Unterlagen verlieren manche Kakteen ihr ursprüngliches Aussehen und werden mastig, sind nur noch schlecht bestachelt. Ansonsten macht es Spaß, das Veredeln einmal auszuprobieren. Auch der Neuling wird feststellen, wie leicht die Pflanzen anwachsen.

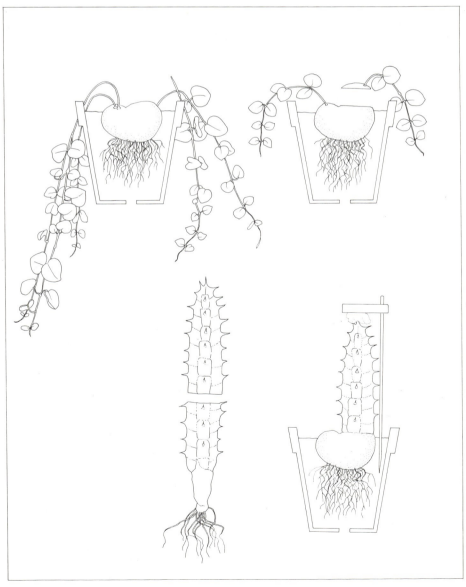

Schwachwachsende, empfindliche Aasblumen (Stapelia und Verwandte) sind leichter am Leben zu erhalten, wenn statt eigener Wurzeln eine Knolle der Leuchterblume (Ceropegia woodii) als Amme dient.

Wenn Riesen Zwerge bleiben

Es ist ein wenig übertrieben, daß Überraschungen an der Tagesordnung sind, wenn man sich mit Pflanzen beschäftigt. Unerwartetes gibt es aber immer wieder. Mancher Zimmerpflanzenfreund wird sich schon gewundert haben, wenn er einen schönen kompakten Roseneibisch *(Hibiscus rosa-sinensis)* erworben hatte, der nach einem Jahr plötzlich unerwartet lange Triebe ausbildete. Auch aus Weihnachtssternen sind schon nach einiger Zeit annähernd Bohnenstangen geworden. Ähnliche Erfahrungen kann man mit *Clerodendrum thomsoniae*, mit Dipladenien und *Allamanda*, mit dem Spornbüchschen *(Beloperone guttata)* und mit der Gelben Dickähre *(Pachystachys lutea)* sammeln. Des Rätsels Lösung: Die Pflanzen waren mit Wuchshemmstoffen behandelt, deren Wirkung nun nachließ. Sie fingen an, wieder „natürlich" zu wachsen.
Solche Wachstumsregulatoren werden vom Gärtner angewandt, wenn die jeweiligen Arten oder Sorten keine schönen Pflanzen ergeben würden, keine „Marktware" wären. Diese Wuchshemmstoffe greifen in den Stoffwechsel der Pflanzen ein. Die meisten bewirken, daß die Stücke zwischen den Blattknoten, die Internodien, sich nicht so sehr strecken, sondern kürzer bleiben. Die Wirkung läßt nach einer bestimmten Zeit nach, die von dem verwendeten Wirkstoff und der Pflanzenart abhängig ist.
Diese Behandlung der Pflanzen ist eigentlich nur etwas für den Gärtner, der das im großen Maßstab im Gewächshaus durchführen kann. Die Wuchshemmstoffe sind auch nur in größeren Packungen erhältlich und zudem nicht billig. Außerdem treten Schäden an den Pflanzen bei nicht sachgerechter Anwendung auf. Nicht zuletzt muß man wissen, welche Pflanzen auf welchen Wirkstoff ansprechen, sonst war die Behandlung umsonst. Ein Mittel reicht nicht aus, um alle gewünschten Pflanzenarten zu behandeln. Den ganz unentwegten Zimmerpflanzengärtnern seien aber dennoch einige Hinweise gegeben.

Für den Pflanzenfreund dürften nur die Mittel Gartenbau-Cycocel und Alar 85 infrage kommen, die aber nicht in Kleinpackungen im Gartenfachhandel zu haben sind. Mit beiden Mitteln können die Pflanzen entweder gegossen oder gespritzt werden. Das Gießen ist meist weniger gefährlich und zudem leichter auszuführen. Die Mittel werden zunächst wie angegeben mit Wasser verdünnt: Alar 85 je nach Behandlungsverfahren und Pflanzenart 0,2 bis 0,3%ig (= 2 bis 3 cm³/l Wasser), Gartenbau-Cycocel 0,1 bis 0,5%ig (= 1 bis 5 cm³/l Wasser). Gegossen wird nie auf einen trockenen Topfballen! Es sollten übliche Zimmertemperaturen herrschen. Wieviel von der Lösung gegossen wird, ist von der Topfgröße abhängig und muß genau abgemessen werden: Pflanzen in Töpfen bis zu 10 cm oberen Durchmesser erhalten 50 cm³ je Topf, größere bis zu 12 cm Durchmesser erhalten 100 cm³ und noch größere 150 cm³.
Beim Sprühen erweist sich Alar 85 als pflanzenverträglicher als Gartenbau-Cycocel. Bei Cycocel können schon einmal Blattschäden

Wuchshemmstoffe sorgen dafür, daß kräftig wachsende Pflanzen kurz und kompakt bleiben. Sie verhindern die Zellstreckung, so daß die **Stengelstücke zwischen den Blattansätzen, die Indernodien, kurz bleiben. Ein Effekt läßt sich nur bei jungen, noch kleinen Pflanzen erzielen,** **denn lange Exemplare haben sich bereits gestreckt und können nicht mehr zum „Schrumpfen" veranlaßt werden.**

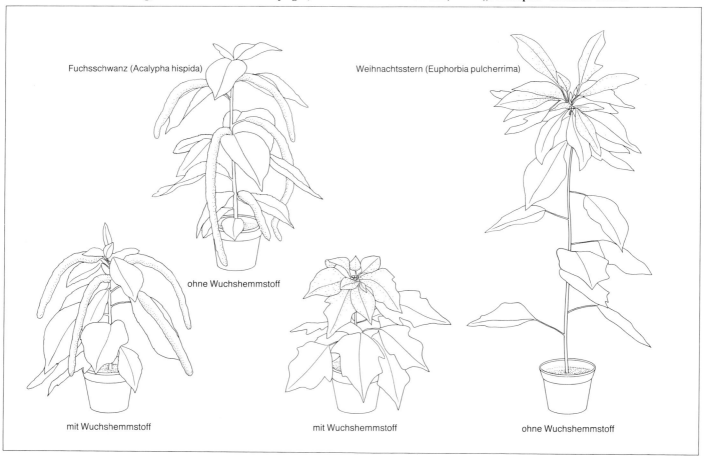

Fuchsschwanz (Acalypha hispida) — mit Wuchshemmstoff / ohne Wuchshemmstoff

Weihnachtsstern (Euphorbia pulcherrima) — mit Wuchshemmstoff / ohne Wuchshemmstoff

Einige Pflanzen bilden nur dann Blüten, wenn die Tage kurz werden. Bereits eine Straßenlaterne nahe dem Fenster kann sie so irritieren, daß die Blüten ausbleiben. Wer unter solchen Bedingungen einen Weihnachtsstern möchte, muß ein bereits blühendes Exemplar kaufen.

entstehen, besonders bei zu hoher Konzentration und wenn in der Sonne stehende Pflanzen behandelt werden. Dies ist unbedingt zu vermeiden! Die zu verabreichende Menge angesetzter Lösung läßt sich nicht so genau beziffern wie beim Gießen. Man rechnet mit 150 bis 200 cm³ Brühe je Quadratmeter Pflanzenstellfläche. Wieviel Pflanzen auf 1 m² passen, ist von der Größe abhängig. Die Pflanzen sollen so dicht stehen, wie man sie normalerweise aufstellen würde, ohne langwerdende, „vergeilende" Pflanzen befürchten zu müssen. Auch beim Sprühen sollten übliche Zimmertemperaturen herrschen.
Nun ist noch ein weiteres zu beachten, soll die Behandlung erfolgreich sein: Die Wuchshemmstoffe verhindern zwar das Strecken der Pflanzenzellen, können aber lange Pflanzen nicht mehr schrumpfen lassen. Das heißt, daß die Mittel verabreicht werden müssen, bevor die Pflanzen lang geworden sind. Dies ist zum Beispiel der Fall, wenn eine Pflanze nach dem Stutzen durchtreibt oder aber Blütenstiele, die kürzer bleiben sollen, gerade erst zu wachsen beginnen. Eine Grundregel: Neuaustriebe oder Blütenstiele sollen etwa 2 bis 6 cm lang sein, wenn die Wuchshemmstoffe eingesetzt werden. Will man von Topfpflanzen Stecklinge schneiden, dürfen diese keinesfalls vorher mit Hemmstoffen behandelt worden sein; die Stecklinge könnten sonst nur schwer bewurzeln. Zum Beispiel bei Edelgeranien (*Pelargonium*-Grandiflorum-Hybriden) oder *Hibiscus* wurden solche negativen Erfahrungen gesammelt.
Bei der Beschreibung der wichtigsten Zimmerpflanzen finden sich auch kurze Hinweise zur Behandlung mit Wuchshemmstoffen, sofern dies von Bedeutung ist und ausreichende Erfahrungen vorliegen. Wer kurze, kompakte Topfpflanzen von solchen Arten wünscht, die es von Natur aus nicht sind, wird um den Einsatz von Wuchshemmstoffen nicht herum kommen. Aber es sind teure, schwierige und risikoreiche Maßnahmen. Nur der erfahrene Pflanzenfreund sollte sich, gewissermaßen zur Komplettierung seiner Erfahrungen, daran wagen.

Sie blühen, sie blühen nicht...

Es ist das Ziel jedes Zimmerpflanzengärtners, seine Topfpflanzen mit Ausnahme der sogenannten Blattgewächse zur Blüte zu bringen. Bei manchen Arten gelingt dies regelmäßig, bei anderen nicht. Es gibt eine Reihe von Hausrezepten, die mehr oder – in den meisten Fällen – weniger nützlich sind. Zum Beispiel hat die Trockenperiode der Zimmerkalla (*Zantedeschia aethiopica*) oder des Weihnachtskaktus (*Schlumbergera*-Hybriden) keinen Einfluß auf die Blütenbildung, auch wenn viele darauf schwören und dies auch in manchen Büchern nachzulesen ist. Auch das reichliche Düngen mit phosphorbetonten Düngemitteln verhindert nur einen möglichen Nährstoffmangel, denn während der Blüte kann das Phosphorbedürfnis der Pflanzen besonders hoch sein. Als ein die Blüte auslösender Faktor dürfen wir das Düngen nicht auffassen.
Wir wissen heute bei einigen Pflanzen, welche Bedingungen die Blüte bewirken. Zunächst müssen wir uns überlegen, wann eine Pflanze überhaupt blühen kann. Ein Sämling kann dies noch nicht; er muß gewissermaßen erst in die Pubertät kommen, er muß die „Blühreife" erreichen. Dies kann bei schnellwachsenden Pflanzen, besonders bei Einjährigen, schon nach wenigen Wochen der Fall sein, es kann aber auch bei Orchideen oder Ananasgewächsen mehrere Jahre dauern. Wenn wir von einer blühfähigen Pflanze einen Steckling schneiden, dann kann die so gewonnene neue Pflanze viel schneller zur Blüte kommen als ein Sämling.
Dies ist für den Zimmerpflanzenfreund schon sehr wichtig: Aus einem Samenkorn einer Passionsblume zum Beispiel wird man im ersten Jahr keine blühende Pflanze erzielen können, wohl aber von einem Steckling eines älteren Exemplars. Beim Stecklingsschnitt können wir übrigens schon viel dafür tun, später reichblühende Zimmerpflanzen zu erhalten. Wenn wir den Steckling von blühfaulen Mutterpflanzen schneiden, dürfen wir nicht erwarten, daß sich die Nachkommen zu ihrem Vorteil verändern. Immer wieder hört man Klagen, daß Zimmerlinden (*Sparmannia africana*) nicht blühen wollen. Stehen sie nicht an zu dunklen Plätzen, dann wurden sicherlich die Stecklinge von Pflanzen geschnitten, die

Viele Kakteen wie diese Echinopsis und Lobivien kommen nur dann zur Blüte, wenn sie im Winter kühl stehen. Wer diese Pflanzen das ganze Jahr im warmen Zimmer stehen hat, braucht sich über den ausbleibenden Flor nicht zu wundern.

blühfaul waren, oder aber von Bodentrieben. Bodentriebe entwickeln sich an größeren Exemplaren unten am Stamm. Selbst von reichblühenden Zimmerlinden sind diese Bodentriebe ausgesprochen blühfaul. Besser ist es, Stecklinge aus der oberen Region zu schneiden.

Haben Pflanzen die Blühreife erreicht, dann sind in vielen Fällen noch bestimmte Bedingungen erforderlich, um die Blütenbildung auszulösen. Das können hohe oder niedrige Temperaturen, das kann eine bestimmte tägliche Belichtungsdauer oder aber das Zusammenwirken von Temperatur und Belichtung sein. Wen wundert es, daß lichtbedürftige Pflanzen wie der Roseneibisch (*Hibiscus rosa-sinensis*) an einem sehr hellen Platz besonders üppig blühen? Hier ist die hohe Lichtintensität von Vorteil. Unter ungünstigen Lichtverhältnissen werden aber immer noch einzelne Blüten erscheinen. Selbst bei Pflanzen, die wir intensiver direkter Sonne nicht aussetzen dürfen wie die Drehfrucht (*Streptocarpus*-Hybriden), wirkt sich viel, wenn auch diffuses Licht günstig auf den Blütenreichtum aus.

Für den beliebten Weihnachtsstern spielt nicht die Lichtintensität die entscheidende Rolle. Warum kommt diese Pflanze immer im Winter zur Blüte, dann, wenn die Tage kürzer werden? Der Weihnachtsstern reagiert auf die Länge der Tage, und zwar so, daß die Blüte ausgelöst wird, wenn eine bestimmte Tageslänge unterschritten ist. Gärtner und Botaniker sprechen von einer Kurztagpflanze. Seit die Reaktionsweise des Weihnachtssterns bekannt ist, kann der Gärtner den genauen Blühtermin festlegen. Wenn er will, kann er blühende Weihnachtssterne auch zu Ostern, mitten im Sommer oder aber im Herbst anbieten. Läßt man die natürliche Lichtquelle, die Sonne, auf die Weihnachtssterne einwirken, dann blühen sie in unseren Breiten schon zur Adventszeit. Wollen wir die Blüte erst zu Weihnachten, dann müssen wir für längere Tage sorgen.

Die „kritische Tageslänge", die den Blühimpuls auslöst, liegt bei üblichen Zimmertemperaturen von etwa 21 °C bei 12 Stunden Licht am Tag. Von Mitte September bis etwa 10. Oktober sorgen wir mit Hilfe von Lampen für eine Belichtung von insgesamt mindestens 14 Stunden pro Tag. Sehr hell muß das Kunstlicht gar nicht sein. Lampen mit einer Stromaufnahme von 25 Watt, maximal 1 m über den Pflanzen aufgehängt, reichen aus, um eine Fläche von 1 m² mit genügend Licht zu versorgen. Diese hohe Empfindlichkeit für das Licht kann auch zum Problem werden. Stehen die Pflanzen in einem beleuchteten Blumenfenster oder an einem Fenster, das nachts Licht von einer Straßenlaterne erhält, dann müssen wir den Pflanzen eine ungestörte, das heißt absolut dunkle Nachtruhe von mehr als 12 Stunden verschaffen, indem wir sie mit einem schwarzen Tuch oder ähnlichem abdecken. Dieses Verdunkeln sollte mindestens 30 Tage lang erfolgen.

Sehr ähnlich wie der Weihnachtsstern reagiert das Flammende Käthchen (*Kalanchoë blossfeldiana* und *K.*-Hybriden). Sollen sie blühen, so müssen wir für kurze Tage sorgen. Kurz heißt hier weniger als 10 Stunden, denn die kritische Tageslänge liegt je nach Sorten zwischen etwa 10 und 12 Stunden. Ebenfalls 30 Kurztage genügen für einen reichen Blütenansatz.

Ganz anders reagieren beispielsweise einige Fuchsiensorten. Sie blühen nur, wenn die Tage länger als 12 oder 13 Stunden sind. Dazu ist unsere Hilfe nicht erforderlich, dafür sorgt die Sonne von allein. Es gibt noch andere, kompliziertere Reaktionstypen, zum Beispiel unser Brutblatt (*Kalanchoë daigremontiana* und *K. tubiflora*, früher *Bryophyllum*), das zunächst für einige Wochen Langtage und dann Kurztage braucht, um zur Blüte zu kommen, oder die Englischen oder Edelgeranien (*Pelargonium*-Grandiflorum-Hybriden), die erst Kurz- und dann Langtage wollen. Aber dies braucht uns nicht weiter zu kümmern. Es wurde nur zum besseren Verständnis der unterschiedlichen Reaktionsweisen erwähnt.

Von praktischer Bedeutung dagegen ist die Notwendigkeit von bestimmten, meist niedrigen Temperaturen zur Auslösung des Blühimpulses. Bei manchen Pflanzen ist die kühle Periode nur erforderlich, damit sich die bereits angelegten Blüten entfalten können. Ein gutes Beispiel dafür ist das Riemenblatt (*Clivia miniata*). Viele kennen das: der schöne Blütenstand erscheint, bleibt aber mitten zwischen dem Laub stecken und blüht nicht völlig auf. Die Ursache ist, daß die Pflanzen im Winter zu warm standen. Clivien wollen während des Winters für möglichst 4 Wochen Temperaturen knapp unter 10 °C. Dann erst entfaltet sich der Blütenstand zu seiner eindrucksvollen Größe.

Von der Flamingoblume (*Anthurium*-Scherzerianum-Hybriden) kennen wir ähn-

liches. Als wärmeliebende Pflanze schätzt sie Temperaturen über 20 °C. Bei diesen Temperaturen setzt sie auch ihre Blüten an, aber es entwickeln sich immer nur einzelne, wenn nicht niedrige Temperaturen von etwa 15 °C über 6 Wochen geradezu einen Blütenschub auslösen.
Nicht jeder Zimmergärtner wird den erforderlichen kühlen und doch hellen Platz finden. Ein Kellerraum ist meist zu dunkel oder aber zu kalt. Ein mäßig geheiztes Schlafzimmer ist meist besser geeignet. Wer auch dort Temperaturen um 20 °C schätzt, wird bei manchen Topfpflanzen vergeblich auf Blüten warten. Ein Beispiel dafür ist die leuchtend rot blühende, sehr hübsche Sukkulente *Rochea coccinea*. Sie blüht nicht, wenn die Temperatur nicht für etwa 6 Wochen unter 10 °C liegt. Auch viele Kakteen sind bekannt dafür, daß nur eine kühle Ruheperiode zur Blüte führt. Meist reichen Temperaturen um 10 °C aus, zum Beispiel bei *Gymnocalycium baldianum*, *Notocactus scopa* und *N. tabularis*, einigen Mammillarien wie *M. zeilmanniana*, *Lobivia aurea* und *Rebutia marsoneri*. *Parodia ayopayana* nimmt sogar mit 15 bis 20 °C vorlieb.
Nicht nur sukkulente Pflanzen bedürfen einer Kühlperiode. Auch die herrlich blau blühende Brunfelsie will zwischen 9 und 12 °C für etwa 8 Wochen. Ganz anders reagiert die Kamelie *(Camellia japonica)*. Bei ihr bleibt unter 15 °C die Blüte aus. Die Hortensie *(Hydrangea macrophylla)* ist dagegen sehr genügsam. In dem weiten Bereich zwischen 9 und 25 °C setzt sie Blüten an. Erst über 25 °C wird man vergeblich darauf warten.
Dies sind nur einige Beispiele dafür gewesen, daß es in vielen Fällen ganz konkrete Gründe hat, wenn die Blüte unserer Topfpflanzen ausbleibt. Sie sollten der Verdeutlichung der unterschiedlichen Reaktionsweisen dienen. Leider wissen wir noch nicht sehr viel; das Verhalten vieler Arten ist noch unbekannt. Häufig reagieren auch verschiedene Sorten einer Art unterschiedlich. Das, was bis heute in Erfahrung gebracht werden konnte, ist im speziellen Teil berücksichtigt, sofern es von praktischem Interesse ist. Die Angaben sollen nicht dazu anregen, unsere Wohnräume in Klimakammern umzufunktionieren. Sie sollen vielmehr Aufschluß geben, warum die Blüte ausbleibt und darüber hinaus die Auswahl geeigneter Zimmerpflanzen erleichtern.
Zum Abschluß sei noch ein recht lustig klingender Trick verraten: Wer seine Ananasgewächse aus Kindeln herangezogen hat, wird oft auf eine Geduldsprobe gestellt, denn die Blüte läßt sich jahrelang Zeit. Wenn die Pflanzen blühreif geworden, also annähernd ausgewachsen sind, können wir die Blüte auf eine ganz einfache Weise auslösen. Das Ananasgewächs wird mitsamt einiger reifer Äpfel in eine farblose Kunststofftüte gesteckt und für einige Tage dort belassen. Die Äpfel scheiden das Gas Äthylen aus, das bei Bromelien die Blüte anregt. Je nach Art und Jahreszeit dauert es dann 2 bis 4 Monate, bis die Pflanze in voller Blüte steht.
Überprüfen wir einmal die Gründe, warum Pflanzen in Wohnräumen nicht blühen wollen, so ist in der Mehrzahl der Fälle ein zu dunkler Stand dafür verantwortlich. In der auf Seite 20 abgebildeten Blumenecke entwickelt sich die kleine Wachsblume *(Hoya bella)* sehr gut, doch die künstliche Beleuchtung reicht für einen üppigen Flor nicht aus. Nur vereinzelt erscheinen die reizvollen, wohlriechenden Blüten.
Der zweithäufigste Grund für eine ausbleibende Blüte ist die zu warme Überwinterung. Die so begehrte neuentdeckte Sukkulente *Tacitus bellus* wird auch bei bester Pflege im warmen Wohnzimmer nicht blühen. Ein kühler Raum im Winter löst alle Probleme.

Reifende Äpfel scheiden das Gas Äthylen aus. Wirkt es einige Zeit auf blühreife Ananasgewächse ein, so kann es die Blütenbildung auslösen.

Blüten mitten im Winter

Seitdem es Gärtner gibt, existiert auch der Wunsch, Pflanzen zu einer Jahreszeit blühen zu lassen, zu der sie es üblicherweise nicht tun. In der Regel ist das bei uns der Winter, wenn uns draußen höchstens eine Christrose, ein Winterjasmin oder ein vorwitziges Schneeglöckchen mit Blüten erfreut. Tatsächlich lassen sich viele Pflanzen derartig manipulieren. Das reiche Angebot der Blumengeschäfte auch im Winter ist ein beredtes Zeugnis.
Schauen wir uns das Angebot an, so bemerken wir, daß zu dieser Jahreszeit besonders viele Blüten von Zwiebelgewächsen wie Tulpen und Narzissen angeboten werden. Dies hat seinen Grund. Bereits im Sommer haben diese Pflanzen im Innern der Zwiebel die Blütenorgane für das kommende Jahr vollständig ausgebildet, wenn auch winzig klein. Sie warten nur noch auf bestimmte Temperaturen, um die Blüten zur Entwicklung und Entfaltung zu bringen. Wärme läßt sich ohne Schwierigkeiten schaffen. Der Gärtner heizt seine Gewächs-

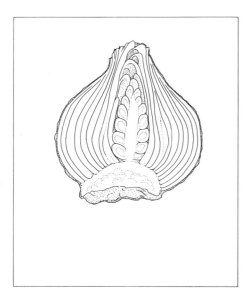

häuser – noch heute spricht man von „Treibhäusern" –, in unseren Wohnstuben ist es bereits warm. Doch so einfach, wie es nach diesen wenigen Sätzen den Anschein hat, ist es nicht. Wir können erst dann mit der Treiberei beginnen, wenn die Blütenorgane zum Austrieb bereit sind. Manche Pflanzen machen eine Ruhezeit durch, während der sie sich auch durch höhere Temperaturen nicht zum Wachsen animieren lassen, ja, höhere Temperaturen erschweren sogar das Überwinden der Ruhezeit. Erst wenn diese innere Ruhe beendet ist, kann die Treiberei mit Wärme beginnen. Im Garten ruhen die Maiglöckchen dann immer noch, aber nicht freiwillig. Die innere Ruhe haben sie überwunden, aber es folgt eine aufgezwungene Ruhe, eine „Zwangsruhe", weil die niedrigen Temperaturen das Wachstum noch nicht zulassen. Die gärtnerische Kunst liegt nun darin, den Zeitpunkt zu erwischen, wenn die Pflanze zum Austrieb bereit ist und nur durch zu niedrige Temperaturen daran gehindert wird. Das ist je nach Pflanzenart, ja sogar je nach Sorte verschieden. Um sich nicht gar zu lange gedulden zu müssen, haben die Gärtner bestimmte Temperaturabfolgen entwickelt, mit denen sich der Zeitpunkt der Treibreife vorverlegen läßt. Die auf diese Weise behandelten Zwiebeln sind als „präparierte Zwiebeln" im Handel erhältlich. Wer Tulpen zum Treiben haben möchte, sollte präparierte Zwiebeln kaufen, auch wenn sie ein wenig teurer sind. Für den Garten genügen die unbehandelten. Die Präparation ist kompliziert und muß direkt nach der Ernte einsetzen. Wir können sie also nicht selbst durchführen, sondern überlassen sie den Blumenzwiebelproduzenten.

Oben: Wenn wir im Herbst Blumenzwiebeln kaufen, so sind im Innern die Blütenanlagen schon vollständig ausgebildet. Sie benötigen nun bestimmte Temperaturen, um sich strecken und entfalten zu können.

Unten links: Im „doppelten Hyazinthenglas", das in alten Zimmerpflanzen-Büchern abgebildet ist, entwickelte sich ein Blütenstand nach oben, der zweite nach unten ins Wasser.

Unten rechts: Die unbewurzelte und unbeblätterte Knolle der Eidechsenwurz (Sauromatum venosum) schiebt im warmen Zimmer ihre attraktive, aber unangenehm duftende Blüte empor. Erst wenn sie welkt, entwickelt sich das langgestielte einzige Blatt.

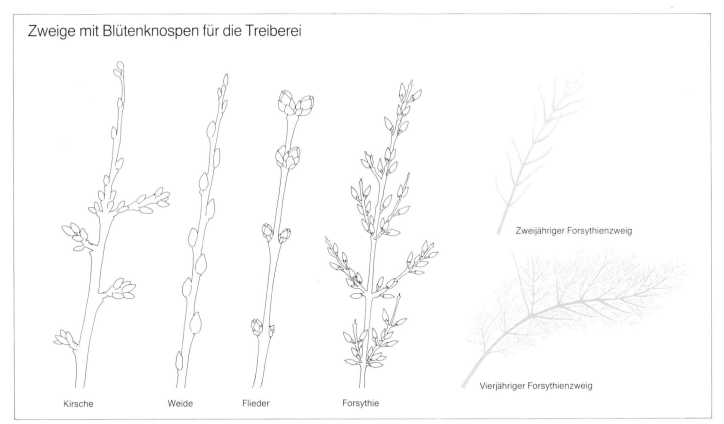

Zweige mit Blütenknospen für die Treiberei

Kirsche — Weide — Flieder — Forsythie

Zweijähriger Forsythienzweig

Vierjähriger Forsythienzweig

Nur jene Zweige können Blüten hervorbringen, die bis zum Herbst Blütenknospen gebildet haben. Die dickeren Blütenknospen unterscheiden sich meist sehr deutlich von den schlanken Blattknospen. Sehr gut erkennt man die Unterschiede bei Forsythien. Ihre Zweige tragen um so mehr Blütenknospen, je älter sie sind. Einjährige Zweige besitzen nur Blattknospen.

Bleiben wir bei den Tulpen. Ist die Präparation abgeschlossen, dann sollten sie möglichst bald in die Erde gesteckt und in einem kühlen, dunklen Raum aufgestellt werden. Die beste Zeit ist von Anfang Oktober bis Mitte November. Liegen sie noch lange im Laden, dann kann sich das nachteilig auswirken. Im Dezember oder noch später Treibzwiebeln zu kaufen, ist unsinnig.
Die richtige Temperatur zum Auslösen des Streckungswachstums in der Zwiebel liegt zwischen 5 und 10 °C. Wenn wir nicht gleich zum Einpflanzen kommen, bewahren wir die Zwiebeln bei etwa 17 °C auf. Erst dann, wenn die Tulpen ausreichend Wurzeln gebildet haben und der Sproß sich weit genug aus der Zwiebel gestreckt hat, darf man die Tulpen hell und warm aufstellen. Als grober Anhaltspunkt gilt eine Sproßlänge von etwa 5 cm. Je niedriger dann die Treibtemperaturen sind, um so länger dauert es bis zur Blüte, um so haltbarer ist sie aber auch.
Am hübschesten ist es, wenn wir gleich mehrere Tulpenzwiebeln in einen Topf oder in eine Schale stecken. Der spitz zulaufende Zwiebelhals muß aus der Erde herausschauen; so kommt es nicht so leicht zum Faulen. Geeignet ist jede Blumenerde, die noch nicht für diesen Zweck Verwendung fand und einen pH-Wert zwischen 6 und 7,5 aufweist. Für die Treiberei im Topf sind niedrige Tulpen am besten geeignet, zum Beispiel die Sorten 'Princeps', 'Carlton', 'Stockholm' und 'Peach Blossom'.
Die dankbarsten Zwiebelgewächse für die Treiberei sind die Hyazinthen. Auch bei ihnen unterscheidet man zwischen den unbehandelten und den präparierten. Wie die Tulpen steckt man sie bis spätestens Ende November in die Erde und läßt ebenfalls den Zwiebelhals herausschauen. Die beste Bewurzelungstemperatur liegt bei 10 °C; sie sollte nicht unter 7 °C absinken.
Seit vielen Jahren werden Hyazinthen in mit Wasser gefüllten Gläsern getrieben. In jüngster Zeit ist es ein wenig aus der Mode gekommen, so daß man oft Mühe hat, Hyazinthengläser zu erhalten. Die Gläser werden so weit mit Wasser gefüllt, daß die Wasseroberfläche knapp unter dem Zwiebelboden endet, sonst faulen die Hyazinthen sofort. Früher gab es sogar doppelte Hazinthengläser, in die gleichzeitig zwei Hyazinthen hineinwuchsen, und zwar eine in üblicher Manier, die andere aber entgegengesetzt, so daß die Wurzeln nach oben zeigten. Die Blüte der unteren steckte völlig im Wasser. Ich habe nie ausprobiert, ob es funktioniert. Es klingt schon etwas unglaubwürdig, doch berichten mehrere Gärtner von dieser Methode.
Bei den Hyazinthen kommt es häufig vor, daß bereits die ersten Wurzelansätze abfaulen. Man empfahl früher, den Zwiebelboden in Holzkohlepulver zu tauchen und auch dem Wasser im Glas Holzkohle beizufügen. Wirkungsvoller ist es, die Zwiebeln in einem pulverigen Pilzbekämpfungsmittel zu wälzen, zum Beispiel in Ronilan. Auch bei Tulpen und anderen Zwiebelgewächsen kann dies vor dem Einpflanzen nützlich sein.
Doch zurück zu den Hyazinthen. Wenn sie kühl bei etwa 10 °C stehen, sollte es natürlich dunkel sein. Kann man sie nicht in den Keller bringen, behilft man sich mit dem bekannten Hütchen. Sie bleiben so lange im Dunkeln, bis der Austrieb etwa 10 cm Höhe erreicht hat. Der Blütenstand ist dann schon gut zu sehen. Ist es zu feucht, faulen Knospen oder Blüten. Dagegen hilft nur ein luftiger, lufttrockener Stand. Beim Treiben sollte es nicht wärmer als 20 °C sein.

Iris-Hybride 'Katherine Hodgkin', ein Leckerbissen auch für das kalte Kleingewächshaus.

Natürlich gibt es Unterschiede zum Beispiel beim spätesten Pflanztermin und dem frühesten Treibbeginn, je nachdem, ob es präparierte Zwiebeln sind oder nicht. Am einfachsten ist es aber, wie beschrieben zu verfahren und dann zu treiben, wenn die genannte Höhe erreicht ist.

Narzissen steckt man von Anfang Oktober bis Anfang Dezember in gleicher Weise wie bei Tulpen beschrieben in die Erde. Die Töpfe müssen, je nach Sorte, größer bemessen sein. Zur Wurzelbildung sind wiederum 9 °C optimal, als Treibtemperatur 15 °C. Mit dem Treiben kann begonnen werden, wenn die Zwiebeln gut bewurzelt sind. Die Austriebe sind dann etwa 10 cm lang. Auch bei Narzissen achten wir auf kleinbleibende Sorten, etwa 'February Gold', 'Carbineer' oder einfache „Jonquillen". Krokusse werden ähnlich wie Narzissen behandelt. Wenn die Knospen Farbe zeigen, stellen wir sie ins warme Zimmer. *Iris*-Hollandica-Hybriden sind nicht zum Treiben im Zimmer zu empfehlen. Besser eignen sich einige kleine *Iris* wie *I. danfordiae*, *I. histrioides*, *I. reticulata* sowie deren Sorten. Ab Anfang Februar können wir sie aus dem Frühbeet holen und bei 12 bis 15 °C in etwa 14 Tagen zur Blüte bringen. Genauso behandeln wir *Scilla tubergeniana*. Für die Treiberei nicht geeignet sind die ähnlichen *Chionodoxa* sowie Schneeglöckchen (*Galanthus*). Die Traubenhyazinthen *Muscari botryoides* und *M. armeniacum* vertragen ab Mitte Februar etwas höhere Temperaturen um 15 °C.

Hübsch ist es, Herbstzeitlosen (*Colchicum*) und die Eidechsenwurz (*Sauromatum venosum*, auch als *S. guttatum* oder *Arum cornutum* angeboten) im Zimmer zur Blüte zu bringen. Sie lassen sich auch ohne Erde völlig trocken treiben. Allerdings gelingt dies nicht immer. Voraussetzung ist, daß die Knollen kräftig genug sind. Offensichtlich scheint auch bei allzu trockener Luft der Feuchtigkeitsverlust so hoch zu sein, daß die Knollen schrumpfen und die Blüten nicht zur Entfaltung kommen. Statt die Knollen einfach an einen hellen, zimmerwarmen Platz zu legen, drücken wir sie leicht in eine Schale mit einem Torf-Sand-Gemisch, das nur mäßig feucht zu halten ist. Auf diese Weise mag auch der Erfolg haben, dem die Trockentreiberei bislang nicht gelang.

Besonders viel Freude macht es, Gehölzzweige im Winter zur Blüte zu bringen. In den Knospen dieser Gehölze sind im Winter – wie bei den Zwiebelgewächsen – die Blütenanlagen bereits vorhanden. Sie warten nach der Überwindung der inneren Ruhe nur auf höhere Temperaturen. Der Tag, an dem viele Gehölze ihre innere Ruhe überwunden haben und getrieben werden können, ist allgemein bekannt: es ist der Barbaratag am 4. Dezember, weshalb man auch von Barbarazweigen spricht. War der Herbst und Winter zuvor recht warm, kann sich der Termin auch noch etwas hinauszögern. Nicht nur Forsythien eignen sich dazu, sondern auch Kirschen, Pflaumen, Pfirsiche und Aprikosen, Kornelkirschen (*Cornus mas*), Scheinhasel (*Corylopsis*), Geißklee (*Cytisus*), Falscher Jasmin (*Deutzia*), Zaubernüsse (*Hamamelis*), Echter Jasmin (*Jasminum nudiflorum*), Äpfel einschließlich der Zieräpfel, Spiersträucher (*Spiraea*), Flieder und *Viburnum*.

Die Zweige werden somit frühestens am Barbaratag geschnitten. Dabei achten wir darauf, daß wir Triebe mit Blütenknospen erwischen. Von den Obstbäumen wissen wir, daß nicht aus jeder Knospe Blüten entstehen, sondern daß einige nur Blätter hervorbringen. Wer seine Obstbäume genau beobachtet hat, kennt die Unterschiede. Bei den Forsythien sind sie besonders deutlich. Die Blütenknospen sind dick und kürzer als die langen, spitzen Blattknospen.

Die geschnittenen Zweige stellen wir zunächst in warmes Wasser von etwa 30 °C. An einem hellen Platz direkt am Fenster bei Zimmertemperatur treiben sie bald aus. Nicht zu trockene Luft begünstigt den Austrieb. Gegebenenfalls sprühen wir sie täglich mit einer Blumenspritze einmal kurz an. Schon bald erfreuen uns Blüten mitten im Winter.

Zimmerpflanzen im Urlaub gut versorgt

In jedem Jahr taucht zumindest einmal die Frage auf, was mit den Zimmerpflanzen während unserer Abwesenheit geschehen soll. 2 bis 3 Tage sind bei den meisten Pflanzen unproblematisch. Die schlimmsten Säufer erhalten ausnahmsweise den Untersetzer aufgefüllt, nachdem sich die Erde bereits vollsaugen konnte. So läßt sich auch ein verlängertes Wochenende überbrücken. Die Pflanzen in unseren Büros müssen diese Prozedur jedes Wochenende über sich ergehen lassen. Bei 4 und mehr Tagen beginnt es, problematisch zu werden. Eine so lange Bevorratung ist besonders im Sommer nicht mehr möglich.

Das Ideale in einem solchen Fall ist der gute Nachbar. Seine bereitwillige Hilfe ist durch nichts zu ersetzen. Und gegenseitige Hilfsbereitschaft sollte unter Nachbarn eigentlich selbstverständlich sein. Auch den Ungeübten kann man so weit einweisen, daß Schäden nicht zu befürchten sind. Da der hilfsbereite Nachbar aus Angst, ja nichts vertrocknen zu lassen, dazu neigt, zuviel zu gießen, sollten wir bei feuchtempfindlichen Pflanzen die Gießhäufigkeit festlegen. Ich stelle zum Beispiel während des Urlaubs alle Sukkulenten zusammen, die mit einer einmaligen Wassergabe pro Woche vorlieb nehmen. Ist es während dieser Zeit einmal ungewöhnlich sonnig und der Wasserverbrauch liegt höher als erwartet, dann nehmen dies die robusten Sukkulenten auch nicht übel – anders, als wenn sie 14 Tage im „Sumpf" stehen müßten.

Läßt sich die Nachbarschaftshilfe nicht realisieren, dann müssen wir notgedrungen nach anderen Lösungen suchen. Die Pflanzen, die während des Sommers im Freien stehen können, topfen wir aus und graben sie im Garten ein – natürlich nicht im Regenschatten des Hauses oder dichter Gehölze. Nach gründlichem Gießen kommen sie auf diese Weise einige Zeit auch ohne Regen aus. Wenn wir den Boden um die Topfpflanzen durch eine Mulchdecke aus Kompost, Rasenschnitt oder eine Kunststoff-

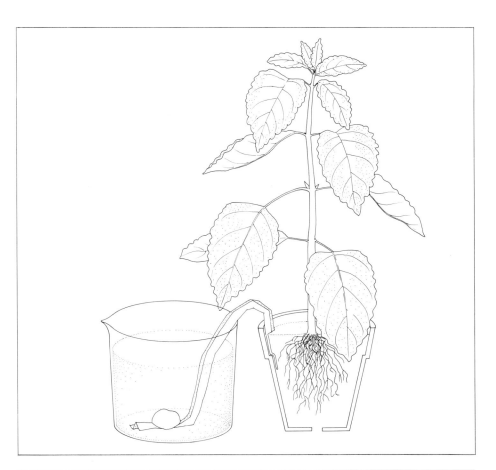

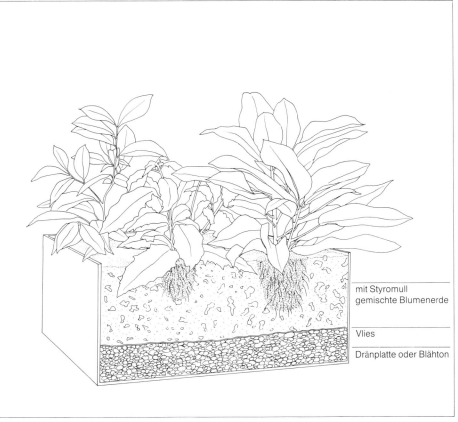

Oben: Die einfachste automatische Wasserversorgung: Der Streifen eines Vliesstoffes saugt das Wasser aus dem Vorratsbehälter. Bei Pflanzen, die viel Wasser verbrauchen, faltet man das Vlies ein- oder mehrmals. Ein Kieselstein hält den Stoffstreifen immer im Wasser.

Unten: In eine Wanne oder einen Trog gesetzt, überstehen Zimmerpflanzen jeden Kurzurlaub. Die Dränplatte speichert viel Wasser, das nach und nach an die Erde abgegeben wird.

Oben: Die Dochtbewässerung gibt es in vielen Varianten. Dicke und Länge des Dochtes entscheiden über die transportierte Wassermenge. Die Dochte müssen demnach dem Bedarf der Pflanzen und den Eigenschaften der Erde angepaßt sein. Durch einen Tonzylinder, der in die Erde gesteckt wird, dringt das Wasser beim „Blumat". Ein dünner Schlauch verbindet den Zylinder mit dem Vorratsbehälter.

leus) oder Hortensien (Hydrangea), dann stellen wir sie mitsamt dem Topf soweit hinein, daß die Oberkante mit der Substratoberfläche abschließt. Aus Kunststofftöpfen nehmen wir die Pflanzen am besten heraus. Dies macht nur dann Schwierigkeiten, wenn sie noch nicht durchwurzelt sind und der Ballen auseinander fällt. Daß die ausgetopften Pflanzen während des Urlaubs in das umgebende Substrat hineinwurzeln und diese neuen Wurzeln beim späteren Herausholen beschädigt werden, ist nicht schwerwiegend.

Das Gefäß können wir bis auf die Höhe des Vlieses mit Wasser bevorraten. Die Anstauhöhe läßt sich am leichtesten mit einem für die Hydrokultur gebräuchlichen Wasserstandsanzeiger, der lang genug sein muß, kontrollieren. In der Regel reicht dies für 3 oder mehr Wochen. Das Wasser steigt aus der Dränplatte auf kapillarem Weg bis in das Substrat.

Kapillarkräfte, also das Ansteigen des Wassers in feinen Röhren, wirken auch bei den anderen Bevorratungsmethoden. Altbekannt ist der dicke Wollfaden, der das Wasser aus einem Vorratsbehälter in den Topf saugt. Wieviel Wasser transportiert wird, ist vom Durchmesser jeder Kapillare – ein Faden ist ein ganzes Kapillarbündel – und von deren Länge abhängig. Wir müssen also vor dem Urlaub ausprobieren, ob mehrere Wollfäden nötig sind und wo der Vorratsbehälter stehen muß. Steht er unter den Pflanzen, fließt weniger Wasser, als

Folie vor unproduktiver Verdunstung schützen, läßt sich diese Zeit noch verlängern. Darüber hinaus können wir bei dieser Methode nur auf Regen hoffen.

Fahren wir im Herbst oder Winter in Urlaub oder kultivieren wir empfindliche Gewächse der Tropen, dann verbietet sich der Gartenaufenthalt. Vergleichbar mit dem Aussetzen im Garten ist eine Methode, die von der BASF im Limburgerhof erprobt wurde. Wir benötigen dazu einen wasserdichten Behälter von mindestens 30 bis 40 cm Höhe. Auf den Boden legen wir zwei Styropor-Dränplatten von je 6,5 cm Stärke übereinander. Solche Dränplatten sind in Baustoffhandlungen erhältlich. An ihrer Stelle läßt sich auch Blähton verwenden, der als Haltesubstrat für die Hydrokultur in jedem Blumengeschäft zu kaufen ist. Auf diese Dränageschicht legen wir einen Vliesstoff, am besten ein Bewässerungsvlies, wie es im Gartenbau gebräuchlich ist. Die Ränder des Vlieses schlagen wir soweit um, daß sie bis zum Boden des Gefäßes reichen. Auf das Vlies füllen wir eine übliche Blumenerde, der wir zuvor rund $1/4$ Styromull untermischten. Dies entspricht etwa dem Compo-Spezialsubstrat für Dauerbewässerungssysteme.

Dort hinein kommen die Topfpflanzen. Sitzen sie in Tontöpfen und brauchen sie nicht so viel Wasser wie Buntnesseln (Co-

Unten: Dauerbewässerungssysteme sind keine Erfindung unserer Tage. Der „Levetzkowsche Patent-Culturtopf" besaß einen inneren Tontopf. In den Raum zwischen Innen- und Außengefäß wurde Wasser eingefüllt, das langsam durch die Tonwand nach innen diffundierte.

116

wenn er über ihnen befestigt wird. Mehr Wasser als Wollfäden leiten Streifen eines dünnen Vliesstoffes. Auch mit ihm müssen wir zuvor Erfahrungen sammeln.

Nicht anders funktionieren die verschiedenen Dauerbewässerungssysteme, die als Alternative zum täglichen Gießen, aber auch zur Hydrokultur angeboten werden. Von der Hydrokultur unterscheiden sie sich darin, daß die Pflanzen in Erde sitzen und mit ihren Wurzeln – normalerweise – nicht in den Wasservorrat hineinwachsen. Es sind demnach Töpfe, die einen Wasservorratsraum aufweisen und einen davon getrennten Behälter zur Aufnahme der Erde und der Pflanze. Aus dem Vorratsbehälter saugen je nach Fabrikat Dochte oder Vliese das Wasser in die Erde.

Wieviel Wasser transportiert wird, ist wiederum von der Beschaffenheit des Dochtes oder Vlieses abhängig, nicht aber vom tatsächlichen Bedarf der Pflanzen. Beides läßt sich nur durch die Wahl des saugenden Materials möglichst weit annähern. Um die Pflanzen nicht vertrocknen zu lassen, sind die Dauerbewässerungssysteme in der Regel so konstruiert, daß mehr als reichlich Wasser in die Erde gelangt. Die Erde ist ständig nahezu gesättigt. Nicht alle Pflanzen mögen dies auf Dauer, schon gar nicht, wenn sie in einer wenig gut belüfteten Erde sitzen. Der längere Einsatz von Dauerbewässerungssystemen empfiehlt sich somit nur für Pflanzen, die einen hohen Wasserbedarf haben und empfindlich gegen das Austrocknen sind. Zum anderen muß das Substrat trotz des hohen Sättigungsgrades den Wurzeln noch ausreichend Sauerstoff zuführen. Für diesen Zweck wurde das Compo-Spezialsubstrat für Dauerbewässerungssysteme entwickelt, das aber auch nach einem Jahr erneuert werden muß. Da es kaum Nährstoffe enthält, ist gleich mit dem Düngen zu beginnen.

Wer selbst Substrate für diesen Zweck mischen will, verwende neben möglichst grobem Weißtorf Materialien wie Lava- oder Urgesteinsgrus, Bimskies, Perlite, Korkschrot oder auch Rindenstücke, wie sie für Orchideen üblich sind.

Bei den Dauerbewässerungssystemen ist zu unterscheiden zwischen solchen Gefäßen, in die unsere Gewächse hineingepflanzt werden, und jenen, in die sie mitsamt ihrem Topf kommen. Letztere empfehlen sich für die kurzfristige Versorgung einzelner Pflanzen während des Urlaubs, aber auch für blühende Topfpflanzen mit hohem Wasserbedarf wie Azaleen, Elatiorbegonien oder Cinerarien. Ebenfalls nur während des Urlaubs sollte man den kleinen wassergefüllten Tonzylindern, die unter dem Namen „Blumat" oder „Florali" im Handel sind,

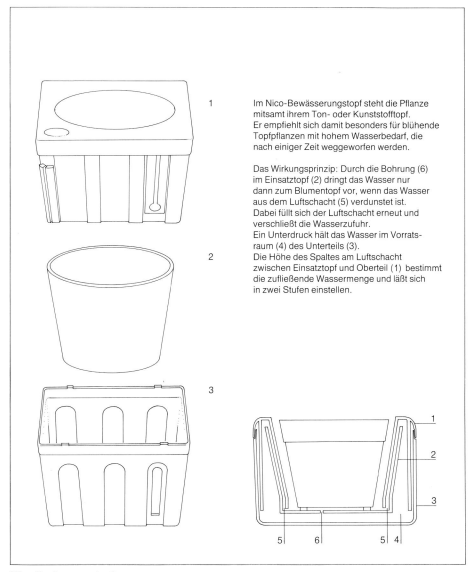

Nico-Bewässerungstopf

Im Nico-Bewässerungstopf steht die Pflanze mitsamt ihrem Ton- oder Kunststofftopf. Er empfiehlt sich damit besonders für blühende Topfpflanzen mit hohem Wasserbedarf, die nach einiger Zeit weggeworfen werden.

Das Wirkungsprinzip: Durch die Bohrung (6) im Einsatztopf (2) dringt das Wasser nur dann zum Blumentopf vor, wenn das Wasser aus dem Luftschacht (5) verdunstet ist. Dabei füllt sich der Luftschacht erneut und verschließt die Wasserzufuhr.
Ein Unterdruck hält das Wasser im Vorratsraum (4) des Unterteils (3).
Die Höhe des Spaltes am Luftschacht zwischen Einsatztopf und Oberteil (1) bestimmt die zufließende Wassermenge und läßt sich in zwei Stufen einstellen.

die Wasserversorgung der Topfpflanzen überlassen. Bei längerem Betrieb verstopfen Mikroorganismen Leitung und Behälter, aber auch die Durchlässigkeit der Tonwand scheint nachzulassen.

Nicht auf dem Prinzip der Kapilarität beruht die Funktion des Nico-Übertopfes. Bei ihm steht die Wasserversorgung im Zusammenhang mit der Verdunstung, allerdings ist auch mit ihm keine den Pflanzen exakt entsprechende Wasserzufuhr möglich. Bei diesem Topf wie bei allen anderen Dauerbewässerungssystemen ist es bei Dauerbetrieb sehr wichtig, die Erde erst abtrocknen zu lassen, bevor der Vorratsbehälter neu aufgefüllt wird.

Zimmerpflanzen in der Sommerfrische

Die Kübelpflanzen bedürfen im Winter des Schutzes unserer vier Wände, weil sie ansonsten erfrieren müßten. Für manche Zimmerpflanzen ist eine Standortveränderung nicht zwingend notwendig, aber doch der gesunden Entwicklung dienlich. Gemeint ist der sommerliche Aufenthalt auf Balkon und Terrasse oder im Garten. Viele Zimmerbewohner reagieren darauf mit besonders gutem Wachstum – die Pflanzen sind gesund und nicht anfällig gegenüber Schwächeparasiten.

Die Zahl der Zimmerpflanzen, die auf eine Sommerfrische positiv reagiert, ist groß. Erfolg wird man mit allen Arten haben, die aus subtropischen Gebieten stammen und keine allzu großen Temperaturansprüche stellen. Denken wir an die Kamelien *(Camellia japonica)* aus Japan, Korea und Nordchina, an die Myrte *(Myrtus communis)* vom Mittelmeer und die Azaleen *(Rhododendron simsii)*, deren Ausgangsarten eine ähnliche Verbreitung haben wie die Kamelien. Erfahrene Zimmerpflanzengärtner bringen sie im Sommer an einen Platz im Garten mit diffusem Licht und guter Luftbewegung. Auch das Alpenveilchen *(Cyclamen persicum)*, im Mittelmeerraum zuhause, übersteht so diese Jahreszeit am besten.

Anders ist es zum Beispiel mit den Gästen aus tropischen Gebieten, zum Beispiel aus den tropischen Regenwäldern. Sie sind besonders wärmebedürftig und vertragen die kühlen Nächte und auch einige Tage mit schlechtem Wetter nicht. Dazu gehören zum Beispiel die meisten Schwarzmundgewächse (Melastomataceae) wie *Medinilla magnifica* aus Südbrasilien und den Philippinen, aber auch Aronstabgewächse (Araceae) wie die wunderschönen *Caladium*, deren Ausgangsarten im tropischen Amerika zuhause sind, und Gesneriengewächse (Gesneriaceae) wie *Aeschynanthus speciosus* aus Java und Borneo sowie die beliebten Columneen, die ebenfalls aus dem tropischen Amerika stammen. Sie sind alle etwas heikle Zimmerpflanzen, die sich im geschlossenen Blumenfenster, der Vitrine oder im Kleingewächshaus wohler fühlen als im Wohnzimmer. Es wäre völlig falsch, sie im Sommer ins Freie zu stellen.

Ganz besonders zu empfehlen ist die Sommerfrische für viele sukkulente Pflanzen wie Kakteen, Aeonien, Echeverien und viele andere. Mittagsblumengewächse wie *Lampranthus conspicuus* werden in jüngster Zeit sogar zur Balkonkastenbepflanzung angeboten. Sie gedeihen während der warmen Jahreszeit im Freien viel besser. Erst im September/Oktober kommen sie ins kühle Zimmer. Der genaue Zeitpunkt ist abhängig von der Witterung des jeweiligen Jahres. In regenreichen Jahren brauchen sukkulente Pflanzen unbedingt einen Regenschutz, der aber den Lichtgenuß nicht wesentlich behindern soll. Dagegen wirkt sich die im Vergleich zum Wohnraum viel stärkere Temperaturdifferenz zwischen Tag und Nacht positiv aus. Kakteen aus höheren Lagen wie Lobivien finden so Verhältnisse, die denen ihrer Heimat in den Anden in über 3000 m Höhe etwa entsprechen. Selbstverständlich ist, daß allen Sommerfrischlern die Lichtverhältnisse wie im Zimmer zu bieten sind. Die lichthungrigen Kakteen erhalten nach einigen Tagen der Eingewöhnung volle Sonne. Den Schatten eines Baumes brauchen dagegen Orchideen oder Ananasgewächse. Auch Vertretern dieser Familien bekommt der Aufenthalt im Freien gut. Die beliebten „grauen" Tillandsien, die von vielen Pflanzenfreunden begeistert gesammelt werden, hängen wir mitsamt ihrer Kork- oder Aststücke in einen Baum und besprühen sie regelmäßig. Von den Orchideen eignen sich besonders die Arten des temperierten Hauses für einen Freilandaufenthalt, aber auch Kalthausorchideen. Beispiele sind *Bifrenaria*, *Coelogyne*, einige *Odontoglossum*, *Vanda* und *Zygopetalum*.

Der Aufenthalt im Freien während der warmen Jahreszeit bekommt vielen Zimmerpflanzen. Wichtig ist, sie vorsichtig an die Sonne zu gewöhnen und nur solche Pflanzen ans volle Licht zu stellen, die das auch auf der Fensterbank vertragen.

Zu Prachtexemplaren entwickelt sich der Oleander nur dann, wenn er im Winter nicht allzu sehr leidet. Nach einem ungeeigneten Winterquartier braucht er lange, bis er sich wieder erholt.

Ein Quartier für den Winter

Es gibt Pflanzen, die nur während weniger Monate im Jahr den Schutz des Hauses in Anspruch nehmen. Es sind die Kübel- und Balkonpflanzen. In vielen Fällen handelt es sich um Arten, die nicht winterhart und vor Frost zu schützen sind. Aber auch als frosthart bekannte Gewächse trotzen im Kübel keinesfalls allen Kältegraden. Im Garten reichen ihre Wurzeln in Bodenschichten, die selbst nach mehreren sehr kalten Tagen nur wenige Frostgrade aufweisen oder gar frostfrei sind. Die gilt besonders unter einer Schneedecke.

Im Kübel herrschen ganz andere Bedingungen. Der nur kleine Erdraum friert schon in der ersten Frostnacht durch und erreicht nach mehreren kalten Tagen Werte, die der Lufttemperatur entsprechen. Solchen Beanspruchungen widerstehen auch einige Frostharte nicht. Als Beispiel seien Rosen, Hortensien, *Aucuba* und *Euonymus* genannt. Daß Passionsblumen und Feigen erfrieren, wundert dagegen kaum, und doch sind auch sie an günstigen Stellen in der Nähe des Hauses und in nicht gerade extremen Wintern frosthart. Aber wer weiß schon vorher, ob der Winter extrem wird?

Ich habe jahrelang eine Passionsblume (*Passiflora caerulea*) im Freien beobachtet und mich gewundert, daß sie immer wieder gut durch den Winter kam. Als es aber im Winter 1977/1978 nach einigen warmen Tagen wieder bitter kalt wurde, hat sie dies nicht überlebt. Wer sich auf solche Experimente einläßt, muß also im voraus Verluste einplanen. Dies gilt ebenfalls für die Kamelien, die unter dem Namen „Effendee-Hybriden" im Handel sind. In milden Gebieten können sie sich durchaus einige Jahre im Freien bewähren und viel Freude machen. In strengen Wintern sind auch bei ihnen Schäden nicht auszuschließen.

Ein Überwinterungsraum nimmt uns alle Sorgen. Für viele subtropische Gewächse, die ja die Mehrzahl unserer Kübelpflanzen ausmachen, ist der frostfreie Überwinterungsraum sogar unerläßlich. Die Engelstrompete *(Datura)*, der Korallenstrauch *(Erythrina crista-galli)*, der Erdbeerbaum *(Arbutus unedo)* oder auch der Granatapfel *(Punica granatum)* würden es ausgesprochen übelnehmen, müßten sie den Winter im Freien verbringen.

Bei den Balkonpflanzen ist es nicht anders. Wer nicht jedes Jahr neue Pflanzen kaufen oder selbst heranziehen will, braucht einen geeigneten Überwinterungsraum. Wie sollte dieser Raum beschaffen sein? Ein feuchter, dunkler Keller ist zwar für die Lagerung von Kartoffeln und Weinflaschen hervorragend geeignet, als Winterquartier bietet er sich nicht an. Auch ein Raum neben dem Heizkeller, wo Temperaturen über 15 °C herrschen können, ist ungeeignet, ganz besonders, wenn er auch noch ziemlich dunkel ist.

Der ideale Überwinterungsraum hat Temperaturen zwischen 4 und 8 °C, keinesfalls über 10 °C, ist hell und gut durchlüftet. Eine stickige, feuchte Luft führt zu einem verstärkten Befall mit krankheitserregenden Pilzen. Dies kann man besonders bei vielen Kakteen feststellen, von denen viele im Winter ähnliche Ansprüche stellen wie die Kübel- und Balkonpflanzen. Zur Kontrolle der Temperatur sollte im Überwinterungsraum ein Minimum-Maximum-Thermometer hängen. Es zeigt an, wenn nachts die Temperatur möglicherweise zu stark absinkt, was bei Kontrollen am Tag verborgen bliebe.

Wer hat schon das Glück, über solch einen Raum zu verfügen? Meist müssen wir irgendwelche Kompromisse eingehen. Auf dem Dachboden ist es zu kalt oder zu dunkel oder beides. Im Treppenaufgang ist es oft zu warm, aber häufig noch vertretbar für viele Pflanzen wie Oleander und andere Subtropengewächse. Für große Agaven reicht der Platz nur selten. Ist der Keller weder feucht und stickig noch zu warm oder zu kalt, dann fehlt in der Regel das Licht. Wer seine Pelargonien oder Oleander im Dunkeln überwintert, darf nicht mit gesunden, kräftigen Pflanzen im nächsten Jahr rechnen. So muß jeder suchen, wo er einen geeigneten Überwinterungsraum findet. Manche Eigenheimbesitzer haben zwischen Garage und Haus einen kleinen, teilweise verglasten, ansonsten gemauerten Durchgang vorgesehen, der geradezu ideal ist für diesen Zweck. Mit künstlicher Beleuchtung lassen sich Kellerräume herrichten. Bis heute gibt es aber zu wenig Erfahrungen, wie hell es sein muß und wieviel Watt je m² zu installieren sind. Jeder mag Versuche anstellen, muß aber schon im voraus die Stromkosten bedenken!

Die Bedingungen des Überwinterungsraums beeinflussen die Pflege der dort aufgestellten Pflanzen wesentlich. Je wärmer es ist, um so öfter muß gegossen werden, denn die Aktivität der Pflanze bleibt größer und die Verdunstung ist stärker. Insgesamt gießen wir aber sehr vorsichtig, um keine Wurzelfäule aufkommen zu lassen. Keinesfalls wässern, wenn der Wurzelballen noch feucht ist!

Nachfolgend kann ich nur für die wichtigsten der riesigen Zahl von Balkon- und Kübelpflanzen Ratschläge zur Überwinterung geben. Am häufigsten werden *Pelargonium*, meist „Geranien" genannt, überwintert. Sie kommen am besten durch die unwirtliche Jahreszeit, wenn sie hell bei Temperaturen um 8 bis 10 °C stehen. Man holt sie im Herbst vor den ersten Nachtfrösten ins Haus. Für die Edel- oder Englischen Geranien gilt ähnliches, doch wollen sie Temperaturen von etwa 12 bis 15 °C.

Auch die Fuchsien haben ähnliche Ansprüche. Temperaturen zwischen 5 und 10 °C genügen ihnen. Sie nehmen zwar mit weniger Licht vorlieb, sind unter solchen Bedingungen aber anfälliger gegen Pilze wie Grauschimmel. Um 10 °C liegt die Überwinterungstemperatur der Wandelröschen (*Lantana*-Camara-Hybriden). Sie fordern einen hellen Platz. Im Winter schneiden wir die Pflanzen zurück und setzen sie in frische Erde. Von den Neutrieben können wir Stecklinge schneiden, die zur Bewurzelung aber eine Bodenwärme von mindestens 20 °C brauchen.

Zu Recht erfreut sich der Oleander *(Nerium oleander)* besonderer Beliebtheit. Er übersteht eine Überwinterung selbst unter ungünstigsten Lichtverhältnissen, aber solche Pflanzen erreichen bei weitem nicht die Schönheit und Reichblütigkeit hell überwinterter Exemplare. Ideal ist ein heller Stand mit Temperaturen zwischen 4 und maximal 18 °C.

Nicht ganz so warm will der Lorbeer *(Laurus nobilis)* stehen, am besten zwischen 2 und 6 °C. Der Platz sollte ebenfalls hell und gut belüftet sein. Der immergrüne Lorbeer verdunstet mit seinen vielen Blättern auch im Winter ständig Wasser, so daß wir das Gießen nicht vergessen dürfen. Trockenheit soll den Befall mit Schildläusen begünstigen, einem Schädling, der das Hauptproblem bei der Pflege des Lorbeers darstellt. Die Triebe der Bäumchen können in jedem Jahr ein wenig eingekürzt werden, am besten im Winter. Ein kräftiger Rückschnitt sollte nur im Abstand von mehreren Jahren erfolgen.

Bananen wachsen auch im Kübel sehr schnell und verlangen im Winter einen großen, hellen Platz.

Wer sich an den reizvollen Früchten des Erdbeerbaumes erfreuen will, muß einen hellen, kühlen Überwinterungsraum bieten und die Blüten mit Hilfe eines Haarpinsels bestäuben.

Sehr ähnlich sind die Ansprüche des Granatapfels *(Punica granatum)*, der besonders in der Sorte 'Nana' eine hervorragende Kübelpflanze abgibt (s. Seite 335). Stecklinge von Lorbeer und Granatapfel bewurzeln im Frühjahr bei etwa 20 °C Bodentemperatur. Die gleichen Temperaturansprüche wie der Lorbeer haben die verschiedenen *Citrus*-Arten wie Orangen, Mandarinen oder Zitronen sowie die Feigen *(Ficus carica)*.

Während *Citrus* bei Bedarf auch jährlichen Rückschnitt verträgt, sollte er bei Feigen nur in größeren Abständen erfolgen. Von den Obstgehölzen seien noch die Wollmispel *(Eriobotrya japonica)* und der Erdbeerbaum erwähnt. Die im Laufe der Jahre sehr groß werdende Wollmispel will im Winter hell und nicht kühler als 5 °C, möglichst auch nicht wärmer als 12 °C stehen. Leider setzt sie als Kübelpflanze kaum die schmackhaften Früchte an. Nicht ganz so wohlschmeckend sind die Früchte des Erdbeerbaums *(Arbutus unedo)*, die nur als Kompott wegen des eigenartig-herben Geschmacks zu empfehlen sind. Wer Früchte ernten will, muß die Eigenart des Erdbeerbaums, im Winter zwischen Oktober und Januar zu blühen, beachten und mit Hilfe eines feinen Haarpinsels die zu dieser Jahreszeit fehlenden Bienen ersetzen. Trotz der winterlichen Blüte nimmt *Arbutus* mit Temperaturen um 5 °C vorlieb. Etwas wärmer (bis 20 °C) vertragen es die Bananen *(Musa* und *Ensete)*, wollen dann aber viel Licht. Unter bescheidenen Lichtverhältnissen sind 3 bis 6 °C angemessen. Sie werden durch Ausläufer vermehrt, die beim gelegentlichen Umpflanzen im Frühjahr abzutrennen sind, oder durch Samen, wie zum Beispiel *Ensete ventricosum*.

Zu den verbreiteten Kübelpflanzen gehören die Bleiwurz *(Plumbago auriculata)*, der Neuseeländer Flachs *(Phormium tenax)* und der Klebsamen *(Pittosporum,* meist *P. tobira)*. Sie alle verlangen einen hellen Platz mit Temperaturen um 6 bis 8 °C. Den sehr stattlichen Neuseeländer Flachs (kleinbleibende Sorten sind auf Seite 323 beschrieben) können wir teilen, bei den beiden anderen bewurzeln am leichtesten halbreife – das sind nicht mehr ganz weiche, aber noch nicht völlig verholzte – Stecklinge im August bei Bodentemperaturen von mindestens 18 °C.

Zu den schönsten Kübelpflanzen gehören die Schmucklilie *(Agapanthus praecox)*, auch Liebesblume genannt, die Engelstrompete *(Datura*-Arten und -Sorten) und der Korallenstrauch *(Erythrina crista-galli)*. Wer sich an den herrlichen blauen Blütendolden der Schmucklilie erfreuen will, muß im Winter für Temperaturen zwischen 8

Eine schönblättrige, bei frostfreier Überwinterung immergrüne Kübelpflanze ist die Goldorange (Aucuba japonica). An geschützten, milden Stellen gedeiht sie auch im Freien.

und 15 °C sorgen; viel Licht ist von Vorteil. Im Abstand von mehreren Jahren wird im Frühjahr verpflanzt, und dabei können wir die Pflanzen teilen. Für die Engelstrompeten sind 4 bis 10 °C angemessen. Die groß werdenden Pflanzen schneiden wir in jedem Frühjahr zurück, wobei alle Triebe um $1/3$ eingekürzt werden können. Die Vermehrung ist durch krautige Stecklinge im Frühjahr möglich. Sie bewurzeln bei mindestens 16 °C Bodentemperatur und hoher Luftfeuchtigkeit.

Der Korallenstrauch unterscheidet sich mit seinem Stamm und den daraus hervorbrechenden nur einjährigen Trieben deutlich von allen anderen Kübelpflanzen. Die im Herbst absterbenden Sprosse schneiden wir ab; die Pflanzen sehen dadurch den Kopfweiden ähnlich. Von Oktober bis Anfang April steht der Korallenstrauch völlig trocken. Von den jungen Austrieben können im Frühjahr Stecklinge mit einem kleinen holzigen Stück geschnitten werden. Sie bewurzeln selbst bei Temperaturen von mindestens 18 bis 20 °C erst nach mehreren Wochen, so daß wir die Vermehrung am besten dem Gärtner überlassen.

Viel einfacher ist die Behandlung zweier unempfindlicher Gesellen, die wir aus dem Garten als winterharte Sträucher kennen: des Pfeifenstrauchs *(Euonymus japonicus)* und der Goldorange *(Aucuba japonica)*. Als Kübelpflanzen sollten sie während des Winters an einem hellen, kühlen aber frostfreien Platz stehen. Aus halbreifen Trieben bewurzeln sich Stecklinge im August bei etwa 18 °C Bodentemperatur. Genauso anspruchslos sind die riesig werdenden Agaven (als Kübelpflanze meist *Agave americana* in der Sorte 'Marginata'). Ein heller, luftiger Winterplatz bei 4 bis 6 °C bekommt ihnen sehr gut. Vor dem Einräumen sollten wir auf die gefährlichen Blattspitzen Styroporstücke spießen, um die Verletzungsgefahr zu beseitigen. Die Agaven wie auch die als Kübelpflanze wichtige Gruppe der Palmen sind im speziellen Teil noch ausführlicher beschrieben.

Zum Schluß noch ein Hinweis auf die derzeit so modernen japanischen Zwergbäumchen, die Bonsai. Es sind, dies sei mit Nachdruck festgestellt, keine Zimmerpflanzen. Sie gehen ein, hält man sie das ganze Jahr über im beheizten Zimmer. Während der

Wer Bonsais ständig im Zimmer halten will, wähle anstelle der verbreiteten Kiefern, Wacholder usw. die für diesen Zweck geeigneten Zimmerbonsais – kurz „Indoors" genannt. Noch ist das Sortiment klein und enthält nur einige mehr oder weniger an Bonsais erinnernde Arten. Zu den bekanntesten Indoors zählt Schefflera actinophylla, die auf einem Lavabrocken sitzt und ihre Wurzeln in die mit Nährlösung gefüllte Schale schickt.

Zimmerpflanzen als Patienten

Trotz aller Bemühungen läßt es sich nicht ausschließen, daß Zimmerpflanzen von Krankheitserregern wie Pilzen, Bakterien, Viren oder Schädlingen wie Blattläusen befallen werden. Auf die Infektionen und den Schädlingsbefall reagieren die Pflanzen, und es zeigen sich bestimmte Krankheitssymptome. Die Kunst des Gärtners ist es, diese Symptome richtig zu deuten und geeignete Maßnahmen zu ergreifen.

Für die Bekämpfung der Schadorganismen steht dem Gärtner eine Vielzahl von Pflanzenschutzmitteln zu Verfügung. Er kann zum Beispiel Insektizide (Mittel zur Bekämpfung von Insekten), Akarizide (gegen Milben) und Fungizide (gegen Pilze) spritzen oder stäuben. Einige dieser Präparate sind hochgiftig. Ihr Einsatz ist nur in Gewächshäusern oder im Freien unter strengen Vorsichtsmaßnahmen von geschulten Fachkräften zu verantworten. In Wohnräumen wäre dies außerordentlich leichtfertig. Dort dürfen keine Pflanzenschutzmittel Verwendung finden, die als „Giftig", mit dem Buchstaben T und einem Totenkopf gekennzeichnet sind. Präparate, die es nur in großen Einheiten gibt, dürfen aus Sicherheitsgründen nicht abgefüllt, die Behältnisse erst nach völliger Entleerung weggeworfen werden.

Am praktischsten sind granulierte Pflanzenschutzmittel wie das jedoch nur gegen Blattläuse wirkende Croneton-Granulat. Es wird einfach auf die Erde gestreut. Ähnlich einfach ist der Einsatz der Insektizidstäbchen, die wir nur in die Erde zu stecken brauchen. Das Gießwasser löst den Wirkstoff, der mit dem Wasser von den Wurzeln aufgenommen und in Blätter und Sproß transportiert wird. Solche Wirkstoffe, die über das Leitungssystem der Pflanze auch in das kleinste Blatt gelangen, bezeichnen wir als systemische Pflanzenschutzmittel. Sie sind umso wirksamer, je kräftiger die Pflanze wächst, je intensiver der Saftstrom ist.

Die meisten Mittel werden auf die Blätter gespritzt oder gesprüht. Mit Hilfe der Sprühdosen ist dies kein Problem. Es ist nur darauf zu achten, daß wir die Dose mindestens 30 cm entfernt von der Pflanze halten, damit das Treibmittel aus der Dose keine Kälteschäden an der Pflanze verursacht.

Sprühdosen enthalten meist Wirkstoffe gegen Insekten und Spinnmilben. Ist von ihnen keine ausreichende Wirkung zu erwarten oder wollen wir gegen Pilze vorgehen, so müssen wir auf eines der flüssigen oder pulverförmigen Mittel zurückgreifen. Wir benötigen dann zusätzlich eine Spritze

frostfreien Jahreszeit erhalten sie einen Platz im Garten. Im Winter müssen wir verhindern, daß der Wurzelballen durchfriert. Dazu holen wir die Bonsai am besten in einen hellen, luftigen Überwinterungsraum, in dem die Temperaturen möglichst nicht über 5°C ansteigen. Eine Alternative wäre, sie mitsamt dem Gefäß im Garten einzugraben und den Boden – nicht aber die Bonsai – vorsichtig abzudecken. Der Wurzelballen darf nie ganz austrocknen, so daß besonders bei Immergrünen häufig zu gießen ist. Bonsai verlangen also eine intensive, regelmäßige Pflege während des ganzen Jahres. Wer dies nicht aufbringen kann, sollte lieber auf diese zweifellos reizvollen Zwergbäumchen verzichten.

Noch ziemlich neu bei uns sind die Zimmerbonsais oder „Indoors", die sich besonders in den USA großer Beliebtheit erfreuen. Die wichtigste Pflanze für diesen Zweck ist Schefflera actinophylla. Sehr malerisch und damit dem Bonsai-Ideal am nächsten sind Gummibäume, die lange Luftwurzeln ausbilden. Neben ihnen eignen sich noch viele bizarr wachsende Zimmerpflanzen.

Wenn die Eisheiligen vorbei sind, kann man es kaum erwarten, bis die Kübelpflanzen ins Freie an die frische Luft und an die Sonne kommen. Man will ihnen möglichst rasch das zukommen lassen, was sie so lange entbehren mußten. Hier gilt es aufzupassen! Je dunkler die Pflanzen standen, um so vorsichtiger müssen sie wieder an die Sonne gewöhnt werden. Können wir ihnen keinen halbschattigen Platz anbieten, dann müssen wir sie zumindest während der Mittagsstunden mit Hilfe von Rohrmatten oder aufgespannten Stoffen vor allzu starker Sonne schützen. Leicht kommt es sonst zu einem „Sonnenbrand" selbst bei Bewohnern südlicher Breiten.

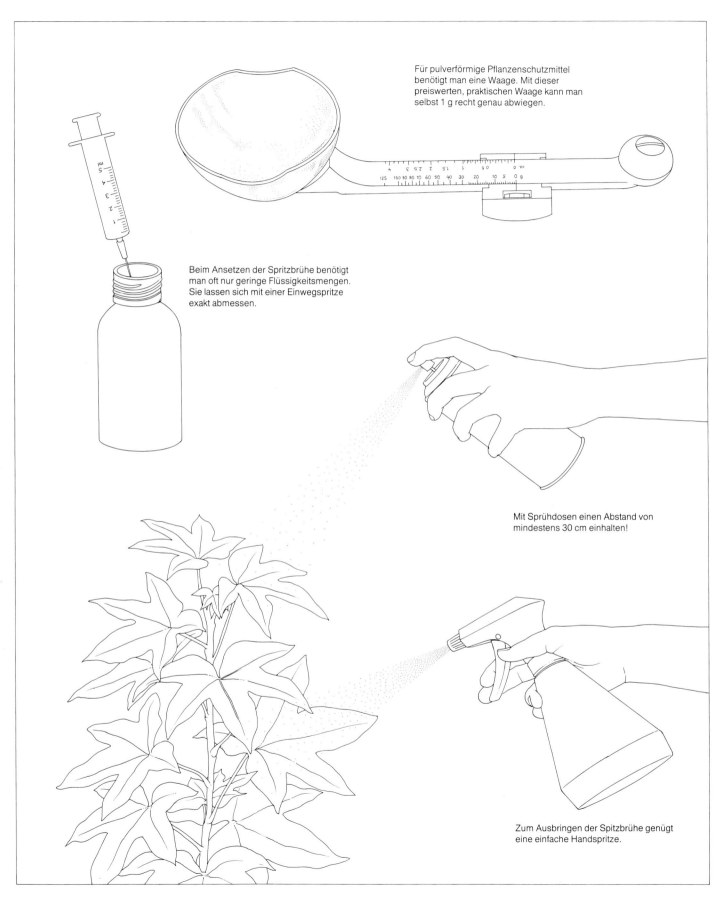

Für pulverförmige Pflanzenschutzmittel benötigt man eine Waage. Mit dieser preiswerten, praktischen Waage kann man selbst 1 g recht genau abwiegen.

Beim Ansetzen der Spritzbrühe benötigt man oft nur geringe Flüssigkeitsmengen. Sie lassen sich mit einer Einwegspritze exakt abmessen.

Mit Sprühdosen einen Abstand von mindestens 30 cm einhalten!

Zum Ausbringen der Spitzbrühe genügt eine einfache Handspritze.

und etwas zum richtigen Dosieren. Bei wenigen Pflanzen reicht die fein zerstäubende Blumenspritze. Das genaue Abmessen der geringen Konzentratmengen ist nicht leicht. Keinesfalls dürfen wir einfach nach Gutdünken dosieren. Zuwenig Wirkstoff stellt den Erfolg infrage, zuviel kann die Pflanzen erheblich schädigen. Für flüssige Konzentrate besorgen wir uns entweder eine Meßpipette oder eine Einwegspritze mit Kanüle in der Apotheke oder beim Hausarzt. Damit lassen sich 2 oder gar 1 cm³ abmessen. Um Verletzungen mit der spitzen Kanüle zu vermeiden, kann man sie gegen einen dünnen Kunststoffschlauch auswechseln. Keinesfalls dürfen Pflanzenschutzmittel-Konzentrate in eine offene Wunde gelangen! Für Pulver gibt es kleine Waagen, die mit hinlänglicher Genauigkeit selbst wenige Gramm abwiegen.

Beim Hantieren mit den Pflanzenschutzmitteln, besonders den Konzentraten, sollten wir unbedingt Gummihandschuhe tragen, und zwar solche aus dem Synthesekautschuk Polychloropren (Neopren oder Dupren), zum Beispiel die Marken „neo velours" oder „daddy". Polychloropren ist undurchlässig für die zum Teil ölhaltigen Konzentrate. Die „Gartenhandschuhe" aus textilem Gewebe oder Wildleder eignen sich nicht für diesen Zweck.

Das Spritzen sollte nicht im Haus, sondern an einem schattigen, windgeschützten Platz im Freien erfolgen. Rauchen und Trinken sind dabei zu unterlassen. Nähere Hinweise gibt das Merkblatt Nr. 18 der Biologischen Bundesanstalt, das für wenige Mark beim Aco-Druck, Postfach 1141, 3300 Braunschweig, zu beziehen ist. Muß die Behandlung doch im Zimmer erfolgen, dann ist auf Haustiere zu achten. Aquarien dichten wir zuvor ab.

Noch einige Bemerkungen zur Mittelwahl. Neben den genannten Sprühdosen und Granulaten gibt es im Fachhandel eine Reihe brauchbarer Insektizide und Fungizide in Kleinpackungen. Wacker Systemschutz D ist bislang das einzige Insektizid, das anstelle der Nährlösung in Hydrokulturgefäßen eingefüllt werden darf. Es empfiehlt sich, das jeweilige Angebot zu prüfen. Auf jeder Packung steht, gegen welche Schadorganismen die Mittel zugelassen sind.

Ein Problem bei dem riesigen Zierpflanzensortiment ist die Verträglichkeit. Einige Hinweise finden wir auf den Packungsbeilagen. Ansonsten bleibt uns der Versuch an zunächst nur einer Pflanze. Leider können verschiedene Sorten der gleichen Art schon unterschiedlich reagieren.

Die Gebrauchslösung sollte umgehend verabreicht werden, da sie nicht unbegrenzt haltbar ist. Wir setzen also nur soviel Brühe an, wie wir voraussichtlich benötigen. Nach der Behandlung sind alle mit dem Pflanzenschutzmittel in Berührung gekommenen Gefäße und Geräte mit Wasser und gegebenenfalls Holzkohlepulver gründlich zu reinigen. Das Mittel bewahren wir in einem kühlen, aber frostfreien Raum verschlossen auf – nicht gemeinsam mit Lebensmitteln!

Manchem Hobbygärtner mag der Umgang mit chemischen Pflanzenschutzmitteln unangenehm sein. Leider gibt es in vielen Fällen bislang keine Alternative. Die biologische Schädlingsbekämpfung, also der Einsatz von Nützlingen, funktioniert bei den wenigen Pflanzen im Zimmer nicht. Die Nützlinge können nur existieren, wenn sie Schädlinge zum Fressen finden. Es muß sich ein Gleichgewicht zwischen Schädlingen und Nützlingen einstellen.

Setzen wir zum Beispiel auf einigen Zimmerpflanzen Raubmilben aus, um der Spinnmilben Herr zu werden, dann fressen die Raubmilben meist alle Spinnmilben auf und müssen anschließend selbst wegen Nahrungsmangel sterben. Fangen wir im Sommer im Garten Larven der Marienkäfer, die einen fast unstillbaren Appetit auf Blattläuse haben, so geschieht gleiches. Auf langfristig funktionierende biologische Bekämpfungsmaßnahmen können wir demnach nicht bauen. Aber es ist beruhigend zu wissen, daß die meisten Krankheitssymptome an Pflanzen nicht auf Schadorganismen zurückzuführen sind, sondern auf Fehler bei der Pflege. Optimale Pflege macht viele Pflanzen widerstandsfähig gegen manche Pilze, die nur dann die Überhand gewinnen können, wenn sie es mit geschwächten Exemplaren zu tun haben. Den Pflanzen geht es da nicht viel anders als uns mit den Erkältungskrankheiten.

Schnupfen und Husten – bei Pflanzen beispielsweise stockendes Wachstum und Blattfall – deuten darauf hin, daß zuvor irgend etwas nicht stimmte. In einem Fall bemerken wir zunächst, daß sich die Blätter der Zimmerpflanzen gelb verfärben. In einem anderen werden die Stiele plötzlich ungewöhnlich lang. Im dritten Fall schließlich entsteht auf der Oberfläche der Blumenerde ein grauweißer, unangenehm duftender, schmieriger Belag. Was sind die Ursachen?

Die folgende Zusammenstellung will darauf Antwort geben. Um eine rasche und zutreffende Diagnose stellen zu können, sind erstens alle Symptome beschrieben, die sich zunächst auf oder in der Erde zeigen, zweitens Wachstumstockungen, drittens Schäden an den Wurzeln, viertens solche an Zwiebeln und Knollen sowie fünftens den Sprossen oder Stengeln. Am vielfältigsten sind die Schäden und Veränderungen der Blätter, die aus diesem Grund besonders umfangreiche sechste Gruppe. Die Diagnose von Blattschäden ist somit nicht ganz einfach. Zeigen sich als erstes Tiere auf der Pflanze, dann können wir sie gleich in der siebten Gruppe suchen. Als letztes finden wir schließlich die Schäden an Knospen und Blüten. Die Ziffern gestatten ein schnelles Auffinden bei Verweisen.

Alle häufigen Krankheiten und Schädlinge sind beschrieben. Treten weitere auf, so hilft das nächstgelegene Pflanzenschutzamt.

Amtliche Auskunftsstellen für den Pflanzenschutz

Baden-Württemberg
Landesanstalt für Pflanzenschutz, Reinsburgstr. 107, 7000 Stuttgart 1, Tel. 0711/6676-2573.
Regierungspräsidium Karlsruhe – Pflanzenschutzdienst, Amalienstr. 25, 7500 Karlsruhe, Tel. 0721/135517.
Regierungspräsidium Stuttgart – Pflanzenschutzdienst, Breitscheidstr. 4, 7000 Stuttgart 1, Tel. 0711/2050-4188.
Regierungspräsidium Freiburg – Pflanzenschutzdienst, Erbprinzenstr. 2, 7800 Freiburg/Breisgau, Tel. 0761/204-2503.
Regierungspräsidium Tübingen – Pflanzenschutzdienst, Keplerstr. 2, 7400 Tübingen, Tel. 07071/281.

Bayern
Bayerische Landesanstalt für Bodenkultur und Pflanzenbau, Abteilung Pflanzenschutz – München, Menzinger Str. 54, Postfach 380268, 8000 München 19, Tel. 089/17991.

Bremen
Pflanzenschutzamt Bremen, Slevogtstraße 48, 2800 Bremen, Tel. 0421/3612575.

Hamburg
Institut für angewandte Botanik – Pflanzenschutzamt – Hamburg, Marseiller Str. 7, 2000 Hamburg 36, Tel. 040/4123-1, bei Selbstwähler 040/4123 2353.

Hessen
Hessisches Landesamt für Ernährung, Landwirtschaft und Landentwicklung – Pflanzenschutzdienst, Friedrich-Wilhelm-von-Steuben-Straße 2, Postfach 930129, 6000 Frankfurt/Main 93, Tel. 0611/775051-52.

Niedersachsen
Regierungsbezirke Braunschweig, Hannover, Lüneburg: Pflanzenschutzamt Hannover, Wunstorfer Landstraße 9, 3000 Hannover 91, Tel. 0511/16651 (Landwirtschaftskammer).
Regierungsbezirk Weser-Ems, Pflanzenschutzamt Oldenburg (Oldbg.), Mars-la-Tour-Str. 9–11, Postfach 2549, 2900 Oldenburg, Tel. 0441/801-1.

Nordrhein-Westfalen
Regierungsbezirke Düsseldorf und Köln, Pflanzenschutzamt der Landwirtschaftskammer Rheinland mit Referat für forstlichen Pflanzenschutz, Ludwig-Erhard-Straße 99, 5300 Bonn-Bad Godesberg, Tel. 0228/376931-33.
Regierungsbezirke Arnsberg, Detmold und Münster, Institut für Pflanzenschutz, Saatgutuntersuchung und Bienenkunde der Landwirtschaftskammer Westfalen-Lippe mit Referat für forstlichen Pflanzenschutz, Kanalstr. 240, 4400 Münster/Westf., Tel. 0251/2761.

Rheinland-Pfalz
Landespflanzenschutzamt Rheinland-Pfalz, Essenheimer Str. 144, 6500 Mainz-Bretzenheim, Tel. 06131/34001 und 34002.

Saarland
Pflanzenschutzamt Saarbrücken, Lessingstr. 12, 6600 Saarbrücken 3, Tel. 0681/65521.

Schleswig-Holstein
Pflanzenschutzamt des Landes Schleswig-Holstein, Westring 383, 2300 Kiel, Tel. 0431/562015.

Berlin (West)
Pflanzenschutzamt Berlin, mit Dienststelle für Forstschutz und forstliches Saatgutwesen (in Zusammenarbeit mit dem Landesforstamt Berlin), Altkircher Str. 1 u. 3, 1000 Berlin-Dahlem (Post: 1000 Berlin 33), Tel. 030/8313082.

1 Veränderungen oder Schadorganismen auf oder in dem Substrat

1.1	Weiße bis graue Ablagerungen auf der Oberfläche	Bei der Verdunstung des Wassers auf dem Substrat zurückgebliebene Salze. Dies zeigt sich besonders schnell bei trockener Zimmerluft, sehr hartem Gießwasser und Substraten wie Blähton oder Lavagrus. Nachteile für die Pflanzen sind hierdurch nicht zu befürchten. Stehen die Pflanzen schon recht lange in diesem Substrat, ist umzutopfen. Ansonsten nur wegen des besseren Aussehens die oberste Erdschicht entfernen. Gießt man meist von unten, zum Beispiel über den Untersetzer, sollte gelegentlich mit reinem Wasser von oben gegossen werden.
1.2	Pilzrasen auf der Erdoberfläche	Kann schon kurz nach dem Umtopfen auf Torfsubstraten auftreten, ist aber nicht weiter schlimm. Verliert sich meist bald von selbst. Gegebenenfalls mit einem organischen Dünger wie Guano flüssig oder einem Kräuterpräparat wie SPS gießen. Gefahr besteht nur bei feinen Aussaaten oder Farn-Vorkeimen (Prothallien). Dort gießen mit Fungiziden wie Orthocid 83 oder Ronilan.
1.3	Algen, Moose, Lebermoose auf der Erdoberfläche	Deuten auf hohe (zu hohe?) Feuchtigkeit hin. Soweit möglich, trockener halten und oberste Erdschicht erneuern. Hat sich die Erde durch ständiges Gießen mit hartem Wasser aufgekalkt, kann sich ein schleimiger, unangenehm riechender Überzug bilden. Umtopfen! Bei Lebermoosen in größeren Pflanzenbeständen Pflanzenschutzamt um Rat fragen. Für Aussaaten nur entseuchte (gedämpfte) Erde verwenden.
1.4	Kleine, 1 bis 4 mm lange, farblose Tiere, die, gießen wir auf die Erde, in die Höhe springen	Springschwänze (Collembolen). Kleine Urinsekten, die nur in feuchtem Milieu leben und sich von verrottenden Pflanzenteilen ernähren. Sie werden meist nicht schädlich und brauchen nicht bekämpft zu werden. Erde wenn möglich trockener halten.
1.5	Kleine schwarze Mücken fliegen auf, wenn wir die Pflanze oder den Topf berühren oder gießen	(nur bei Torf- und anderen humusreichen Substraten) Trauermücken (siehe 1.9 und 7.5).
1.6	Kothäufchen auf der Erde oder im Untersetzer	Im Topf sind Regenwürmer. Topf für einige Zeit in lauwarmes Wasser stellen, bis der Regenwurm heraus kriecht.
1.7	Weiß behaarte, watteähnliche Tiere an den Wurzeln	Wurzelläuse. Lästige Schädlinge, die vorwiegend bei sukkulenten Pflanzen wie Kakteen weit verbreitet sind. Ihr Auftreten wird durch torfreiche Substrate und Trockenheit begünstigt. Mindestens zweimal im Abstand von 14 Tagen mit Insektiziden wie Metasystox R, Diazinon oder Unden flüssig gießen. Bei starkem Befall empfiehlt es sich, zuvor die Erde zu erneuern. Vorsicht, daß hierbei die Schädlinge nicht verbreitet werden! Töpfe desinfizieren!
1.8	Raupen oder engerlingähnliche Tiere in der Erde	Werden in der Regel nur mit neuen Pflanzen eingeschleppt oder treten auf, wenn wir die Töpfe während der warmen Jahreszeit ins Freie stellen. Die grau- oder braungefärbten Raupen verschiedener Eulenfalter fressen die Knospen von Alpenveilchen *(Cyclamen)* und anderen ab. Tagsüber verstecken sie sich in der Erde. Die bis 12 mm langen, weißen, braunköpfigen, wie kleine Engerlinge aussehende Larven des Dickmaulrüßlers, eines 1 cm langen schwarzen Käfers, werden meist nur in Balkonkästen und Trögen auf der Terrasse und im Garten zu einer Plage. Das Wachstum der Pflanzen stockt; sie welken und gehen schließlich ein. Aus den im Freien stehenden Töpfen können die Larven abgesammelt werden. Bei einer Invasion auf Balkon oder Terasse das nächstgelegene Pflanzenschutzamt um Rat fragen.
1.9	In der Erde sind weiße, schwarzköpfige, bis 7 mm lange Maden, die sich besonders in sukkulente Pflanzen und Orchideen hineinfressen und dadurch Fäulnis verursachen	Trauermücken (siehe 7.5).

2 Pflanzen wachsen nicht während der üblichen Wachstumsperiode

2.1	Wurzeln sind braun verfärbt	Siehe 3.
2.2	Wurzeln zeigen Mißbildungen oder sind mit stecknadelkopfgroßen zitronenförmigen Gebilden besetzt	Befall mit Älchen (Nematoden). Bei vielen Sukkulenten wie Kakteen und Euphorbien leider sehr häufig. Die zitronenähnlichen Zysten der Nematoden sieht man nach dem Austopfen sowohl an den Wurzeln als auch in der Erde mit Hilfe einer Lupe. Ihre regelmäßige Form unterscheidet sie gut von Sandkörnchen. Die Bekämpfung der Älchen ist nur mit hochgiftigen Präparaten möglich, was sich im Wohnraum verbietet. Daher alle infizierte Erde vernichten; Töpfe wegwerfen! Vorsicht, die winzigen Zysten werden leicht verschleppt! Kranke Wurzeln abschneiden; danach Messer abflammen. Bei Kakteen ist eine Temperaturbehandlung möglich: Nach dem Auswaschen der Erde und dem Abtrennen der stark befallenen Wurzeln werden die verbleibenden für $^1/_2$ Stunde in Wasser getaucht, das exakt 55 °C warm sein muß. Anschließend nach dem Abtrocknen eintopfen und bis zur Bewurzelung nur sehr vorsichtig mit Wasser versorgen.

3 Wurzeln sind braun verfärbt und faulen

(Die Wurzeln gesunder Pflanzen sind, wie man nach vorsichtigem Austopfen leicht feststellen kann, hell und weitgehend farblos. Es gibt einige Ausnahmen, wie zum Beispiel epiphytische Bromelien, deren Wurzeln drahtig und braun sind, sowie die rötlichen Wurzeln von Dracaenen und verschiedenen Commeliengewächsen wie *Geogenanthus*. Auch alte Wurzeln holziger Pflanzen verlieren ihre helle Farbe. Doch sind zumindest während der Wachstumsperiode junge, helle Wurzeln zu erkennen. Kranke Wurzeln färben sich braun und faulen. Einzelne braune Wurzeln sind unbedenklich).

3.1 Wird in den meisten Fällen durch zuviel Wasser verursacht, nicht selten in Verbindung mit zu niedrigen Bodentemperaturen. Sparsamer und der Wachstumsintensität angepaßt gießen. Am besten umtopfen in frische Erde, aber keinen größeren, vielleicht sogar einen kleineren Topf wählen. Gegebenenfalls mit Fungiziden wie Orthocid 83 gießen, um die sekundär auftretenden Pilze zu bekämpfen.

3.2 Die Erde ist verdichtet („zusammengepappt") und muß erneuert werden.

3.3 Pflanzen erhielten Düngemittel in zu hoher Konzentration. Hinweise bei den Pflanzenbeschreibungen beachten. Bei empfindlichen Arten keine Substrate verwenden, die zu stark aufgedüngt sind.

3.4 Aus dem Kulturgefäß sind schädliche Stoffe in Lösung gegangen, zum Beispiel bei Metallgefäßen sowie Töpfen aus minderwertigem Kunststoff oder Keramik. In bessere Töpfe setzen. Erde mit Wasser gründlich durchspülen.

4 Schäden an oder in Zwiebeln und Knollen

4.1	Ruhende Zwiebeln oder Knollen weisen mehr oder weniger dunkel verfärbte, eingesunkene, trocken- oder naßfaule Stellen auf. Der Zwiebelboden kann verfärbt und weich sein.	4.1.1 Die Zwiebeln oder Knollen sind von Pilzen oder Bakterien befallen. Sind die Schäden weit fortgeschritten und ist der Zwiebelboden faul, gleich wegwerfen. Nur bei kleinflächigen Infektionen vorsichtig ausschneiden und versuchsweise für etwa 1 Stunde in eine Fungizidlösung zum Beispiel von Orthocid 83, Cercobin M oder Kaliumpermanganat legen. Vor dem Eintopfen Wunde mehrere Tage abtrocknen lassen.
		4.1.2 Zwiebeln oder Knollen sind von Schädlingen befallen, zum Beispiel Narzissen von den Maden der Narzissenfliegen oder von Milben. Schädlinge lassen sich nur identifizieren, wenn die befallene Zwiebel oder Knolle durchgeschnitten und gegebenenfalls mit einer Lupe untersucht wird. Befallene Zwiebeln und Knollen wegwerfen.
4.2	Zwiebeln weisen rote Punkte und Flecken auf	Roter Brenner (siehe 6.25).

5 Veränderungen des Sprosses

5.1	Sproß streckt sich ungewöhnlich, wird dünn und lang	5.1.1 Pflanzen stehen zu dunkel. Näher ans Fenster rücken oder Zusatzbeleuchtung installieren.
		5.1.2 Die Wirkung von Wuchshemmstoffen läßt nach, mit denen der Gärtner die Pflanzen behandelte, um sie kurz und kompakt werden zu lassen. Hinweise bei den einzelnen Arten beachten.
5.2	Sproß ist verkrüppelt	5.2.1 Blattläuse (siehe 7.1).
		5.2.2 Pflanzen sind von Stengelälchen befallen, zum Beispiel Hortensien *(Hydrangea)*. Am besten wegwerfen. Darauf achten, daß die winzigen Fadenwürmer nicht auf gesunde Pflanzen übertragen werden. Blätter und Sprosse nicht mit Wasser benetzen.
5.3	Sproß ist geplatzt	Die Wasserversorgung war unregelmäßig. Nach einer langen Trockenperiode wurde zu kräftig gegossen. Besonders häufig bei sukkulenten Pflanzen.
5.4	Spitze des Sprosses vertrocknet oder fault ab	5.4.1 Pflanzen stehen im Winter unter ungünstigen Lichtverhältnissen. Sie verlangen eine intensivere, vor allen Dingen eine längere Belichtung. Zusatzbelichtung erwägen.
		5.4.2 Die Pflanzen stehen feucht, es fehlt an Luftbewegung. Gießwasser trocknet bis abends nicht ab (besonders Orchideen!). Grauschimmel *(Botrytis)* – ein Pilz – breitet sich aus. Pflanzen besser belüften. Nur morgens gießen. Gegebenenfalls mit Fungiziden wie Ronilan spritzen.
5.5	Sproß fault vom Grund her	5.5.1 Die Feuchtigkeit im Wurzelbereich war zu hoch und/oder die Bodentemperatur zu niedrig. Die Pflanzen sind in der Regel nicht mehr zu retten.
		5.5.2 Befall mit verschiedenen Pilzen oder Bakterien. Hat häufig seine Ursache in ungünstigen Kulturbedingungen wie unter 5.5.1. Je besser die Pflanzen gepflegt werden, um so widerstandsfähiger sind sie. Erde mit richtigem pH-Wert verwenden. Nicht in zu hoher Konzentration düngen. Stark befallene Pflanzen wegwerfen. Nur bei sehr wertvollen Exemplaren und frühem Krankheitsstadium lohnt sich folgender Versuch: Erde überprüfen und Gießen reduzieren. Mit schwacher (hellrosa) Kaliumpermanganat-Lösung gießen. Meist wird man nicht viel ausrichten können. Selbst die hochwirksamen Fungizide der Gärtner bleiben oft ohne Wirkung.
		5.5.3 Befall mit Trauermücken (besonders an Orchideen, Sukkulenten und Farnen; siehe 7.5).
5.6	Dickfleischige Triebe sind verkorkt (korkähnlicher Überzug), gesprenkelt oder zeigen Flecken, die nicht eingesunken sind	Sofern dies bei sukkulenten Pflanzen nicht art- oder sortentypisch ist, sind meist Spinnmilben die Ursache (siehe 7.7).
5.7	Dickfleischige Triebe sind grau, braun bis schwarz verfärbt und mehr oder weniger eingesunken	Infektion durch verschiedene Pilze. Sie werden in ihrem Auftreten zumindest begünstigt durch engen Stand, mangelnde Belüftung und hohe Luftfeuchte, besonders im Winterquartier. Eine gezielte Bekämpfung ist in der Regel nicht möglich, da der Erreger nicht ohne weiteres zu identifizieren ist. Der Nutzen einer Fungizidbehandlung ist somit zweifelhaft und kann im günstigsten Fall ohnehin nur die Ausbreitung verhindern. In Frage kommen Mittel wie Orthocid 83, Dithane Ultra und Compo Pilz-Frei. Kleine Befallsstellen ausschneiden und mit Holzkohlepulver oder einem Aluminium-Puder (zum Beispiel Medargal-Puder aus der Apotheke) bestäuben. Im fortgeschrittenen Stadium die noch gesunde Spitze abschneiden und bewurzeln, während man das kranke Unterteil wegwirft. Für luftigen Stand sorgen!

5.8	Die Pseudobulben der Orchideen verfärben sich braun bis schwarz	Durch verschiedene Pilze verursachte Schwarzfäule, die vornehmlich an geschwächten Pflanzen auftritt. Macht sich häufig nach dem Umpflanzen bemerkbar. Beim Umtopfen Verletzungen weitgehend vermeiden. Schnittstellen wie unter 5.7 beschrieben einstäuben. Für optimalen Stand und gute Pflege sorgen. Verfärbte Pseudobulben abtrennen, so daß nur gesunde verbleiben. Vor jedem Schnitt Messer desinfizieren, zum Beispiel über einer Spiritusflamme.

6 Schäden und Veränderungen an den Blättern

6.1	Blätter fallen ab	6.1.1 Ist bei allen Pflanzen mit strenger Ruhezeit üblich, wobei während der Ruhezeit entweder niedrige Temperatur oder Trockenheit herrscht (zum Beispiel Hortensien oder *Amaryllis belladonna*).
		6.1.2 Alle Pflanzen verlieren nach individuell verschiedener Zeit die ältesten Blätter, während sich an der Spitze neue bilden. Wenn die Pflanzen dadurch an Schönheit verlieren, müssen sie entweder zurückgeschnitten oder abgemoost werden.
		6.1.3 Lichtmangel bewirkt vorzeitiges Gelbfärben und Blattfall.
		6.1.4 Wurzelschäden (siehe unter 3).
		6.1.5 Wassermangel. Ist nur selten die Ursache von Blattfall. Vornehmlich bei Pflanzen mit hohem Wasserbedarf in kleinen Gefäßen wie Balkonkästen und Kübeln.
		6.1.6 Mangelnde Versorgung besonders mit Stickstoff führt dazu, daß die unteren Blätter bald abfallen. Die ganze Pflanze wirkt gelblichgrün anstelle der üblichen kräftigen Grünfärbung. Düngen (siehe 6.8.1.1).
		6.1.7 Pflanzen sind von Schädlingen, besonders Spinnmilben befallen (siehe 7.7).
6.2	Blätter „schlappen" (sind schlaff, hängen) trotz feuchter Erde	6.2.1 Wurzelschäden (siehe unter 3).
		6.2.2 Pflanze wurde aus dunklem Stand oder luftfeuchter Umgebung plötzlich in die Sonne oder das Zimmer mit trockener Luft gestellt. Sie verdunstet mehr, als die Wurzeln nachliefern können. Langsam durch Schattieren oder Umhüllen mit einer Folientüte (mit nur wenigen Luftlöchern) an die neue Umgebung gewöhnen.
6.3	Blätter von ursprünglich buntlaubigen Pflanzen vergrünen	6.3.1 Lichtmangel. Pflanzen heller stellen, wobei die individuellen Ansprüche zu berücksichtigen sind.
		6.3.2 Nur in seltenen Fällen sind allzu reichliche Stickstoffgaben die Ursache.
6.4	Blätter sind klebrig (nicht arttypisch)	6.4.1 Es handelt sich in der Regel um Ausscheidungen von Läusen, besonders Blatt-, aber auch Schildläusen und Weißen Fliegen (siehe unter 7).
		6.4.2 Die Blüten bestimmter Pflanzen sondern so viel Nektar ab, daß dieser auf die Blätter tropft, was ähnlich aussehen kann, zum Beispiel *Hoya carnosa* und Sansevierien.
6.5	Aus den Blättern treten am Rand oder an der Spitze Wassertropfen hervor	Eine normale Erscheinung (Guttation) bei bestimmten Arten, zum Beispiel einigen *Philodendron*. Die Guttation kann zunehmen, wenn sowohl die Erde naß als auch die Luftfeuchtigkeit sehr hoch ist. Vorsicht, die ausgeschiedene Flüssigkeit kann an Glasscheiben blinde Flecken hinterlassen, die kaum mehr zu beseitigen sind!

Bakterienfäule an einer Frauenschuhorchidee (Paphiopedilum).

Echter Mehltau auf Blüten des Usambaraveilchens (Saintpaulia ionantha).

Blattfleckenkrankheit (Alternaria) auf einem Cinerarienblatt.

Pilze wie Phytophthora und Pythium verursachen das Faulen der Pseudobulben von Orchideen wie Cattleya.

Fusarium-Pilzfäule an einer Lanzenrosette (Aechmea fasciata).

Grauschimmel (Botrytis) an Pantoffelblume (Calceolaria).

6.6	Blätter rollen sich ein	6.6.1 Wurzelschäden (siehe unter 3).
		6.6.2 Die Luftfeuchtigkeit ist zu gering. Hinweise bei den einzelnen Arten beachten.
6.7	Blätter sind gekräuselt und mehr oder weniger deformiert	6.7.1 Befall mit Schädlingen (siehe unter 7).
		6.7.2 Infektion mit Viren und ähnlichem. Schädlinge sind auch mit der Lupe nicht zu finden. Pflanzen sofort vernichten, um Übertragung zu verhindern.
6.8	Blätter färben sich meist über die gesamte Blattfläche – oft ohne die Adern – gelb. Erst später kann die Farbe beim Vertrocknen in Braun übergehen	Mangel an bestimmten Nährstoffen, der meist verursacht wird durch Erde mit falschem pH-Wert, auch durch ständiges Gießen mit hartem Wasser. Am besten ist es in solchen Fällen – zumal es nicht leicht ist, genau zu ermitteln, welcher Nährstoff fehlt –, die Erde auszutauschen. Zum Düngen können die üblichen Blumen- und Hydrodünger verwendet werden.
6.8.1	Symptome zunächst an den alten Blättern	6.8.1.1 Stickstoffmangel. Typisch ist, daß die alten Blätter von der Spitze her gelb bis braun werden, die Pflanzen nicht oder nur wenig wachsen und sich schlechter verzweigen, jedoch gesunde, lange Wurzeln besitzen. Gießen mit Hydrodünger, Ammoniumnitrat (1 bis 2 g/l Wasser) oder Blattdüngung (s. Seite 53).
		6.8.1.2 Kaliummangel. Die älteren Blätter verfärben sich gelb bis weiß, anschließend braun, vorwiegend vom Blattrand her. Das Blatt kräuselt sich leicht oder rollt sich leicht, ist manchmal etwas welk. Die Wurzeln sind lang und gesund. Düngen mit 0,1 %iger Kaliumsulfat- oder Kalimagnesia- (Patentkali-) Lösung.
		6.8.1.3 Magnesiummangel. Die älteren Blätter verfärben sich gelb zwischen den Blattadern, die selbst mit mehr oder weniger großem Saum grün bleiben. Die Wurzeln sind gesund, aber kurz. Tritt häufig in Hydrokulturen auf bei Verwendung von Wasser mit geringem Magnesiumgehalt und Ionenaustauschern. Dem Wasser Magnesiumnitrat oder Magnesiumsulfat etwa 0,3 g/l Wasser (über Stammlösung dosieren, s. Seite 55) beimischen. Pflanzen in Erde mit 1 g/l Wasser gießen, wobei auch Kalimagnesia Verwendung finden kann.
6.8.2	Symptome zunächst an jungen Blättern	Eisenmangel. Die jungen Blätter sind zwischen den Adern hellgelb bis fast weiß verfärbt. Die Adern bleiben grün. Die Wurzeln sind kurz und braun verfärbt. Tritt häufig in Hydrokulturen auf, vorwiegend im Sommer und dann, wenn der pH-Wert der Lösung über 6 ansteigt. Der Nährlösung beimischen bzw. Pflanzen in Erde gießen mit Eisenchelat-Düngern wie Gabi Mikro Fe, Fetrilon, Sequestren 138 oder Terraflor Fe (bis 0,5 g/l Wasser).
6.9	Blätter haben unregelmäßige, nur stecknadelkopfgroße, mehr oder weniger vertiefte Aufhellungen	Befall mit Spinnmilben, Blattläusen, Zikaden (siehe unter 7).
6.10	Blätter haben unregelmäßige, größere gelbe Flecken (nicht sortentypische Panaschur)	Gießen mit kaltem Wasser auf die durch Sonne erwärmte Blattfläche. Empfindlich sind besonders Pflanzen mit weichen, behaarten Blättern, zum Beispiel Gesneriengewächse wie Usambaraveilchen *(Saintpaulia)*. Morgens gießen mit zimmerwarmen Wasser.
6.11	Blätter verfärben sich von Blattspitzen her braun	6.11.1 In den meisten Fällen ist zu trockene Luft die Ursache. Die Hinweise bei den einzelnen Arten beachten. Empfindlich sind zum Beispiel *Chlorophytum*, *Cyperus* und *Rhoeo*.
		6.11.2 Besonders beim Cypergras werden braune Blattspitzen nicht selten durch Kupfermangel verursacht. In diesem Fall mit dem Spritzpulver „Grünkupfer" (maximal $^1/_2$ Messerspitze auf 2 l Wasser) gießen.
6.12	Blätter verfärben sich an den Blatträndern braun	6.12.1 Die Konzentration der Nährsalze ist über das zuträgliche Maß hinaus angestiegen, entweder durch zu hoch konzentriertes oder zu häufiges Düngen oder aber durch ständiges Gießen mit zu hartem Wasser. Besonders bei salzempfindlichen Pflanzen treten diese Schäden auf (Seite 52). Umtopfen oder Erde mit Wasser durchspülen.
		6.12.2 Befall mit Blattflecken verursachenden Pilzen (siehe 6.17).

Oben links: Calciummangel an einer Frauenschuhorchidee (Paphiopedilum).

Oben mitte: Rechts gesundes Anthurienblatt, links oben Stickstoffmangel, Mitte Phosphormangel, unten Kalimangel.

Links: Stickstoffmangel eines Usambaraveilchens.

Unten links: Silbergraue Aufhellungen des Gummibaumblattes durch Befall mit Blasenfüßen (Thripse).

Unten mitte: Durch Adern begrenzte dunkle Flecken durch Befall mit Blattälchen.

Oben rechts: Pelargonie mit Blattaufhellungen durch Eisenmangel.

Unten rechts: Feine, punktartige Aufhellungen der Blätter sind erste Anzeichen für Milbenbefall.

6.13	Blätter verfärben sich von der Basis her braun	6.13.1 Bei Ananasgewächsen wie *Aechmea* deutet dies auf eine Infektion mit dem Pilz *Fusarium* hin. Pflanzen sind nicht mehr zu retten, daher wegwerfen. Durch optimalen Stand und gute Pflege für widerstandsfähige Pflanzen sorgen. Beim Ein- und Umtopfen nur neue Töpfe verwenden sowie desinfizierte (gedämpfte) Erde.
		6.13.2 Bei Orchideen wie *Paphiopedilum* läßt dies auf Befall mit Bakterien schließen. Eine direkte Bekämpfung ist nicht möglich. Im Anfangsstadium kann mehrmaliges Gießen im Abstand von 1 bis 2 Wochen mit einer schwachen Kaliumpermanganat-Lösung (Übermangansaures Kali) nützlich sein. Die Lösung sollte nur leicht gefärbt sein. So gießen, daß auch die Basis der Orchidee benetzt wird. Ein Versuch mit dieser Lösung empfiehlt sich auch bei anderen Krankheitserregern, die Wurzel- und Gefäßinfektionen verursachen. Im Anfangsstadium lassen sich oft überraschende Erfolge erzielen.
6.14	Die braunen Verfärbungen sind nicht nur auf Blattränder, -basis und -spitzen konzentriert, sondern mehr oder weniger über die Blattfläche verteilt	
6.14.1	Die Schäden treten unmittelbar nach der Behandlung der Pflanzen mit bestimmten Präparaten auf	6.14.1.1 Behandlung mit einem unverträglichen oder falsch dosierten Pflanzenschutzmittel. Stark geschädigte Blätter entfernen.
		6.14.1.2 Kälteschäden durch das Treibmittel in Sprühdosen. Abstand von 30 cm von der Pflanze einhalten.
		6.14.1.3 Zu häufiges Behandeln mit Blattglanzmitteln. Auf diese „Pflanzenkosmetika" sollte man am besten ganz verzichten, denn ihre öligen Bestandteile greifen die Wachsschicht der Blätter an. Kalkflecken lassen sich durch sorgfältiges Gießen vermeiden. Sprühen nur mit weichem Wasser.
6.14.2	Die Schäden treten nicht nach dem Einsatz von Pflanzenbehandlungsmitteln auf	Pflanzen sind zu intensiver direkter Sonneneinstrahlung ausgesetzt. Hinweise bei den einzelnen Arten beachten. Gießen und Düngen nicht bei direkter Besonnung und aufgeheizten Blättern.
6.15	Die bräunlich verfärbten Blätter sind naßfaul und bei hoher Luftfeuchte mit einem grauen Pilzrasen überzogen	Grauschimmel *(Botrytis)*. Der Pilz tritt in der Regel nur an geschwächten Pflanzen auf bei zu engem Stand, mangelnder Belüftung, zu hoher Luftfeuchte oder an Pflanzen, an denen Gießwasser auf den oberirdischen Pflanzenteilen nicht bis zum Abend abgetrocknet ist. Für luftigen Stand sorgen. Am besten morgens gießen. Alte Blätter und Blüten vollständig entfernen, da sich der Pilz zunächst auf absterbenden Pflanzenteilen ansiedelt. Eine Bekämpfung ist in der Regel nicht erforderlich. Nur in Ausnahmefällen mit Fungiziden wie Ronilan spritzen.
6.16	Die Blätter haben trockenfaule bräunliche Flecken. Auf der Blattunterseite befindet sich bei hoher Luftfeuchte ein weißer, mehliger Belag.	Befall mit Falschem Mehltau, zum Beispiel an Rosen, Cinerarien *(Senecio)* und Primeln. Dem Befall vorbeugen wie bei 6.15 beschrieben. Eine Bekämpfung des im Innern des Blattes lebenden Pilzes ist derzeit dem Zimmergärtner nicht möglich. Infizierte Blätter entfernen, gegebenenfalls Pflanze wegwerfen, um Übertragung auf andere zu verhindern.
6.17	Die Blätter haben trockenfaule Flecken. Ein Pilzrasen ist meist nicht erkennbar. Die Flecken weisen mehr oder weniger deutliche Zonen auf ähnlich Jahresringen. Um die graubraunen bis schwarzen Flecken kann ein gelblicher oder anderweitig verfärbter Hof sein. Die Flecken vergrößern sich.	Befall mit Erregern von Blattfleckenkrankheiten. Da es sich um verschiedene Pilze handelt, ist eine gezielte Bekämpfung meist nicht möglich. Es bleiben nur Versuche mit Fungiziden wie Compo Pilz-Frei, Dithane Ultra, Grünkupfer, Orthocid 83 und andere. Vorsicht, besonders Grünkupfer wird nicht von allen vertragen! Befallene Blätter entfernen. Für luftigen Stand und angemessene Nährstoffzufuhr sorgen. Gefährdet sind zum Beispiel Anthurien, Azaleen *(Rhododendron)*, *Camellia*, Chrysanthemen, Cinerarien *(Senecio)*, Gummibäume *(Ficus)* und Hortensien *(Hydrangea)*.
6.18	Blätter haben trockene, bräunliche, auch verkorkte Flecken, die sich in der Regel nicht ausbreiten	Nichtparasitäre, durch ungeeigneten Stand verursachte Schäden, zum Beispiel an *Cissus antarctica*, Gummibäumen *(Ficus)* und *Hoya carnosa*. Was sie hervorruft, ist nicht immer genau zu erkennen. Möglicherweise zu häufiges Gießen und ständig nasse Erde bei hoher Luftfeuchte.

6.19	Blätter haben braunschwarze Flecken, die meist deutlich durch Blattadern begrenzt sind	Befall mit Blattälchen (Nematoden), zum Beispiel an Begonien, Chrysanthemen, Farnen wie *Asplenium*, Gloxinien *(Sinningia)*, Primeln und Usambaraveilchen *(Saintpaulia)*. Befallene Pflanzen sofort wegwerfen, um eine Übertragung der mikroskopischen Fadenwürmer zu verhindern. Vorsicht, die Übertragung ist auch mit den Händen möglich! Dafür sorgen, daß die oberirdischen Pflanzenteile immer trocken sind. Eine Bekämpfung erfordert hochgiftige Präparate, was dem Fachmann vorbehalten ist.
6.20	Blätter haben zunächst punktförmige helle, später verkorkte braune Flecken. Das Blatt kann mißgestaltet sein. An den befallenen Blättern sind winzige braunschwarze Kottröpfchen zu erkennen.	Blasenfüße (Thripse, s. 7.6).
6.21	Blätter werden an mehr oder weniger großen Stellen glasig-durchscheinend	Durch Bakterien verursachte Blattfäule zum Beispiel an Orchideen und Begonien. Eine direkte Bekämpfung ist nicht möglich. Auf ausgewogene Ernährung der Pflanzen, besonders auf gute Kaliversorgung achten. Befallene Blätter abtrennen. Vorsicht, Bakterien werden sowohl mit dem Messer als auch den Händen übertragen! Für gute Belüftung sorgen und darauf achten, daß nebeneinander stehende Pflanzen sich nicht berühren. Morgens gießen, damit Pflanzen bis abends abgetrocknet sind.
6.22	Blätter sind auf der Ober- und Unterseite mit einem mehlartigen Pilzbelag überzogen, der sich abwischen läßt	Echter Mehltau. Diese Pilze befallen verschiedene Zierpflanzen wie Begonien (besonders Elatiorbegonien!), Rosen, Hortensien *(Hydrangea)* und Sukkulenten wie *Kalanchoë* und verschiedene Euphorbien. Durch luftigen, hellen Stand dem Befall vorbeugen. Befallene Blätter entfernen. Gegen Neuinfektion mit Fungiziden wie Netzschwefel, Myctan Rosenspray. Saprol oder anderen Mehltaumitteln behandeln. Schwefel vertragen nicht alle Zierpflanzen, besonders bei Temperaturen über 25°C. Mehltauanfällige Arten müssen regelmäßig gespritzt werden!
6.23	Blätter färben sich mehr oder weniger gleichmäßig über die ganze Blattfläche rot	Zu intensive Sonneneinstrahlung. Auch die Sprosse färben sich rot. Schattieren; Hinweise bei den einzelnen Arten beachten.
6.24	Blätter färben sich vornehmlich an den Blatträndern rot	Phosphor- oder Kupfermangel, besonders häufig bei Orchideen wie *Phalaenopsis*. Kupfermangel zeigt sich zunächst an jungen, Phosphormangel an alten Blättern. Mit Blumendüngern wie Mairol oder Hydrodüngern gießen. Gegen Kupfermangel mit dem Spritzpulver „Grünkupfer" (maximal $1/2$ Messerspitze auf 2 l Wasser) gießen.
6.25	Blätter, aber auch Zwiebeln und Blütenschäfte weisen rote Striche oder Flecken auf, die bis mehrere Zentimeter Länge erreichen können	Befall mit dem Pilz Roter Brenner. Nur an verschiedenen Amaryllisgewächsen wie *Hippeastrum*, *Nerine* und *Sprekelia*. Zwiebeln vor dem Einpflanzen 15 Minuten in eine 0,75%ige Grünkupferlösung tauchen. Die befallenen Blätter können mit diesem Fungizid gespritzt werden, doch hinterläßt es häßliche Spritzflecken.

7 Tiere auf den Pflanzen

7.1	Blattläuse	Vornehmlich an jungen Blättern und Sprossen, aber auch an Knospen und Blüten sitzen die bis 4 mm großen grünen bis schwarzen Insekten. In der Regel ab Mai treten geflügelte Blattläuse auf. Gelegentlich entdeckt man die leeren, farblosen Körperhüllen sowie die klebrigen Ausscheidungen der Läuse (Honigtau), noch bevor man die Schädlinge ausmacht. Die Läuse stechen in die Gewebe und saugen den Pflanzensaft aus. Besonders junge Blätter werden unter dem Einfluß der Läuse mißgestaltet. Die Blattläuse werden mit Pflanzen eingeschleppt, fliegen aber auch im späten Frühjahr und Sommer aus dem Garten zu. Befallen werden sowohl kräftige als auch schwache Pflanzen. Bekämpfung am einfachsten durch Croneton-Granulat, das auf die Erde gestreut wird, oder Insektizidstäbchen (plant pin) in die Erde stecken. Die Wirkung ist bei allen Pflanzen nur mäßig, die sich in einem Ruhestadium befinden und nicht wachsen. Diese besser mit den üblichen Insektiziden aus der Sprühdose behandeln.

7.2 Schildläuse

Auf den Blättern und Trieben festsitzende, unbewegliche, schuppen- bis schildförmige Gebilde von 1 bis 9 mm Größe. Schildläuse sind auf den ersten Blick nicht als lebende Tiere zu identifzieren. Sie lassen sich abkratzen oder zerquetschen. Nur die sehr kleinen Larven, die man meist übersieht, sind beweglich und setzen sich auf neuen Pflanzenteilen fest. Dort entwickeln sie ihren je nach Art mehr oder minder kräftigen Schild, der sie gegen Pflanzenschutzmittel ziemlich widerstandsfähig macht. Wie die Blattläuse scheiden sie Honigtau aus. Die klebrigen Tröpfchen sind oft der erste Hinweis auf den Befall. Neben weichblättrigen Pflanzen sind auch hartlaubige nicht vor Schildläusen sicher. Häufig findet man sie an Gummi- und Lorbeerbäumen.

Die Bekämpfung der noch beweglichen und ungeschützten Larven ist am einfachsten. Bei nicht zu großen Pflanzen empfiehlt es sich deshalb, vor dem Spritzen die alten Schildläuse abzukratzen. Wirksam gegen Schildläuse sind Sprühdosen, die den Wirkstoff Dimethoat enthalten, zum Beispiel Perfektion oder Gabi-Pflanzenspray. Allerdings vertragen nicht alle Pflanzen diesen Wirkstoff gleich gut. Daneben empfehlen sich Malathion-Emulsion (stinkt!) und – allerdings nur für Hartlaubige wie Lorbeer – das Sommeröl Elefant. Nach 1 bis 2 Wochen die Behandlung wiederholen.

7.3 Woll- oder Schmierläuse

Ähnlich wie Schildläuse und diesen nahe verwandt sind die Woll- oder Schmierläuse. Sie haben keinen „Deckel", sondern sind mit weißen, watteähnlichen Fäden überzogen. Sie sitzen bevorzugt in Blattachseln und an anderen versteckten Plätzen, so daß man sie leicht übersehen kann. Die Bekämpfung entspricht der von Schildläusen.

7.4 Mottenschildläuse oder Weiße Fliege

Auf der Blattunterseite sitzen versteckt die bis 1,5 mm großen weißen Insekten mit den relativ großen, ebenfalls weiß gefärbten Flügeln. Beim Berühren der Pflanze fliegen sie auf. Auf den Blattunterseiten findet man auch die schuppenähnlichen, an junge Schildläuse erinnernden Larven, die zunächst farblos aussehen, dann gelblichgrün werden, weiß überpudert sind und am Rand feine Wachsfortsätze tragen. Besonders häufig sind sie an Fuchsien zu finden, aber auch an vielen anderen Zimmerpflanzen. Mit diesen schleppt man sie ein, oft auch mit Schnittblumen wie *Gerbera*!

In den Gewächshäusern sind sie eine große Plage, am Blumenfenster glücklicherweise weniger. Im Kleingewächshaus sollte man besonders aufmerksam sein, wenn man neben Fuchsien Gemüsepflanzen wie Tomaten kultiviert. An Tomaten sind Weiße Fliegen fast regelmäßig zu finden. Wie bei Schildläusen weist Honigtau auf den Befall hin. Die Bekämpfung mit Sprühdosen wie Paral-Pflanzen-Spray und Compo-Gartenspray ist nur dann erfolgreich, wenn mehrmals im Abstand von 4 bis 5 Tagen gesprüht wird. Auch Spritzmittel wie Unden flüssig und Malathion-Emusion lassen sich erfolgreich einsetzen.

7.5 Trauermücken

Beim Berühren der Pflanzen oder beim Gießen fliegen die 3 mm kleinen, zarten Mücken mit schwarzem Körper und ebenfalls schwarzen Flügeln auf. Sie treten nur auf, in letzter Zeit häufig auch auf der Fensterbank, wenn sie feuchte, torfreiche Substrate oder Sphagnum vorfinden. Mit Torf und Sphagnum werden sie eingeschleppt. Darin entwickeln sich die bis 7 mm langen, weißen, schwarzköpfigen Maden. Sie fressen auch an den Wurzeln und an der Stengelbasis vieler Pflanzen, besonders von Sukkulenten, Orchideen und Farn-Jungpflanzen sowie -Vorkeimen. Wenn möglich, trockener halten. Bei Sukkulenten mineralische Substrate verwenden ohne Torfbeimischung. Gegen die Mücken Fliegenstreifen direkt bei den Pflanzen aufhängen. Den Maden ist nur mit Insektiziden beizukommen, zum Beispiel mit Ekamet (stinkt).

7.6 Blasenfüße (Thripse)

Auf den Blättern, vornehmlich den Unterseiten, sitzen 1 mm große, schlanke, braunschwarze Insekten. Mit einer starken Lupe erkennt man die typischen gefransten Flügel. Die ungeflügelten Larven findet man nicht leicht. Typisch für den Befall mit Blasenfüßen sind die dunklen Kottröpfchen und die zunächst silbrighellen, später verkorkenden Flecken auf den Blättern, die von den ausgesaugten Zellen herrühren. Auch Blüten werden geschädigt. Thripse treten unter anderem an Anthurien, Alpenveilchen *(Cyclamen)* und Passionsblumen. Mehrmals mit Insektenspray behandeln, der den Wirkstoff Dichlorvos enthält, zum Beispiel Fleur-Insekten-Spray oder Compo Pflanzenschutzspray.

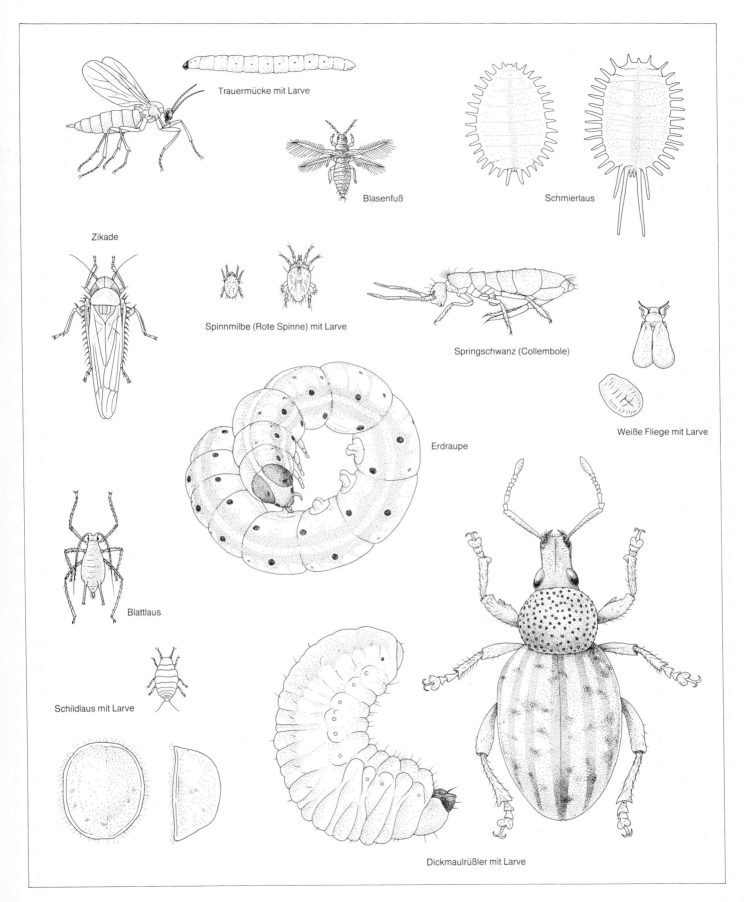

7.7	Spinnmilben oder Rote Spinne	Diese wohl gefährlichsten Schädlinge unserer Zimmerpflanzen sind nicht leicht zu erkennen. Zunächst sind auf den Blättern nadelstichgroße Aufhellungen zu bemerken. Bei starkem Befall sind Blätter und Blüten mit einem feinen Gespinst überzogen. Die Tiere selbst sind nur bis 0,5 mm groß, gelblich bis orangerot oder grünlich gefärbt und nur mit einer Lupe genau zu erkennen. Bei entsprechender Vergrößerung sieht man die für Spinnentiere typischen acht Beine (die sonst gleichen Larven besitzen nur sechs!). Spinnmilben sind vornehmlich auf den Blattunterseiten zu finden. Sie bewegen sich nur langsam. Damit lassen sie sich unterscheiden von den rot gefärbten, nur wenig größeren echten Spinnen, die sich im Sommer in großer Geschwindigkeit auf Fensterbank, Topf oder auch Pflanze bewegen. Spinnmilben treten besonders stark auf bei hohen Temperaturen und trockener Luft. Da die winzigen Tiere meist zu spät entdeckt werden, sind die Pflanzen schon mehr oder weniger in Mitleidenschaft gezogen, bevor man Gegenmaßnahmen einleiten kann. Gefährdet sind viele Zimmerpflanzen, besonders Dieffenbachien, *Hibiscus*, Aralien *(Fatsia)*, Efeu *(Hedera)*, Cypergras, Rosen und *Asparagus*. Sobald Blätter feingesprenkelt aussehen, die Unterseiten mit einer Lupe kontrollieren. Bei Befall die stark in Mitleidenschaft gezogenen Blätter entfernen und mit Sprühdosen gründlich behandeln, die zur Bekämpfung von Spinnmilben ausgewiesen sind; zum Beispiel Substral-Spray, Myctan-Rosenspray, Spritzi und anderen. Nach 8 bis 10 Tagen wiederholen. Weitere Behandlungen können erforderlich werden, um die hartnäckigen Schädlinge zu beseitigen. In diesem Fall ist darauf zu achten, daß man Präparate mit verschiedenen Wirkstoffen abwechselnd einsetzt, da die Spinnmilben sonst resistent gegen das Pflanzenschutzmittel werden können. Mit den Insektizidstäbchen (plant pin) läßt sich ebenfalls eine gewisse Wirkung gegen Spinnmilben erzielen. Wichtig ist, daß die Pflanzen stets ausreichend mit Wasser versorgt werden und die Luft nicht zu trocken ist.
7.8	Zikaden	Befallen werden nur Pflanzen, die wir während der warmen Jahreszeit ins Freie stellen, besonders Rosen. Die grünen, 4 mm langen, flugfähigen Tiere sitzen auf der Blattunterseite und springen blitzschnell weg, wenn wir das Laub berühren. Sie verursachen eine weißgelbe Sprenkelung der Blätter. Eine Bekämpfung mit Sprühdosen oder anderen Insektiziden wie Unden flüssig ist erfolgreich, doch kommen ständig neue Zikaden aus dem Garten hinzu. Ähnliche Symptome verursachen auch Blattwanzen, die bis 1 cm groß werden, grün oder braun gefärbt sind und oft eine hübsche Zeichnung auf den Flügeln aufweisen. Sie sitzen nicht nur auf den Unterseiten der Blätter und lassen sich beim Berühren der Pflanze fallen.

8 Schäden an Knospen und Blüten

8.1	Knospen und Blüten werden abgeworfen	8.1.1 Kommt häufig bei neu erworbenen Pflanzen vor als Reaktion auf die Änderung der Umweltbedingungen (Licht, Temperatur und auch Luftfeuchte), besonders dann, wenn die Pflanze beim Gärtner vor dem Verkauf nicht abgehärtet wurde. Knospige Pflanzen sollte man nicht an gänzlich andere Plätze stellen. Das kurze Wegrücken, etwa zum Fensterputzen, schadet nicht, wenn die Pflanze gleich wieder an ihren angestammten Platz kommt. 8.1.2 Zum Knospenwurf kommt es durch ungenügende Wasserversorgung. Wassermangel erleidet die Pflanze auch, wenn trotz feuchter Erde aufgrund fauler Wurzeln nicht genügend Wasser aufgenommen werden kann!
8.2	Blütenstiele platzen	Unregelmäßige Wasserversorgung führt zu Spannungen in den Geweben. Häufig zum Beispiel bei Pelargonien. Nicht austrocknen lassen, sondern dem Bedarf gemäß gießen.
8.3	Blütenschäfte weisen rote Striche und Flecken auf	Roter Brenner (siehe 6.25).
8.4	Knospen oder Blüten faulen	*Botrytis* oder Grauschimmel (siehe 6.15).

Lexikon der Pflanzen im Haus

Die wichtigsten Pflanzengruppen

Es gibt nahezu keine Pflanzengruppe, die nicht einige für die Pflege im Haus geeignete Arten enthält. Meist wird es sich um höhere, also in Wurzel, Sproß und Blätter gegliederte Pflanzen handeln. Ein Freund kultiviert seit Jahren die zu den niederen Pflanzen zählenden Lebermoose und hat viel Freude dabei. Im Zimmer gedeihen einjährige Gewächse wie die Cinerarien (*Senecio*-Hybriden), die in weniger als 12 Monaten vom Samenkorn zum blühenden Exemplar heranwachsen, um anschließend abzusterben. Manche Zimmerpflanzen werfen wir nach der Blüte weg, obwohl sie ausdauernd sind, da sich die Weiterkultur nicht lohnt oder schwierig ist, beispielsweise bei der Sinnespflanze (*Mimosa pudica*), der Schwarzäugigen Susanne (*Thunbergia alata*) oder *Catharanthus roseus*.

Bei den mehrjährigen Gewächsen sind sowohl die unverholzten Stauden wie die holzige Triebe bildenden Sträucher und Bäume im Sortiment vertreten. Die Palette reicht von der Insekten erhaschenden Venusfliegenfalle (*Dionaea muscipula*) bis zur Kokospalme (*Cocos nucifera*), vom einheimischen Efeu (*Hedera helix*) bis zur tropischen *Maranta*, von der schönblättrigen *Caladium* bis zur herrlich blühenden Frauenschuhorchidee (*Paphiopedilum*).

Formschöne und farbenfrohe Blattpflanzen

Wer glaubt, nur blühende Gewächse seien attraktiv, kennt die Blattpflanzen nicht. In den Formen und Farben der Laubblätter offenbart die Natur einen verschwenderischen Reichtum.

Die Blätter enthalten das Blattgrün (Chlorophyll), die unzähligen Kraftwerke jeder Pflanze. Fehlt das Chlorophyll an einigen Stellen, so erscheint das Blatt dort weiß, das heißt, es ist panaschiert, oder ein eingelagerter gelber oder roter Farbstoff kommt zum Vorschein. Durch Dosierung, Verteilung und Überlagerung der Farbstoffe sind unzählige Schattierungen möglich.

Der Maler Paul Klee schreibt: „Ein Blatt ist ein Teil vom Ganzen. Ist der Baum Organismus, so ist das Blatt Organ. Diese kleinen Teile vom Ganzen sind in sich wieder gegliedert. Es walten in dieser Gliederung Ideen und Verhältnisse der Gliederung, die im Kleinen ein Abbild der Gliederung des Ganzen sind... Die Gliederung des Blattes heißt: Stiel, Rippen und Blattgewebe".

Der Botaniker unterteilt das Blatt in Blattgrund, der kleine Nebenblättchen tragen kann, Blattstiel und Blattspreite. Die Form des Blattes ist für manche Arten so charakteristisch, daß sie als wesentliches Bestimmungsmerkmal herangezogen wird. Es kann ungeteilt sowie zusammengesetzt oder gefiedert sein. Die Blattspreiten erreichen eine nur geringe, nadelähnliche Ausdehnung oder bilden große eiförmig, rhombisch oder sonstwie geformte Flächen. Der Blattrand ist glatt („ganzrandig"), gesägt, gewimpert oder gebuchtet. Die wichtigsten Merkmale zeigen die Abbildungen rechts. Dort sind auch die lateinischen Bezeichnungen wiedergegeben, die sich häufig im Artbegriff finden. Liest man den Namen *Haworthia cuspidata*, so weiß man, daß es sich um eine Pflanze mit stachelspitzigen Blättern handelt.

An Blattpflanzen sind nicht nur die Blätter bemerkenswert. Als wahres Kunstwerk erweist sich bei näherer Betrachtung dieser Stamm von Philodendron selloum mit den großen Narben der abgefallenen Blätter und den Luftwurzeln.

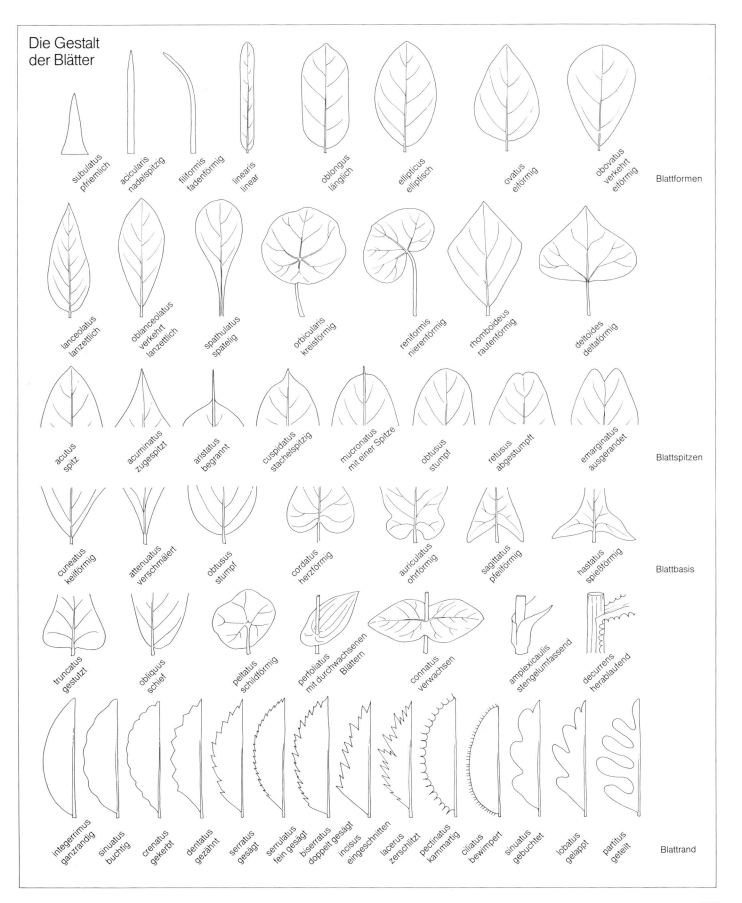

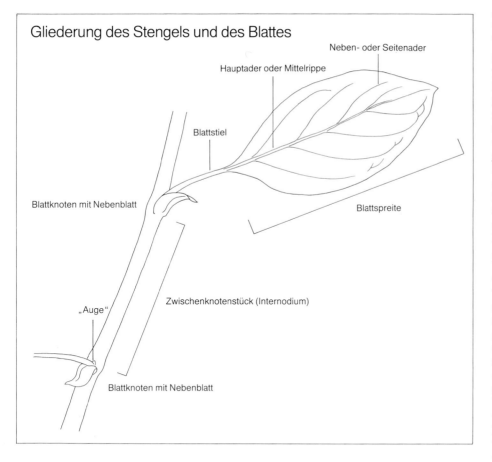

Blütenpflanzen – vom Mauerblümchen zur Tropenschönheit

Nicht nur ein spannendes Fußballspiel im Fernsehen, sondern auch eine interessante Pflanze vermag den Enthusiasten um seine nächtliche Ruhe zu bringen. Welcher Blumenfreund läßt es sich schon entgehen, wenn die Königin der Nacht *(Selenicereus grandiflorus)* gegen 24 Uhr ihre prächtigen Blütensterne öffnet? Denn schon am nächsten Morgen hängen sie schlaff herab. Zum Glück sind nicht alle Blütenpflanzen auf nachts aktive Bestäuber angewiesen und entfalten zu angenehmeren Zeiten ihre Pracht. Die Mittagsblumen wie *Lampranthus* sind sogar wahre Sonnenanbeter, die beleidigt die Blütenblätter zusammenfalten, wenn Regenwolken aufziehen.

Wenn hier von Blütenpflanzen die Rede ist, so versteht sich das nicht im botanischen Sinn. Die Zimmergärtner lassen diesen Begriff nur jenen Arten und Sorten zukommen, die vorwiegend wegen ihrer Blütenpracht im Haus stehen. Doch wer wollte hier eine eindeutige Grenze ziehen? Blütenpflanzen sind nach meinem Verständnis auch die Unscheinbaren, die Mauerblümchen, die wie *Ceropegia woodii* nur wenig über 1 cm hinauskommen, sich bei näherer Betrachtung jedoch als wahre Wunderwerke erweisen.

Die wissenschaftliche Gliederung des Pflanzenreichs basiert auf Unterschieden und Gemeinsamkeiten der Blütenorgane. Damit ist die Blüte das wichtigste Bestimmungsmerkmal. Manche in Kultur befindliche Pflanze konnte bislang nicht eindeutig identifiziert werden, da sie nicht zur Blüte kam.

Daß Blüten aus Kelch- und Kron- (oder Blüten-) blättern, aus Staubgefäßen und Stempel bestehen, ist in jedem Lehrbuch nachzulesen. Dort finden Interessierte die Kennzeichen jeder Pflanzenfamilie erläutert.

Wichtig ist für den Zimmergärtner, daß die Schauwirkung nicht immer von den Blüten-, sondern auch von Kelchblättern, ja sogar von blütenblattähnlich ausgebildeten Laubblättern herrühren kann, die man Spatha und Brakteen nennt. Auf den Seiten 109 bis 111 ist beschrieben, daß sich Blüten nur unter bestimmten Bedingungen bilden. Sie färben sich am hellen, nicht zu warmen Platz am besten aus.

Auch kleine Blütchen können eine große Wirkung erzielen, wenn sie in großer Zahl an der Pflanze erscheinen. Sie können in Blütenständen unterschiedlicher Form beisammen stehen. Bei einigen Orchideen sind die Blütenstände so groß, daß der Platz auf

Zu den Blattpflanzen zählen so wichtige Zimmerbewohner wie Palmen, Farne, *Philodendron* und Gummibäume sowie Begonien. Dazu gehören somit auch Blütenpflanzen, aber deren Blüten sind entweder unscheinbar wie bei den Kanonierblumen *(Pilea)* oder erscheinen während der Pflege im Zimmer nicht, zum Beispiel bei vielen Palmen oder der Zimmertanne.

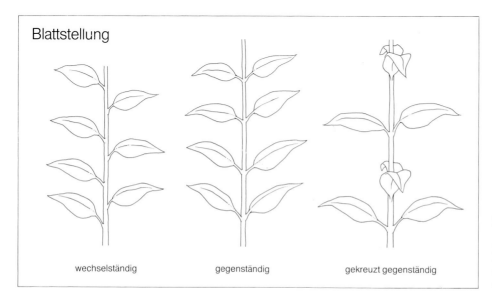

der Fensterbank nicht mehr ausreicht. Bei anderen entwickeln sich die Blüten nach unten, so daß wir sie nicht in Töpfen kultivieren können. Aber wer verzichtet schon wegen einer besonders interessanten Blüte auf solch eine Pflanze?

Zimmerpflanzen für die Nase

Ich kann an keiner Gardenie vorbeigehen, ohne an ihrer Blüte zu schnuppern. *Gardenia jasminoides* ist ein besonders eindrucksvolles Beispiel dafür, daß Zimmerpflanzen nicht nur etwas fürs Auge, sondern auch für die Nase zu bieten haben. Manchen ist der Duft dieser Pflanze – die Artbezeichnung *jasminoides* = jasminähnlich hätte man nicht besser wählen können – zu intensiv. Läßt sich bereits über Geschmack nicht streiten, so über Duft schon gar nicht. Für mich ist die Gardenie geradezu der Inbegriff einer wohlriechenden Pflanze.

Dies wußte man früher noch mehr zu schätzen als heute. In der ersten Hälfte des vorigen Jahrhunderts kultivierten die Gärtner besonders angelsächsischer Länder Gardenien in großer Stückzahl, da geschnittene Blüten äußerst haltbar sind und im Knopfloch getragen dem köstlichsten Parfüm Konkurrenz machen. Nach einem langen Schattendasein findet man sie in jüngster Zeit wieder häufiger im Blumenhandel.

Die kleine Wachsblume *Hoya bella* zählt ebenfalls zu den wohlriechenden Zimmerpflanzen. Die wachsähnlichen Blüten verströmen feinen Duft. Allerdings muß man die Nase schon dicht an die Blüten halten. Sie duften nicht so intensiv wie die bekanntere *Hoya carnosa*, die dann das ganze Zimmer mit ihrem schweren süßen Duft erfüllt, wenn sich der Tag zu neigen beginnt. Weitgehend unbekannt ist, daß auch die Blütenstände von *Spathiphyllum wallisi* und der großblumigeren Hybriden während eines bestimmten Entwicklungsstadiums ein zarter, köstlicher Duft auszeichnet. Die Zahl der duftenden Pflanzen im Haus ist so groß, daß sie hier nicht alle aufzuzählen sind. Man kann nur anregen, mit der Nase „Ausschau" zu halten.

Nehmen wir als Beispiel die Orchideen. Unter ihnen sind besonders viele mit betörendem Duft gesegnet. *Lycaste aromatica* zählt zu meinen Favoriten. Es gibt alle Duftvarianten vom zimtig Aromatischen bis zum aufdringlich Süßen. Der Duft unserer einheimischen Orchideen ist ähnlich vielfältig. „Schokoladenblümchen" nennt man in manchen Gebieten das Schwarze Kohlröschen (*Nigritella nigra*). Tatsächlich ähnelt der Duft jenem von Bitterschokolade. Ganz anders, aber gleich intensiv die Händelwurz (*Gymnadenia odoratissima*) oder die Strandvanille (*Epipactis atrorubens*). Welche Duftvarianten müssen da bei den exotischen Orchideen zu finden sein!

Duftende Blüten finden sich auch bei sukkulenten Pflanzen wie der Königin der Nacht (*Selenicereus grandiflorus*), bei Kübelpflanzen wie Oleander (*Nerium oleander*) und Engelstrompete (*Datura suaveolens*), bei den zum Treiben ins Zimmer geholten Zwiebelgewächsen wie Hyazinthen, Narzissen und Schönhäutchen (*Hymenocallis narcissiflora*).

Großer Beliebtheit erfreuen sich die vielen leicht zu kultivierenden „Rosengeranien". Am häufigsten findet man aus *Pelargonium graveolens* und *P. radens* hervorgegangene Hybriden auf den Fensterbänken. An Rosen erinnert mich der Duft ihrer Blätter – in diesem Fall duften also nicht die Blüten – nur entfernt. Einige Pelargonienarten werden allerdings angebaut, um „Falsches Rosenöl" für die Parfümindustrie zu gewinnen. Duftende Blätter finden wir auch beim Rosmarin, der zudem als Gewürz nützlich ist.

Wegen seines Blattduftes fand der Mottenkönig (*Plectranthus fruticosus*) Eingang in die Wohnstuben. Der Duft ist nicht gerade angenehm, soll aber – wie der deutsche Name sagt – Motten vertreiben.

Leider kennen wir auch eine Reihe attraktiv aussehender, aber „anrüchiger" Zimmerpflanzen. Der Name Aasblumen für Stapelien und Verwandte sagt bereits genug. Unangenehm riechen auch Blüten der Eidechsenwurz (*Sauromatum venosum*) und der Kannenpflanzen (*Nepenthes*). Die für Sumpfgärten wertvolle *Houttuynia cordata* besitzt recht unangenehm duftende Rhizome. Aber dies stört uns nur, wenn wir sie umpflanzen oder teilen. Daß es auch Pflanzen gibt, die gut duftende Wurzeln besitzen, beweisen einige Dracaenen.

Häufig gibt die Artbezeichnung einen Hinweis darauf, daß es sich um eine duftende Pflanze handelt, beispielsweise *aromaticus* = aromatisch, *fragrans* = duftend und *fragrantissimus* = stark duftend, *glycocosmus* = süßduftend, *graveolens* = stark duftend, *odoratus* und *odorifer* = wohlriechend, *odorus* = duftend und *odoratissimus* = äußerst wohlriechend. Oder der Name weist auf eine andere wohlriechende Pflanze hin: *anisatus* und *anisodorus* = nach Anis duftend, *citriodorus* und *citrosmus* = nach Zitronen duftend, *jasminoides* = dem Jasmin ähnlich und *myrsinites* = nach Myrte duftend. Im Gegensatz dazu heißt *inodorus* nicht duftend, während *foetidus* und *foetidissimus* einen mehr oder weniger kräftigen Gestank erwarten lassen.

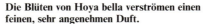

Die Blüten von Hoya bella verströmen einen feinen, sehr angenehmen Duft.

Nicht alle Orchideen wachsen auf Bäumen. Dieses Angraecum sesquipedale gedeiht am heimatlichen Standort auf Madagaskar im lockeren Boden und bildet dort meterhohe, reichblühende Büschel. In Kultur verlangen die Pflanzen hohe Luftfeuchte und mittlere Temperaturen im Winter.

Orchideen

Für viele Pflanzenfreunde sind Orchideen etwas Besonderes, obwohl sie heute im Blumenfachgeschäft keine Seltenheit mehr sind. Ihnen haftet der Reiz des Exotischen, des Kostbaren an. Aber sie gelten auch als besonders schwer zu pflegende Gewächse. Nun, dies trifft nur sehr bedingt zu. Einmal gibt es nicht nur exotische, sondern auch einheimische Orchideen, wenn auch die Mehrzahl dieser mit rund 750 Gattungen und 25000 Arten größten Familie des Pflanzenreichs in exotischen Ländern beheimatet ist, zum Beispiel in Südamerika oder im ostasiatischen Raum. Die einheimischen Orchideen sind für die Pflege im Zimmer ungeeignet.

Die Kultur der anderen stellt keine unlösbaren Probleme, aber einige Besonderheiten sind zu berücksichtigen. Sie ergeben sich aus der Anpassung der Orchideen an ihren jeweiligen Standort. Viele Orchideen sind Epiphyten, das heißt, sie wachsen vom Boden losgelöst auf Bäumen oder anderen höher werdenden Pflanzen. Sie sind damit nicht dem hohen Konkurrenzdruck am Boden ausgesetzt, müssen aber auf dessen wasserspeichernde Eigenschaften verzichten. Schon hieraus läßt sich ableiten, daß epiphytische Orchideen in Gebieten vorkommen, wo sie in großer Regelmäßigkeit mit Wasser versorgt werden, und sei es nur in Form von Tau.

Das epiphytische Leben verlangt einige Anpassungen. Die meisten epiphytischen Orchideen schützen sich vor allzu starkem Austrocknen mit dickfleischigen, derben Blättern. Viele haben Teile des Sprosses oder des Blattstiels zu knollenähnlichen Gebilden, den sogenannten Pseudobulben umgebildet, die Wasser und Nährstoffe zu speichern vermögen. Die ältesten, oft schon unbeblätterten Pseudobulben nennt der Gärtner Rückbulben oder auch Rückstücke.

Einer besonders raffinierten Einrichtung bedienen sich die Orchideen, um das von ihren erhöhten Standorten rasch abfließende Niederschlagswasser schneller aufzunehmen: des sogenannten Velamens. Es ist eine die Wurzel umgebende Schicht abgestorbener, luftgefüllter Zellen, die auftreffendes Wasser sowie Tau sofort aufsaugen und festhalten, bis die lebenden Wurzelzellen es aufgenommen haben. Freiliegende Wurzeln geben Wasserdampf an die Atmosphäre ab und verlangen deshalb eine hohe Luftfeuchte, um nicht abzusterben. Die Wurzeln sind nicht selten sehr lang und schmiegen sich so eng dem Holz an, daß sie davon nicht abzulösen sind. Eine Besonderheit ist auch, daß die Wurzeln Blattgrün oder Chlorophyll enthalten und wie bei *Phalaenopsis* flach ausgebildet sein können, somit neben den Blättern der Assimilation dienen. Daß diese Wurzeln ein besonderes Kultursubstrat verlangen, ist bereits auf Seite 35 beschrieben.

Der Boden speichert für die in ihm wurzelnden Pflanzen neben Wasser auch Nährstoffe. Auch von diesem Reservoir sind die epiphytischen Orchideen abgeschnitten. Ein verbreiteter Irrtum ist es, Orchideen seien Schmarotzer, die ihrer Wirtspflanze Nährstoffe entziehen. Dazu sind Orchideen nicht in der Lage. Sie müssen sich ihre Nahrung anderweitig beschaffen. Einmal ist dies zufliegender Staub, zum anderen verwitternde organische Abfälle, der „Mulm". Die Konzentration der Nährstoffe ist in keinem Fall hoch, was uns den für die Kultur wichtigen Hinweis gibt, daß Orchideen salzempfindlich sind (Seite 52).

Verbreitet ist auch die fälschliche Annahme, Orchideen seien ausschließlich Bewohner ganzjährig heißer, zumindest warmer Gebiete. Selbst in solchen heißen Gegenden wachsen manche Orchideen in so großen

Oben: Die Epiphyten unter den Orchideen – hier eine Dendrochilum-Art – nutzen die kleinsten Vertiefungen aus, in denen sich Mulm sammelt und in denen sie sich festhalten können.

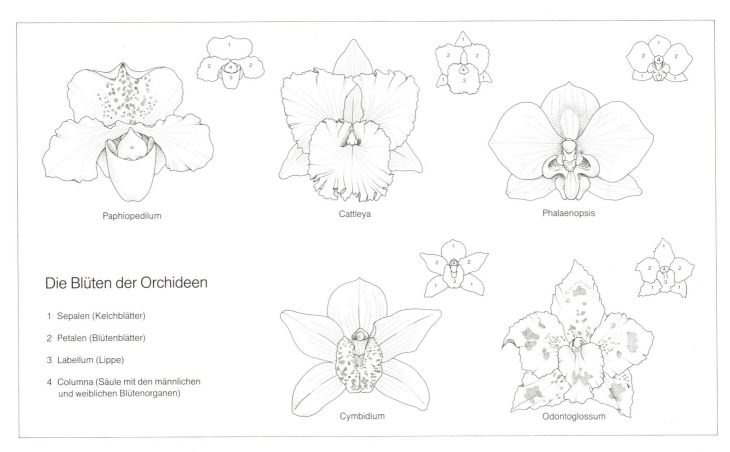

Die Blüten der Orchideen

1 Sepalen (Kelchblätter)

2 Petalen (Blütenblätter)

3 Labellum (Lippe)

4 Columna (Säule mit den männlichen und weiblichen Blütenorganen)

Während der Blüte werden manche Orchideen zum Problem: Der Blütenstand kann meterlang werden oder – wie bei dieser Coelogyne massangeana – herabhängen, so daß die Pflanze nicht mehr auf der Fensterbank stehen kann.

Höhenlagen – etwa der Anden –, daß die Temperatur nicht übermäßig hoch ist, zumindest aber eine extreme nächtliche Abkühlung aufweist. Dieser zum Gedeihen der Pflanzen nicht unwesentliche Temperaturwechsel ist es, der besonders bei der Kultur auf der Fensterbank nur schwer nachvollziehbar ist und häufig die größten Schwierigkeiten bereitet. Bei der starken Abkühlung erreicht die Luft den Taupunkt. Dies stellt für einige Orchideen während bestimmter Jahreszeiten die einzige Feuchtigkeitsquelle dar.

In diesem Buch werden die Orchideen beschrieben, die am häufigsten kultiviert werden. Es sind Arten aus den Gattungen *Bifrenaria, Brassavola, Brassia, Cattleya, Coelogyne, Cymbidium, Dendrobium, Epidendrum, Laelia, Lycaste, Masdevallia, Miltonia, Odontoglossum, Oncidium, Paphiopedilum, Phalaenopsis, Pleione, Sophronitis, Trichopilia, Vanda* und *Zygopetalum*. Für den Orchideenfreund immer wichtiger werden die Hybriden, also Züchtungen, die oft besonders willig gedeihen. Darunter sind auch Kreuzungen aus verschiedenen Gattungen. Berücksichtigt wurden × *Acocenda*, × *Brassocattleya*, × *Brassolaeliocattleya*, × *Colmanara*, × *Doritaenopsis*, × *Laeliocattleya*, × *Miltassia*, × *Miltonidium*, × *Odontioda*, × *Odontocidium*, × *Odontoretia*, × *Potinara*, × *Vuylstekeara* und × *Wilsonara*.

Nicht selten beginnt das Orchideenhobby mit einem geschenkten Frauenschuh. Diese sind für den Anfang besonders geeignet. Es sind keine Epiphyten, sondern in der Erde wachsende, terrestrische oder geophytische Orchideen. Es gibt übrigens noch eine dritte Gruppe, die Lithophyten. Darunter verstehen wir Pflanzen, die sich auf Gestein ohne jegliche Erdschicht entwickeln können, zum Beispiel *Paphiopedilum bellatulum, P. niveum* und verschiedene Oncidien. In der Kultur brauchen wir das zum Glück nicht zu imitieren.

Eine Besonderheit vieler Orchideen wurde bereits auf Seite 44 erwähnt: der sympodiale Wuchs, das heißt die Fortsetzung des Wachstums durch einen Seitentrieb, so daß es keine durchgehende Sproßachse gibt und die Pflanzen mehr in die Breite wachsen.

Das „Übliche", der monopodiale Wuchs, finden wir bei wenigen Gattungen wie *Phalaenopsis* und *Vanda*. Beim Umtopfen und der Vermehrung spielt diese Wuchsform eine wichtige Rolle: Die waagrechte Sproßachse der sympodialen Orchideen läßt sich ohne Schwierigkeiten in Stücke mit einzelnen oder mehreren Pseudobulben teilen. Bei monopodialen Orchideen sind wir meist darauf angewiesen, daß sich irgendwann einmal ein Seitentrieb bildet, doch geschieht dies leider sehr selten. Dennoch ist der Orchideenfreund auf die vegetative Vermehrung angewiesen, denn nur Profis sind in der Lage, Orchideen aus Samen heranzuziehen. Dies beginnt schon damit, daß viele Orchideen Fremdbestäuber sind, also eine zweite blühende Pflanze zur Bestäubung vonnöten ist. Der Blütenbau ist so kompliziert, daß der Laie Schwierigkeiten hat, die Narbe und den Blütenstaub, der in ganzen Paketen vorliegt (Pollinien), zu finden.

Das größte Problem aber ist der staubfeine Samen. Er enthält keinerlei Nährgewebe. Die Samenhülle birgt nur den winzigen Embryo, der auf eine fertig aufbereitete Nahrung angewiesen ist. In der Natur liefern diese Nahrung bestimmte Pilze, mit denen die Orchideen eng zusammen leben (Symbiose). Der Gärtner bereitet alles Lebensnotwendige zu einem künstlichen Nährboden auf und sät darauf unter sterilen Bedingungen den staubfeinen Samen. Solche Nährböden gibt es inzwischen zu kaufen, doch verlangt allein das sterile Arbeiten einige Erfahrung. Aber vielleicht entwickelt sich aus der Freude über die blühende Orchidee auf der Fensterbank eine solche Begeisterung, daß die zweifelsohne erforderliche Mühe vor der Anzucht aus Samen nicht abschreckt. Eine interessante Sache ist es auf jeden Fall.

Wer sich mit Orchideen abgibt, sollte nicht rauchen. Die Blüten zum Beispiel von Cattleyen haben sich als überaus empfindlich gegen Tabakrauch erwiesen und zeigen schon nach kurzer Einwirkung deutliche Schäden. Die Haltbarkeit wird erheblich reduziert.

Bromelien

In der Gärtnersprache sind Ananasgewächse „Bromelien". Dies ist streng botanisch gesehen nicht korrekt. Man könnte fälschlich hierunter nur die Gattung *Bromelia* verstehen, die jedoch nur eine von 45 innerhalb dieser Familie darstellt. Aber nachdem die eingedeutschte Form Bromeliaceen recht umständlich klingt und *Bromelia*-Arten in Kultur keine Rolle spielen, können wir getrost diese Ungenauigkeit hinnehmen und weiterhin von Bromelien sprechen.

Die rund 2000 Bromelienarten stammen bis auf eine einzige Ausnahme vom amerikanischen Kontinent. Somit dauerte es eine Weile, bis sie in Europa Eingang in die gärtnerischen Sortimente fanden. Ihren Verbreitungsschwerpunkt haben sie in tropischen Gebieten. Allerdings steigen einige Arten hinauf bis in große Höhen von 4000 m. Solche Hochgebirgspflanzen unter den Ananasgewächsen verlangen einen kühlen, luftigen Stand, keine Wärme, wie man es von tropischen Pflanzen erwartet. Sie sind hierin zu vergleichen mit manchen Orchideen.

Zu den Orchideen gibt es weitere Parallelen. Wie diese galten Bromelien lange Zeit als Schmarotzer. Dies hat seinen Grund darin, daß die Mehrzahl der Bromelien Epiphyten sind, also auf hochgewachsenen Pflanzen sitzen. Wie die Orchideen haben sie sich dem Konkurrenzkampf am Boden entzogen. An die Besonderheiten des Standortes haben sie sich mit einigen raffinierten Einrichtungen angepaßt. Die Blätter stehen zu einer Rosette zusammen, die einen Trichter bilden, der viel Wasser festhalten kann. Man nennt diese Gruppe der Ananasgewächse Trichter- oder Zisternenbromelien. Viele als Zimmerpflanzen wichtige Bromelien zählen hierzu, wie *Aechmea*, *Guzmania*, *Neoregelia* und *Vriesea*. Man sollte die Pflanzen einmal von oben begießen und anschließend die Zisterne ausleeren – es ist verblüffend, wie viel Wasser hier hinein paßt. Aus diesem Vorratsbehälter können die Ananasgewächse auch Wasser und darin gelöste Nährstoffe entnehmen. Die Wurzeln sind von dieser Aufgabe entlastet und dienen vorwiegend dazu, die Pflanze an ihrem exponierten Standort zu verankern. Entsprechend sind die Wurzeln auch drahtigfest ausgebildet.

Eine andere Lösung haben die sogenannten atmosphärischen Bromelien gefunden. Während die Zisternenbromelien in Gebieten mit hohen Niederschlägen vorkommen und den Regenguß nur auffangen müssen, leben die atmosphärischen in Trockengebieten. Niederschläge sind selten, jedoch ist die Luftfeuchte hoch und erreicht beim nächtlichen Abkühlen den Taupunkt. Die Tautropfen werden von Schuppen, die den gesamten Pflanzenkörper bedecken, blitzschnell aufgesaugt. Ist die Pflanze trocken, so sind die Saugschuppen mit Luft gefüllt und die Oberfläche leuchtet grauweiß. Man spricht deshalb auch zum Beispiel von den „grauen" Tillandsien. Benetzen wir die Blätter, so erscheinen sie sofort grün.

Auch die atmosphärischen Bromelien benötigen ihre Wurzeln vorwiegend zur Verankerung, ja es gibt sogar Arten, die völlig auf Wurzeln verzichten wie die bekannte *Tillandsia usneoides*, die lange, von Bäumen herabhängende Bärte bildet. Gießen und Düngen sind bei solchen Pflanzen ganz anders zu handhaben als bei den in der Erde wurzelnden Geophyten. Dies ist ausführlich auf den Seiten 27 und 53 beschrieben.

Eine dritte Gruppe der Ananasgewächse hat weniger mit Orchideen, sondern mehr mit Kakteen und anderen Sukkulenten gemein. Mit diesen kommen sie auch zusammen auf trockenen Standorten vor. Sie sind als xerophytische (trockenheitsverträgliche) Bromelien bekannt. Es sind keine Epiphyten; sie wurzeln vielmehr mit einem oft

Im dichten tropischen Regenwald, hier eine Aufnahme aus Puerto Rico, nutzen diese epiphytischen Ananasgewächse die wenigen durch das Blätterdach dringenden Sonnenstrahlen optimal aus.

In der starken Vergrößerung zeigt sich die Besonderheit der Orchideenwurzel: Sie ist von einer Schicht abgestorbener Zellen umgeben (Velamen).

Kakteen

Vom Aussehen wie von der Pflege her nimmt die Familie der Kakteen (Cactaceae) innerhalb der Zimmerpflanzen keinesfalls eine Sonderstellung ein. Sukkulente Vertreter gibt es in vielen Familien.
Unter Sukkulenz verstehen wir die Eigenschaft, Wasser in besonders dafür geeigneten Geweben zu speichern. Sukkulenten sind damit sowohl die Peperomien und Sansevierien mit ihren dickfleischigen Blättern als auch die Wüstenrose *(Adenium)* und die Madagaskarpalme *(Pachypodium)* mit den kräftigen Stämmen. Auch die vielen Agaven, *Sedum-*, *Echeveria-*, *Aloë-*, *Haworthia-* und *Gasteria-*Arten sowie die Mittagsblumengewächse (Aizoaceae) zählen hierzu – und eben die Kakteen.
Der Wasservorrat macht sukkulente Pflanzen von einer kontinuierlichen Wasserversorgung unabhängig. Fällt im Laufe eines Jahres nur wenig Niederschlag, dann muß Vorsorge für den sparsamen Umgang mit dem kostbaren Naß getroffen werden. Die Wasserabgabe ist auf ein Minimum zu reduzieren. Die Kakteen haben dies sehr elegant gelöst. Sie haben, mit wenigen Ausnahmen, die Blätter zu Dornen umgebildet, botanisch falsch meist als Stacheln bezeichnet. Damit haben sie die Verdunstungsfläche erheblich reduziert. Die Dornen sowie bei manchen Arten ein dichtes Haarkleid wie beim bekannten Greisenhaupt *(Cephalocereus senilis)* schützen vor Sonneneinstrahlung und damit auch vor Verdunstung. Sie verhindern auch, daß sich die Pflanzen unter der erbarmungslosen Sonne heimatlicher Standorte zu sehr aufheizen und Schaden nehmen. Der weiße Überzug des Pflanzenkörpers wie bei *Copiapoa-*Arten hat die gleiche Funktion.
Die Dornen entspringen den Areolen, die häufig ein feines Haarkissen tragen. Diese Areolen entsprechen den Seitenknospen oder Augen der anderen Pflanzen. Aus ihnen kommen auch die Blüten hervor. Die Areolen sitzen meist auf Erhebungen, die zusammenhängen können, was wir dann als Rippen bezeichnen, oder einzeln stehen, den Warzen oder Mamillen. Die Areole kann sich auch aufspalten zwischen der Spitze der Warze und der Furche zwischen zwei Warzen; diese Furche heißt dann Axille.
Bei der Bewehrung lassen sich die Rand- und die Mittel- oder Zentraldornen unterscheiden. Die Mitteldornen sind oft besonders kräftig entwickelt und beispielsweise hakenförmig ausgebildet. Sie können auch völlig fehlen. Anzahl und Form aller Dornen sind wichtige Indizien zur Bestimmung einer Art.

recht kräftigen Wurzelwerk im Boden. Diese Vielfalt der Ananasgewächse auch im Hinblick auf ihren heimatlichen Standort macht eine hierauf abgestimmte Pflege erforderlich: Zisternenepiphyten schätzen es in der Regel warm und feucht; die atmosphärischen Arten wollen es luftiger und im Winter kühler, aber die Luft darf nicht trocken sein. Die xerophytischen Bromelien wie *Dyckia* und *Hechtia* halten wir schließlich ziemlich trocken und im Winter kühl, so wie dies bei vielen Sukkulenten erforderlich ist.

Bei guter Pflege haben wir lange Freude an den Bromelien, denn es sind ausdauernde Pflanzen. Zwar blüht eine Rosette nur einmal, aber bevor sie sich verabschiedet, hat sie in der Regel für Nachkommen gesorgt: Meist an der Basis der Pflanzen entstehen Seitentriebe, sogenannte Kindel. Daneben ist die allerdings langwierige Anzucht aus Samen möglich.
Ausführlich beschrieben sind *Aechmea*, *Ananas*, *Billbergia*, *Cryptanthus*, *Dyckia*, *Guzmania*, *Neoregelia*, *Nidularium*, *Tillandsia* und *Vriesea*.

Schuppenhaare umgeben den Körper der „grauen" Tillandsien und saugen begierig jeden Wassertropfen auf.

Kakteen

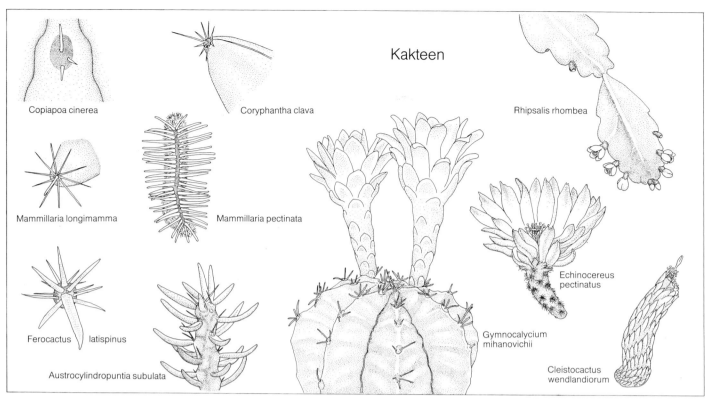

Die Dornen der Kakteen sind wichtige Merkmale zur Bestimmung der einzelnen Arten. Sie entspringen den Areolen, die rund bis langgestreckt, kahl (Copiapoa) oder mit Borstenhaaren versehen sein können. Die Dornen können unterschieden sein in Rand- und Zentraldornen (Ferocactus, Coryphantha, Mammillaria longimamma), wobei letztere oft besonders kräftig entwickelt sind (Ferocactus). Daß Dornen umgewandelte Blätter sind, wird bei Arten wie Austrocylindropuntia subulata deutlich. Eine Besonderheit sind kammartig (pectinat) angeordnete Dornen (Mammillaria pectinata).

Die Blüten können an der Spitze der Warzen oder in der Achsel erscheinen. Gattungen wie Coryphantha weisen auf der Warze eine Längsfurche auf, der die Blüten entspringen. Die Blüten der höheren Kakteen bilden eine lange Röhre (Pericarpell), die in der Regel mit Areolen und Dornen versehen (Echinocereus), nur selten glatt ist (Gymnocalycium). Die Blütenblätter öffnen sich meist zu einem Trichter, bilden aber beispielsweise bei Cleistocactus eine nur wenig geöffnete Röhre. Daß sich die Blattkakteen (z. B. Rhipsalis) nicht aus Blättern, sondern aus Sproßgliedern zusammensetzen, wird offenkundig, wenn sie Blüten bilden, denn Blüten können bei keiner Pflanze an Blättern entstehen.

Die Dornen können noch eine weitere Funktion übernehmen: In manchen Heimatstandorten ist der nächtliche Tau über bestimmte Zeiten die einzige Feuchtigkeitsquelle. Bei einigen Kakteen wie *Discocactus* und *Turbinicarpus* hat man nachgewiesen, daß ihre Dornen Tautropfen aufsaugen und weiterleiten können. In Kultur machen wir uns dies zunutze. Nach der winterlichen Trockenruhe sind die Wurzeln zunächst nicht voll funktionsfähig. Wir sprühen daher die Pflanzen über einige Tage ein, bevor wir zum ersten Mal vorsichtig gießen.
Die Wurzeln streichen meist flach unter der Erdoberfläche. Kakteen schätzen daher keinen allzu kleinen Topf. Die Wurzel kann aber auch als Wasserspeicher dienen und rübenförmig aussehen. Die Rübenwurzler sind besonders empfindlich gegen allzu viel Feuchtigkeit und faulen schnell. Sie sollten eine Erdmischung mit vielen groben, wasserdurchlässigen Bestandteilen erhalten. Solche Substrate haben eine geringe Wasserkapazität und vernässen weniger.
Damit sind wir beim Gießen der Kakteen, jener Pflegemaßnahme, die dem Unerfahrenen die größten Probleme bereitet. Dabei ist es gar nicht so schwer. Es kommt nur darauf an, die Pflanzen genau zu beobachten. Wenn sie wachsen, können sie einen erheblichen Wasserbedarf haben. Dann wird jeweils gegossen, wenn die gesamte Erde – nicht nur an der Oberfläche – weitgehend abgetrocknet, aber noch nicht völlig trocken ist. Würde das Substrat völlig austrocknen, dann müßten die feinen Saugwurzeln zugrunde gehen. Kakteen können zwar sehr rasch neue Saugwurzeln bilden, aber das Wachstum wäre doch gestört. Die größte Wachstumsintensität ist meist im Frühjahr und/oder Herbst zu beobachten, während sie im Hochsommer ein wenig nachläßt.
Ist kein deutliches Wachstum erkennbar, dann gilt die Regel: im Zweifelsfall nicht gießen! Ein Zuviel an Wasser ist immer schädlicher als das Gegenteil. Dies gilt ganz besonders für den Winter, während dem wir die meisten Kakteen völlig trocken halten. Voraussetzung ist allerdings, daß die Kakteen kühl stehen. Die niedrigen Temperaturen sind für viele Kakteen unerläßlich, sollen sie in der anschließenden Vegetationsperiode zur Blüte kommen. Diese kühle, aber helle Überwinterung bereitet nicht selten bei der Zimmerkultur die größten Schwierigkeiten. Mit einem kühlen, aber dunklen Kellerraum ist es nicht getan. Viele Kakteen, besonders die Frühjahrsblüher, verlangen auch während der Ruhezeit maximalen Lichtgenuß.
Trotz kühler Überwinterung gelingt es nicht, manche Kakteenarten zur Blüte zu bringen. Dies liegt daran, daß wir von diesen Arten stets Jungpflanzen pflegen, die noch nicht die Blühreife erreichten. Bestimmte Kakteen wie *Melocactus*, *Espostoa* und *Cephalocereus* bilden ihre Blüten nur in einer Blühzone oder Cephalium. Die Blüh-

Browningia altissima am heimatlichen Standort in Nord-Peru. Die baumhohen, verzweigten Kakteen bestimmen den Charakter dieser Landschaft wie bei uns die Gehölze des Waldes.

zonen sind mit dichten, meist gelben oder braunen Borsten versehen und sitzen haubenartig dem Kakteenkörper auf oder sind nur auf einer Seite der Säulen zu finden (Lateralcephalium).

Die Blüten können weiterhin entweder in der Scheitelregion oder an der Basis der Pflanzenkörper erscheinen – ein wichtiges Bestimmungsmerkmal. Nicht zuletzt haben einige Kakteenarten die Eigenschaft, nachts aufzublühen, da sie in ihrer Heimat von Nachtfaltern oder Fledermäusen bestäubt werden. Die Haltbarkeit der Blüten ist nur gering, oft nur wenige Stunden. Die Blüten verdunsten viel Wasser, so daß sich die Pflanze diesen Luxus nicht lange leisten kann.

Wegen der Bedornung sind viele Kakteen auch in nichtblühendem Zustand attraktiv. Sie haben nur geringe Ansprüche und machen wenig Mühe. Bedenken wir, daß viele Kakteen im Gebirge vorkommen und daher nicht verweichlicht, sondern „hart" kultiviert werden wollen, so bleibt der Erfolg nicht aus. Starke Temperaturdifferenzen zwischen Tag und Nacht schätzen viele Arten und reagieren darauf mit kräftiger Bedornung und reicher Blüte.

Die wichtigsten Gattungen sind ausführlich beschrieben: *Aporocactus, Ariocarpus, Astrophytum, Austrocylindropuntia, Blossfeldia, Browningia, Carnegiea, Cephalocereus, Cereus, Chamaecereus, Cleistocactus, Copiapoa, Coryphantha, Cylindropuntia, Echinocactus, Echinocereus, Echinofossulocactus, Echinopsis, Eriocereus, Espostoa, Ferocactus, Gymnocalycium, Hatiora, Lobivia, Lophophora, Mammillaria, Matucana, Notocactus, Opuntia, Parodia, Pereskia, Phyllocactus, Rebutia, Rhipsalidopsis, Rhipsalis, Schlumbergera, Selenicereus, Sulcorebutia* und *Trichocereus*.

Die Namen der Pflanzen

In einem Buch über Zimmerpflanzen sind, so sehr dies auch manchen ärgern mag, botanische Namen unumgänglich. Einmal gibt es eine Reihe von Pflanzen, die keinen deutschen Namen tragen, zum anderen sind die deutschen Bezeichnungen nicht immer eindeutig. „Astern" zum Beispiel können sowohl *Callistephus sinensis*, *Aster novi-belgii* oder *Chrysanthemum indicum* sein. Das erste sind Sommerastern, das zweite Glattblattastern und das dritte Herbstastern. Herbstastern sind identisch mit Chrysanthemen, unabhängig davon, ob die Stiele viele kleine oder nur eine große Blüte tragen. Unter „Apfelblütchen" versteht man in Hessen *Begonia*-Semperflorens-Hybriden. Man könnte noch viele Beispiele für solche regional gebräuchlichen Pflanzennamen nennen.

Es gab bereits mehrere Versuche, die botanischen Namen einzudeutschen. Nehmen wir als Beispiel die sukkulente Pflanzen beinhaltende Gattung *Adromischus*. Der Name leitet sich vom griechischen hadrós = gedrungen oder kurz und mischos = Stiel ab. Die Art *Adromischus clavifolius* wäre dann der „Knüppelblättrige Kurzstiel" (clava = Knüppel, -folius = -blättrig), *Adromischus trigynus* der „Dreiweibische Kurzstiel" (von tri- = drei- und gyne = Frau). Da solche Wortungetüme weder hilfreich noch leichter zu merken sind als der botanische Begriff, waren diese Versuche erfolglos. Wer sich ein wenig mit der wissenschaftlichen Pflanzenbenennung vertraut machte, wird bald sehen, daß dieses System gar nicht so schwer ist.

Seit Carl von Linné hat sich die binäre Nomenklatur eingebürgert. Das heißt, zwei Begriffe (ein Binom) definieren jede Pflanzenart. Der erste, groß geschriebene ist der Gattungsname (Genus), der zweite, im deutschen Sprachraum heute grundsätzlich klein geschriebene, ist die Artbezeichnung (richtiger: das spezifische Epitheton). *Euphorbia splendens* ist der Weihnachtsstern. Der großen Gattung *Euphorbia* gehören viele weitere Arten an, darunter auch der Christusdorn *Euphorbia milii*. Steigen wir die Rangstufe weiter nach oben, dann gelangen wir zur Familie (Familia), die nahe verwandte Gattungen einschließt. Die Gattung *Euphorbia* gab der Familie ihren Namen: Euphorbiaceae oder Wolfsmilchgewächse. Die Endung -aceae kennzeichnet die Rangstufe der Familie. Zu dieser Familie gehören zum Beispiel auch *Acalypha hispida*, der Fuchsschwanz, und *Codiaeum variegatum*, der Wunderstrauch oder „Kroton".

Im wissenschaftlichen Gebrauch erhält das Binom noch das Kürzel jenes Mannes, der Gattung und Art als erster korrekt beschrieb, zum Beispiel *Euphorbia* L. sowie *Euphorbia milii* Desmoulins. Das „L." steht für Carl von Linné; Desmoulins war ein französischer Botaniker, der von 1797 bis 1875 lebte. Im gärtnerischen Gebrauch kann man in der Regel auf die Nennung der Namensurheber verzichten.

Gibt es innerhalb einer Pflanzenart abweichende Typen, so können wir noch Unterarten (Subspezies = ssp.) oder Varietäten (Varietas = var.) unterscheiden, zum Beispiel von der im Mittelmeerraum verbreiteten *Euphorbia characias* die Unterarten *characias* und *wulfenii*. Die vollständigen Namen lauten *Euphorbia characias* ssp. *characias* und abgekürzt *E.c.* ssp. *wulfenii*.

Wenn wir uns mit einer Pflanzenart beschäftigen, dann tun wir das, weil sie uns entweder nützlich ist, wie etwa Getreide und Gemüse, oder weil sie uns gefällt. Die Merkmale, auf die wir es abgesehen haben, etwa die Größe der Frucht oder die Farbe und Füllung der Blüte, suchen wir nach unseren Vorstellungen zu beeinflussen. Wir lesen die uns angenehmen Typen aus und verwerfen die unerwünschten. Durch Kreuzen innerhalb einer Art oder zwischen verschiedenen suchen wir neue Varianten zu erzielen. Solche in Kultur entstandenen Formen nennen wir Kulturvarietäten, Kulturform (cultivated variety = Cultivar, cv.) oder einfach Sorte. Die Sorte erhält einen Phantasienamen, den wir zur Kennzeichnung in einfache Anführungszeichen setzen: *Euphorbia pulcherrima* 'Annette Hegg' oder 'Pink Ecke'.

Um eine Arthybride, also eine Kreuzung zweier verschiedener Arten, kenntlich zu machen, setzt man vor den neu zu schaffenden Namen das Zeichen ×. Aus *Euphorbia lophogona* und dem Christusdorn, *Euphorbia milii*, entstand ein Bastard, der den Namen *Euphorbia* × *lomii* erhielt. Die Namen der Kreuzungsprodukte aus zwei oder drei Arten oder Gattungen entstehen, wie wir an diesem Beispiel sahen, durch Verbindung der elterlichen Namen: *lophogona* und *milii* = *lomii*. Bei Kreuzungen von Arten verschiedener Gattungen ist es nicht anders: *Fatsia japonica* (Aralie) × *Hedera helix* (Efeu) = × *Fatshedera lizei* (Efeuaralie). Gibt es mehr als zwei oder gar drei Elternteile, was bei Orchideen gar nicht so selten ist, dann schafft man einen Kunstbegriff, um kein Wortungetüm zu erhalten. Ein Beispiel dafür ist × *Vuylstekeara*, die aus *Cochlioda*, *Miltonia* und *Odontoglossum* entstand.

Damit sind wir bei den Orchideen gelandet. Für diese Familie hat man einige Sonderregelungen getroffen. Kreuzt man zwei verschiedene Orchideen miteinander, so erhält man als Ergebnis eine Fülle unterschiedlicher Kinder, die sich mehr oder weniger ähneln. Diesem Kreuzungsprodukt gibt man einen einheitlichen Phantasienamen und bezeichnet diese nomenklatorische Rangstufe als „grex" (= Hybridengruppe, Schwarm). Kreuzt man die Frauenschuhorchidee *Paphiopedilum glaucophyllum* mit *Paphiopedilum praestans*, so erhält man eine Hybridgruppe, der man den Namen *Paphiopedilum* (Jogjae) gegeben hat. Innerhalb dieser Hybridgruppe aus einer Kreuzung kann man eine bestimmte, besonders schöne Pflanze herausgreifen, mit einem Sortennamen versehen und durch

Teilung oder andere Methoden der ungeschlechtlichen Vermehrung vervielfältigen. Eine Orchideensorte ist somit immer auf eine einzige Pflanze zurückzuführen; alle Exemplare einer Sorte sind völlig identisch. Erwerbe ich ein *Paphiopedilum* (Jogjae) 'Holland', so ist dies eine exakt definierte Pflanze, die genau dem Typ entsprechen muß.

Diese Ausnahmeregelung wurde bei Orchideen erforderlich, da diese Familie entwicklungsgeschichtlich jung ist und sich noch in einem starken Entwicklungsprozeß befindet. Orchideen bastardieren aus diesem Grund sehr stark. Während innerhalb anderer Familien aus der Kreuzung verschiedener Arten nur in wenigen Fällen fertile Pflanzen hervorgehen, lassen sich bei Orchideen sogar aus Vertretern unterschiedlicher Gattungen fortpflanzungsfähige Nachkommen erzielen. Um diese Vielfalt überschaubar zu machen, entschied man sich für die genannten Sonderregelungen. Eine ähnlich junge Familie sind die Kakteen. Sie bastardieren ebenfalls sehr stark, sind sehr variabel, so daß Abgrenzungen der Gattungen und Arten schwerfallen. Es kommt darum immer wieder zu neuen Einteilungen und Umbenennungen.

Wenn sich ein Name ändert, so ist das immer ärgerlich. Die Ursache kann sein, daß die Pflanze einer anderen Art oder gar Gattung zugeordnet wurde oder aber, daß man einen älteren Namen gefunden hat, der dann in der Regel Vorrang hat. Die nicht mehr gültigen Namen kann man als Synonyme (syn. = sinnverwandtes Wort) hinter dem jetzt gebräuchlichen aufführen, zum Beispiel *Euphorbia pulcherrima* (syn. *Poinsettia pulcherrima*).

In einer Aufzählung kann man Gattungsnamen dann abkürzen, wenn klar ist, welche gemeint ist. Bei uns hat sich eingebürgert, grundsätzlich nur den Anfangsbuchstaben zu verwenden, beispielsweise *Abutilon pictum*, *A. megapotamicum* und so fort. Wiederum machen die Orchideen eine Ausnahme. Um die vielen ähnlich klingenden Gattungen und Gattungshybriden besser auseinander halten zu können, hat man sich international auf die rechts stehenden Abkürzungen geeinigt.

Die folgende Beschreibung der wichtigsten Zimmerpflanzen mag verdeutlichen, daß es ohne die wissenschaftliche Pflanzenbenennung nicht geht. Selbst die in diesem Buch wiedergegebene Fülle ist letztendlich nur ein kleiner Ausschnitt dessen, was in Wohnräumen, in Vitrinen oder Kleingewächshäusern kultiviert werden könnte.

Orchideennamen und ihre internationalen Abkürzungen

Acampe (Acp.)
Ada (Ada)
× Adaglossum (Adgm.)
× Adioda (Ado.)
Aërangis (Aërgs.)
Aëranthes (Aërth.)
× Aëridachnis (Aërdns.)
Aërides (Aër.)
× Aëridisia (Aërsa.)
× Aëriditis (Aërdts.)
× Aëridocentrum (Aërctm.)
× Aëridofinetia (Aërf.)
× Aëridoglossum (Aërgm.)
× Aëridopsis (Aërps.)
× Aëridovanda (Aërdv.)
Aganisia (Agn.)
× Aliceara (Alcra.)
× Allenara (Alna.)
Angraecum (Angcm.)
× Angreaorchis (Angchs.)
× Angrangis (Angrs.)
× Angranthes (Angth.)
Anguloa (Ang.)
× Angulocaste (Angcst.)
Anoectochilus (Anct.)
× Anoectomaria (Anctma.)
Ansellia (Aslla.)
× Ansidium (Asdm.)
Arachnis (Arach.)
× Arachnoglossum (Arngm.)
× Arachnoglottis (Arngl.)
× Arachnopsis (Arnps.)
× Arachnostylis (Arnst.)
× Aranda (Aranda)
× Aranthera (Arnth.)
× Arizara (Ariz.)
× Ascandopsis (Ascdps.)
× Ascocenda (Ascda.)
Ascocentrum (Asctm.)
× Ascofinetia (Ascf.)
× Ascoglossum (Ascgm.)
× Asconopsis (Ascps.)
× Ascorachnis (Ascns.)
× Ascovandoritis (Asvts.)
Aspasia (Asp.)
× Aspasium (Aspsm.)
× Aspoglossum (Aspgm.)

× Barbosaara (Bbra.)
× Bardendrum (Bard.)
Barkeria (Bark.)
Batemannia (Btmna.)
× Bateostylis (Btst.)
× Beallara (Bllra.)
× Beardara (Bdra.)
Bifrenaria (Bif.)
Bletia (Bletia)
Bletilla (Ble.)
× Bloomara (Blma.)
Bollea (Bol.)
× Bovornara (Bov.)
× Bradeara (Brade.)
× Brapasia (Brap.)
× Brassada (Brsa.)
Brassavola (B.)
Brassia (Brs.)
× Brassidium (Brsdm.)
× Brassocattleya (Bc.)
× Brassodiacrium (Bdia.)
× Brassoepidendrum (Bepi.)
× Brassolaelia (Bl.)
× Brassolaeliocattleya (Blc.)
× Brassophronitis (Bnts.)

× Brassotonia (Bstna.)
Broughtonia (Bro.)
× Brownara (Bwna.)
Bulbophyllum (Bulb.)
× Burkillara (Burk.)
× Burrageara (Burr.)

Calanthe (Cal.)
× Carterara (Ctra.)
× Catamodes (Ctmds.)
× Catanoches (Ctnchs.)
Catasetum (Ctsm.)
Cattleya (C.)
Cattleyopsis (Ctps.)
× Cattleyopsisgoa (Ctpga.)
× Cattleyopsistonia (Ctpsta.)
× Cattleytonia (Ctna.)
× Charlesworthara (Cha.)
× Chewara (Chew.)
× Chondrobollea (Chdb.)
Chondrorhyncha (Chdrh.)
× Christieara (Chtra.)
Chysis (Chy.)
Cirrhopetalum (Cirr.)
× Cochella (Chla.)
Cochleanthes (Cnths.)
× Cochlenia (Cclna.)
Cochlioda (Cda.)
Coelogyne (Coel.)
Colax (Clx.)
× Colmanara (Colm.)
Comparettia (Comp.)
Cycnoches (Cyc.)
× Cycnodes (Cycd.)
Cymbidium (Cym.)
Cynorkis (Cyn.)
Cyrtopodium (Cyrt.)
Cyrtorchis (Cyrtcs.)

× Debruyneara (Dbra.)
× Degarmoara (Dgmra.)
× Dekensara (Dek.)
Dendrobium (Den.)
× Devereuxara (Dvra.)
× Diabroughtonia (Diab.)
× Diacattleya (Diaca.)
Diacrium (Diacm.)
× Dialaelia (Dial.)
× Dialaeliocattleya (Dialc.)
× Dialaeliopsis (Dialps.)
× Dillonara (Dill.)
Disa (Disa)
× Domindesmia (Ddma.)
Domingoa (Dga.)
× Domliopsis (Dmlps.)
× Doricentrum (Dctm.)
× Doriella (Drlla.)
× Doriellaopsis (Dllps.)
× Dorifinetia (Dfta.)
× Doritaenopsis (Dtps.)
Doritis (Dor.)
× Dorthera (Dtha.)
Dossinia (Doss.)
× Dossinimaria (Dsma.)
× Downsara (Dwsa.)

× Eastonara (Eas.)
× Epicattleya (Epc.)
× Epidella (Epdla.)
Epidendrum (Epi.)
× Epidiacrium (Epdcm.)
× Epigoa (Epg.)
× Epilaelia (Epl.)

× Epilaeliocattleya (Eplc.)
× Epilaeliopsis (Eplps.)
× Epiphronitis (Ephs.)
× Epitonia (Eptn.)
× Ernestara (Entra.)
Eulophiella (Eul.)

× Forgetara (Fgtra.)
× Fujioara (Fjo.)
× Fujiwarara (Fjw.)

Gastrochilus (Gchls.)
× Gastrosarcochilus (Gsarco.)
× Gauntlettara (Gtra.)
× Goffara (Gfa.)
Gomesa (Gom.)
× Goodaleara (Gdlra.)
× Grammatocymbidium (Grcym.)
Grammatophyllum (Gram.)

Habenaria (Hab.)
Haemaria (Haem.)
× Hagerara (Hgra.)
× Hartara (Hart.)
× Hausermannara (Haus.)
× Hawaiiara (Haw.)
× Hawkesara (Hwkra.)
× Herbertara (Hbtr.)
Hexadesmia (Hex.)
× Hildaara (Hdra.)
× Holttumara (Holtt.)
× Hookerara (Hook.)
× Howeara (Hwra.)
× Hueylihara (Hylra.)
× Huntleanthes (Hnths.)
Huntleya (Hya.)

× Ionettia (Intta.)
× Ionocidium (Inocdm.)
Ionopsis (Inps.)
× Iwanagara (Iwan.)

× Jimenezara (Jmzra.)
× Joannara (Jnna.)

× Kagawara (Kgw.)
Kingiella (King.)
× Kirchara (Kir.)
× Komkrisara (Kom.)

Laelia (L.)
× Laeliocatonia (Lctna.)
× Laeliocattkeria (Lcka.)
× Laeliocattleya (Lc.)
× Laeliokeria (Lkra.)
× Laeliopleya (Lpya.)
Laeliopsis (Lps.)
× Laelonia (Lna.)
× Lagerara (Lgra.)
× Laycockara (Lay.)
× Leeara (Leeara)
Leochilus (Lchs.)
× Leocidium (Lcdm.)
Lepanthes (Lths.)
× Leptolaelia (Lptl.)
Leptotes (Lpt.)
× Lewisara (Lwsra.)
× Liaopsis (Liaps.)
× Limara (Lim.)
× Lioponia (Lpna.)
× Lowara (Low.)
× Luascotia (Lscta.)

× Luinetia (Lnta.)
× Luinopsis (Lnps.)
× Luisanda (Lsnd.)
Luisia (Lsa.)
× Lutherara (Luth.)
Lycaste (Lyc.)
× Lycasteria (Lystr.)
× Lymanara (Lymra.)
× Lyonara (Lyon.)

× Maccoyara (Mcyra.)
Macodes (Mac.)
× Macradenia (Mcdn.)
× Macradesa (Mcdsa.)
Masdevallia (Masd.)
× Maxillacaste (Mxcst.)
Maxillaria (Max.)
Mendoncella (Mdcla.)
× Milpasia (Mpsa.)
× Milpilia (Mpla.)
× Miltassia (Mtssa.)
Miltonia (Milt.)
× Miltonidium (Mtdm.)
× Miltonioda (Mtda.)
× Mizutara (Miz.)
× Moirara (Moir.)
× Mokara (Mkra.)
Mormodes (Morm.)
× Moscosoara (Mscra.)

Nageliella (Ngl.)
× Nakamotoara (Nak.)
× Nashara (Nash.)
Neofinetia (Neof.)
× Neostylis (Neost.)
× Nobleara (Nlra.)
× Northenara (Nrna.)

× Odontioda (Oda.)
× Odontobrassia (Odbrs.)
× Odontocidium (Odcdm.)
Odontoglossum (Odm.)
× Odontonia (Odtna.)
× Odontorettia (Odrta.)
× Oncidenia (Oncna.)
× Oncidesa (Oncsa.)
× Oncidettia (Onctta.)
× Oncidioda (Oncda.)
Oncidium (Onc.)
× Oncidpilia (Oncpa.)
× Onoara (Onra.)
× Opsisanda (Opsis.)
× Opsistylis (Opst.)
Orchis (Orchis)
× Ornithocidium (Orncm.)
Ornithophora (Orpha.)
× Osmentara (Osmt.)
× Otocolax (Otcx.)
× Otonisia (Otnsa.)
× Otosepalum (Otspm.)
Otostylis (Otst.)

× Palmerara (Plmra.)
Paphiopedilum (Paph.)
× Parachilus (Prcls.)
Parasarcochilus (Psarco.)
× Paulsenara (Plsra.)
× Pelacentrum (Plctm.)
Pelatantheria (Pthia.)
× Perreiraara (Prra.)
Pescatorea (Pes.)
× Pescoranthes (Psnth.)
× Phaiocalanthe (Phcal.)

× Phaiocymbidium (Phycm.)
Phaius (Phaius)
Phalaenopsis (Phal.)
× Phalaërianda (Phda.)
× Phalandopsis (Phdps.)
× Phalanetia (Phnta.)
× Phaliella (Phlla.)
× Phragmipaphium (Phrphm.)
Phragmipedium (Phrag.)
Pleione (Pln.)
Polystachya (Pol.)
× Pomatisia (Pmtsa.)
Pomatocalpa (Pmcpa.)
× Potinara (Pot.)
Promenaea (Prom.)
× Propetalum (Pptm.)

× Recchara (Recc.)
× Renades (Rnds.)
× Renaglottis (Rngl.)
× Renancentrum (Rnctm.)
× Renanetia (Rnet.)
× Renanopsis (Rnps.)
× Renanstylis (Rnst.)
× Renantanda (Rntda.)
Renanthera (Ren.)
× Renanthoglossum (Rngm.)
× Renanthopsis (Rnthps.)
Rhinerrhiza (Rhin.)
Rhinochilus (Rhincs.)
× Rhynchocentrum (Rhctm.)
× Rhynchonopsis (Rhnps.)
× Rhynchorides (Rhrds.)
Rhynchostylis (Rhy.)
× Rhynchovanda (Rhv.)
× Rhyndoropsis (Rhdps.)
× Ridleyara (Ridl.)
× Robinara (Rbnra.)
× Rodrassia (Rdssa.)
× Rodrettia (Rdtta.)
× Rodricidium (Rdcm.)
× Rodridenia (Rden.)
× Rodriglossum (Rdgm.)
Rodriguezia (Rdza.)
× Rodriopsis (Rodps.)
× Rodritonia (Rdtna.)
× Rolfeara (Rolf.)
× Rosakirschara (Rskra.)
× Rothara (Roth.)
× Rumrillara (Rlla.)

× Sagarikara (Sgka.)
× Sanderara (Sand.)
× Sappanara (Sapp.)
× Sarcocentrum (Srctm.)
Sarcochilus (Sarco.)
× Sarconopsis (Srnps.)
× Sarcothera (Srth.)
× Sarcovanda (Srv.)
× Sartylis (Srts.)
× Schombavola (Smbv.)
× Schombocattleya (Smbc.)
× Schombodiacrium (Smbdcm.)
× Schomboepidendrum (Smbep.)
× Schombolaelia (Smbl.)
× Schombonia (Smbna.)
× Schombonitis (Smbts.)
Schomburgkia (Schom.)
× Scullyara (Scu.)
× Shigeuraara (Shgra.)
× Shipmanara (Shipm.)
Sobralia (Sob.)
× Sophrocattleya (Sc.)

× Sophrolaelia (Sl.)
× Sophrolaeliocattleya (Slc.)
Sophronitis (Soph.)
Spathoglottis (Spa.)
× Stacyrara (Stac.)
× Stamariaara (Stmra.)
× Stanfieldara (Sfdra.)
Stanhopea (Stan.)
Stenia (Stenia)

× Teohara (Thra.)
× Tetraliopsis (Ttps.)
Tetramicra (Trma.)
× Tetratonia (Ttna.)
× Thesaëra (Thsra.)
Thunia (Thu.)
× Trevorara (Trev.)
Trichocentrum (Trctm.)
× Trichocidium (Trcdm.)
Trichoglottis (Trgl.)
Trichopilia (Trpla.)
× Trichopsis (Trcps.)
× Trichovanda (Trcv.)

× Vancampe (Vcp.)
Vanda (V.)
× Vandachnis (Vchns.)
× Vandaenopsis (Vdnps.)
× Vandewegheara (Vwga.)
× Vandofinetia (Vf.)
× Vandofinides (Vfds.)
× Vandopsides (Vdpsd.)
Vandopsis (Vdps.)
× Vandoritis (Vdts.)
× Vanglossum (Vgm.)
× Vascostylis (Vasco.)
× Vaughnara (Vnra.)
× Vuylstekeara (Vuyl.)

× Warneara (Wnra.)
× Wilkinsara (Wknsra.)
× Wilsonara (Wils.)
× Withnerara (With.)

× Yamadara (Yam.)
× Yapara (Yap.)
× Yoneoara (Ynra.)
× Yusofara (Ysfra.)

× Zygobatemannia (Zbm.)
× Zygocaste (Zcst.)
× Zygocella (Zcla.)
× Zygocolax (Zcx.)
Zygopetalum (Z.)
× Zygorhyncha (Zcha.)
Zygosepalum (Zspm.)
× Zygostylis (Zsts.)

Pflanzen von A bis Z

Abutilon, Schönmalve

Diese rund 150 Arten umfassenden Gattung aus der Malvenfamilie (Malvaceae) ist in tropischen und subtropischen Gebieten zu Hause. Nur wenige Arten und Kulturformen haben als Zimmerpflanzen Bedeutung. Im Winter geheizte, nicht sonderlich helle Wohnräume behagen ihnen wenig. Wer einen sonnigen, temperierten Raum mit 6 bis 10°C bieten kann, wird viel Freude an dieser schönblättrigen und hübsch blühenden Pflanze haben.

Am häufigsten werden die *Abutilon*-Hybriden mit grünen oder gefleckten, ahornähnlichen Blättern in verschiedenen Sorten angeboten. Die Blütenfarben reichen von Gelb bis zum kräftigen Rot. Ähnlich ist *Abutilon pictum* (syn. *A. striatum*), das vorwiegend in der Sorte 'Thompsonii' mit panaschierten Blättern zu finden ist. Besonders reizvoll ist *Abutilon megapotamicum* mit seinen hängenden Trieben, weshalb sich diese Art besonders als Hängepflanze oder aber – in veredelter Form – als Hochstämmchen anbietet. Auch bei ihm ist die panaschierte Form ('Variegata') am verbreitetsten.

Licht: Während des ganzen Jahres ein heller, sonniger Platz. Besonders in der lichtarmen Jahreszeit darauf achten! Bei dunklem und zu warmem Stand werden die unteren Blätter abgestoßen.

Temperatur: *Abutilon* nehmen auch im Sommer mit Temperaturen um 15°C vorlieb, weshalb ihnen ein Aufenthalt im Freien, auf Terrasse oder Balkon, gut bekommt. Etwas wärmer wünscht es *A. megapotamicum*. Im Winter sind Temperaturen nicht über 10°C anzustreben.

Substrat: Des kräftigen Wachstums wegen eine nährstoffreiche Erde, zum Beispiel Einheitserde „frux" oder ähnliche mit Lehmzusatz; pH etwa 6 bis 7.

Feuchtigkeit: Während der Wachstumszeit kräftig gießen. Auch während der Ruhezeit im Winter nie ganz austrocknen lassen.

Düngen: Ab Frühjahr bis Herbst wöchentlich mit Blumendünger.

Umpflanzen: Am besten im Frühjahr (nach dem Rückschnitt).

Pflanzenschutz: Ausgesprochen lästig kann ein Befall mit der Weißen Fliege sein, da die Schädlinge nur schwer zu bekämpfen sind. Die handelsüblichen Sprühmittel müssen mindestens viermal im Abstand von 3 bis 4 Tagen eingesetzt werden.

Vermehren: Im Frühjahr durch Kopfstecklinge, die bei Bodentemperaturen um 22°C leicht wurzeln. Mit einem Glas oder einer Kunststofftüte für hohe Luftfeuchte sorgen. Von einigen Sorten werden auch Samen angeboten. Sie ermöglichen, jährlich neue Pflanzen heranzuziehen, so daß das Problem der Überwinterung nicht besteht. Die Samen keimen bei 10°C in etwa 2 Wochen, und die Sämlinge blühen bereits nach 4 Monaten.

Als Unterlage für Hochstämmchen ist *A. pictum* geeignet. Wenn der Haupttrieb lang genug ist, wird er geköpft, kurz gespalten, und die keilförmig angespitzten Edelreiser steckt man in den Spalt und bindet ihn zusammen. Eine Plastiktüte erleichtert das Anwachsen.

Besonderheiten: *Abutilon*-Hybriden und *A. pictum* verlangen jährlichen Rückschnitt bis in verholzte Triebe, am besten am Ende der Ruhezeit. Um die Pflanzen kürzer zu halten, verwenden gelegentlich die Gärtner den Wuchshemmstoff Gartenbau-Cycocel (0,4%ig gießen).

Acacia, Känguruhdorn

Etwa 800 Arten mag die zu den Hülsenfrüchtlern (Leguminosae) zählende Gattung enthalten. Nur wenige von ihnen eignen sich als Topfpflanze, nicht zuletzt weil sie zu groß werden. Nur *Acacia armata* wird jährlich im Frühjahr blühend angeboten. Sie erreicht zwar in ihrer australischen Heimat – deshalb der Name „Känguruhdorn" – über 3 m Höhe. Dies ist aber noch bescheiden im Vergleich zu den baumartigen, 30 m hohen Arten wie der ebenfalls aus Australien stammenden Silberacacie (*A. dealbata*). Australische Acacien zeichnen sich alle durch sogenannte Phyllodien aus; das sind derbe, blattähnliche Gebilde, die aus verbreiterten Blattstielen hervorgingen. Sie entsprechen damit nicht dem Bild, das man sich von Acacien mit dem aus vielen Fiederblättchen bestehenden Laub macht. Diese fiederblättrigen Acacien haben ihre Verbreitungsschwerpunkte in Afrika sowie – in geringerem Umfang – in tropischen und subtropischen Gebieten des amerikanischen Kontinents. Sie werden oft fälschlich als „Mimosen" bezeichnet und unter diesem Namen auch geschnitten im Blumengeschäft angeboten.

Zur Gattung *Mimosa* zählt die zart rosaviolett blühende Sinnespflanze (*Mimosa pudica*). Als Acacien bezeichnet man oft fälschlich die Laubbäume unserer Alleen und Parks, bei denen es sich richtig um Robinien oder Scheinacacien handelt

Abutilon-Hybride

(*Robinia pseudoacacia*). Acacien sind also die gelbblühenden „Mimosen".
Für die Zimmerkultur sind selbst die niederen Acacien nur sehr beschränkt geeignet. Sie wollen einen sonnigen, luftigen, kühlen, Platz, was im Winter nicht leicht zu bewerkstelligen ist. Die frostfreie Jahreszeit verbringen die Pflanzen im Garten. Ein kräftiger Rückschnitt ist bei *A. armata* von Zeit zu Zeit nach der Blüte zu empfehlen. Die Pflege ist ansonsten mit der von *Cytisus* vergleichbar.

Acalypha, Fuchsschwanz, Katzenschwanz, Nesselblatt

Von den über 400 Arten dieser Gattung aus der Familie der Wolfsmilchgewächse (Euphorbiaceae) sind nur zwei Topfpflanzen geworden: *Acalypha hispida*, der Fuchsschwanz, und die Sorten von *A. wilkesiana*, dem Nesselblatt. Sie stammen aus den wärmeren Gebieten der Erde und haben entsprechende Ansprüche. Die Zierde des Fuchsschwanzes sind die bis 50 cm langen kätzchenartigen Blütenstände, die kräftig rot, bei der Sorte 'Alba' cremefarben sind. Die Blüten der *Acalypha*-Wilkesiana-Hybriden sind dagegen recht unscheinbar. Sie gefallen vielmehr durch die lebhaft gefärbten Blätter. *Acalypha* können ohne Gefahr berührt werden; der Name Nesselblatt ist nicht wörtlich zu nehmen.

Licht: Hell, aber keine direkte Sonne.
Temperatur: Während der Wachstumszeit übliche Zimmertemperatur, möglichst nicht unter 20°C. Im Winter nicht unter 16 bis 18°C.
Substrat: Gedeiht gut in üblichen Fertigsubstraten wie Einheitserde; pH um 6,5.
Feuchtigkeit: Gießen mit Fingerspitzengefühl ist während des ganzen Jahres vonnöten. Beide Arten reagieren empfindlich auf stauende Nässe, aber auch auf Trockenheit. Das Schwierigste bei der Zimmerkultur ist die geforderte hohe Luftfeuchtigkeit. Trockene Luft vertragen die Pflanzen nicht. Daher ist das geschlossene Blumenfenster oder die Vitrine der ideale Standort.

Acacia pycnantha   Acacia dealbata

Bei Australischen Acacien ist das Laub bis auf blattähnlich ausgebildete Blattstiele, die Phyllodien, reduziert. Phyllodien können dreieckig, breit wie ein Blatt oder nadelförmig wie bei Acacia dealbata sein.

Eine weißblühende Sorte des Fuchsschwanzes: Acalypha hispida 'Alba'

Die Blütenform gab dem Schiefteller (Achimenes) seinen Namen. Der Sproß entspringt einem tannenzapfenähnlichen Rhizom.

Achimenes-Hybride 'Viola Michelsen'

Düngen: *Acalypha* brauchen viele Nährstoffe und gedeihen nur optimal, wenn von Frühjahr bis Herbst wöchentlich mit einem Blumendünger gegossen wird. Während der lichtarmen Jahreszeit reichen Gaben im Abstand von 4 Wochen.
Umpflanzen: Jährlich im Frühjahr.
Pflanzenschutz: Besonders bei trockener Luft treten gelegentlich Spinnmilben auf, die nur durch mehrmaliges Spritzen mit einem Insektenspray im Abstand von etwa 5 Tagen zu bekämpfen sind; dabei das Mittel wechseln.
Vermehren: Im Frühjahr geschnittene Kopfstecklinge bewurzeln sich bei mindestens 20°C Bodentemperatur und hoher Luftfeuchte (Plastiktüte!).
Besonderheiten: Nur ältere Pflanzen und auch diese nicht zu kräftig zurückschneiden. *Acalypha hispida* wird in Gärtnereien mit Wuchshemmstoffen (Gartenbau-Cycocel 0,25 bis 0,5%ig oder Alar 85 0,2%ig gießen) behandelt, deren Wirkung nach einiger Zeit nachläßt. Pflanzen verlieren dann ihren kompakten Wuchs.

Achimenes, Schiefteller

In Südamerika ist diese 26 Arten zählende Gattung zu Hause, die wie das beliebte Usambaraveilchen zu den Gesneriengewächsen gehört. Die weichen Triebe der Pflanze hängen je nach Sorte mehr oder weniger über. Früher stützte man die Triebe – die Pflanzen wurden „gestäbelt". Neue, kompakter wachsende Sorten und die Verwendung von Wuchshemmstoffen machen dies nicht mehr erforderlich. Der Farbspiegel der großblumigen Hybriden reicht von Rosa bis zu Blauviolett. Eine über und über blühende Pflanze mit ihren asymmetrischen Blütentellern ist ein herrlicher Anblick.
Die Pflanzen bilden kleine beschuppte Rhizome aus; das sind knollenähnliche Gebilde, die kleinen Fichtenzapfen ähnlich sehen. Diese Rhizome werden zur Überwinterung ähnlich wie Dahlienknollen gelagert.
Licht: Hell, aber keine direkte Sonne. Während des Antreibens der Rhizome etwas schattieren und langsam an mehr Licht gewöhnen.
Temperatur: Die Pflanzen gedeihen gut bei üblicher Zimmertemperatur von 20 bis 25°C. Diese Temperatur ist auch zum Antreiben der frisch gelegten Rhizome geeignet. Das Antreiben erfolgt ab Mitte Februar. Ab September läßt man die Pflanzen langsam einziehen und lagert anschließend die aus der Erde genommenen Rhizome trocken in Torf oder Sand bei etwa 20 bis 22°C.

Man kann die Rhizome auch bis zum Frühjahr in der Erde belassen.
Substrat: Fertigerde wie TKS, Compo Sana oder Einheitserde; pH 5,5 bis 6.
Feuchtigkeit: Während des Wachstums stets für ein feuchtes, aber nicht nasses Substrat sorgen. Ab September Gießen reduzieren, damit die Pflanzen langsam einziehen. Ruhende Rhizome ganz trocken halten. Bei Überwinterung an einem sehr lufttrockenen Platz kann es sinnvoll sein, den Torf oder Sand mit den Rhizomen sporadisch leicht zu besprühen. Nie mit kaltem Wasser gießen! Der Schiefteller reagiert darauf genau wie das Usambaraveilchen mit Blattschäden. Das Wasser sollte Zimmertemperatur haben. Besonnte Pflanzen nicht gießen, sondern frühe Morgen- oder aber Abendstunden wählen. Allzu trockene Luft behagt dem Schiefteller nicht. Die ungünstigste Zeit – die Heizperiode – überdauert er jedoch unbeschadet als Rhizom.
Düngen: Etwa 6 Wochen nach dem Austrieb der Rhizome mit wöchentlichen Gaben eines üblichen Blumendüngers beginnen. Ab August einstellen.
Umpflanzen: In jedem Frühjahr, etwa ab Mitte Februar, werden die knollenähnlichen Rhizome so in die Erde gelegt, daß sie etwa 2 cm hoch bedeckt sind. Die schönsten Pflanzen erhält man, wenn in jeden etwa 10 cm großen Topf etwa fünf Rhizome gesteckt werden.
Pflanzenschutz: Die Flecken auf den Blättern werden meist durch Gießen mit kaltem Wasser verursacht. Nur selten sind Viren die Ursache; in solchen Fällen Pflanzen wegwerfen.
Vermehren: Im Frühjahr leicht möglich durch Teilen der Rhizome. Auch von März bis Juni geschnittene Kopfstecklinge bewurzeln bei mindestens 20°C Bodentemperatur und feuchter Luft. Wer Saatgut erhält, kann es bei 20 bis 22°C keimen lassen.
Besonderheiten: Mit dem Wuchshemmstoff Alar 85 (0,2%ig gießen) behandelte Pflanzen wachsen dann stärker, wenn die Wirkung nachläßt. Möglichst solche Sorten für die Zimmerkultur verwenden, die auch ohne Behandlung kompakt bleiben.

Acorus, Zwergcalmus

Der Zwergcalmus *(Acorus gramineus)* ist als Topfpflanze recht unbekannt, obwohl er hübsch und ausgesprochen anspruchslos ist. Aquarianern ist er schon geläufiger, aber die meisten haben schlechte Erfahrungen gemacht. Auf Dauer hält *Acorus* völlig untergetaucht nicht aus. Dennoch wird er immer

Acorus gramineus 'Variegatus'

wieder für diesen Zweck angeboten. Als Pflanze feuchter, sumpfiger Standorte in Japan, Indien und China ist er prädestiniert für Sumpfgärtchen. Eine erhebliche Härte läßt den Zwergcalmus auch im Garten in Wassernähe Verwendung finden. Am schönsten ist die Sorte 'Variegatus' mit gelbgestreiften Blättern. Sie sieht man häufiger als die weißgestreifte 'Albovariegatus' (auch 'Argenteostriatus' genannt). Das Blatt weist keine Mittelrippe auf und entspringt einem über die Erde kriechenden Sproß. *Acorus* wächst auf diese Weise wie manche Orchideen aus dem Topf heraus.
Licht: Nimmt sowohl mit hellem als auch halbschattigem Platz vorlieb. Vor direkter Sonne zumindest während der Mittagsstunden schützen.
Temperatur: Eignet sich nur für kühle Räume, die im Winter kaum über 0°C liegen müssen. Wintertemperaturen bis 15 oder 18°C werden aber auch vertragen. Während der übrigen Zeit übliche Zimmertemperatur.
Substrat: Lehmige Erde, auch Einheitserde mit Lehmzusatz; pH 6 bis 7.
Feuchtigkeit: Als Sumpfpflanze immer ausreichend feucht halten; nie austrocknen lassen. Ideal sind Dauerbewässerungssysteme.
Düngen: Während der Hauptwachstumszeit im Frühjahr und Sommer alle 2 Wochen, sonst nur alle 4 Wochen mit Blumendünger gießen.
Umpflanzen: Im Frühjahr, dabei die Pflanzen teilen und so einpflanzen, daß der kriechende Sproß nicht gleich aus dem Topf herauswächst.
Vermehren: Teilung des Erdsprosses im Frühjahr.

Adenium, Wüstenrose

Noch vor wenigen Jahren war *Adenium* nur in botanischen Gärten als schwierig zu pflegende, nur sporadisch blühende Pflanze bekannt. Durch die Veredelung auf Oleander ist es den Gärtnern gelungen, aus ihm eine haltbare, reich blühende Topfpflanze zu machen. Dafür muß man in Kauf nehmen, daß der Stamm aus dem stets dünner bleibenden Oleander und dem wesentlich dickeren *Adenium* besteht, was nicht gut aussieht. Die giftigen Milchsaft enthaltenden Pflanzen gehören wie der Oleander zu den Hundsgiftgewächsen (Apocynaceae) und sind vom Osten Afrikas bis zum südlichen Arabien zu Hause. Im Handel findet man zwei Arten: *Adenium obesum* und *A. swazicum*. Sie sind in erster Linie anhand ihrer Blätter zu unterscheiden. *A. obesum* besitzt eiförmige und dunkelgrüne, *A. swazicum* längliche und hellgrüne Blätter. Die Pflanzen variieren jedoch sehr stark, so daß die Benennung noch zweifelhaft ist. Die Blütenfarbe reicht von Rosa über Dunkelpurpur bis Violett.

Licht: Während des ganzen Jahres volle Sonne.
Temperatur: Mit Ausnahme des Winters übliche Zimmertemperatur; bis zu 35°C. Nachts kann sie bis auf 12°C absinken, so daß auch Aufenthalt an geschützter, sonniger Stelle im Freien möglich ist. Im Winter hält man die Pflanzen bei 18°C und viel Licht im Wachstum oder läßt sie bei 13°C eine Ruhezeit durchmachen.
Substrat: Die auf Oleander veredelten Pflanzen wachsen in jeder für diesen geeigneten Erde, also üblichen Fertigsubstraten wie Einheitserde, am besten mit 1/3 feinkrümeligem Lehm gemischt; pH um 6. Wurzelechte Pflanzen brauchen ein stark mineralisches Substrat wie Urgesteins- oder Lavagrus.

Adenium obesum, auf Oleander veredelt

Adiantum raddianum 'Fragrans'

Feuchtigkeit: Veredelte Pflanzen mit Ausnahme des Winters stets feucht halten, jedoch vor dem Gießen oberflächlich abtrocknen lassen. Im Winter besonders ruhende Pflanzen weniger gießen, jedoch Wurzeln nicht absterben lassen.
Düngen: Während der Hauptwachstumszeit alle 14 Tage abwechselnd mit Blumen- und Kakteendünger gießen. Im Winter nicht düngen.
Umpflanzen: Während der Wachstumszeit bei Bedarf.
Pflanzenschutz: Neben Woll- oder Schmierläusen können besonders Spinnmilben zur Plage werden. Üblichen Spray mehrmals in Abständen von 5 bis 7 Tagen verwenden.
Vermehren: *Adenium*-Kopfstecklinge im Frühjahr auf etwa gleichdicke, rund 1 1/2 Jahre alte Oleander veredeln (s. S. 105–107). Wurzelechte Pflanzen durch Samen oder Kopfstecklinge. Dabei ist zu beachten, daß Stecklingspflanzen nicht die für die *Adenium* typische Sproßknolle ausbilden.

Adiantum, Frauenhaarfarn

Mit rund 200 vorwiegend im tropischen Amerika beheimateten Arten und einer ebenfalls stattlichen Anzahl Kulturformen ist die Gattung *Adiantum* aus der Familie der Tüpfelfarngewächse sehr umfangreich. Es sind meist reizvolle Farne mit braunschwarzen Stielen und zierlichen Fiederblättchen. Schon vom Aussehen her schließt man zu Recht, daß sie nicht zu den härtesten Zimmerpflanzen gehören.

Die meisten verhalten sich in üblichen Wohnräumen geradezu mimosenhaft. Besonders die niedrige Luftfeuchte macht ihnen zu schaffen. Sprichwörtlich ist auch die Empfindlichkeit gegen Trockenheit und gegen einen hohen Salzgehalt.
Angeboten werden fast ausschließlich Sorten von *Adiantum raddianum* (syn. *A. cuneatum*) und *A. tenerum*. Von *A. raddianum* haben sich besonders die Sorten 'Fritz Lüthi' und 'Decorum' als Zimmerpflanzen bewährt, von *A. tenerum* wird fast ausschließlich 'Scutum Roseum' mit in der Jugend hübsch rotbraun gefärbten Fiederblättchen angebaut. Zu *A. raddianum* zählt die als *A. tinctum* angebotene Auslese, möglicherweise auch *A. grossum*. *Adiantum* sind besonders dem erfahrenen Zimmerpflanzengärtner für das warme Blumenfenster mit hoher Luftfeuchte zu empfehlen. Er kann auch die sehr schönen Arten mit großen Fiederblättern wie *A. macrophyllum* und *A. trapeziforme* oder das rundblättrige *A. reniforme* erfolgreich kultivieren. Sehr wüchsig und etwas robuster ist *A. hispidulum*.
Licht: Keine direkte Sonne! Halbschattiger Platz. Stehen die Pflanzen zu dunkel, sehen die Fiederblättchen fahlgrün aus.
Temperatur: Im Winter 18 bis 20°C (*A. hispidulum* bis minimal 15°C), sonst 20 bis 25°C. Eine kalte Fensterbank ist ungeeignet, da auch die Bodentemperatur nicht viel niedriger liegen darf.
Substrat: Übliche Industrieerde auf Torfbasis wie Einheitserde P oder TKS 1; stärker gedüngte Substrate mit Torf „verdünnen"; pH um 6.

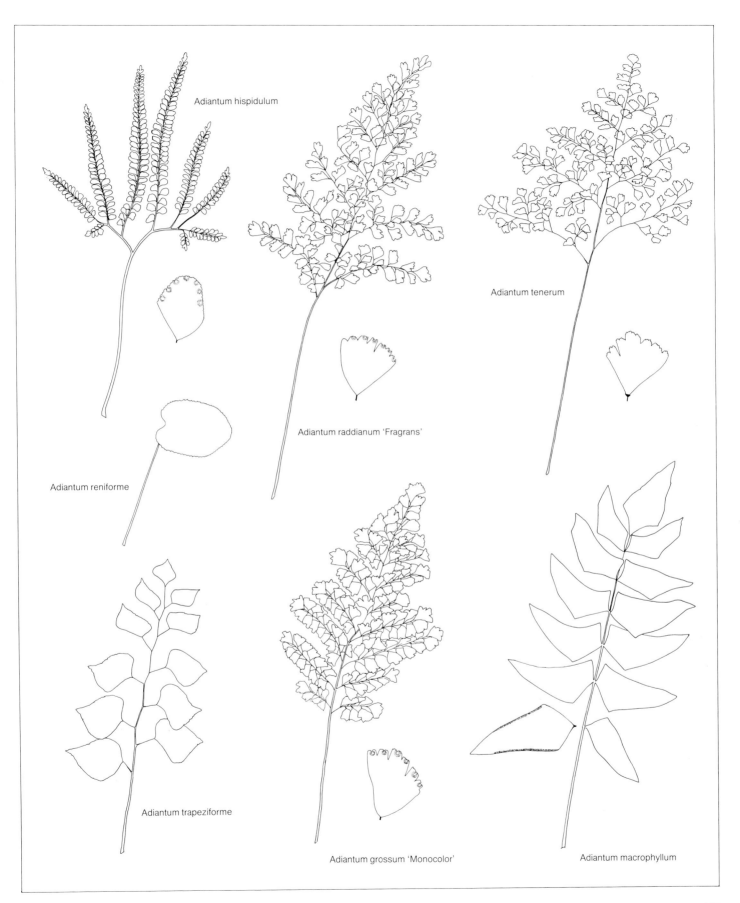

Feuchtigkeit: Das Gießen verlangt Fingerspitzengefühl. Nie austrocknen lassen. Auch im Winter stets feucht, doch nie naß halten. Wasser über 10°d enthärten.
Düngen: Nur während der Hauptwachstumszeit im Frühjahr und Sommer alle 14 Tage mit Blumendünger in halber Konzentration gießen.
Umpflanzen: Alle 1 bis 2 Jahre im Frühjahr; Jungpflanzen häufiger.
Pflanzenschutz: *Adiantum* werden in Zimmerkultur nur selten von Schädlingen befallen. Gegen viele Pflanzenschutzmittel sind *Adiantum* sehr empfindlich, daher am besten darauf verzichten!
Vermehren: Durch Sporen (s. Seite 91) bei 22 bis 24°C. Teilung beim Umtopfen.

Adromischus

Die etwa 50 Arten umfassende Gattung aus der Familie der Dickblattgewächse (Crassulaceae) bietet einige hübsche, leicht zu pflegende Zimmerpflanzen. Es sind kurzstämmige, kleine Pflanzen mit dickfleischigen Blättern, die sich bei einigen Arten durch ihre schöne braunrote Fleckung auszeichnen. Die Intensität dieser Blattzeichnung ist umso größer, je heller die Pflanzen stehen. Im Handel werden gelegentlich die Arten *A. cooperi*, *A. cristatus*, *A. pulchellus*, *A. trigynus* und andere angeboten. Sie alle sind in Südafrika beheimatet und leicht zu pflegen.
Licht: Heller, vollsonniger Platz.

Adromischus maculatus

Temperatur: Übliche Zimmertemperatur, im Sommer auch wärmer. Im Winter sollte die Temperatur nicht wesentlich über 15°C liegen. Pflanzen sind jedoch so anpassungsfähig, daß sie auch ein normal geheiztes Zimmer vertragen. In Ruhe befindliche Pflanzen halten auch 5°C aus.
Substrat: Kakteenerde oder Mischung aus Torfsubstraten mit Sand oder Lavagrus; pH 6 bis 7.
Feuchtigkeit: Keine Nässe, aber auch keine Trockenzeiten während der Wachstumsperiode, da sonst die Haut der Blätter aufreißen kann. Darum jeweils nach dem Abtrocknen gießen. Im Winter bei kühler Überwinterung nicht gießen.
Düngen: Während der Wachstumsperiode alle 2 bis 3 Wochen mit Kakteendünger gießen.
Umpflanzen: In der Regel nur alle 2 Jahre erforderlich (Ausnahmen sind Jungpflanzen), am Ende der Ruhezeit.
Vermehren: Die fleischigen Blätter abbrechen, einige Tage die Wunde abtrocknen lassen und auf die Erde legen oder mit der Bruchstelle flach hineinstecken. In wenigen Monaten bildet sich ein junges Pflänzchen.

Aechmea, Lanzenrosette

Unter den Ananasgewächsen hat die Lanzenrosette zu Recht eine führende Position inne. Während die Ananasgewächse (Bromeliaceae) nicht ganz zu Unrecht als anspruchsvoll im Hinblick auf Temperatur und Luftfeuchte gelten, gedeiht die verbreitetste Aechmee, *Aechmea fasciata*, hervorragend in jedem Wohnraum und nimmt es auch nicht übel, wenn die Luftfeuchte nicht über einen mittleren Wert hinauskommt. Das lassen schon ihre derben, ledrigen Blätter vermuten. Gleiches gilt auch für andere Arten mit ähnlich derbem Laub, etwa die schön gebänderte *Aechmea chantinii*.

Insgesamt mag es an die 170 Arten geben, die im tropischen Amerika zu Hause sind. Vorwiegend leben sie epiphytisch, also auf Bäumen, und haben ihre rosettig stehenden Blätter so angeordnet, daß sich Wasser und Staub darin sammeln kann. Tatsächlich läßt sich die Lanzenrosette am Leben erhalten, wenn ausschließlich in die Zisterne gegossen, die Topferde aber trocken gelassen wird. Allerdings entwickelt sich die Pflanze am besten, wenn sie Wasser und Nährstoffe auf beiden Wegen erhält.

Viele *Aechmea*-Arten sind als Zimmerpflanzen ungeeignet, da sie zu groß werden. Diesen Nachteil haben *A. fulgens* und die ihr sehr ähnliche *A. miniata* nicht. Sie bleiben mit nur selten länger als 50 cm werdenden Blättern im Rahmen. Ihre Blätter sind auch weniger gefährlich als die von *A. fasciata* und *A. chantinii*, deren Ränder recht kräftige Stachelspitzen aufweisen.

Die besondere Zierde der Aechmeen sind ihre Blütenstände, zum Teil mit kräftigen, hübsch gefärbten Hochblättern versehen. Die Haltbarkeit der Blüten ist ungewöhnlich gut. Und wenn die Blüten schon längst vertrocknet sind, zieren noch lange – zum Beispiel bei *A. fasciata* – die Hochblätter.
Licht: Hell, nur während der lichtreichen Jahreszeit mit Ausnahme der Morgen- und Abendstunden vor direkter Sonne schützen.
Temperatur: Zimmertemperatur oder wärmer; auch im Winter nicht unter 18°C.
Substrat: Torfsubstrate wie TKS oder Einheitserde, auch typische Bromelienerden (s. Seite 37); pH um 5.
Feuchtigkeit: Ganzjährig mäßig feucht halten, doch keine Nässe aufkommen lassen. Wasser auch in die Blattrosette gießen. Steht dort das Wasser, dann schadet auch gelegentliches Austrocknen der Erde nicht. Die empfindlichen, weniger derbblättrigen Arten verlangen eine Luftfeuchte nicht unter 60%.
Düngen: Von Frühjahr bis Herbst alle 1 bis 2 Wochen mit Blumendünger gießen, im Winter nur alle 4 bis 6 Wochen.
Umpflanzen: Alle 1 bis 2 Jahre von Frühjahr bis Herbst möglich. Dabei alle abgeblühten Rosetten abtrennen.
Vermehren: Die Rosetten bilden Kindel, die man möglichst so lange an der Mutter-

Oben: Aechmea chantinii

Unten links: Aechmea pineliana

Unten rechts: Aechmea fulgens var. discolor

pflanze beläßt, bis sie Wurzelansätze haben. Ansonsten bei Bodentemperaturen um 25°C bewurzeln. Samen keimt gut bei 20 bis 25°C, wenn er nicht mit Erde abgedeckt wird.

Aeonium

Die zu den Dickblattgewächsen (Crassulaceae) gehörenden *Aeonium*-Arten enthalten einige sehr dekorative Zimmerpflanzen. Sie bilden Rosetten aus dicken, fleischigen Blättern, die an einem kurzen oder mit zunehmendem Alter auch annähernd meterhohen Stamm sitzen. Am verbreitetsten ist das etwas höher werdende, einen verzweigten Stamm bildende *Aeonium arboreum*. Besonders beliebt ist die Sorte 'Atropurpureum' mit dunkelroten Blättern. Im Kontrast dazu stehen die hellgelben Blüten, die in reicher Zahl an bis 30 cm langen Rispen erscheinen. Allerdings erreichen die Pflanzen beachtliche Ausmaße, so daß sie nicht allzu lange ins Blumenfenster passen. Einen vorsichtigen Rückschnitt nehmen sie aber nicht übel.
Die interessanteste Art dürfte *A. tabuliforme* sein, die auf den Kanarischen Inseln beheimatet ist. Die stammlosen Rosetten schmiegen sich ganz flach dem Untergrund an. Sie passen kaum in einen Blumentopf und entwickeln sich am besten ausgepflanzt auf einem Beet. Andere Arten, die sich besser für das Zimmer eignen, erhält man gelegentlich in Kakteengärtnereien.
Licht: Sonniger Standort während des ganzen Jahres; nur bei Prallsonne zu den Mittagsstunden empfiehlt sich leichter Schatten.
Temperatur: Übliche Zimmertemperatur oder darüber; im Winter kühlen Platz mit Temperaturen um 10°C. Im Sommer ist Freilandaufenthalt empfehlenswert.
Substrat: Gedeihen gut in einer Mischung aus Einheitserde oder TKS II mit krümeligem Lehm und Sand. Auch Lavagrus und Einheitserde eignen sich; pH um 6,5.
Feuchtigkeit: Während der Wachstumszeit erst nach oberflächlichem Abtrocknen gießen. Im Winter Wassergaben reduzieren, aber Pflanzen nicht schrumpfen lassen. Bei wärmerem Winterstand – der durchaus vertragen wird – ist häufiger zu gießen.
Düngen: Im Frühjahr und Herbst alle 2 Wochen mit Kakteendünger gießen.
Umpflanzen: Alle 2 Jahre im Frühjahr oder Herbst.
Vermehren: Durch Samen, Kopf- oder Blattstecklinge. Zur vegetativen Vermehrung Sproßspitzen abschneiden – der Stumpf treibt anschließend wieder durch – oder Blätter abbrechen und nach dem Abtrocknen der Wunde flach in die Erde stecken. *A. tabuliforme* läßt sich nur durch Aussaat vermehren.
Besonderheiten: *A. tabuliforme* stirbt nach der Blüte ab.

Aeschynanthus

Wer ein geschlossenes Blumenfenster, eine Vitrine oder gar ein Kleingewächshaus besitzt, dem seien als Ampelpflanzen *Aeschynanthus* wärmstens empfohlen. Es sind epiphytisch lebende Halbsträucher oder Kletterpflanzen mit gegenständigem, immergrünem, ledrigem Laub und schönen Blüten. An die 100 Arten dieses Gesneriengewächses (Gesneriaceae) kommen von Indien über das südliche China bis nach Neu-Guinea vor. Als Besiedler feuchtwarmer Standorte sind sie nur bedingt für das Zimmer zu empfehlen. Auf der kühlen Fensterbank leben sie nicht lange oder sind blühfaul.
In der Regel werden drei verschiedene Arten angeboten. *Aeschynanthus speciosus* bildet Büschel mit bis zu 20 kurzgestielten Blüten. Die Blütenröhre ist an der Basis gelborange gefärbt und geht zu den Zipfeln der Blütenkrone hin in ein kräftiges Scharlachrot über. *Aeschynanthus radicans* hat besonders reizvolle Blüten: Der lange, röhrenförmige Blütenkelch ist dunkelpurpur, fast schwarz gefärbt und flaumig behaart. Aus ihm schiebt sich die feuerrote Blütenröhre hervor. Die Blütenröhre endet in kurzen Kronzipfeln. Die nach unten zeigenden weisen gelbe Flecken auf. *A. radicans* ist bekannter unter dem Namen *A. lobbianus*.
Sehr ähnlich ist *A. pulcher*, der sich nur durch unbehaarte Blütenstiele und -krone unterscheidet und lediglich einen Haarsaum an den Kronzipfeln besitzt. Manche zählen *A. pulcher* zu *A. radicans*. Nicht der Blüten, sondern der Blätter wegen halten wir *A. marmoratus*. Die Blüte ist mit ihrer grünen Grundfarbe und der braunen Zeichnung wenig auffällig. Aber die Blätter sind oberseits hellgrün–dunkelgrün, unterseits rötlich marmoriert, wie der Name schon vermuten läßt.
Licht: Wie viele Tropenpflanzen benötigen *Aeschynanthus* viel Licht, ohne jedoch direkte Sonne zu vertragen. Sie sind zwar

Aeonium tabuliforme

Aeonium arboreum 'Atropurpureum'

Aeschynanthus speciosus

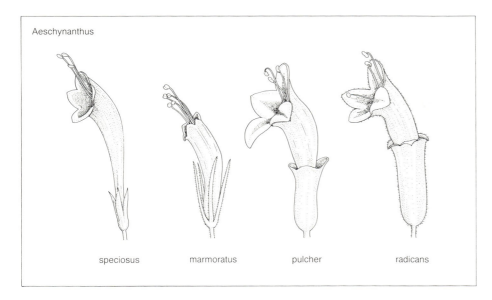

sehr tolerant, was schattige Plätze anbelangt, doch wird man dort oft vergeblich auf Blüten warten.
Temperatur: *Aeschynanthus* wollen ganzjährig Temperaturen über 20°C, auch nachts. Am besten gedeihen sie zwischen 22 und 25°C. Gleiches gilt für die Bodentemperatur. Bei niedrigen Temperaturen bleiben auch die Blüten aus.
Substrat: Torfsubstrate wie Einheitserde oder TKS, auch gemischt mit Sphagnum und/oder maximal $1/4$ Styromull; pH um 5,5. Es empfiehlt sich, den Topfboden mit einer Schicht Styromull zu bedecken.
Feuchtigkeit: Unter günstigen Bedingungen stets feucht halten; nie austrocknen lassen. Das empfohlene Substrat ist gut dräniert und verhindert stauende Nässe. Luftfeuchte nie unter 60, besser 70%. Bei Kultur auf der Fensterbank empfiehlt es sich, *Aeschynanthus* ähnlich wie andere sukkulente Pflanzen nur dann zu gießen, wenn die Erde trocken ist. Sie halten dann selbst an ungünstigen Standorten erstaunlich lange aus, blühen allerdings kaum.
Düngen: Von Frühjahr bis Sommer alle 2 bis 3 Wochen mit Blumendünger gießen, im Winter höchstens alle 6 bis 8 Wochen.
Umpflanzen: Alle 1 bis 2 Jahre im zeitigen Frühjahr oder nach der Blüte im Sommer.
Vermehren: Noch nicht verholzte Stecklinge – im späten Frühjahr oder Sommer geschnitten – bewurzeln bei Bodentemperaturen von mindestens 25°C und hoher Luftfeuchte. Legt man die hängenden Triebe über einen Topf mit feucht zu haltender Erde, dann bilden sich an den Blattknoten oft Wurzeln, was die Vermehrung erleichtert. Samen wird in Kultur nur bei künstlicher Bestäubung angesetzt.

Agave

Agaven sind keine Zimmerpflanzen von Dauer. Sie erreichen schnell Ausmaße, die ungeeignet für übliche Wohnräume sind. Im Wintergarten oder als Kübelpflanze, der man einen hellen, frostfreien Platz zum Überwintern bieten kann, erweisen sie sich als in der Pflege völlig problemlos und zunehmend dekorativ. Am häufigsten wird *Agave americana* in den Sorten 'Marginata' und 'Variegata' mit weiß-gelber Blattzeichnung angeboten. Sie erreichen leicht einen Durchmesser von 1, ja sogar 3 m und bilden im Alter einen imposanten Blütenstand von 8 m Höhe. Blühende Exemplare trifft man häufig in subtropischen Gärten an. Nach der Blüte stirbt die Agave ab.
Weniger gewaltig sind *A. victoriae-reginae* und *A. filifera* besonders in der kleinbleibenden Sorte 'Compacta'. Sie lassen sich leicht einige Jahre im Zimmer an hellen, im Winter nicht zu warmen Plätzen pflegen. Für den Garten sind weitgehend winterharte Arten wie *A. megalacantha* zu empfehlen.
Licht: Vollsonniger Standort. Auch im Winter so hell wie möglich. Luftiger Platz; Freilandaufenthalt im Sommer.
Temperatur: Zimmertemperatur oder wärmer. Im Winter kühl; nur wenige Grade über 0°C reichen aus. Nicht über 15°C.
Substrat: Kräftige, aber durchlässige Erde. Am besten Mischung aus grobem Sand, Torf oder Einheitserde und $1/3$ feinkrümeligem Lehm.
Feuchtigkeit: Während des Wachstums immer dann gießen, wenn die Erde weitgehend abgetrocknet ist. Im Winter je nach Temperatur nur sporadische Wassergaben. Trockene Luft wird gut vertragen.
Düngen: Von Mai bis September alle 2 Wochen mit Kakteendünger gießen.
Umpflanzen: Jungpflanzen jährlich, ältere Exemplare in größeren Abständen, wenn der Topf zu klein geworden ist.
Vermehren: Abtrennen von Kindeln, die sich meist in reicher Zahl an den Mutterpflanzen bilden.
Besonderheiten: Die Blätter mancher Arten wie *A. americana* enden in einem kräftigen Stachel, der erhebliche Verletzungen verursachen kann. Um dies zu verhindern, spießt man einen Korken oder ein Stück Styropor darauf.

Agave victoriae-reginae

Aglaonema, Kolbenfaden

Erst die zunehmende Bedeutung der Hydrokultur hat dem Kolbenfaden wieder zu einem angemessenen Platz im Topfpflanzensortiment verholfen. Dies heißt aber keinesfalls, daß die *Aglaonema*-Arten und -Sorten nicht gut in Erde gedeihen. Im Gewächshaus lassen sie sich sehr leicht „in Hydro" heranziehen, so daß sie den Gärtnern für diesen Zweck gerade recht waren. Außerdem sollen sie sich als Hydropflanzen im Zimmer durch besonders hohe Lebenserwartung auszeichnen.

Rund 50 Arten dieses Aronstabgewächses (Araceae) sind aus dem tropischen Asien bekannt. Hinzu kommen – besonders aus den USA – einige Sorten. Im Handel dominieren Typen von *A. commutatum*. Die reine Art ist im Vergleich zu den Kulturformen nicht übermäßig attraktiv. Sie bildet aufrechte Stämmchen, die bei uns nicht allzu hoch werden, in ihrer Heimat auf den Philippinen aber um 2 m Höhe erreichen. Die gestielten, maximal 30 cm langen und 10 cm breiten Blätter sind nur wenig silbergrau gezeichnet.

Um die Intensivierung dieser Blattzeichnung haben sich die Gärtner erfolgreich bemüht. Schon deutlich stärker ist sie bei der Sorte 'Treubii', die daneben ein deutlich schlankeres Blatt aufweist. Noch stärker graugrün und weiß panaschiert ist 'Pseudobracteatum'. Bei den Sorten 'Silver King' und 'Silver Queen', deren Blattformen wieder mehr der Art ähneln, sind die Farben geradezu umgekehrt: die Grundfläche ist silbergrau und nur wenig grün gesprenkelt. Trotz der schönblättrigen Sorten ist die Art *A. commutatum* immer noch kulturwürdig. Sie hat den Vorzug, regelmäßig zu blühen und zu fruchten. Und die leuchtend roten Beeren sind lange Zeit eine Zierde.

Neben dieser Art mit ihren Sorten hat *Aglaonema* noch viel zu bieten. Bei der sehr schönen, doch noch selteneren *A. pictum* 'Tricolor' verschmilzt die Punktierung zu größeren Flächen. *Aglaonema nitidum* 'Curtisii' gefällt mit ihren von den Blattadern schräg zur Spitze mit weißen Streifen verzierten Blättern. Größer wird *A. crispum*, beim Gärtner meist unter dem Namen *A. roebelinii* zu finden. Es erinnert sehr an die verwandten Dieffenbachien. Die wohl härteste Art, *A. modestum*, ist leider völlig grün, ohne jegliche Zeichnung und wird ebenfalls recht groß.

Ganz anders *A. costatum*: Es bleibt niedrig, bildet keinen Stamm, hat Blätter ähnlich der Dieffenbachie und ist außerordentlich wärmebedürftig. Auf der Fensterbank bleibt es nicht lange am Leben. Das geschlossene Blumenfenster und die Vitrine eignen sich besser. Auf jeden Fall müssen die Temperaturen immer über 20°C liegen. Alle anderen beschriebenen Arten und Sorten sind wie Dieffenbachien zu behandeln (s. Seite 231).

Allamanda

„Goldtrompete" ist der treffende Name, den die Amerikaner der mächtigen Schlingpflanze *Allamanda cathartica* gegeben haben. Die – je nach Typ – 8 bis über 12 cm Durchmesser erreichenden leuchtendgelben Blüten sind eine Pracht. Bis zu 12 stehen in einer meist endständigen Scheindolde und blühen nacheinander auf. Leider hat die *Allamanda* einen Nachteil, der sie nicht zur idealen Zimmerpflanze werden läßt: Die kräftig wachsenden Triebe dieses Schlingers aus dem tropischen Amerika erreichen mehrere Meter Länge und sind kaum zu bändigen. Nur unter dem Dach eines großen Gewächshauses entlanggezogen, entfaltet die Pflanze ihre ganze Schönheit. Dennoch wird sie immer wieder als Topfpflanze angeboten. Die Gärtner bremsen sie durch mehrmaliges Spritzen mit dem Hemmstoff Alar 85 in schwacher Dosierung. Der Zimmerpflanzenfreund hat diese Möglichkeit meist nicht, so daß bald das ungehemmte Längenwachstum einsetzt. Muß man dann aus Platzgründen mehrmals im Jahr zurückschneiden, darf man nicht allzu viele Blüten erwarten.

Licht: Volle Sonne. Entwickeln sich besonders gut direkt hinter der Scheibe.
Temperatur: Zimmertemperatur und wärmer. Im Winter tagsüber nicht unter 18°C, nachts nicht weniger als 15°C. Die Bodentemperatur sollte nie unter 18°C absinken.
Substrat: Kräftige, humose Erde, zum Beispiel Einheitserde („frux"); pH um 6.
Feuchtigkeit: Pflanzen verbrauchen besonders bei sonnigem Wetter viel Wasser! Entsprechend häufig und kräftig gießen. Gegen trockene Zimmerluft sind die Pflanzen nicht sonderlich empfindlich, dennoch sollte die Luftfeuchte nicht unter 50% absinken.
Düngen: Kräftig wachsende Pflanzen haben einen hohen Nährstoffbedarf. Während der Hauptwachstumszeit von Frühjahr bis Herbst mindestens wöchentlich mit Blumendünger gießen. Zeigen gelbe Blätter an, daß dies nicht ausreicht, noch häufiger düngen. Im Winter reichen Gaben alle 3 Wochen.
Umpflanzen: Jährlich im Frühjahr.
Vermehren: Nicht zu weiche Stecklinge im Frühjahr oder Herbst schneiden und bei

Aglaonema commutatum 'Pseudobracteatum'

Allamanda cathartica

bei *Alocasia odora* keine Seltenheit, und von *A. macrorrhiza* soll es Typen geben, die sogar 8 m erreichen. Von *A. macrorrhiza*, bekannt auch als *A. indica*, wurden Nutzformen selektiert, deren Blätter als Gemüse und deren Rhizom als Stärkelieferant dienen. Allerdings scheint es blausäurehaltige Typen zu geben, so daß sich ein Versuch in der Küche nicht empfiehlt.

Licht: Halbschattig bis schattig.
Temperatur: Immer über 22, besser 25°C. Im Winter kann die Temperatur niedriger liegen, doch nicht unter 18°C. Nur einzelne Arten wie *A. macrorrhiza* und *A. odora* nehmen noch mit 16, minimal 14°C vorlieb.
Substrat: Soweit erhältlich, grober, nicht feingemahlener Torf, dem noch die erforderlichen Nährstoffe zugefügt werden müssen. Den zu feinen Torfsubstraten sollte man Sphagnum beimischen. Um keine stauende Nässe aufkommen zu lassen, empfiehlt sich der Zusatz von gewaschenem grobem Sand oder Styromull bis zu $1/3$; pH um 5,5.
Feuchtigkeit: Stets feucht halten. Im Winter machen die Pflanzen eine Ruhezeit durch, während der sie nur sparsam gegossen werden. Die kühler zu haltenden Arten kommen mit noch weniger Wasser aus, jedoch

Bodentemperaturen um 25°C bewurzeln. Durch Folie oder Glas für gespannte Luft sorgen.
Besonderheiten: Kräftiger Rückschnitt im Frühjahr vor dem Neutrieb. Auch langsamer wachsende Typen werden zu groß, wenn man nicht mit Hemmstoffen gießt (Alar 85 0,3%ig).

Alocasia

Etwas Besonderes für große geschlossene Blumenfenster, Vitrinen und besonders Kleingewächshäuser sind Alocasien, eine rund 70 Arten umfassende Gattung der Aronstabgewächse (Araceae). Die Regenwälder des tropischen Asiens sind ihre Heimat, dort, wo Temperatur und Luftfeuchte ganzjährig hoch liegen. Für die Kultur auf der Fensterbank eignen sich Alocasien nicht. Aus diesem Grund sind sie bei uns bis heute eine Rarität geblieben, obwohl die herrlich geformten und gefärbten Blätter sie in den Kreis der attraktivsten Blattpflanzen einreihen. Größere Bedeutung haben sie in den USA erlangt, wo neben den Arten eine Vielzahl schönblättriger Hybriden angeboten wird.

Die Alocasien bilden ein meist kurzes oberirdisches Stämmchen oder ein unterirdisches knollenähnliches Rhizom. Daraus hervor kommen die langgestielten Blätter. Die ovalen bis pfeilförmigen Blätter sind entweder einfarbig grün bis metallisch oder mit meist weißer Nervatur gezeichnet und unterseits purpurviolett. Die Blattränder sind ganzrandig oder gebuchtet bis gelappt. Es gibt eine Vielzahl von Variationsmöglichkeiten.

Einige Alocasien erreichen eine solche Größe, das sie selbst für das Gewächshaus problematisch werden. Über 1 m Höhe sind

In der Bildmitte Alocasia sanderiana, davor Anthurium crystallinum, im Hintergrund verschiedene Dieffenbachien

nicht völlig trocken! Ab März Wassergaben langsam steigern. Luftfeuchte 70% und mehr.
Düngen: Von April bis September alle 2 Wochen mit Blumendünger gießen.
Umpflanzen: Alle 1 bis 2 Jahre mit Triebbeginn im Frühjahr.
Vermehren: Durch Teilen der Rhizome oder durch Brutknöllchen. Hohe Temperaturen erforderlich.
Pflanzenschutz: Besonders unter ungünstigen Bedingungen kommt es zum Faulen der Rhizome. Da sowohl Bakterien als auch verschiedene Pilze dafür verantwortlich sein können, kann man nur probieren, welches Fungizid die Infektion bremst.

Aloë

Von der über 200 Arten umfassenden Gattung *Aloë* aus der Familie der Liliengewächse sind einige seit alters her beliebte Zimmerpflanzen. *Aloë arborescens* wurde sogar offizinell genutzt. Der Name „Brand-Aloe" deutet auf die entzündungshemmende Wirkung des schleimigen Pflanzensaftes, die man sich bei Verbrennungen zunutze machte. Neben der am Heimatstandort in Südafrika bis 4 m hoch werdenden Art gehörte *Aloë variegata* zu den Zimmerpflanzen, die in keinem Bauernhaus fehlten. Dort findet man noch heute bis 30 cm hohe Exemplare mit ihren schönen, dachziegelartig übereinander angeordneten, dreieckigen, gelb-grünen Blättern. Schön ist auch die stammlose, rosettige *A. aristata* mit borstig gezähnten, fleischigen Blättern. Neben diesen verbreiteten Zimmerpflanzen sind noch viele Arten für den Sukkulentensammler interessant. Blüten kann man in der Regel nur an alten Exemplaren erwarten.
Licht: Vollsonniger Standort, auch im Winter.
Temperatur: Zimmertemperatur oder wärmer. Im Winter kühl, doch nicht unter 6°C. Es gibt Arten, die es wärmer haben wollen, so jene aus Madagaskar und dem tropischen Afrika. Im Sommer ist Freilandaufenthalt empfehlenswert.
Substrat: Humusreiche, durchlässige Mischung, zum Beispiel aus TKS II oder Einheitserde und Sand oder Lavagrus; pH um 6,5.
Feuchtigkeit: Nur gießen, wenn die Erde weitgehend abgetrocknet ist. Zuviel Nässe (bei Freilandaufenthalt Regenperiode!) ist gefährlich, besonders bei niedrigen Temperaturen. Während der winterlichen Ruhezeit nur sporadisch gießen. Trockene Zimmerluft schadet nicht.
Düngen: Von Mai bis September alle 3 Wochen mit Kakteendünger gießen.
Umpflanzen: Alle 1 bis 2 Jahre im Frühjahr oder Sommer; alte Exemplare seltener.
Vermehren: Durch Samen, Seitensprosse oder Triebstecklinge.
Pflanzenschutz: Wurzelläuse können lästig werden.

Aloë arborescens

Amaryllis, Belladonnalilie

Die Belladonnalilie ist – obwohl seit dem Jahre 1712 in gärtnerischer Kultur – bis heute eine seltene Erscheinung. *Amaryllis belladonna* ist die einzige Art dieser Gattung. Alle anderen „Amaryllis" sind keine, sondern tragen heute andere Namen, wie *Hippeastrum*, *Zephyranthes* oder *Crinum*. Ein riesiges Durcheinander herrschte bei den Amaryllisgewächsen (Aamaryllidaceae), und es ist bis heute nicht gelungen, diese Konfusion völlig zu beseitigen. Wichtig ist, daß die „Amaryllis" des Handels in der Regel der Ritterstern ist, also der Gattung *Hippeastrum* angehört. Diese gibt es in vielen Sorten, von der Belladonnalilie nur einzelne Farbvarianten.
Auch der Wachstumsrhythmus unterscheidet sich: *Hippeastrum* überdauert den Winter trocken und unbeblättert und beginnt das neue Jahr mit der Blüte. *Amaryllis belladonna* wächst zwar im Winter langsam, ist aber beblättert und will gegossen werden. Erst im Mai zieht das Laub zur Ruhe ein. Die Wachstumsphase setzt mit dem Blütentrieb im August und der nur kurz später erfolgenden Blattbildung ein.
Als Topfpflanze macht die Belladonnalilie einige Probleme, beginnend mit der Größe sowie dem Wunsch nach nicht allzu hoher Temperatur und viel Licht.

Typische Blütenformen wichtiger Sukkulentengattungen

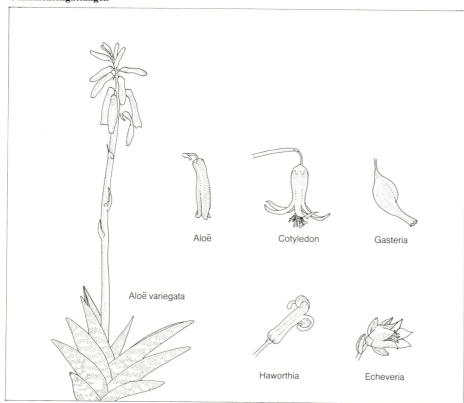

Amaryllis belladonna

Licht: Hell bis sonnig. An schattigen Plätzen bleibt die Blüte aus.
Temperatur: Luftiger, nicht allzu warmer Raum während des gesamten Jahres. Steht die Pflanze im Winter zu warm, dann „vergeilt" sie. Während der blattlosen Ruhezeit soll die Temperatur zwischen 20 und 28°C liegen. In milden Gegenden halten *Amaryllis* mit Winterschutz auch im Freien aus.
Substrat: Einheitserde („frux") oder Mischungen von TKS II mit krümeligem Lehm; pH um 6.
Feuchtigkeit: Während der blattlosen Ruhezeit trocken halten. Ansonsten regelmäßig gießen, jedoch – besonders im Winter – Nässe vermeiden.
Düngen: Nach dem Austrieb im Sommer und im zeitigen Frühjahr wöchentlich, im Winter nur alle 4 Wochen einmal mit Blumendünger gießen.
Umtopfen: Für die birnengroßen Zwiebeln ist ein großer Topf erforderlich, auch deshalb, weil die Pflanzen möglichst selten umzutopfen sind. Häufiges Umsetzen und Wurzelbeschädigungen beeinträchtigen Gedeihen und Blühwilligkeit.
Vermehren: Brutzwiebeln werden regelmäßig gebildet und müssen beim Umtopfen abgetrennt werden.

Ampelopsis, Scheinrebe

Sie heißt Scheinrebe, und sie gehört auch zu den Weingewächsen (Vitaceae): die Gattung *Ampelopsis*. Aus Nordamerika und vor allem dem östlichen Asien kommen rund 20 Arten. Ihre Benennung ging lange durcheinander. Zunächst hießen einige Scheinreben wie der echte Wein *Vitis*. Dann wurden sie zu den Jungfernreben gezählt *(Parthenocissus)*. Die verschiedenen Namen haben sich leider bis heute in den Gärtnereien erhalten. Dabei gibt es ein einfaches Unterscheidungsmerkmal: Bei *Parthenocissus* verbreitern sich die dünnen Ranken an ihren Enden zu einer Haftscheibe; *Ampelopsis*-Arten haben keine derartigen Haftscheiben.

Als Topfpflanze wird in der Regel nur *Ampelopsis brevipedunculata* 'Elegans' kultiviert. Die Art ist in China beheimatet, ist dort ein üppig kletternder Strauch mit bis zu 12 cm großen Blättern. Zumindest an geschützten Stellen ist diese Scheinrebe bei uns winterhart. Die Sorte 'Elegans' bleibt zierlicher. Auch die unterschiedlich geformten Blätter sind kleiner und auffällig grün-weiß panaschiert, in der Jugend rosa überhaucht. Sie verbringt den Winter besser frostfrei, obwohl sie in milden Jahren auch im Freien überdauern kann. Hält man sie nur wenig über 0°C, dann verliert sie alle Blätter und treibt im Frühjahr wieder durch. Im Zimmer hält man die Scheinrebe entweder als Ampel und läßt ihre Triebe herabhängen oder gibt ein Klettergerüst.
Licht: Hell bis halbschattig. Nur im Sommer ist Schutz vor direkter Sonne während der Mittagsstunden nötig.
Temperatur: Stets luftiger Stand. Von Mai bis September in den Garten stellen. Überwinterung im Haus bei Temperaturen zwischen 2 und 12°C; nicht über 15°C.
Substrat: Übliche Fertigerden; pH um 6.
Feuchtigkeit: Während des Wachstums stets feucht halten. Im Sommer an hellem Platz hoher Wasserbedarf. Im Winter umso trockener halten, je kühler die Pflanzen stehen. Stehen sie gerade frostfrei, ist auch nahezu trockene Überwinterung möglich.
Düngen: Von Frühjahr bis Herbst wöchentlich mit Blumendünger gießen.
Umpflanzen: Jährlich im Frühjahr mit Triebbeginn. Bei weitgehend trocken überwinterten Pflanzen Erde ausschütteln.
Vermehren: Stecklinge im späten Frühjahr schneiden und bei Bodentemperaturen von mindestens 15°C bewurzeln.
Besonderheiten: Kräftiger Rückschnitt vor Triebbeginn im zeitigen Frühjahr.

Ananas

Daß die Ananas ein vorzügliches Obst ist, das eine starke verdauungsfördernde Wirkung besitzt und damit bei Störungen der Bauchspeicheldrüse Hilfe verschaffen kann, ist allgemein bekannt. Daß die Ananas auch eine attraktive Topfpflanze ist, wissen nur wenige. Besonders die gelbgestreiften Sorten sind sehr auffällig. Zwei Nachteile dürfen nicht verschwiegen werden: Schon in wenigen Jahren erreicht die Pflanze stattliche Ausmaße. In ihrer süd-

Ampelopsis brevipedunculata 'Elegans'

amerikanischen Heimat sind die lanzettlichen Blätter bis zu 1 m lang!
Alte Exemplare brauchen große Töpfe mit mindestens 30 cm Durchmesser. Noch besser entwickeln sie sich allerdings ausgepflanzt in einem warmen Gewächshaus. Auf der Fensterbank stören die sehr kräftig dornähnlich gezahnten Blätter. Nicht nur Vorhänge und andere Pflanzen leiden darunter, auch empfindliche Verletzungen lassen sich nicht immer vermeiden. Einige

Ananas bracteatus

neue Sorten von *Ananas comosus* (syn. *A. sativus*) haben einen ungefährlich glatten Blattrand. Sie sind bislang noch selten im Angebot.
Von den insgesamt neun Arten der Gattung *Ananas* ist ansonsten nur noch *A. bracteatus* als Zierpflanze von Bedeutung. Er unterscheidet sich von *A. comosus* unter anderem durch die kräftig rot gefärbten Hochblattschöpfe. Auch von dieser Art gibt es eine gelbgestreifte Auslese.
Bei uns wird es nur selten gelingen, eine Ananas zur Blüte und zum Fruchten zu bringen, es sei denn, es sind große, ausgepflanzte Exemplare oder kleine, die bereits induziert angeboten wurden. Die Blütenbildung läßt sich wie auf Seite 111 beschrieben induzieren.
Licht: Hell, aber besonders die weißgestreiften Sorten vor direkter Sonne mit Ausnahme der frühen Morgen- und Abendstunden geschützt.
Temperatur: Zimmertemperatur oder wärmer. Auch im Winter möglichst nicht unter 18°C.
Substrat: Übliche Torfsubstrate wie Einheitserde oder TKS; pH um 5.
Feuchtigkeit: Stets mäßig feucht halten, doch keine Nässe aufkommen lassen. Sporadisches Trockenwerden nehmen die Pflanzen nicht übel. Gegen trockene Luft sind Ananas nicht so empfindlich wie andere Bromelien, doch sollte das Hygrometer nicht weniger als 50 % anzeigen.
Düngen: Von Frühjahr bis Herbst alle 1 bis 2 Wochen mit Blumendünger gießen.
Umpflanzen: Alle 1 bis 2 Jahre von Frühjahr bis Herbst möglich.
Vermehren: Ältere, besonders ausgepflanzte Exemplare bilden Kindel, die abgetrennt werden können. Aber auch die Schöpfe auf den Früchten lassen sich bewurzeln, wenn wir sie noch frisch und grün erhalten. Sie werden abgetrennt und – nach kurzem Trocknen der Schnittfläche – bei sehr hohen Bodentemperaturen um 28°C sowie hoher Luftfeuchte bewurzelt. Samen ist in den käuflichen Früchten nicht enthalten.

Anthurium, Flamingoblume

Aus der über 600 Arten umfassenden Gattung *Anthurium* haben sich nur ganz wenige als Topfpflanze durchsetzen können. In erster Linie sind dies die große und die kleine Flamingoblume, *Anthurium andreanum* und *A. scherzerianum*. Seit diese beiden vor über 100 Jahren aus ihrer südamerikanischen Heimat zu uns kamen, haben sich die Gärtner ihrer sehr intensiv angenommen. Heute gibt es eine unübersehbare Zahl von Auslesen, während die ursprünglichen Arten nicht mehr zu finden sind. Lange Jahre waren als Topfpflanze nur *Anthurium*-Scherzerianum-Hybriden, die kleinen Flamingoblumen, vertreten. Sie besitzen lanzettlich geformte Laubblätter, die großen Flamingoblumen, die *A.*-Andreanum-Hybriden, dagegen länglichherzförmige. Als Vertreter der Aronstabgewächse

Anthurium veitchii

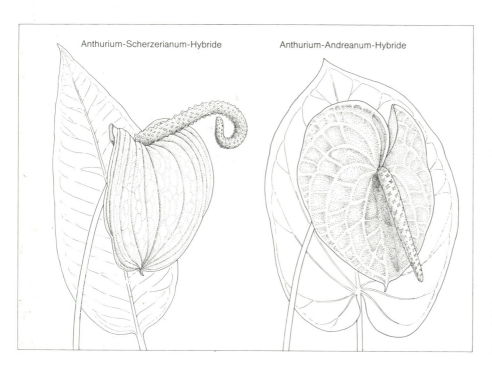

(Araceae) haben sie den typischen Blütenkolben mit dem auffälligen Hoch- oder Scheidenblatt (Spatha). Es ist bei der kleinen Flamingoblume oval bis eiförmig, bei der großen herzförmig und mehr oder weniger „gehämmert". Dies sind kleine Ausbuchtungen der Spatha, ähnlich kunsthandwerklich bearbeiteten Metallen.
In der Regel blüht die kleine Flamingoblume nur einmal im Jahr, meist zwischen Januar und Mai; bei der großen können sich während des ganzen Jahres Blüten bilden. Diese Tatsache sowie das Selektieren kleinerer Typen haben dazu geführt, daß verstärkt *A.*-Andreanum-Hybriden als Topfpflanzen Verwendung finden. Einen großen Anteil daran hat die Hydrokultur, ist doch diese Flamingoblume eine der wenigen ausdauernden Blütenpflanzen für dieses Kulturverfahren.
Botanische Gärten vermitteln einen kleinen Eindruck davon, was diese umfassende Gattung noch alles zu bieten hat. Es gibt Riesen mit über meterlangen Blättern, herr-

lich gefiederte oder gefärbte Blattpflanzen. In jüngster Zeit werden sporadisch Sämlinge von *Anthurium crystallinum* angeboten. Es hat schöne dunkelgrüne, samtartige, breitherzförmige Blätter mit einer kontrastreichen silbernen Aderung. Eines der schönsten Anthurien ist *A. veitchii* mit seinen bis meterlangen, herabhängenden, schmalen Blättern. Sie sind nur einfarbig bräunlich bis grün, doch wölbt sich die Spreite zwischen den Seitennerven regelmäßig, so daß eine bemerkenswerte Struktur entsteht. Die beiden genannten Blattanthurien sind wie viele andere nur für ein großes geschlossenes Blumenfenster oder ein beheizbares, helles Gewächshaus geeignet.

Licht: Hell bis halbschattig, vor direkter Sonne geschützt. Die Flamingoblumen brauchen während der Wintermonate keinen Schatten.
Temperatur: Die Flamingoblumen wollen Zimmertemperatur oder wärmer, im Winter bis auf 18°C nachts absinkend. Bodentemperatur nicht niedriger, eher um 1 bis 2°C höher. *A.*-Scherzerianum-Hybriden im Winter für 6 bis 8 Wochen bei 15°C halten, um die Entwicklung der Blüten auszulösen. Blattanthurien möglichst ganzjährig nicht unter 22°C.
Substrat: Lockere, humose Mischung mit guter Dränage. Besser als Fertigsubstrate ist eine Mischung aus diesen mit $1/3$ feiner Orchideenrinde und bis zu $1/4$ Styromull; pH 5 bis 5,5.

Feuchtigkeit: Nie austrocknen lassen; stets feucht halten. Bei nicht optimal dräniertem Substrat darauf achten, daß keine Nässe auftritt. Kein hartes Wasser verwenden. Blattanthurien brauchen hohe Luftfeuchte von mindestens 70%.
Düngen: Vom Frühjahr bis Spätsommer alle 2 Wochen, ansonsten alle 3 bis 4 Wochen mit Blumendünger gießen.
Umpflanzen: Alle 1 bis 2 Jahre im Frühjahr.
Vermehren: Die Anthurien bilden im Laufe der Jahre kurze Stämmchen mit Wurzelansätzen; die unteren Blätter werden abgeworfen. Solche Pflanzen kann man köpfen und bei 25°C Bodentemperatur bewurzeln. Sicherer ist es, abzumoosen. Erhält man frischen Samen, wird er vom Fruchtfleisch gereinigt und sofort ausgesät. Nicht mit Erde bedecken, sondern mit Glasscheibe für die nötige Feuchtigkeit sorgen. Für die Keimung sind ebenfalls 25°C Bodentemperatur erforderlich.
Pflanzenschutz: Die Flamingoblumen werden besonders bei trockener Luft häufig von Spinnmilben befallen, die nicht leicht zu bekämpfen sind. Präparate wie Substral-Spray gegen Pflanzenschädlinge oder Kelthane sind wirksam, sollten aber nicht allzu oft hintereinander eingesetzt werden. Gegen manche Pflanzenschutzmittel reagieren Anthurien empfindlich! Wenn Wurzelfäule auftritt, zunächst prüfen, ob das Substrat noch genügend locker, nicht verdichtet ist. Mit Mitteln wie Orthocid 83 gießen.

Aphelandra squarrosa

Anthurium-Andreanum-Hybride

Aphelandra, Ganzkölbchen

Zu den schönsten Blütenpflanzen für warme, nicht zu lufttrockene Räume sind die Arten der Gattung *Aphelandra* zu zählen. Vertreter der rund 80 Arten, die aus dem tropischen Amerika stammen, haben erst spät Eingang in das Zimmerpflanzensortiment gefunden. Am wichtigsten ist *Aphelandra squarrosa* aus Brasilien. Die dicken, runden, oft rötlichen Stengel sind nicht oder nur wenig verzweigt. Die bis zu 30 cm langen Blätter sind glänzend dunkelgrün und entlang der Blattadern weiß gefärbt. Der Blütenstand dieses Akanthusgewächses (Acanthaceae) ist eine unverzweigte Ähre, die 20 cm und länger werden kann. Aus den gelben, glänzenden Deckblättern kommen die ebenfalls gelbgefärbten, röhrigen, nur kurze Zeit haltbaren Blüten hervor.

Mehrere Sorten sind im Handel, die sich durch mehr oder weniger kompakten Wuchs unterscheiden. Bis heute hat man sich nicht auf einen guten deutschen Namen für diese Pflanze einigen können. Neben „Ganzkölbchen" hört man auch „Glanzkölbchen"; die Übersetzung des Gattungsnamens wäre „Einfachmann". Keiner dieser Namen ist sonderlich einprägsam.

Zwei weitere *Aphelandra*-Arten wurden in jüngster Zeit auf ihren gärtnerischen Wert überprüft: die rotblühenden *A. sinclairiana* und *A. tetragona*. Erst vor wenigen Jahren entdeckte man *A. sinclairiana* in Panama. Der Sproß dieser Pflanze verzweigt sich gut. Die hellgrünen Blätter sind weich behaart. Die Farbe des verzweigten Blütenstands

Die Blüte von Aphelandra sinclairiana überrascht mit einem ungewöhnlichen Farbkontrast. Aus den ziegelroten Deckblättern schieben sich lachsrosa Blüten empor.

ist ungewöhnlich: Aus den ziegelroten Deckblättern schieben sich die lachsrosa Blüten hervor.
Der Nachteil von *A. tetragona* ist das nicht oder mäßige Verzweigen des Sprosses, was einen etwas sparrigen Wuchs ergibt. Auch die Haltbarkeit des Blütenstands ist mit knapp 4 Wochen geringer als bei den beiden zuvor genannten Arten. Dafür ist der verzweigte Blütenstand von besonderer Schönheit. Die nur kleinen, bräunlichen, flaumig behaarten Deckblätter fallen weniger auf als bei den vorigen Arten. Die Blüten sind von einem kräftigen, leuchtenden Rot und öffnen sich in kurzer Folge. Wenn die Blüte im Spätherbst vorbei ist, sind die großen, einfach grünen, langgestielten Blätter keine besondere Zierde mehr.

Licht: Heller, aber vor direkter Sonne geschützter Platz.
Temperatur: Von Frühjahr bis Herbst 20°C und wärmer. *A. sinclairiana* und *A. tetragona* im Winter nicht unter 18°C. *A. squarrosa* sollte dagegen etwa 2 Monate Tag und Nacht bei rund 10°C stehen, um die Blütenbildung anzuregen. Dieser Effekt ist aber nur zu erwarten, wenn die Pflanzen genügend Licht – während der lichtärmsten Zeit am besten Zusatzlicht – erhalten. Anschließend wieder wärmer (18 bis 20°C) stellen.
Substrat: Übliche Torfsubstrate wie Einheitserde oder TKS; pH 5 bis 6.
Feuchtigkeit: Stets mäßig feucht halten. Im Winter ist besonders bei kühlem Stand vorsichtig zu gießen, da Nässe rasch zur Wurzelfäule führt. Luftfeuchte sollte nach Möglichkeit nicht unter 60% absinken. Kann dies nicht geboten werden, empfiehlt sich ein Platz im geschlossenen Blumenfenster.
Düngen: Von Frühjahr bis Herbst wöchentlich, im Winter nur alle 3 Wochen mit Blumendünger gießen.
Umpflanzen: In der Regel jährlich im Frühjahr.
Vermehren: Kopfstecklinge – im Frühjahr oder Sommer geschnitten – bewurzeln sich bei 22 bis 25°C Bodentemperatur. *A. squarrosa* und *A. sinclairiana* stutzen, um besser aufgebaute Pflanzen zu erhalten. Da dies bei *A. tetragona* nichts bewirkt, kultiviert man sie besser eintriebig. Wer nicht genügend Bodenwärme bieten kann, moose zu lang gewordene Exemplare am besten ab (s. S. 96).
Besonderheiten: Alte Pflanzen sind nicht mehr schön, daher am besten rechtzeitig Nachwuchs heranziehen. Ansonsten im Frühjahr zurückschneiden. Hochwachsende *A.-squarrosa*-Sorten lassen sich mit Gartenbau-Cycocel (0,5%ig gießen) niedrig halten.

Pflanzenschutz: Bei Wurzel- und Stammfäule Pflanzen trockener halten und mit Orthocid 83 gießen. Unangenehm können Schildläuse werden. Am besten die großen, ausgewachsenen Tiere abkratzen und mehrmals mit Malathion spritzen.

Aporocactus,
Peitschen-, Schlangenkaktus

Nur wenige Zimmerpflanzen sind nahezu 200 Jahre in Kultur. Wenn sie sich bis heute einen Stammplatz erhalten haben, so spricht dies für ihre Robustheit. Auf den Peitschenkaktus, von den Amerikanern auch „Rattenschwanz" ('rattail cactus') genannt, trifft dies zweifellos zu. Bereits 1690 kam *Aporocactus flagelliformis* nach Europa. Er bildet bis 1 m lange Triebe, die 10 bis 12 Rippen aufweisen. Die langen, nur 1,5 cm dicken Triebe kriechen den Boden entlang oder hängen über, zumal *A. flagelliformis* in seiner mexikanischen Heimat häufig auf Bäumen oder Felsen vorkommt.
Auch in Kultur läßt man die langen Sprosse überhängen, hält ihn also als Ampelpflanze. An den zweijährigen Trieben erscheinen im Frühjahr die violettroten Blüten. Neben *A. flagelliformis* gibt es noch vier weitere Arten, die jedoch selten gepflegt werden. Auch einige Hybriden sind bekannt, so mit *Heliocereus speciosus*, die den Namen × *Heliaporus smithii* führt.

Aporocactus flagelliformis

Licht: Hell, aber im Sommer vor direkter Sonne leicht geschützt. Im Winter schadet Prallsonne nicht. Von Mai bis September kann Freilandaufenthalt nützlich sein.
Temperatur: Luftiger Platz mit Zimmertemperatur. Bei Sonne auch wärmer. Im Winter um 10°C.
Substrat: Übliches Kakteensubstrat, das jedoch einen höheren Torfanteil haben kann; pH um 6.
Feuchtigkeit: Im Sommer hoher Wasserbedarf. Immer mäßig feucht halten. Ansonsten immer dann gießen, wenn die Erde weitgehend abgetrocknet ist. Auch im Winter gelegentlich gießen. *Aporocactus* gedeiht besser, wenn die Luft nicht allzu trocken ist.
Düngen: Etwa von April/Mai bis September alle 2 bis 3 Wochen mit Kakteendünger gießen.
Umpflanzen: Nicht allzu häufig. Man läßt die Pflanze so lange wie möglich ungestört.
Vermehren: Im Frühjahr oder Sommer ein- oder zweijährige Triebe von etwa 5 bis 10 cm Länge abschneiden und nach dem Abtrocknen der Schnittfläche bei mäßiger Feuchtigkeit bewurzeln. Nach dem Anwachsen stutzen.
Besonderheiten: Von *Aporocactus* lassen sich auch Hochstämmchen ziehen. Dazu werden sie auf *Eriocereus jusbertii* veredelt.
Pflanzenschutz: Pflanzen sind empfindlich gegen Spinnmilbenbefall, offensichtlich bevorzugt veredelte Exemplare. Rechtzeitig mit den üblichen Mitteln wie Kelthane spritzen und Behandlung nach wenigen Tagen wiederholen.

Araucaria,
Zimmertanne, Norfolktanne

Der architektonisch strenge Aufbau mit den kerzengeraden Stämmen und den in Etagen erscheinenden Seitenästen macht die Zimmertanne (*Araucaria heterophylla*, syn. *A. excelsa*) zu einer der schönsten Zimmerpflanzen. Man möchte fast sagen, sie ist zu schön für unsere Wohnräume, die ihren Ansprüchen so wenig entsprechen und sie bald kümmern und ihre majestätische Erscheinung verlieren lassen.
Die Araucarien sind Vertreter einer Pflanzenfamilie (Araucariaceae), die vor rund 200 Millionen Jahren weit verbreitet waren und auch in Europa vorkamen. Heute sind sie auf die südliche Halbkugel beschränkt. Nur zwei Gattungen zählen zu dieser Familie, eben *Araucaria* sowie *Agathis*. Araucarien bilden in den Hochwäldern der Anden ganze Wälder. Die Zimmertanne ist jedoch auf den Norfolk-Inseln beheima-

Zimmertanne, Araucaria heterophylla

Substrat: Einheitserde mit $1/3$ grobem Sand oder Mischung aus Lauberde mit jeweils $1/3$ Sand und $1/3$ krümeligem Lehm; pH um 5.
Feuchtigkeit: Stets mäßig feucht halten; im Winter bei kühlem Stand sparsam gießen; die Erde nie völlig austrocknen lassen.
Düngen: Von Frühjahr bis Herbst alle 1 bis 2 Wochen, im Winter alle 6 bis 8 Wochen mit Blumendünger gießen.
Umpflanzen: In der Regel alle 3 bis 4 Jahre im Frühjahr oder Sommer.
Vermehren: Samen wird nur selten angeboten. Er muß sofort ausgesät werden, denn er verliert bald seine Keimfähigkeit. Der Samen keimt bei etwa 18 bis 20°C Bodentemperatur. Für Stecklinge kommen nur die Triebspitzen in Frage, denn Seitentriebe wachsen weiterhin in dieser Form, ohne eine Spitze zu bilden. Ein Kopfsteckling sollte einen Kranz Seitentriebe haben und kurz unter dem zweiten geschnitten werden, dessen Äste dann entfernt werden. Trotz Einsatz eines Bewurzelungshormons und Bodentemperaturen über 25°C dauert es viele Wochen, bis die Zimmertannen in einem Torf-Sand-Gemisch bewurzeln.

Ardisia crenata

tet, von wo sie Ende des 18. Jahrhunderts nach Europa kam.
Vor 100 Jahren hatte man sie bereits als Kübelpflanze schätzen gelernt. Sie war eine Spezialität belgischer, aber auch deutscher Gärtner. In einzelnen Dresdner Betrieben wurden noch vor dem Zweiten Weltkrieg 20000 Stück jährlich herangezogen. In hellen, nahezu ungeheizten Räumen fühlten sich die Pflanzen wohl. In Wintergärten und Kalthäusern waren sie die besonderen Prachtstücke.
In der geheizten Wohnstube, in die das Licht nur von einer Seite eindringt, ist das symmetrische Wachstum unmöglich. Häufiges Drehen ist auch keine Lösung. Ein Eckzimmer mit Licht von zwei Seiten ist schon besser. Es reicht vollkommen, wenn es im Winter gerade frostfrei ist. Wer einen solchen Raum besitzt, sollte es sich nicht entgehen lassen, diese reizvolle Topfpflanze zu kultivieren.
Licht: Sehr hell, aber vor direkter Sonne besonders während der Mittagsstunden geschützt. Licht möglichst nicht nur von einer Seite.
Temperatur: Luftiger Stand, von Mai bis September am besten im Garten an geschützter Stelle mit leicht diffusem Licht. Im Winter kühl, gerade frostfrei genügt, aber möglichst nicht über 10°C.

Ardisia

Die Ardisie ist eine ebenso interessante wie attraktive Pflanze. Wer sich trotz des hohen Preises für sie entscheidet, hat lange Freude an den kräftig rot gefärbten Beeren, die den besonderen Zierwert der Pflanze ausmachen. Sie können über 1 Jahr lang schmücken, bevor sie zu runzeln beginnen und abfallen. Von den rund 250 Arten der Gattung befindet sich bei uns nur *Ardisia crenata* in Kultur. Gelegentlich wird sie auch als *A. crispa* angeboten, doch dies ist eine andere Art.
Besonders auffällig an *A. crenata* sind die ledrigen, dunkelgrünen Blätter mit dem gewellten Rand und einzelnen Knötchen. Diese beherbergen ein Bakterium. Seine Bedeutung ist nicht endgültig geklärt. Es wird über die Samen auf die Nachkommen weitergegeben. Die zu den Myrsinengewächsen (Myrsinaceae) gehörende Ardisie ist von Japan bis Indien heimisch.
Licht: Hell, aber vor direkter Sonne besonders während der Mittagsstunden schützen. Ideal ist ein Fenster, das nur die Morgensonne erreicht.
Temperatur: Übliche Zimmertemperatur, im Winter kühler (16 bis 18°C). Die Bodentemperatur darf nicht zu sehr absinken!
Substrat: Gedeiht gut in Einheitserde (Fruhstorfer Erde) mit ihrem Lehmanteil; pH um 6.
Feuchtigkeit: Stets mäßig feucht halten. Hohe Luftfeuchte über 60% ist günstig.
Düngen: Während des kräftigen Wachstums im Frühjahr und Sommer wöchentlich mit Blumendünger gießen; sonst in größeren Abständen.
Umpflanzen: Jährlich im Frühjahr.
Vermehren: Aus den Beeren lassen sich junge Pflänzchen heranziehen. Zunächst das Fruchtfleisch entfernen, und sauber gewaschene Samenkörner im Frühjahr aussäen. Sie keimen bei mindestens 20°C Bodentemperatur. Es dauert aber mindestens drei Jahre, bis aus dem Sämling eine ansehnliche Pflanze geworden ist. Kopfstecklinge brauchen nicht so lange, doch bewurzeln sie nicht leicht (Bodentemperatur nicht unter 25°C).
Pflanzenschutz: Auf Schild- und Wolläuse achten! Sichtbare Tiere von befallenen Pflanzen entfernen und dann mehrmals mit Insektenspray behandeln. In Gärtnereien, die viele Ardisien heranziehen, können sich Pilze so stark ausbreiten, daß der Anbau dieser Pflanzen unmöglich wird.
Besonderheiten: Ardisien kommen zwar im Zimmer immer wieder zur Blüte, doch ist der Beerenansatz nur bescheiden. Dies soll seine Ursache in der im Zimmer üblichen niedrigen Luftfeuchte haben. Wer nicht für hohe Luftfeuchte sorgen kann, kaufe

sich Pflanzen, die bereits Früchte angesetzt haben, und werfe sie am besten weg, wenn sie unschön werden.

Argyroderma, Silberhaut

Dem erfahrenen Sukkulentenfreund bietet die Gattung *Argyroderma* aus der Familie der Mittagsblumengewächse (Aizoaceae) einige interessante, bei richtiger Pflege willig weiß, gelb oder violett blühende Arten. Die Pflanzen haben ein bemerkenswertes Aussehen: Der Körper ähnelt einem Ei, das senkrecht gespalten und zu einem mehr oder weniger breiten Spalt auseinander geklappt wurde. Nur am unteren Ende sind die beiden Hälften zusammengewachsen. Aus dem Spalt erscheint die kurzstielige Blüte. Nach der Ruhezeit schieben sich hieraus die beiden jungen silbrigen Blätter, während die alten einziehen. Bislang waren rund 50 im Süden Afrikas beheimatete Arten beschrieben, die inzwischen zu 10 Arten zusammengefaßt wurden.

Licht: Hell bis sonnig, nur vor Prallsonne während der Mittagsstunden leicht geschützt.
Temperatur: Luftiger Stand mit Zimmertemperatur oder wärmer. Im Winter um 10°C.
Substrat: Mischung mit hohem mineralischen Anteil, etwa 3 Teile Quarzsand und 2 Teile eines Torfsubstrats wie Einheitserde oder TKS; pH um 6.
Feuchtigkeit: Das Gießen verlangt sehr viel Fingerspitzengefühl. Im Winter trocken halten. Erst im Mai mit sparsamen Wassergaben beginnen. Auch später nur soviel gießen, daß die Pflanzen nicht schrumpfen. Zu reichliche Wassergaben führen zum Platzen der Körper. Ab Oktober Gießen reduzieren.
Düngen: Nur während des Sommers sporadisch mit Kakteendünger gießen.
Umpflanzen: Nur alle 2 bis 3 Jahre noch vor Ende der Ruhezeit im Frühjahr.
Vermehren: Von Mai bis Juli ausgesät, keimen die Samen rasch bei etwa 20°C Bodentemperatur. Der Samen wird nur ganz dünn mit feinem Quarzsand abgedeckt.

Ariocarpus

Die Kakteen der Gattung *Ariocarpus* erinnern mehr an Vertreter anderer Familien. Sie besitzen nicht den typischen kugeligen oder säulenförmigen Körper. Aus dem Namen einer Art, *A. agavoides*, wird bereits deutlich, daß sie den Agaven gleicht. Die Rippen sind in einzelne Warzen aufgelöst, die langgezogen, bei *A. kotschoubeyanus* und *A. retusus* dreieckig, blattähnlich sind. Heute unterscheidet man fünf Arten, die alle von Mexiko bis Texas verbreitet sind. Sie besiedeln Schutthalden, auch kalkhaltigen Gesteins, und kommen bis in Höhen von 2000 m vor.

Nahezu alle bisher angebotenen Pflanzen stammten vom Naturstandort. Rücksichtslos plünderte man dort die Bestände, die nun auf ein Minimum zusammengeschmolzen sind. In Kultur erwiesen sich *Ariocarpus* als sehr empfindlich und blieben meist nicht lange am Leben. Der Pflanzenfreund sollte die Ausrottung dieser interessanten Pflanzen nicht unterstützen und nur dann Exemplare kaufen, wenn sie nachweislich aus Samen herangezogen wurden. Da die Anzucht aus Samen nicht leicht ist, werden nur selten Sämlinge angeboten. Bei uns samenvermehrte Pflanzen haben den Vorteil, besser an die hiesigen Bedingungen angepaßt zu sein. Trotz allem sind die Pflanzen nur dem erfahrenen Kakteenfreund zu empfehlen.

Licht: Vollsonniger Standort.
Temperatur: Von Frühjahr bis Herbst warm (über 20°C) mit nächtlicher Abkühlung um 2 bis 4°C. Im Winter um 10°C.
Substrat: Am besten haben sich Mischungen aus grobem Sand, Perlite, krümeligem Lehm und Lavagrus oder Styromull bewährt; pH 6 bis 7. Die rübenähnlichen Wurzeln faulen leicht in torfhaltigen Mischungen. Keinen reinen Lavagrus verwenden, denn beim Anschwellen der Rübenwurzel im Frühjahr entstehen durch die scharfen Kanten des Steins Verletzungen, die zur Fäulnis führen.
Feuchtigkeit: Nur mäßig gießen; immer erst das Substrat abtrocknen lassen. Im Winter völlig trocken halten.
Düngen: Nur deutlich wachsende Pflanzen alle 4 bis 6 Wochen mit Kakteendünger in halber Konzentration gießen.
Umpflanzen: Nur in größeren Abständen, etwa alle 2 bis 3 Jahre, erforderlich.
Vermehren: Nur durch Aussaat möglich (etwa 22°C).

Argyroderma octophylla

Ariocarpus kotschoubeyanus

× **Ascocenda**
(Meda Arnold)

× Ascocenda

Viele Orchideen haben für den Zimmergärtner den Nachteil, daß sie zu groß werden. Dies trifft auch auf die attraktiv blühenden *Vanda* zu. Diesen Nachteil konnte man durch Kreuzung der *Vanda*-Arten mit Orchideen aus der Gattung *Ascocentrum* überwinden. Die Ergebnisse, die × *Ascocenda*-Sorten, vereinen die Blühwilligkeit der *Ascocentrum* – zum Teil – mit der Blütengröße der *Vanda*. Die Haltbarkeit der Blüten ist sehr gut. Es gibt vorwiegend Sorten mit roten bis violetten Blüten, zum Teil auch getupft auf weißem Grund.

Für die Zimmerkultur sind × *Ascocenda* gut geeignet. Sie sind weitgehend wie *Vanda* zu behandeln, vertragen aber mehr Licht, ohne direkter Sonne ausgesetzt zu werden. Wurzeln sie im Topf, so empfiehlt sich ein sehr lockeres Substrat wie zum Beispiel Rindenstücke.

Asparagus, Zierspargel

Die Gattung *Asparagus* aus der Familie der Liliengewächse bietet mit ihren schätzungsweise 200 Arten nicht nur mit *Asparagus officinalis*, dem Spargel, ein köstliches Gemüse, sondern auch einige kulturwürdige Zierpflanzen. Am bekanntesten ist *Asparagus densiflorus* 'Sprengeri' (syn. *A. sprengeri*), eine robuste Pflanze mit zu Dornen verwandelten, an langen, leicht verholzenden Stielen stehenden Blättern und blattähn-

Asparagus crispus

Asparagus falcatus

Asparagus setaceus

lichen Seitensprossen (Phyllocladien oder Kladodien), die übrigens alle *Asparagus*-Arten besitzen. Bei der Sorte 'Meyeri' (syn. *A. meyeri*, *A. myersii*) stehen die Seitentriebe und Phyllocladien so dicht beieinander, daß wahre Fuchsschwänze bis nahezu Meterlänge entstehen.

Während *A. densiflorus* mit relativ niedrigen Temperaturen vorlieb nimmt, will *A. setaceus* (syn. *A. plumosus*) mehr Wärme und auch höhere Luftfeuchte. Bei ihm sind die Phyllocladien noch feiner, nadelartiger ausgebildet. „Plumosus" wird gerne als Grün zu verschiedenen Schnittblumen verwendet, hat aber in den letzten Jahren etwas an Bedeutung verloren.

Dieses Schicksal hat schon vor längerer Zeit *Asparagus asparagoides* erlitten. Noch unter dem veralteten Namen *Medeola asparagoides* war er eine geschätzte Schnittgrünpflanze zum Beispiel für Tafeldekorationen. Die einzelnen Ranken wurden in Längen bis zu 4 m geschnitten. In jüngster Zeit wird *A. asparagoides* gelegentlich als Topfpflanze angeboten. Die langen Ranken benötigen ein Klettergerüst, oder man zieht sie entlang der Wand, jedoch immer im sonnig-hellen Bereich. Die Phyllocladien sind deutlich breiter, flächiger, blattähnlicher ausgebildet.

Alle genannten Asparagus verlangen mit ihren herabhängenden oder kletternden Trieben mehr Platz als nur eine schmale Fensterbank. Weit stärker trifft dies auf Arten zu wie das strauchige *A. acutifolius* aus dem mediterranen Raum, das viele Meter lange kletternde Sprosse bildende *A. falcatus* aus Afrika und Ceylon oder *A. crispus*, ebenfalls aus Afrika, das eine reizvolle Hängepflanze abgibt.

Licht: Hell, *A. densiflorus* auch sonnig. Die anderen genannten Arten sollten vor intensiver direkter Einstrahlung geschützt werden.

Temperatur: Zimmertemperatur oder wärmer. Im Winter um 15°C, *A. densiflorus*, *A. crispus* und *A. falcatus* auch 10°C und weniger. *A. acutifolius* hält Temperaturen unter 0°C aus.

Substrat: Übliche Torfsubstrate, denen man bis $1/4$ krümeligen Lehm beimischen kann; pH um 6.

Feuchtigkeit: Stets mäßig feucht halten.

Düngen: Von Frühjahr bis Herbst wöchent-

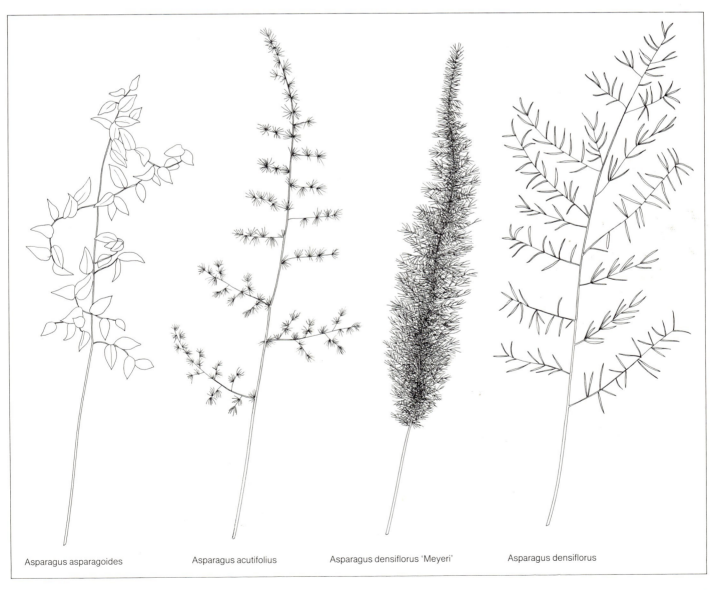

Asparagus asparagoides   Asparagus acutifolius   Asparagus densiflorus 'Meyeri'   Asparagus densiflorus

lich mit Blumendünger gießen. Im Winter genügen Gaben alle 2 bis 4 Wochen.
Umpflanzen: In der Regel jährlich von Frühjahr bis Herbst möglich.
Vermehren: Große Pflanzen werden beim Umtopfen geteilt. Den knollenähnlich verdickten Wurzeln, die besonders bei *A. densiflorus* feste Ballen bilden, rückt man am besten mit einem Messer zu Leibe. Auch in Kultur setzt der Zierspargel gelegentlich Samen an. Die roten Beeren nimmt man im Februar ab, entfernt das Fruchtfleisch und sät in ein übliches Torfsubstrat. Die Aussaatschale wird nun mit einer lichtundurchlässigen Folie oder ähnlichem abgedeckt, die jedoch nicht direkt der Erde aufliegen darf. Auf jeden Fall darf kein Licht an die Samen gelangen, da diese sogenannte Dunkelkeimer sind. Erst wenn $1/5$ oder $1/4$ der Samen gekeimt ist, läßt man Licht eindringen. Die Bodentemperatur sollte zur guten Keimung nicht unter 18°C liegen, besser bei 22°C.
Pflanzenschutz: Zierspargel wird häufig von Blattläusen oder Spinnmilben befallen. Besonders *A. densiflorus* und *A. asparagoides* sind gegen Spinnmilben anfällig. Die Bekämpfung erfolgt wie auf Seite 136 beschrieben. Aber Vorsicht, gegen viele Pflanzenschutzmittel ist Zierspargel empfindlich! Geeignet ist zum Beispiel Kelthane.

Aspidistra, Metzger-, Schusterpalme, Schildblume

Da sie im Schaufenster der Läden lange am Leben bleibt und deshalb so gern für diesen Zweck verwendet wird, erhielt dieses Liliengewächs seinen deutschen Namen Metzger- oder Schusterpalme. Es gibt in der Tat kaum andere Zimmerpflanzen mit Ausnahme der Sansevierie, die so dauerhaft sind. Die Anspruchslosigkeit von *Aspidistra elatior* ist sprichwörtlich. Mit Ausnahme dieser japanischen Staude sind die übrigen sieben Arten der Gattung nicht in Kultur.

A. elatior besitzt einen unterirdischen, kriechenden Sproß (Rhizom), aus dem sich die Blätter emporschieben. Das Blatt kann einschließlich Stiel rund 70 cm Länge und 10 cm Breite erreichen. Es ist dunkelgrün gefärbt, bei der etwas temperaturbedürftigeren Sorte 'Variegata' gelb gestreift. Die unscheinbaren, schmutzig violetten Blüten schieben sich nur wenig über die Erdoberfläche.

In der Wohnung nimmt *A. elatior* mit nahezu allen Plätzen vorlieb, ganz gleich ob sie warm oder kühl, hell oder beschattet sind. Während der winterlichen Ruhe ist jedoch ein kühler Stand zu empfehlen.

Licht: Hell bis schattig. Keine direkte Sonne!
Temperatur: Gedeiht in einem weiten Temperaturbereich. Im Winter um 10°C, nicht unter 2°C.
Substrat: Einheitserde oder TKS mit $1/4$ krümeligem Lehm; pH um 6.
Feuchtigkeit: Stets feucht halten, im Winter während der Ruhe nur sparsam gießen, ohne die Erde völlig austrocknen zu lassen.
Düngen: Vom Frühjahr bis Herbst wöchentlich mit Blumendünger gießen.
Umpflanzen: Alle 1 bis 2 Jahre mit Beginn des Wachstums im Frühjahr.
Vermehren: Beim Umtopfen teilen. Dazu die alte Erde ausschütteln und den unterirdischen Sproß so in Stücke schneiden, daß jedes Teil mindestens zwei bis drei Blätter hat.

Asplenium, Nestfarn

Aus dem tropischen Asien und Polynesien stammt der auf Bäumen, also epiphytisch wachsende Farn *Asplenium nidus*, der riesige Dimensionen erreichen kann. Die lanzettlichen Blätter werden über 1 m lang und bilden ähnlich den Ananasgewächsen einen Trichter, in dem der Baumbewohner ab-

Aspidistra elatior

Asplenium nidus

Astrophytum myriostigma

Astrophytum-asterias-Hybride

gestorbene Pflanzenteile und Wasser sammelt. Den als Topfpflanzen gehaltenen Exemplaren sieht man nicht an, daß sie später so mächtig werden. Die Haltbarkeit im Zimmer ist im Vergleich zu anderen Farnen recht gut, weshalb der Beliebtheitsgrad kräftig ansteigt.
Licht: Heller bis halbschattiger Platz; keine direkte Sonne.
Temperatur: Übliche Zimmertemperatur von 20 bis 25 °C. Im Winter möglichst nicht unter 18 °C, minimal 16 °C. Auch die Bodentemperatur sollte nicht unter 18 °C absinken.
Substrat: Einheitserde oder Torf, auch gemischt mit Lauberde oder Sphagnum; pH um 5.
Feuchtigkeit: Immer für milde Feuchtigkeit sorgen. Eine zumindest mittlere Luftfeuchte von 60 % ist empfehlenswert, doch wird auch trockenere Luft erstaunlich gut vertragen.
Düngen: Von April bis September alle 2 bis 3 Wochen mit Blumendünger gießen; sonst in größeren Abständen.
Umpflanzen: Alle 1 bis 2 Jahre während des Sommerhalbjahres.
Vermehren: Durch Sporen leicht möglich (s. Seite 91), die gut bei 22 °C keimen.
Pflanzenschutz: Blattrandschäden kommen gelegentlich durch ungünstige Bedingungen wie sehr trockene Luft oder aber durch Pflanzenschutzmittel vor. Braune Verfärbungen können auch durch Blattälchen oder Nematoden hervorgerufen werden. Befallene Pflanzen wegwerfen, da eine Bekämpfung sehr schwierig ist. Vorsicht, *Asplenium* reagieren empfindlich auf Blattglanzmittel!

Astrophytum, Bischofsmütze

Viele Kakteen werden vorwiegend wegen ihrer attraktiven Bedornung gepflegt. Mit der Bischofsmütze *(Astrophytum myriostigma)* hat sich auch ein „stachelloser" Kaktus durchgesetzt. Er ist aus den Sammlungen nicht mehr wegzudenken. Als Ersatz für die Dornen hat er eine dichte, weiße Beflockung, die ihn unempfindlich gegen die Sonne macht. Die zunächst runden, im Alter leicht säulenförmigen Körper sind streng geometrisch aufgebaut und meist vier- oder fünfrippig. Ein weiterer Schmuck sind die gelben, mehrere Tage haltenden Blüten.
Auch *Astrophytum asterias*, der Seeigelkaktus, ist unbedornt und hat ebenfalls weiße, jedoch nur verstreute Flöckchen. Die in Zentralmexiko verbreitete Gattung, die sieben gelbblühende, davon einige mit rotem Schlund versehene Arten umfaßt, hat allerdings auch dornige Vertreter zu bieten, so *A. ornatum* und das mit wild durcheinander gehenden elastischen Dornen bedeckte *A. capricorne*. Alle Arten sind kulturwürdig und passen überall hin, wo es hell und im Winter nur mäßig warm ist. Die Arten variieren stark zum Beispiel in der Beflockung. Außerdem gibt es viele Hybriden.
Licht: Volle Sonne.
Temperatur: Warmer, luftiger Stand. Im Winter 10 bis 15 °C. Möglicherweise sind auch höhere Temperaturen nicht nachteilig.

Astrophytum ornatum

Substrat: Kakteenerde mit hohem Anteil mineralischer Bestandteile wie Lava- oder Urgesteinsgrus; pH um 6.
Feuchtigkeit: Während des Hauptwachstums im Frühjahr und Herbst mäßig feucht halten. Im Sommer wachsen die Pflanzen meist langsamer. Dann entsprechend sparsamer gießen. Im Winter völlig trocken halten.
Düngen: Bei deutlichem Wachstum alle 2 bis 3 Wochen mit Kakteendünger gießen.
Umpflanzen: Nur Jungpflanzen alle 2 Jahre im Winter. Ältere Exemplare sollte man möglichst wenig stören, da sie empfindlich reagieren. Keine zu kleinen Töpfe verwenden.
Vermehren: Im Frühjahr die relativ großen Samen aussäen und nicht mit Erde bedecken. Er keimt leicht bei etwa 20 bis 25°C Bodentemperatur.

Austrocylindropuntia

Es gibt nahezu kein Kakteensortiment im Blumenhandel, in dem nicht ein säulenförmiger Kaktus vorkommt, der runde, fleischige, zugespitzte, an größeren Pflanzen bis zu 10 cm lange Blätter besitzt. Von unten her werden die Blätter abgeworfen. Bei diesem ungewöhnlichen, beblätterten Kaktus handelt es sich um *Austrocylindropuntia subulata*, einem in Südamerika weit verbreiteten, dort bis zu 4 m hoch werdenden Strauch. Was zum Kauf angeboten wird, sind die gerade bewurzelten Spitzen der sich im Alter reich verzweigenden runden, nicht gerippten Sprosse. Sie wachsen zunächst in die Länge und sehen nicht besonders attraktiv aus. Dies beginnt erst bei größeren Exemplaren, die sich verzweigen. Kulturwürdiger ist die monströse Form, die jedoch immer wieder in die ursprüngliche zurückschlägt.

Mit der nach heutiger Auffassung rund zwanzig Arten umfassenden Gattung *Austrocylindropuntia* tun sich die Botaniker etwas schwer. Sie wird nun meist zu *Opuntia* gerechnet, gehörte früher *Cylindropuntia* und selbst *Peireskia* an. Neben *A. subulata* werden gelegentlich weitere, noch schönere Arten wie die dicht weiß behaarten *A. vestita* angeboten. Interessant ist die als „Negerfinger" bekannte *A. clavarioides* mit kleinen bräunlichen, an der Spitze oft geweih- oder handartig geteilten Trieben.

Die robuste und leicht wachsende *A. subulata* ist eine geschätzte Pfropfunterlage für schwächer wachsende Arten dieser Gattung, aber auch für *Opuntia* einschließlich der Untergruppe *Tephrocactus*. Die orangefarbenen Blüten sind erst bei älteren Exemplaren zu erwarten.
Licht: Vollsonniger Stand, auch im Winter.
Temperatur: Mäßig warmer, luftiger Stand. Nur bei intensiver Sonne darf das Thermometer über 25°C ansteigen. Im Winter 5 bis 10°C, keinesfalls über 15°C.
Substrat: Übliche Kakteenerde, pH um 6.
Feuchtigkeit: Das Hauptwachstum liegt meist im Frühjahr und Herbst. Dann stets mäßig feucht halten. Ansonsten erst gießen, wenn die Erde abgetrocknet ist. Bei kühlem Stand im Winter völlig trocken halten.
Düngen: Während des Wachstums alle 2 bis 3 Wochen mit Kakteendünger gießen.
Umpflanzen: Alle 1 bis 2 Jahre, ältere Pflanzen auch in größeren Abständen, von Frühjahr bis Herbst.
Vermehren: Im späten Frühjahr geschnittene Sproßstecklinge bewurzeln sich bei Bodentemperaturen um 20°C leicht. Vor dem Stecken Schnittfläche abtrocknen lassen.

Austrocylindropuntia subulata 'Crispa'

Beaucarnea recurvata

Begonia listida

Begonia-Rex-Hybride

Beaucarnea, Elefantenfuß

Eine etwas ungewöhnlich aussehende Pflanze ist seit kurzer Zeit wieder als Topfpflanze modern geworden: *Beaucarnea recurvata* (syn. *Nolina recurvata*). Der im englischen Sprachraum gebräuchliche Name „Elephant-foot-tree" kennzeichnet besser die Gestalt. Der bis zu 8 m hohe Stamm dieses Agavengewächses (Agavaceae) ist an der Basis zu einem breitkugeligen Gebilde angeschwollen und kann einen Durchmesser von nahezu 1 m erreichen. Der Stamm verzweigt sich oben nur mäßig und trägt einen Schopf linealischer Blätter bis nahezu 2 m Länge. Der borkige Stamm mit seiner verdickten Basis erinnert tatsächlich an einen Elefantenfuß. Die gewaltigen Ausmaße dieses Baums erreichen die in Kultur befindlichen Exemplare nicht, zumal sie nicht allzu schnell wachsen. Schon vor 100 Jahren schätzte man *B. recurvata* als eindrucksvolle Pflanze für Wintergärten. Die neuerliche Berühmtheit hat zweifelhaften Hintergrund. Zumindest die hier angebotenen älteren Exemplare werden am heimatlichen Standort „geräubert". Da sie so robust sind, lassen sie sich wie Baumstämme verfrachten, ohne Schaden zu nehmen. Junge Pflanzen mögen dem – fremdländischen – gärtnerischen Anbau entstammen. Sie werden vorwiegend in Hydrokultur gezogen. Dies ist weder notwendig noch empfehlenswert, unter anderem deswegen, weil der Elefantenfuß den Sommer am besten im luftigen Garten verbringt. Und im Freien macht die Hydrokultur noch Schwierigkeiten.
Im allgemeinen wird man *Beaucarnea recurvata* – eine von insgesamt sechs Arten dieser Gattung – wie *Yucca* behandeln. Allerdings sollte im Winter die Temperatur um 10°C, nicht unter 8°C liegen.

Begonia, Schiefblatt

Der Hobbygärtner, der vor der Vielfalt der Begonien resigniert, mag sich damit trösten, daß auch der Fachmann nicht oder nur mühsam den Überblick zumindest über die gärtnerisch wichtigen Begonien gewinnt. Die über 1000 Arten und 10000 Hybriden dieser Gattung unterscheiden zu lernen,

Begonia-Corallina-Hybride 'Luzerna'

Begonia hispida var. cucculifera

Begonia-Hybride 'Cleopatra'

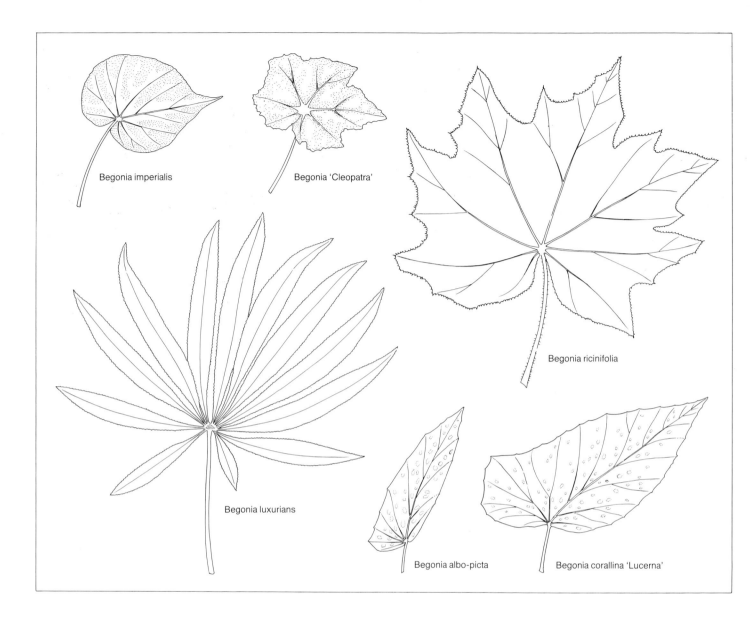

ist ein Kunststück. Die natürliche Verbreitung umfaßt die subtropischen und tropischen Gebiete mit Ausnahme Australiens. Im Jahr 1690 wurden die ersten Begonien entdeckt, 1777 sollen die ersten in Gewächshäusern gestanden haben, während man 1850 in Europa bereits 80 verschiedene kultivierte.

Heute umfassen die größten Sammlungen über 200 Arten. Die ersten Kulturhybriden entstanden um 1850. Beschränkt man die Vielfalt auf jene Arten und Sorten, die im Handel sind und sich im Zimmer bewährt haben, so wird die Gattung gleich überschaubarer. Es gibt einige Versuche der Gärtner, Begonien nach bestimmten Merkmalen zu unterteilen, so zum Beispiel danach, ob sie faserige Wurzeln, ein Rhizom (ein über den Boden kriechender Sproß) oder eine Knolle bilden. Auch die Gruppe der Strauchbegonien eines anderen Systems läßt sich zumindest vom Laien nur schwer von den anderen abgrenzen. Hier soll nur unterschieden werden zwischen Begonien, die vorwiegend der zierenden Blätter wegen gepflegt werden – kurz Blattbegonien genannt – und jenen, bei denen zuerst die hübschen Blüten auffallen – den Blütenbegonien. Auch bei dieser Zweiteilung gibt es noch Überschneidungen.

Blattbegonien
Die klassischen Blattbegonien sind zweifellos die Königsbegonien (*Begonia*-Rex-Hybriden), die es in vielen Sorten gibt. Aber es sind nicht die Begonien, die im Zimmer am leichtesten gedeihen. Besonders im Winter zeigen sie, daß ihnen die trockene Luft nicht behagt. Eine weitere Schwierigkeit ist die Anfälligkeit vieler Sorten gegen den Mehltaupilz. Aus diesem Grund haben die Königsbegonien auch etwas an Boden verloren im Vergleich zu der aus *Begonia boweri* hervorgegangenen 'Cleopatra' sowie der Gruppe der „Mexicross"-Begonien, die ebenfalls *B. boweri* sowie weitere Arten wie *B. heracleifolia*, *B. mazae* und *B. smaragdina* als Vorfahren haben. Die noch recht neuen Sorten sind alle sehr hübsche buntblättrige Zimmerpflanzen, die warm stehen wollen.

Eine sehr vielversprechende Begonie wurde vor wenigen Jahren unter dem Namen *B. listida* bekannt. Ob der Name dieser aus Mexiko stammenden Pflanze stimmt, ist letztlich unbedeutend. Wichtiger ist, daß es ein auffallend schönes Schiefblatt ist mit

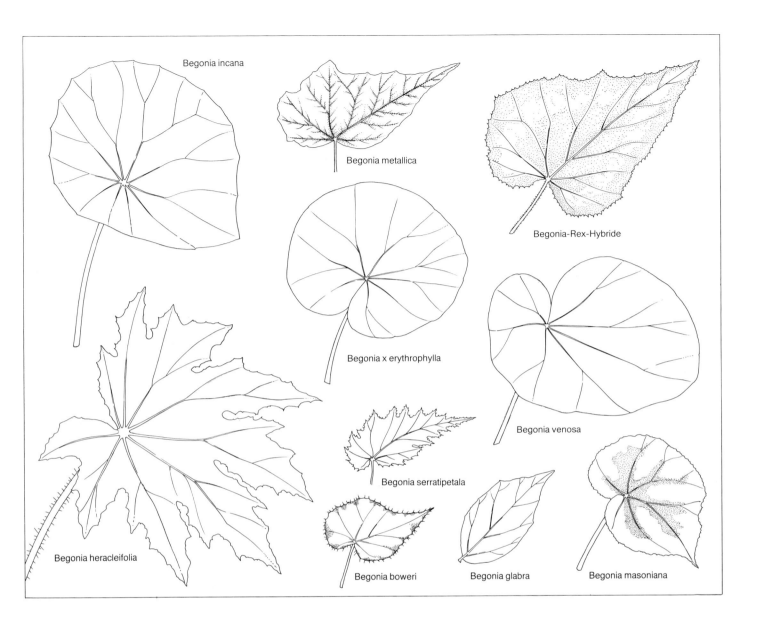

nicht allzu großen, tief dunkelgrünen, leicht behaarten Blättern, die ein gelbgrüner Mittelstreifen ziert. Bemerkenswert ist nicht nur, daß die Blattform selbst an einer Pflanze stark differiert, sondern mehr noch die gute Haltbarkeit im Zimmer. „Beafsteak begonia" nennen die Amerikaner *B.* × *erythrophylla* (syn. *B. feastii*), die zu den härtesten Blattbegonien für das Zimmer zählt. Sie hat bis 12 cm große, oberseits glänzend dunkelgrüne, unterseits tief dunkelrote Blätter, die einem über den Boden kriechenden Sproß entspringen. Sie wird recht groß, weshalb sie die Gärtner nicht mehr allzu oft anbieten.
Etwas größere Ansprüche an Temperatur und Luftfeuchte als die „Beafsteak begonia" stellen *B. masoniana* und die Sorten von *B. imperialis*. *B. masoniana* kam erst 1959 aus China in die gärtnerische Kultur und war zunächst unter dem Namen 'Iron Cross' bekannt. Das von vielen kleinen Erhebungen, die jeweils in einem Haar münden, runzelige Blatt besitzt eine dunkle Zeichnung, die einem Eisernen Kreuz ähnlich sieht. Runzelig ist auch das Blatt von *B. imperialis*. 'Gruß an Erfurt' heißt eine bekannte Sorte mit wunderschöner cremefarbener Blattzeichnung. Sie ist eine leider seltene Kostbarkeit, die sich für ein geschlossenes Blumenfenster, eine Vitrine oder ein Gewächshaus empfiehlt.
Nicht minder anspruchsvoll ist *B. luxurians* mit fächerförmig geteiltem Laub. Sie ist wie auch *B. hispida* var. *cucculifera* ein ungewöhnliches Schiefblatt. Letztere bildet auf der Oberseite ihrer breit eiförmigen, behaarten Blätter tütenförmige Adventivblättchen. Für Wohnräume eignen sich besser Schiefblätter wie *B. serratipetala* (dunkelgrünes, rotgepunktetes Blatt; schöne Ampelpflanze), *B. heracleifolia* (kreisrunde, tief sieben- bis neunlappige, dunkelgrüne Blätter mit helleren Zonen entlang der Nerven) und *B.* × *ricinifolia* (großes, ricinusähnliches Laub). Der erfahrene Zimmerpflanzengärtner kann sie mehrere Jahre erfolgreich pflegen. Neben *B. serratipetala* bieten sich als Ampelpflanzen *B. glabra* (syn. *B. scandens*), *B.* 'Richmondensis' und die unter Blütenbegonien noch zu erwähnende *B. limmingheiana* an.
Alle bisher besprochenen Arten und Sorten sind als mehr oder weniger wärmeliebend zu bezeichnen. Einige Blattbegonien schätzen dagegen kühlere Räume. *B. metallica* sowie die sehr ähnlichen *B.* × *credneri* und

B. scharffiana mit ihren schief herzförmigen, oberseits grünen, unterseits roten, behaarten Blättern sind stattliche und sehr haltbare Grünpflanzen. Die noch kleinblütigen Vorfahren der Knollenbegonien – *B. boliviensis, B. cinnabarina, B. davisii, B. dregei, B. pearcei* und *B. veitchii* – sind allesamt brauchbare Pflanzen für kühle Räume, leider nur selten zu finden. Besonders *B. boliviensis* mit den eiförmig-lanzettlichen Blättern und dem gesägten Blattrand ist attraktiv und wert, gepflegt zu werden. Sie bilden alle Knollen aus und werden wie Knollenbegonien als Knolle trocken überwintert.

Licht: Für alle Blattbegonien ist ein heller, aber vor direkter Sonne geschützter Platz richtig. Direkte Sonne führt bald zu Blattschäden. An zu schattigen Plätzen werden sie zu lang und sehen nicht mehr schön aus. Der Pflanzenaufbau ist am schönsten, wenn sie nicht nur von einer Seite Licht erhalten.

Temperatur: Die meisten Blattbegonien lassen sich bei Zimmertemperaturen zwischen 18 und 22°C kultivieren. Im Sommer kann es auch wärmer sein. Eine Regel ist, daß Jungpflanzen im Winter etwas höhere Temperaturen schätzen, somit nicht unter 20°C stehen sollten. Die für kühle Räume genannten Blattbegonien sowie *B. × weltonensis* stehen im Winter bei 12 bis 15°C. Die Knollen der trocken zu überwinternden Arten lagern in Torf bei 5 bis 10°C und werden im Frühjahr bei etwa 15°C wieder angetrieben.

Substrat: Torfreiche Substrate, vorzugsweise Einheitserde oder TKS; pH um 6.

Feuchtigkeit: Die Begonien wollen mit Fingerspitzengefühl gegossen werden. Nässe führt rasch zum Faulen der Wurzeln und meist zum Verlust der Pflanzen. Austrocknen wird von den meisten Begonien ebenfalls übel genommen. Blatt- und Blütenfall sind die Folge. Arten mit Trockenruhe ab September weniger gießen.

Düngen: Alle 1 bis 2 Wochen mit üblichen Blumendüngern gießen, im Winter in größeren Abständen. Arten mit Ruhezeit ab Anfang September nicht mehr düngen.

Umpflanzen: Alle 1 bis 2 Jahre im Frühjahr oder Sommer.

Vermehren: Begonien verfügen über ein starkes Regenerationsvermögen. Aus Stücken des kriechenden Sprosses (Rhizoms), Kopfstecklingen, Blättern oder gar Blattstücken entstehen wieder vollständige Pflanzen. Auf diese Weise lassen sich auch zu groß gewordene Pflanzen verjüngen. Am besten TKS I und desinfizierte Töpfe oder Schalen verwenden. Für etwa 25°C Bodentemperatur und feuchte Luft sorgen.

Pflanzenschutz: Manche Blattbegonien, besonders Sorten der Königsbegonien (*B.*-Rex-Hybriden), sind gegen Echten Mehltau empfindlich. Durch luftigen Stand wird die Gefahr des Pilzbefalls verringert. Tritt Mehltau dennoch auf, so läßt er sich nur im Anfangsstadium bekämpfen. Das Spritzen mit Präparaten wie Saprol oder Bio-Blatt muß erfolgen, wenn die ersten mehlartig weißen Beläge sichtbar werden. Am häufigsten kommt es bei Blattbegonien zur Wurzelfäulnis durch übermäßiges Gießen. Niedrige Bodentemperaturen begünstigen die Schäden.

Blütenbegonien

Unter den Blütenbegonien dominieren heute eindeutig die Elatiorbegonien, auch *Begonia × hiemalis* genannt. Es sind hübsche Blütenpflanzen, die den Knollenbegonien sehr ähneln. Tatsächlich sind auch Knollenbegonien an der Entstehung der Elatiorhybriden beteiligt gewesen. Ihren Durchbruch erlangte diese Gruppe mit neuen Sorten, die nach ihrem Züchter auch unter dem Begriff Rieger-Begonien zusammengefaßt werden. Sie verdrängten fast völlig die bis dahin vorherrschenden Lorrainebegonien. Die Elatiorbegonien bilden – im Gegensatz zu den Lorrainebegonien – je nach Sorte und Wachstumsbedingungen unterschiedlich starke Knollen. Die Blüten sind weiß, rosa, orange oder rot gefärbt, einfach oder gefüllt. Die Haltbarkeit ist im Zimmer ganz gut, wenn nicht Mehltau die Blätter nach und nach zum Absterben bringt. Nach der Blüte wirft man sie am besten weg.

Wer einen kühlen Raum bieten kann, hat jahrelang Freude an der Immerblühenden Begonie (*B.*-Semperflorens-Hybriden). Sie werden jährlich in großer Stückzahl für Freilandbeete und Gräber herangezogen. Besonders einige höher wachsende Sorten sind auch wertvolle Topfpflanzen. Nach landläufiger Meinung handelt es sich um einjährige Pflanzen, was aber nicht zutrifft. Sie vertragen sogar einen vorsichtigen Rückschnitt. Die „Semperflorens", wie man sie kurz nennt, sind in den Farben Weiß bis Rot mit gefüllten oder einfachen Blüten und grünem oder rötlichem Laub zu haben. Eine der hübschesten Blütenbegonien ist *B. limmingheiana* (syn. *B. glaucophylla*). Sie entwickelt lange, überhängende Triebe mit hellgrünen, bis etwa 10 cm langen Blättern, die sehr an *B. glabra* erinnern. Wie diese hält man sie als Ampelpflanze. Bemerkenswert sind die vielblütigen, hell bis korallenroten Blütenstände, die sich nur nach einer Periode mit niedrigen Temperaturen bilden.

An der Grenze zwischen Blatt- und Blütenbegonien sind die *B.*-Corallina-Hybriden einzuordnen. Wer wollte entscheiden, ob das mit silbrigweißen Flecken verzierte Blatt oder die rosaroten Blüten zu favorisieren sind? *B.*-Corallina-Hybriden gehören zu den haltbarsten Begonien für das Zimmer, erreichen aber fast 2 m Höhe. Sie müssen zurückgeschnitten oder von Zeit zu Zeit durch Kopfstecklinge verjüngt werden. Die Blütenstände erscheinen fast das ganze Jahr über.

Licht: Hell, aber besonders im Sommerhalbjahr vor direkter Sonne geschützt.

Temperatur: Alle genannten Blütenbegonien gedeihen bei üblichen Zimmertemperaturen

Begonia limmingheiana

Begonia-Elatiorhybriden

zwischen 20 und 22°C. *B.*-Semperflorens-Hybriden schätzen einen luftigen Platz und im Winter nicht mehr als 15 bis 18°C. Bei Elatiorbegonien darf das Thermometer nicht unter 18°C absinken. Lorrainebegonien sind noch mit 12°C zufrieden.
Substrat: Torfreiche Substrate wie Einheitserde („frux") oder TKS; pH 5,5 bis 6.
Feuchtigkeit: Stets mäßig feucht halten. Keine Nässe, aber auch nicht austrocknen lassen!
Düngen: Je nach Wachstumsintensität alle 1 bis 2 Wochen mit Blumendünger gießen.
Umpflanzen: Jährlich im Frühjahr oder Sommer.
Vermehren: Alle Blütenbegonien lassen sich leicht durch Kopfstecklinge vermehren. Der richtige Zeitpunkt ist April oder Mai. Für die Bewurzelung empfehlen sich 20 bis 22°C Bodentemperatur. Der beste Zeitpunkt ist April oder Mai, doch gelingt es auch während anderer Monate. *Begonia*-Corallina-Hybriden verzweigen sich auch nach dem Stutzen nur wenig, werden hoch und verlangen eine Stütze.

Pflanzenschutz: Wie bei einigen Blattbegonien, ist Echter Mehltau das Hauptübel. Stark befallene Blätter entfernen und mit Pilzbekämpfungsmitteln wie Saprol oder Bio-Blatt spritzen.

Beloperone, Zimmerhopfen

Zimmerhopfen oder Spornbüchschen sind Namen für ein aus Mexiko stammendes Akanthusgewächs (Acanthaceae), das erst seit rund 50 Jahren bekannt ist. Als *Beloperone guttata* kennen es die Gärtner. Rund 30 Arten umfaßt die Gattung *Beloperone*, die von einigen Botanikern mit *Justicia* vereinigt wird. Darum findet man *Beloperone guttata* gelegentlich auch als *Justicia brandegeana*. Es sind kleine, reichverzweigte Sträucher mit weichen, behaarten Blättern. Am Ende der überhängenden Triebe erscheinen bei hellem Stand nahezu das ganze Jahr über die mehr als 10 cm langen Ähren. Auffällig sind weniger die nicht lange haltbaren weißen Blüten mit den kleinen roten Flecken, sondern die kräftig rotbraun gefärbten Deckblätter.

Neben der Art gibt es inzwischen einige Auslesen mit noch besser ausgefärbten Deckblättern, auch eine mit gelben. Für eine gute Ausfärbung ist ein heller, nicht zu warmer Stand erforderlich. Ansonsten sind die Pflanzen wenig anspruchsvoll und leicht zu pflegen.
Licht: Heller, sonniger Platz. Nur während der Sommermonate sollten wir einen Schutz vor praller Mittagssonne gewähren.
Temperatur: Luftiger, nicht zu warmer Platz. Am geschützten Ort ab Mai auch im Freien. Im Winter Temperaturen zwischen 12 und 18°C. Je höher die Temperatur ist, umso heller muß der Standort sein.
Substrat: Übliche Torfsubstrate wie Einheitserde und TKS; pH 5,5 bis 6,5.
Feuchtigkeit: Stets feucht halten. Am sonnigen Platz haben die Pflanzen einen hohen Wasserbedarf. Im Winter dem geringeren Verbrauch entsprechend weniger gießen.
Düngen: Von Frühjahr bis Herbst wöchentlich, bei kräftigem Wachstum sogar zweimal pro Woche mit Blumendünger gießen. Im Winter genügen Gaben im Abstand von 3 bis 4 Wochen.

Beloperone guttata

Bertolonia marmorata var. aenea

Triolena pustulata

Umpflanzen: Jährlich im zeitigen Frühjahr nach dem Rückschnitt. Bei älteren Pflanzen in großen Töpfen nur alle 2 Jahre.
Vermehren: Im Frühjahr Kopfstecklinge schneiden und bei 20°C Bodentemperatur bewurzeln. Bewurzelte Stecklinge stutzen, um eine gute Verzweigung zu erzielen.
Besonderheiten: Um kurze, kompakte Pflanzen zu erzielen, verwenden die Gärtner Wuchshemmstoffe, deren Wirkung nach einiger Zeit nachläßt. Wirksam ist Gartenbau-Cycocel, das in 0,25%iger Konzentration etwa 2 Wochen nach dem Stutzen gegossen wird.

× **Bertonerila houtteana**

Bertolonia

Eine Besonderheit für die Besitzer feuchtwarmer Blumenfenster, Vitrinen oder Gewächshäuser sind die zu den Schwarzmundgewächsen (Melastomataceae) zählenden *Bertolonia*-Arten und -Hybriden. Diese kleinbleibenden, über den Boden kriechenden Kräuter zeichnen sich durch eine meist recht auffällige Belaubung aus. Etwa 12 Arten sind aus Brasilien bekannt. Vor etwa hundert Jahren entstanden in Belgien einige sehr schöne Hybriden, darunter auch Kreuzungen mit anderen Gattungen. Von dieser Vielfalt ist nichts übrig geblieben bis auf eine Hybride, die unter dem Namen × *Bertonerila houtteana* bekannt ist. Aber dieser „Edelstein" unter den buntblättrigen Pflanzen mit seinem auffällig rot gezeichneten Laub ist nur etwas für Erfahrene, außerdem so selten, daß man lange danach suchen muß.

Auch die *Bertolonia*-Arten sind nicht im Blumengeschäft erhältlich. Dafür sind sie zu empfindlich. Nur wenige Spezialitätengärtnereien führen sie im Sortiment, zum Beispiel die sehr ähnlichen *B. maculata* und *B. marmorata* sowie *B. pubescens*, die richtig *Triolena pustulata* heißen muß. Alle eignen sich nicht für die Pflege auf der Fensterbank. Auch in der Vitrine oder dem geschlossenen Blumenfenster bedürfen sie unserer ganzen Aufmerksamkeit. Wer Erfahrungen mit solch heiklen Warmhauspflanzen hat, kann auch einen Versuch mit einem größeren Flaschengarten wagen. Doch ist dort häufiger ein Eingriff nötig, um faulende Pflanzenteile abzusammeln. Auch jährliches Neupflanzen ist unumgänglich. Es hat sich gezeigt, daß man Bertolonien nur dann über längere Zeit erfolgreich kultivieren kann, wenn man möglichst jährlich Nachwuchs heranzieht und die rasch vergreisenden „Alten" wegwirft. Dies gilt auch für die nahe verwandten *Sonerila*.

Bertolonien blühen in Kultur regelmäßig. Die Blütchen sind nur klein, erscheinen aber über längere Zeit an den seltsam gedrehten, langgezogenen Blütenständen. Den größten Schmuckwert haben jedoch die weiß oder rötlich gezeichneten Blätter.
Licht: Hell bis halbschattig, keine direkte Sonne. Starker Schatten ist besonders im

Winter falsch. Die größere Empfindlichkeit im Winter zeigt, daß die Lichtmenge nicht ausreicht.

Temperatur: Ganzjährig über 20°C, im Sommer auch 25°C und mehr. Die Bodentemperatur darf ebenfalls nicht unter 20°C absinken.

Substrat: Mischungen aus Torfsubstraten wie Einheitserde („frux") oder TKS mit maximal 1/3 Styromull und/oder Sphagnum; pH um 5,5.

Feuchtigkeit: Immer feucht halten. Um keine Nässe aufkommen zu lassen, nur die genannten durchlässigen Substrate verwenden! Hohe Luftfeuchte von mindestens 70% ist empfehlenswert. Die mehr oder weniger behaarten Blätter nicht ansprühen. Kein hartes Wasser verwenden.

Düngen: Vom Frühjahr bis Spätsommer alle 2 bis 3 Wochen mit Blumendünger gießen, im Herbst und Winter nur alle 6 bis 8 Wochen.

Umpflanzen: Bei jährlicher Anzucht von Jungpflanzen braucht man diese nur aus dem kleinen Vermehrungstopf in den endgültigen Kulturtopf zu setzen. Ansonsten jährlich umtopfen ab etwa Februar.

Vermehren: Bertolonien setzen in Kultur häufig Samen an. Die Aussaat (ab Januar) ist nur zu empfehlen, wenn den Sämlingen zunächst Zusatzbelichtung geboten wird. Den feinen Samen nicht abdecken, sondern durch aufgelegte Folie oder Glasscheibe für stetige Feuchtigkeit sorgen. Zur Keimung sind Bodentemperaturen über 20°C erforderlich. Kulturformen und auch *Sonerila* lassen sich nur durch Stecklinge vermehren. Beste Zeit ist das Frühjahr und der Sommer; bei *Sonerila* ist auch der Winter zu empfehlen, wenn zusätzlich belichtet wird. Zur Bewurzelung sollte die Bodentemperatur mindestens 25°C betragen und die Luftfeuchte hoch sein.

Bifrenaria harrisoniae

Bifrenaria

Ein wenig in Vergessenheit geraten ist *Bifrenaria harrisoniae*, eine aus Brasilien stammende Orchidee mit eiförmigen, vierkantigen, bis 8 cm hoch werdenden Pseudobulben und den daraus entspringenden bis 30 cm langen, ledrigen Blättern. Früher hielten sie die Orchideengärtner häufiger. Für den Pflanzenfreund ist sie wegen der hübschen gelben bis cremefarbenen Blüten mit rötlichen Spitzen und der roten, gezeichneten Lippe auch heute noch empfehlenswert. Sie gedeiht bei etwas Geschick auch auf der Fensterbank, erweist sich leider gelegentlich als blühunwillig. Die anderen der rund 25 Arten der Gattung *Bifrenaria* sind ähnlich zu kultivieren, werden aber nur selten angeboten.

Licht: Heller Fensterplatz, doch vor direkter Sonne besonders während der Mittagsstunden geschützt.

Temperatur: Zimmertemperatur oder wärmer (bis etwa 28°C). Im Winter kann tagsüber ebenfalls Zimmertemperatur herrschen, doch soll es nachts nicht wärmer als 16 bis 18°C sein.

Substrat: Durchlässige Orchideensubstrate aus Rindenstücken und/oder Mexifarn; pH um 5,5.

Feuchtigkeit: Während der Wachstumszeit reichlich gießen. Im Herbst schließt Triebwachstum ab. Dann Wassergaben reduzieren. Während des Winters nur soviel gießen, daß Pseudobulben nicht schrumpfen. Luftfeuchte sollte auch im Winter nicht unter 50% absinken. Kein hartes Wasser verwenden!

Düngen: Während des Wachstums mit Blumendünger in halber Konzentration gießen.

Umpflanzen: Nur dann, wenn die Pflanzen nicht mehr genügend Platz finden, im zeitigen Frühjahr mit Beginn des Sproßwachstums umpflanzen. Pflanzen nehmen dies übel, darum auf ein Minimum reduzieren!

Vermehren: Beim Umpflanzen Rückbulben abtrennen.

Billbergia, Zimmerhafer

Kein Ananasgewächs ist in Wohnstuben so weit verbreitet wie der Zimmerhafer (*Billbergia nutans*). Es dürfte auch kein Ananasgewächs geben, das so haltbar und leicht zu pflegen ist. Selbst bei unsachgemäßer Behandlung erweist er sich als

Billbergia nutans

Temperatur: Zimmertemperatur oder wärmer; im Winter um 15°C. *Billbergia nutans* nimmt es nicht übel, wenn die Temperatur höher ist oder auch einmal bis 10°C absinkt.
Substrat: Übliche Torfsubstrate wie Einheitserde oder TKS; pH um 5.
Feuchtigkeit: Substrat ständig feucht halten. Bei *B. nutans* ist es nicht erforderlich, Wasser auch in den Trichter zu gießen.
Düngen: Von Frühjahr bis Herbst alle 2 Wochen, im Winter alle 4 bis 6 Wochen mit Blumendünger gießen.
Umpflanzen: Alle 1 bis 2 Jahre von Frühjahr bis Herbst möglich. Dabei abgeblühte Pflanzen herausschneiden.
Vermehren: Billbergien bilden in reicher Zahl Kindel, die beim Umtopfen abzutrennen sind. Größere Gruppen müssen sogar geteilt werden, damit die einzelnen Pflanzen sich gut entwickeln und blühen können. Beeren entwickeln sich in der Regel nur nach künstlicher Bestäubung.

Blechnum, Rippenfarn

Daß Farne nicht nur niedrige Kräuter sein müssen, beweist der aus Südamerika stammende *Blechnum gibbum*, dessen stammähnliches Rhizom 1 m Höhe erreicht. Freilich wird man im Topf nur junge Exemplare erhalten, die noch keinen „Stamm" ausgebildet haben. Durch die Anordnung der Wedel erinnert der Rippenfarn an eine Palme. Als Zimmerpflanze ist er nicht unproblematisch, dennoch der einzige für diesen Zweck empfehlenswerte Baumfarn.
Licht: Heller, aber absonniger bis halbschattiger Platz.
Temperatur: Im Sommer kann die Temperatur über 25°C ansteigen. Im Winter soll nicht weniger als 18°C herrschen. Gefährlich sind kalte, zugige Fensterbänke! Dort gedeiht er nur mit Bodenheizung.
Substrat: Handelsübliche Torfsubstrate wie TKS I, auch gemischt mit Lauberde; pH um 5.
Feuchtigkeit: Am besten gedeiht *Blechnum gibbum* im geschlossenen Blumenfenster, weil dort neben der ausgeglichenen Temperatur stets hohe Luftfeuchte herrscht. Auch die Erde kann dort nicht so schnell austrocknen. Gegen Austrocknen ist der Farn sehr empfindlich!
Düngen: Nur während der Zeit zwischen Mai und September sind Gaben mit üblichen Blumendüngern in halber Konzentration und in etwa dreiwöchigen Abständen erforderlich.

tolerant. Die Blüte läßt nur an dunklen Plätzen und in hungriger Kultur ungebührlich lange auf sich warten.
Der Blütenstand gab dieser Pflanze ihre deutsche Bezeichnung: Er hängt über und erinnert entfernt an Hafer. Den größten Zierwert haben die rotgefärbten Hochblätter. Auch die Einzelblüte erweist sich bei näherer Betrachtung mit ihren grünen, blaugerandeten Blütenblättern als recht reizvoll. Leider ist die Haltbarkeit nicht allzu groß. Die ursprüngliche Art weist relativ schmale, bis 50 cm lange, am Rande stachelspitzige Blätter auf und einen nur wenig überhängenden Blütenstand. Heute sind vorwiegend Auslesen verbreitet, die dünnere, aber breitere Blätter besitzen. Hinzu kommen einige Kreuzungen mit anderen Arten wie *B. decora*.
Insgesamt gibt es über 50 Arten, die von Mexiko bis Argentinien mit Schwerpunkt in Brasilien verbreitet sind. Im Handel sind nur sporadisch einzelne zu finden. Nicht alle sind so robust wie *B. nutans*, sondern stellen etwas größere Ansprüche wie etwa *Vriesea*.
Licht: Hell bis halbschattig; keine direkte Sonne mit Ausnahme der Morgen- und Abendstunden.

Blechnum gibbum

Umpflanzen: In der Regel jährlich, von Frühjahr bis Sommer. Alte Exemplare, die ausgepflanzt am besten gedeihen, nur sporadisch.
Vermehren: Durch Sporen (s. Seite 91).

Blossfeldia

Eine nicht leicht zu kultivierende Besonderheit aus der Familie der Kakteen ist *Blossfeldia liliputana*. Sie ist mit Kugeln von nur 1 cm Durchmesser wohl die kleinste Kaktee. Die Pflanzenkörper tragen graufilzige Areolpolster, aber keine Dornen. Erst im Alter beginnen sie zu sprossen und bilden dann dichte Kugelpolster. Die weiteren, ebenfalls in Argentinien und Bolivien in Höhen bis zu 1500 m beheimateten Arten werden heute meist als Varietäten von *B. liliputana* aufgefaßt.

In ihrer Heimat kommen die Pflanzen an felsigen Steilwänden vor und müssen eine stark schwankende Wasserversorgung ertragen. In Kultur lassen sich die Besonderheiten des Standorts kaum schaffen. Die Pflanzen sind deshalb meist kurzlebig. Bessere Erfolge erzielt man durch Veredelung auf schwachwachsende Unterlagen wie *Trichocereus pasacana*. Häufig werden *Blossfeldia* auf den ungeeigneten schnellwachsenden *Hylocereus* angeboten. Ihre Lebenserwartung ist dann nur gering. Veredelte Pflanzen verlieren ihr typisches Aussehen. Aber sie sprossen stärker und bilden leichter ihre bis 10 cm großen, weißen Blüten. Dennoch sind *Blossfeldia* nur dem erfahrenen Kakteenfreund zu empfehlen.

Licht: Heller, sonniger Standort. Im Sommer kann leicht diffuses Licht während der Mittagsstunden vorteilhaft sein.
Temperatur: Zimmertemperatur oder wärmer bis 25°C mit leichter nächtlicher Abkühlung. Im Winter um 10°C.
Substrat: Wer *Blossfeldia* wurzelecht kultivieren will, versuche es mit einem mineralischen Substrat aus Lava- oder Urgesteinsgrus, dessen pH-Wert man auf einen Wert unter 7, am besten um 6 bringt.
Feuchtigkeit: Das Gießen dieser Pflanze verlangt Fingerspitzengefühl. Nässe ist tödlich, aber zu große Trockenheit hat zu unbefriedigenden Kulturergebnissen geführt. Während des Wachstums immer dann gießen, wenn das Substrat weitgehend abgetrocknet ist. Im Winter bei kühlem Stand völlig trocken halten.
Düngen: Bei deutlichem Wachstum alle 4 bis 6 Wochen mit Kakteendünger in halber Konzentration gießen, veredelte Pflanzen auch in üblicher Dosierung.

Blossfeldia liliputana

Umpflanzen: Etwa alle 2 Jahre im Frühjahr oder Sommer.
Vermehren: Von sprossenden Polstern einzelne „Kügelchen" abtrennen und nach dem Abtrocknen der Wunde bewurzeln. Beim Veredeln wird die noch feuchte, plane Schnittfläche der Unterlage aufgesetzt.

Bougainvillea

Die etwa 14 *Bougainvillea*-Arten – eine Gattung aus der Familie der Wunderblumengewächse (Nyctaginaceae) – sind kletternde Sträucher oder kleine Bäume mit bewehrten Sprossen. Ihre Blätter stehen wechselständig. Die Blüten fallen nur wenig auf. Die Schauwirkung übernehmen drei kräftig gefärbte Hochblätter (Brakteen).

Als Zimmerpflanze eignen sich die Bougainvilleen meist nur bedingt, da sie zu stark wachsen. Für den Topf kommen nur Abkömmlinge von *B. glabra* in Frage. Am verbreitetsten ist die Sorte 'Sanderiana' mit kräftig violetten Hochblättern. Für Wintergärten und ähnlich weiträumige Plätze bietet sich noch *B. spectabilis* an, die größer, kräftiger ist und stets behaarte, nicht glänzende Blätter und gekrümmte Dornen besitzt. In südlichen Gärten finden wir auch viele Bastarde aus der Kreuzung zwischen *B. glabra* und *B. spectabilis* sowie zwischen *B. glabra* und *B. peruviana* (= *B.* × *buttiana*).

Licht: Vollsonnig! Nur an solchen Plätzen wachsen sie gut und blühen so reich, wie dies aus subtropischen Gärten bekannt ist. Auch im Winter hell aufstellen. Im Sommer kann es den Bougainvilleen kaum zu warm werden. Sie gedeihen besonders gut, wenn wir sie während der warmen Jahreszeit an einem sonnigen, geschützten Platz im Freien aufstellen, etwa vor einer Hauswand. In kühlen, regnerischen Sommern gefällt ihnen der Freilandaufenthalt nicht, so daß die Kultur schon einmal mißlingt. Keinesfalls dürfen die Töpfe beim ersten Sonnenstrahl heraus- und nach einem kühlen Tag wieder hereingeräumt werden und so fort. Dies würden die Pflanzen übelnehmen.

Temperatur: Im Winter will *B. glabra* einen luftigen, hellen Platz mit Temperaturen um 10°C, keinesfalls unter 5°C. *B. spectabilis* soll etwas wärmer stehen (um 12 bis 14°C), ebenfalls *B.* × *buttiana*. Während der Wachstumszeit gedeihen die Pflanzen opti-

Bougainvillea glabra

mal bei Bodentemperaturen von 20 °C. Bei Zimmeraufenthalt ist für eine ausreichende Belüftung zu sorgen.

Substrat: Keine reinen Torfsubstrate. Besser sind Mischungen aus TKS oder Einheitserde, feinkrümeligem Lehm und ein wenig grobem Sand, um keine stauende Nässe aufkommen zu lassen. Ein pH-Wert um 6,5 scheint günstig zu sein.

Feuchtigkeit: An einem sonnigen, warmen Platz haben Bougainvilleen einen hohen Wasserbedarf, so daß es in kleinen Töpfen sogar notwendig werden kann, sie zweimal täglich zu gießen. Im Winter dagegen machen die Pflanzen eine Ruhezeit durch, während der sie nur sporadisch zu gießen sind. *B. spectabilis* schätzt diese strenge Ruhe nicht und wird häufiger mit Wasser versorgt; sie soll auch ihr Laub nicht völlig verlieren. In südlichen Gärten empfiehlt man auch während der Wachstumszeit einen bestimmten Gießrhythmus, um die Blühbereitschaft der stärker wachsenden Bougainvilleen zu fördern. Sie werden nach der Blüte zurückgeschnitten. Nach wenigen Wochen ist ein kräftiger Neutrieb vorhanden. Nun wird für ebenfalls nur wenige Wochen das Gießen soweit eingeschränkt, daß gerade ein Schlappen der Blätter verhindert wird. Mit der Entwicklung der Knospen steigen die Wassergaben wieder an.

Düngen: Hoher Nährstoffbedarf! Während der Hauptwachstumszeit sind Düngergaben mindestens einmal pro Woche erforderlich. Gute Erfolge hat man auch mit wöchentlichen Blattdüngungen erzielt (Hydrodünger in halber Konzentration sprühen; nicht bei Sonne, sondern am besten abends!). Sind die neuen Blätter gelblich, dann kann ein Eisenpräparat beigemischt werden. Im Herbst das Düngen einschränken; im Winter keine Nährstoffgaben mehr.

Umpflanzen: Am besten im Frühjahr am Ende der Ruhezeit.

Pflanzenschutz: Nur gelegentlich können Blattläuse auftreten, die mit den üblichen Insektenbekämpfungsmitteln leicht zu beseitigen sind.

Vermehren: Nicht einfach, da Bodentemperatur von mindestens 25 °C für die Wurzelbildung der Stecklinge erforderlich sind. Die Kopfstecklinge ab späten Frühjahr schneiden; sie sollen halbhart sein, also nicht mehr ganz krautig weich, aber noch nicht völlig verholzt. Nach dem Schneiden für 2 Stunden in ein Glas mit Wasser stellen; anschließend in ein Bewurzelungshormon tauchen und in üblichen Vermehrungssubstraten bei hoher Luftfeuchte bewurzeln.

Besonderheiten: Bougainvilleen müssen jährlich kräftig zurückgeschnitten werden. Im Süden geschieht dies bei starkwachsenden Sorten sogar mehrmals im Jahr. Dabei auf einen guten Pflanzenaufbau achten, also mit dem Schnitt gleichzeitig formieren. Die Triebe lassen sich mit Hilfe von Hemmstoffen (Gartenbau-Cycocel 0,4 %ig gießen) kürzer halten.

Wenn Bougainvilleen nicht blühen wollen, kann dies an fehlender Sonne, am Nichteinhalten der Ruhezeit, dem fehlenden Rückschnitt oder einer nicht ausreichenden Nährstoffversorgung liegen. Verändert man bei knospigen oder blühenden Bougainvilleen den Standort, so kann es zum Abwerfen der Blüte kommen. Die Gefahr besteht besonders, wenn Pflanzen aus dem luftigen, hellen Gewächshaus ins nur wenig belüftete Zimmer gelangen. Um die Gefahr zu verringern, behandelt der Gärtner die Pflanzen mit einem Wuchsstoffpräparat.

Brassavola

Es ist schade, daß diese Orchideengattung meist nur bei Orchideenkennern vertreten ist, verdient sie doch eine größere Verbreitung. Besonders eine der rund 15 in Mittel- und Südamerika verbreiteten Arten hat sich in Zimmerkultur bestens bewährt: *Brassavola nodosa*. Wie die meisten Vertreter dieser Gattung zeichnet sie sich aus

Brassavola nodosa

durch schlanke, bis 15 cm lange Pseudobulben mit je einem derben, lanzettlichen, bis 30 cm langen Blatt. Dieses Blatt zeigt uns, daß *Brassavola* weniger empfindlich auf direkte Sonneneinstrahlung reagiert als viele andere Orchideen.

Charakteristisch sind die bis zu sechs an einem Stiel meist im Herbst erscheinenden Blüten mit den sehr schlanken, grünlichen Blütenblättern und der an der Basis röhrigen, zur Spitze hin verbreiterten weißen Lippe. Viele Hybriden haben das „Blut" dieser Gattung in sich, so Kreuzungen mit *Cattleya* (× *Brassocattleya*) und anderen. Sie sind meist leichter zu pflegen als *Brassavola*.

Licht: Heller bis sonniger Standort, nur vor direkter Mittagssonne geschützt. Im Winter so hell wie möglich.
Temperatur: Zimmertemperatur; im Winter tagsüber nicht unter 18°C, nachts bis auf 14°C absinkend.
Substrat: Übliche Mischungen aus Osmunda, Mexifarn und Rinde; pH 5 bis 5,5.
Feuchtigkeit: Bei starker Besonnung während der Sommermonate hoher Wasserbedarf, doch keine stauende Nässe aufkommen lassen. Im Winter nur mäßig gießen, da die Wurzeln sonst leicht faulen. Wegen dieser Empfindlichkeit werden *Brassavola* gerne auf Rinden- oder Mexifarn-Stücken kultiviert. Kein hartes Wasser verwenden! Luftfeuchte nicht unter 50, besser 60%.
Düngen: Vom Frühjahr bis Herbst alle 3 Wochen mit Blumendünger in halber Konzentration gießen.
Umtopfen: Nicht zu oft! Beste Zeit mit Wachstumsbeginn im Frühjahr.
Vermehren: Je 2 bis 3 Rückbulben beim Umpflanzen abtrennen.

Brassia

Zu den leicht gedeihenden Orchideen, die auch dem Anfänger zu empfehlen sind, zählt *Brassia verrucosa* aus Mittelamerika. Leider riecht ihre Blüte nicht gerade angenehm. Sie gehört einer im tropischen Amerika beheimateten Gattung mit rund 40 im allgemeinen sehr wüchsigen und blühwilligen Arten mit bizarren Blüten an. *Brassia verrucosa* kommt in Höhen bis zu 1600 m vor. Sie will es deshalb im Winter nicht zu warm haben. Aber auch im Sommer schätzt sie einen luftigen Stand mit deutlicher nächtlicher Abkühlung. Die bis 10 cm langen, flachen Pseudobulben tragen zwei lanzettliche, bis 40 cm lange Blätter. Die grünlichen, braungefleckten Blüten mit der weißen, ebenfalls gefleckten Lippe er-

Brassia verrucosa

scheinen im späten Frühjahr zu vielen am rund 1/2 m langen Stiel.

Sehr empfehlenswerte Pflanzen gehören der Hybridgruppe *Brassia* (Rex) an. Sie haben den Vorteil, nicht durch unangenehmen Geruch aufzufallen.

Mit vielen anderen Orchideengattungen sind *Brassia*-Arten Kreuzungen eingegangen, zum Beispiel mit *Miltonia* (× *Miltassia*) und *Oncidium* (× *Brassidium*).

Licht: Heller Standort, der Schutz vor direkter Sonne besonders während der Mittagsstunden bietet. Besonders die feinen Wurzeln sind sehr sonnenempfindlich. Auf den Blättern können Brennflecke entstehen.
Temperatur: Zimmertemperatur oder wärmer mit deutlicher nächtlicher Abkühlung. Im Winter nicht unter 16 bis 18°C, nachts 14°C. Luftiger Stand.
Substrat: Übliche Orchideenmischung aus Osmunda, Mexifarn und Rinde; pH um 5,5.
Feuchtigkeit: Während des Wachstums von Frühjahr bis Herbst immer mäßig feucht halten. Im Winter weniger gießen, aber nicht völlig austrocknen lassen. Kein hartes Wasser verwenden. Luftfeuchte möglichst über 60%.
Düngen: Vom Frühjahr bis Herbst alle 2 bis 3 Wochen mit Blumendünger in halber Konzentration gießen.
Umtopfen: Etwa alle 2 Jahre mit Beginn des Wachstums im Frühjahr.
Vermehren: Beim Umtopfen je zwei bis drei Rückbulben abtrennen.

× Brassocattleya, × Brassolaeliocattleya, × Laeliocattleya

Im Zusammenhang können wir diese aus mehreren Gattungen entstandenen Hybriden betrachten, an denen *Cattleya* beteiligt waren. Die × *Brassocattleya* entstanden, wie der Name bereits kennzeichnet, durch Kreuzung von *Brassavola*- mit *Cattleya*-Arten. Die erste Kreuzung erfolgte bereits vor der Jahrhundertwende. Das Ergebnis sind wüchsige Pflanzen mit einzelstehenden Blüten, die eine gefranste Lippe tragen. An den × *Brassolaeliocattleya* waren gleich drei Gattungen beteiligt, nämlich *Brassavola*, *Cattleya* und *Laelia*. Das Kennzeichen dieser Hybriden sind mehrere, aber große Blüten mit einer offenen Lippe. Die härte-

× **Laeliocattleya (Amber Glow) 'Herbstgold'**

ziehe am besten im zeitigen Frühjahr neu aus Samen heran.
Licht: Hell, nur während der Sommermonate vor direkter Sonne besonders während der Mittagsstunden geschützt.
Temperatur: Luftiger Platz; Zimmertemperatur bis 24°C. Nachts um einige Grade kühler. Im Winter um 17°C, nachts 15°C.
Substrat: Torfsubstrate wie Einheitserde oder TKS; pH 5,5 bis 6,5.
Feuchtigkeit: Stets mäßig feucht halten. Im Winter nur sparsam gießen, da es sonst leicht zur Fäulnis kommt.
Düngen: Von Frühjahr bis Herbst alle 1 bis 2 Wochen mit einem nicht zu stickstoffbetonten Dünger wie zum Beispiel Kakteendünger gießen. Im Winter nur alle 6 bis 8 Wochen düngen.
Umpflanzen: Erübrigt sich bei jährlicher Nachzucht; ansonsten im Frühjahr.
Vermehren: Den sehr feinen Samen ab Februar aussäen und nicht mit Erde abdecken. Bei Bodentemperaturen von 20 bis 22°C keimt er innerhalb von 2 Wochen.
Stecklinge werden am besten im Sommer geschnitten und bei etwa 20°C Bodentemperatur bewurzelt. Nach dem Anwachsen einmal oder auch mehrmals zur besseren Verzweigung stutzen.

sten Sorten sind den × *Laeliocattleya* zuzurechnen, die aus *Cattleya* und *Laelia* hervorgehen. Im Gegensatz zur vorigen Gruppe tragen ihre Blüten eine geschlossene, also zur Basis hin zusammengerollte Lippe.
Was bei den genannten Hybriden zunächst auffällt, ist die enorme Farbenvielfalt. Die Variationsmöglichkeiten der Zeichnung sind nicht zu beschreiben. Aber auch von ihren Ansprüchen her sind sie für den Orchideenfreund interessant. Zwar ist die Kultur auf der Fensterbank nicht ohne Probleme, da die Pflanzen leicht zu groß werden, aber wer genügend Raum zur Verfügung hat, sollte es mit ihnen versuchen. Die Sorten haben die Eigenarten ihrer Eltern ein wenig verloren. Sie verlangen keine strenge Ruhezeit im Winter mit relativer Trockenheit. Sonne vertragen sie deutlich mehr als die Eltern. Allerdings sollten sie die Scheibe nicht direkt berühren. Die Pflege entspricht weitgehend der von *Laelia* oder *Cattleya*. Die Temperatur kann im Winter nachts bis etwa 15°C absinken, allerdings sind sie dann trockener zu halten.

Browallia

Vom Sommer bis in den Winter bieten Gärtner und Blumenhändler kleine krautige Topfpflanzen an mit schönen, kräftig blau oder auch weiß gefärbten Blüten. Es ist ein Nachtschattengewächs (Solanaceae) mit Namen *Browallia speciosa*. Die Gattung *Browallia* umfaßt acht Arten ein- oder mehrjähriger Kräuter aus dem tropischen Amerika. Einige Arten wie *B. grandiflora* finden gelegentlich als Sommerblumen Verwendung. Am wichtigsten ist aber die mehrjährige *B. speciosa* als dankbare Topfpflanze. In ihrer kolumbianischen Heimat erreicht sie über 1 m Höhe. Da wir sie meist einjährig kultivieren und jährlich neu aus Samen oder Stecklingen heranziehen, die Gärtner sie außerdem mit Hemmstoffen behandeln, bleiben sie kurz und kompakt. Es gibt auch einige Auslesen, die niedriger bleiben als die Art und keiner Wuchshemmer bedürfen.
Auch bei der Zimmerkultur lohnt sich die Überwinterung alter Pflanzen nicht, und wer den Jungpflanzen nicht den erforderlichen temperierten Raum bieten kann,

Browallia speciosa

Browningia

Unter dem Namen *Azureocereus hertlingianus* ist den Kakteenfreunden einer der schönsten blaubereiften Arten innerhalb dieser Familie bekannt. Inzwischen vereinigte man die Gattung *Azureocereus* mit *Browningia*. Die anderen Arten haben keine gärtnerische Bedeutung erlangt. Aber *B. hertlingiana* ist seiner blaubereiften Säulen wegen sehr beliebt. In Kultur verzweigen sich die Säulen kaum. Dies erfolgt erst mit zunehmenden Alter. In den Trockentälern der peruanischen Anden findet man *B. hertlingiana* in Exemplaren, die 8 m Höhe erreichen und sich kandelaberartig verzweigen.

Die in Kultur befindlichen Jungpflanzen sind kräftig bedornt. Am Heimatstandort findet man die blühfähigen Seitentriebe mit deutlich schwächeren Dornen. Zur Blüte kommt *B. hertlingiana* bei uns kaum.

Licht: Sonniger Platz; an beschatteten Standorten verliert sich der blaue Schimmer.
Temperatur: Zimmertemperatur oder wärmer; im Winter 10 bis 15°C.
Substrat: Übliche Kakteenerde; pH um 6.
Feuchtigkeit: Nur mäßig gießen. Im Winter völlig trocken halten. Pflanzen nicht besprühen, da dies auf der blauen Bereifung Flecken hinterläßt.
Düngen: Während des Wachstums alle 3 bis 4 Wochen mit Kakteendünger gießen.
Umpflanzen: In der Regel alle 2 bis 3 Jahre im Sommer.
Vermehren: Die käuflichen Samen ab März aussäen. Nicht mit Erde bedecken. Er keimt gut bei etwa 22°C Bodentemperatur.

Brunfelsia

Zimmerpflanzen, die im Winter oder im zeitigen Frühjahr mit blauen Blüten erfreuen, sind selten. Kaum eine ist so schön wie *Brunfelsia pauciflora* var. *calycina* aus Brasilien. Das Nachtschattengewächs (Solanaceae) wächst dort zu einem nahezu 3 m hohen Strauch heran. Bei uns findet sich nur selten ein größeres Exemplar, denn die Ansprüche dieser Pflanze sind nicht gerade gering und auch nicht leicht zu erfüllen. Voraussetzungen für gutes Gedeihen ist ein heller, im Winter kühler Platz mit nicht allzu trockener Luft sowie eine aufmerksame Pflege mit „gefühlvollem" Gießen und zuträglichem Düngen. Wer einen solchen Platz besitzt und Geschick beim Gießen beweist, sollte sich die Schönheit dieser Pflanze nicht entgehen lassen!

Die derben, ledrigen Blätter erreichen bis 10 cm Länge. Bis zu 10 Einzelblüten mit einem Durchmesser bis zu 5 cm stehen in Trugdolden. Für eine reiche Blüte sind im Winter niedrige Temperaturen und während dieser Kühlperiode eine kräftige Ernährung die Voraussetzung. Der Blüten wegen nimmt man gerne in Kauf, daß der Wuchs etwas sparrig ist und gelegentlich einen Rückschnitt verlangt.

Von *Brunfelsia pauciflora* var. *calycina* gibt es verschiedene Sorten, die sich nicht allzu sehr unterscheiden. Andere Arten der rund 40 umfassenden Gattung sind bei uns nicht in Kultur.

Licht: Hell, aber während der Mittagsstunden in der lichtreichen Jahreszeit vor direkter Sonne geschützt. Zuviel Sonne führt zu Blattaufhellungen, die nicht mehr zu beheben sind. Ein schattiger Platz bewirkt andererseits nur mäßigen Blütenansatz oder Knospenfall.
Temperatur: Von Frühjahr bis Herbst um 20 bis 22°C. Keine großen Temperaturschwankungen! Für die Blütenbildung unerläßlich ist ab Oktober/November ein etwa 8 Wochen andauernder Stand bei 9 bis 14°C. Länger als 10 bis 12 Wochen sollte die Kühlbehandlung nicht andauern.
Substrat: Torfsubstrate wie Einheitserde oder TKS; pH 5 bis 6.
Feuchtigkeit: Stets mäßig feucht halten. Nie austrocknen lassen, was zum Knospenfall führt, aber auch nie Nässe aufkommen lassen. Sie würde rasch Wurzelfäule bewirken, besonders bei niedrigen Temperaturen.
Düngen: Vom Frühjahr bis Spätsommer alle 2 Wochen mit Blumendünger gießen. Sehr wichtig ist eine ausreichende Stickstoffernährung während der Kühlperiode. Ideal ist es, zehnmal im Abstand von 3 Tagen mit 1,6 g Ammoniumnitrat je Liter Wasser zu gießen. 1 l dieser Lösung reicht jeweils für etwa elf Pflanzen. Wem dies zu umständlich ist, verwende Hydrodünger. Blattaufhellungen, die nicht durch zuviel Sonne verursacht wurden, deuten auf zu kalkhaltige Erde, also einen zu hohen pH-Wert hin oder aber auf Eisenmangel, der durch Gießen einer Lösung eines Eisenchelats wie Gabi Mikro-Fe zu beseitigen ist.
Umpflanzen: Alle 1 bis 2 Jahre nach der Blüte.
Vermehren: Kopfstecklinge bewurzeln bei Bodentemperaturen über 25°C. Die Triebe sollten nicht zu weich, sondern müssen schon leicht verholzt sein, sonst faulen sie. Nach dem Bewurzeln mehrmals stutzen, um die Verzweigung zu verbessern.

Browningia hertlingiana

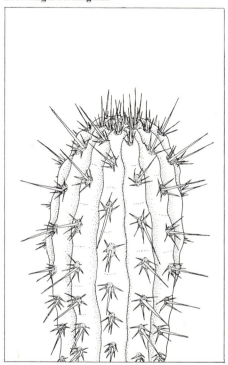

Brunfelsia pauciflora var. calycina

Caladium-Bicolor-Hybriden

Calathea

Rund 100 Arten dieser prächtigen Blattpflanzen sind im tropischen Amerika beheimatet. Sie kommen dort im warmfeuchten Regenwald vor. Daraus läßt sich entnehmen, daß sie am besten im geschlossenen Blumenfenster oder der Vitrine gedeihen. Die ganze Schönheit und Vielfalt dieser Marantengewächse (Marantaceae) offenbart sich erst in größeren Sammlungen, wie sie in botanischen Gärten anzutreffen sind. Dort bilden *Calathea* gemeinsam mit den nahe verwandten *Maranta*, *Stromanthe* und *Ctenanthe* exotisch anmutende Gruppen. Dem Botaniker wird diese Vielfalt zur Plage: Die teils sehr ähnlichen Arten sind nicht leicht auseinander zu halten. Hinzu kommt eine ganze Anzahl von Hybriden. Das Angebot der Gärtnereien nimmt sich dagegen bescheiden aus. Regelmäßig zu finden ist wohl nur *Calathea makoyana*, eine Art mit breitlänglichen, stumpfen, in der Grundfarbe cremeweißen, unregelmäßig braun-oliv gefleckten, ungerandeten Blättern. Sie gehört zu den wenigen *Calathea*-Arten, die mit einiger Aussicht auf Erfolg auch im Zimmer zu kultivieren sind.

Noch zwei weitere sind zu nennen: *C. lancifolia* und *C. crocata*. *C. lancifolia* (syn. *C. insignis*) trägt auf bis zu 30 cm langen Stielen ebenso lange linearlanzettliche, gewellte Blätter. Die oberseits hellgrünen Blätter sind dunkelgrün gefleckt. Die Blattunterseite kontrastiert in kräftigem Rotbraun. *Calathea crocata* kam bereits 1974 aus ihrer Heimat Brasilien nach Europa, aber erst in

Caladium

Dieser Gattung aus der großen Aronstabfamilie (Araceae) gehören einige der schönsten Blattpflanzen an. Nur wenige andere erreichen die imponierende Farbigkeit und Leuchtkraft der Caladien. Trotz dieser Superlative sind Caladien nicht auf jeder Fensterbank zu finden. Als Bewohner tropisch-feuchter Gebiete Amerikas sind sie sehr empfindlich. Bei der Kultur dieser Pflanzen ist das Kunststück fertigzubringen, eine sehr hohe Luftfeuchte zu schaffen, aber die Blätter möglichst nicht zu benetzen sowie für größtmögliche Helligkeit zu sorgen, ohne die empfindlichen Blätter der direkten Sonne zumindest über Mittag auszusetzen. Als Standort kommen nur das geschlossene Blumenfenster, die Vitrine oder das Gewächshaus in Frage. Im Zimmer wird besonders die hohe Luftfeuchte nur schwer zu erzielen sein.

Die gelegentlich angebotenen Caladien gehören alle zu den Bicolor-Hybriden und variieren in Farbe und Zeichnung. Sie sind genau so wie die selten kultivierten Arten zu pflegen. Caladien besitzen eine kräftige Wurzelknolle. Im Winter ziehen die Blätter ein; die Pflanze ruht ähnlich wie Gladiolen.

Licht: Sehr hell, aber direkte Sonne wird nur in den frühen Morgen- und späten Nachmittagsstunden vertragen.

Temperatur: Nicht unter 20°C halten, besser bei 22° bis 25°C. Dies gilt auch für die Bodentemperatur. Die Knollen bei etwa 18°C überwintern.

Substrat: Am besten ein gut gedüngtes Torfsubstrat wie TKS II, Compo Sana oder Einheitserde „frux"; pH um 6.

Feuchtigkeit: Die großen Blätter verdunsten viel Wasser, weshalb während der Wachstumszeit kräftig zu gießen ist. Ab September Wassergaben reduzieren. Nach dem Einziehen völlig trocken halten. Nach dem Umtopfen im Frühjahr zunächst sparsam gießen. Caladien lassen sich nur dann erfolgreich kultivieren, wenn eine hohe Luftfeuchte von mindestens 70% zu schaffen ist.

Düngen: Während des Wachstums bis August wöchentlich mit Blumendünger in angegebener Konzentration gießen.

Umpflanzen: Die ruhenden Knollen läßt man bis zum Frühjahr im Topf. Ab Ende Februar wird in eine frische Erde umgepflanzt.

Vermehren: Üblich ist die Vermehrung durch Teilen großer Knollen vor dem Austrieb in Stücke mit mindestens einem, besser zwei Augen. Empfehlenswert ist dies nur, wenn die Pflanzen optimal hell stehen. Ansonsten baut die Knolle ab. Auch Brutknöllchen wachsen nur, wenn die Pflänzchen genügend Licht erhalten. Notfalls Zusatzbelichtung.

Calathea picturata gedeiht am besten im geschlossenen Blumenfenster oder im Gewächshaus.

jüngster Zeit haben sich die Gärtner ihrer erinnert. Dabei verdient sie in besonderem Maße Aufmerksamkeit. Ihre Blätter sind zwar mit der einfarbig dunkelgrünen Ober- und der kräftig braunroten Unterseite weniger auffällig als die intensiv gezeichneten der Verwandten, aber sie kommt regelmäßig zur Blüte, was man von anderen Arten dieser Gattung nicht behaupten kann. Die leuchtend safrangelben Blütenstände erscheinen meist im Januar oder Februar. Allerdings ist mit dieser Pracht nur dann zu rechnen, wenn die Pflanzen im Herbst bei etwa 18°C stehen und sie möglichst nicht mehr als 10 Stunden Licht pro Tag erhalten. Wer des schönen Anblicks wegen abends noch lange das Licht im Blumenfenster brennen läßt, verhindert damit die Blütenbildung dieser Art.

Licht: Wie bei vielen Urwaldbewohnern keine direkte Sonne; optimale Entwicklung aber erst bei nicht geringer Helligkeit. Nehmen mit schattigem Platz vorlieb.
Temperatur: Tagsüber 22 bis 30°C, nachts kaum kühler. Im Winter – auch nachts – nicht unter 18°C. Sehr wichtig ist eine Bodentemperatur von 18 bis 20°C, im Sommer auch wärmer. „Kalter Fuß" führt zu Verlusten!
Substrat: Humose, durchlässige Mischung, zum Beispiel Einheitserde oder TKS mit maximal $1/4$ Styromull; pH 5 bis 6.
Feuchtigkeit: Stets feucht halten. Keine trockene Zimmerluft! Die Luftfeuchte sollte über 60, besser 70% liegen. Bester Platz ist das geschlossene Blumenfenster oder die Vitrine.

Düngen: Vom Frühjahr bis Herbst alle zwei Wochen, im Winter alle fünf bis sechs Wochen mit Blumendünger gießen.
Umpflanzen: Jährlich im späten Frühjahr oder Sommer.
Vermehren: Die stammlosen *Calathea* bilden Rhizome oder Knöllchen. Die Pflanzen verzweigen sich in der Regel mit zunehmendem Alter und können dann beim Umtopfen geteilt werden.
Pflanzenschutz: Regelmäßig auf Befall mit Spinnmilben kontrollieren.

Calceolaria, Pantoffelblume

Mit etwa 500 Arten ist die Gattung *Calceolaria* von Mexiko bis Argentinien verbreitet. Ein Blick auf die Blüten zeigt, woher diese Rachenblütler (Scrophulariaceae) ihren deutschen Namen haben: die Blütenunterlippe ist zu einem schuhähnlichen Gebilde blasig aufgetrieben. Calceolarien sind einjährige, staudige oder strauchartige Gewächse. Einige staudige Arten erfreuen sich bei einem kleinen Kreis von Freunden der Alpinengärtnerei großer Beliebtheit. Es sind, wie zum Beispiel die kleine *C. darwinii*, wahre Schätze für erfahrene Kultivateure.

Als Topfpflanzen haben sich nur wenige gehalten. Für Balkonkasten, Trog und Sommerblumenbeet schätzen wir *C. integrifolia*, häufig als *C. rugosa* angeboten. Sie will einen luftigen Platz im Freien und ist nicht fürs Zimmer geeignet. Obwohl es eine

Calceolaria-Hybriden

Calathea leopardina ganz links, in der Mitte unten **C. stromata**, darüber **C. picturata 'Argentea'**, rechts **C. zebrina**

mehrjährige, verholzende Pflanze ist, wird sie – da nicht winterhart – jährlich neu aus Stecklingen im Gewächshaus herangezogen.

Als Topfpflanze haben nur die einjährigen *Calceolaria*-Hybriden Bedeutung. Sie wurden früher als *C.* × *herbeohybrida* geführt. Es läßt sich nicht mehr genau rekonstruieren, aus welchen Arten diese Gruppe entstand. *C. arachnoidea*, *C. corymbosa* und *C. crenatiflora* werden als Eltern genannt. Die Blüten der Hybriden sind mehrere Zentimeter groß und einfarbig gelb, orange oder rot und oft hübsch getupft oder getigert. Zunächst wachsen die Pflänzchen rosettig und bilden erst mit der Blütenentwicklung kurze Stiele. Die Anzucht ist nur im kühlen, hellen Gewächshaus oder Kasten empfehlenswert, so daß wir es besser den Gärtnern überlassen.

Licht: Hell bis sonnig. Nur an sehr exponiertem Stand ist leichter Schatten erforderlich.
Temperatur: In der Regel wird man blühende oder knospige Pflanzen erwerben. Um möglichst lange an ihnen Freude zu haben, sollten sie möglichst nicht wärmer als 15°C stehen. Sämlinge stehen bei 16 bis 18°C, zur Blütenbildung im Winter um 12°C. Luftiger Stand!
Substrat: Für größere Pflanzen Einheitserde oder TKS; für Sämlinge und zur Aussaat zur Hälfte mit einem Torf-Sand-Gemisch strecken; pH um 5,5.
Feuchtigkeit: Die Pflanzen haben zwar besonders im Sommer einen hohen Wasserbedarf, aber dennoch ist vorsichtig zu gießen, denn stauende Nässe führt zu Wurzelschäden und in deren Folge zu weißgelb gefärbten (chlorotischen) Blättern.
Düngen: Im Winter alle 14 Tage, ansonsten wöchentlich mit Blumendünger gießen.
Umpflanzen: Nur im Zusammenhang mit der Anzucht.
Vermehren: Nur zu empfehlen, wenn heller, kühler Winterplatz vorhanden. Aussaat im Juli/August. Den staubfeinen Samen nicht mit Erde bedecken. Zur Keimung genügen 18°C.
Pflanzenschutz: Sind erworbene Pflanzen von der Mottenschildlaus oder Weißen Fliege befallen, am besten gleich wegwerfen, um eine Infektion der anderen Zimmerpflanzen zu verhindern. Eine Bekämpfung wäre schwierig und nur durch mehrmalige Behandlung wie auf Seite 134 beschrieben erfolgreich.

Callisia

Nicht ohne Grund sieht man *Callisia elegans* aus Mexiko viel seltener in Wohnräumen als die sehr ähnlichen Tradescantien. Während Tradescantien nahezu als Unkraut selbst unter ungünstigsten Bedingungen wuchern, will *Callisia* etwa sorgfältiger behandelt werden. Sie schätzt auch im Winter keine Temperaturen unter 16 bis 18°C, keine großen Temperaturschwankungen und keine niedrige Luftfeuchte. Aus diesem Grund empfiehlt sie sich als hübscher Bodendecker für geschlossene Blumenfenster, auch als Ampelpflanze und nicht zuletzt für die Bepflanzung von Flaschengärten. Die Pflege unterscheidet sich ansonsten nicht von der aller nichtsukkulenten Tradescantien. Von ihnen unterscheidet *Callisia elegans* ein fleischiger, kräftiger Stengel. Das grüne Blatt ist fein weiß längsgestreift. Die weißen Blütchen sind nur unscheinbar.
Neben ihr werden nur selten weitere dieser acht Arten umfassenden Gattung kultiviert.

Callisia elegans

Callistemon, Zylinderputzer

Leider sieht man Zylinderputzer meist nur in botanischen Gärten; angeboten werden diese Pflanzen selten. Dabei sind diese Myrtengewächse ausgesprochen hübsch und auffällig. Ihren Namen verdanken sie ihren Blütenständen, die tatsächlich wie Flaschenbürsten aussehen. Die Blütenblätter sind unauffällig, aber die langen Staubfäden stehen dicht beieinander und sind lebhaft gefärbt – deshalb der Name *Callistemon* = mit schönen Staubblättern.
Von den rund 20 in Australien verbreiteten Arten hat nur *C. citrinus* einige Bedeutung, blüht er doch schon als kleine Pflanze. Die Staubfäden dieser Art sind scharlachrot gefärbt. Die breitlanzettlichen Blätter sind ledrig. Am heimatlichen Standort wird er über 7 m hoch. Durch Stutzen und Rückschnitt läßt sich der Zylinderputzer niedriger halten, aber er ist doch eher eine Kübelpflanze wie Oleander und hat kein „Fensterbankformat". Weitere hübsche Arten, die allerdings nur selten angeboten werden, sind *Callistemon salignus* und *C. speciosus*.
Licht: Volle Sonne.
Temperatur: Kühler, luftiger Platz. Im Winter um 5°C, möglichst nicht über 10°C.
Substrat: Einheitserde mit $1/3$ Sand oder eine Mischung aus Lauberde mit $1/3$ Torf und $1/3$ Sand; pH um 5.
Feuchtigkeit: Stets mäßig feucht halten. Im Winter sparsamer gießen, doch nie völlig austrocknen lassen.

Callistemon salignus

**Camellia japonica 'Directeur Moerlands',
eine winterharte Sorte aus der „Effendee-Rasse"**

Verwendung eines Bewurzelungshormons in einem Torf-Sand-Gemisch erst nach einigen Wochen. Nach dem Anwachsen stutzen, um eine bessere Verzweigung zu erzielen. Auch die Aussaat ist möglich, sofern man Samen erhält. Die Fruchtstände in einer Tüte aufbewahren, bis die Samen ausfallen.
Besonderheiten: Nach der Blüte Pflanzen etwas zurückschneiden.

Camellia, Kamelie

Beim Anblick alter, meterhoher, vollblühender Kamelien in subtropischen Gärten in Meeresnähe kann man neidisch werden. Diese Pracht läßt sich hier nicht leicht erzielen, ja, es verlangt sogar außerordentliches Geschick und Einfühlungsvermögen, Kamelien am Stubenfenster über viele Jahre erfolgreich zu pflegen. *Camellia japonica*, wie der botanische Name lautet, kommt in Japan, Korea und Taiwan in küstennahen lichten Wäldern vor. Das Klima ist mild, weist keine extrem hohen oder niedrigen Temperaturen auf. Das Thermometer sinkt aber durchaus unter 0 °C ab. Die Luftfeuchte ist stets hoch.
Diese Bedingungen des heimatlichen Standorts beschreiben genau, worauf es bei der Pflege der Kamelien ankommt: kühle, luftige Plätze mit nicht zu trockener Luft sowie Schutz vor Prallsonne. Ein frostfreier Winterplatz genügt; selbst wenige Grade unter 0 °C über kurze Zeit schaden nicht.

Düngen: Von Frühjahr bis Herbst wöchentlich, im Winter alle 5 bis 6 Wochen mit Blumendünger gießen.
Umpflanzen: Jungpflanzen alle 1 bis 2 Jahre, größere Exemplare alle 3 bis 4 Jahre im Frühjahr oder nach der Blüte im Sommer.
Vermehren: Kopfstecklinge bewurzeln auch bei Bodentemperaturen über 20 °C und

Deshalb können sogar in England Kamelien ohne Schwierigkeiten im Freien wachsen. In Mitteleuropa ist dies im allgemeinen nicht möglich, es sei denn, man erhält einige Sorten der „Effendee-Rasse", die sich seit einigen Jahren in milderen Gegenden bestens bewährt haben. Diese Sorten werden vorwiegend in Baumschulen angeboten.

Beispiele verschiedener Blütenformen der Kamelie (Camellia japonica).

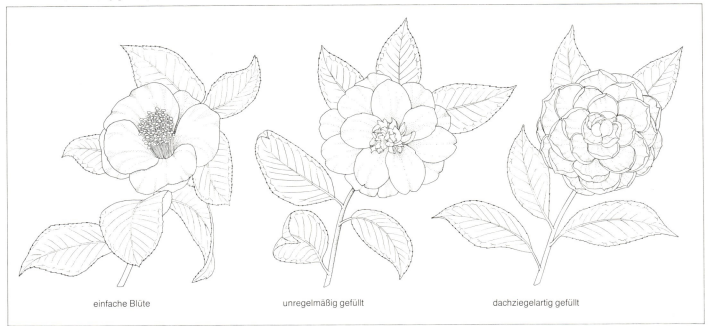

einfache Blüte   unregelmäßig gefüllt   dachziegelartig gefüllt

Camellia japonica

Im Blumenhandel ist das Angebot nicht allzu groß. Obwohl es über 2000 beschriebene Sorten gibt, haben nur wenige gärtnerische Bedeutung. Nach wie vor dominiert 'Chandleri Elegans' (auch 'Elegans' genannt), die bereits zu Beginn des vorigen Jahrhunderts beim wohl berühmtesten Kamelienzüchter, dem Engländer Chandler entstand. Es ist eine Sorte mit großen, weißrosa gefleckten, unvollständig gefüllten Blüten, deren Form an Anemonen erinnert. Für den Kenner sind die einfachen, nicht gefüllten Blüten von besonderem Reiz. Solche der Wildform entsprechende Sorten sind in jüngster Zeit zum Beispiel in Japan entstanden.

Neben Camellia japonica hat keine der rund 80 Arten Bedeutung als Topfpflanze erlangt. Mehr interessant als empfehlenswert ist C. sinensis, der Teestrauch, der in vielen Auslesen zur Gewinnung des Schwarzen Tees angebaut wird. Die cremeweißen Blüten sind nur rund 2,5 cm im Durchmesser groß. Als Topfpflanze ist sie nur sehr schwer am Leben zu erhalten.

Licht: Hell, aber mit Ausnahme der Wintermonate und der frühen Morgen- und Abendstunden vor direkter Sonne geschützt.

Temperatur: Luftiger Platz. Überwinterung am besten bei 3 bis 5 °C, nicht über 12 °C. Mit zunehmendem Licht wärmer stellen, doch bis zur Blütenentfaltung darf die Temperatur nicht über 15 °C ansteigen. Ansonsten besteht die Gefahr des Knospenfalls. Im Sommer empfiehlt sich der Aufenthalt im Garten an einem halbschattigen Platz.

Substrat: Am besten hat sich eine Mischung aus $1/3$ Torf, $1/3$ Einheitserde oder TKS II sowie $1/3$ Sand bewährt; pH 4,5 bis 5,5. Sind Laub- oder Nadelerde erhältlich, können diese ebenfalls als Mischungskomponenten Verwendung finden. Dabei die richtige Bodenreaktion beachten!

Feuchtigkeit: Stets mäßig feucht halten. Bei niedrigen Temperaturen, also besonders während der Überwinterung, nur sparsam gießen, doch sollte die Erde nie völlig austrocknen. Nässe begünstigt die Ausbreitung gefährlicher Fäulniserreger in Wurzeln und Stamm. Hartes Wasser entsalzen. Die Luftfeuchte sollte nach Möglichkeit nicht unter 50 % absinken.

Düngen: Am besten Hydrokulturdünger verwenden, die von Frühjahr bis Herbst wöchentlich, im Winter alle 4 bis 6 Wochen gegossen werden. Kamelien sind salzempfindlich, also lieber häufiger, dafür aber in geringerer Konzentration düngen.

Umpflanzen: In der Regel alle 2 bis 3 Jahre, alte Kübelpflanzen nur in großen Abständen, am besten nach der Blüte.

Vermehren: Stecklinge am besten im Sommer schneiden und bei mindestens 25 °C Bodentemperatur und hoher Luftfeuchte in einem Torf-Sand-Gemisch bewurzeln. Nur empfindliche Sorten werden auf robustere Unterlagen wie die Sorte 'Lady Campbell' veredelt.

Pflanzenschutz: Bei Wurzel- und Stammfäule zunächst die Kulturbedingungen verbessern. Gegebenenfalls mit Orthocid 83 oder Previcur N gießen. Regelmäßig auf Befall mit Spinnmilben kontrollieren. Sie sind nur durch mehrmaliges Spritzen mit Präparaten wie Kelthane zu bekämpfen.

Besonderheiten: Nach der Blüte vorsichtig zurückschneiden, jedoch nicht oder nur in mehrjährigen Abständen bis ins alte Holz. Der gefürchtete Knospenfall kann verschiedene Ursachen haben: zu warme Überwinterung, Austrocknen der Erde, stauende Nässe, Wurzelfäule durch zu hohen Kalkgehalt der Erde (hartes Gießwasser!) oder zu hohe Salzkonzentration.

Camellia sinensis, der Schwarze Tee. Er läßt sich ähnlich wie die Kamelien im Topf kultivieren und schätzt wie diese einen nicht zu warmen Raum.

Campanula isophylla 'Mayi'

Campanula, Glockenblume

Einen Garten ohne Glockenblumen – das kann man sich nur schwer vorstellen. Die hohen Stauden wie *Campanula glomerata* oder *C. persicifolia* sowie die niedrigen Polster von *C. carpatica*, *C. portenschlagiana* und vielen anderen sind nicht mehr wegzudenken. Eine ähnliche Bedeutung haben die mit über 200 Arten in der nördlichen Hemisphäre verbreiteten Glockenblumen als Topfpflanze nicht erreicht. Nur eine Art, die aus dem Nordwesten Italiens stammende *C. isophylla*, wird in ihrer blauen Auslese 'Mayi' und der weißen 'Alba' regelmäßig angeboten. Die lang überhängenden, reich mit Blüten besetzten Triebe machen *C. isophylla* zu einer der hübschesten Ampelpflanzen. Als Pflanzen der Ligurischen Alpen nehmen sie mit niedrigen Temperaturen vorlieb; im warmen Zimmer mit geringer Luftbewegung führen Schädlinge oft zu Ausfällen.

Nachdem sie lange Zeit in Vergessenheit geraten war, haben einige Gärtner sich kürzlich wieder an *C. pyramidalis* erinnert. Sie kommt aus Südeuropa und wächst dort auf steinigen Standorten zunächst rosettig, schiebt dann aber meist im zweiten Jahr einen rund 1,50 m langen, imponierenden Blütenstand hervor. Auf der Fensterbank macht dies einige Schwierigkeiten. Die Gärtner helfen sich, indem sie den mehr oder weniger fleischigen Stengel im Kreis um ein Klettergerüst ziehen. Die besondere Schönheit dieser weiß oder blau blühenden Pflanze offenbart sich jedoch erst, wenn sie sich frei entwickeln kann.

Licht: Hell bis sonnig, vor direkter Mittagssonne leicht geschützt.
Temperatur: Luftiger Stand, während der frostfreien Jahreszeit am besten im Garten. Im Winter genügt ein luftiger, gerade frostfreier Raum. Die Temperatur sollte zu dieser Jahreszeit nicht über 12 °C, höchstens 15 °C ansteigen.
Substrat: Übliche Blumenerde; pH um 6.
Feuchtigkeit: Stets mäßig feucht halten. Im Winter bei kühlem Stand sehr sparsam gießen – immer erst dann, wenn die Erde abgetrocknet ist.
Düngen: Von Frühjahr bis Herbst wöchentlich mit Blumendünger gießen.
Umpflanzen: Bei *C. isophylla* schneidet man bei älteren Pflanzen im Frühjahr die Triebe zurück und topft dann um. Bei *C. pyramidalis* ist kein Rückschnitt möglich (die Pflanzen werden nach der Blüte weggeworfen), überwinterte Pflanzen setzt man aber bei Bedarf im Frühjahr in einen größeren Topf.
Vermehren: Stecklinge bewurzeln leicht auch bei niedrigen Bodentemperaturen im üblichen Torf-Sand-Gemisch. Bei *C. pyramidalis* erscheinen an der Basis des Stengels nicht mit Blüten besetzte Seitentriebe, die als Stecklinge zu verwenden sind. Ansonsten Aussaat im Frühjahr. *C. isophylla* setzt auch in Kultur regelmäßig Samen an.
Pflanzenschutz: Bei warmem Winterstand, aber auch bei nicht ausreichend luftigem Sommeraufenthalt – was selbst im Freien möglich ist – leiden *C. isophylla* stark unter Spinnmilben. Regelmäßig kontrollieren. Gute Erfahrungen wurden mit Insektizidstäbchen gemacht. Ansonsten mehrmals mit Präparaten wie Kelthane spritzen.

Capsicum, Zierpaprika

Die Gattung *Capsicum* bietet nicht nur ein schmackhaftes Gemüse und ein feuriges Gewürz, sondern auch eine hübsche Topfpflanze mit lange haltbaren Früchten. Sowohl der Gemüse- als auch der Zierpaprika sind *Capsicum annuum* zuzurechnen, woraus schon die Vielgestaltigkeit dieser Art deutlich wird. Insgesamt kennt man heute rund 30 *Capsicum*-Arten, die im südlichen Nordamerika sowie in Mittel- und Südamerika beheimatet, zumindest einige davon aber weltweit verbreitet sind. Die Spanier, die einen direkten Schiffweg nach Indien suchten, um den damals sehr gesuchten Pfeffer zu bekommen, brachten zu Beginn des 16. Jahrhunderts *Capsicum annuum* aus Amerika mit, das bald als „Spanischer Pfeffer" bekannt wurde. Noch heute trifft man auf diese irreführende Bezeichnung, obwohl der Pfeffer (*Piper nigrum*) mit dem *Capsicum* nichts zu tun hat.

Capsicum-annuum-Hybride

Carex brunnea 'Variegata'

Carex

Unter den über 2000 Sauergräsern (Cyperaceae) dieser Gattung befindet sich auch eine Art, die als Zimmerpflanze gezogen wird. Die Gärtner bieten sie noch häufig als *Carex elegantissima* an, ein dem Äußeren der Pflanze sicher entsprechender Name, denn mit den langen, sehr schmalen, grüngelben Blättern sieht sie elegant aus. Der gültige Name ist *Carex brunnea* 'Variegata'.

Dieses Sauergras ist eine recht leicht zu pflegende Pflanze für luftige, im Winter nicht allzu warme Räume wie zum Beispiel Wintergärten. Dort gibt sie hübsch anzusehende Bodendecker ab.

Licht: Hell, aber keine direkte Mittagssonne. Verträgt auch halbschattigen Stand.
Temperatur: Nicht zu warm, im Winter genügen 8 bis 10 °C. Luftig!
Substrat: Gedeiht in jeder handelsüblichen Blumenerde.
Feuchtigkeit: Nie austrocknen lassen, sonst werden die Blätter braun! Möchte aber nicht im Wasser stehen wie das Cypergras.
Düngen: Von Frühjahr bis Herbst alle 2 bis 3 Wochen mit Blumendünger gießen.
Umpflanzen: Alle 1 bis 2 Jahre von Frühjahr bis Herbst möglich.
Vermehren: Beim Umpflanzen teilen. Sämlinge sind rein grün.

In der Regel wird man fruchtende Zierpaprika erwerben. Wenn die Früchte zu schrumpfen beginnen, wirft man die Pflanze weg. Keinesfalls sollte man sich dazu verleiten lassen, eine der kleinen Früchte zu essen. Sie sind außerordentlich scharf, und das Brennen ist noch lange zu spüren! Es wird von dem Inhaltsstoff Capsaicin verursacht, der dem „süßen Paprika" fehlt. Von Zierpaprika gibt es viele Sorten mit unterschiedlich geformten und gefärbten Früchten.

Licht: Hell bis sonnig. In der Regel wird man ohne Schattierung auskommen. An schattigen Plätzen entstehen nur wenige Blüten.
Temperatur: Luftiger Zimmerplatz, an dem die Temperatur nicht allzu weit über 20 °C ansteigen sollte. In der lichtarmen Jahreszeit hält man die Pflanzen bei 12 bis 15 °C.
Substrat: Alle üblichen Fertigsubstrate; pH 5,5 bis 6,5.
Feuchtigkeit: Stets feucht halten. An warmen, sonnigen Tagen haben die Pflanzen einen hohen Wasserbedarf. Trockenheit führt zum Blütenfall beziehungsweise Schrumpfen der Früchte.
Düngen: Während der Hauptwachstumszeit wöchentlich, ansonsten alle 2 bis 3 Wochen mit Blumendünger gießen.
Umpflanzen: Erübrigt sich wegen der jährlichen Nachzuchten.
Vermehren: Die reifen Früchte kann man ernten, den Samen vom Fleisch trennen und ab Februar aussäen. Er keimt bei etwa 18 bis 20 °C Bodentemperatur. Die Sämlinge müssen sehr hell stehen, da sonst nur wenige Blüten entstehen. Erfahrungsgemäß ist der Fruchtansatz im Zimmer unbefriedigend. Darum stellt man blühende Pflanzen im Sommer an einen warmen, geschützten Platz vor dem Fenster oder auf der Terrasse.
Besonderheiten: Zierpfeffer wird häufig von Blattläusen und Spinnmilben befallen. Deshalb regelmäßig kontrollieren und gegebenenfalls mit Spray oder Insektizidstäbchen behandeln.

Die mächtigen Säulen von Carnegiea gigantea bestimmen in den trockenen Gebieten des südlichen Nordamerika die Landschaft. Ihr Bestand ist zunehmend gefährdet.

Caryota mitis

Catharanthus roseus

Carnegiea

So bekannt dieser riesige Säulenkaktus auch ist – die mächtigen Kandelaber sind in jedem Wildwestfilm zu sehen –, so selten ist er in Kultur. Wer die bis 15 m hohen Exemplare von *Carnegiea gigantea* – die einzige Art der Gattung – in der Wüste von Arizona gesehen hat, vermutet, daß wir es mit einer ungestüm wachsenden Kaktee zu tun haben. Doch die Sämlinge verhalten sich gerade gegensätzlich. Es dauert fast 10 Jahre, bis sie endlich 10 cm Höhe erreicht haben, und bis sie ins blühfähige Alter gelangen, vergeht nahezu ein dreiviertel Jahrhundert.

Die Pflege empfiehlt sich nur erfahrenen Kakteengärtnern, die sie ähnlich wie Cereus behandeln, das heißt sonnig stellen und im Winter kühl halten.

Caryota, Fischschwanzpalme

Eine der interessantesten und schönsten Palmen zählt leider bis heute zu den Raritäten im Topfpflanzensortiment: *Caryota mitis*, die Fischschwanzpalme. Der deutsche Name ist sehr treffend. *Caryota mitis* besitzt als einzige Palme doppelt gefiederte Blätter. Die einzelnen Fiederblättchen sehen wie grob abgerissen aus, ähnlich wie die Schwanzflossen eines Fisches. In ihrer südostasiatischen Heimat bildet *Caryota mitis* durch Sprossung stets mehrstämmige Exemplare. Dies ist für die Pflanze nützlich, denn jeder Stamm stirbt nach dem Blühen und Fruchten ab. Bei der einstämmigen *Caryota urens* ist die ganze Pflanze damit verloren.

In Kultur sind in der Regel nur junge, noch einstämmige Exemplare von *C. mitis*. Aber schon als kleine Pflanze sind sie wegen der ungewöhnlichen Fiederblättchen hübsch anzuschauen. Erst im Alter werden sie zu groß. Bei der Kultur im Zimmer haben sie sich recht gut bewährt, so daß man sich ihrer mehr erinnern sollte.

Licht: Heller Platz, der nur vor direkter Mittagssonne leichten Schutz bieten sollte.
Temperatur: Luftiger Stand bei Zimmertemperatur oder etwas wärmer. Im Winter auch nachts nicht unter 16 °C.
Substrat: Einheitserde oder sandig-humoser Kompost. Man sollte bis zu $1/3$ krümeligen Lehm beimischen; pH 5,5 bis 7.
Feuchtigkeit: Stets feucht halten; die Pflanzen sollten nie austrocknen. Trockene Zimmerluft wird zwar vertragen, doch sollte die Luftfeuchte nie unter 50 % absinken, da sonst leicht Spinnmilben auftreten.
Düngen: Von Frühjahr bis Herbst alle 1 bis 2 Wochen mit Blumendünger gießen, im Winter alle 3 bis 4 Wochen.
Umpflanzen: Mit Ausnahme von Sämlingen nur dann, wenn der Topf sichtbar zu klein geworden ist. Sämlinge alle 1 bis 2 Jahre im Frühjahr oder Sommer umtopfen. Hohe Töpfe (Palmentöpfe) verwenden. Wurzeln möglichst wenig beschädigen.
Vermehren: Nur ältere Pflanzen sprossen. Von ihnen lassen sich leicht Seitentriebe abtrennen. Ansonsten Anzucht aus Samen (s. Seite 88).

Catharanthus

Catharanthus ist eine Topfpflanze, die man zwar seit Mitte des vorigen Jahrhunderts kennt, deren besondere Qualitäten man aber offensichtlich vergessen hat. Anders ist es nicht zu erklären, daß sie nicht häufiger zu finden ist. Außerdem hält man dieses Hundsgiftgewächs (Apocynaceae) einjährig, ohne zu wissen, wie schön mehrjährige Exemplare sind. In England wußte man vor der Jahrhundertwende die phloxähnlich weiß oder rot von Juni bis Oktober ununterbrochen blühenden Pflanzen mehr zu schätzen. Bilder überliefern, welch herrliche vieljährige Exemplare man kultivierte, die 80 cm Höhe und mehr erreichten und über und über mit Blüten bedeckt waren.

Man versuche deshalb, *Catharanthus roseus* – oder wie die Gärtner noch immer sagen: *Vinca rosea* – gut durch den Winter zu bringen. Dies ist nicht allzu schwer, wenn der Raum ausreichend hell und nur mäßig warm ist. Nach dem Rückschnitt im zeitigen Frühjahr wächst *Catharanthus* rasch zu einer reich garnierten Pflanze heran. Der Bewohner tropischer Gebiete zwischen Madagaskar und Indien läßt sich im Sommer erfolgreich im Garten an einer geschützten Stelle mit leicht diffusem Licht halten. Bei schlechtem Wetter holt man ihn aber besser ins Haus. Wie die meisten Vertreter der Familie ist *Catharanthus roseus* giftig. Aus dem Laub wird eine Droge gewonnen.

Licht: Hell, nur vor allzu intensiver Sonneneinstrahlung leicht geschützt.

Temperatur: Zimmertemperatur oder wärmer; im Winter um 15°C, doch nicht unter 12°C. Sinkt die Bodentemperatur unter die Lufttemperatur ab, so kann es besonders bei niedrigen Werten zu Wurzelfäulnis kommen.

Substrat: Übliche Topfsubstrate wie Einheitserde oder TKS.

Feuchtigkeit: Während der warmen Jahreszeit hoher Wasserbedarf. Reichlich gießen. Bei niedrigen Temperaturen besonders im Winter nur mäßig feucht halten. Schon bei 15°C wächst die Pflanze kaum noch.

Düngen: Von Frühjahr bis Herbst wöchentlich mit Blumendünger gießen.

Umpflanzen: Jährlich im Frühjahr mit Beginn des Wachstums; junge Pflanzen häufiger.

Vermehren: Ab März/April können Kopfstecklinge von den neuen Trieben gemacht werden. Sie bewurzeln leicht bei Bodentemperaturen von mindestens 20°C. Nach dem Anwachsen ein- bis zweimal stutzen. Erhält man Samen, wird dieser ab Februar ausgesät und bei Temperaturen von 20 bis 24°C gehalten.

Cattleya

Cattleyen – besonders die Hybriden – sind so, wie der Laie sich Orchideen vorstellt: Große, bizarr geformte, oft lebhafte gefärbte Blüten machen sie zu auffälligen, den Betrachter begeisternden Pflanzen. Rund 45 Arten gibt es im tropischen Südamerika. Die Zahl der Züchtungen ist riesig, darunter auch viele Kreuzungen mit Vertretern anderer Gattungen. Cattleyen gehören nicht zu den Zimmerpflanzen, die man einem gärtnerischen Neuling bedenkenlos anvertrauen könnte. Aber sie sind auch nicht so schwierig zu pflegen, daß jeder Versuch zum Scheitern verurteilt wäre. Wer nur ein Fenster zur Verfügung hat, der achte darauf, kleinbleibende Pflanzen zu erhalten, denn manche Cattleyen erreichen stattliche Maße. Die Cattleyen besitzen zylindrische Pseudobulben, die bis 50 cm Länge erreichen können. Man unterscheidet zwischen Pflanzen, die zwei Blätter pro Pseudobulbe entwickeln (die bifoliate Gruppe) und solchen mit nur einem (unifoliate oder labiate Gruppe). Die zweite Gruppe umfaßt die Pflanzen, die jeweils nur wenige, aber auffällige große Blüten tragen. Die Blüten werden gebildet, wenn die Pseudobulben halb oder völlig entwickelt sind. Demnach gibt es Cattleyen, die vor und solche, die nach der Ruhezeit blühen. In jedem Fall ist das Wachstum der Pseudobulben Voraussetzung für die Blütenbildung.

Cattleya bowringiana

Einige bifoliate Cattleyen wie *Cattleya bowringiana* gedeihen ausgezeichnet auf der Fensterbank. Andere zweiblättrige wie *C. aurantiaca* sowie unifoliate einschließlich der meisten Hybriden wachsen, wenn für ausreichende Luftfeuchte sowie nicht zu hohe Wintertemperaturen gesorgt wird.

Licht: Hell, aber vor zu starker Sonne geschützt. Ideal sind Plätze, die am frühen Morgen für 1 bis 2 Stunden von der Sonne beschienen werden. Im Winter ist Schattierung meist überflüssig.

Temperatur: Zimmertemperatur oder bei Sonne auch wärmer bis etwa 28°C. Im Winter sind für die meisten Cattleyen Temperaturen von 16 bis 18°C, nachts 13 bis 15°C zuträglich; manche überstehen auch geringere Wärmegrade. Einige Cattleyen blühen nur, wenn sie während des Winters für 2 bis 3 Monate bei etwa 13°C stehen.

Substrat: Durchlässige Mischung, zum Beispiel aus Mexifarn, auch Osmunda und Rindenstücke; pH um 5,5. Cattleyen gedeihen auch gut, wenn sie an Epiphytenstämmen oder Substratblöcken aufgebunden werden.

Feuchtigkeit: Während des Wachstums nie ganz austrocknen lassen, aber nur nach oberflächlichem Abtrocknen gießen. Im Winter erst bei völlig trockenem Substrat soviel gießen – oder noch besser sprühen –, daß die Pseudobulben nicht schrumpfen. Kein hartes Wasser verwenden! Die Luftfeuchtigkeit kann im Winter geringer sein als zu übrigen Jahreszeiten, sollte aber nicht unter 50% absinken.

Düngen: Während des Wachstums alle 2 bis 3 Wochen mit Blumendünger in halber Konzentration gießen.

Umpflanzen: Meist nur alle 2 bis 3 Jahre erforderlich; nicht zu oft! Beste Zeit für Frühjahrs- und Sommerblüher ist nach der Blüte, für Herbst- und Winterblüher im Frühjahr. Eine Regel sagt, daß umzutopfen

Cattleya schilleriana

ist, bevor die Wurzeln des Neutriebs das Substrat erreichen.
Vermehren: Schon einige Zeit vor dem Umtopfen den Erdsproß durchtrennen. Die einzelnen Stücke sollten aus mindestens drei Pseudobulben bestehen. Beim Umpflanzen lassen sich dann die einzelnen Stücke leicht voneinander lösen.

Cephalocereus, Greisenhaupt

Das Greisenhaupt (*Cephalocereus senilis*) ist ein beliebter, häufig gepflegter Kaktus. Die in Kultur befindlichen Jungpflanzen tragen lange, weiße Borstenhaare, die den säulenförmigen Körper wie ein Haarschopf umgeben.
Der Name *Cephalocereus* weist auf ein Cephalium hin. Darunter versteht man eine dicht mit Borsten besetzte Blühzone an den Spitzen der Pflanzen. Nur aus diesem Bereich können sich Blüten entwickeln! Bei *C. senilis* entstehen solche Blühzonen zunächst auf einer Seite ab 6 bis 8 m Höhe. *C. senilis* kommt in Mexiko auf groben Schieferböden vor. Gelegentlich werden noch Arten wie *C. hoppenstedtii*, *C. chrysacanthus* und *C. palmeri* angeboten. Die Gattung *Cephalocereus* ist derzeit umstritten. Einige Experten rechnen nur *C. senilis* hierzu, andere gehen von 60 Arten aus.

Licht: Sonniger Standort.
Temperatur: Warm, *C. senilis* auch im Winter um 15 °C, andere 10 °C.
Substrat: Durchlässige Mischung aus Lava- oder Urgesteinsgrus; pH 6 bis 7.
Feuchtigkeit: Das Hauptwachstum erfolgt im Herbst und Frühjahr. Während dieser Zeit sollte das Substrat nie völlig austrocknen. Die Kakteen sind jedoch empfindlich gegen zuviel Feuchtigkeit. Im Sommer weniger gießen. Im Winter völlig trocken halten oder nur sporadisch das Substrat oberflächlich anfeuchten. *C. senilis* gedeiht am besten, wenn die Luftfeuchte nicht unter Werte von etwa 50% absinkt.
Düngen: Im Frühjahr und Herbst alle 2 bis 3 Wochen mit Kakteendünger gießen.
Umpflanzen: Jungpflanzen jährlich, ältere in größeren Abständen am besten im Sommer.
Vermehren: Die Anzucht aus Samen braucht Geduld, da die Pflanzen langsam wachsen. Der nicht abgedeckte Samen keimt bei Bodentemperaturen von 20 bis 25 °C.

Cereus, Säulen-, Felsenkaktus

In den meisten Kakteensammlungen finden sich als Prunkstücke einige Säulen aus der Gattung *Cereus*. Als kräftig wachsende Kakteen erreichen sie leicht über 1 m Höhe. Die Säulen sind auch am Heimatstandort – vorwiegend im nördlichen Mittelamerika – nicht oder erst im Alter kandelaberartig verzweigt. Oft sind die Säulen tief gerippt. Die verbreitetste Art ist *C. peruvianus*, die bereits in der ersten Hälfte des 17. Jahrhunderts in Kultur war und sich besonders in der Varietät *monstrosus* großer Beliebtheit erfreut. Wie der Name bereits andeutet, sind bei dieser monströsen Form Rippen und Areolen unregelmäßig ausgebildet, so daß ungeordnet „wilde" Formen entstehen. *C. peruvianus* erreicht bis 10 m Höhe. Als *C. peruvianus* var. *monstrosus* 'Nana' ist eine kleinbleibende Auslese bekannt, die heute am meisten angeboten wird.
Eine weitere bekannte Art ist der blaue, unverzweigte Säulen bildende *C. azureus*. Die blaue Bereifung ist am Neutrieb besonders intensiv und verliert sich mit zunehmendem Alter. Während man *C. peruvianus* in Kultur nur schwer zur Blüte bringt, können von *C. azureus* schon 1 m hohe Exemplare ihre weißen Blüten entwickeln. Sie sind im Gegensatz zu den anderen Arten der Gattung am Tag geöffnet. Weitere Arten sind gelegentlich anzutreffen. Sie erfahren die gleiche Behandlung. Wie umfassend die Gattung *Cereus* ist, bleibt strittig. Es werden rund 25 beziehungsweise 40 Arten angenommen.
Licht: Sonniger Standort. Im Winter bei kühlem Stand auch halbschattig.

Cephalocereus palmeri 'Cristata'

Cereus peruvianus var. monstrosus

Temperatur: Zimmertemperatur oder wärmer. Im Sommer auch Freilandaufenthalt an regengeschützten, sonnig-warmen Plätzen möglich. Im Winter 8 bis 12°C; besonders blaubereifte nicht unter 10°C.
Substrat: Übliches Kakteensubstrat; pH um 6.
Feuchtigkeit: Während des Wachstums Substrat nie völlig austrocknen lassen, jedoch so gießen, daß keine Nässe aufkommt. Im Winter völlig trocken halten.
Düngen: Während des Wachstums alle 2 bis 3 Wochen mit Kakteendünger gießen.
Umpflanzen: In der Regel alle 2 Jahre im Winter. Große Exemplare in weiteren Abständen.
Vermehren: Stecklinge, deren Schnittfläche zuvor abgetrocknet ist, bewurzeln bei mäßiger Feuchte und Bodentemperaturen über 20°C.
Besonderheiten: Bei ungeeignetem Stand verlieren die Pflanzen bald ihre Schönheit. Fehlende Sonne führt zu dünnen, vergeilten Säulen. Besonders häßlich sind die braunen Flecken, deren Ursachen nicht völlig bekannt sind. Sie werden durch falsche Überwinterung begünstigt.

Ceropegia stapeliiformis

Ceropegia sandersonii

Ceropegia distincta

Ceropegia, Leuchterblumen

Die Pflanzen kann man nicht als besonders auffällig bezeichnen, dennoch werden sie immer wieder gerne gepflegt. Der Grund dafür liegt in den überaus reizvollen Blüten. Es lohnt sich, die nur kleinen Blüten einmal aus der Nähe zu betrachten. Die am Grunde bauchige Blütenröhre mündet in fünf dünne Zipfel, die an der Spitze zusammengewachsen sind und ein kleines Schirmchen bilden.
Der Anspruchslosigkeit wegen ist *Ceropegia woodii* am häufigsten zu finden. Sie bildet an dünnen, langen Stielen herzförmige, fleischige, auf der Oberseite weiß gefleckte Blätter. Noch auffälliger sind die Blüten anderer Arten, zum Beispiel *C. elegans* oder *C. sandersonii*. Insgesamt umfaßt die Gattung rund 150 meist im tropischen Afrika, Asien und Madagaskar beheimatete Arten. Die meisten hält man an Klettergerüsten; die zierliche *C. woodii* ist eine dankbare Ampelpflanze.
Eine Besonderheit sind die stammsukkulenten Arten, also jene, die sich nicht durch fleischige Blätter, sondern wasserspeichernde Sprosse auszeichnen. Beispiele sind die auf den Kanarischen Inseln verbreiteten *C. dichotoma* und *C. fusca*. Die gegliederten Stämme wirken blattlos, da die schmallinealischen Blätter bald abfallen. Diese beiden Arten werden recht groß – in ihrer Heimat bis 1 m hoch – und sind dann für das Zimmer kaum noch geeignet.
Licht: Heller, vollsonniger Standort, auch im Winter.
Temperatur: Übliche Zimmertemperatur oder wärmer; im Winter 8 bis 12°C, *Ceropegia woodii* auch 15 bis maximal 20°C. Kanarische und wärmebedürftige Arten wie *C. elegans* möglichst bei 18°C.
Substrat: Eine durchlässige, aber nahrhafte Mischung eignet sich, zum Beispiel Einheitserde mit Sand und wenig Lehm; pH 5,5 bis 6,5.
Feuchtigkeit: Während des Wachstums für eine milde Feuchtigkeit sorgen. Im Winter nur sporadisch gießen je nach Temperatur. Kanarische Arten weitgehend trocken halten.
Düngen: Von April bis September alle zwei Wochen mit Kakteendünger gießen. Läßt man die kanarischen Arten eine Sommerruhe durchmachen, was nicht zu empfehlen ist, wird schon mehrere Wochen vorher das Düngen eingestellt.
Umpflanzen: Alle 1 bis 2 Jahre im Frühjahr.
Vermehren: Kanarische Arten durch Sproßglieder. *Ceropegia woodii* läßt sich am leichtesten durch die in den Blattachseln ent-

Ceropegia woodii

stehenden Knöllchen vermehren. Die übrigen Arten haben meist kräftigere Sprosse; Stecklinge, deren Schnittfläche man zunächst abtrocknen läßt, bewurzeln sich bei Bodentemperaturen von möglichst 18 bis 22 °C.

Besonderheiten: Die dünnen Triebe von *C. woodii* entspringen einer im Laufe der Zeit recht kräftig werdenden Knolle. Auf diese Knollen lassen sich empfindliche Arten – auch aus anderen Gattungen wie *Stapelia* und *Hoodia* – veredeln.

Chamaecereus

Dichte Rasen aus fingerlangen und -dicken Säulen bildet *Chamaecereus silvestrii*. Auf den sechs bis neun Rippen stehen die Areolen so dicht beieinander, daß sie fast ein Band bilden. Dieser reichsprossende, in den Anden Argentiniens beheimatete Kaktus erfreut sich wegen seiner Blühwilligkeit und seiner großen, auffälligen Blüten großer Beliebtheit. Allerdings ist im Frühjahr nur dann mit einem reichen Flor zu rechnen, wenn die Pflanzen im Winter kühl stehen.

Die Züchter haben sich *C. silvestrii* schon vor einiger Zeit angenommen. Es gibt viele großblütige Auslesen und auch Hybriden mit *Lobivia*-Arten. *C. silvestrii* wird von den meisten Botanikern inzwischen zu *Lobivia* gezählt. Bei der Auslese stand viel zu oft nur die Blütengröße im Blickpunkt. Dadurch haben Typen Verbreitung gefunden, die nur schlecht bedornt sind und so empfindliche Wurzeln haben, daß sie gepfropft werden müssen. Durch das Propfen auf stark wachsende Unterlagen werden die Sprosse mastig und anfällig gegen Schädlingsbefall.

Nicht verzichten kann man auf die Unterlage bei der chlorophyllfreien Sorte 'Aureus'. Sie ist mehr kurios als schön und wird von Versandfirmen unter dem Phantasienamen „Bananenkaktus" als Besonderheit offeriert.

Wer *Chamaecereus* veredeln will, sollte Unterlagen auswählen, die im Winter die gleichen niedrigen Temperaturen vertragen wie der Pfröpfling, zum Beispiel *Trichocereus*-Arten.

Licht: Heller Standort, der im Sommer während der Mittagszeit Schutz vor direkter Sonne bietet.

Temperatur: Stets luftiger, nicht zu warmer Platz mit deutlicher nächtlicher Abkühlung. Im Winter möglichst kühl, am besten nur wenige Grade über dem Gefrierpunkt und nicht wärmer als 8 °C. Gut abgehärtete, trocken stehende Pflanzen vertragen auch Temperaturen unter 0 °C. Veredelte *Chamaecereus* nicht unter 5 °C halten.

Substrat: Übliche Kakteenerde; pH um 6.

Feuchtigkeit: Während des Wachstums nie völlig austrocknen lassen. Im Winter nicht gießen.

Düngen: Kräftig wachsende Pflanzen alle 2 bis 3 Wochen mit Kakteendünger gießen.

Umpflanzen: Alle 1 bis 2 Jahre im Frühjahr oder Sommer.

Vermehren: Im späten Frühjahr die sich leicht lösenden Sprosse abbrechen und nach dem Abtrocknen der Wunde im mäßig feuchten Substrat bewurzeln.

Pflanzenschutz: *Chamaecereus* sind berüchtigt wegen ihrer Anfälligkeit gegen Spinnmilben. Bei luftigem Stand und kalter Überwinterung treten die Schädlinge nur selten auf. Bei Befall mehrmals mit Präparaten wie Kelthane spritzen.

Chamaecereus silvestrii 'Aureus'

Chamaedorea elegans

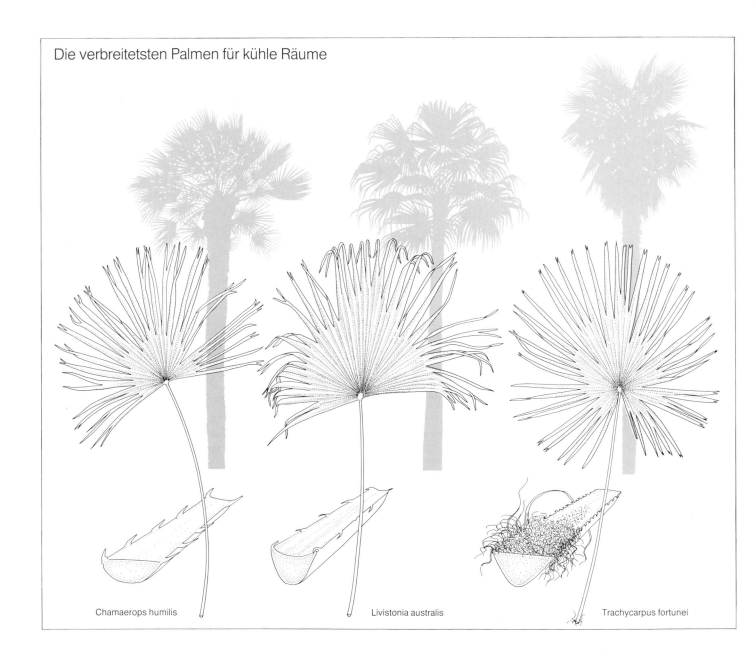

Die verbreitetsten Palmen für kühle Räume

Chamaerops humilis Livistonia australis Trachycarpus fortunei

Chamaedorea, Bergpalme

Zu den beliebtesten Zimmerpalmen gehört *Chamaedorea elegans*, auch bekannt unter den Namen *Collinia elegans* und *Neanthe bella*. Es ist eine einstämmig wachsende, nicht zu groß werdende Palme, die schon in jungen Jahren zu blühen beginnt. Allerdings ist nicht mit einem Samenansatz zu rechnen, denn Chamaedoreen sind zweihäusig, das heißt, es gibt sowohl männliche als auch weibliche Pflanzen. *Chamaedorea elegans* hat hübsch gefiederte Blätter. Es gibt auch Arten, deren Blätter ungeteilt sind und in zwei Zipfeln enden. Beispiele hierfür sind *C. ernesti-augusti* und *C. geonomiformis*. Insgesamt sind über 100 Arten bekannt, die ihre Heimat vorwiegend in Mittelamerika haben.

Ihren besonderen Wert als Zimmerpflanze erhalten die Bergpalmen nicht nur durch ihre bescheidene Größe – *C. elegans* erreicht am heimatlichen Standort nicht mehr als 2 m Höhe, bleibt in Kultur aber deutlich kleiner –, sondern auch durch ihre Schattenverträglichkeit. Auch auf nicht allzu hellen Fensterbänken entwickeln sie sich noch zufriedenstellend. Am schönsten sieht es aus, wenn wir von Bergpalmen mit gefiederten Blättern gleich mehrere zusammen in einen Topf setzen. Die ungefiederten dagegen entfalten ihr Laub am besten einzelstehend.

Licht: Hell bis halbschattig; keine direkte Sonne.
Temperatur: Zimmertemperatur oder wärmer. Im Winter 12 bis 18 °C.
Substrat: Wachsen gut in üblichen Torfsubstraten wie Einheitserde oder TKS. Letzterer mischt man bis zu $1/3$ krümeligen Lehm bei; pH 5 bis 6,5.
Feuchtigkeit: Stets mäßig feucht halten, aber keine Nässe aufkommen lassen. Zumindest mittlere Luftfeuchte von etwa 50 % ist empfehlenswert, da sonst Spinnmilben Schäden verursachen.

Düngen: Von Frühjahr bis Herbst wöchentlich, im Winter alle 3 bis 4 Wochen mit Blumendünger gießen.
Umpflanzen: Nicht allzu häufig. In der Regel nur dann, wenn die Wurzeln den Topf völlig ausgefüllt haben.
Vermehren: Durch Samen (s. Seite 88).

Chamaerops, Zwergpalme

Bevor man 1976 die Dattelpalme *Phoenix theophrasti* als eigenständige, auf Kreta heimische Art erkannte, galt die Zwergpalme (*Chamaerops humilis*) als der einzige europäische Vertreter dieser Pflanzenfamilie. *Chamaerops humilis* ist im westlichen Mittelmeerraum verbreitet, wurde inzwischen darüber hinaus in vielen subtropischen Gärten angepflanzt.

Die Zwergpalme variiert so stark, daß man früher verschiedene Arten unterschied. Heute faßt man alle Typen unter *C. humilis* zusammen. Es gibt Zwergpalmen, die stets mehrstämmig wachsen und nicht höher als 1 bis 2 m werden. Andere bleiben einstämmig, werden aber über 5 m hoch. Selbst die kleine Form ist auf Dauer keine Topfpflanze für die Fensterbank, wenn sie auch eine der kleinsten Palmen ist. Wer einen kühlen, luftigen Wintergarten hat, findet an sonniger Stelle den idealen Platz für die Zwergpalme. Ansonsten wird man sie ähnlich wie Oleander behandeln, also in einen Kübel pflanzen, der im Sommer im Freien steht und im Winter in einen luftigen, frostfreien Raum kommt.

Typisch für Zwergpalmen sind die fächerförmigen, tiefgeschlitzten, aber nicht gefiederten Blätter. Die je nach Typ unterschiedlich langen Blattstiele sind auf der Oberseite gewölbt und kräftig weißlich bestachelt, was den Kontakt mit dieser Palme etwas unangenehm gestalten kann. Blatt und Blattstiel sind wichtige Unterscheidungsmerkmale. Bei den ähnlichen Hanfpalmen (*Trachycarpus*) sind die Blattstiele oberseits flach und an den Rändern gezahnt. Bei den Livistonien ist der gewölbte Blattstiel an den Rändern mit mehr oder weniger kräftigen Stacheln versehen. Das Fächerblatt der Hanfpalme ist nahezu bis zur Basis eingeschnitten, bei Livistonien nur etwa zur Hälfte.

Licht: Sonnig; im Winter ist ein heller Platz ideal, doch nimmt die Zwergpalme zu dieser Jahreszeit auch mit weniger Licht vorlieb.
Temperatur: Luftiger Platz, am besten von Mai bis September/Oktober im Freien. Im Winter um 5°C, möglichst nicht über 10°C. Gut abgehärtete Pflanzen nehmen es nicht übel, wenn einmal nachts die Temperatur unwesentlich unter 0°C absinkt.

Kleinbleibende, mehrstämmige Form der Zwergpalme (Chamaerops humilis) in einer Felswand auf Sizilien.

Substrat: Einheitserde oder TKS mit $1/3$ krümeligem Lehm; pH 6 bis 7. Grober Sand verbessert die Durchlässigkeit.
Feuchtigkeit: Von Frühjahr bis Herbst stets feucht halten, doch keine Nässe aufkommen lassen. Der Wasserbedarf kann im Sommer sehr hoch sein. Im Winter sparsam gießen, doch sollte die Erde nie völlig austrocknen.
Düngen: Von Frühjahr bis Herbst wöchentlich mit Blumendünger gießen. Im Winter nur bei hellem Stand alle 4 bis 6 Wochen düngen.
Umpflanzen: Mit Ausnahme von Sämlingen nur in größeren Abständen erforderlich. Beste Zeit ist das Frühjahr oder der Sommer.
Vermehren: Größere Pflanzen der „Buschform" bilden Kindel, die man beim Umtopfen unter größtmöglicher Schonung der Wurzeln ablösen kann. Vermehrung aus Samen ab März (s. Seite 88).

Chameranthemum

Aus den Anden Perus stammt ein Akanthusgewächs, das unter dem Namen *Chameranthemum igneum* bekannt ist. In älteren Büchern liest man noch *Eranthemum igneum*, in neuen *Xantheranthemum igneum* oder *Aphelandra goodspeedii*. Unbeeindruckt vom Namensstreit der Botaniker ist nur festzustellen, daß es sich um eine

Chameranthemum igneum

wertvolle kleinbleibende Pflanze für gut geheizte Räume handelt. Sie bildet nur kurze, kaum 10 cm hohe Stiele. Die gegenständigen, kurz behaarten Blätter sind oberseits dunkelgrün und weisen eine kräftige gelbe Zeichnung entlang der Blattadern auf. Die Blattunterseite ist rötlich überhaucht. Endständig entwickelt sich die Blütenähre mit den dichtsitzenden Deckblättern und den kleinen gelben Blüten.

Der beste Platz ist im geschlossenen Blumenfenster oder in der Vitrine. Der niedrige Wuchs prädestiniert diese hübsche Pflanze für Flaschengärten und ähnliches. Im Wohnraum gedeiht sie nur, wenn die Temperatur stets hoch bleibt und die Luft nicht zu trocken wird.

Licht: Hell bis halbschattig. Keine direkte Sonne.
Temperatur: Zimmertemperatur oder wärmer. Auch im Winter nicht unter 18 °C. Keine „kalten Füße"!
Substrat: Übliche Torfsubstrate wie Einheitserde oder TKS; pH 5,5 bis 6,5.
Feuchtigkeit: Stets mäßig feucht halten. Die Luftfeuchte sollte nicht unter 50, besser nicht unter 60 % absinken.
Düngen: Von Frühjahr bis Herbst alle 2 Wochen mit Blumendünger gießen, im Winter alle 5 bis 6 Wochen.
Umpflanzen: Jährlich im Frühjahr. Besser als die üblichen Blumentöpfe sind flache Schalen.
Vermehren: Im Frühjahr geschnittene Kopfstecklinge bei mindestens 22 °C Bodentemperatur bewurzeln. Nach der Wurzelbildung zur besseren Verzweigung einmal stutzen. Drei bis vier Pflanzen in einen Topf setzen.

Chlorophytum comosum 'Variegatum', die Grünlilie

Chlorophytum,
Grünlilie, Fliegender Holländer

Es dürfte nur wenige Wohnungen und Büros geben, in denen keine Grünlilie steht. In der Regel ist es die gelbgestreifte Sorte 'Variegatum', während die rein grüne Art *Chlorophytum comosum* heute seltener geworden ist. Dieses Liliengewächs aus dem Süden Afrikas ist eine dankbare Zimmerpflanze. Die linealisch-lanzettlichen Blätter stehen in einer Rosette. Aus ihr erhebt sich der bis 1 m lange Blütenstengel. Neben den kleinen weißen Blütchen sitzen an ihm mehrere junge Pflänzchen. Dies gab *Chlorophytum comosum* den Namen „Fliegender Holländer". Die Wurzeln sind dick und fleischig wie eine Knolle. In Hydrokultur entwickelt sie sich oft gar zu üppig. Die Ansprüche der Pflanzen sind sehr bescheiden. Braune Blattspitzen weisen allerdings nicht selten darauf hin, daß die Luft gar zu trocken ist.

Licht: Hell bis halbschattig.
Temperatur: Ganzjährig bei Zimmertemperatur.
Substrat: Einheitserde oder TKS, auch gemischt mit maximal $1/4$ Sand; pH um 6.
Feuchtigkeit: Stets mäßig feucht halten. Nässe führt zum Faulen der fleischigen Wurzeln. Trockene Luft ruft braune Blattspitzen hervor.
Düngen: Von Frühjahr bis Herbst wöchentlich, ansonsten alle drei Wochen mit Blumendünger gießen.
Umpflanzen: In der Regel jährlich von Frühjahr bis Herbst möglich.
Vermehren: Nicht zu kleine Pflänzchen von den Blütenstengeln abtrennen und in Erde oder im Wasserglas bewurzeln.

Chrysalidocarpus,
Goldfruchtpalme

Noch zählt die Goldfruchtpalme *(Chrysalidocarpus lutescens,* syn. *Areca lutescens)* zu den selteneren Vertretern des Topfpflanzensortiments. Mit Hilfe der Hydrokultur gewinnt sie derzeit an Bedeutung. Obwohl sie mit gut 10 m eine stattliche Höhe erreicht, eignet sie sich gut für die Zimmerkultur, da sie in den ersten Jahren relativ langsam wächst. Außerdem schätzt sie ein feuchtes Substrat, so daß es nahe lag, sie in Hydrokultur heranzuziehen. Die schlanken Stämme sprossen und stehen somit meist in Gruppen beieinander. Bei ausgewachsenen Exemplaren setzen sich die überhängenden Wedel aus bis zu 120 Fiederblättchen zusammen, die auf einer gelblichen, dunkel gepunkteten Spindel sitzen. In Madagaskar,

Chrysalidocarpus lutescens am heimatlichen Standort

wo die Goldfruchtpalme zu Hause ist, sind insgesamt um 20 *Chrysalidocarpus*-Arten bekannt.

Licht: Hell, aber keine direkte Sonne.
Temperatur: Junge Palmen nicht unter 20 °C, ältere Exemplare im Winter auch kühler bis minimal 15 °C.
Substrat: Vorzugsweise Hydrokultur. Ansonsten Einheitserde; pH um 6.
Feuchtigkeit: Auch in Torfsubstraten nie völlig austrocknen lassen. Bei jungen Palmen kann man Wasser in den Untersetzer füllen.
Düngen: Bei herkömmlicher Kultur von Frühjahr bis Herbst wöchentlich, im Winter alle drei Wochen mit Blumendünger gießen.
Umpflanzen: Nur kleine Palmen jährlich. Größere Exemplare nur dann, wenn die Wurzeln den Topf ganz ausfüllen. Beste Zeit ist das Frühjahr und der Sommer.
Vermehren: An älteren Exemplaren Sprosse abtrennen.

Chrysanthemum,
Chrysanthemen

Nur kurz seien die Chrysanthemen *(Chrysanthemum indicum)* erwähnt, denn für einen längeren Zimmeraufenthalt sind sie nicht geeignet. Lediglich in kühlen Räumen oder hellen Wintergärten wird man einige Zeit Freude an ihnen haben. Sie sind aber nur zur Blüte eine Zierde, so daß man sie nach dem Abblühen wieder wegräumt. Man kann sie anschließend in den Garten setzen und – sofern man Zweifel an der Winterhärte hat – zurückschneiden und relativ trocken bei 3 bis 5°C überwintern. Aus den Wurzelstöcken kommen im Frühjahr neue Triebe, denen Stecklinge abgenommen werden können. Die jungen Pflanzen stellt man ab Mai wieder ins Freie. Viele Sorten werden erst dann zur Blüte kommen, wenn bereits Frostgefahr besteht. Deshalb ab September/Oktober in einen hellen, kühlen Raum stellen. Einige Sorten werden von den Gärtnern mit Hemmstoffen wie Alar 85 behandelt (0,2%ig), so daß man ohne den Einsatz dieses Präparats hochwüchsigere Chrysanthemen erzielt.

Chrysothemis

Auf der Suche nach neuen Topfpflanzen erinnerte man sich in jüngster Zeit in Holland der Gattung *Chrysothemis*. Sie gehört zu den Gesneriengewächsen (Gesneriaceae) und zählt rund 7 Arten, die im tropischen Amerika beheimatet sind. Gute Erfahrungen hat man mit *Chrysothemis pulchella* aus Mittel- und dem nördlichen Südamerika gemacht. Es ist eine Pflanze mit kräftigem, vierkantigem Stengel und gut 10 cm langen, gezähnten und mit rötlichen Haaren bedeckten Blättern. In den Blattachseln erscheinen im Frühsommer die zahlreichen Blüten mit rotem Kelch und gelber, rotgezeichneter Krone. Die sehr ähnliche *C. friedrichsthaliana* ist an dem gelben oder grünen Kelch leicht kenntlich.
Im Herbst reicht das Licht bei uns nicht aus. Die Pflanzen gehen dann in einen Ruhezustand über, um schließlich abzusterben. Zuvor entstehen in den Blattachseln kleine Knöllchen, aus denen sich im Frühjahr neue Pflanzen heranziehen lassen.
Licht: Hell, aber vor direkter Sonne geschützt.
Temperatur: Zimmertemperatur; nicht unter 16°C.
Substrat: Übliche Fertigerden; pH um 6.
Feuchtigkeit: Stets mäßig feucht halten. Wenn die Pflanzen im Herbst beginnen abzusterben, Wassergaben reduzieren.
Düngen: Im Wachstum befindliche Pflanzen bis August alle 1 bis 2 Wochen mit Blumendünger gießen.
Vermehren: Die größten Knöllchen trocken und frostfrei überwintern. Im Februar eintopfen und bei 16 bis 20°C halten, wobei

Chrysanthemum indicum 'Diana'

das Substrat zunächst nur mäßig feucht sein darf. *Chrysothemis* läßt sich auch im Frühjahr und Frühsommer durch Stecklinge vermehren, die bei 20°C Bodentemperatur bewurzeln. Werden Ausläufer gebildet, so lassen sich diese abtrennen.

Chrysothemis friedrichsthaliana

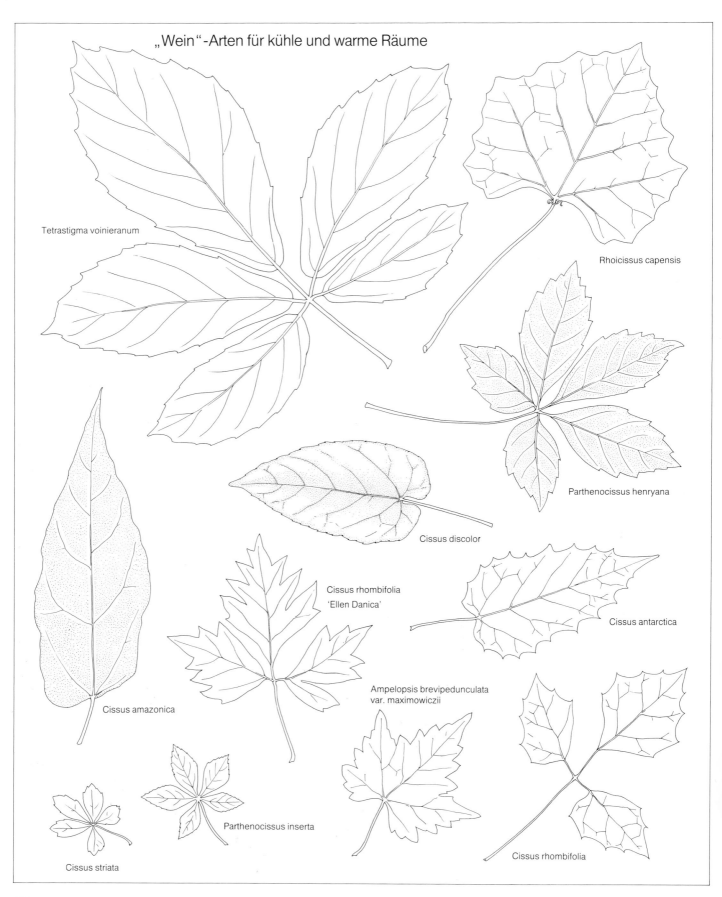

Cissus, Russischer Wein, Känguruhklimme, Königswein

Die beliebtesten Kletterpflanzen für das Zimmer sind zu Recht die *Cissus*-Arten. Der „Russische Wein", besser Känguruhwein oder -klimme *(Cissus antarctica)* genannt, und der Königswein *(C. rhombifolia,* syn. *Rhoicissus rhomboidea)* sind auch besonders dankbare Pfleglinge. Sie gedeihen bei den üblichen Zimmertemperaturen und sind selbst mit einem schattigen Platz zufrieden. Am anspruchslosesten dürfte der Königswein sein, dessen aus Dänemark eingeführte Sorte 'Ellen Danica' mit den fiederteiligen Blättchen besonders attraktiv ist und sich in kurzer Zeit durchgesetzt hat.

Neben diesen beiden hat die zu den Weinrebengewächsen (Vitaceae) zählende Gattung *Cissus* mit ihren rund 350 Arten noch mehr zu bieten. Allerdings sind die nachfolgend beschriebenen im Handel nur selten zu finden und stellen weit höhere Ansprüche. Der besonders schönblättrige *Cissus discolor* darf nie kühler als 20 bis 22 °C stehen. Es ist nicht leicht, ihm die nötige hohe Luftfeuchte zu bieten. Viel besser haben es die Besitzer eines Kleingewächshauses. Unter die Stellagen gepflanzt, kann

Cissus rhombifolia 'Ellen Danica'

man *Cissus discolor* fast vergessen, nur beim Gießen nicht. Dort entwickeln sich die olivgrünen Blätter mit der silbrigen Zeichnung und der dunkel purpurvioletten Unterseite besonders schön. Die gleiche Pflege wie *C. discolor* fordert *C. amazonica,* die in der Jugend sehr schmale, kleine, im Alter große, ovale Blätter mit einer silbrigen Zeichnung entlang der Nerven trägt. Bei gleichen Temperaturen, aber etwas mehr Licht gedeiht *C. adenopoda,* eine kräftig wachsende Ranke mit dreizähligen, dicht behaarten, dunkel olivgrünen Blättern, die meist violett überhaucht sind. Selten ist *Cissus striata* geworden, obwohl sie ähnlich unproblematisch zu halten ist wie der Königswein und die Känguruhklimme; *C. striata* nimmt sogar mit noch niedrigeren Temperaturen im Winter vorlieb. In den USA ist diese Art in hübschen Sorten im Handel. In England übersteht sie in milden Gegenden sogar den Winter im Freien. Vielleicht erinnert man sich wieder mehr auch dieser hübschen, nur wenig rankenden Pflanze.

Licht: Hell bis halbschattig, vor direkter Sonne weitgehend geschützt. Dunkle Ecken weitab eines Fensters sind aber keinesfalls ohne zusätzliche Belichtung geeignet.
Temperatur: Übliche Zimmertemperatur für *C. antarctica* und *C. rhombifolia.* Im Winter 18 bis 20 °C. Bei kühlem Stand kommt es zu Blattflecken und -verlust. *C. striata* verträgt auch niedrigere Temperaturen. *C. discolor, C. amazonica* und *C. adenopoda* ganzjährig über 20 °C, im Sommer auch über 24 °C.

Substrat: Einheitserde, TKS oder Compo Sana eignen sich; pH um 6.
Feuchtigkeit: Stets mäßig feucht halten; nicht austrocknen lassen. Die wärmebedürftigen Arten schätzen eine höhere Luftfeuchte.
Düngen: Im Frühjahr und Sommer alle 1 bis 2 Wochen mit Blumendünger gießen, sonst in größeren Abständen.
Umpflanzen: Jährlich im Frühjahr oder Sommer. Große Pflanzen, die ganze Wände überziehen, lassen sich nur schwer umtopfen. Man hält sie vorteilhaft in Hydrokultur, wodurch diese jährliche Aktion entfällt.
Vermehren: Stecklinge wachsen leicht bei Bodentemperaturen über 20 °C. Stutzen nicht vergessen, damit die Pflanzen sich verzweigen!
Pflanzenschutz: Bei *C. antarctica* kommt es nicht selten zu eckigen braunen Blattflecken. Sie scheinen durch zu niedrige Temperaturen und das Gießen mit kaltem Wasser verursacht zu werden. Gelegentlich treten Blattläuse und Spinnmilben auf, die mit Insektizidstäbchen wie „plant pin" zu bekämpfen sind. Ansonsten muß man mit Pflanzenschutzmitteln sehr vorsichtig sein, da *Cissus*-Arten gegen viele Präparate empfindlich sind.

Cissus antarctica

Cissus rhombifolia

Cyphostemma juttae

× **Citrofortunella mitis**

Cissus,
Sukkulente Arten

Neben den beliebten Zimmerweinen gibt es einige sukkulente Arten aus dieser Gattung, die sich für die Pflege im Zimmer anbieten. Am bekanntesten ist *Cissus juttae* – von einigen Autoren auch in die Gattung *Cyphostemma* gestellt. Es sind merkwürdig aussehende Pflanzen mit einem wasserspeichernden, keulenförmigen Stamm, der in der Heimat in Südwestafrika mehrere Meter Höhe erreicht. Für das Zimmer eignen sich nur Jungpflanzen, die aber schon nach wenigen Jahren zur Blüte kommen können. Die großen, etwa 15 cm langen, gezähnten Blätter sind fleischig und mit einer Wachsschicht überzogen.

Ganz anders sehen *Cissus cactiformis* und *C. quadrangularis* aus, die lange, gegliederte, kantige Sprosse bilden. Mit diesen ranken sie sich in ihrer Heimat durch die Baumkronen. In Kultur benötigen sie somit ein stabiles Klettergerüst. Dies braucht man auch für *C. rotundifolia*, eine Art mit runden, fleischigen, am Rande gezähnten Blättern, die den Zierwert dieser Pflanze ausmachen.

Licht: Heller, sonniger Standort, auch im Winter.
Temperatur: Zimmertemperatur oder wärmer; im Winter 12 bis 15°C, *C. juttae* auch 10 bis 12°C.
Substrat: Durchlässige Substrate, zum Beispiel Mischungen mit Urgesteins- oder Lavagrus und Einheitserde; pH um 6.
Feuchtigkeit: Während der Wachstumszeit immer schwach feucht halten. Im Winter nur sporadisch gießen. *Cissus juttae* verliert alle Blätter und wird von November/Dezember bis Februar ganz trocken gehalten; 4 Wochen davor und danach nur sporadisch gießen.
Düngen: Von Mai bis September alle 3 bis 4 Wochen mit Kakteendünger gießen.
Umpflanzen: Sämlinge zunächst jährlich; ältere Pflanzen brauchen große Töpfe – sie werden dann nur alle 2 bis 3 Jahre umgesetzt.
Vermehrung: Durch Samen, wird jedoch nur selten angeboten. Alle Arten, die lange Sprosse bilden, auch durch Stecklinge.

Citrus,
Zitrusbäumchen, Calamondin

Aus Orangen- oder Zitronenkernen Pflänzchen heranzuziehen, ist keine Schwierigkeit. Die Samen keimen leicht. In reifen Zitronen hat die Keimung oft schon begonnen, wenn wir die Frucht aufschneiden. Das Ergebnis ist wenig erfreulich: Aus Kernen herangezogene Pflanzen haben einen sparrigen Wuchs, vertragen das Klima unserer Wohnräume schlecht und werden bald von Schädlingen befallen. Früchte sind kaum zu erwarten. Einmal dauert es lange, bis sie ihre Blühreife erreicht haben, zum anderen sind Insekten für die Bestäubung der Blüten erforderlich. Orangen und Zitronen sind also nicht fürs Zimmer geeignet, sondern Kübelpflanzen, die während der frostfreien Jahreszeit im Freien stehen und den Winter hell, luftig und kühl bei etwa 5°C überdauern. Die Orangerien waren dazu bestens geeignet.

Wer ein Zitrusbäumchen im Zimmer halten will, wähle lieber die als „Calamondin" bekannten Zwergorangen. Sie werden als

Citrus mitis oder *C. microcarpa* geführt, doch handelt es sich vermutlich um einen Gattungsbastard zwischen *Citrus* und dem Kumquat *(Fortunella)*, der den Namen × *Citrofortunella mitis* tragen müßte. Aber die Abgrenzung der Citrusgewächse bereitet große Schwierigkeiten, handelt es sich doch um uralte Kulturpflanzen, deren Domestikation vermutlich schon vor 4000 Jahren in Ostasien begann. Unter *Fortunella* hat man extrem kleinfrüchtige Zitrusgewächse zusammengefaßt, die kaum höher als 2 m werden. In China hält man sie zum Beispiel noch heute wegen ihres dekorativen Aussehens gerne in Töpfen.

Die Kleinfrüchtigkeit haben die Kumquat in den Gattungsbastard mit eingebracht. Die Früchte, die sich ohne Bestäubung das ganze Jahr über entwickeln, haben einen Durchmesser von nur etwa 3 cm, können aber 3 Monate an den Pflanzen halten. Genießbar sind sie nicht, sondern wie die Kumquat außerordentlich sauer. An den Trieben entstehen gleichzeitig Blüten und Früchte.

Calamondin können Temperaturen um den Gefrierpunkt ertragen. Sie schätzen somit eine kühle Überwinterung, obwohl sie auf größere Wärme weniger empfindlich reagieren als die meisten *Citrus*. Die angebotenen Calamondin stammen vorwiegend aus Florida und Honduras, wo sie in größeren Mengen herangezogen werden.

Licht: Hell bis sonnig.
Temperatur: Luftiger Stand, von Mai bis September am besten im Garten. Im Winter genügen 5 bis 10°C. Temperaturen über 15°C sind auch für den toleranteren Calamondin nachteilig.
Substrat: Einheitserde oder TKS mit $^1/_3$ krümeligem Lehm; pH 4 bis 5,5.
Feuchtigkeit: Von Frühjahr bis Herbst stets mäßig feucht halten. Bei luftigem, sonnigem Stand hoher Wasserbedarf. Nässe führt aber rasch zur Wurzelfäule. Im Winter – besonders bei kühlem Stand – sparsam gießen.
Düngen: Von Frühjahr bis Herbst wöchentlich ein- bis zweimal, im Winter je nach Temperatur alle 4 bis 8 Wochen mit Blumendünger gießen.
Umpflanzen: In der Regel alle 2 Jahre, größere Kübelpflanzen seltener. Beste Zeit ist das Frühjahr. Keine zu großen Töpfe wählen.
Vermehren: Anzucht aus Samen ist nicht zu empfehlen. Die Kulturformen werden alle durch Stecklinge – die bei Bodentemperaturen über 25°C wurzeln – beziehungsweise Abmoosen oder Veredelung zum Beispiel auf *Poncirus trifoliatus* vermehrt. Dies ist nur dem Fachmann vornehmlich in wärmeren Gefilden zu empfehlen.

Pflanzenschutz: Besonders bei warmem Stand und fehlender Belüftung können Spinnmilben und Schildläuse lästig werden. Regelmäßig kontrollieren und mehrmals spritzen mit Präparaten wie Unden flüssig oder Kelthane (nur gegen Milben).
Besonderheiten: *Citrus* vertragen in größeren Abständen einen leichten Rückschnitt. Bei Calamondin ist dies meist überflüssig, doch kann man sporadisch den Pflanzenaufbau mit einem überlegten Schnitt korrigieren.

Cleistocactus, Silberkerze

Die Cleistocacteen sind dicht bedornte, schlanke, säulenbildende, sich nur mäßig an der Basis verzweigende südamerikanische Pflanzen. Einige zeichnen sich durch dichte, lange weiße Borstenhaare aus, was ihnen den deutschen Namen Silberkerze eingebracht hat. Die bekannteste unter diesen weißhaarigen und die bekannteste der rund 50 Arten der Gattung ist *Cleistocactus straussii* aus Argentinien und Bolivien. Er wächst in seiner Heimat zu maximal 3 m hohen Säulen heran. Bereits ab 80 cm bis 1 m kommt er auch in Kultur zur Blüte. Die karminroten Blüten stehen wie bei allen Cleistocacteen ähnlich einem Finger ab; die Blütenblätter bleiben dicht zusammen und spreizen sich nur wenig. Diese Blüten werden durch Kolibris bestäubt.

Die bekanntesten „weißhaarigen" Kakteen: Cleistocactus straussi (links und hinten rechts), Espostoa melanostele (mitte), Cephalocereus senilis (rechts).

Neben *C. strausii* sind noch viele weitere Arten in Kultur, so der ähnliche *C. jujuensis*, der sich durch gelblichbraune Dornen vom weißbedornten *C. strausii* unterscheidet, sowie die unbehaarten, aber hübsch bedornten *C. baumannii* und *C. smaragdiflorus*.

Licht: Hell und sonnig, doch empfiehlt es sich besonders in der lichtreichen Jahreszeit, während der Mittagsstunden für leichten Schutz vor direkter Sonneneinstrahlung zu sorgen.
Temperatur: Zimmertemperatur oder wärmer bis 35°C. Im Winter um 10°C.
Substrat: Übliche Kakteenerde; pH um 6.
Feuchtigkeit: Während des besonders im Frühjahr und Herbst erfolgenden Wachstums stets mäßig feucht halten. Auch bei Wachstumsstillstand das Gießen nicht völlig einstellen. Keinesfalls dürfen die Pflanzen im Winter schrumpfen. Während der Wachstumsperiode soll es vorteilhaft sein, die Pflanzen in den frühen Morgenstunden fein einzusprühen.
Düngen: Während des Wachstums alle 2 bis 3 Wochen mit Kakteendünger gießen.
Umpflanzen: In der Regel alle 1 bis 2 Jahre, ältere Exemplare auch in größeren Abständen jeweils im Frühjahr oder Sommer.
Vermehren: Der regelmäßig angebotene Samen keimt – im Frühjahr ausgesät und nicht mit Erde bedeckt – bei Bodentemperaturen von 20 bis 25°C. Stecklinge bewurzeln bei gleichen Temperaturen.

Clerodendrum splendens

Clerodendrum speciosissimum

Clerodendrum thomsoniae

Clerodendrum, Losbaum

In den Tropen und Subtropen der Welt sind rund 450 Arten der Gattung *Clerodendrum* als Kletterpflanzen und Sträucher verbreitet. Aus der Fülle dieser Eisenkraut- oder Verbenengewächse (Verbenaceae) hat nur eine Art Bedeutung in unserem Topfpflanzensortiment erreicht: *Clerodendrum thomsoniae*. Diese im westlichen Afrika beheimatete Kletterpflanze hat so attraktive Blüten, daß sie inzwischen überall in den Tropen als Zierpflanze kultiviert wird. Während der Regenzeit, in Europa im Frühjahr oder Sommer, erscheinen in den Achseln der gegenständigen Blätter und am Ende der Triebe vielblütige Rispen. Die Kelchblätter sind groß und reinweiß. Aus ihnen schauen die fünfteiligen, kräftig dunkelroten Blüten hervor. Den Farbkontrast vervollständigen die grünen Staubfäden, die weit aus der Blüte herausragen.

Diese Pracht hat schon manchen Blumenfreund verleitet, *C. thomsoniae* in seine Wohnstube zu holen. Die Erfahrungen sind dann alle identisch: Innerhalb weniger Tage werden nahezu alle Blüten und Knospen abgeworfen. Trockene Zimmerluft behagt dem Losbaum nicht. Darum sollte sich nur der an die Pflege jener attraktiven Kletterpflanzen heranwagen, der über ein geschlossenes Blumenfenster oder Kleingewächshaus verfügt. Und für genügenden Platz muß man auch sorgen, denn *C. thomsoniae* klettert hinauf bis in eine Höhe von 6 m. Diesem für eine Topfpflanze unerwünschten Längenwachstum versuchen die Gärtner mit Wuchshemmstoffen zu begegnen, die jedoch nur eine bestimmte Zeit wirken und nach der Erfahrung einzelner Gärtner die Neigung zum Blütenabwurf fördern können.

Die anderen, nur sporadisch angebotenen Arten wie *C. splendens* mit einfarbig roten Blüten oder das strauchige, in ungewöhnlichem Granatrot blühende *C. speciosissimum* (syn. *C. fallax*) eignen sich noch weniger für die Zimmerkultur. Lediglich das früher gern gepflegte *C. fragrans* (syn. *C. philippinum*) ist einen Versuch wert. Es wächst strauchig und läßt sich durch Stutzen in vertretbarer Größe halten. Die weißen, nur selten rosafarbenen Blüten duften angenehm. Nur eine gefülltblühende Sorte ist in Kultur. *C. fragrans* nimmt mit niedrigeren Temperaturen vorlieb, schätzt aber ebenfalls keine trockene Luft.

Licht: Hell, nur von Frühjahr bis Herbst vor direkter Sonne mit Ausnahme der Morgen- und Abendstunden geschützt. Zur Blütenbildung sind Kurztage nicht unbedingt erforderlich.

Temperatur: Warm, auch nachts nicht unter 18 °C. „Kalte Füße" sind gefährlich! Darum sollte die Bodentemperatur nie unter die Lufttemperatur absinken. Im Winter kann man die Pflanzen für etwa 2 Monate bei etwa 12 °C ruhen lassen. *C. fragrans* nimmt während der gesamten lichtarmen Jahreszeit mit Temperaturen von 10 bis 15 °C vorlieb.

Substrat: Einheitserde oder TKS; pH 5 bis 6,5.

Feuchtigkeit: Stets mäßig feucht halten, aber keine Nässe aufkommen lassen. Besondere Vorsicht ist während der winterlichen Ruhezeit erforderlich. Wenig und stets nur dann gießen, wenn die Erde ausgetrocknet ist. *Clerodendrum thomsoniae* können auch ohne Bedenken und offensichtlich ohne nachteilige Auswirkung auf die Blütenbildung während des Winters bei 18 bis 20 °C durchkultiviert und dann auch feuchter gehalten werden. Luftfeuchte nicht unter 60 %.

Düngen: Von Frühjahr bis Herbst wöchentlich mit Blumendünger gießen.

Umpflanzen: Alle 1 bis 2 Jahre am Ende der Ruhezeit.

Vermehren: Etwa ab Mai geschnittene, nicht zu weiche Stecklinge bewurzeln sich bei hoher Luftfeuchte und Bodentemperaturen über 22 °C. Nach dem Anwachsen mehrmals stutzen, um eine gute Verzweigung zu erzielen.

Besonderheiten: Im Frühjahr zurückschneiden, unabhängig davon, ob Ruhezeit eingehalten wird oder nicht. Nach dem neuen Austrieb gießen die Gärtner ihre Pflanzen zwei- bis dreimal mit Hemmstoffen wie Reducymol (0,5 bis 0,75 %ig). Dies ist für den Zimmerpflanzengärtner zu aufwendig. Er muß versuchen, durch Stutzen einigermaßen kompakte Pflanzen zu erhalten.

Cleyera

16 Arten dieses Teegewächses (Theaceae) kommen in Südamerika, nur eine in Asien vor. Jene asiatische Art ist nicht nur für die Zimmergärtnerei interessant. *Cleyera japonica* schätzt man als immergrünen Strauch für subtropische Gärten, der auch in milden Gebieten Englands winterhart ist. In Kultur befindet sich vornehmlich die grün-gelb panaschierte Sorte 'Tricolor'. Daß *Cleyera* am heimatlichen Standort über 3 m Höhe erreichen kann, braucht nicht zu schrecken. Als Topfpflanze erweist

sie sich vielmehr als langsamwüchsig. Sie benötigt 2 bis 3 Jahre, um vom Steckling zu einem ansehnlichen Exemplar heranzuwachsen. Allerdings wird nur der *Cleyera* erfolgreich pflegen können, der einen kühlen, luftigen Raum anbieten kann. Sie haben damit ähnliche Ansprüche wie die verwandten Kamelien (*Camellia*). Die unscheinbaren weißen Blüten darf man erst an älteren Exemplaren erwarten.

Licht: Hell bis halbschattig; mit Ausnahme der frühen Morgen- und Abendstunden keine direkte Sonne.

Temperatur: Luftiger Platz, von Mai bis September am besten im Garten an halbschattigem Standort. Im Winter 7 bis 12 °C, nicht unter 5 °C.

Substrat: Übliche Torfsubstrate, die man mit einem Torf-Sand-Gemisch strecken kann; pH 5 bis 6.

Feuchtigkeit: Stets mäßig feucht halten. Im Winter sparsamer gießen, doch nicht völlig austrocknen lassen. Hartes Gießwasser entsalzen. Trockene Zimmerluft unter 50 % Luftfeuchte bewirkt Blattschäden.

Düngen: Von Frühjahr bis Herbst wöchentlich am besten mit einem Hydrokulturdünger gießen, im Winter nur alle 4 bis 6 Wochen.

Umpflanzen: In der Regel alle 2 Jahre im Frühjahr, ältere Exemplare in größeren Abständen.

Vermehren: Im Frühsommer geschnittene Stecklinge bewurzeln sich im üblichen Torf-Sand-Gemisch bei etwa 22 bis 25 °C Bodentemperatur und hoher Luftfeuchte. Nach dem Anwachsen mehrmals stutzen.

Clivia, Riemenblatt

Clivien gehören zu Recht seit vielen Jahren zu den beliebtesten Topfpflanzen. Sie sind ausgesprochen robust, kaum krankheitsanfällig, wegen der dichten Belaubung auch in nichtblühendem Zustand attraktiv, zur Blüte aber eine bemerkenswerte Augenweide. Der Name Riemenblatt weist auf die im Vergleich zu anderen Amaryllisgewächsen wie *Hippeastrum* breiteren – bis 6 cm – Blätter hin.

Die aus Natal stammende und erstmals 1854 in England in Kultur genommene *Clivia miniata* besitzt keine Zwiebel wie etwa der Ritterstern (*Hippeastrum*). Aber die Verwandtschaft ist doch deutlich, denn am Grund bilden Blattscheiden einen sogenannten Zwiebelstamm. Die Gärtner haben im Laufe der Jahre einige Sorten ausgelesen, darunter auch eine mit gelb-grün panaschierten Blättern. Es gibt auch eine Hybride zwischen *Clivia miniata* und einer weiteren Art, *Clivia nobilis*, doch sind weder Hybride noch die zuletzt genannte Art gärtnerisch von Bedeutung.

Clivien erreichen nach einigen Jahren eine beachtliche Größe und lassen sich dann kaum noch auf der Fensterbank unterbringen. Die fleischigen Wurzeln verlangen einen immer größeren Topf. Nicht selten drücken sie die ganze Pflanze aus dem Gefäß empor. Das sollte nicht dazu verleiten, den Wurzeln mit Messer oder Schere zu Leibe zu rücken. Verletzungen nehmen sie leicht übel. So können nur regelmäßig Kindel abgetrennt werden.

Es gibt noch eine größere Schwierigkeit bei der Zimmerkultur der Clivien: Viele Blumenfreunde klagen über ausbleibende oder auf halber Höhe im Laub sitzenbleibende Blüten. Die Ursache ist ein ganzjährig warmer Stand. Clivien brauchen vielmehr im Winter einen kühlen Platz. Erst danach entwickeln sich die menningroten Blüten auf den innen nicht hohlen Schäften. Clivien bilden ihre Blütenanlagen bereits im Vorjahr, aber diese können sich nur nach Einwirkung einer Kühlperiode entwickeln. Ein Hausrezept ist das Gießen der Clivien mit 40 °C warmem Wasser, wenn die Blüten sich unten im Laub schon zu öffnen beginnen. Aber das ist nur eine Verzweiflungstat, wenn zuvor bei der Pflege Fehler begangen wurden.

Licht: Hell; direkte Sonne nur am frühen Morgen oder späten Nachmittag.

Temperatur: Luftiger Platz mit Zimmertemperatur um 20 °C. Im Winter für mindestens zwei Monate unter 15 °C, besser noch unter 10 °C halten. Anschließend wieder Zimmertemperatur möglich. Von Mai bis September Aufenthalt im Garten empfehlenswert, doch nicht in die direkte Sonne stellen.

Substrat: Einheitserde „frux" oder TKS II mit etwa $1/4$ bis $1/3$ krümeligem Lehm; pH um 6.

Feuchtigkeit: Nie austrocknen lassen. Trockenheit kann zu den häßlichen braunen Blattspitzen führen. Während der Kühlperiode sehr vorsichtig gießen. Keine Nässe aufkommen lassen, was leicht zu Fäulnis führen könnte.

Cleyera japonica 'Variegata'

Clivia miniata

Düngen: Von März bis Oktober alle 1 bis 2 Wochen mit Blumendünger gießen.
Umtopfen: Alle 2 bis 3 Jahre, wenn der Topf zu klein geworden ist, am besten nach der Blüte. Wurzeln nicht beschädigen!
Vermehren: Beim Umpflanzen die nicht zu kleinen Kindel abtrennen.

Coccoloba

Unter den großblättrigen Zimmerpflanzen haben einige Arten der Knöterichgewächse (Polygonaceae) aus der Gattung *Coccoloba* in jüngster Zeit eine – allerdings bescheidene – Bedeutung erlangt. *Coccoloba* stammen aus dem tropischen und subtropischen Amerika. Unter den rund 150 Arten gibt es Bäume, Sträucher und auch Kletterpflanzen. In Kultur befinden sich bei uns ausschließlich *C. uvifera* mit rund 20 cm langen, rundlichen, glatten Blättern und *C. pubescens* mit bis zu 1 m großem, rostbraun behaartem Laub. *C. uvifera* bleibt mit rund 6 m bis 10 m Höhe in erträglichen Grenzen und ist damit für die Pflege im Haus besser geeignet, während *C. pubescens* – maximal 25 m erreichend – bald den zugedachten Raum zu sprengen droht. Allerdings ist ihre Belaubung um vieles reizvoller. Wegen ihrer Größe sind beide Arten kaum für die Fensterbankkultur geeignet. Beide verlangen bald große Töpfe oder Kübel, entwickeln sich ausgepflanzt in einem nicht zu kühlen Wintergarten am besten.
Licht: Hell, aber vor direkter Sonne geschützt.
Temperatur: Warmer Platz. Auch im Winter nicht unter 15 °C.
Substrat: Einheitserde, TKS oder Mischungen aus Torfsubstraten mit Komposterde und ein wenig grobem Sand, pH um 6,5.
Feuchtigkeit: Stets mäßig feucht halten. Im Sommer haben große Pflanzen einen hohen Wasserbedarf.
Düngen: Von Frühjahr bis Herbst wöchentlich, im Winter alle 4 Wochen mit Blumendünger gießen.
Umpflanzen: Junge Pflanzen jährlich, ältere Exemplare in großen Gefäßen bei Bedarf in größeren Abständen im Frühjahr oder Sommer.
Vermehren: Stecklinge bewurzeln auch bei hohen Bodentemperaturen über 25 °C nur schwer. Für den Zimmergärtner ist das Abmoosen die sicherste Methode.

Cocos, Kokospalme

Für 400 Millionen Menschen sind die Eiweiß und Fett liefernden Kokosnüsse die wichtigste Nutzpflanze. Auch in Europa schätzt man diese Steinfrüchte, doch sie spielen für die Ernährung keine Rolle. Wer die 30 m hohen Kokospalmen (*Cocos nucifera*) an tropischen Stränden gesehen hat, mag den Wunsch verspüren, dieses Sinnbild tropischer Üppigkeit auch hier zu halten. Aber es bedarf einer intensiven Pflege, damit sich diese Palme auch zufriedenstellend entwickelt. Es ist bezeichnend, daß die Kokospalme ihren Verbreitungsschwerpunkt in der Äquatorialzone hat und nur selten über den nördlichen und südlichen Wendekreis hinauskommt. Dies zeigt, welch hohes Lichtbedürfnis sie hat. Die kurzen Wintertage auf unserer nördlichen Halbkugel übersteht sie auf Dauer nur mit einer zusätzlichen Lichtquelle.

Die Kokospalmen variieren sehr stark. Große Bedeutung erlangte eine Zwergform, die im ostasiatischen Raum entstand („Malayan-Dwarf"). Sie wird inzwischen in vielen Ländern angebaut. Solche kleinbleibenden Kokospalmen werden gelegentlich unter exotisch klingenden Namen angeboten – meist als keimende Nüsse. Wer einen Kulturversuch wagen will, sollte zuvor die nicht geringen Ansprüche der Kokospalme bedenken. Zunächst sind die Blätter – wie bei allen Palmen – ungeteilt. Erst ältere sind typisch gefiedert.
Licht: Sonnig, auch im Winter viel Licht. Zusatzbelichtung scheint während der winterlichen Kurztage unentbehrlich zu sein. Die Lampen sollten den natürlichen Tag verlängern.
Temperatur: Warm, aber luftig. Im Winter um 15 °C.
Substrat: Einheitserde mit $1/3$ Kompost- oder Gartenerde und $1/3$ krümeligem Lehm; pH um 6. Um einen guten Wasserabzug zu gewährleisten, erhält die Mischung etwa $1/4$ groben Sand. Kokospalmen wachsen nahezu ausschließlich in Meeresnähe und vertragen hohe Salzgehalte. Einer Substratmischung (aus ungedüngten Komponenten) kann man je Liter 5 g eines Volldüngers beimischen.
Feuchtigkeit: Stets feucht halten, keinesfalls austrocknen lassen. Die Luftfeuchte sollte möglichst nicht unter 60 % liegen.
Düngen: Von Frühjahr bis Herbst wöchentlich, im Winter alle 2 Wochen mit Blumendünger gießen.

Coccoloba uvifera

An günstigen Plätzen wachsen Kokospalmen in wenigen Jahren zu meterhohen Exemplaren heran. Die Blattstiele solch großer Exemplare sind wie die Nüsse mit einem dichten Bast umgeben.

Umpflanzen: Möglichst selten; nur dann, wenn Wurzeln den Topf weitgehend ausfüllen. Möglichst tiefe Palmentöpfe verwenden. Die Wurzeln nicht beschädigen!
Vermehren: Nüsse ohne Basthülle bis zur Hälfte in Wasser oder feuchten Torf legen. Die Wasser- oder Bodentemperatur sollte mindestens 25 °C betragen. Am sichersten ist es, solche Nüsse zu verwenden, die bereits zu keimen begonnen haben.
Pflanzenschutz: Regelmäßig auf Befall mit Spinnmilben kontrollieren. Auch Schildläuse können lästig werden. Beide Schädlinge lassen sich nur durch mehrmaliges Spritzen mit Präparaten wie Unden flüssig bekämpfen. Für hohe Luftfeuchte sorgen, sonst sind Blattschäden und Spinnmilben kaum zu verhindern.

Codiaeum, Kroton, Wunderstrauch

Der Kroton – wie er nach einem veralteten Namen immer noch bezeichnet wird – ist zwar eine beliebte und verbreitete Topfpflanze, aber doch ein Sorgenkind der Stubengärtner. Allzu oft sieht man nahezu kahle Exemplare. Wer nun glaubt, der Wunderstrauch sei eine schwierig zu kultivierende Pflanze, hat einen falschen Schluß gezogen. Kroton wachsen sehr willig, wenn nur einige Grundvoraussetzungen gegeben sind. Dazu zählen Wärme, Luftfeuchtigkeit und angemessenes Gießen.
Von den sechs Arten der Gattung *Codiaeum* hat nur *C. variegatum* in der Varietät *pictum* Verbreitung gefunden. Aber sie allein ist ungewöhnlich variabel, sowohl in der Blattform als auch -farbe. Alle sind wenig verzweigte Sträucher mit farbenfrohen Blättern in Grün, Gelb und Rot und erreichen im Alter nahezu 2 m Höhe. Bei manchen Sorten ändert sich die Blattfarbe mit zunehmendem Alter.
Licht: Hell, aber vor direkter Sonne geschützt (mit Ausnahme der Wintermonate).
Temperatur: Warm, auch im Winter nicht unter 18 °C. Die Bodentemperatur sollte nicht unter die Lufttemperatur absinken, sonst kommt es leicht zu Wurzelfäule und in deren Folge zu Blattfall.
Substrat: Einheitserde oder TKS, pH um 5,5.
Feuchtigkeit: Stets mäßig feucht halten, doch keine Nässe aufkommen lassen. Die Luftfeuchte sollte möglichst nicht unter 60 % absinken.
Düngen: Von Frühjahr bis Herbst alle 1 bis 2 Wochen, im Winter alle 3 bis 4 Wochen mit Blumendünger gießen.
Umpflanzen: Alle 1 bis 2 Jahre im Frühjahr oder Sommer.

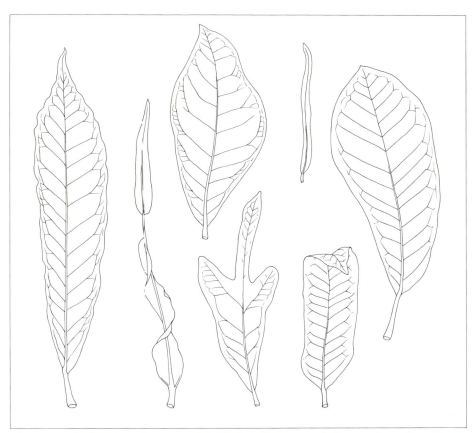

Im Sortiment des Wunderstrauches finden sich die unterschiedlichsten Blattformen.

Vermehren: Stecklinge bewurzeln nicht leicht und nur bei hohen Temperaturen um 25 bis 30 °C. Außerdem empfiehlt es sich, Bewurzelungshormone einzusetzen. Einfacher und sicherer ist das Abmoosen (s. Seite 96). Samen wird kaum angeboten. Er zählt zu den Lichtkeimern und darf nicht mit Erde abgedeckt werden. Nur mit Glasscheibe oder Folie für konstante Feuchtigkeit sorgen.
Pflanzenschutz: Regelmäßig auf Befall mit Spinnmilben kontrollieren.

Nicht nur die Blattformen des Wunderstrauches (Codiaeum variegatum var. pictum) variieren in vielfältigster Weise, auch die Farben zeigen die gleiche Variabilität.

Codonanthe gracilis

Coelogyne cristata

Codonanthe

Sehr viel Ähnlichkeit mit Columneen, noch mehr mit *Aeschynanthus* haben Pflanzen, die unter den Namen *Codonanthe* angeboten werden. Diese Gattung aus der Familie der Gesneriengewächse (Gesneriaceae) umfaßt etwa 20 Arten, die im tropischen Amerika verbreitet sind. Sie haben wie *Aeschynanthus* überhängende, verholzende, rötlich gefärbte Stiele und gegenständige, glänzende Blätter. Gelegentlich im Angebot findet man *Codonanthe crassifolia* und *C. gracilis*, doch ist die Benennung unsicher. Die cremeweißen, im Schlund bräunlich bis rötlich gezeichneten Blüten dieser Arten erscheinen in den Blattachseln.
Codonanthe haben die gleichen Ansprüche wie *Aeschynanthus*. Zur Blütenbildung scheint eine Kühlbehandlung wie bei einigen Columneen nicht erforderlich zu sein. Zumindest ist ein mehrwöchiger kühler Aufenthalt bei Temperaturen um 15 °C nicht schädlich.

Coelogyne

Eine der bekanntesten Zimmerorchideen dürfte *Coelogyne cristata* sein. Diese in Nepal in Höhen zwischen 1500 und 2500 m vorkommende Art besitzt bis 6 cm lange, rundliche Pseudobulben mit jeweils zwei bis 30 cm langen, schmalen Blättern. Im Winter oder zeitigen Frühjahr erscheint der prächtige Blütenstand mit zahlreichen reinweißen Blüten, die gelbe Kämme auf der Lippe tragen.
Diese Orchidee ist wirklich leicht zu pflegen, wenn man ihr während des Winters einen nicht allzu sehr geheizten Raum bieten kann. Im stets trocken-warmen Zimmer nutzt die beste Pflege nichts. Ideal ist dagegen ein luftiger Platz, an dem nachts die Temperatur immer um einige Grade absinkt. Das entspricht genau den heimatlichen Bedingungen dieser Gebirgspflanze. Im Sommer fühlt sie sich im Garten am wohlsten.
Wer keinen kühlen Raum zu bieten hat, versuche es lieber mit *Coelogyne massangeana*. Sie schätzt zwar auch das überheizte Zimmer im Winter nicht, erträgt es aber besser. Ihr im Frühjahr oder später erscheinender Blütenstand wird bis $1/2$ m lang und hängt. Die cremefarbenen Blüten gefallen wegen der braun gezeichneten Lippe. Wegen der hängenden Blütentrauben können die beiden genannten Arten – zumindest während der Blütezeit – nur als Ampelpflanze gehalten werden. Am besten setzt man sie in Körbchen oder flache Schalen.
Licht: Halbschattiger Platz. *C. cristata* verträgt aber auch, besonders während der Wintermonate, direkte Sonne. Freilandaufenthalt im Sommer an halbschattigem Platz.
Temperatur: Zimmertemperatur, im Sommer tagsüber auch wärmer. *C. cristata* im Winter 12 bis 16 °C, nach der Blüte auch kühler. *C. massangeana* 15 bis 20 °C. Reichlich belüften; nachts stets Temperatur absenken.
Substrat: Mischungen aus Osmunda und Mexifarn mit Anteilen von Styromull oder Rinde zur guten Durchlüftung. Für *C. cristata* kann bis $1/3$ Torf beigemischt werden; pH um 5.
Feuchtigkeit: *C. massangeana* hat keine Ruhezeit und wird deshalb das ganze Jahr über stets dann gegossen, wenn das Substrat leicht abgetrocknet ist. *C. cristata* steht ab Oktober trockener, und man befeuchtet das Substrat nur soviel, daß die Pseudobulben nicht schrumpfen. Mit Triebbeginn im Frühjahr wird wieder häufiger gegossen. Kein hartes Wasser verwenden. Luftfeuchte nicht unter 50%.
Düngen: Im Frühjahr und Sommer alle 2 bis 3 Wochen mit Blumendünger in halber Konzentration gießen.
Umpflanzen: Möglichst selten! Wenn nötig, im Frühjahr mit Triebbeginn. Dabei die Wurzeln weitgehend schonen. Vorsichtig teilen. Bei Verwendung von Torf ist häufiger umzutopfen.
Vermehren: Teilen beim Umtopfen.

Coffea, Kaffeebaum

Kaffee ist eine verhältnismäßig junge Nutzpflanze. Während die Chinesen Tee bereits 2700 Jahre vor der Zeitrechnung schätzten, begann man „erst" vor rund 1000 Jahren, Kaffee auf der Arabischen Halbinsel anzubauen. Obwohl die wichtigste der etwa 60 *Coffea*-Arten, *C. arabica*, aus Äthiopien stammt, ist die Geschichte des Kaffees eng mit der arabischen Welt verbunden. Dort wurde der Kaffeegenuß zuerst populär und allen islamischen Völkern vertraut, da sie ihn bei ihren Pilgerzügen nach Mekka kennenlernten.
Auf dem amerikanischen Kontinent, der heute über 70% der Weltkaffeernte liefert, ist keine der 60 *Coffea*-Arten beheimatet. Erst über Indonesien und Europa gelangte zu Beginn des 18. Jahrhunderts *C. arabica* nach Südamerika. Die asiatischen Arten haben als Nutzpflanze keine Bedeutung. Bei knapp $3/4$ der Welternte handelt es sich um Sorten von *C. arabica* („Arabica-Kaffee"); $1/4$ liefert *C. canephora*, syn. *C. robusta* („Robusta-Kaffee").
Als Zierpflanzen wurden Kaffeesträucher schon bald in botanischen Gärten kultiviert. Erst in jüngster Zeit wird Samen häufig auch dem Blumenfreund angeboten. In der Regel ist es Samen von *C. arabica*. Daraus entwickeln sich kleine zunächst unverzweigte Bäumchen. Auf der Fensterbank ist es kaum möglich, blühende und fruchtende Kaffeepflanzen zu erzielen. Werden sie gut gepflegt, erreichen sie meist im vierten Jahr ihre Blühreife. Dann sind sie oft schon zu groß geworden.
Samenansatz gelingt – wenn man mit einem feinen Haarpinsel ein wenig nachhilft – nur bei *C. arabica*, der einzigen selbstfertilen

Art. Die kirschenähnlichen Früchte sind die eigentliche Zierde der Pflanze, denn ansonsten sind Kaffeebäumchen mehr interessant als attraktiv.
Licht: Hell, aber – mit Ausnahme der Morgen- und Abendstunden sowie der Wintermonate – vor direkter Sonne geschützt.
Temperatur: Warm, auch im Winter nicht unter 15°C. Die Bodentemperatur sollte nicht unter die Lufttemperatur absinken.
Substrat: Einheitserde oder TKS, auch gemischt mit sandiger Kompost- oder Gartenerde; pH 5,5 bis 6,5.
Feuchtigkeit: Stets mäßig feucht halten. Trockene Zimmerluft unter 50% Luftfeuchte führt zum Einrollen der Blätter und begünstigt Spinnmilbenbefall.
Düngen: Von Frühjahr bis Herbst wöchentlich, im Winter alle 4 bis 6 Wochen mit Blumendünger gießen.
Umpflanzen: Alle 1 bis 2 Jahre, ältere Exemplare in größeren Abständen.
Vermehren: Vom roten Fruchtfleisch befreite Kaffeebohnen sofort aussäen, da sie bald ihre Keimfähigkeit verlieren. Geröstete Bohnen sind natürlich nicht mehr keimfähig! Keimtemperatur um 25°C.
Pflanzenschutz: Auf Spinnmilben- und Schildlausbefall achten!

Coffea arabica

Coleus-Blumei-Hybriden

Coleus-Pumilus-Hybride

Coleus, Buntnessel

Mit ihren farbenfrohen Blättern zählen die Buntnesseln zu den auffälligsten Zimmerpflanzen. Das Farbenspiel im *Coleus*-Sortiment wird von kaum einer anderen Gattung erreicht. Von Cremeweiß über Gelb, Grün bis Rot fehlt keine Farbe. Die in Rispen erscheinenden blauen Lippenblütchen sind dagegen unscheinbar. Rund 150 Arten sind aus den tropischen Gebieten der Alten Welt bekannt. Gepflegt werden jedoch ausnahmslos Hybriden, die durch Kreuzung von *Coleus blumei* mit weiteren Arten entstanden. Sie sind unter dem Namen *Coleus*-Blumei-Hybriden verbreitet, werden aber auch als *C.* × *hybridus* geführt.
Interessant sind die Auslesen von *C. pumilus*. Es sind meist kriechende, im Topf überhängende Pflanzen mit kleineren, grüngerandeten Blättern. Ähnlich wie bei *C. blumei* sind die Blüten von *C. pumilus* unscheinbar. Attraktiver blühen zum Beispiel *C. fredericii* und *C. thyrsoideus*, doch sind diese Arten nur in botanischen Gärten anzutreffen.
Die Pflege der Buntnesseln ist denkbar einfach. Wichtig ist nur ein sonniger, luftiger Stand.
Licht: Vollsonnig. An schattigen Plätzen verliert sich die intensive Blattfärbung.
Temperatur: Luftiger Stand. Im Winter nicht unter 8°C, aber nur dann über 15°C, wenn die Pflanzen volles Licht erhalten.
Substrat: Jede übliche Blumenerde; pH um 6.
Feuchtigkeit: Stets feucht halten. Buntnesseln haben besonders im Sommer einen hohen Wasserbedarf. Im Winter bei kühlem Stand sparsamer gießen und keine Nässe aufkommen lassen, da sonst die Wurzeln zu faulen beginnen.
Düngen: Wöchentlich, im Winter bei kühlem Stand alle 2 Wochen mit Blumendünger gießen.
Umpflanzen: In der Regel nur bei der Anzucht erforderlich, wenn der Topf für Sämlinge oder bewurzelte Stecklinge zu klein geworden ist.
Vermehren: Am besten ist es, jährlich neue Pflanzen heranzuziehen, da Jungpflanzen am schönsten sind und alte Exemplare unten verkahlen. Stecklinge bewurzeln leicht, auch im Wasser. Nach Möglichkeit von nichtblühenden Pflanzen schneiden. Bewurzelte Stecklinge zumindest einmal stutzen, um eine gute Verzweigung zu erreichen. Reizvoll ist es, *Coleus* aus Samen heranzuziehen, weil die Sämlinge die unterschiedlichste Blattzeichnung und -färbung aufweisen. Beste Zeit für die Aussaat ist der März. Bei 18 bis 20°C keimen die Samen innerhalb von 2 Wochen. Sämlinge ebenfalls stutzen.
Besonderheiten: *Coleus* kann man wie Sommerblumen ab Mai im Freien halten, doch entwickeln sie sich bei naßkaltem Wetter weniger gut.

Columnea gloriosa

Columnea hirta

Columnea sanguinea

× Colmanara

Wem die Blüten der *Oncidium*-Orchideen zu klein sind, dem seien die × *Colmanara*-Hybriden empfohlen. Sie entstanden durch Kreuzung von Vertretern der Gattungen *Miltonia*, *Odontoglossum* und *Oncidium*. Sie erinnern an Oncidien, haben wie diese eine lange Blütenrispe, aber größere Einzelblüten und auch eine größere Lippe. Zu pflegen sind sie wie Oncidien; wie diese passen sie auch wegen der langen Blütenstände kaum auf die Fensterbank.

Columnea

Columneen gehören zu den schönsten Ampelpflanzen. Die langen, überhängenden Triebe können über und über mit Blüten besetzt sein. Wer solche Exemplare gesehen hat, wird auch den Wunsch haben, Columneen zu Hause zu pflegen. Doch dort erweist sich bald, daß diese wunderschönen Blütenpflanzen recht anspruchsvoll sind. Nur wenige halten im Wohnraum aus. Für die meisten sind die Wärme und die Luftfeuchte des geschlossenen Blumenfensters, der Vitrine oder des Gewächshauses unabdingbare Voraussetzungen.

Bei Pflanzen, die aus dem tropischen Amerika stammen, sind solche Ansprüche nicht verwunderlich. Rund 100 Arten dieser Gesneriengewächse sind bekannt. Hinzu kommen einige Hybriden. In ihrer Heimat kommen Columneen meist als Epiphyten vor. Sie wachsen auf Bäumen im Mulm, der sich in Ritzen und Löchern ansammelt. Nicht alle besitzen lange, überhängende Triebe. *Columnea sanguinea* zum Beispiel wächst aufrecht und wird über 1 m hoch.

Das Bemerkenswerte an diesem Strauch sind weniger die gelben Blüten. Die großen, bis 30 cm langen Blätter tragen einen kräftigen roten Fleck. Wie bei anderen Gesneriengewächsen, zum Beispiel *Nematanthus*, sind die beiden Blätter eines Paars unterschiedlich groß.

Doch *C. sanguinea* hat gärtnerisch keine Bedeutung. Im Blumenhandel werden nur wenige Columneen angeboten. Am häufigsten sind *C. gloriosa* – meist unter dem Namen *C. hirta* geführt – sowie die Hybriden *C.* × *kewensis* (*C. magnifica* × *C. schiedeana*, vermutlich identisch mit *C.* × *vedrariensis*) und *C.* × *banksii* (*C. oerstedtiana* ×

Columnea × kewensis

C. schiedeana). Immer öfter finden sich Sorten wie 'Stavanger' und deren Abkömmlinge. Sie zu unterscheiden ist fast unmöglich, und so ist auch die Benennung der angebotenen Pflanzen unsicher und oft fehlerhaft.

Licht: Hell, aber vor direkter Sonne geschützt.

Temperatur: In der Regel nicht unter 20 °C. Im Sommer schaden selbst 30 °C nicht. Auch im Winter gelten 20 °C als Richtwert. Von *C.* × *kewensis* weiß man, daß sie mindestens 1 Monat bei etwa 15 °C stehen muß, um Blüten anzusetzen. Anschließend soll die Temperatur wieder rund 18 bis 20 °C betragen. Viele andere Columneen vertragen diese Kühlbehandlung nicht und reagieren auf solch niedrige Temperaturen mit Blattfall. Wer eine unbestimmte *Columnea* besitzt, sollte zunächst versuchen, ob sie bei Wintertemperaturen um 18 °C Blüten ansetzt.

Substrat: Torfsubstrate wie Einheitserde oder TKS; pH 5,5 bis 6,5.

Feuchtigkeit: Stets mäßig feucht halten, aber Nässe – besonders während niedriger Temperaturen – vermeiden. Die Luftfeuchte sollte nicht unter 60 % liegen. Die meisten Columneen gedeihen am besten im geschlossenen Blumenfenster. Im Zimmer trockener halten.

Düngen: Von Frühjahr bis Herbst alle 1 bis 2 Wochen mit Blumendünger in angegebener Konzentration gießen. Im Winter genügen Nährstoffgaben in Abständen von etwa 4 bis 5 Wochen.

Umpflanzen: Alle 1 bis 2 Jahre nach der Blüte.

Vermehren: Stecklinge von etwa 5 cm Länge schneiden und bei etwa 25 °C Bodentemperatur bewurzeln.

Conophytum

Zu den reizvollsten Vertretern der Mittagsblumengewächse (Aizoaceae) gehört die artenreiche Gattung *Conophytum*. Die 315 beschriebenen Arten dürften zwar einer kritischen Überprüfung nicht standhalten, aber die weiß-, gelb-, orange- oder violettblühenden Bewohner Südafrikas reichen auch dann noch aus, um eine Sammelleidenschaft auf Jahre hinaus nicht ruhen zu lassen.

Im Gegensatz zu den meist einzelstehenden Körpern von *Argyroderma* bilden *Conophytum* große, dicht beieinander stehende Gruppen. Man unterscheidet zwischen den „biloben" und den „kugeligen" Arten. Bei den biloben sind zwei Blätter deutlich erkennbar ähnlich *Argyroderma*. Bei den kugeligen dagegen sind die beiden Blätter bis auf einen schmalen Spalt an der Spitze zusammengewachsen.

Conophytum-Arten empfehlen sich dem Pflanzenfreund, der bereits Erfahrungen mit sukkulenten Pflanzen sammeln konnte. Besonders zu beachten ist der Wachstumsrhythmus, der deutlich von anderen sukkulenten Pflanzen abweicht. Während der Ruhezeit schrumpfen die Körper zu dünnen Häuten zusammen, in deren Inneren bereits die neuen Blattanlagen entstehen.

Licht: Heller Platz, nur vor direkter Mittagssonne im Sommer leicht geschützt.
Temperatur: Luftiger Platz mit Zimmertemperatur oder wärmer. Im Winter um 14 °C.
Substrat: Mischungen aus Einheitserde und grobem Quarzsand zu gleichen Teilen; pH um 6.
Feuchtigkeit: Das Wachstum der biloben Arten beginnt im Juni, das der kugeligen erst im Juli. Bis zu diesem Zeitpunkt trocken halten und dann zunächst vorsichtig gießen. Immer erst gießen, wenn die Erde völlig trocken ist. Ab Januar/Februar Wassergaben reduzieren und nach weiteren 4 Wochen ganz einstellen.
Düngen: Nur von September bis November sporadisch mit Kakteendünger gießen.
Umpflanzen: Nur in größeren Abständen vor Beginn der Wachstumsperiode.
Vermehren: Größere Gruppen können beim Umtopfen vorsichtig geteilt werden. Auch Aussaat ist wie bei *Argyroderma* möglich.

Copiapoa

Noch nicht allzu lange sind die aus dem Norden Chiles stammenden Kakteen der Gattung *Copiapoa* bekannt. Nahezu 40 Arten hat man davon beschrieben. Auch in Kultur sind einige vertreten, denn meist ist

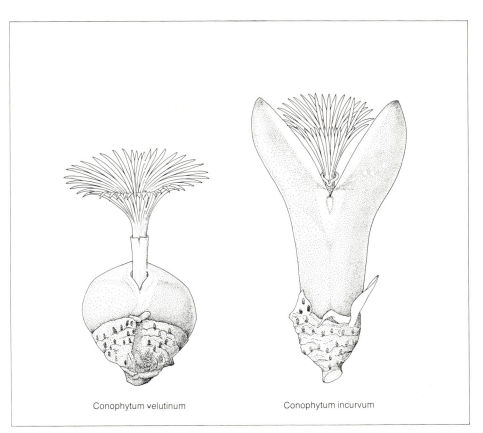

Bei Conophytum unterscheidet man zwischen Arten mit deutlich ausgebildeten Blättern (bilobe Arten) und den kugeligen.

Copiapoa cinerea, die in unseren Breiten aus Samen herangezogen wurden, weisen nicht die dicke Wachsschicht auf wie importierte Pflanzen, sind aber wüchsiger und robuster.

die Bedornung sehr auffällig, oder der ganze Pflanzenkörper ist wie bei der verbreiteten Art *C. cinerea* mit einer dichten weißen Wachsschicht überzogen. Sie bilden kugelige Körper, die bei einigen Arten im Alter in kurze Säulen übergehen.

In Kultur haben sich *Copiapoa*-Arten sehr unterschiedlich bewährt. Werden Importpflanzen angeboten, so ist deren Lebenserwartung nur sehr beschränkt. Deshalb und zum Schutz der Pflanzen an den heimischen Standorten sollte man nur solche Exemplare erwerben, die nachweislich aus Samen herangezogen wurden – oder selbst Aussaaten vornehmen. Diese Kakteen sind besser angepaßt und deutlich langlebiger.

Licht: In Kultur hat es sich bewährt, *Copiapoa*-Arten im Sommer vor direkter Sonne leicht zu schützen. Ansonsten so hell und sonnig wie möglich.
Temperaturen: Warm, mit deutlicher nächtlicher Abkühlung. Im Winter um 10 °C.
Substrat: Übliche Kakteensubstrate mit einem hohen Anteil mineralischer Bestandteile wie Lava- oder Urgesteinsgrus (besonders für Arten mit Rübenwurzeln wie *C. hypogaea*!); pH um 6.
Feuchtigkeit: Auch während des – meist langsamen – Wachstums vorsichtig erst dann gießen, wenn die Erde weitgehend abgetrocknet ist. Im Sommer läßt das Wachstum nach; dann wird nur sporadisch gewässert. Im Winter völlig trocken halten.
Düngen: Nur während deutlichen Wachstums alle 4 bis 6 Wochen mit Kakteendünger gießen.
Umpflanzen: In der Regel nur alle 2 bis 3 Jahre – am besten im Winter – erforderlich.
Vermehren: Soweit Samen erhältlich, diesen am besten sofort aussäen (im Winter Zusatzlicht!) und nicht mit Erde bedecken. Er keimt bei 20 bis 25 °C.

Cordyline, Keulenlilie

Keulenlilien sind feste Bestandteile des Topfpflanzensortiments, obwohl keine ihrer rund 20 in Australien, Indien und in Amerika verbreiteten Arten sowie die vielen Kulturformen ideale Pflanzen für die gewöhnliche Wohnstube sind. Am häufigsten ziehen Gärtner die Sorten von *Cordyline fruticosa* heran, besser bekannt als *C. terminalis*. Diese Auslesen haben rot- oder rot-weiß gestreifte Blätter, die eine Länge von 50 cm erreichen können und lang gestielt sind. Lediglich die heute wichtigste Sorte 'Red Edge' bleibt kleiner. Alle Sorten von *C. fruticosa* wollen warm und nicht lufttrocken stehen. Der beste Platz ist ein geschlossenes Blumenfenster oder Gewächshaus. Ganz anders die übrigen gärtnerisch interessanten Arten. Sie wollen kühle, luftige Räume und stehen im Sommer am besten im Garten. Schon vor über 100 Jahren waren *C. indivisa* und *C. australis* mit ihren ungestielten, derben Blättern geschätzte Kübelpflanzen. Besonders Sämlinge von *C. indivisa* finden sich heute noch im Angebot, meist als „Dracaena indivisa". Die beiden Gattungen sehen sich tatsächlich sehr ähnlich, so daß eine Verwechslung verständlich ist. Wer keine blühenden Pflanzen hat, kann durch einen Blick auf die Wurzeln alle Zweifel beseitigen: Cordylinen haben weiße, knollige Wurzeln, bei Dracaenen sind sie orange gefärbt. *C. australis*, *C. indivisa* sowie *C. stricta* (syn. *C. congesta*) empfehlen sich nur für kühle, luftige Räume. Im Alter werden es mehrere Meter hohe Bäume, die nur in hohen Gewächshäusern Platz finden.

Licht: Hell, doch vor direkter Sonne während der Mittagsstunden geschützt. *C. fruticosa* verträgt weniger Sonne als die derbblättrigen Arten.
Temperatur: *C. fruticosa* ganzjährig warm und auch im Winter nicht unter 18 °C. Die übrigen genannten Arten stehen im Winter kühl bei 5 bis 10 °C, nur Sämlinge nicht kühler als 10 °C. Ab Mai kommen sie am besten in den Garten, wobei sie zunächst Schatten benötigen und auch nach Eingewöhnung nicht in der Prallsonne stehen sollten.
Substrat: Einheitserde oder TKS, für die derbblättrigen Arten gemischt mit 1/4 grobem Sand und der gleichen Menge krümeligem Lehm; pH um 6.
Feuchtigkeit: Besonders *C. fruticosa* darf nie austrocknen. Sie verlangt eine Luftfeuchte möglichst über 60 %. Alle Cordylinen sind empfindlich gegen stauende Nässe.
Düngen: Von Frühjahr bis Herbst wöchentlich, im Winter *C. fruticosa* alle 3 bis 4 Wochen mit Blumendünger gießen.
Umpflanzen: Alle 1 bis 2 Jahre im Frühjahr, große Kübelpflanzen in weiteren Abständen.
Vermehren: Arten wie *C. fruticosa* im Frühjahr aussäen (Keimtemperatur um 20 °C). Ansonsten Kopf- oder Stammstecklinge bewurzeln. *C. fruticosa* benötigt dazu hohe Bodentemperaturen über 25 °C. Leichter geht es, diese Art abzumoosen.

Corokia, Zickzackstrauch

In Neuseeland sind die vier Arten der Gattung *Corokia* aus der Familie der Cornaceae beheimatet. Mit *C. cotoneaster*, dem Zickzackstrauch, liefert die Gattung eine ungewöhnliche, leider wenig verbreitete Topfpflanze. Die Zweige des niedrigen, am heimatlichen Standort 1 bis maximal 2 m hoch werdenden Strauchs ändern nach

Cordyline fruticosa, davor Dracaena deremensis

jedem Knoten die Richtung. Sie sind dunkel gefärbt, in der Jugend flaumig behaart. Die kleinen spatelförmigen Blätter weisen auf der Unterseite eine weiße Behaarung auf. Im Winterhalbjahr schmückt sich der Strauch mit vielen kleinen gelben Blüten.
Licht: Hell, nur vor direkter Mittagssonne geschützt.
Temperatur: Kühler, luftiger Stand. Im Winter genügen 5 bis 10 °C.
Substrat: Einheitserde („frux"), auch gemischt mit grobem Sand; pH um 6.
Feuchtigkeit: Stets mäßig feucht, nie naß halten. Im Winter sparsam gießen.
Düngen: Von Frühjahr bis Herbst alle 2, im Winter alle 4 Wochen mit Blumendünger gießen.
Umpflanzen: Alle 1 bis 2 Jahre im Frühjahr oder Sommer.
Vermehren: Noch nicht zu stark verholzte Stecklinge bewurzeln bei Temperaturen über 15 °C.

Coryphantha

Eine den beliebten Mammillarien nahe verwandte Kakteengattung trägt den Namen *Coryphantha*. Wie die Mammillarien sind es meist kugelige, zum Teil auch zu kleinen Säulen verlängerte Pflanzen, die vom südlichen Kanada bis Mexiko verbreitet sind. Rund 50 Arten sind bekannt, von denen einige wegen der großen Blüten gerne gepflegt werden. Auch die derbe Bedornung ist sehenswert. Manchmal entsteht ein hübscher Kontrast zwischen der weißen Wolle, den weißen Randdornen und dem gekrümmten schwarzen Mitteldorn.
Eine Besonderheit läßt uns die *Coryphantha*-Arten leicht identifizieren: Die Warzen oder Mamillen sind oft kräftig ausgebildet. Auf ihrer Oberseite ist eine deutliche Furche erkennbar, die in die Achsel hineinführt. Aus dieser Furche entwickeln sich in der Scheitelregion der Pflanzen die ansehnlichen Blüten (s. Seite 147).
Bei der Pflege der *Coryphantha* muß der jeweilige Heimatstandort beachtet werden. Es gibt Arten, die in extremen Wüstengebieten vorkommen, wie *C. compacta*. Sie sind meist kräftiger bedornt und besitzen weniger ausgeprägte Warzen. Die im grasigen Gelände vorkommenden Arten sind in der Regel fleischiger mit kräftigen Warzen, aber nur schwach bedornt. Die Graslandbewohner wie *C. andreae*, *C. clava* und *C. elephantidens* verlangen etwas mehr Feuchtigkeit und sind leichter zu pflegen.
Licht: Sonniger Standort.
Temperatur: Warm; im Winter 5 bis 10 °C.
Substrat: Übliche Kakteensubstrate. Bei den Wüstenbewohnern wird der mineralische

Coryphantha andreae

Cotyledon orbiculata

Anteil (Lava-, Urgesteinsgrus) erhöht, bei den Graslandbewohnern kann ein höherer Anteil Torf beigemischt werden; pH um 6.
Feuchtigkeit: Wüstenbewohner nur mäßig gießen. Die anderen benötigen etwas mehr Wasser. Im Winter stehen alle völlig trocken.
Düngen: Bei deutlichem Wachstum alle 3 bis 4 Wochen mit Kakteendünger gießen.
Umpflanzen: In der Regel alle 2 Jahre im Winter. Die Töpfe sollten relativ groß sein, denn Coryphanthen bilden ein umfangreiches System dicker Rübenwurzeln aus. In zu kleinen Töpfen blühen sie schlecht.
Vermehren: Soweit erhältlich aus Samen, der ohne Erdabdeckung bei 20 bis 25 °C keimt. Sprossende Arten wie *C. elephantidens* lassen sich leicht durch abgetrennte Kindel vermehren.

Cotyledon

Rund 40 Arten umfaßt diese aus der Familie der Dickblattgewächse (Crassulaceae) stammende Gattung, die vorwiegend im südlichen Afrika beheimatet ist. Einzelne Arten wie *Cotyledon undulata* mit weißbereiften Blättern und welligen Blatträndern, *C. orbiculata*, die bis 1 m hohe, verzweigte Stämmchen mit ebenfalls weißbereiften, gelegentlich rotgerandeten fleischigen Blättern bildet, oder gar die sehr giftige *C. wallichii* mit den fleischigen, verzweigten Stämmchen und den zylindrischen, jährlich im Herbst abfallenden Blättern werden gelegentlich angeboten. Es sind dankbare, anspruchslose Zimmerpflanzen, die auch ohne Blüte dekorativ sind. Entwickeln sich die Blütenstände mit den glockigen, grün oder rötlich gefärbten Blüten, so sind sie eine weitere Zierde.

Licht: Heller, sonniger Standort.
Temperatur: Zimmertemperatur oder wärmer, doch luftig. Im Winter kühler; nicht unter 10 °C.
Substrat: Mischung aus Einheitserde und Sand oder handelsübliche Kakteenerde; pH um 6,5.
Feuchtigkeit: Immer erst gießen, wenn die Erde weitgehend – nicht völlig – abgetrocknet ist. Im Winter nur sporadisch gießen, besonders laubabwerfende Arten weitgehend trocken halten. Geringe Luftfeuchte schadet nicht.
Düngen: Von Mai bis September in Abständen von 3 bis 4 Wochen mit Kakteendünger gießen.
Umpflanzen: Alle 1 bis 2 Jahre von Frühjahr bis Sommer möglich.
Vermehren: Durch Stamm- oder Blattstecklinge, die man nach dem Antrocknen der Wunde flach in die Erde steckt.

Coussapoa

Der Hydrokultur hat es diese Pflanze zu verdanken, daß sie aus botanischen Sammlungen heraus den Weg ins Topfpflanzensortiment gefunden hat. Nun findet man *Coussapoa schottii* in größeren Hydrokulturanlagen, wo sie ähnlich wie der Kleinblättrige Gummibaum *(Ficus benjamina)* im Laufe der Jahre mehr als 2 m hoch werden kann. Überhaupt hat *C. schottii* viel Ähnlichkeit mit *Ficus benjamina* und wird auch häufig als *Ficus* angeboten. Auch als *Brosimum alicastrum* ist die Pflanze in Sammlungen noch zu finden. Erst in den vierziger Jahren konnte sie als *Coussapoa*, eine rund 50 Arten umfassende Gattung der Nesselgewächse (Urticaceae) identifiziert werden. Die Nesselgewächse stehen den Maulbeerbaum-

Coussapoa schottii

gewächsen (Moraceae) sehr nahe, zu denen die Gummibäume zählen.
Wie diese bildet *Coussapoa* auch lange Luftwurzeln. Die verholzenden Triebe sind in der Jugend weich behaart. Bei dunklem Stand und unzureichender Ernährung verliert die Pflanze von unten her ihre wechselständigen Blätter und sieht dann nicht mehr schön aus. Am besten schneidet man dann einen Kopfsteckling, der bei Bodentemperaturen über 20 °C leicht wurzelt. Auch Abmoosen ist ähnlich wie bei *Ficus* möglich. Die Jungpflanzen verzweigen sich ganz gut. Das Stutzen bringt meist keine Vorteile. Ansonsten entspricht die Behandlung der von *Ficus benjamina* und ähnlicher Gummibäume. Feine weiße Ausscheidungen auf der Blattunterseite sind üblich und kein Grund zur Besorgnis.

Crassula, Dickblatt

Die über 300 Arten umfassende Gattung, die weitgehend in Südafrika beheimatet ist, enthält bekannte Zimmerpflanzen wie *Crassula ovata*, die auch unter einigen anderen botanischen Namen wie *C. portulacea*, *C. obliqua* und mehreren deutschen Namen wie Geldbaum und sogar „Deutsche Eiche" bekannt ist. Das auch durch die große Variabilität hervorgerufene Durcheinander in der Namensgebung ist noch nicht beendet; die Botaniker vertreten konträre Auffassungen. Viel wichtiger jedoch ist, daß die Pflanze hervorragend im Zimmer gedeiht. Nicht selten findet man uralte Exemplare, die sogar schon die weißen Blütenstände bilden.
Regelmäßig zur Blüte kommen *Crassula schmidtii* und *C. falcata*. *C. schmidtii* wird nicht höher als 10 cm. Dicht mit dunkelkarminroten Blütenständen besetzte Pflanzen in kleinen Töpfen werden im späten Frühjahr und Sommer angeboten. Viel größer wird *C. falcata* mit ihren dickfleischigen, sichelförmigen Blättern und den großen karminroten Blütenständen, die ebenfalls im Sommer erscheinen. Ähnlich ist *C. perfoliata*, doch stehen die Blätter mehr waagrecht, während sie sich bei *C. falcata* fast senkrecht von der Pflanze wegstrecken, und sind stärker zugespitzt. Mit den erneut in Mode gekommenen Flaschengärten ist auch *C. lycopodioides* wieder häufiger zu finden. Es ist eine kurze, dicht beblätterte, zierliche stengelbildende Pflanze, die – wie der Artname „lycopodioides" schon sagt – Ähnlichkeit mit einem Bärlappgewächs aufweist. Nur selten findet man in Blumengeschäften weitere Arten wie *C. justi-corderoyi* und *C. perforata*. *C. justi-corderoyi* erinnert zunächst ein wenig an *C. schmidtii*. Sie wird höher und die oberseits flachen, unten runden Blätter sind mit punktartigen Vertiefungen bedeckt und am Rand bewimpert.
C. perforata hat dickfleischige, rotgerandete, gegenständige Blätter, die an der Basis miteinander verwachsen. Sie sehen somit aus, als ob die Stiele durch sie hindurchwachsen. Die einzelnen Triebe werden schnell lang, so daß *C. perforata* als Ampelpflanze verwendet werden muß. Allerdings läßt sich nur mit mehreren Pflanzen je Topf die gewünschte Wirkung erzielen.
Licht: Heller, sonniger Platz, auch im Winter.
Temperatur: Übliche Zimmertemperatur, im Sommer auch wärmer. Im Winter ist dagegen ein kühler Platz erforderlich, an dem Temperaturen zwischen 5 und 15 °C herrschen. Von *C. falcata* weiß man, daß sie keine Blüten bildet, wenn die Wintertemperatur wesentlich über 10 bis 12 °C ansteigt.
Substrat: Durchlässige, nahrhafte Erde, zum Beispiel Einheitserde mit $1/4$ Lehm und $1/4$ Sand oder Lavagrus; pH 5,5 bis 7.
Feuchtigkeit: Während des Wachstums nicht völlig austrocknen lassen, aber – besonders an kühlen Tagen – keine Nässe aufkommen lassen. Im Winter nur sporadisch gießen.
Düngen: Von Mai bis September/Oktober alle 2 Wochen mit Kakteendünger gießen.
Umpflanzen: Im Frühjahr und Sommer jederzeit möglich.
Vermehren: Von *C. falcata*, *C. perfoliata*, *C. ovata*, *C. perforata*, *C. schmidtii*, *C. justi-corderoyi* und *C. lycopodioides* Kopfstecklinge schneiden, die sich bei Zimmertemperatur leicht bewurzeln. Von den meisten Arten

Crassula ovata

bewurzeln sich auch Blätter, die flach auf die Erde gelegt werden. Es dauert aber länger, bis daraus stattliche Pflanzen herangewachsen sind. Von C. falcata und C. perfoliata empfiehlt es sich, nach der Blüte aus Blattstecklingen neue Pflanzen heranzuziehen.

Pflanzenschutz: Besonders bei sehr trockener Kultur können Wurzelläuse unangenehm werden, die nur schwer zu bekämpfen sind. Wer nicht lieber auf befallene Pflanzen verzichten will, sollte durchdringend mit Insektiziden wie Malathion gießen.

Crossandra

Aus Indien und Ceylon stammt eine hübsch blühende Pflanze, die sich zunehmender Beliebtheit erfreut. Sie trägt den Namen *Crossandra infundibuliformis*, gehört somit zur rund 50 Arten umfassenden Gattung *Crossandra* aus der Familie der Akanthusgewächse. In ihrer Heimat erreicht sie 1 m Höhe; die am häufigsten angebaute Sorte 'Mona Wallhed' bleibt dagegen viel kleiner. Die unbehaarten, wie gelackt glänzenden gegenständigen Blätter fühlen sich ledrig an.

Das Bemerkenswerteste ist die lange, vom Frühjahr bis in den Herbst reichende Blütezeit. Aus der endständigen Ähre mit den grünen, behaarten Deckblättern schieben sich zunächst die unteren, später die oberen großen, orange- bis lachsfarbenen Blüten. Nach der Blüte muß zurückgeschnitten werden, und es dauert wieder einige Zeit, bis die Pflanze ansehnlich geworden ist. Am besten ist es, immer wieder rechtzeitig für Nachwuchs zu sorgen.

Licht: Hell, aber vor direkter Sonne geschützt.
Temperatur: Zimmertemperatur um 20 °C. Im Winter um 18, aber nicht unter 16 °C. Keine „kalten Füße".
Substrat: Torfsubstrat wie Einheitserde oder TKS; pH 5 bis 6.
Feuchtigkeit: Stets mäßig feucht halten. Die Luftfeuchte sollte mindestens 50, besser 60 % betragen. Kann dies im Zimmer nicht geboten werden, besser ins geschlossene Blumenfenster stellen.
Düngen: Von Frühjahr bis Herbst alle 1 bis 2 Wochen, im Winter nur alle 4 Wochen mit Blumendünger gießen.
Umpflanzen: Jährlich im Frühjahr.
Vermehren: Ab Februar geschnittene Kopfstecklinge bewurzeln sich bei Temperaturen von 20 bis 22 °C. Nach der Bewurzelung einmal stutzen. Die Anzucht von *Crossandra* aus Samen ist dem Zimmergärtner nicht zu empfehlen.

Gelbblühende Sorte von Crossandra infundibuliformis

Pflanzenschutz: Besonders an weniger günstigen Standorten ist *Crossandra* anfällig. Nicht selten beginnen die Blätter abzufallen. Die Blattstiele verfärben sich zunächst bräunlich. Pflanzen dann trockener halten und mit Orthocid 83 spritzen. Gegen Blattläuse und Spinnmilben Insektizidstäbchen (plant pin, Paral Pflanzenschutzzäpfchen) verwenden.

Besonderheiten: Die Gärtner behandeln die Pflanzen oft mit Wuchshemmstoffen (zum Beispiel Alar 85 0,3%ig). Die Wirkung läßt nach einiger Zeit nach, und das Längenwachstum nimmt zu.

Cryptanthus

Viele Ananasgewächse (Bromeliaceae) scheiden trotz ihrer schönen Blätter und Blüten als Zimmerpflanzen aus, weil sie zu groß werden. Ganz anders die *Cryptanthus*, denen schon aus diesem Grund eine besondere Bedeutung zukommt. Es sind Pflanzen aus den Trockenwäldern Ostbrasiliens. Sie können den Boden über mehrere Quadratmeter bedecken, sind demnach starksprossende Bodenbewohner oder Geophyten. Sie unterscheiden sich damit von den epiphytisch, also auf Bäumen wachsenden Verwandten.

Dennoch müssen sie auch Trockenheit ertragen. Mit ihren derben, schuppigen Blättern haben sie sich diesen Bedingungen angepaßt. Obwohl die Cryptanthen kaum höher als 20 cm werden und sich damit geradezu zur Bepflanzung von Epiphytenstämmen anbieten, sei davon abgeraten. Aufgebunden entwickeln sie sich unbefriedigend. Am besten gedeihen sie ausgepflanzt. Sie können sich dann auch wie am heimatlichen Standort durch Kindel ausbreiten. Cryptanthen sind geradezu ideale Pflanzen für Flaschengärten.

Rund 20 Arten sind bekannt. In Kultur befinden sich vorwiegend Auslesen, von denen es eine große Anzahl gibt. Die weißen Blütchen der Pflanzen sind unscheinbar und sitzen im Inneren der Rosette (*Cryptanthus* = im Verborgenen blühend). Zierend sind ausschließlich die vielfältig gefärbten und gezeichneten Blätter.

Licht: Hell bis halbschattig; nur während der Wintermonate direkte Sonne.
Temperatur: Warm, auch im Winter nicht unter 18 °C. Die Bodentemperatur sollte nicht unter die Lufttemperatur absinken.
Substrat: Torfsubstrate wie Einheitserde und TKS, auch gemischt mit lockernden Bestandteilen wie Styromull oder Sphagnum; pH 6.
Feuchtigkeit: Ganzjährig mäßig feucht halten, obwohl sporadisches Austrocknen den Pflanzen nicht schadet. Trockene Luft wird ebenfalls toleriert, aber das hervorragende Wachstum in geschlossenen Blumenfenstern und Flaschengärten zeigt, daß die Entwicklung bei zumindest mittleren Werten von 50 bis 60 % besser ist.
Düngen: Von Frühjahr bis Herbst alle 1 bis 2 Wochen mit Blumendünger in halber

Cryptanthus bivittatus

Konzentration gießen, im Winter nur alle 4 bis 6 Wochen.
Umpflanzen: In der Regel alle 1 bis 2 Jahre; ausgepflanzt ist es nur selten erforderlich.
Vermehren: Kindel beim Umtopfen abtrennen. Sie bewurzeln leicht bei Bodentemperaturen über 20 °C. Einige *Cryptanthus* haben die Besonderheit aufzuweisen, zwischen den rosettig stehenden Blättern Seitentriebe zu entwickeln, die sich ab einer bestimmten Größe leicht ablösen lassen oder von selbst abfallen. Sie werden wie Kindel behandelt.

Ctenanthe

Sehr viel Ähnlichkeit mit den *Calathea*-Arten haben die nahe verwandten *Ctenanthe*. Nur der Fachmann kann diese beiden Gattungen der Marantengewächse auseinanderhalten. Die neun *Ctenanthe*-Arten als Bewohner feuchtwarmer Urwälder gedeihen am besten im geschlossenen Blumenfenster, vorausgesetzt, es ist groß genug. Die *Ctenanthe*-Arten werden nämlich über halbmeterhoch, *Ctenanthe oppenheimiana* sogar fast 1 m. Am häufigsten wird *C. lubbersiana* angeboten, eine Art mit unterseits hellgrünen, oberseits gelb-grün marmorierten Blättern. *Ctenanthe oppenheimiana* hat dagegen unterseits rote, oberseits grüne Blätter, die je nach Belichtung unterschiedlich stark silbrig gekennzeichnet sind. Noch auffälliger ist die Sorte 'Tricolor': Den Blättern fehlt auf verschieden großen und geformten Flächen jede Farbe – sie sind dort reinweiß.

Die beiden genannten Arten haben sich in Kultur als die härtesten erwiesen. Dennoch ist die Pflege im Zimmer problematisch. Sie entspricht der von *Calathea*. Eine besondere Vermehrungsform ist bei *C. lubbersiana* noch zu erwähnen. Die Blätter stehen am Ende der Stiele zu mehreren dicht beieinander. Solche Blattschöpfe lassen sich abtrennen und bei hoher Luft- und Bodentemperatur (nicht unter 25 °C) sowie hoher Luftfeuchte bewurzeln.

Cuphea,
Köcher-, Zigarettenblume

Aus der großen, rund 250 Arten umfassenden Gattung *Cuphea* haben sich nur wenige als Zimmerpflanzen bewährt. Das Zigarettenblümchen *(Cuphea ignea)* ist eine beliebte Sommerblume, deren rote Blütenröhre mit dem schwarz und weiß gerandeten Saum tatsächlich einer brennenden Zigarette ähnelt. Nur im Winter holen wir die nicht frostharte, aus Mexiko stammende *C. ignea* ins Haus, es sei denn, wir ziehen jährlich neue Pflanzen aus Samen heran.
C. hyssopifolia eignet sich besser für ganzjährigen Zimmeraufenthalt. Es ist ein kleiner Strauch mit myrtenähnlicher Belaubung und Blüten, die je nach Sorte weiß oder rotviolett sind. Doch auch diese Art verlangt einen kühlen, luftigen Stand, besonders im Winter.
Licht: Hell bis sonnig. Nur vor direkter Sonne während der Mittagsstunden leicht geschützt.
Temperatur: Zimmertemperatur, im Winter 5 bis 12 °C.
Substrat: Torfsubstrate wie Einheitserde oder TKS; pH um 6.
Feuchtigkeit: Mäßig feucht halten. Im Winter sparsam gießen.
Düngen: Von Frühjahr bis Herbst wöchentlich mit Blumendünger gießen.
Umpflanzen: In der Regel jährlich im Frühjahr oder Sommer.
Vermehren: Nicht zu sehr verholzte Stecklinge bewurzeln bei Bodentemperaturen von mindestens 20 °C. Gleich mehrere in einen Topf stecken und nach dem Anwachsen mehrmals stutzen.

Cycas, Palmfarn

Nahezu 200 Millionen Jahre zurück, bis ins Erdmittelalter oder Mesozoikum, reicht die Geschichte der Palmfarngewächse (Cycadaceae). Mit den Palmen verbindet sie nur ihr Aussehen, ihre dicken Stämme mit dem Schopf großer Wedel. Allerdings sind die Fiederblätter ledrig, oft dick und mit einer scharfen Spitze versehen. Die Verwandtschaft zu den Farnen ist offenkundig: Wie diese besitzen sie bewegliche männliche Geschlechtszellen (Spermatozoiden), die bei der Keimung des Blütenstaubs frei werden. Jede Pflanze trägt nur männliche oder nur weibliche Blüten.
Auch als Topfpflanze – besser gesagt: Kübelpflanze – haben sie eine alte Tradition. Schon vor über 100 Jahren schätzte man ihre attraktive Erscheinung besonders

Ctenanthe oppenheimiana 'Tricolor'

Das Zigarettenblümchen, Cuphea ignea

Fruchtblatt einer weiblichen Cycas revoluta

Cycas revoluta

bei der Gestaltung temperierter Wintergärten. Eine besondere Bedeutung erlangten sie in der Trauerfloristik. In wertvollen Grabgebinden durften Wedel von *Cycas revoluta*, der gärtnerisch wichtigsten Art, nicht fehlen. Noch heute prangen stilisierte Wedel auf Grabsteinen und an Trauerhallen.

Nur sporadisch finden wir heute Sämlinge von *Cycas revoluta* im Topfpflanzen-Angebot. Andere Palmfarngewächse wie *Encephalartos*, *Ceratozamia* oder die kleiner bleibenden *Zamia* oder *Bowenia* sind Raritäten, die wir uns meist selbst aus Samen heranziehen müssen. Wer genügend Platz hat – *Cycas revoluta* erreicht im Alter mehrere Meter Höhe und der Wedelschopf einen beachtlichen Durchmesser – und kein unerfahrener Pfleger ist, dem seien diese absonderlichen, eindrucksvollen Zeugen einer vergangenen Zeit empfohlen. Die meisten Palmfarngewächse lassen sich wie nachfolgend für *Cycas* beschrieben pflegen.

Licht: Sehr hell, doch vor direkter Sonne besonders während der Mittagsstunden geschützt.

Temperatur: Warmer, aber luftiger Stand mit Zimmertemperatur oder wärmer. Im Winter auch nachts nicht unter 15°C.

Substrat: Am besten Mischungen aus zwei Teilen Einheitserde oder TKS, einem Teil krümeligem Lehm und einem Teil grobem Sand; pH um 6.

Feuchtigkeit: Stets mäßig feucht halten. Im Winter sparsamer gießen, doch nie völlig austrocknen lassen. Gegen Nässe sind sie zu jeder Jahreszeit sehr empfindlich!

Düngen: Von Frühjahr bis Herbst wöchentlich ein- bis zweimal mit Guano flüssig oder ähnlichem gießen. Mineralische Dünger scheinen sie weniger gut zu vertragen.

Umpflanzen: Nur in großen Abständen. Die Töpfe oder Kübel können relativ klein sein.

Vermehren: In der Regel nur durch Aussaat. Samen keimt oft erst nach mehreren Monaten auch bei Bodentemperaturen um 30°C. Sämlinge zunächst wärmer halten; auch im Winter über 22°C.

Cyclamen, Alpenveilchen

Das Alpenveilchen *(Cyclamen persicum)* steht in der Gunst des Bundesbürgers weit oben. Jährlich werden rund 23 Millionen produziert und verkauft und jährlich segnen nicht viel weniger das Zeitliche. Alpenveilchen sind zu einer „Wegwerfpflanze" geworden. Die im Handel angebotenen Pflanzen sind kaum 1 Jahr alt. Der Blumenfreund weiß gar nicht mehr, wie schön ein älteres, mehrjähriges Exemplar des Alpenveilchens ist. Der Blütenreichtum einer mehrjährigen Pflanze ist überwältigend. Wer den Alpenveilchen einigermaßen zusagende Bedingungen bieten kann, sollte es unbedingt einmal versuchen, die Pflanzen nach dem Abblühen weiter zu pflegen. Beheimatet ist dieses Primelgewächs im Mittelmeerraum. Der Name „Alpenveilchen" trifft damit genau genommen nur auf den kleineren Verwandten *Cyclamen purpurascens* (syn. *C. europaeum*) zu.

An den Standorten am Mittelmeer ist es im Sommer ziemlich trocken. Die Erde ist verdichtet und stark kalkhaltig. Würde man dies imitieren, wäre der Erfolg gering. Das Alpenveilchen ist damit das Paradebeispiel, daß die Gärtner sich in ihrem Bemühen um optimales Wachstum der Pflanzen nicht ausschließlich von den Bedingungen des heimatlichen Standorts leiten lassen dürfen. Das Alpenveilchen wird ganzjährig gegossen; auch im Sommer bleiben die Pflanzen nicht trocken. Und das ideale Substrat ist nicht alkalisch, sondern leicht sauer. Das Wichtigste aber ist ein ganzjährig nicht zu warmer Platz. Es gibt eine Vielzahl von Sorten im Handel, die sich in ihren Ansprüchen nicht wesentlich unterscheiden.

Licht: Hell, aber vor greller Mittagssonne geschützt. Die warme Jahreszeit über gedeihen *Cyclamen* gut im Freien an einem halbschattigen Platz.

Temperatur: Ein warmes, lufttrockenes Zimmer im Winter ist meist der sichere Tod der Pflanzen! Am besten sind Temperaturen um 15°C, nicht mehr als 18°C, aber auch nicht unter 10°C. Im Sommer ist ein luftiger, keinesfalls heißer Standort richtig. 20°C genügen.

Substrat: Wachsen gut in Einheitserde (Fruhstorfer Erde, „frux") oder TKS; pH um 6.

Feuchtigkeit: Stets für schwache Feuchtigkeit sorgen. Das Gießen verlangt Fingerspitzengefühl. Die Erde darf nicht austrocknen, aber gegen Nässe sind *Cyclamen* noch empfindlicher. Im Winter noch vorsichtiger gießen. Wird nach Ende der Blüte im Mai/Juni wenig gegossen, verlieren die Pflanzen nahezu alle Blätter. Ab September wird dann wieder kräftiger gegossen. Diese strenge Ruhezeit ist aber nicht notwendig. Besser ist es, die Pflanzen auch nach der Blüte nicht völlig trocken zu halten. Diese

Alpenveilchen, Cyclamen persicum

ganzjährig belaubten Pflanzen wachsen besser, während die völlig entblätterten sich nicht selten schwer tun, wieder „in Schwung" zu kommen. Ob von oben oder in den Untersetzer gegossen wird, ist unerheblich. Keinesfalls sollte das Wasser mitten auf die Knolle geschüttet werden. Die Luftfeuchte sollte für Alpenveilchen nicht niedrig sein. Sie wachsen deshalb im maritimen Klima besser als im kontinentalen. Gegebenenfalls mehrmals täglich besprühen.

Düngen: In der Regel wöchentlich mit Blumendünger gießen. Kräftig wachsende Pflanzen bis zu zweimal wöchentlich. Wird Sommerruhe eingehalten, Düngen bereits eine Zeit vorher einstellen.

Umpflanzen: Alle 1 bis 2 Jahre im August/September. Verbrauchte Erde ausschütteln. Knollen nicht zu tief eintopfen! Sie soll zu $1/3$ bis $2/3$ herausragen. Nur junge Sämlinge dürfen tiefer in die Erde.

Vermehren: Anzucht aus Samen gelingt nur, wenn Licht- und Temperaturansprüche ganzjährig erfüllt werden können. Aussaat im August/September in TKS I. Samen keimen bei 20°C am besten. Alpenveilchen sind Dunkelkeimer; der Samen muß 2 bis 3 cm von dem Substrat bedeckt sein.

Pflanzenschutz: Leider werden Alpenveilchen von einer Vielzahl von Krankheiten und Schädlingen befallen. Wichtig für die Gesunderhaltung ist richtiges Gießen und luftiger Stand. Stets alte Blätter und Blüten vollständig entfernen: mit einem kräftigen, kurzen Ruck herausziehen. Bei zusagendem Standort sind Pflanzenschutzmaßnahmen in der Regel entbehrlich.

Cylindropuntia

Opuntien mit flachen Sproßgliedern sind im Mittelmeerraum als Kulturpflanzen eingeführt, inzwischen verwildert und zum Unkraut geworden. Dem aufmerksamen Reisenden wird vielleicht ein weiterer Kaktus aufgefallen sein, der zwar ähnlich wie Opuntien aus Sproßgliedern aufgebaut ist, jedoch nicht flache, sondern zylindrische Glieder besitzt. Entsprechend wurden diese Pflanzen auch als *Cylindropuntia* bezeichnet. Heute zählt man diese vorwiegend in Nordamerika verbreiteten Pflanzen gemeinsam mit den mit flachen Sproßgliedern versehenen zur Gattung *Opuntia*. Der Übersichtlichkeit halber wurde hier *Cylindropuntia* belassen. Die im Mittelmeerraum verbreitete Pflanze ist *Cylindropuntia tunicata*, die man früher als Stacheldrahtersatz auf Mauern setzte, heute wegen der eindrucksvollen Bedornung in subtropischen Gärten anpflanzt.

Bei uns kultivierte Pflanzen zeigen eine weitaus geringere Bedornung, dennoch vermögen sie Kakteensammlungen zu bereichern. *Cylindropuntia* werden auch zu den „Hosendornen-Opuntien" gerechnet, deren Dornen von einer abgestorbenen Hülle überzogen sind, die sich erst im Alter löst. Neben *C. tunicata* sind noch weitere Arten wie *C. imbricata* mit etagenweise angeordneten Seitensprossen in Kultur.

Licht: Sonniger Standort.
Temperatur: Warmer, aber luftiger Platz mit deutlicher nächtlicher Abkühlung. Im Winter 5 bis 10°C.
Substrat: Übliche Kakteenerde; pH um 6.
Feuchtigkeit: Immer dann gießen, wenn die Erde weitgehend abgetrocknet ist. Im Winter völlig trocken halten.
Düngen: Während des Wachstums alle 3 bis 4 Wochen mit Kakteendünger gießen.
Umpflanzen: In der Regel alle 2 Jahre im Frühjahr oder Sommer.
Vermehren: Sproßglieder lassen sich leicht abtrennen oder fallen bei leichter Berührung unbeabsichtigt zu Boden. Sie bewurzeln in kurzer Zeit bei Bodentemperaturen von etwa 20°C.
Besonderheiten: Besonders beim Umtopfen empfiehlt sich größte Vorsicht. Die Dornen sind gefährlich und sitzen nach dem unfreiwilligen Kontakt so fest in der Haut, daß sie sich nur noch mit einer Zange entfernen lassen. Sie hinterlassen größere Wunden.

Cylindropuntia tunicata, umgeben von „Schwiegermuttersesseln" (Echinocactus grusonii)

Cymbidium

Orchideen aus der Gattung *Cymbidium* haben als Schnittblumen große Bedeutung. Die Blüten werden vorwiegend einzeln in kleinen Väschen angeboten; noch eindrucksvoller ist eine vollständige Blütentraube, oft fälschlich als Rispe bezeichnet. Als Topfpflanzen sind Cymbidien erst in den vergangenen Jahren interessant geworden. Es sind weniger Wildarten, von denen es rund 60 in Asien und Australien gibt, sondern Kreuzungen, die sich in kaum überschaubarer Fülle für diesen Zweck anbieten.

Im Gegensatz zu manch anderen Orchideen lassen sich Cymbidien recht leicht kultivieren. Nur ihre Ausmaße stehen bisher einer größeren Verbreitung im Weg. Zwar gibt es die sogenannten Mini-Cymbidien, die etwas kleiner bleiben und aus *C. ensifolium* und *C. pumilum* hervorgegangen sind, aber auch sie haben kein Fensterbankformat, sondern die Blätter erreichen durchaus über 50 oder gar 70 cm Höhe. Allerdings arbeiten die Züchter daran, kleinbleibende Formen zu erzielen, so daß für die Zukunft zimmergemäße Cymbidien zu erwarten sind. Als „Topf" braucht man dann keinen 10-l-Eimer mehr.

Da viele Cymbidien zu den terrestrischen Orchideen zählen, also im Boden wurzeln und nicht auf Bäumen sitzen, stellen sie geringere Ansprüche an das Substrat. Dennoch empfiehlt es sich, durch das Beimischen dauerhaft strukturstabiler Komponenten für eine gute Belüftung zu sorgen.

Licht: Sehr lichtbedürftig. Cymbidien werden nur an sehr sonnenexponierten Plätzen während der Sommermonate leicht schattiert. Von etwa Mai bis September empfiehlt sich bei den großwerdenden Hybriden der Aufenthalt im Freien an einem Platz mit diffusem Licht.

Temperatur: Mini-Cymbidien ganzjährig im Raum halten. Im Sommer 20 bis 28 °C – nachts deutlich kühler –, im Winter nachts nicht unter 15 °C, tagsüber bis 20 °C. Die größeren Hybriden nehmen im Winter mit Nachttemperaturen von 10 °C vorlieb; tagsüber kann das Thermometer bei Sonne bis 18 °C ansteigen. Jungpflanzen etwas wärmer halten. Zu hohe Temperaturen führen zum Knospenfall! Stets luftiger Platz.

Substrat: Cymbidien gedeihen sogar in üblichen Torfsubstraten, doch empfiehlt es sich, jeweils $1/3$ Orchideenrinde und Styromull beizumischen; pH 5 bis 6.

Feuchtigkeit: Im Frühjahr und Sommer wachsen Cymbidien kräftig. Das Substrat darf dann nie austrocknen. Im Winter ist der Wasserbedarf geringer, doch sollte auch dann völlige Trockenheit vermieden werden, da Cymbidien keine strenge Ruhe durchmachen. Hartes Wasser enthärten. Die Luftfeuchte sollte auch im Winter nicht unter 50, besser 60% absinken.

Düngen: Von April bis September alle 2 bis 3 Wochen mit Blumendünger in halber Konzentration gießen.

Die Mini-Cymbidien zeigen die gleiche Farbigkeit und Zeichnung der Blüten wie die großwüchsigen Verwandten.

Mini-Cymbidium (Silvia Miller) 'Rems'

Umpflanzen: In der Regel alle 2 Jahre erforderlich. Bester Zeitpunkt ist das Frühjahr nach der Blüte. Einige Hybriden blühen erst im Sommer, manche beginnen bereits im Oktober. Auch sie werden im Frühjahr umgetopft. Beim Umtopfen Pflanzen teilen. In zu großen Töpfen sind Cymbidien oft blühfaul.

Vermehren: Beim Umpflanzen in Stücke mit etwa vier bis fünf Pseudobulben teilen. Auch Rückbulben lassen sich bei 20 °C zum Austrieb bringen.

Pflanzenschutz: Cymbidien sind für Spinnmilben besonders attraktiv! Regelmäßig kontrollieren und bei Befall wie auf Seite 136 beschrieben mehrmals sprühen mit Präparaten wie Kelthane. Spinnmilben sind ein Zeichen für zu trockenen Stand.

Besonderheiten: Cymbidien werden gerne von Hummeln besucht und welken dann vorzeitig.

Cyperus, Cypergras

Mit rund 600 Arten ist die in den Tropen und Subtropen der Welt verbreitete Gattung *Cyperus* sehr stattlich. Der bekannteste Vertreter ist die Papyrusstaude (*Cyperus papyrus*), deren Mark den Ägyptern bereits 3000 Jahre vor unserer Zeitrechnung zur Herstellung von „Papier" diente. Als Zierpflanze findet man sie fast nur in botanischen Gärten. Mit ihren nahezu 5 m hohen Stengeln und dem Schopf langer fadenförmiger Blätter sind sie sehr attraktiv, aber zu groß für die gewöhnlichen Wohnräume. Dort haben sich andere Arten besser bewährt.

Cyperus-papyrus-Sumpf am Ufer des Tana-Sees in Äthiopien

Eindeutiger Favorit ist *C. alternifolius*, die wohl verbreiteste Zimmerpflanze aus nassen, sumpfigen Standorten. Sie wird nicht viel höher als 1 m und trägt etwa 1 cm breite, aber bis 25 cm lange Blätter. Für Sumpfgärtchen oder Paludarien ist *C. alternifolius* sehr wertvoll. Die bei allen Arten üblichen Rhizome sorgen für eine ständige Verbreiterung des Stocks, so daß man gelegentlich eingreifen muß.
Ebenfalls für nasse Standorte empfiehlt sich *C. haspan*. Er sieht aus wie eine kleine Papyrusstaude, wird aber maximal 50 cm hoch und hat einen Schopf fadenförmiger, starr abstehender Blätter, die wie mit der Schere gestutzt aussehen.
Die breitesten Blätter der kultivierten Arten hat *Cyperus albostriatus*, meist fälschlich als *C. diffusus* angeboten. Er wird nicht viel höher als 30 cm. Ihn hält man wie eine „gewöhnliche" Topfpflanze, er darf also nicht im Sumpf oder gar Wasser stehen.
Licht: Hell bis sonnig.
Temperatur: Warmer, aber luftiger Stand. Im Sommer werden Temperaturen bis 30 °C und mehr (bei hoher Luftfeuchte!) vertragen. Im Winter genügen um 14 °C, für *C. haspan* um 18 °C.
Substrat: Am besten Mischungen aus einem Teil Einheitserde oder TKS, einem Teil krümeligem Lehm und einem Teil grobem Sand; pH 5 bis 6,5. Steht der Topf untergetaucht, wird die Erde mit einer Schicht Sand abgedeckt, damit Torf oder Styromull nicht schwimmt.
Feuchtigkeit: *Cyperus* sollten immer in einer Schale mit Wasser stehen; ja die Erde kann sogar etwa 5 cm vom Wasser überflutet sein. Lediglich *C. albostriatus* wird stets mäßig feucht wie andere Topfpflanzen gehalten. Trockene Zimmerluft begünstigt den Befall mit Spinnmilben und fördert die häßlich braunen Blattspitzen.
Düngen: Frühjahr bis Herbst alle 1 bis 2 Wochen, im Winter nur bei warmem, hellem Stand alle 5 bis 6 Wochen mit Blumendünger gießen.
Umpflanzen: Alle 1 bis 2 Jahre im Frühjahr.
Vermehren: Durch Teilung älterer Pflanzen beim Umtopfen. Auch Aussaat in stets nasse Erde ist möglich, wenn die Pflanzen Samen angesetzt haben. Von *C. alternifolius* lassen sich die Blattschöpfe mit kurzem Stielansatz abtrennen, die Blätter einkürzen und der Schopf ins Wasser legen, wo er sich bald bewurzelt. Schon kurz darauf kann man ihn in feuchte Erde setzen.
Pflanzenschutz: Besonders bei *C. alternifolius* regelmäßig auf Spinnmilbenbefall kontrollieren. Gegebenenfalls mehrmals mit Sprühdosen behandeln.

Cyrtomium

Farne stehen im Ruf, empfindlich zu sein. Auf *Cyrtomium* trifft dies sicher nicht zu. Von den zehn Arten der Gattung wird in der Regel nur *C. falcatum* gepflegt, eine Art, die in Asien, Südafrika und Polynesien zuhause ist. Die bis 50 cm langen, einfach gefiederten Blätter sind ledrig-derb. Bei der verbreiteten Sorte 'Rochfordianum' sind die einzelnen Fiederblätter tief eingeschnitten und gezähnt. *Cyrtomium falcatum* – für ihn gibt es keinen gängigen deutschen Namen – gedeiht gut in jedem nicht zu warmen Raum. Es ist eine ideale Pflanze für Wintergärten.
Licht: Schattig bis hell, aber keine direkte Sonne.
Temperatur: Übliche Zimmertemperatur, aber luftiger Platz, im Winter möglichst nicht über 15 °C (ideal sind um 10 °C).

Cyrtomium falcatum 'Rochfordianum'

Wenn die Temperatur für kurze Zeit auf 2 °C absinkt, schadet dies nicht. In sehr milden Gegenden in direkter Hausnähe kann man sogar die Freilandkultur wagen. Dann ist unbedingt Winterschutz erforderlich.
Substrat: Torfsubstrat wie Einheitserde oder TKS sowie Mischungen mit Lauberde; pH um 5,5.
Feuchtigkeit: Während des ganzen Jahres stets für mäßig feuchtes Substrat sorgen. Zumindest mittlere Luftfeuchte zwischen 50 und 60 % anstreben.
Düngen: Vom Frühjahr bis Herbst reichen Gaben im Abstand von 3 bis 4 Wochen aus. Üblichen Blumendünger verwenden.
Umpflanzen: Alle 1 bis 2 Jahre im Frühjahr.
Vermehren: Beim Umpflanzen größerer Exemplare kann das kurze, aufrechte Rhizom geteilt werden. Ansonsten Sporenaussaat (s. Seite 91).

Cytisus, Geißklee

Jährlich im Frühjahr finden sich die hübsch gelb blühenden Geißklee im Angebot des Blumenhandels. Der Gärtner kennt sie unter den Namen *Cytisus × racemosus* und *C. × spachianus*. Vermutlich handelt es sich um Nachkommen des Kanarischen Ginsters (*C. canariensis*), der früher ebenfalls als Kalthauspflanze verbreitet war. Der zweite Elternteil stammt von der Insel Madeira: *C. maderensis*. Die Hybride, *C. × racemosus*, ist schon über 100 Jahre bekannt und eine seit langer Zeit geschätzte Topfpflanze. Die bis 10 cm langen Trauben mit den leuchtend gelben Blüten machen den Geißklee zu einem wertvollen Frühjahrsblüher. Anschließend erscheinen die Hülsenfrüchte.
Den Geißklee kann man nicht für warme Wohnstuben empfehlen. Er schätzt einen kühlen, sonnigen Platz. Dort ist er eine leicht zu pflegende, anspruchslose Pflanze, die viele Jahre alt und dann auch meterhoch und höher werden kann.
Licht: Hell bis sonnig, auch im Winter.
Temperatur: Luftiger Stand. Während der frostfreien Jahreszeit am besten in den Garten stellen. Im Winter um 10 °C.
Substrat: Einheitserde oder Mischungen aus TKS, Garten- oder Komposterde sowie sandigem Lehm; pH 5,5 bis 7.
Feuchtigkeit: Stets feucht halten, ohne Nässe aufkommen zu lassen. Im Winter sparsamer gießen.
Düngen: Von Frühjahr bis Herbst wöchentlich, im Winter je nach Wachstumsintensität alle 2 bis 4 Wochen mit Blumendünger gießen.
Umpflanzen: Alle 1 bis 2 Jahre, ältere Kübelpflanzen in größeren Abständen.
Vermehren: Im Juni oder Juli noch nicht zu sehr verholzte Stecklinge schneiden und bei etwa 18 °C in einem Torf-Sand-Gemisch bewurzeln. Bis zum Anwachsen vergehen rund 5 Wochen. Mit Bewurzelungshormonen läßt sich dies etwas beschleunigen. Jungpflanzen mehrmals stutzen, um eine gute Verzweigung zu erzielen, es sei denn, man will einen Hochstamm heranziehen.
Besonderheiten: Es empfiehlt sich, die Pflanzen nach der Blüte zurückzuschneiden, damit sie kompakter bleiben und – besonders ältere Exemplare – nicht von unten verkahlen.

Darlingtonia, Kobrapflanze

Darlingtonia californica, die einzige Art der Gattung aus der Familie der Schlauchpflanzengewächse (Sarraceniaceae), zählt zu den ungewöhnlichsten insektenfangenden Pflanzen. Die direkt aus dem Wurzelstock hervorkommenden schlauchförmigen Blätter sind an ihrer Spitze gewölbt und wie ein Spazierstock umgebogen. An der nach unten zeigenden Öffnung findet sich ein einfaches, zweigeteiltes oder fischschwanzartiges Anhängsel. Das Bemerkenswerteste sind die im durchscheinenden Licht besonders eindrucksvollen weißlichen bis silbrigen Fensterflecken. Die aus den Gebirgen Kali-

Cytisus × racemosus

Darlingtonia californica

forniens und Oregons stammenden Darlingtonien hält man ähnlich wie Sarracenien, doch ist bei intensiver Sonne leicht zu schattieren.

Davallia

Wer Farne mag, dem seien die rund 40 Arten umfassende Gattung *Davallia* empfohlen. Es sind reizvolle, doch im Handel rare Vertreter der Tüpfelfarngewächse (Polypodiaceae). Typisch für diese Gattung ist das lange, je nach Art bis fingerdicke, kriechende Rhizom, das dicht mit haarähnlichen Schuppen besetzt ist. Aus dem Rhizom schieben sich in mehr oder weniger großen Abständen die filigranen Wedel empor. Davallien leben epiphytisch, also auf Bäumen, oder auf Felsen. Ähnlich sollten wir diesen Farn kultivieren: entweder auf eine Astgabel, ein Rindenstück aufgebunden oder im Orchideenkörbchen. Die Ansprüche sind nicht allzu hoch und doch im Wohnraum nur schwer zu erfüllen. Die erforderliche hohe Luftfeuchte ist leichter im geschlossenen Blumenfenster, der Vitrine oder in dem Gewächshaus zu schaffen. Obwohl die meisten Arten in den Tropen beheimatet sind, verlangen nicht alle hohe Temperaturen. Nur eine Art, *Davallia canariensis*, ist auf dem europäischen Kontinent zu Hause. Aus dem tropischen Asien stammt die bei uns populärste Art, *D. bullata*, die richtig wohl *D. trichomanoides* f. *barbata* heißt.

Licht: Hell bis halbschattig. Keine direkte Sonne.
Temperatur: Ganzjährig über 20 °C verlangen Arten wie *D. divaricata*, *D. fejeensis*, *D. mariesii* und *D. pallida*, während *D. canariensis*, *D. pyxidata* und *D. trichomanoides* (*D. bullata*) luftig und im Winter bei 12 bis 15 °C stehen wollen.
Substrat: Mischungen aus Sphagnum, Osmunda und ähnlichem; pH um 5.
Feuchtigkeit: Stets feucht halten; nie austrocknen lassen. Luftfeuchte nicht unter 70 %.
Düngen: In der Regel nicht nötig; nur bei kräftigem Wachstum können sporadische Blumendüngergaben in halber Konzentration sinnvoll sein.
Umpflanzen: Die Rhizome der Davallien werden nicht in das Substrat gesteckt, sondern nur mit Hilfe von Draht auf der Oberfläche fixiert. Das Umsetzen ist somit nur nötig, wenn sich das Substrat weitgehend zersetzt hat oder man die Pflanzen teilen will.
Vermehren: Im Frühjahr oder Sommer Rhizome teilen und bei Temperaturen von 25 °C auf stets feuchtem Substrat anwachsen lassen.

Delosperma

Die 140 Arten umfassende Gattung *Delosperma* aus der Familie der Mittagsblumengewächse (Aizoaceae) enthält zwar neben strauchigen Arten auch Zweijährige sowie ausdauernde Kräuter mit dickfleischigen Blättern. In Kultur findet man jedoch fast ausschließlich die Zwergsträucher mit ihren

Delosperma lineare, eine auch im Freien gedeihende, harte Art.

Davallia bullata

verholzenden Stengeln. Ein Beispiel dafür ist die beliebte *Delosperma cooperi* mit 5 cm großen, purpurroten Blüten. Das Hauptwachstum findet im Sommer statt. Während dieser Zeit können sie vorteilhaft im Freien stehen, am besten im Regenschatten des Wetter nichts anhaben kann. Ihre Verwendung und Pflege ähnelt damit weitgehend *Lampranthus*. In milden Gegenden haben sich Arten wie *D. cooperi* und *D. lineare* als winterhart erwiesen. Dann ist unbedingt für einen relativ trockenen Standort während des Winters zu sorgen.

Dendrobium

Hätten die Orchideen nur diese Gattung zu bieten, sie wären kaum weniger populär geworden. Diese Gattung ist allein so vielfäl-

tig und die Blüten der Arten und Sorten so attraktiv, daß sie fast keine Wünsche offen lassen. Wieviele Arten es gibt, ist nicht ganz klar. Die Schätzungen schwanken zwischen 800 und 1600; hinzu kommen die durch züchterische Arbeit entstandenen Sorten. Die Verbreitung reicht von Japan und Korea über Indonesien bis Australien, Polynesien und Neuseeland.
Das Angebot ist weit weniger umfangreich. Und reduziert man die Vielfalt auf jene, die im Wohnraum ohne Schwierigkeiten gedeihen, so bleiben nur ganz wenige übrig.

Denn nur mit Mühe läßt sich die gewünschte hohe Luftfeuchtigkeit schaffen. Viele Dendrobien erfreuen nur dann mit ihrer Blütenfülle, wenn sie im Winter niedrige Temperaturen besonders während der Nacht erhalten. Der Wuchs mancher Dendrobien – sie bilden über 50 cm lange, überhängende Sprosse aus verdickten Stengelgliedern – erfordert die Kultur im Orchideenkörbchen, was ebenfalls für die Fensterbank problematisch ist. Beispiele für diese Gruppe sind *D. anosmum*, *D. loddigesii*, *D. parishii*, *D. pierardii* und *D. primulinum*. Andere wie *D. fimbriatum* bilden bis 1,50 m lange Stämmchen, werden also zu groß.

Das bekannteste *Dendrobium* ist sicherlich *D. phalaenopsis*, das in verschiedenen Kulturformen eine verbreitete Schnittblume ist. Diese Art wird nicht zu groß, stellt aber ganzjährig hohe Ansprüche an die Temperatur.

Zu den beliebtesten Topfpflanzen zählen die Hybriden von *D. nobile*. Ihre zylindrischen, mehrblättrigen Pseudobulben erreichen 60 cm Höhe und bringen viele lebhaft ge-

Dendrobium-nobile-Hybriden

Dendrobium amethystoglossum

Dendrobium devonianum

Dendrobium fimbriatum var. oculatum

färbte Blüten hervor. Für sie sind hohe Luftfeuchte und niedrige Nachttemperaturen im Winter unerläßlich. Sie verlangen grundsätzlich viel Luft und stehen am besten während des Sommers im Freien. Die vielleicht am Zimmerfenster haltbarste Dendrobie ist *D. kingianum* aus Australien. Sie bleibt im Vergleich zu anderen Arten kleiner, bildet dicht beieinanderstehende, bis 25 cm lange Pseudobulben und einen aus etwa sechs blaßrosa Blüten bestehenden Blütenstand. Auch bei ihm wie bei den beiden nachfolgenden dürfen kühle Nachttemperaturen im Herbst und Winter nicht fehlen. Wegen der herrlichen Blütentrauben ist *D. thyrsiflorum* aus Nepal und Burma zu Recht sehr beliebt. Die drei Blätter tragenden zylindrischen, etwa 50 cm langen Pseudobulben wurzeln allerdings besser im Körbchen als im Topf. Dies gilt auch für das sehr ähnliche *D. densiflorum*.

Licht: Die meisten Dendrobien haben ein hohes Lichtbedürfnis, wenn sie auch im Frühjahr und Sommer vor direkter Sonne besonders während der Mittagsstunden zu schützen sind, sonst kommt es zu Verbrennungen. *D. nobile*, *D. kingianum* und *D. thyrsiflorum* schätzen volle Sonne zum Ausreifen der Triebe ab September. Im Winter ist es am Fenster oft zu dunkel, so daß zum guten Gedeihen eine Zusatzbeleuchtung erforderlich ist.

Temperatur: Je nach Arten sehr unterschiedlich. Grundregel: Pflanzen mit rundlichen Pseudobulben und immergrünem Laub kühl, Pflanzen mit schlanken Sprossen und jährlich oder alle zwei Jahre abfallenden Blättern temperiert sowie Pflanzen mit aufrechten Sprossen und ledrigen, immergrünen Blättern warm halten.

D. kingianum, *D. nobile* und Hybriden ab Herbst unter 12 °C Nachttemperatur, tagsüber bei Sonne wärmer. *D. thyrsiflorum* im Winter nachts um 15 °C. Solche kühlen Nachttemperaturen im Herbst erzielt man leicht durch Freilandaufenthalt an geschützter, sonniger Stelle. *D. phalaenopsis* steht ganzjährig warm, im Sommer über 24 °C. Bei ihm entstehen Blüten, wenn die Nachttemperatur für einige Zeit auf 16 °C absinken kann.

Substrat: Für alle Arten empfehlen sich Mischungen aus Mexifarn, Rindenstücken, auch Osmunda und Styroporschnitzel; pH 5 bis 5,5.

Feuchtigkeit: Ab Herbst mit dem Ausreifen der Triebe oder Pseudobulben Wassergaben reduzieren und nur soviel gießen, daß die Pflanzen nicht schrumpfen. Während der Vegetationsperiode nie austrocknen lassen, aber so vorsichtig gießen, daß keine stauende Nässe entsteht. Kein hartes Wasser. Hohe Luftfeuchte ganzjährig erforderlich; im Winter 50%, besser mehr, sonst 70%.

Düngen: Während der Wachstumszeit alle 2 bis 3 Wochen mit Blumendünger in halber Konzentration gießen.

Umpflanzen: In der Regel nach der Blüte oder mit Beginn des Wurzelwachstums. Relativ kleine Gefäße verwenden. Bei großen Pflanzen mit Steinen beschweren. Meist nicht häufiger als alle 2 Jahre erforderlich.

Vermehren: Bei Arten mit Pseudobulben jeweils 3 bis 4 Rückbulben abtrennen. Dabei aber bedenken, daß Dendrobien häufig noch aus älteren Bulben Blüten entwickeln. Manche Arten bilden lange Sprosse, an denen mit mehr oder weniger Wurzeln versehene Kindel entstehen. Sie werden abgetrennt, eingetopft, zunächst schattig gehalten und sehr vorsichtig gegossen.

Didymochlaena

Der hübsche terrestrische Farn mit dem Namen *Didymochlaena truncatula* erlebt derzeit eine Renaissance. Vor hundert Jah-

Didymochlaena truncatula

Dieffenbachia-Hybride 'Rudolf Roehrs'

Dieffenbachia seguine 'Nobilis'

ren schon gehörte er zu den gärtnerischen Kulturpflanzen, und vor rund 50 Jahren war er ziemlich weit verbreitet. Nachdem *Didymochlaena truncatula* ein wenig in Vergessenheit geriet, haben ihn die Gärtner nun wieder entdeckt – zur Freude des Zimmerpflanzenfreundes, denn *Didymochlaena* ist einer der haltbarsten Farne für die Topfkultur in Wohnräumen.

Der in den Tropen der Welt verbreitete Farn aus der Familie der Schildfarngewächse (Aspidiaceae) besitzt ungleichseitige, fast ledrige Fiederblätter, die je nach Typ in ihrer Form variieren und an Wedeln stehen, die in Kultur über 70 cm Länge erreichen. In der Regel werden jüngere und damit kleinere Pflanzen gehalten, die sich auch sehr gut für die Bepflanzung von Flaschengärten eignen. Im tropischen Regenwald bildet der Farn im Alter einen 40 cm hohen Stamm und einen Schopf von 1,20 m langen Wedeln.

Licht: Keine direkte Sonne; halbschattig.
Temperatur: Gedeiht gut bei üblicher Zimmertemperatur um 20 °C. Im Winter nicht zu warm, 16 bis 18 °C genügen.
Substrat: Einheitserde P, TKS I oder ähnliche Torfsubstrate; pH um 6.
Feuchtigkeit: Während des ganzen Jahres immer feucht, aber nicht naß halten.
Düngen: Von Frühjahr bis Herbst alle 14 Tage bis 3 Wochen mit Blumendünger gießen.
Umpflanzen: Jährlich im Frühjahr.
Vermehren: Durch Sporen (s. Seite 91); sie keimen bei einer Temperatur von etwa 22 bis 24 °C.

Dieffenbachia

Bei vielen Pflanzenarten ist darauf hinzuweisen, daß sie sich nur dann zur Zufriedenheit entwickeln, wenn sie im Winter kühl stehen. Oft ist guter Rat teuer, denn der einzige kühle Raum ist der Keller, und da ist es zu dunkel. Dieffenbachien sind eine Pflanzengattung, der es nahezu nicht warm genug sein kann, selbst im lichtarmen Winter. Rund 30 Arten dieses Aronstabgewächses (Araceae) mag es im tropischen Amerika geben. Sie alle spielen gärtnerisch keine Rolle und sind selbst in botanischen Gärten nicht häufig.

Ab der Mitte des vorigen Jahrhunderts kamen die ersten zunächst nach England und Belgien. Nur wenige Jahre später begann man, sich züchterisch mit ihnen zu beschäftigen. *Dieffenbachia maculata* und *D. seguine* wurden bevorzugt als Kreuzungspartner verwendet. Die Zahl der Hybriden ist groß, und vielfach bereitet es Schwierigkeiten, die sehr ähnlichen Sorten auseinander zu halten. Da sie alle weitgehend der gleichen Pflege bedürfen, ist die genaue Identifizierung nicht so wichtig. Die Sorten unterscheiden sich allerdings ein wenig in ihrer Wachstumsintensität.

Das gute Wachstum und die leichte Vermehrbarkeit in Nährlösung haben *Dieffenbachia* zu einer Standardpflanze für die Hydrokultur gemacht. Ein großes Plus sind auch die geringen Lichtansprüche. Allerdings sollte das nicht dazu verleiten, Dieffenbachien weitab eines Fensters mitten im Raum aufzustellen, nur weil das „dekorativ" ist. Ein Mindestmaß an Licht fordern auch die genügsamen Dieffenbachien.

Licht: Hell bis schattig. Keine direkte Sonne, aber nicht zu dunkel.
Temperatur: Ganzjährig im warmen Zimmer. Die Temperatur sollte nach Möglichkeit nicht unter 20 °C absinken. Dies kann zum Welken der Blätter oder gar zum Absterben der Pflanzen führen. Im Sommer nicht über 30 °C. Bodentemperatur möglichst nicht unter der Lufttemperatur; optimal sind 22 °C.
Substrat: Einheitserde „frux" oder TKS II mit krümeligem Lehm; pH um 5,5.
Feuchtigkeit: Ganzjährig stets feucht halten, im Winter dem geringeren Bedarf anpassen.

Dieffenbachia-Hybride 'Exotica'

231

Nie Nässe aufkommen lassen, denn dies führt schnell zum Faulen! Luftfeuchte über 60%.
Düngen: Von Frühjahr bis Herbst wöchentlich, im Winter alle 2 bis 3 Wochen mit Blumendünger gießen.
Umpflanzen: Alle 1 bis 2 Jahre von Frühjahr bis Herbst möglich.
Vermehren: Nur dem zu empfehlen, der eine hohe Bodenwärme anbieten kann. Kopfstecklinge bewurzeln bei Temperaturen über 22 °C. Die Stämme lassen sich auch in Stücke von etwa 5 cm Länge schneiden, die man dann waagrecht auf das über 24 °C warm zu haltende Substrat legt. Hohe Luftfeuchte ist in jedem Fall erforderlich.
Besonderheiten: Dieffenbachien verzweigen sich in der Regel auch nach dem Stutzen nicht. Im lufttrockenen Zimmer oder bei Temperaturen unter 18 °C verlieren sie von unten her die Blätter. Solche kahlen Pflanzen kann man bedenkenlos – am besten im späten Frühjahr – weit zurückschneiden. Vorsicht vor dem schleimhautreizenden Pflanzensaft!
Pflanzenschutz: Pflanzen, deren Wurzeln faulen, trockener halten. Geht die Fäule dennoch weiter, die Pflanzen am besten wegwerfen. Besonders bei trockener Luft können Spinnmilben auftreten. Sie sind nur durch mehrmalige Behandlung mit üblichen Spraydosen wie Paral Pflanzenspray oder Spezialpräparaten wie Kelthane zu bekämpfen.

Dionaea, Venusfliegenfalle

Die Venusfliegenfalle ist eine der interessantesten Erscheinungen des Pflanzenreichs, von Linné als „miraculum naturae", als Wunder der Natur bezeichnet. Viele große Botaniker hat dieser fallenstellende Zwerg beschäftigt. Nur knapp 10 bis 20 cm im Durchmesser erreicht die Rosette mit den mehr oder weniger dem Boden anliegenden Blättern. Der Stiel ist spreitenähnlich verbreitert. Die Blattspreite selbst ist zu einer zweiklappigen, mit steifen Wimpern versehenen Falle umgebildet. Jede Klappe trägt auf der Innenseite mehrere Borsten. Berührt ein Insekt eines dieser Sinneshaare, so klappt die Falle zu. Mit einem Bleistift lassen sich die Sinneshaare reizen, um den Mechanismus auszulösen. Jedes Blatt kann diese Bewegung nur wenige Male vollbringen und bleibt schließlich geschlossen.
Die zu den Sonnentaugewächsen (Droseraceae) zählende *Dionaea muscipula*, die einzige Art dieser Gattung, kommt in Carolina in feuchten Sphagnum-Mooren vor, wo der lebensnotwendige Stickstoff nicht allzu reichlich ist. Die Insekten sind da ein willkommenes Zubrot, doch keinesfalls – besonders in Kultur – lebensnotwendig. Die Fallenblätter werden in der Regel nur von Frühjahr bis Herbst gebildet. In der lichtarmen Jahreszeit entstehen nur die verbreiterten Stiele ohne die Spreiten. Die Venusfliegenfalle ist zwar nicht zu einer Modepflanze geworden, wir finden sie seit einiger Zeit dennoch regelmäßig im Angebot. Dabei ist sie nur bedingt für die Pflege auf der Fensterbank zu empfehlen. Die meisten Pflanzen überleben nur kurze Zeit, weil sie

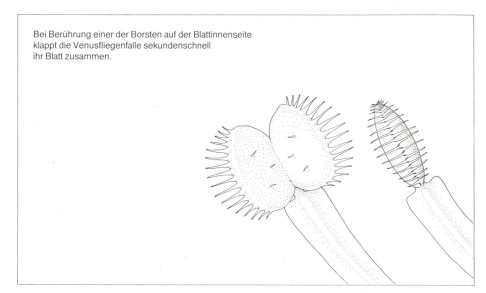

Bei Berührung einer der Borsten auf der Blattinnenseite klappt die Venusfliegenfalle sekundenschnell ihr Blatt zusammen.

Dionaea muscipula

zu warm und in zu trockener Luft stehen. Ein kühler Raum und hohe Luftfeuchte garantieren eine höhere Lebenserwartung.
Licht: Heller Platz. Nur während praller Mittagssonne ist leichter Schatten erforderlich. An einem halbschattigen Platz wachsen *Dionaea* zwar auch, aber die Ausfärbung der Blätter ist schlecht.
Temperatur: Genügend abgehärtet, übersteht *Dionaea* sogar leichten Frost. Aber es empfiehlt sich, sie im Winter bei mindestens 5 °C, nicht mehr als 10 bis 12 °C zu halten. Auch im Sommer nicht allzu warm!
Substrat: Torf oder Mischungen von Torf mit Sand und Sphagnum; pH um 5,5.
Feuchtigkeit: Als Pflanze mooriger Standorte nie austrocknen lassen! Während der Ruhezeit im Winter vorsichtig gießen, um Fäulnis zu vermeiden. Kein hartes Wasser verwenden. Hohe Luftfeuchte von 70 % oder mehr erforderlich! Sie lassen sich daher vorteilhaft in Flaschengärten oder ähnlichem kultivieren.
Düngen: Von Frühjahr bis Herbst alle 6 Wochen mit Blumendünger in halber Konzentration gießen.
Umpflanzen: Jährlich, im Frühjahr nach dem Ende der Ruhezeit. Die Pflanzen werden häufig in zu kleinen Töpfen angeboten. 10-cm-Töpfe, besser Schalen sind empfehlenswert.
Vermehren: Am besten Jungpflanzen kaufen. Der nur kurze Zeit keimfähige Samen wird nur selten angeboten. Er muß sofort auf Torf oder gehacktes Sphagnum ausgesät werden. Auch Blattstecklinge lassen sich bewurzeln. Am besten die im Frühjahr neu gebildeten, gerade ausgewachsenen Blätter schneiden und in Sphagnum stecken. Bodentemperatur über 20 °C und hohe Luftfeuchte sind erforderlich. Die Bewurzelung erfolgt erst nach einigen Wochen.

Dioscorea, Luftkartoffel, Yamswurz

In den Tropen der Welt haben die rund 600 *Dioscorea*-Arten große Bedeutung als Nahrungspflanze. Manche Arten bilden unterirdisch Knollen, die bis 50 kg schwer sind. Die meisten *Dioscorea*-Arten sind Lianen. Die windenden Stengel erreichen oft beachtliche Längen. Bei *D. mangenotiana* wurden 30 m gemessen! In botanischen Gärten finden wir *D. bulbifera*, die in den Blattachseln beachtlich große kartoffelähnliche Knollen entwickeln. Rar ist die sukkulente *D. elephantipes*, die nun zu *Testudinaria* gerechnet wird. *T. elephantipes*, der Elefantenfuß, ist eine ungewöhnliche, faszinierende Pflanze. Sie bildet einen kugeligen, fleischigen Stamm (Caudex), dem die meterlangen, dünnen, beblätterten Triebe entspringen. Der Stamm ist völlig mit korkartigen, mehreckigen Warzen bedeckt und erreicht im Alter bis 1 m Dicke. Die Pflanzen werden luftig (etwa 10 °C im Winter) und auch während der sommerlichen Ruhe nicht völlig trocken gehalten. Die Anzucht aus Samen ist leicht möglich, so daß man nur Sämlinge kaufen sollte.
Für die Topfkultur empfiehlt sich die schwächer wachsende *D. discolor*, die vermutlich *D. vittata* beziehungsweise *D. dodecaneura* zuzurechnen ist. Ihre sehr zarten, herzförmigen Blätter tragen eine farbenfrohe Zeichnung silbriger und dunkelroter Flecken auf dunkelgrünem Grund. Die Blattunterseite ist dunkelkarminrot gefärbt. Luftknollen bildet sie nicht. Die Ranken werden so lang, daß wir ihnen ein Klettergerüst anbieten müssen.
Licht: Zimmertemperatur oder wärmer. Im Winter ziehen die Knollen ein und werden im geheizten Wohnraum bei 15 bis 18 °C gelagert. Beim Antreiben der Knollen im Frühjahr – etwa März/April – sollte die Bodentemperatur nicht unter 20 °C liegen.
Substrat: Einheitserde oder ähnliche Torfsubstrate; pH um 6.
Feuchtigkeit: Während der Wachstumsperiode stets mäßig feucht halten. Im Spätherbst/Winter Wassergaben reduzieren, bis alles Laub abgestorben ist. In Gewächshäusern und ähnlich luftfeuchten Räumen lagern wir die Knollen bis zum Antreiben völlig trocken. Im trockenen Wohnraum kann der Substanzverlust kleinerer Knollen

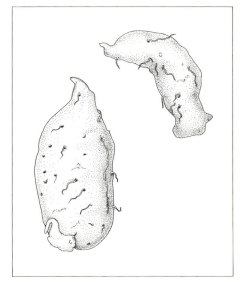

Die Luftkartoffeln (Dioscorea discolor) überdauern den Winter als Knollen.

so hoch sein, daß sie den Winter nicht überleben. Hilfreich ist es, in größeren Abständen die Erde nur oberflächlich leicht zu benetzen. Beim Antreiben wird zunächst nur sehr vorsichtig gegossen, da die Knollen erst neue Wurzeln entwickeln müssen. Die Luftfeuchte sollte möglichst nicht unter 50 % liegen.
Düngen: 2 bis 3 Wochen nach dem Antreiben beginnend – bei Verwendung der gedüngten Torfsubstrate 6 Wochen später –, wöchentlich mit Blumendünger gießen. Ende September einstellen.

Dioscorea discolor

Dioscorea elephantipes, heute richtig Testudinaria elephantipes, ist eine anspruchsvolle sukkulente Verwandte der Luftkartoffel.

Umpflanzen: Am Ende der Ruhezeit vor Triebbeginn Knollen in frische Erde umtopfen. Am besten 2 bis 3 Knollen in einen mindestens 16 cm großen Topf tief in die Erde stecken.

Vermehren: An den Knollen bilden sich kleine Brutknöllchen, die abgetrennt werden können.

Dipteracanthus

Eine große, rund 250 Arten umfassende Gattung der Akanthusgewächse trägt den Namen *Dipteracanthus*. Einzelne Arten dieser in den Tropen und in temperierten Zonen verbreiteten Gattung, die früher unter dem Namen *Ruellia* geführt wurde, haben Eingang ins Topfpflanzensortiment gefunden. Es sind niedrig bleibende Halbsträucher; sie verholzen also nur schwach. Die Triebe wachsen zunächst aufrecht, hängen aber bald über oder kriechen den Boden entlang. Entsprechend werden sie als Bodendecker in beheizten Fenstern und Vitrinen verwendet oder aber als Ampelpflanze. Für größere Flaschengärten eignen sich die verschiedenen Dipteracanthus-Arten hervorragend.

Nur gelegentlich findet man Arten wie *Dipteracanthus devosianus*, *D. makoyanus* und *D. portellae* im Angebot. Sie unterscheiden sich nur wenig, haben alle gegenständige, dunkelgrüne Blätter mit einer auffälligen weißen Aderung. Diese Belaubung macht den Zierwert der Pflanze aus. Die im Spätherbst oder Winter einzeln in den Blattachseln erscheinenden blaßblau bis rosafarbenen Blütchen halten nicht lange. Im kühlen, lufttrockenen Zimmer wird man nur wenig Freude mit diesen Pflanzen haben. Die Behandlung entspricht der von *Chameranthemum*, jedoch halten sie im Winter – bei entsprechend sparsamem Gießen – Temperaturen bis herab zu 15 °C aus.

Dizygotheca, Fingeraralie

Wie der deutsche Name sagt, gehört *Dizygotheca* zu den Efeu- oder Araliengewächsen (Araliaceae). Ein fester Bestandteil unseres Topfpflanzensortimentes ist die Art *Dizygotheca elegantissima*. Lange war sie als *Aralia elegantissima* verbreitet. Bei den kultivierten *D. elegantissima* sowie *D. kerchoveana* und *D. veitchii* handelt es sich noch um Jugendformen, deren Aussehen sich deutlich von den Altersformen unterscheidet. Dies erschwert die eindeutige Bestimmung.

Die Heimat der etwa 15 *Dizygotheca*-Arten liegt in Neukaledonien und Polynesien. Von ihnen ist nur *D. elegantissima* regelmäßig im Angebot. Voraussetzung für gutes Gedeihen sind nicht zu niedrige Temperaturen und eine zumindest mittlere Luftfeuchte. Besondere Aufmerksamkeit ist dem Gießen zu schenken, denn gegen Nässe ist die Fingeraralie empfindlich. Dies dürfte neben einer kühlen Fensterbank der Hauptgrund für Mißerfolge sein. Es liegt darum nahe, die Hydrokultur zu versuchen. Sie führt dann zum Erfolg, wenn Temperatur (auch der Nährlösung) und Luftfeuchte stimmen.

Bemerkenswert ist, daß abgehärtete Pflanzen in subtropischem Klima in Gärten ausgepflanzt Temperaturen bis nahe 0 °C ver-

Dipteracanthus devosianus

Dizygotheca elegantissima

× Doritaenopsis
(Antifer) 'Victory'

samt kleiner, blühen jedoch sehr reich mit etwas zierlicheren Einzelblüten. Die Haltbarkeit der Blüten ist hervorzuheben.
Doritis sind ähnlich wie *Phalaenopsis* zu behandeln. Allerdings bilden sie an den Stielen keine Kindel (Keikis). Dafür neigen sie stärker dazu, an der Basis Seitentriebe auszubilden.
Doritis wurden mit den nahe verwandten *Phalaenopsis* gekreuzt. Das Ergebnis – × *Doritaenopsis* genannt – sind Pflanzen, die von den *Phalaenopsis* die Blütengröße mitbekamen, von *Doritis* die gute Haltbarkeit. Kein Wunder, daß ihnen eine bedeutende Zukunft bei Orchideengärtnern und -liebhabern vorausgesagt wird. Zu pflegen sind sie wie *Phalaenopsis*-Hybriden. Nur eine Besonderheit ist zu nennen: der Blütenstiel kann eine zu große Länge erreichen. Dann kneift man ihn einfach oben ab und erreicht so, daß er sich weiter unten verzweigt.

Dracaena, Drachenbaum

Die Tropen der Alten Welt sind die Heimat von rund 40 Arten der Gattung *Dracaena*. Nur eine – *Dracaena americana* – ist neu-

tragen. Auf die Pflege der Sämlinge im Topf ist das keinesfalls übertragbar.
Licht: Hell bis halbschattig; keine direkte Sonne.
Temperatur: Zimmertemperatur oder wärmer. Besonders auf die Bodentemperatur achten, die auch im Winter nicht unter 18 °C liegen sollte. Dann kann die Lufttemperatur nachts um 2 bis 4 °C niedriger sein. Tödlich ist eine zugige, kühle Fensterbank.
Substrat: Übliche Torfsubstrate wie Einheitserde „frux" oder TKS II; pH um 6.
Feuchtigkeit: Nie austrocknen, aber auch keine Nässe aufkommen lassen. Stets mäßig feucht halten. Kein hartes Wasser verwenden. Luftfeuchte möglichst nicht unter 50 %. Der beste Platz ist im geschlossenen Blumenfenster oder in der Vitrine.
Düngen: Von Frühjahr bis Herbst alle 2 Wochen mit Blumendünger gießen, im Winter nur alle 4 Wochen.
Umpflanzen: Alle 1 bis 2 Jahre, Sämlinge öfter, ältere Pflanzen auch seltener.
Vermehren: Schwierig – gelingt selbst dem Gärtner nicht immer. Kopfstecklinge bewurzeln nur bei Verwendung von Bewurzelungshormonen, hoher Bodentemperatur über 22 °C und hoher Luftfeuchte. Ist frischer Samen erhältlich, sofort bei gleicher Temperatur aussäen. Er keimt nach 5 bis 6 Wochen.
Pflanzenschutz: Nicht selten sind Spinnmilben und besonders Schildläuse. Beide Schädlinge lassen sich nicht leicht bekämpfen. Geeignet sind Pflanzenschutzmittel wie Malathion (gegen Schildläuse) und Kelthane (gegen Spinnmilben).

× Doritaenopsis

Die Orchideenarten der Gattung *Doritis* haben viel Ähnlichkeit mit den populäreren *Phalaenopsis*. Die Pflanzen bleiben insge-

Dracaena deremensis. 'Roehrs Gold'

weltlichen Ursprungs. Seit vielen Jahren haben sich einige bestens als Zimmerpflanzen bewährt. Bereits vor über 100 Jahren rühmte man die Schönheit und Haltbarkeit dieser schönblättrigen Agavengewächse. Besonders zwei Arten zeichnen sich durch ihr gutes Gedeihen in üblichen geheizten Wohnräumen aus: *Dracaena deremensis* und *D. fragrans*. Noch vor wenigen Jahren waren die Sorten von *D. deremensis* am weitesten verbreitet. Es sind bis zu 5 m hoch werdende Pflanzen mit schmallanzettlichen Blättern. Die nahezu ausschließlich kultivierten buntlaubigen Sorten besitzen weiß- oder gelb-grün gestreiftes Laub. Auch in Kultur erreicht *D. deremensis* in wenigen Jahren Meterhöhe, ohne sich zu verzweigen. Eine radikaler Rückschnitt löst das Platzproblem.

Die heute wichtigste Art ist *D. fragrans*, ebenfalls in buntlaubigen Sorten. Die Blätter dieser Art sind deutlich breiter und – vorwiegend am Rand – leicht gewellt. *D. fragrans* erobert mit dem Aufkommen der „Ti-plant"-Mode die Gunst des Publikums. Als Ti-plants bezeichnet man jene abgesägten Stämme mit einem oder mehreren Austrieben an der Spitze. Wegen dieses Blattschopfes gelten sie bei vielen Laien als Palmen, obwohl sie als Gattung der Agavengewächse nicht viel mit Palmen verbindet. Die Gärtner importieren die Stämme in beliebig langen Stücken und bewurzeln sie. Gelegentlich finden sich auch unbewurzelte Stammstücke im Angebot. Sie sollten eine Markierung besitzen, aus der hervorgeht, was oben und unten ist.

Neben diesen robusten Arten gibt es Dracaenen mit höheren Ansprüchen. Bei nicht allzu trockener Luft und genügend Wärme kann man einen Versuch mit *D. sanderiana* und *D. reflexa* (besser bekannt als *Pleomele reflexa*) wagen. *D. sanderiana* ist eine schlanke, niedrigbleibende Pflanze mit breitlanzettlichen, weiß gestreiften Blättern, von der man zur besseren Wirkung am besten drei oder mehrere in einen Topf setzt.

In ähnlicher Gestalt kennt man *D. reflexa* – meist in der gelbgerandeten Sorte 'Song of India' –, obwohl sie an ihren heimatlichen Standorten auf Madagaskar und Mauritius zu einem nahezu 20 m hohen Baum heranwächst. Rund 3 m Höhe erreicht *D. marginata*, die wir in Kultur fast nur als schlanke, langsamwüchsige Art kennen. Sehr hübsch sind die schmallanzettlichen, grünen, rotgerandeten Blätter, die eine kräftige Spitze tragen. Unter dem Namen „*D. latifolia*" bieten Gärtner Sämlinge von *D. hookeriana* 'Latifolia' an, einer stammbildenden Dracaene mit derb-ledrigen, schwertförmigen Blättern mit hell durchscheinendem Rand. Die als „*D. indivisa*" gehandelte Pflanze gehört der Gattung *Cordyline* an (die Unterschiede zwischen beiden Gattungen sind dort beschrieben).

Mit einigem Geschick gelingt es, *D. surculosa* (syn. *D. godseffiana*) erfolgreich im Zimmer zu pflegen. Ihr kräftig grünes Laub ist hübsch weiß gefleckt. Gelegentlich findet man auch die Sorte 'Punctata' im Blumenhandel. Sie trägt Blätter, die nur andeutungsweise hell gepunktet sind. Der Wuchs unterscheidet *D. surculosa* von den zuvor genannten Arten: Die strauchähnlichen, reich verzweigten Pflanzen bilden gelegentlich Langtriebe, die nur an der Spitze mit Blättern besetzt sind.

Eine der schönsten Arten, *D. goldieana*, gedeiht nur im geschlossenen Blumenfenster, in der Vitrine oder dem Gewächshaus. Sie hat weißliche, grüngebänderte, fast waagerecht abstehende Blätter.

Licht: Hell, aber vor direkter Sonne geschützt.
Temperatur: Warm, auch im Winter nicht unter 16 (*D. fragrans*, *D. deremensis*, *D. hookeriana*) bis 18 °C, *D. goldieana* nicht unter 20 °C. Keine „kalten Füße"!
Substrat: Übliche Torfsubstrate wie Einheitserde oder TKS, pH um 6.
Feuchtigkeit: Stets feucht halten; nie austrocknen lassen. Nässe führt, besonders in Verbindung mit niedrigen Bodentemperaturen, bald zu Wurzelfäulnis. Luftfeuchte möglichst nicht unter 50 %, bei empfindlicheren Arten über 60 %.
Düngen: Von Frühjahr bis Herbst alle 2 Wochen, im Winter alle 4 Wochen mit Blumendünger gießen.
Umpflanzen: In der Regel alle 1 bis 2 Jahre im Frühjahr oder Sommer.
Vermehren: Kopfstecklinge und Stammstücke bei mindestens 25 °C Bodentemperatur und hoher Luftfeuchte bewurzeln. Ist Samen erhältlich, läßt man diesen – leicht mit Erde bedeckt – bei gleichen Temperaturen keimen.
Besonderheiten: Einige Dracaenen reagieren empfindlich auf Blattglanzmittel!

Drosera, Sonnentau

Die drei heimischen Sonnentau-Arten (*Drosera anglica*, *D. longifolia*, *D. rotundifolia*) zählen zu den bemerkenswertesten Vertretern unserer Flora. Die kleinen, sich nur wenig über den Boden erhebenden Blätter sind mit Hilfe der an ihnen klebrige Flüssigkeit aussondernden Tentakeln in der Lage, selbst größere Insekten wie Schmetterlinge zu fangen und zu verdauen.

Den erfahrenen Zimmergärtner mag es reizen, solch ungewöhnliche Gewächse ins Haus zu holen. Besser als die einheimischen Arten, die man wegen der starken Gefährdung ohnehin nicht am Standort ausgraben darf, eignen sich *Drosera* aus Australien, Neuseeland und Südafrika. Sie werden in botanischen Gärten seit alters her erfolg-

Drosera aliciae

Drosera capensis

Duchesnea indica

reich kultiviert. Verbreitet sind die kleinrosettigen *Drosera aliciae* und *D. spathulata*, *D. capensis* mit einem Stamm, der mit vertrockneten Blattresten bedeckt ist, und *D. binata* mit einfach oder doppelt gegabelter, sich wie ein Farn aufrollender Blattspreite. Die Tentakel sind bei einigen Arten kräftig rot gefärbt, was besonders im Kontrast zu den kleinen weißen Blüten hübsch aussieht.
Licht: Hell und sonnig.
Temperatur: Luftiger Stand mit Zimmertemperatur. Im Winter 5 bis 10 °C.
Substrat: Früher kultivierte man ausschließlich in lebendem Torfmoos (Sphagnum). Ähnlich gut eignet sich ungedüngter Torf; pH 4 bis 5.
Feuchtigkeit: Stets feucht halten. Das Substrat darf keinesfalls trocken werden. Kein hartes Wasser verwenden! Sauberes Regenwasser oder entsalztes Wasser verwenden.
Düngen: In der Regel entbehrlich oder nur in größeren Abständen mit Hydrokulturdünger in $1/4$ der angegebenen Konzentration.
Umpflanzen: Jährlich im Frühjahr oder Sommer.
Vermehren: Aussaat auf nicht zu grobem Torf. Nicht mit Torf abdecken, aber mit einer Glasscheibe oder ähnlichem für gleichmäßige Feuchtigkeit sorgen. Aussaatgefäß am besten in eine Schale mit Wasser stellen. Auch Blattstecklinge lassen sich bewurzeln.

Duchesnea, Scheinerdbeere

Die aus Indien stammende Scheinerdbeere (*Duchesnea indica*) sieht den echten Erdbeeren zum Verwechseln ähnlich. Die Früchte sind allerdings klein, ähnlich denen der Walderdbeere. Kostet man die Früchte, so wird die Täuschung offenkundig. Im Gegensatz zu den aromatischen Erdbeeren schmecken *Duchesnea*-Früchte fade. Im Garten überzieht diese winterharte Staude an warmen, geschützten Plätzen mit ihren langen Ausläufern große Flächen. Doch auch im Haus sollten wir uns ihrer häufiger erinnern. Voraussetzung ist ein kühler Raum. Als Bodendecker in Wintergärten nehmen sie es mit populären Arten auf. Im Topf braucht sie ein Klettergerüst oder kann als Ampelpflanze mit ihren langen Ausläufern überhängen. Am schönsten sind Pflanzen, die wir jährlich aus Stecklingen heranziehen. Ansonsten entspricht die Pflege der von *Saxifraga stolonifera*.

Dyckia

Ananasgewächse (Bromeliaceae) gelten als wärme- und feuchtigkeitsbedürftig. Es gibt jedoch einige Gattungen, die gemeinsam mit Kakteen und anderen trockenheitsresistenten Pflanzen vorkommen. Dazu zählen die rund 100 Arten der Gattung *Dyckia*, die in Brasilien, Paraguay und Argentinien beheimatet sind. Eine dichte weißschuppige Oberfläche macht sie unempfindlich gegen die unbarmherzig brennende Sonne. Die Blätter enden ähnlich wie Agaven und *Yucca* in einem kräftigen Stachel.
Dyckien sind als Zimmerpflanzen bislang ziemlich unbekannt. Wegen ihrer Anspruchslosigkeit sollte man aber einen Versuch wagen. Einzige Voraussetzung ist ähnlich wie bei vielen Kakteen ein vollsonniger und im Winter kühler Platz. Trockene Zimmerluft kann ihnen nichts anhaben. Ananasgewächse für Kakteensammler sind auch die zweihäusigen *Hechtia*- sowie die starre Polster bildenden *Abromeitiella*-Arten, die wie Dyckien zu behandeln sind.

Dyckia vaginosa

Abromeitiella brevifolia

Licht: Volle Sonne.
Temperatur: Luftiger Standort, nach den Eisheiligen bis Ende September im Garten an einem sonnigen Platz. Im Winter 5 bis 10 °C.
Substrat: Durchlässige Kakteenerde, der bis zu ¼ krümeliger Lehm beigemischt werden kann; pH 6 bis 7.
Feuchtigkeit: Stets nur dann gießen, wenn die Erde weitgehend abgetrocknet ist. Im Winter das Substrat nur sporadisch leicht befeuchten.
Düngen: Von Frühjahr bis Herbst alle 2 bis 3 Wochen mit Blumendünger in halber Konzentration gießen.
Umpflanzen: Alle 2 Jahre oder in größeren Abständen im Frühjahr oder Sommer.
Vermehren: Die Pflanzen bilden je nach Art mehr oder weniger Kindel aus, die sich beim Umtopfen abtrennen lassen.

Echeveria

Die Vielfalt der zu den Dickblattgewächsen (Crassulaceae) gehörenden Echeverien ist kaum zu überblicken. Von Texas bis Argentinien kommen rund 100 verschiedene Arten vor. Darüber hinaus gibt es eine Vielzahl von Sorten, denn gerade deutsche Gärtner haben sich dieser Pflanzengattung intensiv angenommen. Im Handel sind vorwiegend die Kulturformen erhältlich.
Alle Echeverien sind überaus leicht zu pflegende und dankbare Zimmerpflanzen, wenn sie nicht zu viel gegossen werden und im Winter einen kühlen Platz erhalten. Da sie während der frostfreien Jahreszeit gut im Freien aushalten, sind Echeverien auch beliebte Pflanzen für ornamentale Teppichbeete gemeinsam mit Beet- und Gruppenpflanzen.
Bei allen bisher untersuchten Echeverien ist die Blütenbildung von der Tageslänge abhängig, jedoch reagieren die einzelnen Arten recht unterschiedlich. Auch in der Blütezeit gibt es Unterschiede. Die ersten beginnen schon im Winter, andere öffnen erst im Sommer ihre Blüten. Die meisten Arten und Hybriden wachsen rosettig, nur wenige wie *Echeveria harmsii* bilden einen kurzen Stamm.
Licht: Während des ganzen Jahres hellsonniger Stand.
Temperatur: Übliche Zimmertemperaturen; im Winter unbedingt kühler, am besten zwischen 5 und 10 °C. Freilandaufenthalt im Sommer vertragen Echeverien gut, doch sollte eine Dränage übermäßige Bodennässe bei Regenwetter verhindern.
Substrat: Kräftige, aber durchlässige Erde, zum Beispiel Mischungen aus Torf, Sand und Lehm; pH 5,5 bis 7.
Feuchtigkeit: In der Wachstumszeit mäßige Feuchtigkeit, aber nie naß. Im Winter je nach Temperatur nur sporadisch gießen. Behaarte Arten sparsamer wässern als alle kahlen. Trockene Luft vertragen Echeverien gut.
Düngen: Von April bis September alle 2 Wochen mit Kakteendünger gießen.
Umpflanzen: Alle 1 bis 2 Jahre im Frühjahr bis Sommer möglich.
Vermehren: Leicht durch Blattstecklinge möglich, die – abgerissen und die Wunde kurz abgetrocknet – in ein Torf-Sand-Gemisch gesteckt werden. Sie bewurzeln leicht bei 18 bis 20 °C. Aus Seitenrosetten lassen sich schneller kräftige Pflanzen heranziehen. Samen keimt gut schon bei 18 °C, allerdings bilden manche Sorten keinen fertilen Samen.
Pflanzenschutz: Fäulnis ist in der Regel Folge zu nassen Stands, darum sofort trockener halten.

Echinocactus, Schwiegermuttersessel

Der Schwiegermuttersessel (*Echinocactus grusonii*) zählt wohl zu den bekanntesten Kakteen. Seine kugelrunden, nahezu 1 m im Durchmesser erreichenden Pflanzenkörper mit den eindrucksvollen gelben Dornen führten zu dem scherzhaften Namen. Die Pflanzen gefielen so, daß sie in ihrer mexikanischen Heimat nahezu ausgerottet wurden. Inzwischen stehen sie unter strengem

Echeveria gibbiflora

Echeveria pulvinata

Echeveria nodulosa

Schutz. Das Räubern aus der Natur ist bei *E. grusonii* gar nicht notwendig. Die Pflanzen lassen sich leicht aus Samen heranziehen und wachsen rasch zu verkaufsfähigen Pflanzen heran. Es gibt inzwischen genügend große Bestände in Gärtnereien, so daß keine Wünsche offen bleiben.

Der Schwiegermuttersessel wäre einer der besten Zimmerkakteen, würde nicht seine Größe mit zunehmendem Alter der Verwendung natürliche Grenzen setzen. Aber *E. grusonii* hat den Vorzug, den Winter bei relativ hohen Temperaturen zu überdauern. Allerdings ist ein sonniger Platz Voraussetzung für gutes Gedeihen. Die anderen Arten der recht kleinen Gattung haben keine große gärtnerische Bedeutung. Nur *E. ingens* und *E. polycephalus* werden regelmäßig angeboten. *E. ingens* ist mit seinen gelbwolligen Areolen schon als Jungpflanze sehr apart.

Licht: Vollsonnig.
Temperatur: Warm, aber luftig mit deutlicher nächtlicher Abkühlung. Im Winter um 12 bis 15°C.
Substrat: Übliche Kakteenerde; pH um 6.
Feuchtigkeit: Während des Wachstums hoher Wasserbedarf. Die Erde nie ganz austrocknen lassen. Auch im Winter nie völlig trocken halten, sondern Substrat gelegentlich leicht anfeuchten.
Düngen: Während des Wachstums alle 2 Wochen mit Kakteendünger gießen.
Umpflanzen: Jährlich, größere Pflanzen auch in längeren Abständen, im Winter.
Vermehren: Anzucht ausschließlich aus Samen, der bei Temperaturen um 25°C keimt.

Echinocereus

Obwohl im Namen dieser Kakteengattung „.. cereus" auftaucht, darf man keine großen Säulen erwarten. Vielmehr handelt es sich bei den kultivierten Arten meist um reichsprossende, fingerlange „Säulchen" ähnlich *Chamaecereus* oder aber mehr runde Körper, die an Mammillarien erinnern. Sie werden nicht allzu groß und erfreuen mit auffälligen, mehrere Tage haltenden Blüten, so daß es nicht verwundert, daß *Echinocereus*-Arten in Sammlungen zunehmend stärker vertreten sind.

Insgesamt mag es rund 60 Arten zuzüglich einiger Varietäten geben, die von den südlichen Staaten der USA bis nach Mexiko verbreitet sind. Viele davon lassen sich leicht pflegen und kommen immer wieder zur Blüte. Für die Behandlung dieser Pflanzen gibt es eine Grundregel: Arten, die grüne Körper ohne eine dichte, weiße Bedornung ausbilden, wie zum Beispiel *E. papillosus*, *E. pulchellus*, *E. salm-dyckianus* und *E. scheerii*, sind robust und können im Sommer im Garten stehen.

Die dicht bedornten, wie *E. albatus*, *E. baileyi*, *E. dasyacanthus* und *E. deleatii*, sind sparsamer zu gießen und stehen ganzjährig unter Glas.

Eine besondere Gruppe bilden die Pectinaten. Das sind alle jene Arten mit kammartig angeordneten, mehr oder weniger flach anliegenden Dornen. Auch sie sind wie die dicht bedornten zu behandeln. Hierzu zählen unter anderen *E. fitchii*, *E. pectinatus*, *E. purpureus* und *E. reichenbachii*.

Schließlich sind noch die winterharten *Echinocereus* zu erwähnen. Es sind Arten,

Echinocereus triglochidiatus

die ähnlich einigen Opuntien an regengeschützten, trockenen Standorten – meist in Hausnähe – übliche Winter überdauern. Am bekanntesten ist *E. triglochidiatus*, der gut im Freien aushält, aber auch *E. viridiflorus*. Arten wie *E. caespitosus* und *E.*

Echinocereus viridiflorus

Echinocereus fitchii

Echinocereus pectinatus

chloranthus haben sich bewährt. Selbst einige Pectinaten wie der bereits erwähnte *E. purpureus* haben schon Winter im Freien überstanden. Aber hier müssen noch weitere Erfahrungen gesammelt werden. Voraussetzung für eine erfolgreiche Überwinterung im Freien ist jeweils ein trockener, geschützter Platz.

Licht: Hell und sonnig.
Temperatur: Warmer, luftiger Standort; „grüne" Echinocereen im Sommer ins Freie stellen. Nächtliche Abkühlung ist bei allen vorteilhaft. Im Winter lassen sich alle bei Temperaturen um 5 bis 8°C halten.
Substrat: Übliche Kakteenerde, der man bis zu $1/5$ krümeligen Lehm beimischen kann; pH um 6. Die Pectinaten sind empfindlich gegen humushaltige Substrate und faulen leicht. Für sie sind mineralische Bestandteile zu wählen.
Feuchtigkeit: Während des Wachstums stets dann gießen, wenn die Erde weitgehend abgetrocknet ist. Im Frühjahr nicht zu früh mit dem Gießen beginnen – am besten erst dann, wenn die Blüten durch den Dornenmantel gebrochen sind. Dicht bedornte Arten etwas vorsichtiger gießen. Während der „Sommerfrische" genügen in der Regel die natürlichen Niederschläge. Wird der Erde Lehm beigemischt, ist in größeren Intervallen zu gießen! Im Winter völlig trocken halten.
Düngen: Während des Wachstums alle 3 Wochen mit Kakteendünger gießen.
Umpflanzen: In der Regel alle 1 bis 2 Jahre im späten Frühjahr oder Sommer.
Vermehren: Von den meist reichsprossenden Pflanzen Kindel abtrennen und bewurzeln. Die wurzelempfindlichen Pectinaten können auf *Trichocereus* veredelt werden.

Echinofossulocactus, Lamellenkaktus

Die in Mexiko verbreiteten Kugelkakteen der Gattung *Echinofossulocactus* bieten sich für die Zimmerkultur geradezu an. Sie sind nicht allzu groß, müssen im Winter nicht sehr kühl stehen und sehen interessant aus. Das Besondere an ihnen sind die bei vielen Arten sehr dünnen und gewellten Rippen – daher der Name Lamellenkaktus. Bei Sämlingen ist dieses Merkmal erst schwach ausgeprägt. Auch die Bedornung ist bei vielen Arten sehenswert. Besonders die abgeflachten Mitteldornen fallen auf. Im Scheitel erscheinen die nicht sehr großen Blüten.
Es mag rund 30 verschiedene Arten dieser Gattung geben, doch variieren sie stark und sind nicht leicht abzugrenzen.
Licht: Hell und sonnig; nur vor direkter

Oben: Echinofossulocactus phyllacanthus

Unten: Echinofossulocactus lancifer

Mittagssonne empfiehlt sich besonders während des Sommers leichter Schutz. Im Winter stellt man die Pflanzen so hell wie möglich auf, wie dies bei den im zeitigen Frühjahr blühenden Kakteen üblich ist.
Temperatur: Warmer, aber luftiger Platz. Im Winter 10 bis 15°C.
Substrat: Übliche Kakteenerde, die etwas mehr Kalk enthalten kann; pH 6 bis 7,5.
Feuchtigkeit: Stets gießen, wenn die Erde weitgehend abgetrocknet ist. Auch im Winter sporadisch gießen.
Düngen: Von Frühjahr bis Herbst alle 2 bis 4 Wochen mit Kakteendünger gießen.
Umpflanzen: In der Regel alle 2 Jahre am besten im Sommer.
Vermehren: Soweit erhältlich aus Samen, der bei Temperaturen von 20 bis 25°C keimt.

Echinopsis

Als „Bauernkakteen" sind *Echinopsis* weit verbreitet und beliebt. Das deutet darauf hin, daß es sich um nicht allzu schwer zu pflegende, dankbare Zimmerpflanzen handelt. Die Gattung beinhaltet kugelige, im Alter säulig verlängerte Pflanzen. Zu *Echinopsis* rechnet man heute auch die frühere Gattung *Pseudolobivia*. In den Sammlungen herrschen Hybriden vor, die in nicht zu überblickender Zahl existieren. Die Bauernkakteen entstanden aus *E. eyriesii*, *E. multiplex*, *E. oxygona* und *E. tubiflora*. Arten und Sorten der ursprünglichen *Echinopsis*, der heutigen Untergattung *Echinopsis*, öffnen am Abend ihre Blüten und verblühen am Mittag des nächsten Tages. Vertreter der Untergattung *Pseudolobivia* dagegen erblühen in den frühen Morgenstunden, und bereits abends geht die Pracht zu Ende.
Die Blüten der alten Bauernkakteen waren – entsprechend ihren Eltern – in der Regel weiß oder zartrosa gefärbt. Erst durch Einkreuzen von *Pseudolobivia*, aber auch anderen Gattungen wie *Aporocactus*, *Cleistocactus*, *Lobivia* und *Trichocereus* entstanden viele Sorten mit kräftigen, leuchtenden Blüten. Interessante Sorten sind aus den USA unter dem Namen Paramount-Hybriden bekannt geworden. Viele neue Kreuzungen basieren auf diesen Hybriden. Leider sind in Kultur noch immer einige Sorten, die durch ihre Blühfaulheit unangenehm auffallen, jedoch ständig verbreitet werden, da sie stark sprossen. Auf sie sollte man lieber verzichten. Blüten kann man allerdings nur dann erwarten, wenn *Echinopsis* kühl überwintert werden. In den ungeheizten Bauernstuben standen sie ideal.
Licht: Hell, aber während der lichtreichen Jahreszeit zumindest während der Mittagsstunden vor direkter Sonne geschützt. Bei kühler Überwinterung schaden auch schattige Plätze nicht.
Temperatur: Warmer, aber luftiger Stand mit deutlicher nächtlicher Abkühlung. Im Sommer ist Freilandaufenthalt vorteilhaft. Im Winter kühl bei 5 bis 10°C. Arten und Hybriden der Untergattung *Echinopsis* etwas wärmer (nicht unter 7°C).
Substrat: Übliche Kakteenerde, die bis zur Hälfte Torfsubstrate enthalten darf; pH um 6.
Feuchtigkeit: Während des Wachstums stets mäßig feucht halten. Ansonsten nur dann gießen, wenn das Substrat abgetrocknet ist. Im Winter Pseudolobivien völlig trocken halten, *Echinopsis* sporadisch leicht befeuchten. Man beginnt erst dann mit kräftigen Wassergaben, wenn die Knospen schon groß sind.
Düngen: Bei deutlichem Wachstum alle 2 bis 3 Wochen mit Kakteendünger gießen.
Umpflanzen: In der Regel alle 2 Jahre im Winter.
Vermehren: Von sprossenden Arten und Sorten unproblematisch, jedoch keine blühfaulen Typen vermehren. Man kann die Pflanzen auch köpfen, die Spitze nach dem Abtrocknen der Wunde bewurzeln und warten, bis der Stumpf neu austreibt. Sind die Neutriebe etwas herangewachsen, trennt man sie ab und läßt sie im mäßig feuchten Substrat Wurzeln bilden. Samen keimt bei etwa 20 bis 25°C Bodentemperatur.

Epidendrum

Schon der Name dieser Orchideengattung besagt, daß es sich vorwiegend um „auf

Echinopsis-Paramount-Hybriden

Bäumen" – also epiphytisch – lebende Orchideen handelt. Rund 1000 verschiedene Arten sind im tropischen und subtropischen Amerika verbreitet. Darunter sind einige gute Zimmerpflanzen, die sich bei vielen Pflanzenfreunden bewährt haben. Zu nennen sind *E. cochleatum* und *E. parkinsonianum* mit der Varietät *falcatum* sowie *E. ciliare* und *E. mariae*. Eine so umfassende Gattung enthält naturgemäß recht unterschiedliche Vertreter.
Die meisten kultivierten Arten besitzen schlanke, beblätterte Pseudobulben und meist mehrblütige Trauben. Die Blüten einiger Arten wie *E. cochleatum* sehen aus, als seien sie verkehrt herum am Stiel angeheftet: Ihre Lippe zeigt nach oben. Die Pflege der *Epidendrum* ähnelt der der nahe verwandten Gattung *Cattleya*. Die vier genannten Arten stellen keine allzu hohen Anforderungen an die Luftfeuchte; die beiden letztgenannten schätzen eine deutliche nächtliche Abkühlung.

Echinopsis-Hybride 'Rubin'

Epidendrum mariae

Licht: Heller bis halbschattiger Platz, vor direkter Sonne besonders während der Mittagsstunden geschützt.
Temperatur: Zimmertemperatur oder wärmer. Im Winter tagsüber um 18/20 °C, nachts bis auf 15 °C absinkend.
Substrat: Mischungen aus Osmunda, Mexifarn oder Rinde; pH um 5.
Feuchtigkeit: Während der Wachstumsperiode, die mit dem Neutrieb meist im Frühjahr beginnt, jeweils gießen, wenn das Substrat oberflächlich abgetrocknet ist. Nach dem Ausreifen der Triebe im Herbst Wassergaben etwas einschränken, doch soviel gießen, daß die Pflanzen nicht schrumpfen. Kein hartes Wasser. Luftfeuchte nicht unter 50 %, besser 60 %.
Düngen: Nach Triebbeginn bis zum Herbst alle 2 bis 3 Wochen mit Blumendünger in halber Konzentration gießen.
Umpflanzen: Nur wenn nötig mit Triebbeginn im Frühjahr.
Vermehren: Beim Umpflanzen größerer Pflanzen jeweils 2 bis 3 Rückbulben abtrennen, die nach 2 bis 3 Jahren zu blühfähigen Pflanzen heranwachsen.

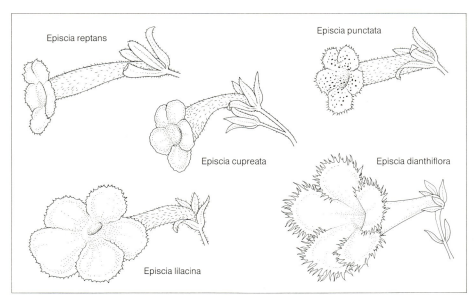

Blüten verbreiteter Episcia-Arten

Epipremnum, Efeutute

Unsere altbekannte Efeutute gehört zu den Pflanzen, deren botanischer Name kaum einer kennt. Obwohl die wissenschaftliche Bezeichnung zur eindeutigen Definition beitragen soll, stiftet sie in diesem Fall nur Verwirrung, da sie in jüngster Zeit mehrfach wechselte. Innerhalb der Familie der Aronstabgewächse (Araceae) gehörte diese liebenswerte Pflanze ehemals den Gattungen *Pothos*, *Raphidophora* (oder *Rhaphidophora*) und *Scindapsus* an, um nun hoffentlich endgültig *Epipremnum* zugerechnet zu werden. Diese letztgenannte, aus Asien stammende Gattung umfaßt etwa zehn Arten, von denen nur *E. aureum* Bedeutung als Zimmerpflanze erlangte. Ihr Vorzug sind die bescheidenen Lichtansprüche. Empfindlich reagiert sie nur auf niedrige Temperaturen, besonders in Verbindung mit zuviel Gießwasser.
Kultiviert wird nur die Jugendform dieser Ampelpflanze, die mit ihren meterlangen Trieben ganze Wände überziehen kann. Die hübschen, je nach Sorte gelb-grün oder weiß-grün panaschierten Blätter erreichen kaum einmal 20 cm Länge. Die Altersform dagegen klettert bis in 10 m Höhe und bildet Blätter von über 75 cm Länge. Da im Zimmer nur die Jugendform gehalten wird, ist mit einer Blüte nicht zu rechnen.
Licht: Keine direkte Sonne; heller bis halbschattiger Platz, doch darf man die Triebe nicht bis in die finstersten Zimmerecken ziehen.
Temperatur: Am besten sind Werte um 20 bis 25 °C, auch im Winter. Keinesfalls soll die Temperatur unter 15 °C absinken, sonst bekommen die Blätter dunkle Flecken. Die ideale Bodentemperatur ist 22 °C.
Substrat: Humose, lockere Erde, zum Beispiel Einheitserde, TKS oder Compo Sana; pH um 6.
Feuchtigkeit: Stets für milde Feuchte sorgen; stauende Nässe führt in Verbindung mit niedrigen Temperaturen rasch zur Wurzelfäule. Gegen trockene Zimmerluft ist die Efeutute nicht empfindlich.
Düngen: Während der Hauptwachstumszeit im Sommerhalbjahr alle 1 bis 2 Wochen mit Blumendünger gießen. Im Winter genügen Gaben alle 3 bis 4 Wochen.
Umpflanzen: Alle 1 bis 2 Jahre im Frühjahr oder Sommer. Günstig ist die Hydrokultur, weil das bei großen Pflanzen umständliche Umtopfen entfällt.
Vermehren: Stecklinge bewurzeln leicht bei einer Bodentemperatur über 20 °C und „gespannter" Luft.
Besonderheiten: Wenn an langen Ranken einzelne ältere Blätter gelb werden und abfallen, so ist dies ganz normal. Ist der Blattfall aber ähnlich stark wie der Zuwachs, dann erhalten die Pflanzen zu wenig Dünger und/oder der Platz ist zu dunkel.

Episcia

In jedem botanischen Garten finden sich Episcien in mehreren Arten und Sorten, in privaten Sammlungen dagegen sind sie rar. Dies muß bei so attraktiven Pflanzen einen Grund haben. Tatsächlich sind alle bisherigen Versuche, Episcien im Zimmer zu halten, bei uns nicht sehr erfolgreich verlaufen. Da sie allesamt hoher Temperaturen und feuchter Luft bedürfen, sind das geschlossene Blumenfenster, die Vitrine oder das Kleingewächshaus der geeignete Platz.
Rund zehn *Episcia*-Arten sind im tropischen Amerika verbreitet. Sie zählen zu den Gesneriengewächsen (Gesneriaceae) und

Epipremnum aureum

zeichnen sich durch gegenständige, meist behaarte, oft schön gefärbte Blätter aus. Zu den auffälligen Blättern kommen die hübschen, rot, weiß oder gelb gefärbten Blüten. Am häufigsten findet man Sorten von *E. cupreata* und *E. reptans*, aber auch *E. lilacina* und – weniger häufig – *E. dianthiflora*. Am leichtesten ist *E. dianthiflora* mit ihren weißen, stark gefransten Blüten zu identifizieren. *E. lilacina* erkennen wir an den blaßblauen, im Schlund mit einem gelben Fleck versehenen Blüten. Nur schwer lassen sich die rotblühenden *E. cupreata* und *E. reptans* auseinander halten. Die an der Basis röhrige Blüte ist bei *E. cupreata* innen meist gelb und rötlich gefleckt, bei *E. reptans* rosa und ungefleckt. Allerdings gibt es auch davon abweichende Sorten, zum Beispiel *E. cupreata* 'Tropical' und 'Topaz' mit rein gelben Blüten. Die Blätter eignen sich zur Unterscheidung der Arten kaum, da sie von Sorte zu Sorte sehr variieren.

Regelmäßig bilden Episcien beblätterte Ausläufer, so daß man sie am besten in Ampeln hält. Am heimatlichen Standort finden sich Episcien als Bodendecker. Deshalb entwickeln sie sich auch in Kultur ausgepflanzt am schönsten, doch ist dies in der Regel nur im Gewächshaus mit Bodenheizung möglich.

Licht: Hell, aber vor direkter Sonne geschützt. Auch halbschattige Plätze sind geeignet, doch bieten sie besonders im Winter zu wenig Licht, um ein optimales Wachstum zu gestatten. Außerdem sind

Episcia cupreata 'Frosty'

Erica patersonia

Erica speciosa

Episcien an halbschattigen Plätzen blühfaul.

Temperatur: Tagsüber um 22°C, nachts nur 2 bis 3°C weniger. Auch im Winter sollte die Nachttemperatur nicht unter 18°C absinken, die Bodentemperatur möglichst 20°C betragen.

Substrat: Torfsubstrate wie Einheitserde oder TKS, auch gemischt mit Sphagnum und/oder maximal $^1/_4$ Styromull; pH um 5,5.

Feuchtigkeit: Stets mäßig feucht halten, doch keine Nässe aufkommen lassen. Luftfeuchte möglichst 60%.

Düngen: Von Frühjahr bis Herbst wöchentlich, im Winter alle 5 bis 6 Wochen mit Blumendünger gießen.

Umpflanzen: Alle 1 bis 2 Jahre im Frühjahr oder Sommer. Am besten Schalen verwenden.

Vermehren: Ausläufer abtrennen und bei mindestens 25°C Bodentemperatur bewurzeln.

Erica, Kapheiden

Wer sich mit unserer verbreiteten Erika bescheidet – gemeint sind die Sorten von *Erica gracilis* – und diese im Herbst in den Balkonkasten pflanzt oder auf den Friedhof trägt, kann sich kaum vorstellen, welche Bedeutung diese Gattung vor rund 150 Jahren besaß. Damals existierten in England, Österreich und Deutschland Sammlungen von 200, 300, ja sogar 400 Arten und Kulturformen. Von der damaligen Pracht und Vielfalt ist nicht mehr viel übriggeblieben. Nur wenige Sammler verfügen über die notwendigen hellen, luftigen, im Winter kühlen Gewächshäuser. Für das geheizte Wohnzimmer eignen sich die Kapheiden nicht. Im Freien aber überdauern diese Bewohner Südafrikas unsere Winter nicht. Das Kalthaus ist somit unabdingbare Voraussetzung für die Erikenkultur. Eine Ausnahme machen europäische Arten wie *E. herbacea* (syn. *E. carnea*), die Schneeheide, die als winterblühendes Zwerggehölz aus dem Garten bekannt ist.

Die Mehrzahl der über 500 *Erica*-Arten ist im südlichen Afrika zu finden. Die Blüten mancher Arten und Sorten sind 3 cm und länger, also nicht vergleichbar mit *Erica gracilis*. Sie gefällt, weil sie über und über mit Blüten bedeckt ist, dabei aber recht kleine Einzelblüten besitzt. Die großblütigen Eriken, die im Frühjahr im Blumengeschäft angeboten werden, zählen zu den *Erica × willmorei*, einer Gruppe von Hybriden, deren Eltern nicht exakt zu ermitteln sind. Gelegentlich bieten Gärtner jetzt auch Kulturformen von *E. ventricosa* an, die als Jungpflanzen noch niedrig sind und erst im Alter die stattliche Größe von *E. × willmorei* erreichen. Schon Exemplare von kaum 15 cm Höhe blühen überreich. Die vielen anderen Kapheiden sind nicht leicht erhältlich. In der Regel muß man sie selbst aus Samen heranziehen, den man sich in Südafrika besorgt.

Licht: Hell bis sonnig.
Temperatur: Luftiger Stand, im Sommer am besten im Freien. Im Winter um 8°C.

243

Substrat: Bewährt haben sich Mischungen aus 3 Teilen Nadelerde, 1 Teil Moorerde, 1 Teil Torf und $1/2$ Teil grobem Sand. Sind diese Komponenten nicht erhältlich, lassen sich gute Erfolge auch mit 1 Teil Einheitserde oder TKS, 1 Teil Torf und $1/2$ Teil Sand erzielen; pH um 4.
Feuchtigkeit: Eriken haben, besonders bei sonnigem, luftigem Stand, einen sehr hohen Wasserbedarf. Die Erde sollte niemals austrocknen. Bei kühlem Winterstand jedoch sparsam gießen und nie Nässe aufkommen lassen. Hartes Wasser entsalzen!
Düngen: Von Frühjahr bis Herbst wöchentlich ein bis zweimal mit Blumendünger in halber Konzentration gießen. Im Winter nur sporadische Gaben. Niemals in hohen Konzentrationen düngen! Mischt man ein Substrat aus ungedüngten Komponenten, so fügt man etwa 1 g Volldünger je Liter Erde bei.
Umpflanzen: Alle 1 bis 2 Jahre im Frühjahr, jedoch nicht während der Blüte. Alte Exemplare in größeren Abständen.
Vermehren: Nicht zu sehr verholzte Stecklinge bewurzeln bei etwa 20 °C Bodentemperatur und hoher Luftfeuchte in einem üblichen Torf-Sand-Gemisch. Nach dem Anwachsen mehrmals stutzen. Für die Aussaat, die am besten im Frühjahr erfolgt, gilt die gleiche Temperatur. Bis zur Blüte vergehen rund 3 Jahre.
Pflanzenschutz: Leider stellt sich bei Eriken eine Vielzahl schädlicher Pilze ein, deren Bekämpfung nur mit speziellen Pflanzenschutzmitteln oder gar nicht möglich ist. Zur Erkrankung kommt es jedoch nur nach Kulturfehlern wie Trockenheit (im Sommer!), Nässe (vorwiegend im Winter), zu hohem Salzgehalt der Erde oder zu kalkhaltiger Erde sowie nicht ausreichend luftigem Stand. Vermeidet man diese Fehler, so bleiben die Kapheiden in der Regel gesund.

Eriocereus

Manchen Kakteenfreunden sind *Eriocereus* nur als Pfropfunterlagen bekannt. Vornehmlich *E. jusbertii* wird für diesen Zweck gerne verwendet. Allerdings sollte man *E. jusbertii* nur dann verwenden, wenn die Pflanzen im Winter in einem nicht zu kalten Zimmer stehen.
Die Blüten sind so ansehnlich, daß *Eriocereus* durchaus kulturwürdig sind. Sie erinnern an Phyllocacteen und öffen ihre Blüten nachts. Die langen, niederliegenden bis kletternden Sprosse machen ein Gerüst erforderlich. Auf der Fensterbank nehmen sie bald zuviel Platz in Anspruch. Die Vermehrung aus Stecklingen ist einfach. Die

Eriocereus jusbertii

Pflege entspricht weitgehend der unserer Phyllocacteen, doch sollte die Temperatur nicht unter 8 bis 10 °C absinken.

Espostoa

Hübsche, dicht weiß behaarte Säulenkakteen gehören der von Peru bis Ekuador verbreiteten Gattung *Espostoa* an. In ihrer Heimat wachsen einige Arten zu 5 m hohen Pflanzen heran. Gepflegt werden ausschließlich junge Exemplare, was den Nachteil hat, daß sie meist nicht zur Blüte kommen. Die Blüten entwickeln sich ausschließlich in einer mit dichten, wolligen Haaren besetzten Blühzone (Cephalium), welche erst an alten Pflanzen entsteht. Auch ohne Blüten sind *Espostoa* wegen ihrer dichten Behaarung, die an das Greisenhaupt (*Cephalocereus senilis*) erinnert, wertvolle Bereicherungen jeder Sammlung. Am häufigsten wird *E. lanata* kultiviert, die nicht nur viele kleine Randstacheln und eine weiße Behaarung aufweist, sondern auch kräftige Mittelstacheln, die zentimeterlang aus der Wolle herausragen.
Licht: Volle Sonne.
Temperatur: Warm mit deutlicher nächtlicher Abkühlung. Im Winter um 10 °C.
Substrat: Übliche Kakteenerde; pH um 6.
Feuchtigkeit: Während des Wachstums – besonders im Frühjahr und Herbst – stets mäßig feucht halten. Ansonsten sparsam gießen und im Winter völlige Trockenheit.
Düngen: Während des Wachstums alle 3 Wochen mit Kakteendünger gießen.
Umpflanzen: In der Regel alle 2 Jahre im Winter.
Vermehren: Soweit erhältlich aus Samen, der – nicht mit Erde abgedeckt – bei Temperaturen von 20 bis 25 °C keimt.

Euonymus, Spindelstrauch

Von den rund 170 *Euonymus*-Arten ist nur eine als Topfpflanze interessant: *Euonymus japonicus*. Von diesem immergrünen, bis 5 m hohen Strauch aus Japan, Korea und den Riukiu-Inseln existieren viele Kulturformen, die sogar an milden Standorten im Weinbauklima winterhart sein können. Die mehr oder weniger eirunden, ledrigen Blätter erreichen bis 7 cm Länge, aber als Topfpflanze bevorzugt sind die kleinbleibenden und kleinblättrigen Sorten, die unter den Namen 'Microphyllus', 'Microphyllus Aureovariegatus' und ähnlichen bekannt sind. Sie erinnern kaum an das einheimische Pfaffenhütchen (*E. europaeus*). Besonders die buntlaubigen Formen sind hübsche Topfpflanzen, die jedoch kaum zur Blüte kommen. Voraussetzung für ein dauerhaft gesundes Wachstum ist ein luftiger, im Winter kühler Fensterplatz.
Licht: Hell, doch vor direkter Sonne mit Ausnahme der Wintermonate leicht geschützt.
Temperatur: Luftiger Stand, im Sommer am besten an halbschattigem Platz im Garten. Im Winter 5 bis 10 °C.
Substrat: Übliche Blumenerde, der man etwa $1/4$ groben Sand beimischt; pH um 6.
Feuchtigkeit: Stets mäßig feucht halten. Im Winter sparsamer gießen, doch nie völlig austrocknen lassen. Von Frühjahr bis Herbst wöchentlich mit Blumendünger gießen.
Umpflanzen: Alle 2 Jahre im Frühjahr.
Vermehren: Stecklinge bewurzeln bei etwa 18 °C Bodentemperatur in üblichem Torf-Sand-Gemisch. Nach dem Anwachsen stutzen.

Euphorbia, Weihnachtsstern

Der Name Weihnachtsstern ist mit *Euphorbia pulcherrima*, auch Poinsettie genannt, fest verbunden. Den Gärtnern gefällt dies gar nicht. Sie versuchten schon vor Jahren, Poinsettien zu anderen Jahreszeiten anzubieten. Doch kein Blumenfreund wollte „Weihnachtssterne", es sei denn zur Advents- oder Weihnachtszeit. Den Gärtnern bereitet es keine Schwierigkeiten, Poinsettien zu jeder beliebigen Jahreszeit zur Blüte zu bringen, denn Poinsettien reagieren auf die Länge der Tage. Es sind sogenannte Kurztagpflanzen, das heißt, sie kommen nur dann zur Blüte, wenn die tägliche Belichtungsdauer einen bestimmten Wert unterschreitet, der je nach Sorte bei etwa 12 Stunden liegt. Durch Belichten oder Verdunkeln für mindestens 30 Tage läßt sich die Blatt- oder Blütenbildung steuern.

Poinsettien sind mexikanischen Ursprungs. Deshalb wollen sie hell stehen. In ihrer Heimat erreichen sie nahezu 3 m Höhe. Auch in Kultur werden sie zu lang, so daß man sie mit wuchshemmenden Stoffen spritzt. Die Wirkung läßt nach einiger Zeit nach, und das normale Längenwachstum setzt ein. Nicht zuletzt aus diesem Grund empfiehlt es sich kaum, Weihnachtssterne weiter zu pflegen, wenn sie nach den Feiertagen ihre Schönheit verloren haben. Wer dies dennoch möchte, muß gegebenenfalls auf ein Drittel zurückschneiden und vielleicht den Neutrieb stutzen, um eine bessere Verzweigung zu erreichen.

Das Auffällige an den Poinsettien sind nicht die Blüten, sondern die lebhaft rot oder cremeweiß gefärbten Hochblätter (Brakteen). Die Blüten dieses Wolfsmilchgewächses (Euphorbiaceae) stehen im Zentrum. Sie sind sehr interessant gebaut – jedes „Blütchen" ist ein ganzer Blütenstand –, aber wenig attraktiv.

Licht: Hell, nur vor direkter Sonne besonders während der Mittagsstunden geschützt.

Temperatur: Warm, aber luftig. Auch im Winter nicht unter 18 °C, auch die Bodentemperatur. Einzelne Sorten sind noch mit 16 °C zufrieden. Blühende Pflanzen bleiben länger schön, wenn sie in einem nicht zu sehr beheizten Raum stehen.

Substrat: Einheitserde, TKS oder Compo Sana, pH um 6.

Feuchtigkeit: Stets feucht halten, aber keine Nässe aufkommen lassen.

Düngen: Von Frühjahr bis Herbst wöchentlich, im Winter alle 2 Wochen mit Blumendünger gießen.

Umpflanzen: In der Regel jährlich im Frühjahr oder Sommer.

Vermehren: Stecklinge bewurzeln nur bei Temperaturen über 22 °C. Es empfiehlt sich, die Schnittfläche nach dem Schneiden sofort in lauwarmes Wasser zu tauchen, bis kein Milchsaft mehr austritt. Durch Folie oder ähnliches für hohe Luftfeuchte sorgen.

Pflanzenschutz: Neben Blattläusen können besonders Weiße Fliegen und Schildläuse lästig werden. Sie sind nur durch mehrmaliges Spritzen mit Präparaten wie Unden flüssig zu bekämpfen.

Besonderheiten: Um kompakte Pflanzen zu erhalten, gießen Gärtner junge Weihnachtssterne mit 0,1 %igen Lösungen von Gartenbau-Cycocel. Beim Kauf ist auf die Blüten im Zentrum der Hochblätter zu achten. Sind sie bereits abgeblüht oder – durch falschen Stand im Blumenhandel verursacht – abgefallen, ist die Haltbarkeit nicht mehr allzu hoch.

Euphorbien am heimatlichen Standort. In diesem Trockental in Kenya wächst Euphorbia nyikae gemeinsam mit Erythrina und Acacia.

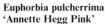

Euphorbia pulcherrima 'Annette Hegg Pink'

Euphorbia, sukkulente Arten

Wenn man über die sukkulenten Euphorbien berichten will, weiß man nicht, wo man anfangen und wo man aufhören soll. Nicht nur, daß die Gattung rund 1600 Arten umfaßt. Nicht wenige sind in Kultur und erfreuen sich großer Beliebtheit, allen voran der verbreitete Christusdorn (Euphorbia milii, syn. E. splendens). Es gibt von ihm inzwischen mehrere Sorten mit roten, rosa oder gelben Blüten und differierender Höhe.

Weite Verbreitung hat auch eine Art gefunden, deren Name vielfach unbekannt ist: Euphorbia submammillaris. Sie bleibt klein und bildet reich verzweigte, sieben- bis zehnrippige Stämmchen.

Mit der Hydrokultur ist E. tirucalli in Mode gekommen. Sie erreicht in ihrer afrikanischen Heimat beachtliche 10 m Höhe, doch auch in Kultur sind es keine Pflanzen für kleine Töpfe. Die nur kleinen Blättchen fallen von den 5 bis 8 mm starken, gegliederten, verzweigten Sprossen bald ab. Die bei uns angebotenen Pflanzen stammen nahezu alle aus Afrika, wo sie felderweise angebaut werden. Man stutzt sie bei uns auf etwa 30 cm Höhe oder auch mehr zurecht und bewurzelt sie. E. tirucalli ist auch wegen des stark ätzenden Milchsaftes berüchtigt.

Euphorbia grandicornis

Euphorbia esculenta

Um Importpflanzen handelt es sich auch bei den angebotenen *E. balsamifera*. Sie stammen von den Kanarischen Inseln, wo sie malerisch verzweigte Sträucher mit rötlichgrau gefärbten Stämmchen und graugrünen Blättern bilden. Besucher der Kanarischen Inseln kennen auch *Euphorbia canariensis*, einen aus 2,50 m hohen Säulen bestehenden, mehrere Meter umfassenden Busch. Junge Exemplare erfreuen sich wegen der einfachen Pflege großer Beliebtheit. Wer über helle, nicht zu kleine Räume verfügt, findet Gefallen an *E. atropurpurea*. Sie erreicht fast 2 m Höhe mit ihren fleischigen, später verholzenden Trieben. An den Spitzen stehen die graugrünen, bis 10 cm langen, schmalen Blätter. Das Bemerkenswerte sind die kräftig rot gefärbten Hochblätter der Blütenstände.

Unter den säulenförmigen Euphorbien zeichnet sich auch *E. leuconeura* durch große, langgestielte Blätter an der Spitze des vierkantigen, mit Borsten versehenen Sprosses aus. Eine weißlich-grüne Zeichnung der meist dreikantigen Sprosse ist für *E. trigona* und *E. lactea* charakteristisch. *E. lactea* wirft aber die kleinen Blättchen bald ab, während sie bei *E. trigona* bis 5 cm groß sind, schräg nach oben stehen und länger an den Stämmchen verbleiben. Gelegentlich wird auch *E. resinifera* angeboten, die vierkantige, graugrüne Sprosse ohne Blätter bildet. Den kräftigen, bis 7 cm langen Stacheln verdankt die dreirippige Stämme hervorbringende *E. grandicornis* ihre Bewunderer.

Nur wenig Platz benötigen die kleinen, oft rundlichen Euphorbien. Viele von ihnen haben auf der Fensterbank Platz. Als Beispiel sei *E. obesa* genannt, die zunächst kugelrund wächst und sich erst im Alter in die Höhe streckt. Nicht selten wird sie – wie übrigens viele Euphorbien – für einen Kaktus gehalten.

Wohl nur in Sammlungen finden sich die seltsamen „Medusenhaupt-Euphorbien" wie *E. caput-medusae* und *E. esculenta*. Sie besitzen einenen dicken, fleischigen Stamm, aus dem kreisförmig die Seitentriebe entspringen.

Erst vor kurzem entdeckte man einen Naturbastard zwischen dem Christusdorn (*Euphorbia milii*) und *E. lophogona*. Die nun als *E.* × *lomii* bezeichnete Hybride besitzt kräftig grün gefärbte, größere Blätter als der Christusdorn und große, kräftig gefärbte Blüten. Auf diesem Fund aufbauend, entstanden inzwischen verschiedene schönblühende Sorten mit unterschiedlichen Wuchseigenschaften. Der Nachteil einiger Sorten sei nicht verschwiegen: Sie sind – wie leider auch einige andere sukkulente Euphorbien – sehr mehltauempfindlich.

Licht: Heller, sonniger Standort, auch im Winter. Arten wie der Christusdorn halten auch im Halbschatten aus, doch leiden dort das Wachstum und die Blühwilligkeit.

Temperatur: Zimmertemperatur oder wärmer. Im Winter bei 12 bis 18°C, kanarische Arten auch kühler. Je höher die Temperatur im Winter, um so heller muß der Standort sein!

Substrat: Alle Euphorbien verlangen eine durchlässige Erde mit einem pH-Wert zwischen 5,5 und 7. Bei den kräftig wachsenden Arten und Sorten eignen sich übliche Fertigsubstrate wie Einheitserde oder TKS. Für stark sukkulente Formen empfiehlt sich eine fertige Kakteenerde oder Mischungen aus Lavagrus und Einheitserde/TKS.

Feuchtigkeit: Während des Wachstums gießen, wenn die Erde weitgehend abgetrocknet ist. Während der Ruhezeit im Winter nur sporadische Wassergaben (je nach Temperatur!). Manche Arten wie die von den Kanarischen Inseln machen in ihrer Heimat eine Trockenruhe im Sommer durch, während sie im Winter Feuchtigkeit zur Verfügung haben. In Kultur empfiehlt es sich nicht, eine sommerliche Trockenruhe einzuhalten, sie verlangen jedoch während des Winters häufigere Wassergaben.

Düngen: Von April bis September/Oktober alle 2 bis 4 Wochen – je nach Wachstumsintensität – mit Kakteendünger gießen.

Umpflanzen: Im Frühjahr oder Sommer jährlich oder in größeren Abständen.

Vermehren: Manche Arten wie *E. obesa* lassen sich nur durch Samen vermehren. Zu beachten ist, daß viele Euphorbien zweihäusig sind, sich also an einer Pflanze nur männliche oder nur weibliche Blüten befinden. Für einen Samenansatz muß man sich daher ein „Pärchen" besorgen. Von säulenbildenden oder sprossenden Euphorbien lassen sich genügend Stecklinge schneiden. Tritt Milchsaft aus, taucht man die Schnittstelle in lauwarmes Wasser oder Holzkohlepuder. Vorsicht, der Milchsaft der meisten Arten ist giftig und reizt die Haut! Mit benetzten Fingern nicht ans Auge fassen! Die Stecklinge bewurzeln bei Bodentemperaturen von 20 bis 25°C meist recht schnell in dem üblichen Torf-Sand-Gemisch.

Besonderheiten: Beim Christusdorn wird man – von bestimmten Sorten abgesehen – nur dann Blüten erhalten, wenn die Pflanzen im Winter kühl bei etwa 15°C stehen oder aber wenn sie im Winter weniger als 12 Stunden Licht pro Tag erhalten.

Exacum, Bitterblatt

Die Familie der Enziangewächse (Gentianaceae) trägt nur mit einer Art zum hiesigen Zimmerpflanzensortiment bei: mit *Exacum affine*, dem Bitterblatt oder Blauen Lieschen. Obwohl es von der Insel Sokotra am Ausgang des Golfs von Aden stammt, haben die Amerikaner dieses hübsche Pflänzchen „German Violett" genannt, das „Deutsche Veilchen" – ein Zeichen dafür, daß *Exacum affine* bei uns gern gepflegt wird, und das seit rund 100 Jahren. Die enzianblauen Blüten (besonders kräftig bei der Sorte 'Atrocaeruleum') haben mit dem Fleißigen Lieschen (*Impatiens-walleriana*-Hybriden) nicht viel gemein, aber vielleicht hat man *Exacum* deshalb Blaues Lieschen genannt, weil es wie *Impatiens* vom Sommer bis in den Spätherbst hinein immer wieder neue Blüten öffnet. Die fleischigen Stengel mit den kleinen, eirunden Blättchen sind vom Grund an verzweigt. Die Pflanze erreicht bei uns kaum mehr als 30 cm Höhe. In der Regel wirft man das Bitterblatt nach der Blüte weg und zieht es jährlich neu aus Samen heran. Nach kühler Überwinterung gelingt es aber auch, sie im Frühjahr durch Stecklinge zu verjüngen.

Licht: Hell, nur vor direkter Mittagssonne geschützt.
Temperatur: Luftiger Platz mit Zimmertemperatur. Im Winter genügen Werte um 15°C. Freilandaufenthalt während des Sommers ist nicht zu empfehlen, da die Pflanzen einige Tage schlechtes Wetter übelnehmen.
Substrat: Übliche Torfsubstrate wie Einheitserde, TKS oder Compo Sana; pH 5 bis 6.
Feuchtigkeit: Stets mäßig feucht halten.
Düngen: Von Frühjahr bis Herbst wöchentlich mit Blumendünger gießen.
Umpflanzen: In der Regel überflüssig, es sei denn, man pikiert Sämlinge zunächst in kleine Töpfchen.
Vermehren: Aussaat im Februar bei Temperaturen um 18°C. Den feinen Samen nicht mit Erde abdecken. Eine Glasscheibe oder Kunststoff-Folie sorgt dafür, daß er nicht austrocknet. Am besten setzt man nach einmaligem Pikieren drei Sämlinge in den etwa 10 cm großen Endtopf. Von überwinterten Pflanzen ab März Stecklinge schneiden und bei gleichen Temperaturen bewurzeln.

× Fatshedera, Efeuaralie

1912 gelang in Frankreich die Kreuzung der Aralie *(Fatsia japonica)* mit dem Efeu *(Hedera helix)*. Das Ergebnis, die Efeuaralie *(× Fatshedera lizei)*, gehört seit vielen Jahren zum Standard-Zimmerpflanzensortiment. Ihr Aussehen weist sie als wahres Kind ihrer Eltern aus: Die drei- bis fünflappigen Blätter haben viel Ähnlichkeit mit der Aralie, sind aber kleiner. Der aufrechte Stengel ist in der Jugend rötlich überhaucht wie bei manchen Efeu-Sorten, wird aber bis zu 4 m hoch.

Als Topfpflanze muß man die Efeuaralie mehrfach stutzen, damit sie sich besser verzweigt. Durch Kopfstecklinge und Abmoosen läßt sich für Nachkommen sorgen. Wie bei den beiden Eltern soll die Temperatur im Winter nicht zu hoch sein, da sonst von unten die Blätter gelb werden. Die Efeuaralie ist ansonsten wie *Fatsia* zu behandeln. In milden Gegenden Deutschlands können abgehärtete Pflanzen an geschützten Stellen auch im Freien den Winter überleben.

Exacum affine

× Fatshedera lizei

Fatsia, Aralie

Wie der botanische Name *Fatsia japonica* zeigt, ist die Zimmeraralie in Japan beheimatet. Gelegentlich taucht dieses Efeu- oder Araliengewächs (Araliaceae) noch unter dem veralteten Namen *Aralia sieboldii* auf. Am heimatlichen Standort erreicht dieser Strauch 5 m Höhe. An zusagenden, das heißt im Winter nicht allzu warmen Plätzen entwickelt sich aus dem Sämling rasch ein stattliches Exemplar. Auch die Blätter können sich sehen lassen: mit sieben bis neun Lappen sind Blattspreiten von 40 cm bei älteren Aralien keine Seltenheit.

Wie bereits erwähnt, ist im Winter ein kühler Platz erforderlich. In den USA hat man sie in die Zone 8 eingeordnet. Dort findet man Pflanzen, die Minimaltemperaturen von −6 bis −12°C aushalten. Die Aralie muß dazu allerdings ausreichend abgehärtet sein. Bei uns ist in milden Lagen eine Freilandüberwinterung erfolgreich, sofern der Winter nicht ungewöhnlich streng ist. Viel sicherer ist es, die Aralie im Winter frostfrei zu halten. Die gelegentlich angebotene Sorte mit gelb-grün panaschiertem Laub sollte etwas wärmer stehen, ist also nicht fürs Freie geeignet. Blüten sind erst bei älteren, über meterhohen Exemplaren zu erwarten. Sie stehen in weißen Dolden, die wiederum Rispen bilden.

Licht: Hell bis schattig; vor direkter Sonne geschützt.
Temperaturen: Im Sommer ist der Garten der beste Platz. Allerdings ist Schutz vor Wind und Sonne erforderlich. Bei Zimmeraufenthalt ist für luftigen, nicht zu warmen Stand zu sorgen. Im Winter kühl um 10°C halten, möglichst nicht über 15°C.
Substrat: Torfsubstrate wie Einheitserde, TKS oder Compo Sana; pH um 6.
Feuchtigkeit: Wegen der großen Blätter ist der Wässerbedarf sehr hoch. Allerdings nicht „auf Vorrat" gießen und die Erde übernässen. Im Sommer lieber zweimal pro Tag gießen.
Düngen: Von Frühjahr bis Herbst wöchentlich, im Winter je nach Temperatur nur alle 3 bis 4 Wochen mit Blumendünger gießen.
Umpflanzen: Zunächst jährlich im Frühjahr; ältere Pflanzen in größeren Abständen.
Vermehren: Sofern frischer Samen erhältlich, sofort aussäen und bei 18°C Luft- und Bodentemperatur keimen lassen. Ältere Pflanzen lassen sich leicht abmoosen.
Pflanzenschutz: Wie bei Efeu *(Hedera)* können Spinnmilben besonders bei ganzjährigem Aufenthalt im Zimmer lästig werden.

Faucaria, Tigerrachen

Wer Erfahrungen mit den hochsukkulenten Mittagsblumengewächsen (Aizoaceae) sammeln will, sollte mit den relativ robusten *Faucaria*-Arten beginnen. Es sind meist stammlose oder sehr kurzstämmige Pflanzen mit kreuzweise gegenständigen, in der Aufsicht dreieckigen Blättern, deren Ränder oder gesamte Oberseite mit mehr oder weniger kräftigen „Zähnen" versehen sind. Sie erinnern damit an einen aufgerissenen Tigerrachen, was ihnen ihren Namen eingebracht hat. Die meist gelben, im Spätsommer erscheinenden Blüten sind eine weitere Zierde.

Das Hauptwachstum der rund 33 *Faucaria*-Arten erfolgt im Sommer. Im Laufe der Jahre entstehen größere Gruppen, die sehr reich blühen können.

Licht: Sonnig.
Temperatur: Luftiger Stand mit Zimmertemperatur oder wärmer. Im Sommer vorteilhaft an regengeschütztem Platz im Freien. Im Winter 5 bis 15°C.
Substrat: Mischungen aus $1/2$ Einheitserde oder TKS und $1/2$ grobem Sand; pH um 6.
Feuchtigkeit: Etwa ab April wird zunächst vorsichtig mit dem Gießen begonnen. Im Oktober reduziert man die Wassergaben. Im Winter stehen die Pflanzen völlig trocken und werden bei relativ warmem, lufttrockenem Stand nur sporadisch leicht gegossen.
Düngen: Von Mai bis September gelegentlich mit Kakteendünger gießen.
Umpflanzen: Nur alle 2 bis 3 Jahre vor dem Ende der Ruhezeit erforderlich.
Vermehren: Aus Samen (wie *Argyroderma*).

Fatsia japonica

Faucaria lupina

Fenestraria, Fensterblatt

Die beiden *Fenestraria*-Arten, *F. aurantiaca* und *F. rhopalophylla*, sind ein bemerkenswertes Beispiel dafür, mit welchem Erfindungsreichtum sich Pflanzen extremen Standorten anpassen können. Sie bilden Rosetten mit aufrecht stehenden, keulenförmigen, fleischigen Blättern. In ihrer südwestafrikanischen Heimat stehen die Pflanzen tief im sandigen Boden verborgen. Nur die abgerundeten Blattspitzen schauen heraus. Dies schützt sie vor übermäßiger Verdunstung.

Nun braucht aber *Fenestraria* Licht wie jede andere Pflanze auch, um existieren zu können. Die Lichtmenge, die auf die Blattspitzen fällt, würde dazu üblicherweise nicht ausreichen. Daß dies dennoch genügt, verdankt *Fenestraria* einer Besonderheit: die äußeren Gewebeschichten eines Blattes bestehen im allgemeinen aus (Blattgrün enthaltenden) Chloroplasten führenden Zellen. Die Chloroplasten sind die „Organe", die das Licht aufzunehmen und in verwertbare Energie umzuwandeln vermögen. Die inneren Gewebe sukkulenter Blätter bestehen dagegen aus wasserspeichernden, farblosen Zellen. Dieses Wassergewebe reicht bei den *Fenestraria*-Arten bis an die Oberfläche der Blattspitze heran. Es bewirkt das gleiche wie ein Fenster – und so sieht es auch aus –: das Licht kann ungehindert von Chloroplasten ins Innere des Blattes eindringen und damit die unterirdischen blattgrünführenden Gewebe mit Sonnenenergie versorgen.

In Kultur dürfen die Blätter nicht wie am heimatlichen Standort bis an die Fenster eingegraben werden. Dies führt unweigerlich zu Fäulnis. Es verlangt ohnehin viel Fingerspitzengefühl, um nicht mehr als die zuträgliche Wassermenge zu verabreichen. Dann erscheinen regelmäßig im Sommer die gelben *(F. aurantiaca)* oder weißen Blüten *(F. rhopalophylla)*.

Licht: Sonnig bis hell.
Temperatur: Zimmertemperatur oder wärmer. Im Winter um 10 °C.
Substrat: Ideal ist eine Mischung aus 2 bis 3 Teilen grobem Quarzsand und 1 Teil alter, abgelagerter Rasenerde, doch ist letztere nicht käuflich. Man müßte sie sich durch Kompostieren von Rasensoden selbst herstellen. Als Ersatz nimmt man abgelagerten Kompost oder Gartenerde; pH um 6.
Feuchtigkeit: Ab März/April zunächst Substrat nur oberflächlich leicht befeuchten. Wenn das Wachstum im Sommer verstärkt einsetzt, immer dann gießen, wenn die Erde völlig abgetrocknet ist. Im Winter völlig trocken halten.
Düngen: Nur im Sommer sporadisch mit Kakteendünger in halber Konzentration gießen.
Umpflanzen: Nur in größeren Abständen erforderlich, am besten vor Ende der Ruhezeit im Frühjahr.

Fenestraria rhopalophylla

Vermehren: Größere Gruppen beim Umtopfen vorsichtig teilen. Auch Aussaat (s. *Argyroderma*).

Ferocactus, Teufelszunge

In ihrer Heimat von den südlichen Staaten der USA bis nach Mexiko erreichen einige der rund 35 Arten der Gattung *Ferocactus* ein Alter von mehr als 100 Jahren und sind dann nahezu meterdick und mehrere Meter hoch. Zunächst sind es gefährlich aussehende Kugeln, die sich erst im Alter zu strecken beginnen. Der Name *Ferocactus* ist sehr treffend: ferus = wild charakterisiert bestens die auffällige Bedornung. Arten wie *F. latispinus* besitzen einen zungenartig verbreiterten Mitteldorn, was ihm den Namen Teufelszunge eingebracht hat. Aber auch alle anderen Arten sind kulturwürdig. Wir sollten nur aus Samen herangezogene Pflanzen erwerben, die besser an die Kulturbedingungen angepaßt sind. Sämlinge sind auch mit ihren relativ langen Mitteldornen besonders hübsch. Ein sonniger Standort ist unumgänglich und bewirkt eine gute und farbige Bedornung. Die Pflege entspricht der von *Echinocactus grusonii*, dem Schwiegermuttersessel. Keinesfalls dürfen die Pflanzen kälter stehen.

Nach neueren Erkenntnissen wird ein in Kultur weit verbreiteter Kugelkaktus zu *Ferocactus* gerechnet: *Hamatocactus setispinus*, nun also *F. setispinus*. Er ist leicht zu pflegen, blühwillig und auch dem Anfänger zu empfehlen. Auch im nichtblühenden Zustand ist er hübsch anzusehen: Aus den kräftigen, oft etwas welligen Rippen kommen die sehr dünnen Randstacheln aus den runden Areolen. Der Mitteldorn ist lang, kräftig und hakenförmig. Die großen gelben Blüten erscheinen in der Nähe des Scheitels.

Ferocactus latispinus

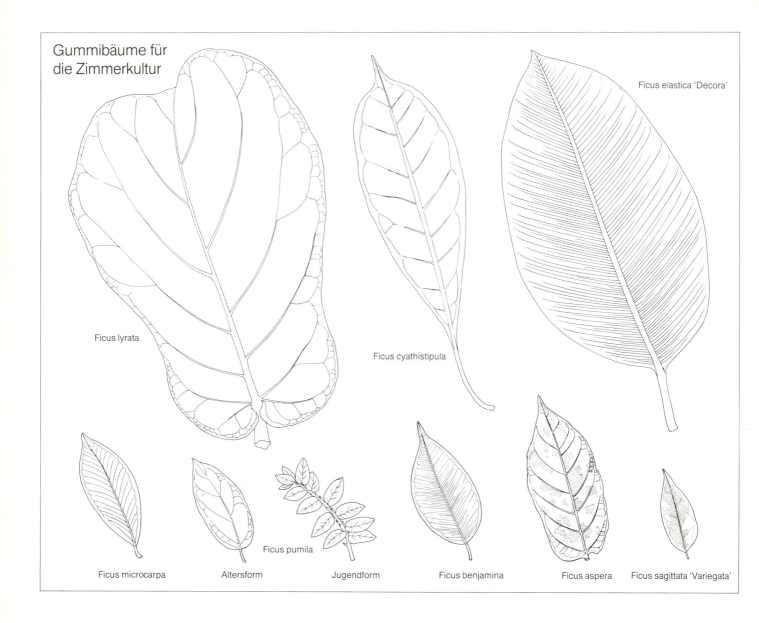

Gummibäume für die Zimmerkultur

Ficus lyrata · Ficus cyathistipula · Ficus elastica 'Decora' · Ficus microcarpa · Altersform · Ficus pumila Jugendform · Ficus benjamina · Ficus aspera · Ficus sagittata 'Variegata'

Ficus, Gummibaum, Feige

Aus der Fülle der über 800 Arten der Gattung *Ficus* sind nur wenige allgemein bekannt geworden. Die Feige *(Ficus carica)* begegnet uns vorwiegend in subtropischen Gebieten als Nutzpflanze. Aber auch bei uns kann sie an klimatisch begünstigten Plätzen den Winter im Freien überstehen. Zu den verbreitetsten Zimmerpflanzen zählt *Ficus elastica* in der breitblättrigen Auslese 'Decora'. Sie ist „der Gummibaum". Dabei sind noch andere regelmäßig im Blumenhandel zu finden. An erster Stelle ist der kleinblättrige *F. benjamina* zu nennen – einer der empfehlenswertesten Gummibäume für Wohnräume. Er ist nicht so steif wie *F. elastica*, sondern wirkt mit seinen verzweigten, leicht überhängenden Trieben viel eleganter. In jüngster Zeit bieten die Gärtner einige weitere kleinblättrige, *F. benjamina* ähnliche Arten wie *F. microcarpa* (meist fälschlich als *F. nitida*) und *F. stricta* an. Viel Ähnlichkeit mit *F. elastica* 'Decora' hat *F. macrophylla*. Die Pflanzen verzweigen sich stärker, die Blätter sind dünner, oft leicht gewellt. Der deutlichste Unterschied sind die Nebenblätter, die jedes neue Blatt umgeben: Sie sind bei *F. elastica* zu einer

Ficus cyathistipula

Tüte verwachsen; bei *F. macrophylla* kann man die beiden nicht verwachsenen Nebenblätter gut erkennen.

Unter den kletternden Arten kommt *F. pumila* (syn. *F. repens*, *F. stipulata*) die größte Bedeutung zu. In Gewächshäusern, in England sogar im Freien, lassen sich ganze Wände mit diesem Gummibaum beranken. Vermehrt werden ausschließlich die jungen, kriechenden Triebe mit den nur 2,5 cm großen eiförmigen Blättern. In ihrer ostasiatischen Heimat kriechen die fruchtenden Triebe nicht, sondern stehen aufrecht und tragen bis zu 7,5 cm lange, elliptische Blätter.

Ein weiterer kletternder Gummibaum ist noch zu nennen: *F. sagittata* (syn. *F. radicans*) mit lanzettlichen, lang zugespitzten Blättern, die bei der Jugendform nicht länger als 5 cm werden. Diese Art ist besonders schön in der buntlaubigen Form 'Variegata'.

Durch die Hydrokultur hat *F. rubiginosa* (syn. *F. australis*) an Bedeutung gewonnen. Sie ist an den zunächst behaarten, bis 12 cm langen breitelliptischen Blättern zu erkennen. Während die buntlaubige Form 'Variegata' bei Zimmertemperatur stehen will, ist die grünblättrige Art mit einem kühlen Raum zufrieden. Nur für größere

Ficus rubiginosa 'Variegata'

Großer Gummibaum im Nebelwald des Mount Kulal in Nordkenia. Die langen Luftwurzeln reichen bis zum Boden.

Räume eignet sich der Leierblättrige Gummibaum *(F. lyrata)*. Allein seine ledrigen Blätter erreichen über 30 cm Länge. In seiner Heimat im tropischen Afrika wächst *F. lyrata* zu einem Baum von über 25 m Höhe heran. Aber auch andere Arten, die im Zimmer nicht so mächtig werden wie *F. lyrata*, sind am heimatlichen Standort hohe Bäume.

Was *F. lyrata* reizvoll macht, sind neben den eindrucksvollen Blättern die Früchte, die auch an jungen Pflanzen regelmäßig erscheinen. Sie erinnern mehr an Walnüsse als an Feigen. Nicht alle *Ficus*-Arten bilden in Kultur Feigen. Bei *F. elastica* wartet man vergeblich. An *F. benjamina* findet man gelegentlich Früchte, aber dann handelt es sich um abgemooste Triebe größerer, fruchtender Exemplare aus wärmeren Gefilden.

Schon als kleine Pflanze fruchtet *F. cyathistipula*, eine Art mit über 10 cm langen, länglich verkehrt eiförmigen Blättern. Auch die strauchige *F. deltoidea* (syn. *F. diversifolia*) erfreut regelmäßig mit sich orange färbenden erbsengroßen Feigen.

Mancher Pflanzenfreund hat schon vergeblich nach den Blüten dieser Maulbeergewächse (Moraceae) Ausschau gehalten und sich gewundert, Feigen vorzufinden, ohne daß ihm zuvor Blüten aufgefallen wären. Gummibäume bilden Blütenstände aus, die schon wie kleine Feigen aussehen. Es sind gallenähnliche, krugförmige Gebilde mit einer nur kleinen Öffnung. Zur Bestäubung der in ihnen sitzenden Blüten sind nur bestimmte Insekten wie Gallwespen befähigt. Somit darf man bei uns keinen Samenansatz erwarten, zumal es bei manchen *Ficus* männliche und weibliche Pflanzen gibt. Einer der schönsten Vertreter der Gattung ist zweifellos *F. aspera* in der buntlaubigen Form 'Parcellii'. Die dünnen, unterseits behaarten, bis 20 cm langen, länglichen Blätter sind lebhaft weiß, hell- und dunkelgrün gezeichnet. Schon an jungen Pflanzen erscheinen die relativ großen Feigen. Diese von den Südpazifischen Inseln zu uns gekommene Art stellt etwas höhere Ansprüche an Temperatur und Luftfeuchte als die robusten Verwandten mit ledrigen Blättern. Es gilt übrigens für nahezu alle buntlaubigen Formen, daß sie anspruchsvoller sind als die grüne Art. Ein buntlaubiger Gummibaum sei noch erwähnt, da er erst kürzlich ins Sortiment aufgenommen wurde: *F. triangularis* 'Variegata'. Die strauchige Art hat waagrecht abstehende bis leicht hängende Seitenäste mit nahezu dreieckigem Laub.

Licht: Hell, aber vor direkter Sonne besonders während der Mittagsstunden geschützt.

Temperatur: Die meisten Arten wollen warm stehen bei Zimmertemperatur bis maximal 27 °C. Im Winter sollte die Temperatur nicht unter 18 °C absinken. Günstig ist es, wenn die Bodentemperatur nicht niedriger, sondern am besten noch um etwa 2 °C höher liegt. Dies gilt besonders für die empfindlichen Arten. Kühler stehen dürfen *F. benjamina* (bis 15, minimal 12 °C), *F. pumila* (1 °C), *F. macrophylla* (um 10 °C) und *F. rubiginosa* (8 bis 10 °C), jedoch nur die grünblättrigen!

Substrat: Übliche Torfsubstrate wie Einheitserde oder TKS; pH um 6.

Feuchtigkeit: Stets mäßig feucht halten. Blattverluste haben meist ihre Ursache in Wurzelschäden als Folge zu reichlichen Gießens. Andererseits darf die Erde nie völlig austrocknen. Die Luftfeuchte sollte nicht unter 50 %, bei empfindlichen Arten wie *F. aspera* und *F. sagittata* nicht unter 60 % absinken.

Düngen: Der Wachstumsgeschwindigkeit angepaßt alle 1 bis 3 Wochen mit Blumendünger gießen.

Umpflanzen: Jährlich, ältere Exemplare in größeren Abständen im Frühjahr oder Sommer.

Vermehren: In der Regel durch Stecklinge. Hierzu sind aber hohe Temperaturen von über 25 °C in Luft und Boden nötig sowie eine hohe Luftfeuchte. Sicherer ist das Abmoosen (s. Seite 96).

Pflanzenschutz: Bei Zimmerkultur werden meist nur Spinnmilben oder Schildläuse lästig. Regelmäßig kontrollieren und bei Befall mehrmals mit geeigneten Pflanzenschutzmitteln sprühen (s. Seite 134 bis 136).

Fittonia

Die schönsten Fittonien sah ich bei einem Gärtner, der sie einfach in den Boden unter seine Gewächshaustische gepflanzt hatte. Gelegentlich hielt er beim Gießen und Düngen den Schlauch unter den Tisch. Ansonsten ließ er ihnen keine besondere Pflege angedeihen. Und dennoch – *Fittonia verschaffeltii* 'Argyroneura' mit ihren gegenständigen, grünen, weiß geaderten

Fittonia verschaffeltii 'Argyroneura' (links),
rechts die kleinblättrige Sorte **'Minima'**.

Fittonia verschaffeltii 'Pearcei'

Blättern sowie die rot geaderte Sorte 'Pearcei' überzogen üppig den Boden, und das herzförmige Laub erreichte eine ungewöhnliche Größe. Dabei kam nur ganz wenig Licht unter die Tische! In dieser Hinsicht ist das Akantusgewächs aus dem Süden Amerikas von Kolumbien bis Peru nicht anspruchsvoll.

Wenn man Fittonien im Topf kultiviert, kann sich dieser Bodendecker nicht so üppig entwickeln. Ausgepflanzt bewurzeln sich die langen, über den Boden kriechenden Triebe und tragen so zur Nährstoffversorgung bei. Eine Pflanzwanne im Blumenfenster oder der Vitrine, ein warmes Grundbeet im Gewächshaus, das sind ideale Plätze. Wer dies nicht bieten kann, sollte dennoch nicht auf Fittonien verzichten, kleinere Pflanzen im Topf oder in der Schale sind immer noch besser als gar keine. Allzu trocken darf die Zimmerluft jedoch nicht sein.

Selbst für kleinste Plätze hat diese Gattung etwas zu bieten: *Fittonia verschaffeltii* 'Minima'. Sie sieht aus wie 'Argyroneura', hat also ein grünes, weiß geadertes Blatt, aber es bleibt viel kleiner, wird nur wenige Zentimeter groß. Diese kleinbleibende Fittonie ist wie geschaffen für Flaschengärten und ähnliche Anlagen. Der mehr aufrecht wachsenden 'Pearcei' ähnelt *Fittonia gigantea*, die in Kultur nur selten anzutreffen ist. Die kleinen in Ähren stehenden Blütchen der Fittonien haben keinen großen Schmuckwert.

Licht: Halbschattiger bis schattiger Platz.
Temperatur: Zimmertemperatur oder wärmer. Im Winter absinkend bis 18 °C, nachts bis 16 °C.
Substrat: Torfsubstrate wie Einheitserde oder TKS; pH 5 bis 6,5.
Feuchtigkeit: Stets mäßig feucht halten. Stauende Nässe führt aber bald zu Wurzelfäulnis. Luftfeuchte sollte mindestens 50, besser 60 % betragen.
Düngen: Von Frühjahr bis Herbst alle 2, im Winter alle 4 Wochen mit Blumendünger gießen.
Umpflanzen: Erübrigt sich, wenn Fittonien ausgepflanzt sind. Ansonsten jährlich umtopfen.
Vermehren: Kopfstecklinge wurzeln leicht bei etwa 20 °C Bodentemperatur.

Fuchsia, Fuchsie

Nur wer einen kühlen Wintergarten besitzt, kann Fuchsien als Zimmerpflanzen halten. Ansonsten gehören sie ins kühle Gewächshaus und im Sommer auf den Balkon oder

Fuchsia fulgens var. gesneriana, eine schöne, aber rare Wildform, deren violett überhauchtes Laub auffällt.

Gardenia

Wer an seinen Zimmerpflanzen nicht nur Blatt- und Blütenformen und -farben schätzt, sondern auch etwas für den Duft übrig hat, wird nichts Besseres finden als die Gardenie. Den intensiven, aber sehr angenehmen Duft der reinweißen Gardenienblüte wußte man um die Jahrhundertwende zu nutzen: Wer auf sich hielt, trug bei feierlichen Anlässen eine Gardenienblüte im Knopfloch. Gardenien wurden dazu besonders in Frankreich und in den USA in großer Zahl in Gewächshäusern kultiviert.

Als Topfpflanze ist das aus China stammende und auf den bezeichnenden Namen *Gardenia jasminoides* hörende Krappgewächs (Rubiaceae) bis heute etwas Exklusives geblieben, wenn sie auch immer wieder im Blumengeschäft angeboten wird. Die Pflege ist nicht ohne Schwierigkeiten. Wer die Ansprüche erfüllt, kann sich an einer reichen Anzahl der wachsähnlichen, duftenden Blüten erfreuen.

Licht: Hell und sonnig. Nur an Südfenstern kann während der Mittagsstunden Sonnenschutz notwendig werden.

Temperatur: Normale Zimmertemperatur. In milden Gegenden im Sommer auch Freilandaufenthalt möglich. In subtropischen Gebieten hält man die Gardenie auch als herrliche Heckenpflanze. Im Winter möglichst kühl bei 10 bis 16 °C; an hellen Plätzen nimmt sie auch 18 °C nicht übel. Keine „kalten Füße"; dies führt unweigerlich zu Wurzelfäule und Blattfall!

Substrat: Entscheidend für den Kulturerfolg ist die Bodenreaktion. Gardenien wachsen nur in einem sauren Boden mit einem pH-Wert um 5. Daher am besten Einheitserde verwenden oder auch TKS.

Feuchtigkeit: Nicht mit hartem Wasser gießen. Wo solches aus der Leitung fließt, muß es zuvor enthärtet werden. Stets für milde Feuchte, aber keine Nässe sorgen. Auch im Winter nicht austrocknen lassen.

Düngen: Während des Hauptwachstums wöchentlich mit einem sauer reagierenden Dünger, zum Beispiel Hydrodünger, gießen. Als sehr nützlich haben sich mehrmals im Jahr schwache Gaben (0,5 g/Liter Wasser) des Stickstoffdüngers Ammoniumsulfat (Schwefelsaures Ammoniak) erwiesen. Damit läßt sich auch das Gelbwerden der Blätter und anschließende Verkahlen der Pflanze eindämmen. Ammoniumsulfat bieten einige Gartenfachgeschäfte in Kilopackungen an.

Umpflanzen: Alle 1 bis 2 Jahre im Frühjahr.

Vermehren: Kopfstecklinge bewurzeln bei etwa 25 °C Bodentemperatur und hoher

in den Garten. Im warmen Zimmer halten sie auf Dauer nicht aus. Im Handel finden sich von diesem Nachtkerzengewächs (Onagraceae) Hybriden mit aufrechtem oder hängendem Wuchs. Sie zeichnen sich durch große, hängende Blüten aus, deren Reiz im Farbkontrast zwischen den meist hochgeschlagenen Kelchblättern und den vier oder – bei gefüllten Sorten – mehreren Blütenblättern liegt. Etwas für den botanischen Feinschmecker sind die Wildarten, von denen es rund 100 gibt. Die manchmal zierlichen Blüten erweisen sich bei näherer Betrachtung als nicht weniger hübsch. *Fuchsia magellanica* und ihre Sorten sind wohl die einzigen Vertreter dieser in Mittel- und Südamerika, Tahiti und Neuseeland verbreiteten Gattung, die an geschützter Stelle den Winter im Freien überdauern können. Alle anderen Arten und Sorten holt man im Herbst ins Haus und stellt sie erst nach den Eisheiligen wieder ins Freie.

Licht: Heller bis schattiger Platz ohne direkte Sonne. Die *F.*-Triphylla-Hybriden sind etwas sonnenverträglicher.

Temperatur: Während der frostfreien Jahreszeit im Freien an leicht schattigem Platz aufstellen. Im Winter luftiger, heller Standort mit Temperaturen um 5 bis 10 °C.

Substrat: Übliche Torfsubstrate wie Einheitserde oder TKS; pH um 6.

Feuchtigkeit: Stets mäßig feucht halten. Im Winter sparsam gießen. Vor neuen Wassergaben muß die Erde völlig ausgetrocknet sein.

Düngen: Von Frühjahr bis Herbst wöchentlich mit Blumendünger gießen.

Umpflanzen: In der Regel jährlich am Ende der Ruhezeit.

Vermehren: Stecklinge lassen sich vom Spätwinter bis zum Spätsommer bewurzeln – am einfachsten in einem Glas mit Wasser. Die Temperatur des Wassers oder Vermehrungssubstrats sollte bei 18 bis 22 °C liegen. Stehen die Stecklinge sowie die Mutterpflanzen im Winter nicht an einem sehr hellen Platz, dann sind die Ausfälle hoch. Wer keinen optimalen Platz hat, schneide die Stecklinge besser erst ab Februar. Will man Hochstämmchen heranziehen, so muß man alle Seitentriebe ausbrechen und den Sproß an einem Stab festbinden. Erst nach dem Erreichen der gewünschten Höhe wird die weiche Spitze ausgeknipst. Hierfür eignen sich nur aufrecht- und starkwachsende Sorten. Die anderen muß man veredeln.

Pflanzenschutz: Besonders lästig können – auch während der Überwinterung – Mottenschildläuse oder Weiße Fliegen werden. Sie lassen sich nur durch mehrmaliges Behandeln mit Sprühdosen bekämpfen, die den Wirkstoff Dichlorvos enthalten.

Gardenia jasminoides

Luftfeuchte. Nach dem Anwachsen stutzen, um eine gute Verzweigung zu bewirken.
Besonderheiten: Nur bei verkahlten Pflanzen empfiehlt sich kräftiger Rückschnitt im Frühjahr. Zu Knospenfall kann es an lichtarmen Plätzen bei zu hoher Temperatur kommen.

Gasteria

Diese rund 50 Arten umfassenden Vertreter der Liliengewächse sind in ihrer Anspruchslosigkeit mit Sansevierien zu vergleichen. In Südafrika wachsen die sukkulenten Pflanzen an warmen, sonnigen Standorten. In Wohnzimmern und Büros stehen sie an dunklen Plätzen und sind trotzdem nicht umzubringen, es sei denn, sie werden zu reichlich gegossen. Die dickfleischigen, je nach Art mehr oder weniger langen, meist spitz endenden Blätter stehen zweizeilig, im Alter auch spiralig. Auf die Blattform weist der englische Name „Mother-in-law's-tongue" (Schwiegermutterzunge) hin. Der botanische Gattungsname nimmt auf die bauchigen Blüten Bezug (s. Seite 164).
Von den vielen Arten sind nur einige wenige wie *Gasteria verrucosa* seit alters her in Kultur. Es gibt eine ganze Reihe variierender Typen. Charakteristisch ist die weißwarzige Oberfläche der fleischigen, gelegentlich über 20 cm langen Blätter. Die Pflanzen brauchen im Alter viel Platz und passen kaum noch auf eine Fensterbank. Der Blütenstand erreicht über 40 cm Länge.
Ein Kontrast dazu ist die Art *G. liliputana*, die kaum über 6 cm lange Blätter bildet. Da Gasterien stark variieren, mit anderen Arten kreuzen und auch Jugendformen vom Alter stark abweichen, ist die Benennung der Pflanzen schwierig und somit oft falsch. Alle erweisen sich jedoch als leichtwachsende, anspruchslose Stubengenossen.
Licht: Vollsonnig, auch im Winter.
Temperatur: Zimmertemperatur oder wärmer, im Winter um 10 °C, doch schaden auch 15 °C nicht. Freilandaufenthalt im Sommer möglich.
Substrat: Jede durchlässige Erde; pH 5,5 bis 7. Kakteenerde eignet sich gut.
Feuchtigkeit: Im Winter je nach Temperatur nur sporadisch gießen, ansonsten für milde Feuchtigkeit sorgen.
Düngen: Von Mai bis September alle 2 bis 3 Wochen mit einem Kakteendünger gießen.
Umpflanzen: Alle 1 bis 2 Jahre vom Frühjahr bis Sommer möglich.
Vermehren: An den Pflanzen bilden sich je nach Art in mehr oder minder großer Zahl Kindel, die abgetrennt und in Töpfe oder Schalen gesetzt werden. Bei stark kindelnden Gasterien empfiehlt sich häufiges Abtrennen, damit die Mutterpflanze zu einem kräftigen Exemplar heranwachsen kann.

Geogenanthus

Eine gute Zimmerpflanze soll unter anderem auszeichnen, daß sie nicht allzu groß wird, sprengt sie doch ansonsten schnell die räumlichen Möglichkeiten. Diese Anforderung erfüllt in idealer Weise *Geogenanthus undatus*, ein Commelinengewächs, das wohl zu den schönsten Zimmerpflanzen zählt. Mit seinen violetten Stielen, den gleichfarbigen Blattunterseiten sowie den mit weißen Längsstreifen verzierten Blattoberseiten ist er eine ungewöhnlich attraktive Erscheinung. Hinzu kommt, daß die gesamte Blattfläche auffällig gewellt ist, was sich auch im Namen niederschlägt (*undatus* = wellig). Auch in der südamerikanischen Heimat erreicht die Pflanze kaum mehr als 25 cm Höhe. Voraussetzung für eine erfolgreiche Pflege sind ganzjährig warme und nicht zu lufttrockene Räume. Wer kein geschlossenes Blumenfenster zur Verfügung hat, kann *Geogenanthus undatus* in Flaschengärten setzen. Hierfür ist er eine der wertvollsten Pflanzen.
Licht: Hell bis halbschattig, keine direkte Sonne.
Temperatur: Ganzjährig nicht unter 18 °C; im Sommer kann an sonnigen Tagen die Temperatur über 24 °C ansteigen.
Substrat: Torfsubstrat wie Einheitserde oder TKS; pH 5,5 bis 6,5.
Feuchtigkeit: Stets mäßig feucht halten. Die Luftfeuchte sollte nicht unter 60 % absinken.

Gasteria maculata

Geogenanthus undatus

Düngen: Vom Frühjahr bis Herbst alle 2, im Winter alle 4 bis 5 Wochen mit Blumendünger gießen.
Umpflanzen: Jährlich im Frühjahr oder Sommer.
Vermehren: Stecklinge bewurzeln sich leicht bei Bodentemperaturen über 18 °C. Die Pflanzen verzweigen sich auch nach dem Stutzen kaum, so daß sie besser eintriebig gezogen werden. Gegebenenfalls mehrere in einen Topf setzen.

Gloriosa, Ruhmeskrone

Als Schnittblume ist die Gloriose allgemein bekannt. Nur wenige werden sie als Topfpflanze erprobt haben. Von den fünf oder sechs in Afrika und Asien beheimateten Arten dieses Liliengewächses wird in Gartenfachgeschäften nur *Gloriosa rothschildiana* gelegentlich angeboten. Einige Botaniker meinen, man hätte es bei allen Gloriosen mit Formen einer Art, nämlich *Gloriosa superba* zu tun. Doch bleiben wir bei dem gebräuchlichen Namen *G. rothschildiana*.

Gloriosen besitzen seltsam aussehende walzenförmige, gerade oder gekrümmte Knollen, die das giftige Colchicin enthalten. An ihrem Ende erkennt man eine kleine Vegetationsspitze (Knospe). Geht man nicht behutsam mit den Knollen um, dann brechen die winzigen Spitzen ab, und die Knolle ist wertlos. Aus diesen Speicherorganen entwickelt sich ein üppiger Kletterer, dessen 2 m und länger werdende Triebe an einem Gestell mit Bast oder Draht befestigt werden.

Die wärmebedürftige Gloriose kann während des Sommers in den Garten gestellt werden, wenn der Platz warm und sonnig ist. Wer diesen attraktiv blühenden Kletterer kultivieren will, muß bedenken, daß er viel Platz benötigt. Dies beginnt bereits mit der Größe eines Topfes. Grob gerechnet braucht man je nach Knollengröße einen Inhalt von etwa 5 l pro Stück.
Licht: Hell und sonnig.
Temperatur: 20 °C und wärmer, auch nachts nicht unter 18 °C. Gleiches gilt für die Bodentemperatur. Ruhende Knollen werden am besten bei 17 °C und hoher Luftfeuchte (70 %) aufbewahrt.
Substrat: Einheitserde oder TKS mit Lehmzusatz; pH um 6.
Feuchtigkeit: Während des Wachstums nie austrocknen lassen, doch stauende Nässe vermeiden. Im Herbst Wassergabe reduzieren und völlig einstellen, wenn die Pflanzen einziehen. Hohe Luftfeuchte von mindestens 60 % ist vorteilhaft.
Düngen: Wenn der Sproß erscheint, wöchentlich mit Blumendünger gießen. Im Herbst einstellen.
Umpflanzen: Im Winter vertrocknet das Laub, die Pflanze zieht ein. Während die letztjährigen Knollen vertrockneten, haben sich bis zu diesem Zeitpunkt neue gebildet. Im März nimmt man die Knollen aus der Erde, trennt die vorjährigen, vertrockneten ab und legt die neuen waagrecht so in die Erde, daß sich die Knospen 3 bis 5 cm unter der Oberfläche befinden.
Vermehren: Die zwei Knollen je Pflanze lassen sich teilen, doch sollte jede einzelne nicht weniger als 10 g wiegen.
Pflanzenschutz: Bei trockener Luft sind *Gloriosa* anfällig gegen Spinnmilben. Pilze oder Bakterien können zum Faulen der Knollen führen. Eine Bekämpfung ist schwierig. Besser befallene Knollen wegwerfen, um Ansteckung gesunder zu vermeiden.

Glottiphyllum, Zungenblatt

Die rund 60 Arten der Gattung *Glottiphyllum* erhielten ihren Namen wegen ihrer Blätter. Sie sind – besonders ausgeprägt bei der bekannten *G. linguiforme* – dickfleischig und zungenförmig ausgebildet. Die Blätter stehen an kurzen Stämmchen gegenständig oder kreuzweise gegenständig. Im Gegensatz zu manchen anderen Mittagsblumengewächsen (Aizoaceae) sind die *Glottiphyllum*-Arten recht wüchsig und gedeihen gut, wenn nicht zu viel gegossen wird. Sie blühen vorwiegend im Sommer, manche Arten aber erst im Spätherbst/Winter. Bei letzteren wird direkt nach dem Abblühen das Gießen eingestellt. Die Pflege

Gloriosa rothschildiana

Glottiphyllum linguiforme

Substrat: Jede übliche Blumenerde; pH um 6.
Feuchtigkeit: Stets feucht, aber nicht naß halten.
Düngen: Wöchentlich mit Blumendünger gießen.
Umpflanzen: Erübrigt sich, wenn die pikierten Sämlinge gleich in den Endtopf von etwa 10 cm gesetzt werden.
Vermehren: Aussaat im zeitigen Frühjahr. Eine Portion Samen genügt, da 1 g rund 200 Korn enthält. Die Keimung erfolgt bei etwa 18 °C in 10 bis 14 Tagen.

Gossypium, Baumwolle

Wird Baumwollsamen angeboten, so findet er immer seine begeisterten Abnehmer, reizt es doch, Pflanzen mit den weißhaarigen, bei der Reife aus den Kapseln hervorquellenden Samen auf der Fensterbank stehen zu haben. Doch die Erfahrungen mit der Baumwolle sind oft wenig erfreulich. Die Aussaat erfolgt häufig zu spät, und die Anfälligkeit gegen Krankheiten und Schädlinge ist so hoch, daß die Ernte ausbleibt oder die Pflanzen vorher auf dem Kompost landen.

entspricht weitgehend der von *Faucaria*-Arten. Allerdings lassen sie sich leicht durch im Sommer geschnittene Stecklinge vermehren. Auch Aussaat ist möglich, doch erhält man Samen nur nach Fremdbestäubung.

Goethea

Nach Johann Wolfgang von Goethe wurde eine Pflanzengattung aus der Familie der Malvengewächse benannt. *Goethea* umfaßt nur zwei Arten, die beide aus Brasilien stammen. Bei uns findet sich nur – leider allzu selten – *G. cauliflora* in Kultur. Als Cauliflorie bezeichnen die Botaniker die Stammblütigkeit, das heißt die Fähigkeit, Blüten nicht nur an jungen Zweigen und Ästen zu bilden, sondern auch am verholzten Stamm. Ganze Büschel brechen aus dem Stamm dieses etwa 4 m hoch werdenden Strauchs hervor. Die größte Schauwirkung haben nicht die roten Blütenblätter, sondern die ebenfalls leuchtend rot gefärbten Kelchblätter. Vom Sommer bis in den Herbst erfreut *Goethea* mit ihren hübschen Blüten. Die Pflege entspricht der von *Triplochlamys*.

Gomphrena, Kugelamarant

In den Tropen der Welt ist der Kugelamarant weit verbreitet. Von wo aus er seine Weltreise antrat, ist umstritten. Die ursprüngliche Heimat vermutet man unter anderem in Indien oder im tropischen Amerika. *Gomphrena globosa*, wie der botanische Name dieses Amaranthusgewächses lautet, ist eine einjährige Pflanze, von der es mehrere rot-, violett- oder auch weißblühende Sorten gibt. Will man *G. globosa* als Topfpflanze im Zimmer halten, so sind niedrige Sorten, die kaum über 15 cm hinauswachsen, zu wählen. Für den Garten sind die 30 cm hohen Auslesen wirkungsvoller. Von ihnen lassen sich auch Blüten schneiden, die sich hängend trocknen lassen. Noch im Winter erfreut der Kugelamarant – dann als Trockenblume.
Im Garten versagt *G. globosa* bei anhaltend kühlem, regnerischem Wetter. Im Zimmer dagegen ist nur für einen luftigen Platz zu sorgen und regelmäßiges Gießen und Düngen sicherzustellen.
Licht: Hell bis sonnig.
Temperatur: Luftiger Platz mit Zimmertemperatur.

Goethea cauliflora

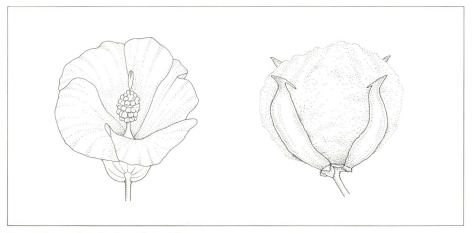

Blüte und besonders die Samenkapsel der Baumwolle machen die Pflanze interessant für die Pflege im Haus.

Dies verwundert nicht, erweist sich Baumwolle doch auch beim feldmäßigen Anbau als sehr empfindlich. Man schätzt, daß jährlich rund 50% der Ernte den Schadorganismen zum Opfer fallen.
Bei den zur Topfkultur angebotenen Samen oder Pflanzen handelt es sich meist um *Gossypium herbaceum*, eine mehrjährige, hier einjährig gezogene Pflanze. Sie stammt vorwiegend aus dem Süden Afrikas und muß am heimatlichen Standort auch Trockenheit ertragen. Im Topf halten wir dieses Malvengewächs stets feucht und stellen es luftig auf, damit es möglichst lange gesund bleibt. Die Wolle der im Topf kultivierten *G. herbaceum* ist übrigens so kurz, daß sie sich nicht verwerten läßt.
Licht: Hell bis sonnig.
Temperatur: Saaten und Sämlinge warm bei etwa 20 °C halten. Mit zunehmender Größe abhärten und an gut gelüftetem Platz aufstellen.
Substrat: Einheitserde oder TKS; pH um 6.
Feuchtigkeit: Stets feucht halten. Im Sommer haben die Pflanzen einen hohen Wasserbedarf!
Düngen: Wöchentlich, größere Pflanzen auch zweimal pro Woche mit Blumendünger gießen.
Umpflanzen: Mit dem Wachstum bei Bedarf in größere Töpfe setzen. Die bis 1 m hohen Pflanzen verlangen sehr große Töpfe.
Vermehren: Aussaat möglichst früh im Januar oder Februar. Dazu ist ein sehr heller Platz oder Zusatzlicht erforderlich!
Pflanzenschutz: An ungünstigem Standort werden besonders Spinnmilben lästig, die bei fortgeschrittenem Befall nur schwer zu bekämpfen sind und zum Verlust der Pflanze führen.

Graptophyllum pictum 'Variegatum'

Graptophyllum

In früheren Jahren zählte *Graptophyllum pictum* zu den geschätzten Pflanzen für Warmhäuser. Heute ist sie rar geworden, und sieht man sie einmal, dann hat man sie nicht selten mit den ähnlichen *Pseuderanthemum* verwechselt. Von den rund zehn *Graptophyllum*-Arten gehört nur *G. pictum* mit grün-weiß panaschierten Blättern zum gärtnerischen Sortiment. Die Pflege entspricht der von *Chameranthemum*.

Grevillea, Australische Silbereiche

Wer diese Topfpflanze sieht, mag sich über den deutschen Namen wundern. Silbrig überhaucht sind die Blätter dieses Australiers zwar, aber mit Eichen kann man nur wenig Ähnlichkeit entdecken. Das Blatt ist fein doppelt gefiedert und erinnert an einen Farn. Den Namen versteht man besser, wenn man nicht nur die mehr oder weniger großen Sämlinge in Töpfen, sondern ausgewachsene Exemplare gesehen hat. Sie rechtfertigen durchaus den Namen „Silbereiche". Als Topfpflanze kann dieses Protheusgewächs zwar auch 1 m und mehr erreichen, doch dazu bedarf es mehrerer Jahre. Die 50 m Höhe wie in der Heimat traut man ihm kaum zu.
Für eine erfolgreiche Pflege braucht man einen kühlen Raum. Ansonsten ist *Grevillea robusta*, die einzige Art, die der Blumenhandel anbietet, nicht anspruchsvoll. Im Topf erreichen sie wohl kaum ihre Blühreife. Wer sich an den für Protheusgewächse typischen Blüten erfreuen will, bemühe sich um *G. thelemanniana*, die auch als kleiner Strauch blüht und eine Zierde für jeden kühlen Wintergarten ist.
Licht: Hell, aber vor starker Sonne geschützt.
Temperatur: Luftiger, nicht zu warmer Platz. Im Sommer auch im Freien an leicht beschattetem Standort. Im Winter 6 bis 15 °C.
Substrat: Einheitserde oder Mischungen aus Lauberde und Lehm. Bei älteren Pflanzen soll der Anteil Lehm erhöht werden; pH um 6.
Feuchtigkeit: Nie austrocknen lassen, aber im Winter sparsam gießen.
Düngen: Von Frühjahr bis Herbst wöchentlich mit Blumendünger gießen. Im Winter nicht düngen.
Umpflanzen: Bei Bedarf im Frühjahr oder Sommer.

Guzmania zahnii

Im Topf halten wir die Jugendform von Grevillea robusta (oben und unten links) mit ihrem zierlichen Laub. Die Blätter ausgewachsener Bäume sind gröber gefiedert. Die attraktiven orangefarbenen Blüten darf man nur bei alten Exemplaren erwarten (unten rechts). Solche blühenden Bäume findet man in der australischen Heimat und in vielen Ländern mit mildem oder warmem Klima, wo Grevillea robusta als Park- und Alleebaum dient.

Vermehren: Samen keimt leicht bei Temperaturen etwa zwischen 18 und 20°C. Stecklinge dagegen bewurzeln nur schwer. Pflanzen nicht stutzen.

Besonderheiten: Häufig beobachtet man Verfärbungen der Blätter, die zeigen, wie wichtig eine ausreichende Versorgung mit Spurenelementen ist. Gegebenenfalls mit Düngern wie Radigen oder ähnlichem gießen.

Guzmania

Seit einigen Jahren werden die zu den Ananasgewächsen (Bromeliaceae) zählenden Guzmanien in vielen Gartenbaubetrieben in größerer Stückzahl herangezogen. Es handelt sich vorwiegend um Varietäten und Sorten von *Guzmania lingulata* sowie *G. monostachya*. Insgesamt umfaßt diese Gattung über 120 Arten, die im nordwestlichen Südamerika zuhause sind. In den tropischen Regenwäldern leben sie vorwiegend epiphytisch; nur wenige wurzeln im Boden.

Die beiden genannten Arten sind Epiphyten, lassen sich deshalb gut zur Bepflanzung von Stämmen im Blumenfester verwenden. Sie besitzen weiche, hellgrüne Blätter mit

Guzmania monostachya

glattem Rand, die zu einer Rosette zusammenstehen. Ohne Blüten sind die Pflanzen nicht sonderlich attraktiv. Bei *G. lingulata* mit den Varietäten *cardinalis*, *minor* und *splendens* fallen besonders die rot oder orange gefärbten Hochblätter des Blütenstands auf, die länger halten als die Blüten.

Nicht sehr groß, aber sehr reizvoll gefärbt ist der Blütenstand von *G. monostachya*. Die Deck- oder Hochblätter des Blütenstands sind auf grünlichem Grund rotbraun gezeichnet, gehen aber zur Spitze des Blütenstands hin in ein leuchtendes Rot über. Dazwischen kommen die reinweißen Blütchen hervor.

Licht: Hell bis halbschattig; keine direkte Sonne.
Temperatur: Warm, auch im Winter nicht unter 18 °C. Die Bodentemperatur sollte nicht unter die Lufttemperatur absinken.
Substrat: Torfsubstrat wie Einheitserde P oder TKS I, denen noch bis zu $1/4$ Styromull beigemischt werden kann. Sind die beiden Fertigerden nicht erhältlich, werden mineralsalzreiche Torfsubstrate für die salzempfindlichen Guzmanien durch Beimischen von Torf oder ähnlichem brauchbar. Gegebenenfalls muß man kohlensauren Kalk zufügen, um einen pH-Wert von etwa 6 zu erzielen.
Feuchtigkeit: Stets feucht halten, nie völlig austrocknen lassen. Stauende Nässe führt jedoch zur Wurzelfäule. Die Luftfeuchte sollte mindestens 50, besser 60 % betragen.
Düngen: Von Frühjahr bis Herbst alle 1 bis 2 Wochen mit Blumendünger in halber Konzentration gießen, im Winter nur alle 4 bis 6 Wochen.
Umpflanzen: In der Regel jährlich im Frühjahr oder Sommer.
Vermehren: Die Nachzucht der Guzmanien bleibt dem Gärtner vorbehalten, denn von der Aussaat der mit Flughaaren versehenen Samen (bei etwa 25 °C Bodentemperatur) braucht es eine dreijährige Pflege (bei etwa 22 °C und feuchter Luft), bis die Pflanzen blühreif sind. Leider bilden viele Guzmanien nur selten Kindel aus.

Gymnocalycium

Nur wenige Kakteen werden jährlich in solchen Mengen herangezogen wie die Arten und Kulturformen der Gattung *Gymnocalycium*. Meist sind es aus verschiedenen Arten hervorgegangene Hybriden oder einige absonderliche Auslesen von *Gymnocalycium mihanovichii*. Es handelt sich um die blattgrünfreien roten (*G. mihanovichii* var. *friedrichii* 'Rubra') und gelben ('Aurea') Typen, die ohne Chlorophyll nur mit einer Amme, der Unterlage, existieren können. Sie traten spontan 1941 beziehungsweise 1970 in einer japanischen Gärtnerei auf. Aus Japan werden auch die meisten Veredelungen importiert. Die Pflanzen sind mehr kurios als schön und auf den meist verwendeten dreikantigen *Hylocereus*-Unterlagen nur kurzlebig. Wer diese Pflanzen längere Zeit behalten möchte, veredle zum Beispiel auf *Trichocereus* oder *Eriocereus*.

Aber die Gattung *Gymnocalycium* hat mehr als nur solche Absonderlichkeiten zu bieten. Rund 80 Arten sind über ein weites Gebiet von Brasilien bis Argentinien verbreitet. Meist sind es kleinbleibende, nur schwach bedornte, flache Kugelkakteen. Viele Arten blühen auch in Kultur willig. Die Blüten weisen eine Besonderheit auf. Ihr basaler, röhriger Teil, die Blütenachse (Pericarpell), ist mit „nackten" Schuppenblättern besetzt und hat keine mit Haaren oder Dornen versehenen Areolen (*Gymnocalycium* = nacktkelchig).

Licht: Heller Platz, der – mit Ausnahme der Morgen- und Abendstunden – leichten Schutz vor direkter Sonne bietet. Bei der Überwinterung genügt ein halbschattiger Platz.
Temperatur: Warmer, aber luftiger Stand mit deutlicher nächtlicher Abkühlung. Im Winter um 10 °C, argentinische Arten wie *G. baldianum*, *G. castellanosii*, *G. gibbosum*, *G. horridispinum*, *G. multiflorum*, *G. spegattinii* und *G. vatteri* auch kühler (bis 5 °C).
Substrat: Übliche Kakteenerde, deren Anteil Einheitserde bis zu 50 % betragen kann; pH um 6.
Feuchtigkeit: Während des Wachstums gießen, wenn die Erde weitgehend abgetrocknet ist. Im Winter völlig trocken halten. Nur Veredlungen auf *Hylocereus* brauchen auch im Winter sporadische Wassergaben.
Düngen: Bei deutlichem Wachstum alle 3 Wochen mit Kakteendünger gießen.
Umpflanzen: Alle 2 Jahre im Winter oder nach der Blüte.

Gymnocalycium-denudatum-Hybride

Vermehren: Sprossende Arten wie *G. andreae* durch Kindel. Ansonsten nur durch Aussaat (20 bis 25°C).

Gynura

Diese kleine Pflanze stiftet einige Verwirrung. Erst vor wenigen Jahren wurde sie eingeführt und bereicherte das Topfpflanzensortiment. Es ist ein kletternder Halbstrauch, den man am besten in Ampeln kultiviert. Das Bemerkenswerteste sind die dunkelgrünen, grob gezähnten Blätter, die ganz dicht mit violett gefärbten Haaren besetzt sind. Im Sommer erscheinen die orangefarbenen Körbchenblüten, denen jegliche Zungenblüten fehlen. Diese Blütenköpfchen stinken ganz beachtlich, so daß sie empfindliche Pflanzenfreunde vor dem Aufblühen entfernen sollten.

Die Verwirrung um diese Pflanze stiftete die unklare Benennung. Unsere Gärtnereien führen sie meist als *Gynura scandens*, selten als *G. aurantiaca*. In den USA war sie als *G. sarmentosa* oder *G. procumbens* bekannt. Nun wird als richtiger Name *Gynura aurantiaca* 'Purple Passion' genannt.

Gynura aurantiaca 'Purple Passion'

Licht: Heller, auch sonniger Platz. Schutz ist nur vor direkter Mittagssonne angebracht. An dunklen Plätzen ist die violette Behaarung weniger intensiv.
Temperatur: Im Frühjahr und Sommer über 20°C, sonst um 18°C.
Substrat: Übliche Einheitserde, TKS oder Compo Sana; pH um 6.
Feuchtigkeit: Stets schwach feucht halten.
Düngen: Während des Frühjahrs und Sommers wöchentlich, in der lichtarmen Jahreszeit in größeren Abständen mit Blumendünger gießen.
Umpflanzen: Ist nur erforderlich, wenn die Pflanzen nicht ständig verjüngt werden. Dann ganzjährig möglich.
Vermehren: Da alte Pflanzen nicht mehr schön sind, zieht man besser jährlich aus Stecklingen Nachwuchs heran. Dazu im Laufe des Sommers noch nicht verholzte, aber nicht mehr weiche Kopfstecklinge schneiden und bei mindestens 20°C Bodentemperatur bewurzeln.
Pflanzenschutz: Für Blattläuse sind *Gynura* besonders attraktiv. Sie lassen sich zum Beispiel mit Insektizidstäbchen oder plant pin bekämpfen.

Habranthus

Bei nahezu allen unter diesem Namen angebotenen Zwiebelchen handelt es sich um *Zephyranthes*, die Zephirblume, die allerdings *Habranthus* zum Verwechseln ähnelt.

Blütenmerkmale von Habranthus und Zephyranthes

Zephyranthes grandiflora

Habranthus robustus

Bei *Habranthus* stehen die geöffneten Blüten in einem Winkel zum Blütenschaft. Die Blüten von *Zephyranthes* dagegen setzen die Senkrechte des Stiels mehr oder weniger fort, sind also nicht oder nur undeutlich abgewinkelt. Außerdem sind bei *Zephyranthes* die Staubfäden gleichmäßig angeordnet, während sie sich bei *Habranthus* zur Blütenunterseite hin gruppieren.
Am bekanntesten ist *Habranthus tubispathus* (syn. *H. robustus*) aus Argentinien und Uruguay, inzwischen in weiten Bereichen der Tropen verbreitet. Die hübschen rosa Blüten dieses Amaryllisgewächses stehen einzeln auf den bis 25 cm langen Schäften. Es ist eine dankbare Topfpflanze für kühle, aber frostfreie Bedingungen.
Licht: Heller Fensterplatz.
Temperatur: Übliche Zimmertemperatur. Während der winterlichen Ruhezeit genügen 6 °C.
Substrat: Übliche Fertigerden wie TKS oder Einheitserde, auch mit Beimischung von Sand; pH um 6.
Feuchtigkeit: Vom Frühjahr bis Herbst/Winter stets feucht halten. Während des Winters je nach Temperatur weitgehend oder völlig trocken halten.
Düngen: Während des Wachstums alle 1 bis 2 Wochen mit Blumendünger in angegebener Konzentration gießen.
Umpflanzen: Am besten jährlich vor Beginn der Wachstumsperiode in frische Erde setzen. Zwiebeln so weit in die Erde stecken, daß nur die Spitzen herausschauen.
Vermehren: Leicht möglich, da Nebenzwiebeln in reicher Zahl entstehen und sich leicht abtrennen lassen.

Haemanthus, Elefantenohr, Blutblume

In vielen Wohnungen hat das Elefantenohr (*Haemanthus albiflos*) einen Stammplatz am Fenster. Es gehört zu den nahezu nicht umzubringenden Zimmerhelden. Ob es warm oder kühl ist, ob der Platz sonnig oder halbschattig ist, beeindruckt das Elefantenohr nur wenig. Allerdings bleiben an sonnenabgewandten Fenstern die weißen Blüten rar. Die fleischigen, breiten Blätter – sie gaben der Pflanze ihren Namen – und die zusammengedrückte Zwiebel speichern so viel Wasser, daß sie es nicht übelnimmt, wenn einmal das Gießen vergessen wird. Dennoch wird man nur dann sehenswerte Exemplare heranziehen, wenn sie nicht zu knapp gehalten werden. Auch im Winter steht sie nicht trocken, denn das Elefantenohr ist im Gegensatz zu den anderen Arten dieser Gattung immergrün.
Ein mager gehaltenes Elefantenohr sieht schon ein wenig langweilig aus. Es kann bei weitem nicht konkurrieren mit den attraktiven Verwandten.
Haemanthus multiflorus und *H. katharinae* bringen leuchtendrote Blütenkugeln hervor, die ihnen den Namen Blutblume einbrachten. Bei *H. multiflorus* erreichen sie 15 cm im Durchmesser, bei *H. katharinae* gar 25 cm. Wie für alle *Haemanthus* typisch, ragen auch bei ihnen die Staubfäden weit aus der Blüte heraus.
Viel häufiger als die beiden Arten ist ein Bastard zwischen *H. katharinae* und *H. puniceus* zu finden: die Sorte 'König Albert' mit sehr großen, scharlachroten Blüten.

Nicht nur der Stengel, auch die Zwiebeln von Haemanthus 'König Albert' sind attraktiv gefleckt.

Haemanthus albiflos

Haemanthus multiflorus im Nebelwald des Mount Kulal (Nordkenia).

Alle drei haben keine fleischigen Blätter und machen im Winter eine Ruhezeit in unbelaubtem Zustand durch. Sie brauchen etwas höhere Temperaturen als das Elefantenohr, das seiner Anspruchslosigkeit wegen gerne mit Kakteen und anderen sukkulenten Pflanzen gehalten wird. Mit manchen anderen Sukkulenten kommen die rund 60 *Haemanthus*-Arten auch in ihrer afrikanischen Heimat gemeinsam vor.

Licht: Hell, *H. albiflos* auch sonnig. Ruhende, unbeblätterte Zwiebeln können auch dunkel aufbewahrt werden.
Temperatur: Zimmertemperatur und wärmer; im Winter – solange beblättert – um 18 °C. Zwiebeln trocken bei 12 bis 14 °C aufbewahren. *H. albiflos* im Winter möglichst kühl (um 10 °C) halten.
Substrat: Torfsubstrate wie Einheitserde oder TKS gemischt mit $^1/_3$ Sand und (bei TKS) $^1/_3$ krümeligem Lehm; pH um 6.
Feuchtigkeit: Mäßig feucht halten. Sporadisches Austrocknen wird besonders von *H. albiflos* vertragen, ist auf jeden Fall aber zur Blütezeit zu vermeiden. *H. albiflos* ganzjährig gießen. Bei Arten mit winterlicher Trockenruhe ab September Wassergaben reduzieren. Völlig trocken hält man nur neuerworbene Zwiebeln bis zum Eintopfen ausgangs des Winters. Eingewurzelte gießt man sporadisch, da sie erst mit dem Blütentrieb im Frühjahr ihr Laub völlig verlieren. Luftfeuchte nicht unter 50 %.
Düngen: Vom Frühjahr bis Herbst alle 1 bis 2 Wochen mit Blumendünger, auch abwechselnd mit Kakteendünger.
Umpflanzen: Alle 2 bis 3 Jahre oder dann, wenn der Topf zu klein geworden ist *(H. albiflos)*. Bei den laubabwerfenden *Haemanthus* wird in den anderen Jahren nur das oberste Drittel des Substrats bei Triebbeginn erneuert.
Vermehren: Brutzwiebeln beim Eintopfen abtrennen.

Hatiora

Nur zwei Arten hübscher, in Kultur meist kleinbleibender epiphytischer Kakteen umfaßt die Gattung *Hatiora*. Früher waren sie verbreitet, gerieten aber ein wenig in Vergessenheit. Am häufigsten findet man *Hatiora salicornioides* mit ihren keulenförmigen Sproßgliedern. Man vermutet kaum, sieht man die kleinen Pflänzchen, daß sie am heimatlichen Standort in Brasilien mehr als 1 m Höhe erreichen. Sie eignen sich kaum für die Pflege auf der Fensterbank, da sie eine hohe Luftfeuchte benötigen. Sehr schön wachsen sie in Flaschengärten und im geschlossenen Blumenfenster. Besonders

Haworthia cuspidata

in Flaschengärten ist darauf zu achten, daß es im Gefäß nicht zu naß ist, denn sonst werden alle Sproßglieder abgeworfen. Die Pflege entspricht der von *Rhipsalis*-Arten.

Haworthia

Diese zu den „anderen Sukkulenten" gehörende Gattung aus der Familie der Liliengewächse umfaßt zwar an die 160 in Afrika beheimatete Arten, doch sind davon nur wenige als Zimmerpflanzen verbreitet. In vielen Wohnungen findet sich *Haworthia*

Hatiora salicornioides

Haworthia radula

glabrata, ohne daß der Pfleger weiß, wen er beherbergt. Es ist eine rosettig wachsende Pflanze, deren fleischige, spitz zulaufende Blätter dicht mit grünen oder weißlichen Wärzchen bedeckt sind.
Die Blätter großer Exemplare erreichen bis 15 cm Länge. Sie sind damit auch unterschieden von den sehr ähnlichen *H. radula*, deren Blätter kaum länger als 8 cm werden. Sehr hübsch ist noch *H. fasciata*, deren weiße Warzen sich zu Querbändern vereinigt haben. Variabel ist die hochwachsende oder dem Boden aufliegende, dicht beblätterte *H. reinwardtii*. Noch einige weitere Arten finden sich gelegentlich in Blumengeschäften und Kakteengärtnereien. Sie alle unterscheiden sich in ihren Ansprüchen kaum.

Licht: Hell, aber vor direkter Sonne geschützt.
Temperatur: Zimmertemperatur oder wärmer. Im Winter genügen 8 bis 12 °C, doch schaden auch 15 bis 18 °C nicht.
Substrat: Nahrhafte, durchlässige Erde, zum Beispiel Einheitserde oder TKS mit wenig Lehm und $^1/_3$ grobem Sand oder Lavagrus; pH 6 bis 7.
Feuchtigkeit: Erst gießen, wenn die Erde weitgehend abgetrocknet ist, im Winter je nach Temperatur nur sporadisch. Pflanzen sind empfindlich gegen zuviel Wasser besonders während der Ruhezeit.
Düngen: Von April bis September alle 3 bis 4 Wochen mit Kakteendünger gießen.
Umpflanzen: Alle 1 bis 2 Jahre im Frühjahr oder Sommer.
Vermehren: Die meisten genannten Arten bilden reichlich Kindel, die abgetrennt und nach dem Abtrocknen der Wunde bewurzelt werden können. Bei einigen Arten wachsen auch Blattstecklinge.

Hebe speciosa, umgeben von der Pantoffelblume Calceolaria piniata

Hedera colchica

Hebe, Strauchveronika

Unter dem Namen *Veronica* finden wir in der Regel im Herbst im Angebot des Blumenhandels blau-, seltener weißblühende strauchige Pflanzen mit ein wenig fleischigen, häufig grün-weiß panaschierten Blättern. Oft wissen es Gärtner und Floristen nicht, daß sie keine *Veronica* anbieten, sondern Pflanzen, die der Gattung *Hebe* zuzuordnen sind. Allerdings sind diese Braunwurzgewächse (Scrophulariaceae) eng mit *Veronica* verwandt. Rund 100 verschiedene *Hebe*-Arten mag es geben, die von Südamerika bis Australien und Neu Guinea verbreitet sind. Allein 80 Arten beherbergt Neuseeland.
Es sind verholzende Sträucher mit gegenständigen Blättern, auf denen nur die Mittelrippe sichtbar ist. Bei manchen Arten sind die Blätter schuppenähnlich und stehen wie bei einigen Nadelgehölzen dachziegelartig übereinander. Beispiele sind *Hebe lycopodioides* und *H. salicornioides*. Auch *H. ochracea* zählt hierzu, ein winterhartes, nadelbaumähnliches, niedriges Gehölz, das die Baumschulen meist fälschlich als *H. armstrongii* anbieten.
Die als Topfpflanzen verbreiteten Strauchveronica sind nicht winterhart und sollten nur während der frostfreien Jahreszeit im Garten stehen. Es sind fast ausschließlich Hybriden, die unter dem Namen *Hebe*-Andersonii-Hybriden zusammengefaßt werden. Es gibt viele verschiedene Sorten, auch mit panaschierten Blättern. Mit ihren weißen, violetten oder roten Blütenähren sind sie recht dekorativ, doch hält die Pracht nicht lange an, wenn wir die Pflanzen in ein warmes Zimmer stellen.
Gelegentlich finden wir noch *H. buxifolia* im Angebot der Blumenläden, eine auch im nichtblühenden Zustand zierende Art mit kleinen, kreuzweise gegenständigen Blättchen.
Licht: Hell und sonnig.
Temperatur: Vom Frühjahr bis Herbst in den Garten stellen. Im Winter genügt es, die Pflanzen bei Temperaturen um 5°C, nicht über 10°C zu halten.
Substrat: Torfsubstrate wie Einheitserde oder TKS, denen man bis zu $1/3$ Sand und Gartenerde oder – soweit vorhanden – Kompost beimischen kann.
Feuchtigkeit: Stets mäßig feucht halten.
Düngen: Wöchentlich mit Blumendünger gießen. Nach dem Abblühen für etwa 4 bis 6 Wochen aussetzen.
Umpflanzen: Alle 1 bis 2 Jahre im Frühjahr.
Vermehren: Im Frühjahr Stecklinge schneiden und bei etwa 20°C Bodentemperatur bewurzeln. Nach dem Anwachsen mehrmals stutzen, um eine gute Verzweigung zu erzielen.

Hedera, Efeu

Wer die unzähligen Sorten des Efeus kennt, wird ihn nicht mehr für eine Allerweltspflanze halten, nur weil uns der heimische *Hedera helix* so vertraut ist. Doch selbst unser heimischer Efeu präsentiert sich erstaunlich vielfältig. In Buchen- und Mischwäldern kriecht er über den Boden, in Parkanlagen sind es Bodendecker im Schatten, die mit Hilfe ihrer Haftwurzeln in bemerkenswerte Höhen klettern. Immer wieder verblüffen die unterschiedlichen Blattformen an einer Pflanze, bis sie schließlich die ganzrandige, eirunde, mit ausgezogener Spitze versehene Altersform erreichen.
Unser heimischer Efeu eignet sich nicht als Topfpflanze. Er wächst zu stark. Die Haftwurzeln halten sich an Tapeten oder Fenstern fest und lassen sich nicht ohne Schäden am Inventar wieder lösen. Ganz anders die vielen Kulturformen. Sie kommen noch an schattigen Plätzen gut voran, gedeihen im kühlen und im beheizten Zimmer.
Neben *Hedera helix* gibt es noch vier weitere Arten, von denen Typen von *H. canariensis* im Handel erhältlich sind. Einige Botaniker betrachten diesen Efeu als eine Unterart von *H. helix*. Die Sorte 'Gloire de Marengo' mit dem kontrastreich panaschierten Blatt ist sehr beliebt. Sie stellt aber etwas höhere Temperaturansprüche.
Nicht alle Sorten der zu den Aralien- oder Efeugewächsen (Araliaceae) zählenden Gattung *Hedera* sind ausreichend winterhart. Besonders bei den buntlaubigen Sorten ist Vorsicht angebracht. Läßt die Blattgröße und -form viel „Blut" von *Hedera canariensis* oder *H. colchica* vermuten, so gilt gleiches. Je mehr die Sorte unserem heimischen Efeu ähnelt, um so weniger Bedenken braucht man gegen den ganzjährigen Freilandaufenthalt zu haben. In strengen Wintern bleiben dennoch Verluste nicht aus. Blüten sind in Topfkultur übrigens nicht zu erwarten, da immer nur die Jugendform gehalten wird.

Hemigraphis repanda

Licht: Hell bis schattig; keine direkte Sonne von Frühjahr bis zum Ende des Sommers.
Temperatur: Zimmertemperatur; großblättrige und buntlaubige Sorten im Winter nicht unter 16 °C, andere nicht unter 10 °C.
Substrat: Übliche Fertigsubstrate; pH um 6.
Feuchtigkeit: Stets mäßig feucht halten, nicht austrocknen lassen.
Düngen: Von Frühjahr bis Herbst wöchentlich, im Winter alle 2 bis 3 Wochen mit Blumendünger gießen.
Umpflanzen: Jährlich.
Vermehren: Nicht zu sehr verholzte Stecklinge bewurzeln bei 18 bis 20 °C Luft- und Bodentemperatur.
Pflanzenschutz: Besonders an warmen, lufttrockenen Plätzen können Spinnmilben sehr lästig werden. Die Bekämpfung erfordert mehrere Behandlungen in etwa fünftägigen Abständen mit gegen Milben wirksamen Präparaten wie Anilix oder Kelthane. An 'Gloire de Marengo' treten nicht selten Schildläuse auf. Große Tiere abkratzen und mit Präparaten wie Malathion spritzen.
Besonderheiten: Efeu läßt sich auf Stämmchen von × *Fatshedera* veredeln. Dies geschieht am besten im Frühjahr. Entweder köpft man das Stämmchen von × *Fatshedera* und bringt an zwei oder drei gegenüberliegenden Rändern einen kurzen, flachen Schnitt an, in die flach zugeschnittene Efeustiele hineinzusetzen sind. Oder man beläßt den Stamm und bringt an den Seiten ein bis drei T-förmige Schnitte an ähnlich wie beim Okulieren der Rosen. Die Veredelungsstelle wird anschließend mit einem Kautschukband oder ähnlichem umwickelt. Zum Anwachsen sind eine hohe Luftfeuchte und nicht zu niedrige Temperaturen erforderlich. Schlappen die Efeublätter, dann erholt er sich nicht mehr. Ansonsten ist er bereits nach 2 Wochen angewachsen. Zuerst bildet er dann ungewöhnlich große Blätter.

Hemigraphis

Als Bodendecker für beheizte Blumenfenster oder Vitrinen, aber auch als hübsch überhängende Ampelpflanze bieten sich zwei Akanthusgewächse der Gattung *Hemigraphis* an: *Hemigraphis alternata* (syn. *H. colorata*) und *H. repanda*. Die eiförmigen, an der Basis herzförmig eingebuchteten gegenständigen Blätter von *H. alternata* sind unterseits rötlich gefärbt, haben oberseits aber eine ungewöhnliche silbrige Tönung. Die Triebe kriechen über den Boden oder hängen herab. Die endständigen Ähren tragen nur kleine weiße Blütchen. Der Zierwert liegt wie auch bei *H. repanda* im Laub. Diese Art der rund 20 umfassenden Gattung hat lanzettliche, tief gesägte Blätter mit einem auffälligen Farbenspiel. Zum roten Stiel und den roten Blattadern changiert die Blattspreite in verschiedenen Grüntönen und ist teilweise rötlich überhaucht.
Diese beiden südostasiatischen Pflanzen sind dann wirkungsvolle Blattpflanzen, wenn sie zu mehreren im Topf oder ausgepflanzt vieltriebige Bestände bilden. Im lufttrockenen Zimmer wird die Pflege wenig erfolgreich sein. Ansonsten sind sie wie *Chameranthemum* zu behandeln, vertragen aber etwas mehr Licht.

Hibiscus, Roseneibisch

Unser altbekannter Roseneibisch (*Hibiscus rosa-sinensis*) ist der Vertreter einer rund 250 Arten umfassenden Gattung der Malvengewächse. Die Herkunft des in vielen

Hibiscus schizopetalus

Kulturformen weltweit verbreiteten Roseneibischs läßt sich heute nicht mehr eindeutig bestimmen. Sie ist irgendwo im tropischen Asien zu suchen. Die hübschen, auffälligen, leuchtend rot gefärbten Blüten haben für die weite Verbreitung gesorgt.

Die Gärtner bieten *Hibiscus*-Sorten mit weißen, gelben, orange oder roten, einfachen oder gefüllten Blüten und unterschiedlich geformten Blättern an. Selten ist 'Cooperi' mit relativ kleinen roten Blüten, aber wirkungsvollen weiß-grünen Blättern, die oft noch rot überhaucht sind. 'Cooperi' stellt höhere Ansprüche an Temperatur und Luftfeuchte. Eine leider selten angebotene Pflanze ist *Hibiscus schizopetalus* mit seinen wild gefransten roten Blüten. Er ist ähnlich anspruchsvoll wie 'Cooperi'.

Reisende in wärmere Gefielde berichten oft begeistert von *Hibiscus* mit über kindskopfgroßen Blüten. Sie stammen in der Regel von *H. moscheutos* 'Southern Belle', die nicht für die Topfkultur in Frage kommt. Sie wird bei uns inzwischen als Freilandpflanze angeboten, entwickelt sich aber nur an besonders milden Plätzen zufriedenstellend und auch dort nicht annähernd so schön wie im Süden. Für den Garten sind Sorten von *H. syriacus* besser geeignet.

Licht: Wer dem Roseneibisch keinen sehr hellen Platz bieten kann, wird wenig Freude an ihm haben. Die Pflanzen blühen nicht oder nur sporadisch. Ideal ist ein sonniges Fenster, das nur im Sommer ein wenig Schutz vor der intensiven Mittagssonne bieten soll.

Temperatur: Gutes Wachstum bei Temperaturen über 20 °C – ein heller Platz vorausgesetzt. Im Winter reichen 16 bis 18 °C, doch sind auch 20 °C nicht nachteilig. Unter 14 °C sollte die Temperatur nicht absinken.

Substrat: Torffreie Substrate wie Einheitserde, Compo Sana oder TKS sind geeignet; pH um 6.

Feuchtigkeit: In kräftigem Wachstum befindliche Pflanzen haben einen hohen Wasserverbrauch. Täglich kontrollieren und bei Bedarf durchdringend gießen. Das Austrocknen hat Knospenfall zur Folge. Trockene Luft führt zu verstärktem Schädlingsbefall.

Düngen: Gut wachsende Pflanzen brauchen wöchentlich mindestens eine Flüssigdüngung mit üblichen Blumendüngern. Im Winter genügen Gaben in Abständen von 2 bis 3 Wochen.

Umpflanzen: Jährlich im Frühjahr und Sommer möglich.

Vermehren: Noch nicht verholzte Kopfstecklinge bewurzeln sich bei Bodentemperaturen über 22 °C in üblichen Vermehrungssubstraten.

Pflanzenschutz: Neben den meist leicht zu bekämpfenden Blattläusen werden besonders Spinnmilben lästig, die nur zu oft übersehen werden. Gute Erfahrungen konnten mit plant pin oder Paral Pflanzenzäpfchen gemacht werden, die neben Läusen auch Milben beseitigen.

Besonderheiten: Berüchtigt ist der Knospenfall bei *Hibiscus*. Viele neuerworbene Pflanzen haben innerhalb weniger Tage alle Knospen verloren. Die Ursachen hierfür sind nicht genau bekannt. Änderungen der Umweltbedingungen können den Knospenfall auslösen. Auch das Austrocknen des Wurzelballens bewirkt gleiches. Darum allen neuen Pflanzen einen hellen, aber luftigen Platz geben und exakt gießen, auch nicht vernässen!

Gärtner behandeln *Hibiscus* mit Hemmstoffen, um das Längenwachstum zu bremsen. Sie wenden dazu Mittel wie Gartenbau-Cycocel (0,25 %ig gießen) an. Läßt die Wirkung nach, so setzt das übliche Längenwachstum wieder ein. Dem Zimmergärtner bleibt in der Regel nur die Möglichkeit, die Pflanzen jeweils im Frühjahr kräftig zurückzuschneiden.

Hippeastrum,
„Amaryllis", Ritterstern

Preiswerte Zwiebeln, eine sichere Blüte und eindrucksvolle Blüten haben dem Ritterstern zu einer weiten Verbreitung verholfen. Als „Amaryllis" kennt sie jeder, obwohl sie nicht mehr der nur eine Art umfassenden Gattung *Amaryllis* angehören. Doch wer weiß schon, daß sie nun *Hippeastrum* heißen? Rund 75 *Hippeastrum*-Arten sind im tropischen Amerika beheimatet, während *Amaryllis* in Südafrika zu finden ist. Doch von den *Hippeastrum*-Arten trifft man nur sporadisch einzelne in botanischen Gärten. Im Handel sind ausschließlich

Hibiscus rosa-sinensis 'Cooperi'

Großblumige
Hippeastrum-Hybride

Hoffmannia refulgens

großblumige Sorten mit riesigem Blütendurchmesser und leuchtenden Farben. Die Blüten stehen zu zweit bis zu sechst auf einem hohlen Schaft.
Der Ritterstern macht eine Ruhezeit durch, während der er alle Blätter verliert und völlig trocken zu halten ist. Wann die Ruhezeit beendet ist, zeigen die austreibenden Blätter an. Sollen die Zwiebeln schon früher blühen, etwa zu Weihnachten, dann muß auch die Ruhezeit früher eingeleitet werden. Auf solche „präparierten" Zwiebeln muß man achten, legt man auf eine frühe Blüte wert. Im nächsten Jahr sind auch die präparierten wie übliche Zwiebeln zu behandeln.
Licht: Hell bis sonnig. Ruhende, unbeblätterte Zwiebeln lassen sich dunkel aufbewahren.
Temperatur: Während des Wachstums Zimmertemperatur bis 25 °C. Ruhende Zwiebeln bei etwa 17 °C aufbewahren, nicht unter 15 °C. Zum Antreiben empfiehlt sich ein Fensterplatz über der Heizung, wo wir eine Bodentemperatur von 20 °C erzielen.
Substrat: Übliche Fertigerden wie TKS, Einheitserde oder Compo Sana; pH um 6.
Feuchtigkeit: Während der Ruhezeit von Oktober bis September trocken halten. Mit dem Gießen beginnen, wenn der Blütenschaft schon einige Zentimeter hoch ist. Voll beblätterte Pflanzen stets feucht halten, aber nicht naß. Mit dem Gelbwerden der Blätter im Herbst Wassergaben reduzieren. Gegen trockene Luft sind *Hippeastrum* nur an sehr sonnigen Plätzen empfindlich.

Düngen: Belaubte Pflanzen wöchentlich mit Blumendünger gießen. Ende August einstellen.
Umpflanzen: Jährlich vor dem Austrieb in frische Erde setzen. Zwiebel muß etwa $1/3$ aus der Erde herausschauen.
Vermehren: Durch Samen möglich. Da viele Rittersterne selbststeril sind, benötigt man mehrere Pflanzen. Mit Pinsel Blütenstaub auf die Narbe bringen, wenn diese klebrig geworden ist. Der Samen ist nach etwa 8 Wochen reif und wird sofort ausgesät (24 °C Bodentemperatur). Jungpflanzen 2 bis 3 Jahre ohne Ruhezeit durchkultivieren.
Vermehren auch durch die sich allerdings nur sporadisch bildenden Brutzwiebeln, die beim Umpflanzen abgetrennt und wie die Mutterzwiebeln behandelt werden.
Pflanzenschutz: Ein Pilz, der Rote Brenner, ruft besonders bei hohen Temperaturen auf der Zwiebel und auf Blättern rote punkt- oder strichförmige Flecken hervor. Um der Ausbreitung des Pilzes vorzubeugen, oberirdische Pflanzenteile nicht mit Wasser benetzen. Eine Bekämpfung des Pilzes ist schwierig. Am besten die Zwiebeln vor dem Antreiben 15 Minuten in eine 0,75 %ige Grünkupferlösung (Kupferoxichlorid) tauchen und vor dem Einpflanzen abtrocknen lassen. Temperaturen unter 20 °C hemmen das Pilzwachstum, sind aber auch für den Ritterstern nicht optimal.
Besonderheiten: Nach dem Abblühen Blütenschaft abschneiden, sofern man keinen Samen gewinnen will.

Hoffmannia

Diese vorwiegend in Mexiko beheimateten Krappgewächse *(Rubiaceae)* sind ein wenig in Vergessenheit geraten. Zwar verlangen sie hohe Temperaturen und Luftfeuchte, aber wer dies zum Beispiel im geschlossenen Blumenfenster bieten kann, sollte Arten wie *H. ghiesbreghtii* und *H. refulgens* nicht vergessen.
H. ghiesbreghtii in der Sorte 'Variegata' ist zweifellos die schönste: Sie trägt unterseits purpurrote, oberseits grün-weiß gefleckte Blätter, die bis 30 cm lang werden. Die Pflanze erreicht über 1,50 m Höhe, ist also nichts für beschränkte Verhältnisse.
Mit kaum mehr als 50 cm bleibt *H. refulgens* deutlich niedriger. Sie hat tief geaderte Blätter, die unterseits weinrot, oberseits bräunlichgrün gefärbt sind. Die Pflege entspricht weitgehend der von *Calathea*, doch erfolgt die Vermehrung in der Regel durch Kopfstecklinge, die bei mindestens 25 °C Bodentemperatur wurzeln.

Howeia, „Kentien"

Wer die Qualitäten dieser Palmen kennengelernt hat, wundert sich nicht, daß sie die beliebteste und begehrteste Gattung dieser Familie wurden. Als „Kentia" sind sie im Blumenhandel zu haben, allerdings nicht jederzeit, da die Nachfrage größer als das Angebot ist. In Wohnräumen sind Kentien ausgesprochen haltbar und widerstands-

Howeia forsteriana

fähig. Sie reagieren weniger empfindlich auf trockene Luft und müssen nicht direkt am Sonnenfenster stehen. Die wichtigere der beiden *Howeia*- (auch *Howea*-) Arten ist *H. forsteriana*. Sie stammt wie *H. belmoreana* aus Australien.

Die Unterscheidung der in Kultur befindlichen Jungpflanzen verlangt ein wenig Übung. Der mit kürzeren Stielen versehene Blattwedel von *H. belmoreana* steht steil nach oben und hängt stark über. Der länger gestielte Wedel von *H. forsteriana* bildet einen weniger spitzen Winkel zum Stamm oder steht waagrecht und hängt nicht über, es sei denn, es ist ein großes, schweres Blatt oder die Pflanze stand an zu dunklem Platz und ist vergeilt. Die Blätter beider Arten setzen sich aus vielen Fiederblättchen zusammen. Sie sind bei *H. forsteriana* unterseits mit sehr kleinen punktartigen Schuppen versehen. In der Natur wachsen beide Palmen einstämmig. Die Gärtner setzen aber meist mehrere Jungpflanzen zusammen in einen Topf, um eine bessere Wirkung zu erzielen.

Licht: Hell, aber vor Prallsonne geschützt. Gedeihen auch noch an halbschattigem Platz.
Temperatur: Luftiger Platz mit Zimmertemperatur. Auch im Winter um 18 °C. Nur ältere Exemplare können kühler stehen.
Substrat: Einheitserde mit $1/3$ krümeligem Lehm. Auch bis zu $1/3$ grober Sand kann beigemischt werden; pH um 6.
Feuchtigkeit: Stets feucht halten, ohne Nässe aufkommen zu lassen. Nie austrocknen lassen. Trockene Luft begünstigt Schädlingsbefall.
Düngen: Von Frühjahr bis Sommer wöchentlich, im Winter alle 2 bis 3 Wochen mit Blumendünger gießen.
Umpflanzen: Jungpflanzen alle 2 bis 3 Jahre, ältere Exemplare in größeren Abständen im Frühjahr oder Sommer.
Vermehren: Nur durch Samen.
Pflanzenschutz: Besonders Schildläuse, aber auch Spinnmilben können lästig werden. Beide Schädlinge lassen sich nur durch mehrmalige Behandlung mit Präparaten wie Unden flüssig bekämpfen.

Hoya, Wachsblume

Zu Recht gehören die Wachsblumen zu den beliebtesten Zimmerpflanzen. Die Gattung umfaßt 200 Arten, die von Indien, China bis nach Australien verbreitet sind. Der Name dieser Seidenpflanzengewächse (Asclepiadaceae) muß nicht erklärt werden; wer die Blüte anschaut, weiß, warum die Pflanzen Wachsblumen heißen.
Im Zimmer finden bisher nur zwei Arten

Bei Hoya carnosa entstehen die Blüten an Kurztrieben, die nach dem Abblühen stehen bleiben.

Verwendung: *Hoya carnosa* und *H. bella*. Davon ist *H. carnosa* weit verbreitet und „die" Wachsblume. Sie bildet meterlange, verholzende Triebe mit fleischigen, glänzenden, gegenständigen Blättern. Der Blütenstand, eine Scheindolde, steht an einem Kurztrieb, den man nach dem Ablühen nicht entfernen darf. Hieran erscheinen nach einiger Zeit erneut Blüten. Offene Blüten verströmen besonders gegen Abend einen betörenden, süßlichen Duft, der den ganzen Raum erfüllt. Der klebrige Nektartropfen hat einen süßlich-bitteren Geschmack und kann gelegentlich etwas unangenehm werden, da er Fenster oder auch Tapete verschmiert.
Die Pflanzen erreichen im Laufe der Jahre beachtliche Dimensionen, so daß nur ein Rückschnitt übrig bleibt, obwohl damit auch die blütentragenden Kurztriebe entfernt werden. Besonders nach dem Umpflanzen treibt die *Hoya* kräftig an der Basis aus, so daß man einige alte Ranken am besten ganz abschneidet.
Für die meisten Wohnräume ist die viel kleiner bleibende *Hoya bella* besser geeignet. Die ebenfalls stark duftenden Blüten sind wunderschön, doch fällt bei dieser Art der Stiel des Blütenstands nach dem Verblühen ab. Die Ranken von *Hoya carnosa* schlingt man um ein Klettergerüst, während man *H. bella* besser als Ampelpflanze ungestört herabhängen läßt.

Licht: Heller, sonniger Platz, doch vor allzu intensiver Mittagssonne geschützt. Zu stark der Sonne ausgesetzte Pflanzen bekommen gelbgrüne Blätter. Bleiben die Blüten aus, ist zu dunkler Stand oft die Ursache.
Temperatur: Übliche Zimmertemperatur oder wärmer; im Winter 10 bis 15 °C, doch werden auch höhere Temperaturen ohne wesentliche Nachteile ertragen. Allerdings sollen Temperaturen über 20 °C den Blütenansatz reduzieren. *H. bella* nicht unter 15 °C; besonders niedrige Bodentemperaturen sind gefährlich.
Substrat: Nährstoffreiche, durchlässige Erde, zum Beispiel Einheitserde mit Sand und Lehm gemischt; pH 5,5 bis 7.
Feuchtigkeit: Während der Wachstumszeit von April bis September nie ganz austrocknen lassen. Im Winter je nach Temperatur sparsamer gießen. Nässe führt dann besonders bei *Hoya bella* schnell zu Wurzelschäden! Trockene Zimmerluft wird gut vertragen, auch von *H. bella*, doch sollte man für

Hoya carnosa

diese zumindest einen mittleren Wert von 50 % anstreben.
Düngen: Von April bis September alle 1 bis 2 Wochen mit Blumendünger gießen.
Umpflanzen: Alle 1 bis 2 Jahre von Frühjahr bis Sommer möglich; ältere Exemplare auch in größeren Abständen.
Vermehren: Leicht durch Stecklinge im Frühjahr möglich, die bei Bodentemperaturen über 20 °C gut bewurzeln.
Pflanzenschutz: Schädlinge treten nur selten auf. Woll- oder Schildläuse am besten durch Abwaschen entfernen.
Besonderheiten: Das nicht seltene Abwerfen der Blüten wird durch Kulturfehler wie unregelmäßiges Gießen oder Temperaturschwankungen hervorgerufen. Auch zu dunkler Stand ist nachteilig.

Huernia

Sehr nahe mit den Aasblumen (Stapelia) ist die zur gleichen Familie (Seidenpflanzengewächse oder Asclepiadaceae) gehörende Gattung *Huernia* verwandt. Sie kommt in rund 60 Arten fast ausschließlich in Afrika vor. Die Blüten ähneln denen von Stapelien, doch während diese fünf Zipfel aufweisen, besitzen die Huernien nochmals fünf kleine Zipfelchen in den Buchten.
Huernien sind meist nur in Sammlungen vertreten, doch gibt es einige recht leicht gedeihende und sicher blühende Arten, so daß sie von weniger erfahrenen Pflanzenfreunden vielleicht den Stapelien vorzuziehen sind. Die Blüten einiger Arten weisen wie Aasblumen einen deutlichen Geruch nach Fäkalien auf, was unsere Freude an ihnen ein wenig trübt. Die Pflege entspricht weitgehend der von Stapelien, doch sollte die Überwinterungstemperatur mit 15 bis 20 °C etwas höher liegen. Durch gelegentliche Wassergaben verhindern wir das Schrumpfen der Sprosse im Winter.

Hydrangea, Hortensien

Aus dem Osten Asiens stammen die Vorfahren unserer Zimmerhortensien (*Hydrangea macrophylla*). Aus Japan wurden am Ende des 18. Jahrhunderts bereits Kulturformen zunächst nach England eingeführt. Seit dieser Zeit haben viele Züchter an diesem Steinbrechgewächs (Saxifragaceae) gearbeitet und viele Sorten herausgebracht. Die modernen Hortensien besitzen Doldenrispen mit ausschließlich Schaublüten. Diese sind steril, verkümmert, während sich die Kelchblätter vergrößert haben und oft lebhaft gefärbt sind, also die Funktion der Blütenblätter übernehmen. Wegen dieser auffälligen, großen Blüten sind Hortensien sehr beliebt und werden jährlich in großen Mengen vom Gärtner herangezogen.
Dabei sind sie eigentlich als Zimmerpflanzen wenig geeignet – nicht nur wegen ihrer Größe. Sie wollen einen luftigen, nicht zu warmen Platz, müssen eben frostfrei den Winter überdauern und gehen bald ein, wenn sie ständig mit kalkhaltigem Wasser gegossen werden. Nach dem Verblühen landen viele Hortensien im Garten. Dort fristen sie oft ein kümmerliches Dasein und blühen fast nie, weil die Blütenknospen erfrieren. Nur wenige Sorten wie 'Bodensee' eignen sich für den ganzjährigen Freilandaufenthalt an geschützter Stelle, vorausgesetzt, man kann einen sauren, also kalkarmen Boden bieten.
Eine Besonderheit der Hortensien sei noch erwähnt: Durch besondere Maßnahmen lassen sich die roten Blüten mancher Sorten in blaue verwandeln. Dazu muß die Erde besonders sauer sein und pflanzenverfügbares Aluminium enthalten.
Licht: Heller Platz, während der Mittagsstunden vor Sonne geschützt. Nach dem Blattabwurf Überwinterung auch im Dunkeln.
Temperatur: Möglichst nicht über 20 °C. Im Winter mindestens für 8 Wochen bei 5 bis 8 °C halten. Ab Januar/Februar wieder wärmer stellen, doch möglichst nicht über 18 bis 20 °C. Nun entwickeln sich die Blätter und Blüten.
Substrat: Saure Erde, wie sie zum Beispiel als „Azaleenerde" angeboten wird; pH um 5,5. Für blaue Sorten pH 3,5 bis 4,5.
Feuchtigkeit: Hortensien brauchen viel Wasser, so daß man im Sommer manchmal zweimal täglich gießen muß. Kein kalkhaltiges Wasser, sondern nur Regenwasser oder enthärtetes Leitungswasser verwenden! Auch überwinternde Pflanzen gelegentlich gießen, so daß die Erde nie völlig austrocknet.
Düngen: Nach dem Überwintern ein- bis zweimal wöchentlich mit Dünger – am besten Hydrodünger – gießen. Im September einstellen.
Umpflanzen: Alle 1 bis 2 Jahre im Frühjahr.
Vermehren: Im Februar/März geschnittene Kopfstecklinge bewurzeln leicht schon bei 16 bis 18 °C Bodentemperatur. Nach dem Anwachsen stutzen.
Pflanzenschutz: Besonders die Knospen sind bei feuchter Überwinterung anfällig gegen Grauschimmel (*Botrytis*). Dagegen hilft nur luftiger Stand und mehrmaliges Spritzen mit Mitteln wie Ronilan.

Huernia hislopii

Hydrangea macrophylla, links Didymochlaena truncatula, rechts Pteris cretica 'Parkeri'

Besonderheiten: Bei blau zu färbenden Sorten der Erde 4 g Kalialaun beimischen. Kalialaun enthält das notwendige Aluminium und ist im Gartenfachhandel erhältlich. Später müssen Pflanzen noch zweimal je 2 bis 3 g Alaun je Topf erhalten. Zum Blaufärben eignen sich nur bestimmte rosablühende Sorten.

Hymenocallis, „Ismene", Schönhäutchen

Ein regelmäßig angebotenes Zwiebelgewächs, das sich sowohl für die Topf- als auch die Freilandkultur im Garten anbietet, ist *Hymenocallis narcissiflora*. Gelegentlich taucht sie noch unter dem alten Namen *Ismene calathina* auf. Dieses in den Andenregionen Perus und Boliviens beheimatete Amaryllisgewächs gelangte bereits 1794 in die gärtnerische Kultur, hat aber nie Bedeutung erlangen können. Dabei sind die weißen, duftenden Blüten überaus reizvoll. Die Zwiebel wird ähnlich groß wie die des Rittersterns *(Hippeastrum)* und beansprucht einen großen Topf von etwa 15 cm. Nach der Blüte pflanzt man das Schönhäutchen am besten in den Garten aus, da die amaryllisähnlichen Blätter keinen großen Zierwert besitzen.
Während *Hymenocallis narcissiflora* im Winter ruht, will *H. speciosa* ganzjährig gegossen und warm gehalten werden. Leider findet man nur selten Zwiebeln dieses Bewohners Westindiens, der ebenfalls wegen seiner weißen, stark nach Vanille duftenden Blüten gefällt.

Licht: Sehr hell, auch sonnig.
Temperatur: Die Zwiebeln von *H. narcissiflora* bei 10 bis 15 °C trocken aufbewahren. Ab Februar eintopfen und bei nicht allzu hohen Temperaturen antreiben. Keinesfalls über 18 °C, weil die Pflanze sonst – besonders am weniger hellen Standort – lang und häßlich wird. Nach der Blüte im Juni in den Garten pflanzen, im Oktober Zwiebel ernten. *H. speciosa* steht dagegen ganzjährig nicht unter 20 °C.
Substrat: Übliche Fertigsubstrate wie Einheitserde oder TKS; pH um 6.
Feuchtigkeit: *Hymenocallis narcissiflora* von Oktober bis Februar trocken aufbewahren. Ansonsten ständig feucht halten.
Düngen: Von Frühjahr bis Herbst wöchentlich mit Blumendünger gießen; im Winter nur alle 4 Wochen mit Ausnahme der Arten, die eine Trockenruhe halten.
Umpflanzen: *H. speciosa* gedeiht am besten ausgepflanzt in einem größeren Trog. Sie braucht dann nur alle 2 bis 3 Jahre umgepflanzt zu werden.
Vermehren: Beim Umpflanzen Nebenzwiebeln abtrennen.
Pflanzenschutz: Es empfiehlt sich, die Zwiebeln von *H. narcissiflora* genau wie *Hippeastrum* vor dem Eintopfen in eine Grünkupferlösung zu tauchen.

Hypoestes

Eine Topfpflanze mit bemerkenswerter Blattzeichnung wird mit dem fürchterlichen deutschen Namen „Buntfleckige Hüllenklaue" belegt. Wen wundert es, daß dieser Name so unbekannt ist wie die botanische Bezeichnung *Hypoestes phyllostachya*? Viel charmanter klingen da die amerikanischen Bezeichnungen „Rosa Pünktchen" (Pink-Dot) oder „Sommersprossengesicht" (Freckle-Face). In den USA ist *Hypoestes* auch viel populärer als bei uns.
Alle Namen lassen Rückschlüsse auf das Aussehen zu: Die gegenständigen Blätter dieses bis 1 m hoch werdenden Halbstrauchs sind auf dunkelgrünem Grund mit rosafarbenen Tupfen bedeckt. Bei einigen neuen Sorten sind die Tupfen so ausgebreitet, daß sie fast die gesamte Blattfläche bedecken. In Kultur läßt man die Pflanzen nicht so groß werden. Sie sehen dann nicht mehr so schön aus, wirken sparrig, die Blattfärbung verliert an Intensität. Darum ist es am besten, möglichst jährlich Jungpflanzen heranzuziehen. Die kleinen, einzeln in den Blattachseln erscheinenden blaßblauen Blütchen sind keine besondere Zierde. Obwohl die Gattung *Hypoestes* mehr als 40 Arten umfaßt, findet man nur die madegassische *H. phyllostachya* in Kultur. Allerdings wird sie häufig falsch bezeichnet, nämlich als *H. sanguinolenta* und *H. taeniata*. Das sind andere, nicht kultivierte Arten.
Will man dieses hübsche Akanthusgewächs erfolgreich pflegen, sind nicht zu niedrige Temperaturen und eine hohe Luftfeuchte unerläßlich. Die besten Ergebnisse wird man im geschlossenen Blumenfenster und in der Vitrine erzielen. Auch größere Flaschengärten sind geeignete Kulturräume. In milden Gebieten der Bundesrepublik lassen sich *Hypoestes phyllostachya* wie die Sommerblumen während der warmen Jahreszeit

Hymenocallis narcissiflora

Hypoestes phyllostachya 'Pink Dot'

erfolgreich im Freien halten. In ungünstigen Jahren schlägt der Versuch fehl.
Licht: Hell bis halbschattig. Keine direkte Sonne! An zu schattigen Plätzen verblaßt die Blattfärbung.
Temperatur: Zimmertemperatur oder wärmer; auch im Winter nicht unter 18 °C. „Kalte Füße" bewirken Wurzelfäule und Blattfall.
Substrat: Torfsubstrate wie Einheitserde und TKS; pH 5 bis 6.
Feuchtigkeit: Stets mäßig feucht halten. Luftfeuchte möglichst nicht unter 60%.
Düngen: Von Frühjahr bis Herbst wöchentlich, im Winter alle 2 bis 3 Wochen mit Blumendünger gießen.
Umpflanzen: In der Regel jährlich. Bei jährlichen Nachzuchten erübrigt es sich.
Vermehren: Kopfstecklinge bei Bodentemperaturen über 20 °C bewurzeln. Nach dem Bewurzeln zur besseren Verzweigung stutzen. Ist frischer Samen erhältlich, keimt dieser rasch bei Temperaturen von mindestens 20 °C.

Impatiens, Fleißiges Lieschen

Wer kennt es nicht, das Fleißige Lieschen? Seitdem es Ende des vorigen Jahrhunderts aus dem tropischen Afrika eingeführt wurde, hat es einen bemerkenswerten Siegeszug angetreten. Schon bald gehörte es zu den beliebtesten und dankbarsten Zimmerpflanzen. In den letzten Jahren entstanden robuste niedrigbleibende Sorten, die es bald zu einer der wichtigsten Beetpflanzen im Garten und Park machten. Kaum eine andere Pflanze dürfte es dem Fleißigen Lieschen gleichtun. Aber mit *Impatiens walleriana* (syn. *I. holstii*, *I. sultani*) kennen wir nur eine Art von rund 600 dieser Gattung.

Vorwiegend als Sommerblume begegnet uns heute die höher werdende Balsamine *(I. balsamina)*. Sie erreicht allerdings nicht die gleiche Höhe wie *I. olivieri*, nämlich 3 m. Diese Kalthauspflanze mit den zartvioletten Blüten finden wir leider nur in botanischen Gärten.

Genauso hoch wird *I. glandulifera*, eine bemerkenswerte Pflanze aus dem Himalaya, die inzwischen in vielen anderen Ländern, so auch in der Bundesrepublik und den USA heimisch wurde. Wer sie zum ersten Mal in der Natur antrifft, ist von diesem gewaltigen, rosablühenden Springkraut überrascht. Es paßt allerdings mehr in den Garten als ins Wohnzimmer.

Ganz anders *I. repens*, eine kriechende oder überhängende Art mit roten Stengeln, kleinen rundlichen Blättchen und gelben Blüten. Sie verlangt während des ganzen Jahres einen warmen Raum. Das gleiche gilt auch für einige seltene, aber besonders schöne Arten wie *I. niamniamensis*. Mit ihren großen, gelb-rot kontrastierenden Blüten ist sie eine sehr auffällige Erscheinung.

Licht: Hell, nur vor Prallsonne geschützt.
Temperatur: *I. walleriana* gedeiht am besten an einem luftigen, nicht zu warmen Standort. Im Winter genügen 12 bis 15 °C. Auch andere Arten wie *I. olivieri* wollen es nicht wärmer haben. *I. repens* und *I. niamniamensis* sollten dagegen nicht unter 18 °C stehen.
Substrat: Übliche Torfsubstrate wie Einheitserde oder TKS, pH um 6.
Feuchtigkeit: Stets mäßig feucht halten.
Düngen: Wöchentlich mit Blumendünger gießen.
Umpflanzen: In der Regel jährlich im Frühjahr oder Sommer.
Vermehren: Die Pflanzen sind am schönsten, wenn man sie alle 1 bis 2 Jahre neu aus Stecklingen heranzieht. Kopfstecklinge bewurzeln bei Temperaturen um 15 bis 20 °C. Je nach Art oder Sorte kann sich das ein- oder mehrmalige Stutzen nach dem Bewurzeln empfehlen. Auch die Anzucht aus Samen ist möglich. Von *I. walleriana* gibt es viele F_1-Hybriden, die „echt" aus Samen fallen.

Wer Samen ernten will muß bedenken, daß die Pflanzen meist nur nach künstlicher Bestäubung ansetzen. Außerdem muß so früh geerntet oder aber es müssen Vorkehrungen getroffen werden, daß der Samen nicht weggeschleudert wird („Springkraut").

Impatiens-walleriana-Hybride 'Fanfare'

Impatiens-walleriana-Hybride 'Sparkles'

Iresine herbstii

Iresine

Häufig trifft man an den Fenstern der Büros oder Werkstätten Töpfe mit kleinen, kräftig rot gefärbten Kräutern an, die zunächst aufrecht wachsen, bis der dünne Stengel die Last nicht mehr tragen kann und überhängt oder über die Fensterbank kriecht. Es handelt sich um *Iresine herbstii*, ein Amaranthusgewächs aus Südamerika. Die Art kommt in verschiedenen Sorten vor, die sich in Blattform und -zeichnung unterscheiden. Andere der rund 70 Arten dieser Gattung werden kaum einmal kultiviert. Die Tatsache, daß man *Iresine herbstii* am Arbeitsplatz hält, zeigt, wie robust und anspruchslos diese Pflanze ist. Sie wird auch zur Einfassung bunter Sommerblumenbeete in Garten und Park verwendet.

Licht: Hell bis sonnig. Zwar verträgt *Iresine* schattige Plätze, doch verliert sich dort die intensiv rote Blattfärbung.
Temperatur: Luftiger Stand mit Zimmertemperatur, die im Winter bis etwa 15°C absinken kann.
Substrat: Jede übliche Blumenerde.
Feuchtigkeit: Stets mäßig feucht halten. Nur grobe Gießfehler wie Austrocknen lassen oder über längere Zeit stauende Nässe können der Pflanze etwas anhaben.
Düngen: Von Frühjahr bis Herbst wöchentlich, im Winter alle 3 Wochen mit Blumendünger gießen.
Umpflanzen: Erübrigt sich in der Regel, da man am besten jährlich junge Exemplare aus Stecklingen heranzieht, die gleich in den Endtopf kommen.
Vermehren: Stecklinge bewurzeln leicht bei üblicher Zimmertemperatur. Mehrmals stutzen, um die Verzweigung zu fördern.

Ixora

Nicht für jeden Wohnraum können *Ixora*-Arten empfohlen werden. Es sind typische Warmhauspflanzen, die nicht kühl und nicht bei trockener Luft stehen wollen. Wer diese Anforderungen erfüllen kann – am leichtesten im Blumenfenster oder in der Vitrine –, hat einen wunderschönen und reichblühenden Strauch, der alle Mühen lohnt.
Von den rund 400 Arten dieses Krappgewächses (Rubiaceae) hat sich nur *Ixora coccinea* aus Indien als Topfpflanze durchgesetzt. Im nichtblühenden Zustand erinnert der Strauch an ein Zitrusbäumchen. Wenn sich aber im Sommer die herrlichen Blütenstände entwickeln, ist jeder Zweifel ausgeschlossen. Der Blütenstand setzt sich aus vielen leuchtendroten Blütchen zusammen. Im Handel findet man auch einige Sorten mit lachsroten oder orangenen Blüten. Änderungen der Pflegebedingungen führen nicht selten zum Abwurf der Blüten. Auch der Pflanzenaufbau befriedigt nicht immer. Werden Ixoren sparrig, so muß mit der Schere korrigierend eingegriffen werden. Keinesfalls darf man ständig an den Pflanzen herumschneiden, denn Blüten entstehen nur am Ende der Sprosse.
Eine Rarität ist *Ixora borbonica*, eine der schönsten Blattpflanzen, mit gelbgrün-dunkelgrün geflecktem Laub und orangeroter Mittelrippe. Sie will ganzjährig Wärme und hohe Luftfeuchte und ist nur erfahrenen Zimmergärtnern zu empfehlen, zumal man meist auch Jahre nach einem Exemplar „fahnden" muß.

Licht: Hell, doch vor direkter Sonne mit Ausnahme der Wintermonate geschützt.
Temperatur: Zimmertemperatur und wärmer; nicht unter 18°C. Im Winter 15 bis 18°C. *I. borbonica* sollte immer über 18°C stehen. Die Bodentemperatur darf nicht unter die Lufttemperatur absinken.
Substrat: Gedeiht gut in Einheitserde. Ansonsten Mischungen aus Lauberde, Torf und maximal $1/4$ krümeligem Lehm; pH um 5,5.
Feuchtigkeit: Stets mäßig feucht halten. Im Winter sparsamer gießen, doch nicht völlig austrocknen lassen. Die Luftfeuchte sollte nicht unter 50, besser 60% absinken.
Düngen: Von Frühjahr bis Herbst wöchentlich – *I. borbonica* nur alle 2 bis 3 Wochen –, im Winter alle 3 bis 4 Wochen mit Blumendünger gießen.
Umpflanzen: Etwa alle 2 Jahre im Frühjahr oder Sommer.
Vermehren: Kopfstecklinge bewurzeln nur bei hohen Bodentemperaturen über 25°C und hoher Luftfeuchte. *I. coccinea* und Hybriden ein- bis zweimal stutzen, um eine bessere Verzweigung zu erzielen.
Pflanzenschutz: Auf Befall mit Schildläusen kontrollieren und gegebenenfalls mit Malathion spritzen.

Ixora coccinea

Jacaranda, Palisander, „Rosenholzbaum"

Welcher Reisende in subtropische oder tropische Gebiete stand im Frühjahr nicht schon vor den herrlich blau bis blauviolett blühenden Bäumen mit der überreichen Zahl glockenförmiger Blüten und einem Laub, das wegen seiner feinen Fiederblättchen an Farne erinnert? Auf den Kanarischen Inseln zum Beispiel ist *Jacaranda* ein geschätzter Zierbaum. In der Regel handelt es sich um *J. mimosifolia*, deren Name bereits die Ähnlichkeit des – allerdings doppelt gefiederten – Laubs mit dem der Sinnespflanze *(Mimosa pudica)* erkennen läßt. Ursprünglich in den weniger feuchten Gebieten Argentiniens beheimatet, ist *J. mimosifolia* nahezu über alle Länder mit wärmerem Klima verbreitet. Das Holz von *J. mimosifolia* wird wie das von *J. brasiliensis* zu Möbeln verarbeitet, wobei seine dunkle, rötlichbraune Farbe typisch ist. Wer von diesem Nutzholz liefernden, über 15 m hoch werdenden Baum hört, kann sich kaum vorstellen, daß er eine Zimmerpflanze abgeben könnte. Tatsächlich sind es auch nur die Sämlinge, die man so lange halten kann, bis sie zu groß werden. Wegen ihrer hübschen Belaubung sind sie schon als kleine Exemplare attraktiv. Ein Nachteil ist, daß sie im Winter – wohl wegen der niedrigen Lichtintensität – meist Blätter abwerfen und somit verkahlen. Selbst völlig entlaubte Bäumchen treiben jedoch im Frühjahr wieder aus.
Durch Aussaat – im Februar bei etwa 20 bis 25 °C Bodentemperatur – ist für Nachwuchs zu sorgen. Die Pflege entspricht in etwa *Grevillea robusta*, doch sollten sie im Winter nicht unter 15 °C stehen.

Zur Blüte kommen nur große Exemplare von Jacaranda mimosifolia.

Jacobinia carnea

Jacobinia

Zu den schönsten blühenden Akanthusgewächsen gehören die Jacobinien, heute vielfach in die Gattung *Justicia* integriert. Es ist erfreulich, daß sie nun wieder angeboten werden, nachdem sie für eine Weile in Vergessenheit gerieten. Dies gilt besonders für *Jacobinia carnea* (syn. *J. magnifica*, *J. pohliana*) aus Brasilien. Dort wird sie nahezu 2 m hoch. Als Topfpflanze schneiden wir sie immer wieder zurück oder ziehen jährlich Jungpflanzen nach, so daß sie das „Fensterbankformat" nicht überschreitet.
Die gegenständigen, fein behaarten Blätter sind länglicheiförmig und erreichen über 20 cm Länge. Sehr eindrucksvoll ist die endständige Blütenähre mit den grünen Deckblättern und den klebrig-behaarten, fleischfarbenen bis purpurnen Blüten. Leider ist die Haltbarkeit der im Sommer erscheinenden Blüten mit 2 bis 3 Wochen nicht allzu groß. Da die Blütchen auch leicht abfallen, also transportempfindlich sind, haben die Pflanzen trotz ihrer Schönheit nie eine größere Bedeutung erlangen können.
Anders ist es mit *Jacobinia pauciflora* (syn. *J. rizzinii*, *Libonia floribunda*). Sie erfreuten sich schon vor hundert Jahren als Kalthauspflanze großer Beliebtheit. Im Gegensatz zur wärmeliebenden *J. carnea* wäre sie auch trotz der gestiegenen Heizkosten ohne großen Aufwand zu pflegen. *J. pauciflora* ist ein kleiner, kaum höher als 50 cm werdender, reichverzweigter Strauch, der sich im Winter mit vielen aus den Blattachseln einzeln erscheinenden Blütchen schmückt. Die nur gut 2 cm lange röhrige Blüte ist rot, zur Spitze hin gelb gefärbt. Die niedrigen Temperaturansprüche gestatten einen Sommeraufenthalt im Freien.
Licht: *J. carnea* hell, jedoch vor direkter Sonne während der lichtreichen Jahreszeit geschützt. *J. pauciflora* verträgt mehr Sonne und hält im Sommer einen vollsonnigen Freilandplatz aus. An schattigen Plätzen verliert sie den hübschen buschigen Wuchs.
Temperatur: *J. carnea* gedeiht bei Zimmertemperatur bis etwa 25 °C. Im Winter genügen 16 bis 18 °C. *J. pauciflora* steht luftiger und nimmt im Winter mit 10 bis 12 °C vorlieb.
Substrat: Torfhaltige Substrate wie Einheitserde, auch TKS mit etwa $1/4$ krümeligem Lehm; pH 5,5 bis 6,5.
Feuchtigkeit: Stets mäßig feucht halten; auch im Winter nicht austrocknen lassen, sonst sind Blüten- und Blattfall die Folge. Im Sommer hat besonders *J. pauciflora* an sonnigem Platz einen hohen Wasserbedarf. Gegen trockene Luft sind beide Arten empfindlich. Die Luftfeuchte sollte möglichst nicht unter 60 % absinken.
Düngen: Während der Hauptwachstumszeit wöchentlich, ansonsten alle 2 bis 4 Wochen mit Blumendünger gießen.
Umpflanzen: Alle 1 bis 2 Jahre im Frühjahr, *J. pauciflora* nach der Blüte im Januar/Februar.
Vermehren: Kopfstecklinge, die bei *J. pauciflora* noch nicht zu stark verholzt sein sollten, werden ab Februar/März geschnitten und bei etwa 22 °C Bodentemperatur bewurzelt. *J. carnea* muß nach der Bewurzelung mindestens ein- bis zweimal gestutzt werden. *J. pauciflora* verzweigt sich auch von selbst sehr gut.
Besonderheiten: Gärtner behandeln *J. carnea* gelegentlich mit Wuchshemmstoffen (Gartenbau-Cycocel 2 %ig gießen), um kompakte Pflanzen zu erzielen. Nach einiger Zeit setzt das normale Wachstum wieder ein.

Jasminum, Jasmin

Mit dem Jasmin hat man seine Schwierigkeiten: Was im Garten als „Jasmin" verbreitet ist, trägt richtig den Namen Falscher Jasmin und gehört der Gattung *Philadelphus* an. Es sind mannshohe Sträucher mit weißen Blüten. Der einzige wirkliche Jasmin unserer Gärten ist *J. nudiflorum*, der Nacktblütige Jasmin, der im Winter seine Blüten öffnet. Die meterlangen, grünen Triebe hängen über Mauern oder werden an Gerüsten festgebunden. Die Blüten sind bei flüchtiger Betrachtung mit Forsythien zu verwechseln.

Das gleiche Schicksal widerfährt unserem Topfjasmin. Nur wenige, die ihn betrachten, identifizieren ihn, obwohl sein herrlicher Duft ein deutlicher Hinweis ist. Fast immer handelt es sich um *J. officinale*, einen kletternden Strauch mit im Winter abfallenden Fiederblättchen und weißen Blüten, die in einer Scheindolde stehen. Die gegen den Uhrzeigersinn windenden Sprosse ziehen wir entlang eines Klettergerüstes. Ab Juni finden wir blühende Exemplare in den Blumenläden.

Andere sind dagegen selten im Handel, obwohl die rund 300 verschiedene Arten umfassende Gattung noch manch Interessantes zu bieten hätte. Lohnend wären auch andere in China beheimatete wie *J. polyanthum*, das ebenfalls weiße Blüten, aber rosa Knospen trägt und nicht immer das Laub verliert. Reizvoll wären darüber hinaus *J. grandiflorum*, das sehr *J. officinale* ähnelt, oder *J. beesianum* mit rosa Blüten. Sie alle werden ähnlich wie *J. officinale* behandelt. Eine Ausnahme macht das immergrüne *J. sambac*, ein weißblühender, kräftig wachsender Strauch, der ganzjährig warm stehen will. Je nach Wachstumsintensität empfiehlt sich gelegentlich im Frühjahr ein Rückschnitt.

Licht: Hell, doch vor Prallsonne geschützt.
Temperatur: Luftiger Stand; während der warmen Jahreszeit auch ein geschützter Platz im Garten. Im Winter genügen Temperaturen um 5 bis 10 °C (*J. sambac* um 18 °C).
Substrat: Torfsubstrat wie Einheitserde oder TKS, letztere auch mit ¼ krümeligem Lehm; pH um 6.
Feuchtigkeit: Stets mäßig feucht halten; bei kühler Überwinterung mäßig und nur dann gießen, wenn die Erde abgetrocknet ist.
Düngen: Von Frühjahr bis Herbst alle 1 bis 2 Wochen mit Blumendünger gießen.
Umpflanzen: Alle 1 bis 2 Jahre im Frühjahr.
Vermehren: Am besten im späten Frühjahr halbweiche Stecklinge schneiden und bei etwa 20 °C Bodentemperatur und hoher Luftfeuchte bewurzeln. Nach dem Anwachsen stutzen.

Jatropha

Einige Gärtner kamen kürzlich auf die sicher nicht sinnvolle Idee, *Jatropha podagrica* in Hydrotöpfen anzubieten. Diese sukkulente Pflanze aus der Familie der Wolfsmilchgewächse (*Euphorbiaceae*) ist zwar für Sukkulentenfreunde recht interessant, aber für die Hydrokultur – zumindest für den mit Sukkulenten nicht vertrauten – kaum geeignet. *Jatropha podagrica* besitzt einen dicken, flaschenförmigen Stamm und drei- bis fünflappige, große Blätter, die während der winterlichen Ruhezeit abgeworfen werden. Die Blütenstände sind reich verzweigt und auffällig rot gefärbt. Nur selten sieht man andere dieser etwa 125 Arten umfassenden Gattung. Sie sind über weite Teile des Globus verbreitet.

Jatropha podagrica

Licht: Heller Stand; vor direkter Sonne während der Mittagsstunden geschützt.
Temperatur: Zimmertemperatur oder wärmer; im Winter 10 bis 15 °C.
Substrat: Durchlässige, nahrhafte Erde, am besten Mischungen mit Urgesteins- oder Lavagrus; pH um 6.
Feuchtigkeit: Während des Wachstums milde Feuchte des Substrats; erst nach weitgehendem Abtrocknen gießen. Im Winter trocken halten.
Düngen: Von Mai bis September alle 3 Wochen mit Kakteendünger gießen.
Umpflanzen: Alle 1 bis 2 Jahre im Frühjahr oder Sommer.
Vermehren: Von verzweigten Pflanzen lassen sich Stecklinge schneiden. Ansonsten durch Samen, der jedoch nur selten angeboten wird. Die meisten Pflanzen werden importiert.

Kalanchoë,
Flammendes Käthchen, Brutblatt

Eine für den Zimmerpflanzenfreund wichtige Gattung aus der Familie der Dickblattgewächse (Crassulaceae), die rund 125 Arten umfaßt, trägt den Namen *Kalanchoë*. Sie ist vorwiegend in Afrika und auf Madagaskar beheimatet; einige Arten stammen aus Asien. Das Flammende Käthchen (*Kalanchoë blossfeldiana* und von ihr ausgehende Kulturformen) ist eine beliebte Topfpflanze, die jährlich vom Herbst bis

Blattformen verschiedener Jasmin-Arten.

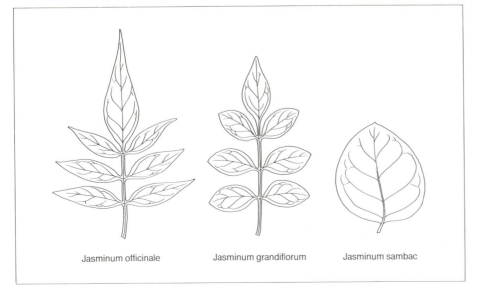

Jasminum officinale Jasminum grandiflorum Jasminum sambac

Kalanchoë porphyrocalyx

Kalanchoë-blossfeldiana-Hybride

Kohleria hirsuta

zum Frühjahr in verschiedenen Sorten angeboten wird. Neben dem Signalrot gibt es violette und cremeweiße Blütenfarben. Großer Beliebtheit erfreuen sich auch die verschiedenen Brutblattarten, die früher der eigenen Gattung *Bryophyllum* angehörten, heute aber zu *Kalanchoë* zählen. Sie bilden an den Blättern kleine Brutpflanzen, die sich schon dort bewurzeln, später zu Boden fallen und gleich anwachsen. Am verbreitetsten ist *Kalanchoë daigremontiana* mit annähernd dreieckigen Blättern. Zu empfehlen ist auch *Kalanchoë tubiflora* mit im Querschnitt fast kreisrundem, braun geflecktem Laub.

Sehr hübsch ist *Kalanchoë tomentosa*, ein kleiner Halbstrauch mit fleischigen, filzig-rauh behaarten Blättern. Zur Spitze hin ist der Blattrand bräunlich behaart, was der Pflanze auch den Namen „Katzenohren" gegeben hat. Daneben werden gelegentlich noch weitere sukkulente Arten angeboten wie zum Beispiel *K. marmorata*, *K. miniata* oder auch die für die Fensterbank zu gewaltige *K. beharensis*. Sie alle sind recht leicht zu pflegende Topfpflanzen, die nicht naß und im Winter nicht zu warm stehen wollen.

Als „Madagaskarglöckchen" wurde in den letzten Jahren eine Pflanze eingeführt mit fleischigen Blättern und relativ großen glockenförmigen Blüten, die rotviolett gefärbt sind, vier gelbe Zipfel aufweisen und zu mehreren in einem Blütenstand im Frühjahr erscheinen. Es handelt sich um *K. porphyrocalyx*, die leider den Nachteil besitzt, nur mit Hilfe von Hemmstoffen wie Alar 85 kompakt zu wachsen. Im Zimmer empfiehlt es sich, sie jährlich im Sommer aus Stecklingen neu heranzuziehen.

Licht: Volle Sonne; auch im Winter so hell wie möglich. Für viele *Kalanchoë*-Arten ist die Dauer der täglichen Belichtung entscheidend für die Blütenbildung. Bei *K. blossfeldiana* und ihren Hybriden darf für rund 1 Monat die Tageslänge 10 Stunden nicht überschreiten; optimal sind 9 Stunden. Auch die Brutblätter verlangen Kurztage, doch müssen zuvor lange Tage über 12 Stunden eingewirkt haben. *K. porphyrocalyx* setzt Blüten an, wenn im Winter für etwa 45 Tage die Tageslänge nicht mehr als 10 Stunden beträgt, wobei die Temperatur etwa bei 14 °C liegen sollte.

Temperatur: Übliche Zimmertemperatur oder wärmer. Im Winter 10 bis 14 °C, *K. blossfeldiana* und ihre Abkömmlinge nicht unter 15 °C.

Substrat: Übliche Fertigsubstrate, bei den stärker sukkulenten Arten mit grobem Sand oder Lavaschlacke gemischt; pH 5,5 bis 6,5.

Feuchtigkeit: Mäßig feucht halten. Auch im Winter nicht gänzlich trocken. Winterblüher wie *K. blossfeldiana* unvermindert weitergießen.

Kalanchoë tubiflora (rechts), links eine Hybride zwischen dieser Art und *K. daigremontiana*

Düngen: Während der Wachstumszeit bis einmal wöchentlich mit Kakteendünger gießen; stark sukkulente, langsam wachsende Arten in größeren Zeitabständen.
Umpflanzen: Jährlich von Frühjahr bis Sommer möglich.
Vermehren: Durch Brutpflanzen oder Kopfstecklinge – Arten mit dickfleischigen Blättern auch durch Blattstecklinge –, die bei Bodentemperaturen über 20 °C leicht wurzeln. Samen, der nach der Aussaat nicht mit Erde abgedeckt wird, keimt bei 20 bis 25 °C.

Kohleria

Ein wenig in Vergessenheit geraten sind die Gesneriengewächse der Gattung *Kohleria*. Von der Mitte bis zum Ende des vorigen Jahrhunderts waren sie sehr populär. Und da sie sich wie viele Gesneriengewächse leicht kreuzen lassen, entstanden unzählige Hybriden. Findet man heute Kohlerien, so handelt es sich fast ausschließlich um solche Kulturformen. Die über 50 Arten sind dagegen in unseren Sammlungen rar. Kohlerien haben viel Ähnlichkeit mit dem Schiefteller *(Achimenes)* und Episcien. An Episcien erinnern die Blüten, doch sind sie größer und auf den Kronzipfeln meist sehr schön gezeichnet. Außerdem blühen sie viel reicher. Die grünen Blätter sind wie der Stengel dicht weich behaart. Die Wuchsform ist mit der des Schieftellers zu vergleichen. Die Sprosse wachsen aufrecht, hängen aber bei vielen Sorten leicht über, weshalb sie besonders schön als Ampeln sind.
Als Bewohner von Höhenlagen in Mittel- und Südamerika haben sie keine so hohen Temperaturansprüche wie etwa Episcien. Ihr unterirdischer schuppiger Sproß sieht genau wie bei *Achimenes* wie ein kleiner Fichtenzapfen aus. Als Unterschied zu *Achimenes* ziehen die *Kohleria* im Winter nicht ein.
Licht: Hell bis halbschattig; vor direkter Sonne geschützt.
Temperatur: Zimmertemperatur oder wärmer, nachts bis auf 18 °C absinkend. Im Winter kann das Thermometer bis etwa 15 °C fallen. Die Bodentemperatur sollte nicht niedriger als die Lufttemperatur liegen.
Substrat: Torfsubstrate wie Einheitserde oder TKS; pH um 5,5.
Feuchtigkeit: Mäßig feucht halten. Im Winter machen die Pflanzen eine leichte Ruhezeit durch, während der sie jedoch nicht einziehen dürfen. Wir gießen sie deshalb gelegentlich. Die Luftfeuchte sollte nicht unter 60 % absinken.

Lachenalia aloides 'Nelsonii'

Düngen: Von Frühjahr bis Herbst alle 2 Wochen mit Blumendünger gießen.
Umpflanzen: Alle 1 bis 2 Jahre am Ende der Ruhezeit im Februar.
Vermehren: Beim Umpflanzen lassen sich die schuppigen Rhizome trennen. Sie treiben in mindestens 20 bis 22 °C warmem Substrat bald aus. Auch Stecklinge – im Sommer geschnitten – lassen sich bei etwa 20 °C Bodentemperatur und feuchter Luft bewurzeln.
Besonderheiten: Am Ende der Ruhezeit im Februar ist ein leichter Rückschnitt möglich.

Lachenalia

Sieht man gelegentlich einmal Lachenalien, dann kommen sie nahezu immer aus Holland. Dort wird dieses Liliengewächs noch angebaut, während man es bei uns offensichtlich vergessen hat. Vor dem zweiten Weltkrieg war dies noch anders. Lachenalien sind es wert, nicht völlig in der Versenkung zu verschwinden. Die rund 50 Arten dieser Gattung stammen aus dem Süden Afrikas. Sie bilden kleine Zwiebelchen, aus denen die lanzettlichen oder riemenförmigen Blätter sowie der bis 25 cm lange Blütenstiel entspringen. Die Blütentrauben erinnern ein wenig an Hyazinthen, sind aber lockerer besetzt und es dominieren wärmere Farben. Blütenstiel und auch Blätter sind bei einigen Arten wie *L. bulbiferum* braunviolett gefleckt. Diese Art wächst leicht überhängend, empfiehlt sich somit als Ampelpflanze.
Die wichtigste Art ist *L. aloides*, meist noch als *L. tricolor* angeboten. Sie ist ein Elternteil vieler Sorten, die vornehmlich in England, in jüngerer Zeit auch in Holland entstanden. Einen Nachteil weisen Lachenalien auf: Sie wollen kühle Plätze und eignen sich weniger für den geheizten Wohnraum. Außerdem sind sie als Afrikaner „Sonnenanbeter". Nach einer sommerlichen Ruhezeit beginnt ihr Wachstum im Herbst.
Licht: Vollsonnig!
Temperatur: Nach dem Eintopfen im August/September stehen die Pflanzen am besten bis Mitte Oktober an einem luftigen Gartenplatz. Danach kommen sie in einen nur schwach geheizten Raum. Im Winter nachts 8 bis 10 °C, keinesfalls über 12 °C; auch tagsüber nicht viel wärmer. Etwa ab Januar ist mit der Blüte zu rechnen. Wenn im späten Frühjahr oder Sommer die Blätter einzuziehen beginnen, schaden höhere Temperaturen nicht. Zwiebeln nicht zu warm lagern.
Substrat: Einheitserde oder TKS mit einem Zusatz krümeligen Lehm; pH um 6.

Laelia purpurata

Feuchtigkeit: Während der Wachstumsphase stets mäßig feucht halten. Am Ende der Ruhezeit nach dem Eintopfen zunächst vorsichtig mit den Wassergaben beginnen.
Düngen: Vom Blattaustrieb bis zum zeitigen Frühjahr alle 2 Wochen mit Blumen- oder Kakteendünger gießen.
Umtopfen: Nach dem Einziehen der Blätter oder am Ende der Ruhezeit aus dem Topf nehmen und jeweils 5 bis 8 Stück in einen 10- bis 12-cm-Topf stecken.
Vermehren: Brutzwiebeln beim Umpflanzen abtrennen. Sie blühen meist schon im zweiten Jahr.

Laelia

Die in Mittel- und Südamerika beheimatete Orchideengattung *Laelia* ist weit weniger bekannt als die nahe verwandte Gattung *Cattleya*. Dabei haben sie soviel Ähnlichkeit, daß sie nur der Fachmann zu unterscheiden vermag. Die Pflege der Laelien entspricht auch weitgehend der der populären Cattleyen. Mit Cattleyen und Vertretern einiger anderer Orchideengattungen wurden Laelien gekreuzt, so daß viele Gattungsbastarde existieren.
Von den über 30 *Laelia*-Arten eignen sich einige für die Pflege im Zimmer, vorausgesetzt, daß die Luftfeuchte nicht allzu niedrig ist, sondern mindestens 60 % aufweist. Arten wie *Laelia anceps*, *L. autumnalis* und *L. perrini* blühen im Herbst oder Winter, zu einer Zeit, in der Sproß und Wurzeln das Wachstum eingestellt haben. *L. pumila*, *L. pupurata* und andere blühen dagegen bereits im Sommer, also noch vor Beginn der Ruhezeit. Alle genannten Arten sind einen Versuch auf der Fensterbank wert. Andere wie *L. crispa* und *L. speciosa* brauchen zum guten Gedeihen ein Gewächshaus oder eine Vitrine. Die vielen Hybriden sind recht leicht zu pflegen, doch werden viele zu groß für die Fensterbank.
Licht: Hell bis halbschattig; keine direkte Sonne.
Temperatur: Während der Wachstumszeit vom Frühjahr bis Herbst Zimmertemperatur bis etwa 25 °C. Während der Ruhezeit bei 18 (tagsüber) bis 14 °C (nachts) aufstellen.
Substrat: Durchlässige Mischung aus Mexifarn und Rindenstücken, auch mit Osmunda; pH 5 bis 5,5.
Feuchtigkeit: Mit dem Beginn des Wachstums der Wurzeln stets für milde Feuchte sorgen. Ab Herbst weniger gießen, es aber nicht zum Schrumpfen der Pseudobulben kommen lassen. Kein hartes Wasser. Luftfeuchte mindestens 60 %.
Düngen: Im Frühjahr und Sommer alle 2 bis 3 Wochen mit Blumendünger in halber Konzentration gießen; manche Arten vertragen auch normale Dosierung.
Umpflanzen: Mit Beginn der Wurzelbildung im Frühjahr, möglichst in größeren Abständen.
Vermehren: Beim Umtopfen Rückstücke mit mindestens drei Pseudobulben abtrennen.

Lampranthus, Eiskraut

Einige Mittagsblumengewächse sind in den Gärten des Mittelmeerraums weit verbreitet und rufen immer wieder die Bewunderung der Touristen hervor. Neben den großblütigen *Carpobrotus*-Arten, die sich ihrer Größe wegen nicht für die Topfkultur anbieten, sind dies vorwiegend Arten der Gattung *Lampranthus*. Bis heute kennen wir rund 160 Arten dieser im Süden Afrikas beheimateten Gattung.
Als „Eiskraut" oder „Eisblume" war *Lampranthus conspicuus*, früher *Mesembryanthemum conspicuum*, weit verbreitet. Die im Winter nur mäßig geheizten Räume bekamen dieser Pflanze hervorragend. Nach einigen Jahren der Vergessenheit wird *Lampranthus conspicuus* heute wieder häufiger – vorwiegend für die Balkonbepflanzung – angeboten. Dafür ist sie gut geeignet, doch lohnt auch die Zimmerkultur. Es sind am Grunde verholzende Pflanzen mit sukkulenten, im Querschnitt dreieckigen Blättern. Die dunkelrosa bis kräftig roten Blüten werden von einer Vielzahl feiner Strahlen gebildet. Sie öffnen sich nur bei Sonne.
Licht: Heller, vollsonniger Platz; auch im Winter viel Licht nötig.

Lampranthus conspicuus

Temperatur: Im Winter kühl halten, etwa bei 5 bis 15 °C. Während dieser Zeit führt Nässe häufig zur Wurzelfäule, besonders dann, wenn die Bodentemperatur unter die Lufttemperatur absinkt. Im Frühjahr und Sommer übliche Zimmertemperatur. Freilandaufenthalt im Sommer empfehlenswert.
Substrat: Durchlässige, aber nahrhafte Erde, zum Beispiel Einheitserde mit ¼ Sand; pH um 6.
Feuchtigkeit: Während des Wachstums stets für milde Feuchtigkeit sorgen. Bei Freilandaufenthalt während Regenperioden vor Nässe schützen. Im Winter bei kühlem Stand vorsichtig gießen, doch Blätter nicht eintrocken lassen.
Düngen: Von Mai bis September alle 14 Tage mit Blumendünger gießen.
Umpflanzen: Jährlich im Frühjahr.
Vermehren: Im Spätsommer Stecklinge schneiden. Noch nicht verholzte, aber nicht mehr weiche Triebe bewurzeln leicht in den gebräuchlichen Vermehrungssubstraten wie Torf mit Sand. Die bewurzelten Stecklinge lassen sich oft leichter überwintern als die Mutterpflanzen.

Ledebouria

Eine kleine, aber sehr reizvolle Blattpflanze ist das Liliengewächs *Ledebouria socialis*, noch bekannter unter dem früheren Namen *Scilla violacea*. Die Pflänzchen werden kaum höher als 15 cm und besitzen oberirdische Zwiebeln, aus denen sich die Blätter emporschieben. Die Zwiebeln sprossen stark, so daß man bald eine ganze Gruppe zusammen hat. Die lanzettlichen Blätter sind auffällig gefärbt. Die Oberseite ist grün-silbrig gefleckt, die Unterseite kräftig violett oder – bei der früher als *Scilla pauciflora* geführten Form – grün. Die grünlichweißen, in Trauben stehenden Blütchen fallen nur wenig auf.

Das Bemerkenswerteste an dieser kleinen Blattpflanze ist die Anspruchslosigkeit im Hinblick auf die Temperatur. *Ledebouria socialis* gedeiht sowohl im kühlen als auch im warmen Zimmer. Ob das Thermometer im Winter bei 10 oder 20 °C steht, ist unerheblich. Nur das Gießen muß darauf abgestimmt sein. Am beschatteten Fensterplatz verliert diese südafrikanische Pflanze ihre Schönheit und wird lang.
Licht: Hell bis sonnig. Sonnenschutz ist in der Regel nicht oder nur während den Mittagsstunden im Sommer erforderlich.
Temperatur: Zimmertemperatur, im Winter bis 10 °C absinkend.
Substrat: Durchlässige Mischungen wie ½ Einheitserde mit ½ Kakteenerde oder ähnliches; pH um 6. Damit keine stauende Nässe aufkommen kann, auch reine Sukkulentensubstrate verwenden.
Feuchtigkeit: Mäßig feucht halten, nie Nässe aufkommen lassen. Dies ist besonders bei kühlem Winterstand gefährlich. Gelegentliches Austrocknen schadet dagegen nicht.
Düngen: Von Frühjahr bis Herbst alle 4 Wochen mit Kakteendünger gießen.
Umtopfen: In der Regel jährlich im Frühjahr oder Sommer.
Vermehren: Beim Umtopfen Brutzwiebeln abtrennen.

Leonotis, Löwenohr

Vor rund 100 Jahren schrieb Carl Salomon, daß das Löwenohr (*Leonotis leonuris*) zu den „fast verschollenen Pflanzen" gehört, die „vor vielen Jahren in keinem Garten fehlten". Nun hat man sich dieses Verschollenen erinnert. Insbesondere mit Hilfe der Wuchshemmstoffe ist es gelungen, aus dem afrikanischen Strauch, der bis 2 m Höhe erreicht, eine ansehnliche Topfpflanze zu schaffen. Allerdings ist das Löwenohr nichts für geheizte Räume. Aus der Beschreibung Salomons geht hervor, daß man früher *Leonotis* im Garten hielt.

Während der frostfreien Jahreszeit stellen wir das Löwenohr am besten an einen geschützten Platz im Freien. Schwieriger wird es im Winter, wenn ein luftiger, kühler und sonniger Stand nötig ist. Ein Wintergarten ist dann gerade richtig. Seinen Namen hat das Löwenohr von den weich behaarten, lanzettlichen, gegenständigen Blättern. Ab September erscheinen an den Triebspitzen in mehreren Scheinquirlen die orangefarbenen, röhrigen Lippenblüten.
Licht: Vollsonnig. Wenn die Pflanzen ins Freie gestellt werden, müssen wir sie zunächst leicht schattieren und an die Sonne gewöhnen.
Temperatur: Von Mai bis September im Garten. Im Winter etwa 5 bis 10 °C.
Substrat: Einheitserde oder TKS mit ⅓ krümeligem Lehm; pH um 6.
Feuchtigkeit: Stets feucht, doch nicht naß halten. Im Winter sparsamer gießen.

Ledebouria socialis

Leonotis leonurus

Düngen: Von Frühjahr bis Herbst wöchentlich, im Winter alle 3 bis 4 Wochen mit Blumendünger gießen.
Umpflanzen: Jährlich im Frühjahr.
Vermehren: Im Frühjahr oder Sommer noch nicht zu sehr verholzte Kopfstecklinge schneiden und bei mindestens 22 °C Bodentemperatur bewurzeln. Nach dem Anwachsen stutzen, um eine gute Verzweigung zu erzielen.
Besonderheiten: Die Gärtner gießen Jungpflanzen mit 1 %iger Gartenbau-Cycocel-Lösung, um das Längenwachstum zu bremsen. Die Wirkung läßt nach einiger Zeit nach, und die Pflanzen beginnen wieder normal zu wachsen. Bislang ist es noch nicht völlig geklärt, ob für einen reichen Blütenansatz Kurztage erforderlich sind und die Pflanzen ähnlich wie *Kalanchoë* verdunkelt werden müssen.

Licuala

Wer einen warmen, nicht zu lufttrockenen Raum, ein großes geschlossenes Blumenfenster oder ein Gewächshaus besitzt, sollte es mit der Palme *Licuala grandis* versuchen. Sie ist bislang viel zu wenig bekannt. Dabei hat sie den Vorzug, langsam zu wachsen und selbst im Alter kaum über 2 m Höhe zu erreichen. Die Blätter machen sie zu einem Schmuckstück jeder Sammlung: sie sind sehr groß, bei alten Exemplaren nahezu 1 m im Durchmesser, annähernd rund und abgesehen von ganz kurzen Einschnitten ungeteilt. Der schlanke Stamm bildet keine Ausläufer. Ihre Heimat sind die Neuen Hebriden, eine Inselgruppe der Südsee. Andere dieser rund 190 Arten umfassenden Gattung haben bislang als Topfpflanze keine Bedeutung erlangt.

Licht: Sonnig, doch auch leichten Schatten ertragend.
Temperatur: Warm; auch im Winter um 20 °C.
Substrat: Einheitserde mit etwa $1/3$ grobem Sand. Man kann hierzu nochmal $1/3$ krümeligen Lehm oder Gartenerde beimischen; pH 6 bis 7.
Feuchtigkeit: Nie austrocknen lassen! Die Pflanzen sollten ständig in einem wassergefüllten Untersetzer stehen. Die Luftfeuchte sollte nicht unter 50 % absinken, sondern möglichst höher liegen.
Düngen: Von Frühjahr bis Herbst wöchentlich, im Winter alle 3 bis 4 Wochen mit Blumendünger gießen.
Umpflanzen: In der Regel alle 2 bis 4 Jahre im Frühjahr oder Sommer.
Vermehren: Aus Samen.
Pflanzenschutz: Regelmäßig auf Spinnmilbenbefall kontrollieren. Diese Schädlinge werden besonders bei zu trockener Luft lästig.

Ligularia

Im Garten zählen Ligularien zu den schönsten und empfehlenswertesten Stauden für feuchte Böden und Gewässerränder. Eine Art bietet sich für die Zimmerkultur an: *Ligularia tussilaginea*, auch noch unter den veralteten Namen *Tussilago japonica* und *Farfugium grande* bekannt. Sie stammt aus dem ostasiatischen Raum und ist in Kultur

Ligularia tussilaginea

vorwiegend in den buntlaubigen Auslesen verbreitet. Allerdings kann inzwischen von Verbreitung kaum mehr die Rede sein. Selten findet man sie in botanischen Gärten, im Angebot der Topfpflanzengärtner sind sie eine Rarität. Wer konnte auch in den vergangenen Jahren dieser Pflanze die gewünschten kühlen Räume bieten, in denen die Temperatur im Winter nicht über 10 °C ansteigt? Ideal stehen sie ausgepflanzt im Wintergarten. Als Topfpflanze verlangen sie nicht zu kleine Gefäße und Teilung zumindest jedes zweite Jahr. Die Pflege entspricht ansonsten der von *Aspidistra*.

Licuala grandis

Liriope

Über die Verwendung der Liliengewächse aus der Gattung *Liriope* ist das wichtigste bei *Ophiopogon* gesagt. Die Sorten von *Liriope muscari* geben ganz attraktive Topfpflanzen ab mit ihren gelb-grün oder weißgrün gezeichneten Blättern. Hinzu kommt der über das Laub herausragende Blütenstand mit den violetten Blütchen. Neben dieser zweifellos wichtigsten Art findet man noch gelegentlich *Liriope spicata*, die sich im Gegensatz zu *L. muscari* stark durch Ausläufer ausbreitet. Außerdem haben die Blätter einen fein gezähnten Blattrand. Insgesamt rechnet man heute etwa fünf Arten zur Gattung *Liriope*, die in Japan, China und Vietnam zu finden sind. Besonders *L. spicata* ist auch für geschützte Gartenplätze zu empfehlen. Ansonsten sind *Liriope* wie *Ophiopogon* zu behandeln, nur daß *L. muscari* etwas höhere Temperaturen verträgt.

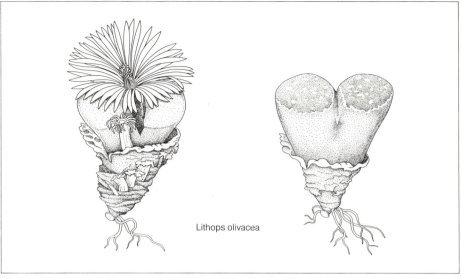

Lithops olivacea

Jährlich bilden die Lebenden Steine neue fleischige Blätter, während die vorjährigen vertrocknen. Die Reste der alten Blätter und Blüten findet man noch am Grund der Pflanzen.

Lithops, Lebende Steine

Wie die *Fenestraria*-Arten sind die Lebenden Steine ein hervorragendes Beispiel dafür, wie sich Pflanzen ihren Standorten anpassen können. Ihre Körper stecken wie die der Fensterblätter weitgehend im Boden, nur die abgeflachten Blattenden schauen hervor. Farbe und Zeichnung ähneln so sehr

Liriope muscari 'Goldstreif'

dem umgebenden Sand und Gestein, daß sie leicht zu übersehen sind. Die zwei Blätter eines Körpers sind bis auf einen Spalt zusammengewachsen, aus dem sich im Sommer oder Herbst die weiße oder gelbe Blüte hervorschiebt.

Eine besondere Zierde ist die Musterung der abgeflachten Blattenden. Sie dient auch zur Unterscheidung der Arten. Allerdings unterschätzte man früher die Variabilität und kam so zu hundert und mehr Arten, während man heute weniger als 40 unterscheidet. Die leichte Anzucht aus Samen hat dazu geführt, daß heute *Lithops*-Samen gemeinsam mit Torfquelltöpfen angeboten werden. In diesem Torftöpfchen keimen sie zwar willig, ihre Lebenserwartung ist jedoch nur beschränkt. Torfquelltöpfe sind ein ausgezeichnetes Hilfsmittel zur Pflanzenvermehrung, für hochsukkulente Arten aber nicht zu empfehlen.

Licht: Sonnig bis hell.
Temperatur: Zimmertemperatur oder wärmer. Im Winter um 10 °C.
Substrat: Wie *Fenestraria*.
Feuchtigkeit: Ab April vorsichtig mit dem Gießen beginnen und dem Wachstum anpassen. Immer erst dann gießen, wenn die Erde völlig abgetrocknet ist. Im November/Dezember Wassergaben zunächst stufenweise einstellen. Zu hohe Wassergaben führen zum Platzen der Körper. Wird während der winterlichen Ruhezeit gegossen, so kommt es zu Fäulnis oder die Blätter schrumpfen nicht, was sie müssen, um den sich neu bildenden Platz zu machen.

Düngen: Nur während deutlichen Wachstums im späten Frühjahr und Sommer gelegentlich mit Kakteendünger in halber Konzentration gießen.
Umpflanzen: In größeren Abständen, am besten vor Ende der Ruhezeit. Keine zu kleinen Töpfe verwenden, die aber nicht sehr tief sein müssen.
Vermehren: Aussaat in Torf-Sand-Gemisch; etwa 20 °C Bodentemperatur einhalten. Nur dünn mit Quarzsand abdecken.

Livistonia

Nicht allzu oft findet man Palmen aus der Gattung *Livistonia* außerhalb botanischer Gärten. Dabei sind es sehr attraktive Pflanzen für Wintergärten oder auch große, helle Wohnräume, in denen während des Winters nicht allzu sehr geheizt wird. Rund 30 Arten sind aus dem tropischen Asien, Indonesien und Australien bekannt. *Livistonia australis* finden wir in Kultur am häufigsten. Diese einstämmige Palme erreicht zwar bis zu 25 m Höhe, doch kann man Sämlinge über einige Jahre hinweg im Zimmer halten. Ihre großen fächerförmigen Blätter sind recht hübsch und können bei alten Exemplaren 2 m im Durchmesser erreichen. In welcher Weise sie sich von den ähnlichen *Chamaerops* und *Trachycarpus* unterscheiden, ist auf Seite 202 und 203 beschrieben.

Als einstämmige, nicht sprossende Palme kann sie nur durch Samen vermehrt werden. Im Winter sind Temperaturen um 10 °C

Livistonia australis

angebracht. Ab Mai stellen wir sie an einen geschützten Platz im Garten, doch sollte sie – zumindest nicht gleich – nicht der prallen Sonne ausgesetzt sein. Ansonsten pflegen wir sie wie *Chamaerops*.

Lobivia

Keine andere Gattung hat neben den Mammillarien in den letzten Jahren unter Kakteenfreunden so viele begeisterte Liebhaber gefunden wie *Lobivia*. Diese artenreiche, vorwiegend aus Bolivien stammende Gattung enthält nicht zu groß werdende, kugelige, erst im Alter sich etwas streckende Pflanzen, die reich blühen und darüber hinaus bemerkenswert große Einzelblüten in Weiß, Gelb oder Rot bilden. Wieviele Arten es gibt, ist noch umstritten, da sie variieren und leicht miteinander bastardieren. Auch im Handel werden viele Hybriden angeboten.
Weit verbreitet ist die variable, cremeweiß bis kräftigrot blühende *L. famatimensis*. Für die Pflege auf der Fensterbank sind Lobivien nur beschränkt geeignet. Es sind Kakteen, die „hart" kultiviert und nicht verweichlicht werden wollen. Dazu gehören viel Luft und Sonne und ein kühler Standort im Winter. Vorteilhaft ist es, Lobivien den Sommer über im Freien – mit Regenschutz – zu halten. Der intensive Lichtgenuß und die Temperaturschwankungen zwischen Tag und Nacht kommen ihnen sehr zugute. Dies äußert sich unter anderem in einer schönen, kräftigen Bedornung.
Licht: Vollsonnig.
Temperatur: Luftiger Platz mit deutlicher nächtlicher Abkühlung. Im Winter um 5 °C.
Substrat: Übliche Kakteenerde mit einem hohen Anteil grober mineralischer Bestandteile wie Lava- oder Urgesteinsgrus, besonders für Arten mit rübenähnlicher Wurzel, zum Beispiel *L. jajoiana*, *L. mistiensis*, *L. pseudocachensis*, *L. pugionacantha*, *L. rebutioides* und *L. wrightiana*; pH um 6.
Feuchtigkeit: Das Wachstum beginnt im Frühjahr, ist im Sommer nur mäßig, am stärksten im Herbst. Entsprechend sind die Wassergaben auszurichten. Kräftig wachsende Pflanzen sind stets mäßig feucht zu halten. Ansonsten immer dann gießen, wenn die Erde abgetrocknet ist. Im Winter etwa ab November völlig trocken halten.
Düngen: Während des Wachstums alle 2 bis 3 Wochen mit Kakteendünger gießen.
Umpflanzen: In der Regel alle 2 Jahre im Winter oder nach der Blüte im Sommer.
Vermehren: Bei sprossenden Arten wie *L. pentlandii* lassen sich kleine „Kügelchen" abtrennen. Ansonsten im späten Frühjahr Samen aussäen, der – ohne mit Erde abgedeckt zu werden – bei 20 bis 25 °C keimt.

Lophophora, Schnapskopfkaktus

Der Schnapskopf (*Lophophora williamsii*), von den Indianern Peyote oder Peyotl genannt, ist nicht gerade der attraktivste Kaktus mit seinem weichfleischigen, flachen, nicht mit Dornen, sondern nur mit feinen Härchen besetzten Körper. Auch die weißen bis rosafarbenen Blüten sind im Vergleich zu anderen Kakteen klein. Was ihn so interessant macht, daß er immer wieder gepflegt wird, sind seine Inhaltsstoffe: Wie der Name Schnapskopf schon andeutet, enthält *Lophophora* berauschende Substanzen,

Lobivia rebutioides

Lophophora williamsii

**Lophophora williamsii,
der Schnapfskopfkaktus**

Lycaste

Sie gehören zu den recht leicht zu pflegenden Orchideen, die Arten der nach der Tochter des Königs Priamus benannten Gattung *Lycaste*, wenn ihre Forderung nach luftigem, kühlem Stand erfüllt werden kann. Und da beginnen in üblichen Wohnräumen die Probleme. Viele der rund 35 *Lycaste*-Arten kommen in Höhenlagen zwischen 1000 und 2000 m in Mittel- und Südamerika vor. In dieser Höhe ist es nicht so heiß, wie man es gemeinhin in diesem Teil der Erde erwartet.
Die verbreiteten Arten wie *Lycaste aromatica*, *L. cruenta* und *L. virginalis* (syn. *L. skinneri*) besitzen annähernd eiförmige Pseudobulben mit zwei bis drei Blättern, die zur Ruhezeit im Winter abgeworfen werden. Von ihnen hat *L. virginalis* die größten Blüten; sie sind bis 12 cm breit und zartpurpur gefärbt mit dunklerer Lippe. Um die Hälfte kleiner sind die gelben Blüten der beiden anderen Arten, die sich ihrerseits gut aufgrund der orangerot gezeichneten Lippe von *L. cruenta* unterscheiden lassen. 30 und mehr Blüten sind bei *L. aromatica* keine Seltenheit, und solche blühenden Pflanzen verströmen einen betörend starken zimtartigen Duft.
Licht: Hell, aber vor direkter Sonne geschützt.
Temperatur: Stets luftiger Stand mit Temperaturen, die auch im Sommer möglichst nicht über 25 °C ansteigen sollten. Im Winter genügen tagsüber 15, nachts 12 °C. Sommeraufenthalt im Freien ist an einem halbschattigen Platz empfehlenswert, wenn vor übermäßigen Niederschlägen und sehr kühlen Nächten Schutz geboten wird.
Substrat: Übliche Mischungen aus Rinde, Mexifarn und Osmunda; pH 5 bis 5,5. Wird – wie gelegentlich empfohlen – Lauberde beigemischt, so muß vorsichtiger gegossen und auf häufigeres Umpflanzen geachtet werden. Gute Dränage auf dem Topfgrund.
Feuchtigkeit: Mit Wachstumsbeginn im Frühjahr stets für milde Feuchte sorgen. Etwa ab Oktober trockener halten. In der Regel zeigt der Blattabwurf die richtige Zeit an. *L. aromatica* hält man im Januar etwa 2 bis 3 Wochen ganz trocken, wenn die Luftfeuchte hoch genug ist. Bei allen *Lycaste*-Arten sollte sie 70 %, besser mehr betragen. Besprühen in den frühen Morgenstunden kann günstig sein. Kein hartes Wasser verwenden.
Düngen: Während des Wachstums alle 2 Wochen, bei Verwendung von Lauberde alle 3 Wochen mit Blumendünger in halber Konzentration gießen.

Lycaste cruenta

Umpflanzen: In der Regel alle 2 bis 3 Jahre, am besten nach Abschluß der Blütezeit. Flache Schalen oder Körbchen verwenden.
Vermehren: Beim Umtopfen unbeblätterte Rückbulben abtrennen, dabei die Wurzeln weitgehend schonen.

Lysimachia, Pfennigkraut

Einheimische Pflanzen sind in der Zimmerkultur selten. Man muß vorsichtig mit Empfehlungen sein, denn mancher Pflanzenfreund ist enttäuscht, wenn sein Pflegling nicht zu jeder Jahreszeit gleich schön aussieht. Trotz allem sei hier das Pfennigkraut *(Lysimachia nummularia)* genannt. Es ist ein Primelgewächs, das mit dünnen Stengeln flach über den Boden kriecht. Die kleinen, gegenständigen Blättchen sind nur kurz gestielt und rundlich bis eiförmig. Ab Mai schmückt sich das Pfennigkraut mit kleinen, dottergelben Blüten.
Wir finden das Pfennigkraut an Gräben, Ufern, in feuchten Wiesen und Feldern. Dies kennzeichnet die Verwendung: *Lysimachia nummularia* ist eine ideale Pflanze für Sumpfgärtchen im kühlen Zimmer. Dort, wo sie wächst, ist immer hohe Feuchtigkeit. Ansonsten sind die Ansprüche gering. Eine kühle Überwinterung ist aber unumgänglich. Selbst während des Winters verliert das Pfennigkraut sein Laub nicht, es sei denn, man setzt es Frosttemperaturen aus.
Licht: Halbschattig bis hell, doch keine direkte Sonne.
Temperatur: Luftiger Stand; im Winter möglichst nicht über 5 bis 8 °C.
Substrat: Keine besonderen Ansprüche; wächst in jeder Erde.

vornehmlich das Mescalin, das ähnlich wie LSD wirkt. Die Indianer Mexikos wußten diese Droge zu nutzen. Sie trennten den flachen Körper von der Rübenwurzel ab, aus der sich der Kaktus regenerieren kann. Wer bei uns auf die haluzinogene Wirkung der Pflanze spekuliert, wird enttäuscht, denn die Konzentration der Wirkstoffe ist in unseren lichtarmen Breiten nur gering.
Licht: Vollsonnig.
Temperatur: Warmer, luftiger Platz; im Winter um 10 °C.
Substrat: Kakteenerde mit vielen groben mineralischen Bestandteilen wie Lava- oder Urgesteinsgrus.
Feuchtigkeit: Immer erst gießen, wenn die Erde fast völlig abgetrocknet ist. Im Winter ganz trocken halten.
Düngen: Bei deutlichem Wachstum alle 2 bis 3 Wochen mit Kakteendünger gießen.
Umpflanzen: Alle 2 bis 3 Jahre im Frühjahr oder Sommer.
Vermehren: Durch Aussaat, soweit Samen erhältlich ist. In der Regel beginnen erst ältere Pflanzen zu sprossen, so daß die Anzucht aus Kindeln unergiebig ist. Außerdem lassen sich die Kindel nicht leicht abtrennen.

Lysimachia nummularia

Feuchtigkeit: Stets feuchte Erde erforderlich! Niemals darf das Substrat austrocknen.
Düngen: Von Frühjahr bis Herbst alle 2 bis 4 Wochen mit Blumendünger gießen.
Umpflanzen: In der Regel nur bei der Neugestaltung des Sumpfgärtchens erforderlich.
Vermehren: Die langen Stiele lassen sich im Frühjahr oder Sommer abtrennen und wurzeln leicht in stets feuchter Erde.
Besonderheiten: In Gegenden mit hoher Luftfeuchte ist *Lysimachia* auch einen Versuch als Balkon- oder Trogpflanze wert.

Mammillaria

Gäbe es nur diese Gattung, Kakteen wären kaum weniger populär geworden. Bei einer Fülle von über 200 Arten ist dies verständlich. Von Kalifornien bis Kolumbien einschließlich der Mittelamerika vorgelagerten Inseln erstreckt sich ihr Verbreitungsgebiet mit Schwerpunkt in Mexiko. Ein Merkmal gab diesen Pflanzen ihren Namen: Die Rippen sind in einzelne Wärzchen = Mamillen aufgelöst. Bei der Erstbeschreibung rutschte fälschlich ein drittes „m" in den Namen, so daß wir heute bei *Mammillaria* bleiben müssen.

Mammillarien hätten nicht diese Beliebtheit erreicht, wenn sie nicht schön und leicht zu pflegen wären. Sie werden nicht allzu groß, so daß man auch auf beschränktem Raum eine stattliche Sammlung aufbauen kann. Die Pflanzenkörper sind meist kugelrund, bei manchen Arten auch zu kleinen Säulen verlängert. Die Dornen geben wichtige Hinweise auf die Pflege: Sind die Körper nur unvollkommen mit Dornen bedeckt, so daß viel von der grünen Oberhaut zu sehen ist, dann schätzen die Pflanzen keine direkte Sonneneinstrahlung besonders während der Mittagsstunden. Pflanzen, die mit einem dichten Dorn- und/oder Wollkleid bedeckt sind, wollen dagegen in der vollen Sonne stehen. Diese dicht und oft sehr schön regelmäßig bedornten Mammillarien sind auch im nichtblühenden Zustand reizvoll.

Die Blüten der Mammillarien sind nicht allzu groß, erscheinen aber in reicher Zahl in einem Kranz rings um die Pflanze. Sie entstehen nicht auf den Areolen, sondern in den Axillen genannten Furchen zwischen den Wärzchen. Es gibt einige Arten, die nur wenige, aber große Blüten ausbilden. Dies ist in der Regel ein Indiz dafür, daß es sich um etwas empfindlichere, wärmebedürftige Arten handelt. Ein Beispiel dafür ist *M. guelzowiana* mit ihren bis zu 80 Randdornen je Areole. Die Herkunft der Pflanzen gibt uns ähnliche Hinweise. Als wärmebedürftig gelten Mammillarien aus Niederkalifornien, zum Beispiel *M. armillata, M. dawsonii, M. goodridgii, M. louisae* und *M. schumannii*, sowie aus der Sonora-Wüste, wie *M. boolii, M. goldii* und *M. microcarpa*. Doch diese Pflanzen sind nur in Sammlungen und Spezialitätenbetrieben, nicht aber im Blumeneinzelhandel vertreten. Die dort erhältlichen Mammillarien zählen stets zu den robusten.

Blühende Mammillarien kann man nahezu das ganze Jahr über haben. Die meisten blühen vom Frühjahr bis zum Herbst, aber noch im Winter öffnen einzelne ihre Blüten. Solche Pflanzen sollte man nicht völlig trocken halten, obwohl ihnen das offensichtlich nicht schadet.

Die verbreitetste Art, *M. zeilmanniana*, blüht nahezu pünktlich zum Muttertag, was ihr den Namen Muttertagskaktus eingetragen hat. Während die Blüten bald vergehen, halten die Früchte mancher Arten wie *M. parkinsonii* und *M. prolifera* lange an der Pflanze und wirken sehr zierend.

Eine Besonderheit der Mammillarien sei noch erwähnt: Der kugelige Körper einiger Arten, wie *M. crucigera, M. parkinsonii, M. perbella, M. pseudoperbella* und *M. rhodan-*

Mammillaria elegans

tha, beginnt sich plötzlich am Scheitel zu teilen. Die Pflanze wächst fortan mit zwei „Köpfen" und kann sich sogar noch weiter teilen. Man spricht von einem dichotomen Wuchs. Dies ist keine krankhafte Entwicklung, sondern die Normalität bei diesen Arten.

Licht: Dicht bedornte und wollige Mammillarien vollsonnig, die „grünen" bei intensiver Einstrahlung leicht schattieren. Der helle, sonnige Winterstand hat wesentlichen Einfluß auf die Blühwilligkeit der Frühjahrsblüher wie *M. bombycina*, ist weniger wichtig bei Sommer- und Herbstblühern wie *M. hidalensis* und *M. rhodantha*.
Temperatur: Warmer aber luftiger Stand. Im Winter 5 bis 10 °C, wärmebedürftige Arten um 15 °C.
Substrat: Übliche Kakteenerde, die bei den feinwurzeligen Arten, die die Mehrzahl stellen, bis zu 50% Einheitserde, bei den Rübenwurzlern wie *M. napina*, *M. pennispinosa*, *M. schiedeana* und *M. theresae* zu $2/3$ grobe mineralische Bestandteile wie Lava- oder Urgesteinsgrus enthalten sollte; pH um 6.
Feuchtigkeit: Während des Wachstums, in der Regel von März/April bis September/Oktober, mäßig feucht halten. Dicht bedornte und wollige Arten sind in der Regel sparsamer zu gießen, zumal sie oft im Sommer eine Wachstumsruhe einlegen. Im Winter völlig trocken halten mit Ausnahme der Pflanzen, die zu blühen beginnen. Diese nur wenig gießen.
Umpflanzen: In der Regel alle 2 Jahre im Winter, Frühjahr oder Sommer, jedoch nicht während der Blüte.
Vermehren: Sprossende Arten wie *M. zeilmanniana* lassen sich leicht durch Kindel vermehren. Bei den anderen Aussaat (20 bis 25 °C), soweit Samen erhältlich. Eine Besonderheit gibt es bei den Arten mit großen, langen Mamillen wie *M. longimamma*. Die einzelnen Warzen können mit einer Rasierklinge oder einem scharfen Messer abgetrennt und nach dem Antrocknen der Schnittfläche bei Bodentemperaturen über 20 °C bewurzelt werden.

Mandevilla, „Dipladenie"

Bisher waren diese Pflanzen bei uns unter dem Namen *Dipladenia* verbreitet, doch rechnet man sie heute zur Gattung *Mandevilla*. Sie gehören zu den Hundsgiftgewächsen (Apocynaceae). Die Gattung umfaßt rund 100 im tropischen Amerika beheimatete Arten. Die Herkunft läßt schon vermuten, daß es keine unproblematischen Zimmerpflanzen sind. Sie stellen hohe Ansprüche an die Temperatur und besonders an die Luftfeuchtigkeit, so daß sie nur für das geschlossene Blumenfenster, die Vitrine oder das Kleingewächshaus zu empfehlen sind.

Im Zimmer kann man sich nur kurz an blühend erworbenen Pflanzen erfreuen. Ein weiteres kommt hinzu: Alle kultivierten Arten und Sorten sind Lianen, die recht lange Triebe entwickeln und ein stattliches Klettergerüst beanspruchen. Die Gärtner behandeln die Pflanzen mit Hemmstoffen, um das Längenwachstum zu bremsen. Die Wirkung läßt aber nach einem halben bis dreiviertel Jahr nach.

Am häufigsten angeboten wird *Mandevilla sanderi* 'Rosea', ein hübscher Schlinger mit hell- oder dunkelrosa Blüten (es gibt zwei Typen), die um 8 cm Durchmesser erreichen, einen gelben Schlund aufweisen und in einer kurzen Traube stehen. Daneben findet man nur selten andere Arten, gelegentlich aber andere Sorten wie 'Rubiniana' oder 'Amoena', die alle aus Kreuzungen von *M. splendens* mit anderen entstanden.

Licht: Alle wollen einen hellen, aber vor direkter Sonne geschützten Platz.
Temperatur: Sie gedeihen bei üblicher Zimmertemperatur um 21 °C. Im Winter ist eine geringere Wärme zwischen 13 und 18 °C angebracht. Die niedrige Temperatur empfiehlt sich nur, wenn die Bodentemperatur gleich hoch, besser um etwa 2 °C höher liegt.
Substrat: Torfsubstrate wie Einheitserde oder TKS. Wichtig ist eine saure Bodenreaktion zwischen pH 4 und 5,5.
Feuchtigkeit: Während des Wachstums kontinuierlich für Feuchtigkeit, jedoch nicht für Nässe sorgen. Im Winter weniger gießen, aber nie völlig austrocknen lassen.

Mammillaria bombycina

Mandevilla sanderi 'Rosea'

Hohe Luftfeuchte zwischen 60 und 70% ist wichtig!
Düngen: Von März bis September/Oktober alle 2 Wochen mit Blumendünger gießen.
Umpflanzen: Alle 1 bis 2 Jahre im Frühjahr.
Vermehren: Stecklinge mit mindestens einem Blattpaar schneiden und bei 22, besser 25 °C Bodentemperatur und „gespannter" Luft bewurzeln.
Besonderheiten: Lianen am Ende der Ruhezeit zurückschneiden. Um das Längenwachstum zu bremsen, verwenden die Gärtner den Hemmstoff Gartenbau-Cycocel. Aus dem warmen, feuchten Gewächshaus kommende Pflanzen gewöhnen sich nur schwer an die Bedingungen in einem üblichen Wohnraum. Die Freude an solchen Pflanzen währt meist nur kurz.

Maranta

Wie die nahe verwandten *Calathea* kommen die *Maranta*-Arten im tropischen Amerika vor. Etwa 20 Arten sind bis heute bekannt, hinzu kommen einige Auslesen. Eine nicht unbedeutende Nutzpflanze ist *Maranta arundinacea*, deren ursprüngliche Heimat vermutlich auf den Antillen zu suchen ist. Die Knollen liefern ein heute besonders in der Kinderdiät geschätztes Stärkemehl („Sago of St. Vincent"). Ihr Name „Pfeilwurz" deutet auf eine weitere Verwendung hin: *Maranta arundinacea* diente als Mittel gegen die gefürchteten Vergiftungen durch Indianerpfeile.

Auch die als Topfpflanzen genutzten *Maranta* bilden kleine Knöllchen aus, die jedoch nicht zur Bereicherung des Speisezettels zu gebrauchen sind. In der Regel

Maranta leuconeura 'Kerchoveana'

findet man nur eine Art in Kultur, nämlich *M. leuconeura* mit ihren Sorten 'Erythroneura' und 'Kerchoviana'. Für die Pflege im Zimmer empfiehlt sich nur 'Kerchoviana'. Die breitelliptischen Blätter sind smaragdgrün mit dunklen, bräunlichen Flecken. Junge Blätter sind tütenartig zusammengerollt und stehen oft kerzengerade in die Höhe.

Attraktiver, leider auch empfindlicher ist 'Erythroneura'. Das Blatt ist bräunlicholiv mit hellgrünen Aufhellungen entlang der Mittelrippe. Hinzu kommen leuchtendrote Blattadern. Bei dieser Sorte läßt sich gut die Verdickung zwischen Blattstiel und Blattspreite beobachten, an dem – gleich einem Gelenk – die flächige Spreite in jeweils verschiedenem Winkel abknickt. 'Erythroneura' steht – wie auch die hier nicht erwähnten Maranten – am besten im geschlossenen Blumenfenster oder der Vitrine. Die Pflege der Maranten entspricht der von *Calathea*, allerdings können sie im Winter etwas sparsamer gegossen werden, ohne daß die Erde auch nur einmal völlig austrocknen sollte.

Masdevallia

Immer wieder wird versucht, Masdevallien im Zimmer zu halten, doch fast immer scheitert das Experiment mit diesen überaus attraktiven Orchideen. So sehr auch die ungewöhnlichen Blüten dazu verleiten mögen, von der Pflege auf der Fensterbank sei dem Anfänger abgeraten. Die rund 250 Arten dieser Gattung sind Bewohner feuchter, kühler Bergregionen in Mittel- und Südamerika. Meist kommen sie in Höhen über 1000 m, manche sogar in 4000 m Höhe vor. Die Ansprüche solcher Hochgebirgspflanzen sind im Zimmer kaum zu erfüllen. Am ehesten wird man noch mit Arten Erfolg haben, die nicht soweit hinauf klettern, wie *Masdevallia chimaera*, *M. erythrochaete* und *M. strobelii* sowie die wärmeverträglicheren Arten *M. erinacea*, *M. floribunda* und *M. infracta*. Wer die wärmeempfindlichen Masdevallien kultivieren will, kann dies zum Beispiel erfolgreich in einem kühlen Kellerraum mit Kunstlicht tun.

Allen Masdevallien ist der für Orchideen atypische Bau der Blüten gemein. Die Blütenkrone ist fast völlig reduziert, während der Blütenhals zu einem auffälligen Gebilde mit meist langen Zipfeln verwachsen ist. Masdevallien besitzen keine Pseudobulben, aber einen fleischigen Wurzelstock. Sie bilden an ihrem heimatlichen Standort oft dichte Rasen und wollen auch im Topf in Gruppen wachsen.

Licht: Heller bis halbschattiger Platz; keine direkte Sonne.
Temperatur: Ganzjährig luftiger, kühler Standort! Auch im Sommer nicht mehr als 20 °C, wärmeverträgliche Arten bei guter Belüftung bis 25 °C. Im Winter tagsüber 10 bis 14 °C, nachts 8 bis 10 °C. Werden Pflanzen mit ihren Töpfen in mit Sphagnum gefüllte Schalen gestellt, so sorgt die Verdunstung des stets feucht zu haltenden Sphagnums für Abkühlung und Luftfeuchte (s. Seite 22).
Substrat: Übliches durchlässiges Orchideensubstrat aus Mexifarn, Osmunda, Rindenstücken und gegebenenfalls Styromull.
Feuchtigkeit: Keine stauende Nässe! Ganzjährig feucht halten, da keine Ruhezeit, dennoch im Winter sparsamer gießen. Hohe Luftfeuchte über 70 % erforderlich!
Düngen: Im Frühjahr und Sommer alle 2 bis 3 Wochen mit Blumendünger in $1/4$ der üblichen Konzentration.
Umpflanzen: In der Regel erforderlich, wenn sich das Substrat zu stark verdichtet. Beste Zeit ist das Frühjahr.
Vermehren: Beim Umtopfen vorsichtig teilen; dabei nicht stark zerlegen, sondern noch große Gruppen belassen.

Matucana

Auf Peru beschränkt sich das Vorkommen der Kakteengattung *Matucana*. Es sind kugelige oder kurzsäulige Pflanzen, die an recht unterschiedlichen Standorten vorkommen. In großen Höhen von 2000 bis über 3500 m wachsen Arten wie *Matucana crinifera*, *M. haynei*, *M. myriacantha* und

Masdevallia chimaera

M. yanganucensis, die sich durch eine mehr oder weniger dichte Bedornung auszeichnen. Aus tieferen Lagen, wo es wärmer und feuchter ist, stammen die schwach bedornten oder fast kahlen Arten wie *M. bellavistensis*, *M. madisoniorum*, *M. paucicostata* und *M. pajupatii*. Die Blüten der *Matucana*-Arten erscheinen in der Regel am Scheitel und besitzen eine kahle, bis wollige Röhre. Bislang sind die Pflanzen in Sammlungen weniger häufig vertreten als populäre Gattungen. Einige Arten erweisen sich nicht selten als blühfaul, so daß man *Matucana* nur dem erfahrenen Kakteenfreund empfehlen kann. In der angelsächsischen Literatur findet man diese Gattung häufig unter dem Namen *Borzicactus*.

Licht: Kräftig bedornte Arten vollsonnig, die „grünen" verlangen leichten Schutz vor direkter Mittagssonne während der lichtreichen Jahreszeit.

Temperatur: Luftiger Platz. Im Winter „grüne" Arten 10 bis 15 °C, kräftig bedornte 5 bis 10 °C.

Substrat: Mischung aus $2/3$ grobem Sand oder Lavagrus und $1/3$ Einheitserde; pH um 6.

Feuchtigkeit: Dem Wachstum entsprechend von Frühjahr bis Spätherbst gießen, wenn die Erde weitgehend abgetrocknet ist. Im Winter trocken halten.

Düngen: Wenn die Pflanzen deutlich wachsen, alle 2 bis 3 Wochen mit Kakteendünger gießen.

Umpflanzen: In der Regel alle 2 bis 3 Jahre im Winter; Sämlinge häufiger.

Vermehren: Von sprossenden Arten Kindel abtrennen. Ansonsten Aussaat; Samen keimt gut bei Bodentemperatur über 20 °C.

Medinilla

Innerhalb der Familie der Schwarzmundgewächse (Melastomataceae) haben wir mit *Medinilla magnifica* wohl die prächtigste Topfpflanze. Die aus vielen rosafarbenen Einzelblüten bestehenden Rispen hängen über und erreichen bis zu 30 cm Länge. Entwickeln sich an einer Pflanze – was nicht selten der Fall ist – gleichzeitig mehrere Blütenrispen, so ist dies ein herrlicher Anblick. Wer im Frühjahr oder Sommer ein blühendes Exemplar im Blumengeschäft erwerben will, muß für diese Schönheit einen stattlichen Preis zahlen. Doch es lohnt sich.

Nur gilt es zu bedenken, daß *Medinilla magnifica* auf den Philippinen zuhause ist. Wir werden nur dann lange Freude an ihr haben, wenn sie einen warmen Platz und nicht zu trockene Luft vorfindet. Gefällt es ihr, dann müssen wir ihr von Zeit zu Zeit mit der Gartenschere zu Leibe rücken und bis ins alte Holz (oberhalb eines Knotens) zurückschneiden.

Der holzige Stengel ist ähnlich dem Pfaffenhütchen *(Euonymus)* deutlich vierflügelig, hat also an den vier Kanten „Flügel" abstehen. Die Blätter werden bis 30 cm lang und sind derb und ledrig. In ihrer Heimat wächst *Medinilla magnifica* zu einem über 2 m hohen Strauch heran. Aus Holland kommen verschiedene Auslesen, die kompakter bleiben und breitere, kürzere Blätter bilden. Aber die Nachfrage ist noch größer als das Angebot, lassen sich doch Medinillen nicht in großen Mengen schnell heranziehen.

Neben *M. magnifica* haben andere Arten keine Bedeutung, obwohl die Gattung immerhin rund 150 zählt. Nur in botanischen Gärten trifft man auf weitere, ebenfalls hübsche Vertreter. Einige wachsen im Orchideenkörbchen, sind sie doch von zuhause aus Epiphyten. Für die „bodenständigen", strauchförmigen Medinillen wie *M. magnifica* ist das nicht vonnöten.

Temperatur: Warm, von Frühjahr bis Herbst möglichst über 20 °C, bei sonnigem Wetter auch bis 30 °C. Im Winter sollte *Medinilla magnifica* für mindestens 8 Wochen bei 12 bis 15 °C stehen, um sicher zur Blüte zu kommen. Anschließend kann die Temperatur zunächst wieder auf 18 °C an-

Matucana myriacantha

Matucana paucicostata

Medinilla magnifica

steigen. Die Bodentemperatur darf nie unter der Lufttemperatur liegen!
Substrat: Torfsubstrate wie Einheitserde oder TKS, auch gemischt mit maximal $^1/_4$ Styromull; pH um 5,5.
Feuchtigkeit: Stets feucht halten, aber keine Nässe aufkommen lassen. Während der Kühlperiode im Winter nur mäßig gießen, mit Triebbeginn und ansteigender Temperatur häufiger. Luftfeuchte nicht unter 60%! Kann dies im Zimmer nicht geboten werden, ist die Pflege im geschlossenen Blumenfenster oder ähnlichem zu empfehlen.

Düngen: Von Triebbeginn im Frühjahr bis Herbst wöchentlich mit Blumendünger gießen.
Umpflanzen: In der Regel jährlich nach der Blüte.
Vermehren: Stecklinge von noch nicht zu sehr verholzten Trieben schneiden. Wenn möglich, Schnittfläche mit Bewurzelungshormon wie „Wurzelfix" einstäuben. Die Bewurzelung erfolgt in etwa 5 Wochen bei Bodentemperaturen von 25 bis 30 °C und hoher Luftfeuchte.

Miconia

Die Familie der Schwarzmundgewächse (Melastomataceae) bietet ungewöhnlich schöne, leider auch etwas empfindliche Topfpflanzen. In großen Blumenfenstern und Kleingewächshäusern darf *Miconia calvescens* (syn. *M. magnifica*) nicht fehlen. Dieser rund 4 m hoch werdende Strauch aus den Tropen des amerikanischen Kontinents ist eine stattliche Erscheinung. Die bis 60 cm langen Blätter müssen jeden Betrachter begeistern: sie sind samtig dunkelgrün, von weißlichen Adern durchzogen. Wie bei vielen Vertretern dieser Familie ist der Verlauf der Adern interessant. Neben der Mittelrippe ziehen sich zwei Nebenrippen parallel zum Blattrand längs durch das Blatt. Rechtwinkelig dazu stehen die feinen Seitenadern.

Da junge Pflanzen am schönsten sind, wird regelmäßig durch Kopfstecklinge für Nachwuchs gesorgt. Allerdings ist dies nicht jährlich nötig wie bei *Bertolonia* oder *Sonerila*, sondern nur alle 2 bis 3 Jahre. Voraussetzung für die Bewurzelung sind hohe Bodentemperaturen über 25 °C und hohe Luftfeuchte. Nicht wesentlich unterscheiden sich davon die Ansprüche der etablierten Miconien, doch darf die Temperatur bis 20 °C absinken. Somit ist das Zimmer ein ungeeigneter Kulturraum. Die Behandlung der Pflanzen entspricht ansonsten der von Bertolonien.

Microcoelum

Die grazile Gestalt und die geringe Größe haben die *Microcoelum*- oder „Cocospälmchen" zu den beliebtesten Zimmerpalmen werden lassen. Dabei sind sie gar nicht so leicht zu pflegen. Nur in seltenen Fällen gelingt es, Cocospälmchen über viele Jahre hinweg am Leben zu halten. Selbst in den Gewächshäusern botanischer Gärten findet man nicht allzu häufig größere Exemplare. Bei der Pflege im Zimmer macht die zu geringe Luftfeuchte am meisten zu schaffen. Im allgemeinen sollte man zufrieden sein, wenn Cocospälmchen einige Jahre wachsen und gedeihen.

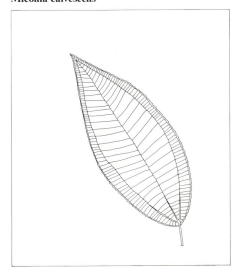

Miconia calvescens

Microcoelum weddelianum

Mit den Kokospalmen haben *Microcoelum*-Arten nichts zu tun, wenn sie auch einige Zeit zur Gattung *Cocos* gerechnet wurden. In Kultur findet man bei uns nur *M. weddelianum* (syn. *M. martianum*, *Cocos weddeliana*). Es ist eine einstämmig wachsende, nur selten 2,50 m Höhe erreichende Art aus dem tropischen Brasilien. Die maximal 1 m langen Wedel sind sehr fein gefiedert. Die zahlreichen dünnen Fiederblättchen machen die Palme zu einer grazilen Erscheinung. In der Regel werden Sämlinge angeboten, die nicht älter als 1 Jahr sind. Um eine bessere Wirkung zu erzielen, setzt man mehrere zusammen in einen Topf. Dies sieht aus, als wäre *M. weddelianum* eine ausläuferbildende Palme, was aber nicht zutrifft.

Licht: Hell, aber vor direkter Sonne besonders während der Mittagsstunden geschützt.
Temperatur: Warm; auch im Winter um 20 °C.
Substrat: Einheitserde oder auch Laub- beziehungsweise Nadelerde, der man $1/3$ groben Sand oder Styromull beimischt; pH 5 bis 6.
Feuchtigkeit: Erde nie austrocknen lassen! Die Luftfeuchte sollte über 60% liegen. Wer regelmäßige Wasserversorgung und hohe Luftfeuchte nicht gewährleisten kann, stelle den Topf in einen mit Wasser gefüllten Untersatz.
Düngen: Von Frühjahr bis Herbst alle 3 Wochen, im Winter alle 6 bis 8 Wochen mit Blumendünger gießen.
Umpflanzen: In der Regel alle 2 Jahre im Frühjahr oder Sommer.
Vermehren: Aussaat (s. Seite 88) ist nur zu empfehlen, wenn eine hohe Bodentemperatur von mindestens 30 °C sichergestellt ist. Der Samen verliert bald seine Keimfähigkeit.

× **Miltassia,** × **Miltonidium**

Aus den Gattungsnamen der Eltern, *Brassia* und *Miltonia*, entstand die Bezeichnung × *Miltassia* für diese Orchideenhybriden. Durch die Verbindung ist der typische Wuchs der Miltonien weitgehend verlorengegangen. Die Sorten bleiben kleiner als

Miltassia (Aztec) 'Everglades Green'

viele *Brassia*; ihre Größe ähnelt mehr den Miltonien, weshalb sie gut auf der Fensterbank unterzubringen sind. Die Pflege entspricht weitgehend den *Brassia*-Arten. Aber ein wenig Erfahrung in der Orchideenkultur empfiehlt sich schon, denn × *Miltassia* erweisen sich als etwas sensibler als die doch recht wüchsigen *Brassia*. Während des Winters verlangen sie keine ausgesprochene Ruhezeit.

Aus der Verbindung der Miltonien mit den Oncidien gingen die × *Miltonidium*-Hybriden hervor. Bei ihnen hat sich die Wuchsform der Oncidien mehr durchgesetzt. Die Blütenrispe ist lang und sparrig, hat also keine „Fensterbank-Maße". Die Einzelblüte tendiert zu den Oncidien, und wie diese sind × *Miltonidium* auch zu pflegen.

Miltonia

Die Orchideen der Gattung *Miltonia* sind ein wenig als „Stiefmütterchen-Orchideen" („Pansy-Orchids") verschrien. Ganz besonders die vielen Hybriden lassen tatsächlich die Grazilität vieler anderer Orchideen vermissen. Die Blüten sind zwar oft lebhaft gefärbt und gezeichnet, aber flach und nahezu rund und erreichen fast die Ausmaße eines kleinen Tellers. Damit ist ein Vergleich mit unseren modernen Stiefmütterchen schon zulässig. Aber daß die Blüten wirkungsvoll sind, das kann ihnen nicht abgestritten werden. Sie finden immer ihre Bewunderer.

Wildarten, von denen es rund 25 gibt, sind zum Teil zierlicher gebaut, etwa *Miltonia flavescens*. Sie sind in Mittel- und Südamerika mit Schwerpunkt Brasilien und Kolumbien verbreitet. Die Herkunft ist für die Pflege entscheidend: brasilianische Miltonien wollen höhere Temperaturen als die kolumbianischen. Die im Handel vorherrschenden Hybriden sind in der Regel wie die „Brasilianer" zu behandeln.

Licht: Miltonien nehmen mit einem halbschattigen Platz vorlieb.

Temperatur: Im Sommer wollen die kolumbianischen Arten wie *M. crispum*, *M. phalaenopsis* und *M. roezlii* nicht zu warm stehen, am besten bei Zimmertemperatur um 21 °C. Auch die anderen Arten und die Hybriden möglichst nicht über 25 °C. Günstig sind, besonders für die erste Gruppe, deutlich kühlere Nächte; für die „Kolumbianer" bis auf 12 °C absinkend. Im Winter „Kolumbianer" bei etwa 16 °C tagsüber und 12 °C nachts, die anderen bei 18 beziehungsweise 16 °C.

Substrat: Übliches Orchideensubstrat aus Mexifarn, Osmunda und Rindenstücken, auch mit Styromull; pH um 5,5.

Feuchtigkeit: Miltonien machen keine strenge Ruhe durch, so daß ganzjährig das Substrat nie völlig austrocknen darf. Dennoch ist im Winter sparsamer zu gießen. Kein hartes Wasser verwenden. Luftfeuchte über 50, besser 60%.

Miltonia (Fritz Wichmann)

Düngen: Im Frühjahr und Sommer alle 2 Wochen mit Blumendünger in halber Konzentration gießen.

Umpflanzen: In möglichst großen Abständen, zum Beispiel wenn das Substrat verdichtet ist. Beste Zeit ist das Frühjahr nach der Blüte oder der Herbst. Nach dem Umpflanzen sehr vorsichtig gießen, damit die feinen Wurzeln nicht faulen.

Vermehren: Teilen beim Umtopfen in nicht zu kleine Gruppen.

Mimosa, Sinnpflanze

Mimosen sind so interessant, daß man sie einmal – zumindest für einige Zeit – im Zimmer halten sollte. Es gibt nicht allzu viele Gewächse, die es ihr gleichtun und sich bewegen können. Das langgestielte Blatt teilt sich in vier Blättchen, von denen jedes wiederum fein gefiedert ist. Reizen wir die Mimose, so klappen zunächst die Fiederchen zusammen. Schließlich knickt der Blattstiel am Sproß nach unten ab. Erst nach 10 bis 30 Minuten erholt sich die Mimose von ihrem „Schreck" und kehrt in die Ausgangsstellung zurück.

Verschiedene Reize lösen die Reaktion aus. Schon eine heftige Erschütterung, etwa durch den Wind, reicht aus. Heftiges Berühren oder Kneifen mit einer Pinzette, ja sogar das Ansengen mit einer Flamme hat die gleiche Wirkung. Nicht nur das malträtierte Blatt klappt zusammen, sondern der Reiz pflanzt sich am Sproß fort. Diese Pflanze konnte keinen passenderen Namen als *Mimosa pudica* (pudicus = schamhaft) beziehungsweise Sinnpflanze erhalten. Im Sommer schmückt sie sich mit ihren kugeligen, rosafarbenen Blütenständen.

Als Bewohner tropischer Gebiete in Amerika verlangt *Mimosa pudica* hohe Temperaturen und eine hohe Luftfeuchtigkeit. Im Wohnraum hält sie deshalb nur beschränkte Zeit aus. Besonders das Überwintern ist schwierig. Außerdem treiben Mimosen nach dem Rückschnitt im Frühjahr nicht leicht wieder durch. Obwohl sie eine verholzende ausdauernde Pflanze ist, behandeln wir sie deshalb wie eine einjährige.

Licht: Hell, bei hoher Luftfeuchte auch sonnig. Schattige Plätze behagen ihr nicht.

Temperatur: Über 20 °C, nachts bis auf 18 °C absinkend. Auch die Bodentemperatur sollte über 18 °C liegen, sonst kommt es leicht zu Wurzelschäden und Chlorose.

Substrat: Übliche Torfsubstrate wie Einheitserde, TKS oder Compo Sana; pH um den Wert 6.

Feuchtigkeit: Stets feucht halten. Die Luftfeuchte sollte nie unter 50, besser 60% absinken.

Mimosa pudica

mehr Sämlinge in einen Endtopf setzen, da *Mimosa pudica* eintriebig wächst und sich – auch nach dem Stutzen – kaum verzweigt.

Monadenium

Viele der im östlichen Afrika verbreiteten rund 46 Arten erinnern an die sukkulenten Euphorbien. Wie diese gehören sie auch zu den Wolfsmilchgewächsen (Euphorbiaceae). Sie bilden fleischige Stämmchen mit meist kleinen, ebenfalls fleischigen Blättern. Es gibt auch Arten mit dicken, rübenförmigen Wurzeln, denen mehrere dünne Stämme entspringen. Arten mit strauchförmigem Wuchs sind für die Zimmerkultur weniger geeignet.
Licht: Heller Stand, auch im Winter.
Temperatur: Zimmertemperatur oder wärmer; im Winter 10 bis 15 °C.
Substrat: Humose, durchlässige Erde, zum Beispiel Einheitserde mit Sand oder Urgesteins- beziehungsweise Lavagrus. Rübenwurzler am besten in reinem Lavagrus kultivieren.
Feuchtigkeit: Stets vorsichtig gießen, im Winter nur sporadisch.

Monadenium coccineum

Düngen: Wöchentlich mit Blumendünger gießen.
Umpflanzen: Erübrigt sich in der Regel bei einjähriger Kultur.
Vermehren: Aussaat etwa ab Anfang März. Die großen Samenkörner keimen leicht bei Bodentemperaturen über 20 °C. Drei oder

Auf Berührung, Erschütterung und selbst das Ansengen mit einer Flamme reagiert Mimosa pudica mit dem Zusammenklappen des Laubs.

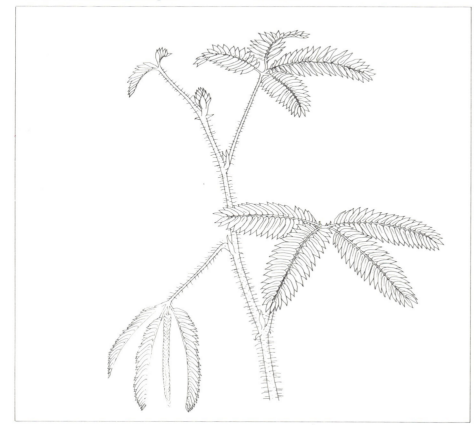

Düngen: Während der Hauptwachstumszeit von Frühjahr bis Herbst alle 1 bis 3 Wochen mit Kakteendünger gießen.
Umpflanzen: Alle 1 bis 2 Jahre im Frühjahr oder Sommer.
Vermehren: Gelegentlich wird Samen angeboten. Ansonsten Stecklinge schneiden.

Monstera, „Zimmerphilodendron", „Fensterblatt"

Neben Gummibaum und Sansevierie ist das Fensterblatt wohl die häufigste Zimmerpflanze. Das verdankt es zweifellos seiner sprichwörtlichen Robustheit. Man muß sich schon recht ungeschickt anstellen, um ein Fensterblatt umzubringen. Es überlebt in einem weiten Temperaturbereich bis hinunter zu 10 °C, doch ist dann mit einer optimalen Entwicklung nicht zu rechnen. Das gilt auch für die Lichtverhältnisse: Noch in dunklen Zimmerecken halten sich *Monstera* jahrelang, wenn sie auch keine Augenweide mehr sind.
Wir sollten bemüht sein, schöne, kräftige Exemplare zu erzielen. Dazu braucht dieser Urwaldbewohner zunächst genügend Wär-

me, aber auch Helligkeit. Bei unserem verbreiteten Fensterblatt handelt es sich um *Monstera deliciosa* aus Mexiko, früher bekannt als *Philodendron pertusum*. Der Name *Philodendron* oder Baumfreund hat sich bis heute erhalten, obwohl ihn eine andere, allerdings nahe verwandte Gattung beansprucht.

Von den Aronstabgewächsen (Araceae) der Gattung *Monstera* sind uns rund 25 Arten bekannt, die alle im tropischen Amerika beheimatet sind. Einige werden dort recht groß und schlingen sich an den Bäumen empor. Auch bei der Zimmerkultur müssen wir den *Monstera* ein Gerüst bieten, an das sie sich anlehnen können. Von ihren sich meterhoch erhebenden Stämmen schicken sie Luftwurzeln herab, um an das Wasser im Boden zu gelangen. Alte Exemplare bilden ganze Vorhänge aus Luftwurzeln. Auch die Topfpflanze verzichtet nicht auf solche Luftwurzeln. Keinesfalls dürfen wir sie abschneiden – obwohl wir damit keinen Schaden anrichten würden –, denn sie gehören zum Charakter dieser Urwaldpflanze. Trifft eine Luftwurzel auf die Erde, bildet sie Saugwurzeln und dient der Ernährung.

Von *Monstera deliciosa* pflegen wir in der Regel die Sorte 'Borsigiana'. Ihre Blätter bleiben schmaler und sind weniger mit „Fenstern" versehen. Übrigens besitzen Sämlinge noch ganzrandige, nicht durchlöcherte oder fiedergelappte Blätter. Doch bereits nach dem vierten oder fünften Blatt können sich die ersten Löcher zeigen. Auch bei dunklem Stand sind Blätter nicht oder nur wenig perforiert.

Wärmebedürftiger als die Art ist die weißgrün panaschierte Sorte 'Variegata'. Sie wächst deulich langsamer. Nur für das geschlossene Blumenfenster oder die Vitrine sind Pflanzen zu empfehlen, die unter den Namen *M. friedrichsthalii* und *M. obliqua* im Handel sind. Ihre Blätter sind wie bei *Monstera deliciosa* perforiert, weisen jedoch immer einen zusammenhängenden Blattrand, also keine Einschnitte auf. Das Blatt bleibt insgesamt kleiner, wird in Kultur kaum länger als 20 cm, während Blätter von ausgewachsenen *M. deliciosa* an 1 m heranreichen.

Auch bei Topfkultur gelingt es, ältere *Monstera deliciosa* zur Blüte zu bringen. Wie bei nahezu allen Aronstabgewächsen ist das Hüll- oder Scheidenblatt das Auffälligste. Es ist reinweiß und bis 20 cm lang. Am Kolben erscheinen nach der Bestäubung violette Beeren, die zwar genießbar sind, jedoch wegen des Gehalts an Calciumoxalatnadeln (Rhaphiden) ein starkes Brennen der Rachenschleimhaut verursachen.

Noch ein Wort zum Namen Fensterblatt. Aus der Beschreibung der Blätter wurde deutlich, wie dieser Begriff entstand. Doch genau wie der Begriff Zimmerphilodendron ist auch Fensterblatt nicht eindeutig, denn den gleichen Namen tragen Arten der Gattung *Fenestraria*.

Licht: Das Fensterblatt will zwar keine direkte Sonne, entwickelt sich aber nur an hellen Plätzen zur vollen Schönheit. Besonders im Winter ist darauf zu achten, daß genügend Licht auf die Pflanzen trifft. Am schönsten werden sie, wenn das Licht nicht nur von einer Seite kommt.

Temperatur: *M. deliciosa* entwickelt sich in der hellen Jahreszeit am besten bei Temperaturen über 21 °C. Im Winter genügen 18 bis 21 °C, doch schaden auch 16 oder kurzfristig gar 12 °C nicht. Allerdings wächst sie bei Werten um 15 °C kaum noch, bei 12 °C gar nicht mehr. Die Bodentemperatur sollte bei so niedrigen Werten auf jeden Fall höher als die Lufttemperatur liegen. *M. obliqua* und *M. friedrichsthalii* immer über 20 °C.

Substrat: Am besten Einheitserde oder ähnliche torfreiche Substrate mit pH um 6.

Feuchtigkeit: Stets feucht, aber nicht naß halten. Möglichst nicht unter 60 % Luftfeuchte.

Düngen: Im allgemeinen genügen Gaben eines Blumendüngers alle 1 bis 2 Wochen, im Winter auch in größeren Abständen.

Umpflanzen: Alle 1 bis 2 Jahre, alte Pflanzen auch seltener im Frühjahr oder Sommer.

Vermehren: Am besten durch Kopfstecklinge. So abschneiden, daß der Steckling möglichst mehrere Luftwurzeln enthält. In die Erde gesteckt, können sie schon bald die Wasserversorgung übernehmen. Die Luftwurzeln dürfen nicht allzu lang sein, denn abknicken soll man sie nicht. Zum Anwachsen empfehlen sich Bodentemperaturen über 22 °C. Auch Abmoosen ist möglich. Frischer Samen keimt bei Bodentemperaturen um 24 °C.

Pflanzenschutz: Die immer wieder zu beobachtenden schwarz werdenden Blattränder sind oft auf Wurzelfäulnis, verursacht durch übermäßiges Gießen, zurückzuführen. Pflanzen trockener halten, bei starken Schäden umtopfen und dabei alle faulen Wurzeln abschneiden oder gar Kopfstecklinge bewurzeln.

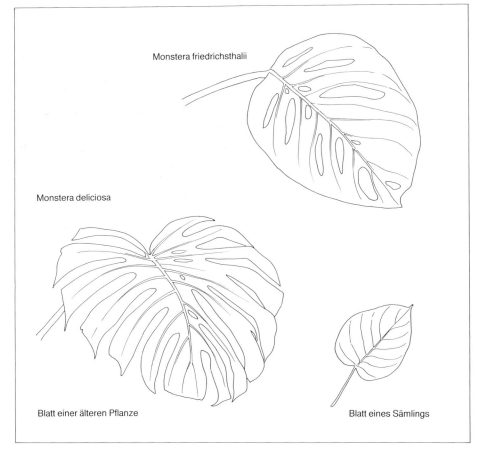

Myrtus,
Gemeine Myrte, Brautmyrte

Zu den ältesten Zimmerpflanzen zählt wohl die Myrte *(Myrtus communis)*. Zunächst hielt man sie in ihrer Heimat in den Ländern um das Mittelmeer wegen ihrer aromatischen Inhaltsstoffe. Einer arabischen Legende nach entstammt sie dem Paradies. Die Griechen weihten sie der Aphrodite. Sie galt als Symbol der Jugend und Schönheit. Bereits die alten Griechen und Römer schmückten die jungfräuliche Braut mit einem Myrtenkranz. Mit dem 16. Jahrhundert wurde dies auch in Deutschland Sitte. Vermutlich fand auf diese Weise die Myrte den Zugang in viele Stuben, denn es war Brauch, aus dem Brautkranz einen Zweig zu bewurzeln und zu pflegen.
Die Zimmerkultur fiel früher in den kaum geheizten Räumen leichter. In der ständig warmen Wohnstube gedeiht die Myrte nicht. Für die Überwinterung suchen wir deshalb den kühlsten, aber frostfreien, hellsten Raum.

Obwohl die Gattung *Myrtus* um die 100 Arten umfaßt, hat sich nur *M. communis* als Topfpflanze durchsetzen können. Es gibt verschiedene Auslesen, die sich in Blattstellung und Blühwilligkeit unterscheiden. Leider werden sie nicht unter diesen Sortennamen angeboten. Bei der Pflege der Myrten muß man sich entscheiden, ob man reichverzweigte, kompakte Pflanzen oder aber blühende, locker gewachsene Exemplare vorzieht. Myrten lassen sich nämlich ähnlich wie Buxbäume kräftig und häufig schneiden. Leider bleibt dann die Blüte aus. Als Kompromiß formiert man die Myrten erst eine Zeit, bevor man sie für mindestens 1 Jahr ungestört wachsen und blühen läßt. Auch zu Hochstämmchen lassen sie sich heranziehen, wenn die Seitentriebe bis zur gewünschten Höhe ausgebrochen werden.
Licht: Hell und sonnig.
Temperatur: Luftiger Platz; ab Mai bis September/Oktober am besten in den Garten stellen. Im Winter um 5 °C.
Substrat: Einheitserde mit $1/3$ grobem Sand oder Mischungen aus $1/4$ Laub- oder Moorerde, $1/4$ Torf, $1/4$ Lehm und die gleiche Menge Sand; pH 5 bis 6.

Myrtus communis

Feuchtigkeit: Bei sonnigem, luftigem Stand braucht die Myrte viel Wasser. Trotz allem ist darauf zu achten, daß keine Nässe aufkommt. Während der kühlen Überwinterung ist besonders vorsichtig zu gießen, denn ansonsten ist bald mit Wurzelschäden und in deren Folge mit Blattfall zu rechnen.

Alte Exemplare des Fensterblatts (Monstera deliciosa) klettern bis hoch in die Halt gewährenden Gehölze. Von oben schicken sie einen dichten Vorhang ihrer Luftwurzeln bis zum Boden.

Düngen: Von Frühjahr bis Herbst wöchentlich mit Blumendünger gießen.
Umpflanzen: Alle 1 bis 2 Jahre – alte Exemplare in größeren Abständen – im Frühjahr.
Vermehren: Ab Mai nicht zu harte Kopfstecklinge schneiden und bei etwa 18 bis 20 °C Bodentemperatur bewurzeln. Nach dem Anwachsen mehrmals stutzen.
Pflanzenschutz: Auf den Befall mit Schildläusen und Weißer Fliege achten. Gegebenenfalls mehrfach mit Präparaten wie Unden flüssig spritzen. Auf stets luftigen Stand achten.

Nautilocalyx

Bislang waren die Gesneriengewächse der Gattung *Nautilocalyx* nur in botanischen Sammlungen vertreten. In jüngster Zeit ist man bei der Suche nach Neuheiten für das Topfpflanzensortiment auf diese Gattung gestoßen. Nun findet man – vornehmlich aus Holland – gelegentlich *Nautilocalyx forgetii* im Blumenhandel. Es sind nicht oder nur wenig verzweigte Pflanzen, die bis 60 cm Höhe erreichen. Der Stengel ist kräftig behaart. Die gewellten Blätter besitzen entlang der Blattadern eine meist rötliche Zeichnung auf hellgrünem Grund. Nur wenig fallen die in Büscheln stehenden, gelblichen, ebenfalls behaarten Blüten auf.

N. forgetii kam aus Peru zu uns. Insgesamt sind bis heute zwölf Arten bekannt geworden, die alle im tropischen Amerika beheimatet sind. Als Topfpflanze für warme Räume sind sie eine Ergänzung des übrigen Sortiments. Bei allzu trockener Zimmerluft gedeihen sie nicht gut, gegebenenfalls läßt man ihnen einen Platz im geschlossenen Blumenfenster zukommen.

Licht: Hell bis halbschattig. Keine direkte Sonne.
Temperatur: Zimmertemperatur oder wärmer. Im Winter nicht unter 18 °C.
Substrat: Übliche Torfsubstrate wie Einheitserde oder TKS; pH um 6.
Feuchtigkeit: Stets mäßig feucht halten.
Düngen: Von Frühjahr bis Herbst alle 1 bis 2 Wochen mit Blumendünger gießen, im Winter nur alle 5 bis 6 Wochen.
Umpflanzen: Jährlich im Frühjahr oder Sommer.
Vermehren: Im Frühjahr oder Sommer Kopfstecklinge bei mindestens 20 °C Bodentemperatur bewurzeln. Jungpflanze stutzen, um eine bessere Verzweigung zu erreichen.

Nematanthus, Bauchblume, Kußmäulchen

„Kußmäulchen" ist ein Name für eine Pflanze, die dem Gärtner als *Hypocyrta glabra* bekannt ist. Die Gattung *Hypocyrta* wurde inzwischen mit den sehr ähnlichen *Nematanthus* zusammengefaßt und trägt nun diesen Namen. Bauchblume klingt weniger freundlich, charakterisiert aber sehr gut die Blüten: Aus dem tief fünfteiligen Kelch schiebt sich eine Blütenröhre hervor, die sich plötzlich zu einem Beutel oder Bauch erweitert. Die Blütenröhre verengt sich dann wieder sehr stark zu einer kleinen Öffnung. Das ähnelt einem gespitzten Mund, und deshalb trifft „Kußmäulchen" genauso gut zu.

Nematanthus glabra ist im Zimmer ausgesprochen leicht zu pflegen. Lediglich im Winter dürfen sie nicht zu warm stehen, um einen reichen Blütenansatz zu erzielen. Während der übrigen Jahreszeit schadet dieser in Brasilien beheimateten Pflanze Wärme nicht. Obwohl diese Gattung über 30 Arten enthält, wird neben *N. glabra* nur selten eine andere angeboten. In jüngster Zeit hat man eine *N.-perianthomegus*-Hybride für die Topfkultur entdeckt. Während *N. glabra* gelbe bis orangefarbene Blüten aufweist, bezaubert *N. perianthomegus* durch eine rotbraune Zeichnung auf gelbem Grund. Die Kelchblätter sind zartorange.

Neben den bauchigen Blüten sei noch auf eine weitere Eigenart dieser Gattung hingewiesen: Die fleischig-ledrigen Blätter sind gegenständig; sie stehen sich als Paar am Stengel gegenüber. Bei manchen Arten ist jeweils ein Blatt dieses Paars kleiner als das andere. Die Stengel wachsen mehr oder weniger aufrecht und hängen mit zunehmender Länge über. Arten wie *N. glabra* sind deshalb auch gut als Ampel zu halten.

Licht: Hell, aber vor direkter Sonne geschützt. In den Wintermonaten auch sonniger Stand. An dunklen Plätzen werden die Stiele lang und häßlich und die Blühfreudigkeit läßt nach. Wie wichtig genügend Licht für die Blütenbildung ist, zeigt sich daran, daß ins Zimmer reichende Zweige keine Blüten tragen.

Nautilocalyx forgetii

Nematanthus-perianthomegus-Hybride

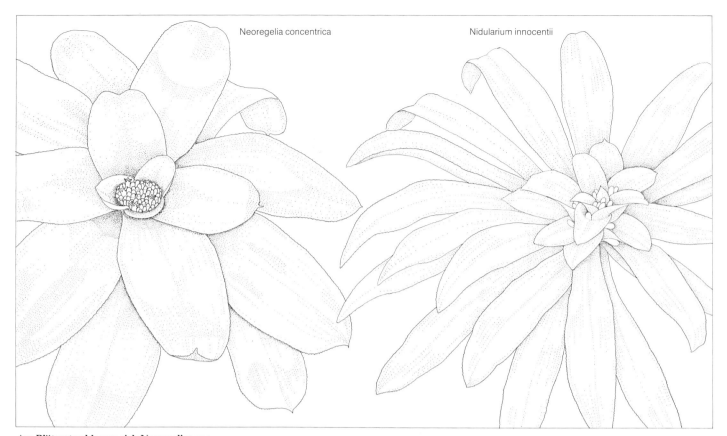

Am Blütenstand lassen sich Neoregelien von Nidularien unterscheiden: Er ist bei Neoregelien einfach, bei Nidularien zusammengesetzt, was an den Hochblättern zwischen den einzelnen Blüten deutlich wird

Temperatur: Zimmertemperatur oder wärmer. Im Winter kühler, etwa 12 bis 15 °C.
Substrat: Übliche Torfsubstrate wie Einheitserde oder TKS; pH um 5 bis 6,5.
Feuchtigkeit: Stets mäßig feucht halten. Auch im Winter nicht austrocknen lassen, jedoch sparsamer gießen. Trockene Zimmerluft schadet ihnen in der Regel nicht.
Düngen: Von Frühjahr bis Herbst alle 1 bis 2 Wochen mit Blumendünger gießen. Im Winter genügen Gaben alle 4 bis 6 Wochen.
Umpflanzen: Alle 1 bis 2 Jahre im Frühjahr oder Sommer.
Vermehren: *Nematanthus* bilden oft schon Wurzelansätze an den Knoten des noch unverholten Stengels. Aber auch ohne solche Adventivwurzeln wachsen noch nicht so harte Stecklinge leicht an, wenn die Bodentemperatur nicht unter 20 °C liegt. Beste Zeit dafür ist im Frühjahr. Zur besseren Verzweigung Stiele ein- bis zweimal stutzen.
Besonderheiten: Zieht man nicht regelmäßig durch Stecklinge junge Pflanzen heran, wird nach der Blüte zurückgeschnitten.

Neoregelia

Neoregelien sind der Beweis dafür, daß eine Pflanze ihren Blütenstand nicht über das Laub erheben muß, um aufzufallen. Diese Ananasgewächse (Bromeliaceae) bilden eine Rosette aus derben Blättern, die häufig so angeordnet sind, daß sie einen mehr oder weniger flachen Teller darstellen. Im Zentrum der Rosette stehen die kleineren, oft lebhaft gefärbten Herzblätter. Sie umgeben den flachen, scheibenförmigen Blütenstand.

Mit Neoregelien nahe verwandt ist die Gattung *Nidularium*. Die Pflanzen haben annähernd die gleiche Gestalt und lassen sich nicht leicht unterscheiden. Aber es gibt doch einige Kennzeichen: Neoregelien bilden den bereits beschriebenen, einfachen, flachen Blütenstand. Auch manche Nidularien haben diesen flachen, sich nicht übers Laub erhebenden Blütenstand, aber er ist nicht einfach, sondern zusammengesetzt. Das heißt, er ist verzweigt, was wir an den einzelnen Hoch- oder Herzblättern zwischen den Blüten erkennen können. Bei nicht blühenden Pflanzen ist die Unterscheidung schon schwerer. Am besten schaut man sich die Blattenden an: sie sind bei Neoregelien meist abgerundet und gehen plötzlich in eine kurze, wie aufgesetzt aussehende Spitze über. Bei Nidularien dagegen verjüngt sich das Blatt langsam und gleichmäßig zur Spitze. Leider ist dieses Merkmal nicht bei allen eindeutig.

Am häufigsten in Kultur ist *Neoregelia carolinae* mit den feuerroten Herzblättern. Bei der Sorte 'Tricolor' ist das Laub gelblichweiß-grün gestreift. Die Einzelblüten sind blauviolett gefärbt. Daneben findet man nur selten einige andere Arten wie *N. concentrica* mit ihrer unwirklich anmutenden blauvioletten Tönung der Herzblätter oder *N. spectabilis* mit rotvioletten Blattspitzen. Alle Neoregelien verlangen eine zumindest mittlere Luftfeuchte, empfehlen sich damit vorwiegend für das geschlossene Blumenfenster oder Gewächshaus. Auf großen Epiphytenstämmen kommen sie besonders gut zur Wirkung.

Neoregelia carolinae 'Tricolor'

Licht: Hell, aber mit Ausnahme der Morgen- und Abendstunden sowie der Wintermonate keine direkte Sonne. An zu schattigen Plätzen färben sich die Blätter nur unbefriedigend.
Temperatur: Warm; im Winter absinkend bis zu etwa 18 °C, doch schadet es nicht, wenn für kurze Zeit das Thermometer bis auf 16 °C fällt. Keine „kalten Füße".
Substrat: Durchlässige Mischung aus Torfsubstraten und Sphagnum oder Styromull. Auch Nadelerde kann zugefügt werden, sofern sie erhältlich ist; pH um 5,5.
Feuchtigkeit: Substrat stets feucht halten, ohne Nässe aufkommen zu lassen. In der Blattrosette sollte immer Wasser stehen. Die Luftfeuchte darf nicht unter 60% absinken.
Düngen: Von Frühjahr bis Herbst alle 1 bis 2 Wochen, im Winter nur alle 4 bis 6 Wochen mit Blumendünger in halber Konzentration gießen.
Umpflanzen: Alle 1 bis 2 Jahre im Frühjahr oder Sommer.
Vermehren: In Kultur setzen die Pflanzen nur nach künstlicher Bestäubung Beeren an. Neoregelien bilden – wenn auch nicht in reicher Zahl – Kindel, die beim Umtopfen abzutrennen sind, sobald sie ein wenig herangewachsen sind.

Nepenthes, Kannenpflanze

Wer über ein großes, ausgebautes Blumenfenster, eine Vitrine oder gar ein Gewächshaus verfügt, sollte einmal die Kultur der interessanten Kannenpflanzen versuchen. Diese insektenfangende Pflanze (Insectivore, auch Carnivore genannt) ist mit rund 70 Arten in feuchtwarmen Gebieten des südlichen Asiens, Australiens und des indomalaiischen Raums, ja sogar auf Madagaskar verbreitet. Es sind eigentümliche ausdauernde Gewächse, die im Boden wurzeln oder epiphytisch leben. Das Bemerkenswerte an ihnen sind die zu Fallen umgebauten Blätter. Der Blattstiel ist zu einer langen Ranke geworden, an deren Ende sich die aus der Blattspreite entstandene Kanne befindet. Ein Deckel verhindert, daß es in die Kanne hineinregnet und den Verdauungssaft verdünnt. Die normale Funktion eines Blattes, die Assimilation, übernimmt der spreitenartig verbreiterte Blattgrund.
Viele Leute warten vergeblich darauf, daß der Kannendeckel herunterklappt, um einem vorwitzigen Insekt den Rückweg abzuschneiden. Doch dazu sind Kannenpflanzen nicht in der Lage. Der Deckel ist zwar bei noch jungen Blättern geschlossen, nach dem Öffnen bleibt er immer in dieser Position. Die Kanne ist so konstruiert, daß dem Insekt ein Entwischen nahezu unmöglich ist.
In Kultur befinden sich neben den Wildarten auch viele Hybriden. Von den teilweise bereits um 1860 entstandenen Sorten sind schon viele wieder verschwunden. Da Kannenpflanzen außergewöhnlich teuer sind, sollte vor dem Kauf genau geprüft werden, ob die erforderlichen Bedingungen geboten werden können. In erster Linie sind hohe Luftfeuchte und Wärme zu nennen. Größere Pflanzen können sogar zur Blüte kommen. Die langen Blütenstände der zweihäusigen Pflanzen – auf einer Pflanze kommen entweder nur männliche oder nur weibliche Blüten vor – können einen höchst unangenehmen Duft verströmen. „Füttern" muß man die Kannenpflanzen übrigens nicht. Fällt einmal ein Insekt in die Falle, so ist es eine zusätzliche, aber nicht lebensnotwendige Stickstoffquelle.
Licht: Hell, aber vor direkter Sonne geschützt. Helligkeit auch im Winter ist wichtig. An halbschattigen Plätzen entstehen nur wenige Kannen.
Temperatur: Zimmertemperatur oder wärmer bis 30 °C. Im Winter tagsüber um 20 bis 25 °C, nachts abkühlend bis auf 18 °C.
Substrat: Ähnlich Orchideensubstrat aus Osmunda, Mexifarn und Sphagnum, auch

Nepenthes-Hybride 'Mizuho'

Nepenthes in einem Kleingewächshaus, umgeben von Marantengewächsen, rosa blühenden Mandevilla, Frauenschuh sowie der schönblättrigen Ardisia malouiana

Orchideenrinde. Etwas Lauberde kann beigefügt werden; pH 5 bis 5,5.
Feuchtigkeit: Stets feucht halten. Austrocknen führt zu erheblichen Schäden! Unbedingt zimmerwarmes Wasser verwenden. Hartes Wasser entsalzen. Hohe Luftfeuchte von mindestens 70 % erforderlich.
Düngen: Von Frühjahr bis Herbst alle 1 bis 2 Wochen mit Blumendünger in halber Konzentration gießen.
Umpflanzen: In der Regel jährlich im späten Frühjahr. Sehr gut wachsen *Nepenthes* in Orchideenkörbchen – besser als in Töpfen, die mindestens 14 cm Durchmesser haben müssen.
Vermehren: In der Regel durch 15 bis 20 cm lange Kopfstecklinge (mit zwei bis drei Augen), die ab Januar geschnitten werden können. Die Bewurzelung erfolgt nur bei hohen Luft- und Bodentemperaturen über 25 °C, ja 30 °C. Die Verwendung eines Bewurzelungshormons empfiehlt sich. Als Vermehrungssubstrat hat sich frisches Sphagnum bewährt.
Schon vor vielen Jahren stülpten die Gärtner die Töpfe um, steckten den Stiel des Stecklings durch das Abzugsloch, stopften den Oberteil des Topfes voll Sphagnum – aber nur so weit, daß die Schnittfläche des Stiels noch unbedeckt war – und stellten alles auf stets feucht zu haltendes Sphagnum. Doch lassen sich auch in reinem Torf, in den man wie sonst üblich steckt, gute Bewurzelungsergebnisse erzielen.
Besonderheiten: Im Frühjahr werden ältere Pflanzen auf wenige Augen zurückgeschnitten, um frische Austriebe mit schönen Kannen zu erhalten. Die schönsten erzielt man jedoch an jungen Pflanzen.

Nephrolepis, Schwertfarn, Nierenschuppenfarn

Die tropische *Nephrolepis exaltata* gehört in ihren verschiedenen Kulturformen zu den am häufigsten angebauten Farnen. Die Fiederblätter sind bei den einzelnen Sorten recht unterschiedlich ausgebildet, oft gewellt oder nochmals gefiedert. Die etwa 80 cm Länge erreichenden, bei anderen Sorten auch kürzeren Wedel sind mehr oder weniger schlank und hängen leicht über. Der Schwertfarn verträgt mehr Licht als die meisten anderen Farne und stellt auch nur mittlere Ansprüche an die Luftfeuchtigkeit.
Licht: Hell, aber besonders während der Mittagsstunden keine direkte Sonne.
Temperatur: Übliche Zimmertemperatur; auch im Winter sollte das Thermometer für längere Zeit nicht unter 18 °C absinken. Die optimale Bodentemperatur liegt bei 19 °C.

Nephrolepis exaltata 'Teddy Junior'

Substrat: Übliche Torfsubstrate wie Einheitserde oder TKS, auch Mischungen mit Lauberde; pH um 5,5.
Feuchtigkeit: Immer für mäßige Feuchtigkeit sorgen. Nässe führt zu Schäden. Reagiert nicht so empfindlich auf gelegentliches Austrocknen wie andere Farne, doch sollte es möglichst vermieden werden. Zumindest mittlere Luftfeuchte um 50 bis 60 % sollte herrschen.
Düngen: Während des Hauptwachstums kräftige Düngergaben, zum Beispiel wöchentlich mit Blumendünger gießen. Zur übrigen Zeit weniger, im Winter gar nicht düngen.
Umpflanzen: Jährlich im Frühjahr und Sommer möglich.
Vermehren: Der Schwertfarn bildet besonders bei Temperaturen von etwa 20 °C lange fadenförmige, behaarte Ausläufer, die sich bewurzeln, sobald sie auf Erde treffen. Es entstehen dann neue Pflänzchen, die abgetrennt und eingetopft werden können. Einige Sorten setzen Sporen an, die man wie auf Seite 91 beschrieben aussät. Sie entwickeln sich gut bei 20 bis 22 °C.

Nerium, Oleander

Nur während des Winters gehört der Oleander *(Nerium oleander)* ins Haus, und auch dann nicht in die warme Stube. Während der frostfreien Jahreszeit schätzt dieses im Mittelmeer beheimatete Hundsgiftgewächs (Apocynaceae) einen geschützten, vollsonnigen Platz auf der Terrasse oder im Garten. Unter solch günstigen Bedingungen wächst der Oleander im Laufe der Jahre zu einem mannshohen Strauch heran. In seiner Heimat erreicht er immerhin 5 m Höhe. Als Kübelpflanze schafft er dies – zum Glück – kaum. Wird er zu hoch, dann nimmt er selbst einen kräftigen Rückschnitt bis ins alte Holz nicht übel, doch sollte dies frühestens in Abständen von drei Jahren erfolgen.

Oleander überlebt zwar einen relativ dunklen Winterplatz, aber er braucht doch einige Zeit, bis er diese Roßkur überwunden hat. Prachtexemplare wird man auf diese Weise nicht erzielen. Daß es weiß- und rotblühende Oleander gibt, beschreibt schon der berühmte „Hortus Eystettiensis" aus dem Jahre 1713. Inzwischen sind viele Farbschattierungen bis zu einem blassen Gelb hinzugekommen.
Licht: Sonnig; auch im Winter so hell wie möglich.
Temperatur: Luftiger Platz; nach den Eisheiligen bis zur Gefahr der ersten Nachtfröste in den Garten stellen. Im Winter 4 bis 8 °C.
Substrat: Einheitserde, der man bis zu $1/3$ sandigen, krümeligen Lehm beimischt; pH um 6.
Feuchtigkeit: Stets feucht halten. Im Winter nur dann mäßig gießen, wenn die Erde völlig abgetrocknet ist.
Düngen: Von Mai bis September ein- bis zweimal wöchentlich mit Blumendünger gießen.
Umpflanzen: Junge Exemplare alle 1 bis 2 Jahre, größere Kübelpflanzen nur in weiten Abständen am Ende der Ruhezeit.
Vermehren: Stecklinge bewurzeln leicht bei üblichen Zimmertemperaturen.
Pflanzenschutz: Gegen Schildläuse hilft nur mehrmaliges Spritzen mit Präparaten wie Unden flüssig. Schwarzbraun verfärbte Blätter und Blüten sowie gallenartige Wucherungen deuten auf den von Bakterien verursachten „Oleanderkrebs" hin. Da eine Bekämpfung derzeit nicht möglich ist, befallene Pflanzen wegwerfen und auch keine Stecklinge davon schneiden.
Besonderheiten: Vorsicht, alle Pflanzenteile sind hoch giftig!

Nerium oleander

Nertera granadensis

Nidularium innocentii

Nertera, Korallenmoos

Jährlich im Sommer finden wir in Blumengeschäften kleine Töpfe mit Pflanzen, die nahezu Polster aus dünnen Stielchen mit kleinen runden, gegenständigen Blättern bilden und von roten Beeren wie mit Perlen übersät sind. Korallenmoos ist ein treffender Name. Es zählt zu den Krappgewächsen (Rubiaceae) und ist in Mittel- und Südamerika, aber auch auf Australien und Neuseeland beheimatet. Im Frühjahr erscheinen die grünlichen, unscheinbaren Blütchen. *Nertera granadensis* (syn. *N. depressa*), wie der botanische Name lautet, läßt sich im Zimmer nicht leicht über längere Zeit am Leben erhalten. Sie will es luftig und nicht allzu warm, ganz besonders im Winter. Wer nur ein geheiztes Zimmer zur Überwinterung anbieten kann, werfe das Korallenmoos am besten weg, wenn die Beeren ihre Schönheit verlieren.
Licht: Halbschattiger Platz. Nur während der Blüte etwas sonniger.
Temperatur: Luftig und nicht zu warm. Im Winter 10 bis 12 °C.
Substrat: Torfsubstrate oder andere humose Mischungen mit einem pH-Wert um 5.
Feuchtigkeit: Stets feucht halten. Während der Blüte nicht spritzen und so gießen, daß die Pflanzen nicht benetzt werden.
Düngen: Nur wenig düngen, damit die Blätter den Beerenschmuck nicht überwuchern. Etwa alle 3 bis 4 Wochen mit Blumendünger gießen, im Winter alle 8 Wochen.
Umpflanzen: Im zeitigen Frühjahr vor der Blüte oder im Spätsommer nach dem Schrumpfen oder Abwurf der Beeren. Dabei wird die Pflanze gleichzeitig geteilt.
Vermehren: Aussaat im Frühjahr möglich, doch ergibt das Teilen bessere Ergebnisse.
Besonderheiten: Über den Blüten- und Beerenansatz ist noch nicht allzu viel bekannt. Nach bisherigen Erfahrungen ist der Fruchtschmuck am reichsten, wenn die Pflanzen während der Blüte im Frühjahr heller, luftiger und weniger feucht stehen. Man sollte sie während dieser Zeit auch nicht besprühen.

Nidularium, Nestrosette

Von den über 20 Arten der Gattung *Nidularium* finden wir nur wenige im Sortiment der Gärtner, obwohl diese Ananasgewächse durchaus zu gefallen wissen. Allerdings sind sie nicht ganz anspruchslos. Auf die große Ähnlichkeit mit *Neoregelia* sowie die Unterschiede wurde bereits bei dieser Gattung hingewiesen.
Eine bescheidene Bedeutung als Topfpflanze haben vorwiegend *Nidularium innocentii* mit einigen Varietäten wie der hübsch gelb gestreiften *N. i.* var. *lineatum*. Sie alle besitzen kräftig rot gefärbte Herzblätter, ähnlich wie die mit etwas derben Blattrandstacheln versehene *N. fulgens*. Intensiv gelb färben sich dagegen die Herzblätter von *N. billbergioides*, obwohl es auch von ihr rote Auslesen gibt. In Pflege und Verwendung entsprechen die Nidularien weitgehend den Neoregelien, allerdings vertragen sie weniger Sonne – sie wollen es immer leicht beschattet – und sollten im Winter nicht unter 18 °C stehen.

Notocactus

Beliebte, auch für den Anfänger geeignete Kakteen stammen aus der in Südamerika von Brasilien bis Argentinien verbreiteten Gattung *Notocactus*. Ihre Abgrenzung ist nicht ganz eindeutig. Heute neigt man dazu, auch *Brasilicactus* und *Eriocactus* hierzu zu rechnen. Als Synonyme zu *Notocactus* finden sich noch die Namen *Malacocarpus* und *Wigginsia*.
Die Notocacteen sind kugelige bis kurzsäulige Pflanzen, deren Rippen durch Querrinnen unterbrochen sind. Bemerkenswert sind die sehr großen, vorwiegend gelben Blüten, die schon an kleinen Exemplaren meist im Sommer erscheinen. Zum Standardkakteensortiment zählen Arten wie *N. leninghausii* mit seinem dichten, selten weiß, in der Regel goldgelb gefärbten Dornenkleid, *N. mammulosus* mit den kleinen Rand-, aber kräftigen Mitteldornen sowie die etwas heiklere Art *N. scopa* mit ebenfalls dichtborstiger Bedornung, die je nach Varietät unterschiedlich gefärbt ist. Die verbreitetste Art dürfte *N. ottonis* sein, deren meist kräftig grüne Körper nur wenig

Notacactus leninghausii

von den kurzen Randdornen bedeckt werden. Die bis zu vier bräunlichen Mitteldornen werden mit maximal 2,5 cm etwas länger.
Die Pflege der Pflanzen gibt keine großen Rätsel auf. Da sie im Winter keine allzu niedrigen Temperaturen verlangen, ist auch die Fensterbankkultur empfehlenswert.
Licht: Hell, aber besonders während der Mittagsstunden leicht schattiert. Arten mit dichtem Dornenkleid vertragen mehr Sonne.
Temperatur: Warmer, aber luftiger Platz mit nächtlicher Abkühlung. Im Winter um 10 °C.
Substrat: Übliche Kakteenerde. Da es Faserwurzler sind, kann der Anteil Einheitserde etwas höher liegen; pH um 6.
Feuchtigkeit: Während des Wachstums mäßig feucht halten. Im Winter nur bei kühlem Stand völlig trocken halten. Ansonsten das Substrat nur sporadisch leicht anfeuchten.
Düngen: Bei deutlichem Wachstum alle 3 Wochen mit Kakteendünger gießen.
Umpflanzen: In der Regel alle 2 Jahre im Frühjahr.
Vermehren: Anzucht aus Samen, die ohne Erdabdeckung bei Bodentemperaturen zwischen 20 und 25 °C keimen.

× **Odontioda**

Die Orchideenhybriden × *Odontioda* sind nichts anderes als der Versuch der Züchter, durch Einkreuzen von roten *Cochlioda* diese Farbe mit den *Odontoglossum*-Blüten zu verbinden. In ihrer Form sind × *Odontioda* nicht von *Odontoglossum* zu unterscheiden. Sie erweisen sich jedoch als weniger empfindlich gegen hohe Temperaturen als *Odontoglossum*.

× **Odontioda** (Salam) 'La Tuillerie'

× **Odontocidium** (Tiger Hambühren) 'Hilde'

Vor Sonne sind die Pflanzen mit Ausnahme der Wintermonate zu schützen. Eine strenge Ruhezeit machen sie nicht durch, sind also das ganze Jahr über entsprechend zu gießen, bei kühlem Winterstand aber etwas weniger. Im Sommer sollte die Temperatur tagsüber nicht über 25 °C ansteigen und nachts deutlich absinken, im Winter sind tagsüber 18 bis 20, nachts 14 bis 16 °C empfehlenswert.

× **Odontocidium**

Bei der Pflege der Orchideen aus der Gattung *Odontoglossum* bereitet es meist einige Schwierigkeiten, die gewünschten niedrigen Temperaturen zu schaffen. Die aus Kreuzung mit *Oncidium* hervorgegangenen Pflanzen, die × *Odontocidium*, sind etwas weniger anspruchsvoll und darum auch leichter zu pflegen. Auch die Ansprüche an die Luftfeuchte bleiben niedriger. Sie gedeihen auch leichter als die *Oncidium*-Arten und -Sorten, da sie mehr Wuchskraft mitbringen. Allerdings wird die Blütenrispe besonders bei starken Pflanzen sehr groß. Ansonsten bleiben sie aber „im Rahmen". Sie machen keine ausgesprochene Ruhezeit durch, sind sonst weitgehend wie Oncidien zu pflegen. Die Temperaturen sollten auch im Sommer nicht weit über Zimmertemperatur hinausgehen und nachts deutlich absinken. Im Winter genügen tagsüber um 18 °C, nachts um 14 °C.
Kommt zu den × *Odontocidium*-Eltern noch als dritte Gattung *Cochlioda* hinzu, so sind wir bei den × *Wilsonara*-Hybriden, die sich von den × *Odontocidium* fast nicht unterscheiden lassen. Sowohl × *Odontocidium* als auch × *Wilsonara* sind dabei, sich als Topfpflanze durchzusetzen. Zu den guten Eigenschaften kommt hinzu, daß sie sich leicht durch Gewebekultur vermehren lassen.

Odontoglossum

Wer Orchideen der Gattung *Odontoglossum* pflegen will, hat die gleichen Schwierigkeiten zu überwinden wie bei der Kultur anderer Gebirgspflanzen. Die üblichen Zimmertemperaturen sind besonders im Winter zu hoch. Viele der rund 250 im tropischen Amerika beheimateten Arten kommen in Höhenlagen zwischen 1500 und 3000 m vor. Die Temperatur steigt auch am Tage nicht auf „tropische" Werte, und nachts kühlt es deutlich ab. Gerade letzteres läßt sich bei der Zimmerkultur nur schwer bewerkstelligen. So sind Orchideen dieser Gattung auch nicht dem Anfänger, sondern dem fortgeschrittenen Pflanzenfreund zu empfehlen, der bemüht ist, den Pflanzen gemäße Bedingungen zu schaffen.
Am verbreitetsten ist wohl *O. bictonense*, obwohl der reich besetzte Blütenstand eine Höhe von 1 m erreicht und damit „Fensterbank-Maße" sprengt. Aber diese Art hat sich wie *O. maculatum* und die ebenfalls recht großen *O. harrisianum* und *O. laeve*

Odontoglossum grande

ganz gut im Zimmer bewährt. Ein Nachteil mancher *Odontoglossum* sei nicht verschwiegen: Die langen Blütenstände hängen nach unten und machen es auch bei der Fensterbankkultur erforderlich, den Pflanzen einen erhöhten Standplatz zuzuordnen.
Die schönen goldgelb-braun gefleckten Blüten von *O. grande* haben dieser Orchidee viele Freunde beschert. Sie will wie auch *O. pendulum*, *O. pulchellum* und *O. rossii* kühle Winter mit fast völliger Trockenheit. Einige Botaniker rechnen übrigens *O. grande* und noch andere Arten zur Gattung *Rossioglossum*.
Licht: Heller bis halbschattiger Platz ohne direkte Sonne während der Mittagsstunden sowie der Sommermonate.
Temperatur: Im Sommer möglichst nicht viel über 20 °C, dabei nachts deutlich kühler (wenn möglich etwa 16 bis 15 °C). Im Winter *O. crispum* 18 °C, nachts 14 °C; die übrigen um 16 °C tagsüber und 12 °C nachts. Arten wie *O. grande* und *O. pendulum* auch kühler (um 10 °C).
Substrat: Übliche Mischung aus Osmunda, Mexifarn und hohem Anteil (oder auch ausschließlich) Rindenstücken; pH um 5.
Feuchtigkeit: Während des Wachstums Substrat nie austrocknen lassen. Im Winter die meisten Arten nur wenig gießen. Völlige Trockenheit bei Arten wie *O. grande* und *O. pendulum* nur bei sehr hoher Luftfeuchte zu empfehlen; ansonsten gelegentlich besprühen und dabei Substrat leicht anfeuchten. Luftfeuchte möglichst über 70 %.
Düngen: Im Frühsommer und Sommer alle 2 bis 3 Wochen mit Blumendünger in halber Konzentration.
Umpflanzen: Alle 2 bis 3 Jahre im Frühjahr oder Herbst.
Vermehren: Rückbulben beim Umtopfen abtrennen. Im allgemeinen gibt man sie zunächst mit feuchtem Sphagnum zusammen in eine Plastiktüte, bis die ersten Wurzelspitzen sichtbar sind.

× **Odontorettia**

Im Reigen der Orchideenhybriden unter Beteiligung der Gattung *Odontoglossum* sei auch auf × *Odontorettia* hingewiesen, die Sorten mit roten oder violetten Blüten von einer bestechenden Farbintensität vorzuweisen hat. Auch dieser Gattungsbastard hat nicht das ausgeprägte Kältebedürfnis wie die *Odontoglossum*-Arten. Vom anderen Elternteil, der Gattung *Comparettia*, stammt eine andere Schwierigkeit: die Neigung, sich nahezu totzublühen. Man sollte deshalb hin und wieder – so schwer es einem fallen mag – einen Blütentrieb abschneiden, um die Pflanze zu schonen. Insgesamt bleiben × *Odontorettia* kleiner als *Odontoglossum*. Die Pflege entspricht den × *Vuylstekeara*.

× **Odontorettia (Mandarine) 'Maja'**

Oncidium tigrinum 'Goldstück'

Oncidium

Diese große Orchideengattung aus dem tropischen Amerika gehört zu den artenreichsten der Familie. Rund 400 mögen es nach neueren Angaben sein. Oncidien kommen im Flachland und in Höhenlagen bis über 2500 m vor. Entsprechend unterschiedlich sind die Ansprüche. Für die Pflege auf der Fensterbank kommen die meisten nur bedingt in Frage.
Von den Pflegeansprüchen her unterscheidet man verschiedene Gruppen. Zur ersten zählen Oncidien, die kühle Standorte verlangen. Hierzu gehören Arten wie *O. flexuosum*, *O. incurvum*, *O. ornithorhynchum* und *O. tigrinum*. Sie eignen sich – auch wenn sie ein wenig groß werden – für die Zimmerkultur, wenn genügend gelüftet und besonders im Winter ein kühler Platz geboten werden kann.
Wer Erfahrungen mit diesen Orchideen sammeln will, dem sei besonders *O. ornithorhynchum*, das Vogelschnabel-*Oncidium*, empfohlen. Die zweite, die umfangreichste Gruppe, beansprucht zumindest „gemäßigte" Wärme; der Gärtner würde sie als Orchideen fürs temperierte oder Warmhaus bezeichnen. Sie sind ähnlich wie Cattleyen zu behandeln und können gut mit diesen gemeinsam kultiviert werden. Sie sind jedoch empfindlicher zum Beispiel gegen zuviel Sonne. Auch die zarten Wurzeln verdeutlichen, daß sie sorgsam behandelt werden wollen. Gerade die attraktivsten und populärsten dieser Gruppe, etwa *Oncidium papilio* und *O. kramerianum*, lassen sich kaum längere Zeit erfolgreich auf der Fensterbank pflegen. Sie gedeihen besser im geschlossenen Blumenfenster, in der Vitrine oder dem Kleingewächshaus.
Bei einer so großen Gattung überrascht es nicht, daß sich manche Arten im Aussehen erheblich unterscheiden. So gibt es Oncidien mit Pseudobulben wie *O. forbesii*, *O. gardneri* und die „Schmetterlingsorchideen" *O. kramerianum* und *O. papilio*. Arten mit Pseudobulben sind in der Regel robuster. Viele Oncidien haben aber die Pseudobulben bis auf kleine Reste reduziert, oder sie fehlen völlig. Dafür haben die Blätter die Speicherfunktion übernommen und sind fleischig, sukkulent geworden. Beispiele hierfür sind *Oncidium bicallosum*, *O. carthaginense*, *O. cavendishianum*, *O. cebolleta*, *O. guttata*, *O. lanceanum*, *O. splendidum* und *O. triquetrum*. Diese Arten ohne oder mit stark zurückgebildeten Pseudobulben tolerieren meist höhere Temperaturen. Das sehr kleine, zarte und empfindliche *O. triquetrum* gehört zu einer Gruppe von Arten, die unter Orchideenfreunden als „Variegata-Oncidien" – nach *O. variegatum* – bekannt sind. Es sind von den Karibischen Inseln stammende Pflanzen, die zwar klein bleiben, es aber wärmer und feuchter haben wollen.
Auch bei den Blüten gibt es Unterschiede. Sie stehen entweder einzeln oder zu wenigen am Stiel und erreichen bei *O. kramerianum* und *O. papilio* rund 10 cm. Meist finden sie sich jedoch in großer Zahl an langstieligen Trauben oder Rispen und erreichen nur wenige Zentimeter Größe.
Licht: Heller bis halbschattiger Platz, keine direkte Sonne. Arten mit dickfleischigen Blättern sind sonnenverträglicher.

Temperatur: Oncidien für kühle Standorte im Winter bei 12 bis 15 °C nachts, tagsüber je nach Sonneneinstrahlung um 18 bis 22 °C. Im Sommer bis 25 °C an hellen Tagen. Nachts lüften und deutlich abkühlen lassen. Wärmebedürftige Oncidien im Winter nachts bei 16 bis 18 °C, tagsüber um 22 bis 24 °C, im Sommer auch darüber.
Substrat: Gute Dränage bei Topfkultur wichtig, da es sonst leicht zu Wurzelfäulnis kommt. Zum Beispiel Osmunda, Mexifarn und/oder Rinde; pH um 5 bis 5,5.
Feuchtigkeit: Während des Winters, wenn das Wachstum abgeschlossen ist, machen viele Oncidien eine Ruhe durch, während der nur soviel gegossen wird, daß Pseudobulben oder die sukkulenten Blätter nicht schlappen. Mit Triebbeginn im Frühjahr wird häufiger gegossen, doch stets Nässe vermieden. Der Wachstumsrhythmus kann sich etwas verschieben. Dem muß beim Gießen Rechnung getragen werden!
Arten, die im Winter ihren Blütenstand entwickeln, erhalten mehr Feuchtigkeit! Kein hartes Wasser verwenden. Grundsätzlich Luftfeuchte mindestens bei 60%, doch nur vorsichtig oder nicht sprühen, damit die Neutriebe nicht faulen.
Düngen: Während des Wachstums alle 2 bis 3 Wochen mit Blumendünger in halber Konzentration.
Umpflanzen: Bei Bedarf am Ende der Ruhezeit.
Vermehren: Beim Umtopfen in nicht zu kleine Gruppen teilen.
Besonderheiten: Arten wie *O. kramerianum*, *O. papilio* und deren Hybride *O.* (Kalihi) können am gleichen Stiel mehrere Jahre hintereinander blühen. Darum nicht abschneiden!

Ophiopogon, Schlangenbart

Die sehr bescheidenen Ansprüche an Licht und Temperatur machen den Schlangenbart zu einer wertvollen Zimmerpflanze. Besonders für Wintergärten oder schattige Plätze in mäßig geheizten Räumen ist er geradezu unentbehrlich. Ausgepflanzt in Trögen oder Wintergärten ist der Schlangenbart ein hervorragender Bodendecker. Als besonders auffällige Schönheit kann man ihn allerdings nicht bezeichnen. Sein Laub ist grasähnlich, etwa bei *Ophiopogon japonicus*, bei anderen Arten und Sorten nur wenig breiter, so bei *O. jaburan* und seinen Sorten. Von letzter gibt es einige mit gelb-grün gestreiftem Laub, die kaum auseinanderzuhalten sind.
Überhaupt ist die Konfusion recht groß, denn die nahe verwandte Gattung *Liriope* läßt sich nur schwer vom Schlangenbart unterscheiden. Bei vielen als *Liriope muscari* im Handel auftauchenden Pflanzen handelt es sich um *Ophiopogon-jaburan*-Sorten. Nur die Blüte kann über die Zugehörigkeit Aufschluß geben: der Fruchtknoten ist bei *Ophiopogon* halbunterständig, bei *Liriope* oberständig. Doch für die Pflege ist das nicht entscheidend; beide Gattungen sind gleich zu behandeln.
Zum Schlangenbart, wie *Liriope* ein Liliengewächs, zählen rund zehn Arten, die von Indien bis Korea und in Japan verbreitet sind. Als Bodendecker bietet sich besonders *O. japonicus* wegen der starken Ausläuferbildung an. Beide Gattungen sind auch hübsche bodendeckende Stauden für den Garten, jedoch nur für warme, geschützte Plätze. Doch selbst dort sind Ausfälle im strengen Winder unvermeidlich.
Licht: Hell bis schattig; keine direkte Sonne. Buntlaubige Sorten nicht völlig schattig aufstellen.
Temperatur: Kühl; im Winter genügt es, wenn das Zimmer oder Gewächshaus gerade frostfrei ist. Möglichst nicht über 10 bis 15 °C hinaus, besonders nachts. Im Sommer Zimmertemperatur. Luftig, nachts abkühlend.
Substrat: Übliche Fertigerden; pH um 6.
Feuchtigkeit: Stets mäßig feucht halten.
Düngen: Vom Frühjahr bis Herbst alle 2 Wochen mit Blumendünger gießen. Im Winter alle 4 Wochen, wenn die Pflanzen hell stehen.
Umpflanzen: Alle 1 bis 2 Jahre von Frühjahr bis Herbst möglich.
Vermehren: Beim Umtopfen teilen; Samen werden kaum angeboten.

Ophiopogon jaburan 'Vittatus'

Oplismenus hirtellus 'Variegatus',
dahinter Dieffenbachia-Hybride 'Rudolph Roehrs'

Opuntia microdasys
var. rufida

Oplismenus, Stachelspelze

Aus der Familie der Gräser (Gramineae) haben sich nicht allzu viele Gattungen und Arten als Zimmerpflanzen durchgesetzt. Auch von der Stachelspelze kann man dies nicht behaupten. Von den rund 20 Arten der Gattung *Oplismenus* treffen wir nur gelegentlich *O. hirtellus* aus Mittel- und Südamerika. Daß er nicht weiter verbreitet ist, liegt an seinen hohen Ansprüchen in bezug auf Temperatur und Luftfeuchte. Ist beides vorhanden, wächst und gedeiht er leicht. Von *O. hirtellus* vermehren wir ausschließlich die attraktiveren buntlaubigen Formen, die entweder grün-weiß panschiert sind oder noch zusätzlich eine rötliche Tönung aufweisen. Die Halme wachsen zunächst aufrecht, legen sich aber mit zunehmender Länge dem Boden an oder – wenn wir ihn als Ampel halten – hängen über. Um besonders reich garnierte Pflanzen zu erhalten, stecken wir gleich zehn oder mehr Kopfstecklinge in einen Topf und stellen ihn bei etwa 25 °C zur Bewurzelung auf. Die Pflege der Stachelspelze ist ansonsten mit der von *Episcia* zu vergleichen.

Opuntia

In einer Sammlung sukkulenter Pflanzen dürfen Opuntien nicht fehlen. Zu den kugeligen oder säulenförmigen Gestalten anderer Kakteen bilden sie eine hübsche Ergänzung. Immer wieder bringen Reisende aus dem Mittelmeergebiet Sproßglieder der dort verbreiteten Feigenkakteen (*Opuntia ficus-indica*) mit, doch sollte man das lieber bleiben lassen. Die über 5 m hoch werdenden Feigenkakteen mit ihren 40 cm und länger werdenden Sproßgliedern sind für die Zimmerkultur ungeeignet. Ausgepflanzt in einem hohen Gewächshaus können sie sich besser entfalten und kommen dann auch zur Wirkung.

Für die Topfkultur gibt es geeignetere Arten der über 300 umfassenden Gattung. Pflanzen mit zylindrischen Sprossen sind wegen der besseren Übersichtlichkeit unter *Austrocylindropuntia* und *Cylindropuntia* besprochen, obwohl sie heute zur Gattung *Opuntia* gezählt werden. Hier kommen nur die Arten mit flachen Sprossen zur Sprache, die man als Untergattung *Platyopuntia* kennzeichnet.

Die bekannteste und verbreitetste Zimmerpflanze unter den Opuntien ist die kleinbleibende *O. microdasys*. Sie besitzt keine Mitteldornen, aber man sollte sich doch hüten, die Pflanzen anzufassen! Was wie eine weichwollige Areole aussieht, ist ein Polster mit winzigen Dornen, sogenannte Glochidien. Diese Glochidien sind typisch für Opuntien. Die so kleinen und harmlos aussehenden „Dörnchen" entpuppen sich bei starker Vergrößerung als spitze Pfeile mit hinterlistigen Widerhaken (s. S. 29). Wer einmal mit Glochidien in Berührung kam, weiß, daß sie kaum aus der Hand zu entfernen sind. Aber die Glochidienpolster sind die besondere Zierde dieser Pflanzen und können je nach Varietät weiß, gelblich oder rötlichbraun gefärbt sein. Eine glochidienfreie, dicht „weißhaarige" Abart, die Varietät *albata*, ist bislang im Handel selten.

So hübsch diese Opuntie ist, so hat sie doch den Nachteil, daß sie in Kultur nur selten zur Blüte kommt. Dies muß man leider bei vielen Opuntien in Kauf nehmen, doch sind sie auch ohne Blüten attraktiv genug. Nur wenige Arten wie *O. aciculata*, *O. violacea* var. *gosseliniana* und *O. lubrica* sind bekannt für ihre Blühfreudigkeit auch in jungen Jahren. Besonders schön bedornte Opuntien sind *O. hystricina*, *O. leucotricha*, *O. pycnantha*, *O. ursina* und andere.

Licht: Helle bis sonnige Standorte; an direkte Einstrahlung gewöhnte Pflanzen nehmen auch Prallsonne nicht übel.

Temperatur: Warmer, aber luftiger Platz mit nächtlicher Abkühlung. Im Winter um 10 °C. Es gibt auch winterharte Arten, die an einem trockenen Platz im Garten den Winter überdauern, wie zum Beispiel *O. phaeacantha*, *O. polyacantha*, *O. erinacea* var. *utahensis* (syn. *O. rhodantha*), *O. fragilis* und *O. vulgaris*.

Substrat: Übliche Kakteenerde; pH um 6.

Feuchtigkeit: Vom Frühjahr bis Herbst wachsen die Pflanzen, manche mit einer kleinen Pause im Sommer. Während des Wachstums mäßig feucht halten. Ansonsten gießen, wenn die Erde abgetrocknet ist. Im Winter völlig trocken halten.

Düngen: Bei deutlichem Wachstum alle 2 bis 4 Wochen mit Kakteendünger gießen. Wird häufig gedüngt, werden die Opuntien bald zu groß.

Umpflanzen: In der Regel alle 2 Jahre, große Exemplare auch in längeren Abständen. Je größer man den Topf wählt, umso schneller erreichen die raschwachsenden Arten die räumlichen Grenzen ihrer Umgebung.

Vermehren: Leicht möglich durch einzelne Sproßglieder, die man nach dem Abtrocknen der Wunde in mäßig feuchtem Substrat bei etwa 20 °C Bodenwärme bewurzelt.

Oxalis, Sauerklee, „Glücksklee"

Was uns die rund 800 Arten umfassende Gattung *Oxalis* aus der Familie der Sauerkleegewächse (Oxalidaceae) an interessanten Topfpflanzen zu bieten hat, ist bei weitem nicht ausgeschöpft. Einzig der „Glücksklee" *(Oxalis deppei)* findet vorzugsweise zum Jahreswechsel viele Interessenten. Dabei ist er gar keine ideale Zimmerpflanze. Die meisten Pflänzchen verlieren im Zimmer schon nach kurzer Zeit ihr hübsches Aussehen; sie bilden lange, gewundene Stiele, da sie zu warm und zu dunkel stehen. Kann man aber zwischen Zimmer- und Gartenaufenthalt abwechseln, dann hat man viel Freude an ihnen.

Der Glücksklee besitzt kleine Zwiebelchen, keine Knollen, wie noch überall zu lesen ist. Will man zu Weihnachten oder Neujahr Glückskleepflänzchen, dann eignen sich die Zwiebelchen aus dem Garten nur wenig. Sie müßten bereits ab Oktober getopft werden, sind zu diesem Zeitpunkt aber noch nicht ausgereift. Die zu den Feiertagen käuflichen Pflänzchen stammen aus letztjährigen Zwiebeln, die längere Zeit im Kühlhaus bei 1 °C zugebracht haben. Im Garten geerntete Zwiebeln kommen erst ab Anfang April in den Topf. Ab Mai ist der Garten der beste Aufenthaltsort, wo sie bis Oktober stehen bleiben.

Die Blätter von *Oxalis deppei* und vieler anderer Sauerklee-Arten klappen nachts mehr oder weniger zusammen. Diese

Oxalis deppei

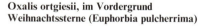
Oxalis ortgiesii, im Vordergrund
Weihnachtssterne (Euphorbia pulcherrima)

Schlafbewegung ist ganz natürlich.
Die Gattung *Oxalis* weist auch eine unerwünschte Topfpflanze auf: *Oxalis corniculata*, den Horn-Sauerklee. Dieses inzwischen nahezu weltweit verbreitete Unkraut ist für manche Gärtner zu einer wahren Plage geworden. In Kakteen- und Orchideengärtnereien läßt sich der Klee kaum mehr ausrotten. Die Samen werden weit weg geschleudert, weshalb dieses Unkraut an den entlegensten, sogar höher gelegenen Plätzen auftaucht. Mit Topfpflanzen schleppt man gelegentlich den Horn-Sauerklee mit ein. Soll er sich nicht in einer Sammlung ausbreiten, dann hilft nur konsequentes Entfernen, auch wenn man ihn zunächst ganz hübsch findet.

Für die Besitzer von Vitrinen oder Kleingewächshäusern seien noch zwei Leckerbissen genannt: die wärmebedürftigen *Oxalis ortgiesii* mit bräunlichen Blättern und die grazile, herrlich leuchtendrote Blätter hervorbringende *Oxalis hedysaroides* 'Rubra'. Beide sind für die Fensterbank nicht geeignet, wollen hohe Wärme und Luftfeuchte, sind außerdem empfindlich gegen übernäßtes Substrat. Für das Wohnzimmer hat die Gattung *Oxalis* noch viel Interessantes bereit. Viele Jahre pflegte ich einen Sauerklee mit hübsch überhängenden Trieben, dessen Name keiner herausfinden konnte. Es war eine reizende Ampelpflanze mit – wie bei den zwei zuvor genannten – gelben Blüten. Vielleicht finden weitere *Oxalis* demnächst Eingang ins Topfpflanzensortiment.

Licht: *Oxalis deppei* volle Sonne, die beiden genannten Warmhausarten keine direkte Sonne.

Temperatur: Glücksklee kühl halten, im Zimmer möglichst nicht über 15 °C. Zwiebeln kühl lagern, gerade frostfrei. Warmhausarten nicht unter 20 °C.

Substrat: Einheitserde oder TKS; pH um 6.

Feuchtigkeit: Zwiebeln ab Oktober bis April trocken lagern. Ansonsten wenig anspruchsvoll. Warmhausarten nicht unter 60 % Luftfeuchte; vorsichtig gießen, aber nie austrocknen lassen.

Düngen: Alle 2 bis 3 Wochen von Frühjahr bis Herbst mit Blumendünger in angegebener Konzentration gießen.

Umtopfen: Warmhausarten jährlich im Frühjahr oder Sommer. Von den Glücksklee-Zwiebeln beim Ernten im Herbst die ganze alte Erde abschütteln. Zwiebeln ab April mindestens zu fünft etwa 1 cm tief einpflanzen.

Vermehren: Warmhausarten durch Kopfstecklinge im Frühjahr, die sich aber nur bei gespannter Luft und mindestens 25 °C Bodentemperatur bewurzeln. Der Glücksklee bildet kleine Brutzwiebeln. Die Aufzucht lohnt kaum, da ausgewachsene Zwiebeln jährlich billig angeboten werden.

Pachyphytum oviferum

**Pachypodium lamerei (vorn mitte),
P. geayi (hinten rechts),
P. brevicaule (vorn rechts)**

Pachyphytum, Dickblatt

Gelegentlich sieht man im Angebot der Blumengeschäfte eine kleine sukkulente Pflanze mit nahezu eirunden, weißbereiften Blättern. Die Engländer nennen diese Pflanze „Moonstones" (Mondsteine), der botanische Name lautet *Pachyphytum oviferum*. Sie ist in Mexiko beheimatet und wohl die einzige von acht Arten der Gattung, die sich größerer Beliebtheit erfreut. Die dicken Blätter sitzen dicht nebeneinander an dem kurzen Stämmchen. Zusätzlich erfreut im Frühjahr ein kurzer Blütenstiel mit glockigen, rot-gelblichen Blüten, die in einer Wickeltraube stehen.

Zwischen *Pachyphytum*- und *Echeveria*-Arten gibt es eine Reihe von Hybriden (× *Pachyveria*), die ganz hübsch sind, aber keine größere Verbreitung gefunden haben.

Licht: Sonniger Standort, auch im Winter.
Temperatur: Übliche Zimmertemperatur; im Winter kühler, luftiger Platz mit etwa 5 bis 10 °C.
Substrat: Kakteenerde oder andere durchlässige Mischung, zum Beispiel Einheitserde, ein wenig Lehm und $1/3$ Sand; pH 5,5 bis 7.
Feuchtigkeit: Immer erst gießen, wenn das Substrat weitgehend abgetrocknet ist. Im Winter je nach Temperatur nur sporadisch gießen. Nicht die Pflanze benetzen!
Düngen: Von Mai bis September alle 3 bis 4 Wochen mit Kakteendünger gießen.
Umpflanzen: Alle 2 Jahre im Frühjahr; Jungpflanzen auch häufiger. Blätter möglichst wenig berühren, damit die zierende Bereifung nicht abgegriffen wird.
Vermehren: Durch Blattstecklinge im Frühjahr. Blätter nach kurzem Abtrocknen der Bruchstelle flach auf die Erde legen oder mit der Bruchstelle ein wenig in die Erde hineindrücken.

Pachypodium, Madagaskarpalme

Vor wenigen Jahren waren die mit dem phantasievollen Namen Madagaskarpalme belegten Hundsgiftgewächse (Apocynaceae) der Gattung *Pachypodium* bei uns noch völlig unbekannt. Inzwischen sind es richtige Modepflanzen geworden. Sie sind attraktiv für alle Zimmergärtner, die eine Alternative zu Kakteen suchen, da sie im Winter keinen kalten Raum bieten können. Zwei Arten sind im Handel: *Pachypodium geayi* mit graugrünen, auf der Unterseite meist rötlich überhauchten, schmallinearen Blättern und *P. lamerei* mit frischgrünem, etwas breiterem Laub. Es gibt von ihnen allerdings verschiedene Typen, die nicht eindeutig einzuordnen sind.

Licht: Vollsonnig.
Temperatur: Im Sommer auch über 30 °C; im Winter nicht unter 15 °C, *P. lamerei* nicht unter 8 °C.
Substrat: Durchlässige, aber nahrhafte Erde, zum Beispiel aus Torf oder Einheitserde, Sand und ein wenig Lehm; pH um 7.
Feuchtigkeit: Stets mäßig feucht halten; im Winter nur sporadisch gießen, um das Absterben der Wurzeln zu verhindern.
Düngen: Von Frühjahr bis Sommer alle 2 Wochen mit Kakteendünger gießen.
Umpflanzen: Alle 1 bis 2 Jahre im Frühjahr.
Pflanzenschutz: Das Schwarzwerden und Absterben der Blätter wird durch Nässe im Winter in Verbindung mit zu niedrigen Bodentemperaturen hervorgerufen. Auch zu hoher Salzgehalt ist schädlich. Darum umtopfen oder Erde mit Wasser auswaschen. Normal ist dagegen das Abwerfen der Blätter bei trockener Überwinterung.
Vermehren: Aussaat, doch wird nur selten Samen in Kleinpackungen angeboten.

Pachystachys

Es ist selten, daß sich eine bislang nahezu unbekannte Pflanze innerhalb kurzer Zeit einen bemerkenswerten Platz innerhalb des Topfpflanzensortimentes erobert. *Pachystachys lutea*, der „Gelben Dickähre", ist dies in wenigen Jahren gelungen. Als Akanthusgewächs mit *Beloperone*, dem Zimmerhopfen, verwandt, boten sie Gärtner zunächst als *Beloperone* 'Super Goldy' an. Doch *Pachystachys* ist eine eigenständige Gattung mit sechs aus dem tropischen Amerika stammenden Arten. Mexiko oder Peru ist die Heimat unserer *Pachystachys lutea*. Dort wächst sie zu einem meterhohen Strauch heran. Endständig entwickeln sich die Blütenähren mit den gelben Hoch- oder Deckblättern, die an *Aphelandra* erinnern, und den kurzlebigen weißen, bis 5 cm langen Blüten.

Der etwas sparrige Wuchs paßt nicht gut in das Bild, das wir uns heute von einer optimalen Topfpflanze machen. Darum helfen die Gärtner der Schönheit ein wenig mit Wuchshemmstoffen nach. Ein kompakter, gefälliger Aufbau ist das Ergebnis. Leider hält die Wirkung nur begrenzte Zeit an.

Sie als Balkonpflanze zu verwenden, wie einige Gärtner empfehlen, ist nicht sinnvoll. Dies kann zwar im warmen Sommer an geschütztem Platz gelingen, doch schon weniger gutes Wetter stellt den Kulturerfolg infrage.

Licht: Heller Platz. Nur im Sommer ist Schutz vor allzu greller Sonne erforderlich.
Temperatur: Zimmertemperatur bis 25 °C. Auch im Winter sollte die Temperatur nicht unter 18 bis 20 °C absinken. Bereits Bodentemperaturen unter 18 °C können zu Schäden führen.
Substrat: Torfsubstrate wie Einheitserde oder TKS; pH 5 bis 6.
Feuchtigkeit: Stets mäßig feucht halten. Erde auch im Winter nie austrocknen lassen. Ballentrockenheit führt zum Abwurf von Blüten und Blättern! Die Luftfeuchte sollte nicht unter 50 % absinken.

Pachystachys lutea

Düngen: Von Frühjahr bis Herbst alle 1 bis 2 Wochen, im Winter alle 4 bis 6 Wochen mit Blumendünger gießen.
Umpflanzen: In der Regel jährlich in der Zeit von Frühjahr bis Herbst möglich, doch dann nicht, wenn die Pflanze Blüten zeigt.
Vermehren: Im Frühjahr geschnittene Kopfstecklinge bewurzeln sich bei Bodentemperaturen von mindestens 24 °C. Nach der Bewurzelung einmal stutzen, um eine bessere Verzweigung zu erzielen.
Besonderheiten: Selbst herangezogene Jungpflanzen sind nicht so kompakt wie die Exemplare vom Gärtner. Er gießt oder spritzt sie mit dem Hemmstoff Gartenbau-Cycocel (0,2 %ig), wenn die Neutriebe nach dem Stutzen eine Länge von etwa 5 cm erreicht haben.

Palisota

In den letzten Jahren versuchte man, mit *Palisota pynertii* 'Elizabethae' eine botanischen Gärtnern wohlbekannte Staude als Topfpflanze populär zu machen. In Sammlungen ist dieses Commelinengewächs aus dem tropischen Afrika in Warmhäusern ausgepflanzt sehr ausdauernd. Im Topf wird man mehr Mühe haben, sie erfolgreich zu pflegen. Hohe Temperaturen sind unerläßlich.

Die Blätter von *P. pynertii* 'Elizabethae' erreichen bis 80 cm Länge, sind gut 20 cm breit und weisen einen cremefarbenen Streifen entlang der Blattrippe auf. Das leicht wellige Laub steht so dicht an dem sehr kurzen Sproß, daß eine Blattrosette vorgetäuscht wird. Die vielen kleinen, weißen Blüten bilden einen kolbenähnlichen Blütenstand. Insgesamt gibt es rund 25 *Palisota*-Arten, die alle aus dem tropischen Afrika stammen.

Licht: Hell, aber vor direkter Sonne geschützt.
Temperatur: Warm; auch im Winter nicht unter 18 °C.
Substrat: Einheitserde oder ähnliches; pH um 6.
Feuchtigkeit: Stets mäßig feucht halten. Die Luftfeuchte sollte möglichst nicht unter 50 % absinken.
Düngen: Von Frühjahr bis Herbst wöchentlich, im Winter alle 3 Wochen mit Blumendünger gießen.
Umpflanzen: Gedeiht am besten im Grundbeet ausgepflanzt. Umtopfen und die damit verbundene „Störung" bleiben auf größere Zeitabstände beschränkt. Entsprechend keine zu kleinen Töpfe verwenden, doch muß dann sehr vorsichtig gegossen werden.
Vermehren: Größere Exemplare lassen sich beim Umtopfen teilen.

Pandanus, Schraubenbaum

Aus der rund 650 Arten umfassenden Gattung *Pandanus* sind nur wenige ins Zimmerpflanzensortiment vorgedrungen. Dies mag daran liegen, daß manche einfach zu groß werden. Sie erreichen 10 oder gar 20 m Höhe. Die wenigen bei uns verbreiteten Schraubenbäume haben sich allerdings bestens bewährt.

Der Name Schraubenbaum leitet sich von der Stellung der Blätter um den kurzen Stamm ab: sie entwickeln sich schraubenförmig um diese Achse. Sehr deutlich kann man dies zum Beispiel bei *Pandanus utilis*, einer ebenfalls sehr hoch werdenden Art aus Madagaskar mit bis zu 10 cm breiten und über meterlangen Blättern sehen. In botanischen Gärten können wir dieses interessante Schraubenbaumgewächs (Pandanaceae) bewundern.

Dort offenbart sich auch eine zweite Eigenschaft dieser Pflanze: Aus dem Stamm schieben sich viele sehr kräftige, verholzende Luftwurzeln, die im Boden festwachsen und somit den Stamm stützen. Nur ausgepflanzte Exemplare können ihre Stelzwurzeln, wie diese mit Stützfunktion bedachten Wurzeln genannt werden, normal entwickeln. Eingetopfte Pflanzen vermögen dies nicht und verlieren deshalb mit zunehmendem Alter an Standfestigkeit. Ein Bambusstab als Stütze ist unerläßlich.

Dies gilt auch für den wichtigsten Schraubenbaum im gärtnerischen Sortiment, *P. veitchii*. Diese Art wird nur wenig mehr als 2 m hoch, erreicht aber mit ihren bis 60 cm langen, weißgeränderten Blättern einen solchen Durchmesser, daß man sie aus Platzgründen aus der Wohnstube verbannen muß. Ansonsten ist dieser polynesische Schraubenbaum eine ideale Zimmerpflanze, kann ihm doch trockene Luft nicht allzu viel anhaben.

Von den Abmessungen empfehlen sich *P. pygmaeus* aus Madagaskar und *P. caricosus* aus Java. Sie werden nicht höher als etwa 60 cm und beanspruchen auch mit 30, höchstens 40 cm langen Blättern weit weniger Platz. Wie bei den zuvor genannten Arten sind die Blattränder bestachelt, was den Gardinen nicht gut bekommt. Leider findet sich *P. pygmaeus*, manchmal fälschlich als *P. gramineus* bezeichnet, nur selten im Blumenhandel, ähnlich wie die groß werdenden *P. sanderi* und *P. dubius* in seiner Jugendform („*P. pacificus*" genannt). Die richtige Benennung der Schraubenbäume ist oft schwierig, da diese zweihäusigen Sträucher oder Bäume in Kultur nicht blühen und somit nicht exakt zu bestimmen sind.

Licht: Hell, nur vor greller Mittagssonne geschützt.

Palisota pynertii 'Elizabethae'

Links Pandanus veitchii, rechts P. pacificus

Temperatur: Zimmertemperatur oder wärmer. Im Winter am besten um 18 °C, obwohl Arten wie *P. pygmaeus* und *P. utilis* für kurze Zeit auch niedrigere Werte vertragen.
Substrat: Einheitserde oder TKS mit etwa $1/3$ krümeligem Lehm; pH um 6.
Feuchtigkeit: Stets mäßig feucht, aber nie naß halten.
Düngen: Von Frühjahr bis Herbst wöchentlich, im Winter nur alle 4 bis 6 Wochen mit Blumendünger gießen.
Umpflanzen: Jungpflanzen jährlich, ältere Exemplare nur alle 2 bis 3 Jahre.
Vermehren: An den Pflanzen entstehen regelmäßig Kindel, die – möglichst mit Wurzelansätzen – abgetrennt werden und bei Bodentemperaturen nicht unter 20 °C anwachsen. Importierter Samen wird nur selten angeboten. Man sät ihn sofort aus (mindestens 25 °C Bodentemperatur).

Paphiopedilum, Frauenschuh

Frauenschuhe sind die neben *Phalaenopsis* im Blumengeschäft am häufigsten erhältlichen Orchideen, gelegentlich unter dem nicht mehr zutreffenden Namen *Cypripedium*, der zum Beispiel unserem einheimischen Frauenschuh (*Cypripedium calceolus*) vorbehalten ist. Die deutsche Bezeichnung Frauenschuh kennzeichnet also nicht eindeutig eine Gattung, sondern weist auf solche Orchideen hin, deren Lippe pantoffelförmig ausgebildet ist. Die als Topfpflanze und auch als Schnittblume lange Zeit wichtigste Gattung *Paphiopedilum* ist mit rund 60 Arten im südostasiatischen Raum verbreitet. Das amerikanische Pendant trägt den ähnlich klingenden Namen *Phragmipedium*.

Doch zurück zu den *Paphiopedilum*-Arten, von den Orchideenfreunden fast liebevoll „Paphis" genannt. Sie sind vorwiegend terrestrische Orchideen, wachsen also im Boden in grobem organischem Material, zum Beispiel unvollständig zersetztem Fallaub oder Moos, einige Arten auch in sandigem Boden. Manche Arten kommen in einer dünnen Humusschicht direkt über Kalkgestein vor. Ihr Substrat reagiert zwar sauer, enthält aber mehr Calcium als das anderer Orchideen. Als kalkbedürftig gelten besonders Arten wie *Paphiopedilum bellatulum*, *P. concolor*, *P. delenatii*, *P. fairieanum* und *P. niveum*. Grundsätzlich empfiehlt es sich, dem Pflanzstoff etwas Kalk beizumischen.

Die Temperaturansprüche der *Paphiopedilum* unterscheiden sich nach ihrer Herkunft. Man kann sie je nach ihren Ansprüchen in drei oder vier Temperaturgruppen einordnen, doch ist dies für die Zimmerkultur wenig nützlich. Hilfreicher ist die Grundregel, daß Frauenschuhe mit grünen Blättern kühler, solche mit gefleckten Blättern etwas wärmer stehen wollen. Die meisten Arten und Hybriden gedeihen bei mäßiger Wärme, die wir im Zimmer leicht bieten können.

Am häufigsten wird als Topfpflanze *P. callosum* angeboten, da diese Art an ihrem heimatlichen Standort in Thailand geräubert und billig importiert werden kann. Besser für die Kultur auf der Fensterbank sind die meisten Hybriden geeignet oder aber Arten wie *P. sukhakulii*, *P. hirsutissimum* und *P. venustum*.

Licht: Halbschattiger Platz ohne direkte Sonneneinstrahlung. In den Wintermonaten schadet während der Morgen- oder Nachmittagsstunden direkte Sonne nicht. Bei zu dunklem Stand scheint die Blühfreudigkeit zu leiden.
Temperatur: Die meisten Arten und Hybriden bei Zimmertemperatur oder wärmer bis 30 °C im Sommer, im Winter nachts nicht unter 17 bis 18 °C. Kühler wollen es *P. fairieanum*, *P. insigne*, *P. spicerianum*, *P. venustum* und *P. villosum* mit Temperaturen auch im Sommer möglichst nicht weit über 20 °C und im Winter nachts bis auf 10 bis 15 °C absinkend. Die Bodentemperatur darf nie unter die Lufttemperatur absinken; also nicht auf einer kühlen, zugigen Fensterbank aufstellen.
Substrat: Üblicher Orchideenpflanzstoff aus Osmunda und Rindenstücken, dem man aber groben Torf beifügen kann. Das Substrat soll sauer reagieren, doch mischt man etwa 2 bis 3 g kohlensauren Kalk je Liter Pflanzstoff bei, um Calciummangel auszuschließen; pH um 6. Viele Orchideenfreunde ziehen es vor, dem Substrat kleine Kalksteinchen beizumischen.
Feuchtigkeit: Stets für mäßige Feuchtigkeit sorgen. Erst gießen, wenn Erde etwas abgetrocknet ist. Selbst im Winter nie austrocknen lassen, wenn auch sparsamer gegossen wird. Nicht ins „Herz" gießen! Abends noch nasse Pflanzen faulen leicht. Luftfeuchte nicht unter 50, besser 60 %.
Düngen: Von April bis September alle 2 bis 3 Wochen mit Blumendünger in $1/4$ der üblichen Konzentration gießen.

Paphiopedilum (World Frolic)

Paphiopedilum (Thunder Bay)

Umpflanzen: Je nach Beschaffenheit des Pflanzstoffs alle 2 bis 3 Jahre nach der Blüte. Auch schlecht bewurzelte Pflanze nicht tiefer als zuvor setzen.
Vermehren: Wenn es auch auf den ersten Blick nicht den Anschein hat, so weisen *Paphiopedilum* doch ein sympodiales Wachstum auf. Sie sind deshalb stets reich verzweigt und lassen sich beim Umtopfen leicht teilen. Vor dem Einpflanzen alle beschädigten oder faulen Wurzeln abtrennen.
Besonderheiten: Die Bildung sehr vieler kleiner Triebe ist nichts Erfreuliches. Diese Nottriebe weisen auf falsches Gießen, schlechtes Wasser oder verdichtetes Substrat hin.

Parodia mairanana

Parodia

In den letzten Jahren sind die kleinen Kugelkakteen aus der Gattung *Parodia* stärker ins Interesse der Kakteenfreunde gerückt. Die Pflanzen werden nicht groß und blühen leicht mit auffällig großen Blüten. Von den Mammillarien unterscheiden sie die mehr oder weniger deutlichen Rippen, die jedoch bei einigen Arten mit sehr kräftigen Warzen versehen sind. Die Blüten kommen aus der Scheitelnähe und haben eine so kurze Röhre, daß sie aussehen, als habe man sie auf die stacheligen Kugeln gedrückt.
Von Argentinien bis Brasilien sind bislang rund 40 „sichere" Arten beschrieben; hinzu kommen noch viele, die als Varietäten zu betrachten sind. Die meisten sind sehr auffällig leuchtend gelb oder rot bedornt; sie sind mit gebogenen oder hakenförmigen Mitteldornen versehen.
Für die Zimmerkultur sind sie allein ihrer geringen Größe wegen gut geeignet, sie benötigen aber einen kühlen Winterplatz. Haben sie das Sämlingsstadium überwunden, dann gedeihen sie recht problemlos. Bis dahin muß man sie sehr aufmerksam pflegen, zumal sie recht langsam wachsen. Im Handel sind Arten wie die goldgelb blühende *Parodia mairanana* oder die feuerrote *P. nivosa* erhältlich.
Licht: Hell bis sonnig; nur vor allzu greller Einstrahlung während der Mittagsstunden geschützt.
Temperatur: Warmer, aber luftiger Stand mit nächtlicher Abkühlung. Im Winter um 5 bis 10 °C.
Substrat: Übliche Kakteenerde, deren Anteil Einheitserde bis zu 50% betragen kann; pH um 6.
Feuchtigkeit: Während des Wachstums vom Frühjahr bis Herbst mäßig feucht halten. Bei stärker torfhaltigen Substraten wegen der höheren Wasserkapazität sparsamer gießen. Im Winter bei kühlem Stand völlig trocken halten.
Düngen: Bei deutlichem Wachstum alle 2 bis 3 Wochen mit Kakteendünger gießen.
Umpflanzen: In der Regel alle 2 Jahre im Winter.
Vermehren: Sprossende Arten lassen sich leicht aus Kindeln heranziehen. Bei den anderen ist nur die nicht ganz einfache Aussaat möglich. Den staubfeinen Samen sofort aussäen, da die Keimfähigkeit offensichtlich rasch verloren geht. Den Samen fein mit Erde abdecken, da er zu den Dunkelkeimern gehören soll. Er keimt bei Temperaturen um 25 °C. Die Sämlinge wachsen nur langsam. Arten mit gröberem Samen sind für den Anfänger unproblematischer.

Parthenocissus, Jungfernrebe

Die Jungfernreben sind als „Wilder Wein" weit verbreitet zum Beranken ganzer Hauswände. Meist handelt es sich um *Parthenocissus tricuspidata* in seiner Jugendform 'Veitchii'. Solche starkwüchsigen Kletterer sind für die Topfkultur völlig ungeeignet. Die rund 15 Arten umfassende Gattung der Weingewächse (Vitaceae) hat aber auch einige schwachwüchsige Vertreter zu bieten.

Seit nun schon bald 100 Jahren ist *Parthenocissus henryana* aus China eine geschätzte Pflanze für kühle Räume und Wintergärten. Sie hat stets fünfzählige, dunkelgrüne, weißgeaderte, unterseits und im Austrieb rötliche Blätter. Leider verliert *P. henryana* wie die meisten anderen Arten der Gattung im Winter das Laub. Sie nimmt dann mit niedrigen Temperaturen vorlieb. Als kräftig wachsende Ampelpflanze oder zum Begrünen von Rankgerüsten verdient sie unsere Wertschätzung. Auf die Unterschiede zu den sehr ähnlichen Scheinreben ist bei *Ampelopsis* hingewiesen. Zu den immergrünen Arten zählt *P. inserta*, die einfarbig grünes Laub besitzt. Sie verlangt im Winter etwas höhere Temperaturen.

Licht: Hell bis halbschattig, mit Ausnahme früher Morgen- und später Nachmittagsstunden vor direkter Sonne geschützt.
Temperatur: Kühler, luftiger Stand. Im Sommer nur an geschützten, milden Plätzen auch im Freien. Im Winter im Haus bei Temperaturen um 5 °C überwintern; *P. inserta* um 15 °C.
Substrat: Übliche Fertigsubstrate; pH um 6.
Feuchtigkeit: Während des Wachstums stets feucht halten. Im Winter nur sporadisch das Substrat leicht anfeuchten.
Düngen: Während des Wachstums wöchentlich mit Blumendünger gießen.
Umpflanzen: Jährlich im Frühjahr vor dem Austrieb.
Vermehren: Stecklinge ab Mai schneiden und bei etwa 15 °C Bodentemperatur bewurzeln. Jeweils drei Jungpflanzen in einen Topf setzen.
Besonderheiten: Rückschnitt im Frühjahr vor Triebbeginn bei *P. henryana*.

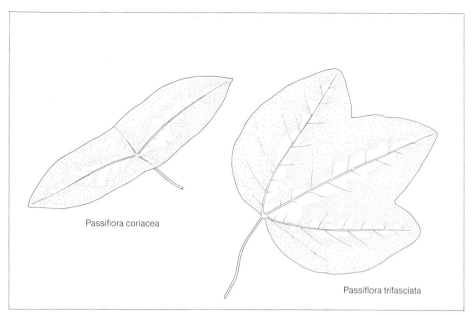

Einige Passionsblumen fallen weniger durch die Blüten als durch das attraktive Laub auf.

Passiflora,
Passionsblume, Grenadille

Es liegt wohl nicht nur an der absonderlichen Schönheit der Blüten, daß sich Passionsblumen solcher Beliebtheit erfreuen. Der Grund ist auch darin zu suchen, daß die Blüten als Symbol der Passion Christi gelten. Es gibt verschiedene Legenden, die beschreiben, wie es zu dieser Versinnbildlichung kam. Bereits Ende des 16. Jahrhunderts war der Name Passionsblume gebräuchlich. Sehr anschaulich beschreibt der Italiener Ferrari 1633 die Bedeutung der Blütenorgane:

„Der äußere Kelch verlängert sich in Dornen und erinnert an die Dornenkrone; die Unschuld des Erlösers zeigt sich in der weißen Farbe der Blütenblätter; die geschlitzte Nektarkrone erinnert an seine zerrissenen Kleider; die in der Mitte der Blume befindliche Säule ist diejenige, an welche der Herr gebunden wurde; der darauf stehende Fruchtknoten ist der in Galle getränkte Schwamm; die drei Narben sind die drei Nägel, die fünf Randfäden die fünf Wunden, die Ranken die Geißeln; nur das

Grüne Bodendecke in einem Wintergarten: handförmig geteilte Blätter von Parthenocissus henryana, das erdbeerähnliche Laub von Duchesnea indica und Saxifraga stolonifera.

Passiflora caerulea

Passiflora × decaisneana, eine Hybride aus P. alata × P. quadrangularis

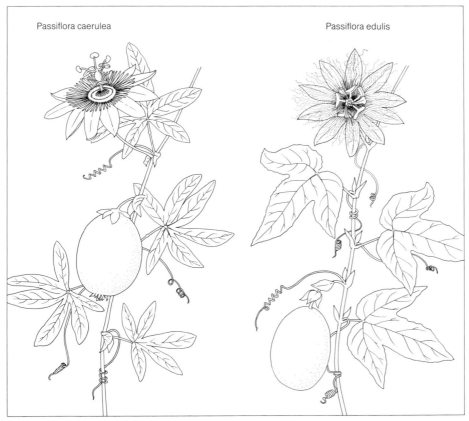

Passiflora caerulea

Passiflora edulis

Wohlschmeckende Früchte zeichnen Passiflora edulis aus. Auch die als Zimmerpflanze verbreitete P. caerulea kann bei uns unter günstigen Bedingungen Früchte ansetzen.

Kreuz fehlt, weil die sanfte und milde Natur die Darstellung des Gipfels der Schmerzen nicht zuließ."
Weniger phantasievolle und weniger religiöse Blumenfreunde mögen die Blüte der Passionsblumen anders beschreiben. Auf jeden Fall sind sie so schön, daß sie bei keinem Zimmergärtner fehlen sollten. Der Vielfalt der *Passiflora*-Arten steht leider ein sehr bescheidenes Angebot gegenüber. Beschrieben sind bislang rund 450 Arten aus der Alten und Neuen Welt; die Mehrzahl ist in den Tropen Südamerikas zu finden. Entdeckt man bei uns neben der weit verbreiteten *Passiflora caerulea* eine weitere Art, so hat man Glück gehabt.
Es gibt viele Passionsblumen, die ähnlich gut im Zimmer gedeihen wie *P. caerulea*. Allerdings trifft das nicht auf alle zu. Die schönblättrige *P. trifasciata* läßt sich nur im warmen und luftfeuchten Blumenfenster halten. Andere werden so groß, daß sie nur für das Gewächshaus empfohlen werden können. Hierzu zählt leider mit *P. quadrangularis*, der Riesengrenadille, auch eine der prächtigsten. Sie entwickelt kräftige, vierkantige, mehrere Meter lange Sprosse mit eiförmigen, bis 20 cm langen Blättern. Die großen, hängenden Blüten haben einen Durchmesser bis zu 8 cm. Die eirunden, zur Reife gelben bis rötlichen Früchte können mehrere Pfund schwer sein! *P. quadrangularis* zählt damit zu den Arten, die ihrer Früchte wegen angebaut werden. Allerdings haben andere wie zum Beispiel *P. edulis* und *P. alata* ein kräftigeres Aroma. Auch wir können den köstlichen Geschmack der Passionsblumen genießen, denn Säfte, Liköre und sogar frisches Obst wird regelmäßig angeboten, in der Regel unter dem Eingeborenennamen Maracuja.
Für die Zimmerkultur kommen neben *P. caerulea* und deren Sorten 'Kaiserin Eugenie' (große, rosa bis zartviolette Kelch- und Blütenblätter, aber nicht so reichblühend; möglicherweise eine Hybride mit *P. alata*) sowie 'Constance Eliott' (cremeweiß) noch *P. edulis* (weißgelb mit purpurnem Stern) sowie die etwas anspruchsvollere *P. violacea* (mit violetten Blüten) infrage.
Besser im Gewächshaus oder großen Blumenfenster stehen *P. racemosa* und *P. coccinea* mit leuchtendroten Blüten, die bereits angesprochenene *P. quadrangularis* und deren Hybriden sowie – bei genügendem Platz – die wegen ihrer schönen Blätter gepflegten *P. maculifolia* und *P. trifasciata*.
Mit der Winterhärte der Passionsblumen ist es nicht allzu gut bestellt. Man hört zwar immer wieder von erfolgreichen Überwinterungsversuchen in milden Gegenden an geschützten Stellen, zum Beispiel mit *P. caerulea* und deren Sorte 'Constance Elliott' sowie *P. incarnata*, aber diese Erfolge sind nicht von Dauer. In einem Jahr ist der Witterungsverlauf so ungünstig, daß selbst mehrjährige Exemplare erfrieren.
Licht: Hell bis sonnig. An schattigen Plätzen leidet der Blütenreichtum.
Temperatur: Luftiger Stand. Im Winter 8 bis 15 °C für „harte" Arten wie *P. caerulea* mit Sorten, *P. edulis* und *P. incarnata*, über 15 °C für *P. violacea*, die wärmebedürftigen wie *P. racemosa*, *P. quadrangularis*, *P. trifasciata* und *P. maculifolia* um 18 °C. Die „harten" Passionsblumen stehen während der frostfreien Jahreszeit vorteilhaft an einem geschützten Platz im Freien.
Substrat: Torfsubstrate wie Einheitserde oder TKS; pH um 6.
Feuchtigkeit: Stets feucht, aber nicht naß halten. Im Winter sparsamer gießen, besonders bei kühler Überwinterung, wenn Arten wie *P. incarnata* und *P. caerulea* ihr Laub abwerfen. Besser ist es jedoch, wenn sie nicht so stark zur Ruhe kommen, da sie sich sonst erst sehr spät wieder davon erholen. Die Passionsblumen, die für das Gewächshaus oder Blumenfenster empfohlen wurden, benötigen mindestens 60 % Luftfeuchte.
Düngen: Von Frühjahr bis Herbst wöchentlich mit Blumendünger gießen.
Umpflanzen: In der Regel jährlich mit Beginn des Neutriebs.
Vermehren: Nicht zu weiche Stecklinge bewurzeln leicht bei Bodentemperaturen um 20 °C.
Pflanzenschutz: Für luftigen Stand sorgen, da sonst Blasenfüße und Spinnmilben lästig werden können.

Pedilanthus

Von den rund 30 Arten der im tropischen Amerika beheimateten Gattung *Pedilanthus* ist in der Regel nur *P. tithymaloides* in seiner zierlich bleibenden Unterart *smalii* in Kultur. Man sieht es diesem in seiner Heimat bis 1,50 m hoch werdenden Strauch nicht auf den ersten Blick an, daß er zu den Wolfsmilchgewächsen (Euphorbiaceae) zählt. Bei Verletzungen tritt aber der typische weiße Milchsaft aus, der wie bei vielen Wolfsmilchgewächsen giftig ist. Er soll früher zum Abätzen von Warzen gedient haben.

Typisch für diese Pflanze ist auch das zickzackartige Wachstum des Stengels. Die wechselständigen, eiförmigen, bis 8 cm langen, leicht fleischigen Blätter sind hübsch hellgrün-dunkelgrün gefleckt und weiß gerandet. Bei einigen Auslesen weisen sie rötlich überhauchte Ränder auf. In ihrer Heimat werfen sie während der Ruhezeit die Blätter ab.

Pedilanthus bedeutet „Schuhblüte". Dies bezieht sich auf die Form der kleinen Blütenstände (Cyathien), die mit ihren leuchtend roten Hochblättern (Brakteen) ein geschlossenes, schuhähnliches Gebilde formen.

Pedilanthus sind nicht ganz leicht zu pflegen. Im hellen Zimmer halten sie nur durch, wenn es ganzjährig warm ist und eine zumindest mittlere Luftfeuchte herrscht.

Licht: Hell, aber vor direkter Sonne leicht geschützt.

Temperatur: Zimmertemperatur oder wärmer; im Winter um 18 °C, keinesfalls unter 15 °C, wobei die Bodentemperatur 18 °C nicht unterschreiten sollte.

Substrat: Einheitserde, der man etwa $1/3$ groben Sand untermischt; pH um 6.

Feuchtigkeit: Mäßig feucht halten. Im Winter nur gießen, wenn die Erde fast völlig abgetrocknet ist. Trockene Luft wird auf die Dauer schlecht vertragen, doch ist auch eine zu hohe Luftfeuchte (etwa über 70 %) nachteilig, weil sie den Befall mit Mehltaupilzen begünstigt. Am besten sind Werte um 50 bis 60 %.

Düngen: Von Frühjahr bis Herbst alle 1 bis 2 Wochen mit Blumendünger gießen.

Pedilanthus tithymaloides

Umpflanzen: Alle 1 bis 2 Jahre im Frühjahr oder Sommer.

Vermehren: Stecklinge, im Frühjahr oder Sommer geschnitten, wobei die Hände vor dem Milchsaft zu schützen sind, bewurzeln leicht bei etwa 22 bis 25 °C Bodentemperatur. Am besten zwei bis drei Pflanzen in einen Topf setzen, da sie sich kaum verzweigen.

Pelargonium, „Geranien"

Die als Balkonpflanzen verbreiteten „Geranien" (*Pelargonium*-Peltatum- und -Zonale-Hybriden) sind keine Zimmerpflanzen.

Sie werden im Haus nur an einem hellen Platz bei Temperaturen von 8 bis 10 °C überwintert. Noch besser ist es, jährlich im August Stecklinge zu schneiden und diese zu überwintern. In England ist es dagegen verbreitet, niedrigbleibende, kleinblättrige *P.*-Zonale-Hybriden ganzjährig im Zimmer zu pflegen. Ein kühler, luftiger Platz ist Voraussetzung.

Die Englischen oder Edelpelargonien sind nur kurzfristige Gäste des Hauses und nicht für längere Aufenthalte gedacht. Am besten ist es, eine knospige Pflanze zu erwerben. Leider ist die Blüte recht bald vorbei und neue folgen nicht, das heißt, man hat sich bis heute vergeblich um remontierende (= immer wieder neue Blüten hervorbringende) Edelpelargonien bemüht. Im Sommer stehen sie hell, aber vor direkter Sonne leicht geschützt bei Temperaturen um 21 °C. Im Winter benötigen sie etwa 60 Tage lang Temperaturen um 12 °C bei einer gleichzeitigen täglichen Belichtungsdauer unter 12 Stunden. Die Blüten entwickeln sich erst, wenn anschließend Langtage über 12 Stunden herrschen. Etwa im Mai blühen die Pflanzen, leider aber nur für wenige Wochen.

Sehr interessant, jedoch in Kultur nicht übermäßig attraktiv sind einige stark sukkulente Pelargonien, die luftigen Stand und sehr viel Sonne brauchen. Wir überwintern sie bei etwa 10 °C. Während der Ruhezeit erhalten blattabwerfende Arten nur sporadisch Wasser. Diese sukkulenten Arten empfehlen sich nur für den erfahrenen Pfleger.

Pelargonium tomentosum

Klein, aber attraktiv bunt gefärbt sind die Blätter der Pelargonium-Zonale-Hybride 'Chelsea Gem'

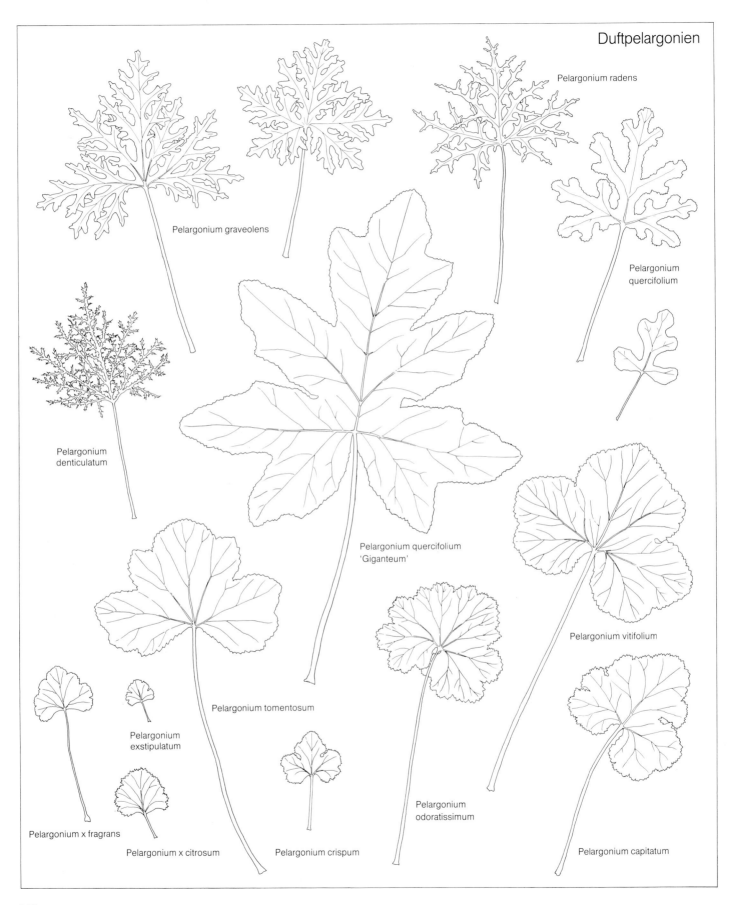

Die wichtigsten und im Zimmer verbreitetsten Pelargonien sind die „Duftgeranien", jene Arten, deren Blätter beim Berühren einen intensiven Duft verströmen. Dieser Duft kann so stark sein, daß er empfindlichen Nasen schon unangenehm ist. Die deutschen Namen beschreiben den jeweiligen Duft einer Art: Rosengeranien (*P. capitatum, P. graveolens, P. radens*), Zitronengeranien (*P. crispum, P. × citrosum*) und Pfefferminzgeranien (*P. tomentosum, P. exstipulatum*). An Phantasie sollte man es beim Nachprüfen nicht fehlen lassen. Weitere empfehlenswerte Duftgeranien sind *P. × fragrans, P. denticulatum, P. odoratissimum, P. quercifolium* mit der großblättrigen Sorte 'Giganteum' sowie *P. vitifolium*.

Im Handel fast nie zu finden ist *P. graveolens*; sie wird – da Stecklinge leicht wurzeln – von Blumenfreund zu Blumenfreund weitergegeben und ist sicher die häufigste Pelargonie dieser Gruppe. Allerdings handelt es sich meist um Kulturformen und Hybriden mit *P. radens*. *P. graveolens* kann nahezu 1 m Höhe erreichen und verzweigt sich gut. Es stellt, wie auch die anderen Duftgeranien, nur geringe Ansprüche.

Licht: Heller bis sonniger Stand.
Temperatur: Luftiger Platz mit Zimmertemperatur. Von Mai bis September/Oktober Freilandaufenthalt empfehlenswert. Im Winter um 10 °C.
Substrat: Übliche Fertigerden; pH um 6. Für die hochsukkulenten Arten empfehlen sich durchlässige, sandig-lehmige Mischungen.
Feuchtigkeit: Stets mäßig feucht halten. Im Sommer hoher Wasserbedarf. Im Winter je nach Temperatur sparsamer gießen. Hochsukkulente Arten erfordern eine besondere Pflege.
Düngen: Mit Ausnahme der hochsukkulenten Arten wöchentlich mit Blumendünger gießen, im Winter alle 3 bis 4 Wochen. Laubabwerfende Arten nur von Frühjahr bis Sommer alle 2 bis 3 Wochen mit Kakteendünger gießen.
Umpflanzen: In der Regel alle 1 bis 2 Jahre im Frühjahr oder Sommer.
Vermehren: Duftgeranien lassen sich leicht aus Stecklingen heranziehen, die man nach dem Anwachsen einmal stutzt. Bei den raren laubabwerfenden Arten ist man meist darauf angewiesen, daß Samen angeboten wird.

Pelargonium-Grandiflorum-Hybride 'Rapture'

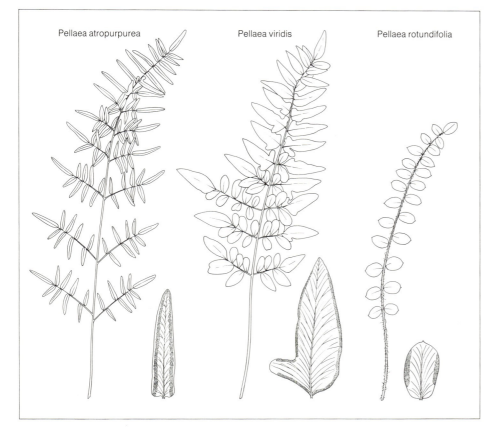

Pellaea

Von den rund 80 Arten der Farngattung *Pellaea* findet sich meist nur *P. rotundifolia* aus Neuseeland im Handel. Die bis 20 cm langen, einfach gefiederten Blätter tragen fast kreisrunde, kurzgestielte, ledrige Fiederblättchen. Die Wedel erheben sich nur wenig oder liegen gar dem Boden auf. Dieser Kleinfarn verträgt auch hellere Plätze und entwickelt sich gut im nicht zu warmen Zimmer.

In jüngster Zeit kultivieren die Gärtner häufiger *P. viridis*, die bis zu 60 cm lange Wedel besitzt mit schwarzem Stiel und frischgrünen Blättchen. Sie schätzt etwas höhere Temperaturen. Dagegen erträgt die aus Nordamerika stammende, mit hübschen bräunlichen bis purpurnen Wedeln versehene *P. atropurpurea* sogar leichten Frost.

Licht: Hell; nur vor direkter Sonne besonders während der Mittagsstunden schützen.
Temperatur: Übliche Zimmertemperatur; *P. rotundifolia* im Winter um 15 °C. Die Temperatur kann auch kurzfristig auf 8 °C absinken.
Substrat: Wächst gut in Einheitserde, auch in TKS und Compo Sana; pH um 6.

Feuchtigkeit: Empfindlich gegen Nässe, besonders im Winter. Stets mäßige Feuchtigkeit ist angemessen.
Düngen: Von April bis September alle 3 bis 4 Wochen mit Blumendünger gießen.
Umpflanzen: Jährlich von Frühjahr bis Sommer möglich.
Vermehren: Durch Sporen (s. Seite 91).

Pellionia

Manchen Pflanzen gelingt es nicht, trotz ihrer Schönheit und vielfältigen Verwendbarkeit einen festen Platz im Topfpflanzensortiment zu erobern. Dazu gehören auch die Pellionien, für die hier ein wenig Werbung gemacht werden soll. Was sie brauchen, ist ein Platz mit nicht zu geringer Luftfeuchte und Temperaturen, die auch im Winter nicht unter 16 °C, besser 18 °C absinken. Ideal ist ein geschlossenes Blumenfenster oder eine Vitrine. Für diese Standorte gibt es kaum einen schöneren Bodendecker. Aber auch als Ampelpflanze bieten sie sich an.

Aus der Verwendung wird deutlich, daß wir es bei diesen Nesselgewächsen (Urticaceae) mit kriechenden Kräutern zu tun haben. Rund 50 Arten sind aus Asien und von den Pazifischen Inseln bekannt. Darunter sind auch Sträucher. In Kultur befinden sich nur die niederliegenden *Pellionia pulchra* und *P. repens*. Die schönste ist wohl *P. pulchra* mit ihren rötlich gefärbten Stielen und den wechselständigen Blättern, die auf silbergrauer Grundfarbe entlang der Adern dunkeloliv getönt sind. Sie wächst langsamer als *P. repens* und ist daher auch sehr für Flaschengärten zu empfehlen.

P. repens begegnet uns auch unter dem Namen *P. daveauana*. Die Blattoberseite weist einen dunklen Bronzeton auf, der mit zunehmendem Alter in ein Olivgrün übergeht. Die Blattmitte hat einen großen hellgrünen Fleck, der je nach Typ nahezu die gesamte Blattfläche einnehmen kann. Unter den Namen *P. repens* 'Argentea' und *P. repens* var. *viridis* ist eine Pflanze in Kultur, die im Gegensatz zur Art völlig silbriggrüne Blätter ohne Zeichnung besitzt.

Licht: Hell bis halbschattig; keine direkte Sonne.
Temperatur: Zimmertemperatur oder wärmer. Auch im Winter sollte die Temperatur möglichst nicht unter 18 °C liegen, obwohl Pellionien auch kurzfristig niedrigere Temperaturen bis nahe 10 °C aushalten. Wichtig ist, daß bei solch niedrigen Lufttemperaturen der Boden immer noch ein wenig wärmer bleibt. „Kalte Füße" führen zu Verlusten.
Substrat: Torfsubstrate wie Einheitserde und TKS, auch gemischt mit maximal $1/2$ Styromull oder Sphagnum; pH 5 bis 6.
Feuchtigkeit: Stets feucht halten, nie austrocknen lassen. Besonders bei niedrigen Temperaturen keine Nässe aufkommen lassen. Luftfeuchte immer über 50 %.
Düngen: Alle 2 bis 3 Wochen, im Winter alle 5 bis 6 Wochen mit Blumendünger gießen.
Umpflanzen: Alle 1 bis 2 Jahre, wenn die Pellionien nicht ausgepflanzt sind.
Vermehren: Ab März Stecklinge schneiden und bei Bodentemperaturen über 22 °C bewurzeln. Fünf oder mehr Pflanzen pro Topf setzen.

Pentas

Pentas lanceolata, ein afrikanisches Krappgewächs (Rubiaceae), wird in jüngster Zeit wieder sowohl als Schnittblume als auch als Topfpflanze angeboten. Die langröhrigen, weißen, rosa bis violetten Blüten stehen zu vielen in kugeligen Trugdolden. Die käuflichen Topfpflanzen werden heute ausnahmslos mit Hilfe von Wuchshemmstoffen kurz gehalten. Früher haben sie die Gärtner mehrfach gestutzt. Je nach Kultur beginnt die Blüte im Sommer und reicht bis in den Winter.

Licht: Sonniger Platz erforderlich, da die Pflanzen sonst lang werden und die Standfestigkeit verlieren.
Temperatur: Zimmertemperatur, im Winter 10 und 15 °C.
Substrat: Einheitserde oder TKS; pH um 6.
Feuchtigkeit: Stets mäßig feucht halten. Im Sommer haben die Pflanzen einen hohen Wasserbedarf. Im Winter machen sie wegen der ungünstigen Lichtverhältnisse eine leichte Ruhe durch, während der sie sparsam zu gießen sind.
Düngen: Von Frühjahr bis in den Spätherbst wöchentlich mit Blumendünger gießen.
Umpflanzen: In der Regel mehrmals während der Kulturzeit.
Vermehren: Am besten zieht man jährlich ab März neue Pflanzen aus Stecklingen heran. Sie bewurzeln leicht bei Bodentemperaturen um 22 °C und hoher Luftfeuchte. Nach der Bewurzelung mehrmals stutzen, um buschige Pflanzen zu erzielen.
Besonderheiten: Gärtner gießen die Pflanzen mehrmals mit 0,5%igem Gartenbau-Cycocel. Die Wirkung läßt nach einiger Zeit nach, und das ungebremste Wachstum setzt ein.

Peperomia, Zwergpfeffer

Die Zahl der Peperomien-Arten wird auf rund 1000 geschätzt. Wen wundert es da, daß die exakte Benennung der Pflanzen nicht selten Schwierigkeiten bereitet? Auch in Kultur befinden sich viele Arten und Auslesen. Das gärtnerische Handelssortiment nimmt sich dagegen recht bescheiden aus. Nur fünf bis sechs verschiedene Peperomien finden sich regelmäßig. Aber immer

Pellionia pulchra

Pentas lanceolata

Drei Beispiele aus der Vielfalt des Peperomien-Sortiments: Peperomia clusiifolia mit rotgerandetem Laub, P. obtusifolia mit den auffällig gelb-grün panaschierten Blättern und die schönblühende P. fraseri.

wieder tauchen weitere auf, so daß es sich lohnt aufzupassen.
Alle Peperomien sind krautige Pflanzen mit mehr oder weniger fleischigen Blättern. In tropischen und subtropischen Gebieten vornehmlich des amerikanischen Kontinents ist die Heimat zu suchen. Sie gehören zwar den Pfeffergewächsen (Piperaceae) an und wurden früher mit dem Pfeffer zur Gattung *Piper* gerechnet, sind aber nun als *Peperomia* eigenständig. Vom Pfeffer leitet sich der botanische und der deutsche Name ab.
Peperomien wachsen dann leicht, wenn sie es warm genug haben und vorsichtig gegossen werden. Das zu häufige Gießen ist in vielen Fällen die Ursache des Faulens von Wurzeln und Stammgrund. Peperomien kommen sehr häufig als Epiphyten vor, wachsen also im Mulm der Bäume. Dort ist es zwar nie längere Zeit trocken, aber es herrscht stets nur eine milde Feuchtigkeit, da das überschüssige Wasser abläuft. Entsprechend sind die Peperomien auch in Kultur zu behandeln. Nässe ist Gift für sie!
Die im Handel verbreitetste Peperomie ist *P. obtusifolia* in verschiedenen gelb-grün panaschierten Auslesen. Sie trägt steife, verkehrt eiförmige bis elliptische, kurzgestielte Blätter. Im Zimmer verträgt sie – genügend Wärme vorausgesetzt – selbst relativ trockene Luft. Auch in Hydrokultur hat sie sich gut bewährt. Genauso robust sind zwei mit zunehmender Trieblänge überhängende, sich sehr ähnelnde Arten: *P. serpens* und *P. glabella*, ebenfalls in buntlaubigen Formen.

Während diese Zwergpfeffer deutliche Stämmchen bilden, gibt es auch einige Arten, deren Sproß so kurz bleibt, daß die Blätter rosettenähnlich beieinanderstehen. Am bekanntesten ist *P. argyreia*. Das mit langen roten Stielen versehene Blatt ist schildförmig, das heißt, der Stiel mündet nicht am Rand in die Blattspreite, sondern auf der Blattunterseite innerhalb der Spreite. Die dunkelgrüne Blattfläche weist zwischen den Adern große weiße Streifen auf.
Eine weitere rosettig wachsende Art ist *P. caperata*, die an ihrem stark runzeligen Blatt leicht kenntlich ist. Sie ist – besonders in der grün-weißen Auslese – empfindlicher und stellt höhere Ansprüche. *P. caperata* hat im Vergleich zu den vorigen Arten den Vorteil, regelmäßig zu blühen. Allerdings sind die langen Stiele mit dem weißen, ebenfalls langen Blütenstand, der nur wenig dicker ist als der Stiel, nicht sonderlich attraktiv. Will man eine Peperomie der Blüten wegen halten, so empfiehlt sich *P. fraseri* (syn. *P. resediflora*) mit ihren weißen, angenehm duftenden Blütenkugeln. Die Blüten entstehen nur unter Kurztagbedingungen. Gelegentlich finden wir noch *P. griseo-argentea* im Angebot, eine mehr oder weniger rosettig wachsende Art mit glattem, oberseits silbrigem Laub.
Lange Sprosse bilden alle Peperomien mit wirtelig stehendem Laub aus. Ihre Benennung ist besonders unsicher, weshalb viele unter dem Sammelbegriff *P. verticillata* zusammengefaßt werden. Insgesamt bietet die Gattung eine solche Fülle schöner Arten, daß wir sie nicht annähernd ausschöpfen können. Sie reicht von Pflanzen mit großen, rot gerandeten Blättern wie *P. clusiifolia* bis hin zu kriechenden Arten mit winzigen Blättern wie zum Beispiel *P. reptilis*.

Licht: Hell bis halbschattig; keine direkte Sonne.
Temperatur: Warm; auch im Winter nicht unter 18 °C. Die Bodentemperatur sollte nicht unter den genannten Wert absinken.
Substrat: Übliche Torfsubstrate wie Einheitserde oder TKS; pH um 6.
Feuchtigkeit: Stets mäßig feucht, aber nie naß halten. Die Luftfeuchte sollte nicht unter 50 %, bei empfindlichen Arten nicht unter 60 % absinken.
Düngen: Von Frühjahr bis Herbst alle 2 Wochen, im Winter alle 4 Wochen mit Blumendünger gießen.
Umpflanzen: In der Regel jährlich im Frühjahr oder Sommer.
Vermehren: Kopf- oder Triebstecklinge, bei rosettig wachsenden Arten Blattstecklinge mit einem Stielrest nicht über 1 cm, bewurzeln bei Bodentemperaturen über 20 °C. Die beste Zeit ist im Frühjahr oder Sommer.
Pflanzenschutz: Verschiedene Pilze verursachen Stengel- und Blattfäulen. Sie können sich aber nur ausbreiten, wenn zu hohe Feuchtigkeit im Boden herrscht, ganz besonders in Verbindung mit niedrigen Temperaturen.

Pereskia

Die nichtblühenden Pflanzen sind weniger attraktiv als kurios – Kakteen mit Blättern sind schon etwas Ungewöhnliches. Bei den *Pereskia*-Arten sind es sogar richtige Blätter, nicht wie bei den Blatt- oder Phyllokakteen blattähnliche Sprosse. Mit ihrem verzweigten Stamm und den beblätterten Zweigen sehen sie einem „üblichen" Kugel- oder Säulenkaktus nicht ähnlich. Man nimmt an, daß so wie *Pereskia* die ursprünglichen Vertreter dieser Familie ausgesehen haben.
Die rund 20 Arten dieser früher auch *Peireskia* genannten Gattung kommen im tropischen Amerika in regengrünen Wäldern vor. Auch sie werfen meist jährlich ihre fleischigen Blätter ab. Die Blätter und auch die Beeren werden in ihrer Heimat gerne verzehrt. Die Pflanzen wachsen zu 10 m hohen Bäumen heran oder klimmen mit ihren meterlangen Sprossen auf andere Gehölze hinauf. Zu der letztgenannten Gruppe zählt die in Kultur verbreitetste Art, *Pereskia aculeata*. Sie wird wegen ihrer 4 cm großen, duftenden, weißlichen Blüten, die

Pereskia aculeata

im Sommer erscheinen, gerne gepflegt. Allerdings unterscheidet sich die Behandlung deutlich von der anderer Kakteen. Pereskien wollen mehr Feuchtigkeit und im Winter auch mehr Wärme als die meisten anderen.
Licht: Hell bis leicht schattig, vor direkter Sonne mit Ausnahme der Morgen- und Abendstunden geschützt.
Temperatur: Warm, auch im Winter nicht unter 15 °C.
Substrat: Kakteenerde, die bis zu 50 % Torf enthalten kann; pH 5,5 bis 7.
Feuchtigkeit: Pereskien können keine längere Trockenzeit unbeschadet überdauern. Sie wollen regelmäßig gegossen werden, ohne daß Nässe aufkommen darf. Im Winter sparsam gießen, doch die Erde nie völlig austrocknen lassen. Pereskien werfen dann ihre Blätter nicht ab, was sich als besser erwiesen hat.
Düngen: Vom Frühjahr bis Herbst alle 2 Wochen mit Blumendünger gießen.
Umpflanzen: In der Regel alle 1 bis 2 Jahre im Frühjahr oder Sommer.
Vermehren: Stecklinge von etwa 5 bis 10 cm Länge bewurzeln leicht bei etwa 25 °C Bodentemperatur und feuchter Luft. Beste Zeit ist das Frühjahr.
Besonderheiten: Wer von Weihnachtskakteen Hochstämmchen heranziehen will, kann *P. aculeata* als Pfropfunterlage verwenden.

Persea, Avocado

Liebhaber tropischer Früchte holen sich gerne die birnenähnlichen Avocados aus Feinkostgeschäften. Das sehr nahrhafte, wohlschmeckende Fruchtfleisch umschließt einen großen Kern. Aus ihm läßt sich ohne Mühe eine kleine Avocadopflanze heranziehen. Allerdings sollte man nicht allzuviel erwarten. Die Sämlinge zieren nicht sonderlich. Der Stiel bis zu den ersten Laubblättern ist lang, und es dauert meist lange, bevor er sich verzweigt. Stutzen nutzt nicht viel; es entstehen bestenfalls zwei Neutriebe. Ab etwa 1 m Höhe beginnt ohne unser Zutun die Verzweigung, doch paßt die Pflanze kaum mehr auf die Fensterbank. Die rund 140 Arten umfassende Gattung *Persea* zählt zur Familie der *Lauraceae*, ist somit mit dem Lorbeer verwandt. Die aus Mittel- und Südamerika stammende *P. americana* ist inzwischen in den Tropen weltweit verbreitet.
Licht: Hell, nur vor direkter Mittagssonne leicht geschützt.
Temperatur: Zimmertemperatur. Ältere Exemplare im Kübel können während des Winters kühl stehen bis minimal 10 °C.
Substrat: Einheitserde oder TKS; man mischt am besten $1/3$ krümeligen Lehm bei; pH 6,5 bis 7.
Feuchtigkeit: Große, reich beblätterte Kübelpflanzen haben besonders im Sommer einen hohen Wasserbedarf. Im Winter dem Standort angepaßt sparsamer gießen.
Düngen: Von Frühjahr bis Herbst wöchentlich, im Winter je nach Temperatur nur alle 3 bis 8 Wochen mit Blumendünger gießen.
Umpflanzen: Junge Pflänzchen jährlich, ältere Exemplare im Kübel nur in großen Abständen.
Vermehren: Vom Fruchtfleisch getrennte Kerne in Erde stecken oder so über einem Glas befestigen, daß das Wasser bis an die Unterkante heranreicht. Temperatur nicht unter 20 °C.

Avocado, Persea americana

Phalaenopsis

Es ist noch gar nicht lange her, da galten Orchideen der Gattung *Phalaenopsis* als heikel und nur etwas für Profis mit Gewächshäusern oder ähnlicher Ausstattung. Heute gehören diese Orchideen zu den beliebtesten und am häufigsten kultivierten. Dieser Sinneswandel hat seine Gründe: Eine Vielzahl guter Züchtungen hat die bisher verbreiteten Arten weitgehend abgelöst. Die neuen Sorten sind auch bei Zimmerkultur leichter zu halten, wenn nur die Luftfeuchte nicht zu niedrig ist. Ihre Blühfreudigkeit und -dauer – oft mehrmals im Jahr – ist sprichwörtlich. Sie haben somit alle Voraussetzungen für eine „Liebhaberorchidee", auch für solche Blumenfreunde, denen es noch an Erfahrung im Umgang mit Orchideen mangelt.

In der Regel handelt es sich um *Phalaenopsis*-Amabilis-Hybriden. In viele Sorten sind auch andere der rund 55 Arten eingekreuzt. Das Verbreitungsgebiet der „Nachtfalter-Orchideen" erstreckt sich über das tropische Asien, Indonesien und Ozeanien. Dort wachsen sie meist als Epiphyten im Schutz großer Bäume. Die Temperatur sinkt auch nachts nicht allzu sehr ab. An Feuchtigkeit fehlt es während des ganzen Jahres nicht. Die Blüten stehen in Trauben oder Rispen und sind nicht selten auffällig gefärbt. Ein hübsches Beispiel ist *Phalaenopsis violacea*, deren Blütenblätter außen grünlich gefärbt sind und zur Basis in ein kräftiges Rot übergehen. Auch die Lippe ist rot. Andere weisen eine lebhafte Zeichnung auf, wie *P. lueddemanniana* mit ihrer purpurlila Bänderung auf meist rahm- bis rosafarbenem Grund. Mit den Wildarten sollte sich nur der erfahrene Orchideenfreund befassen, der über eine Blumenvitrine oder ein Kleingewächshaus verfügt.

Licht: Hell bis halbschattig; keine direkte Sonne.
Temperatur: Der kritische Punkt liegt bei 16 °C. In der Regel sollte die Temperatur nicht unter diesen Wert absinken, auch nicht im Winter während der Nacht. Zur sicheren Blütenbildung läßt man aber im Winter für 3 bis 4 Wochen die Nachttemperatur auf 13 bis 17 °C absinken. Im Sommer ist 20 °C nachts kühl genug. Tagsüber kann das Thermometer im Winter auf 22, im Sommer bis auf 28 °C ansteigen.
Substrat: Für *Phalaenopsis* haben sich die verschiedenen Orchideenrinden durchgesetzt. Sie gewährleisten den fleischigen Wurzeln eine optimale Belüftung.

**Phalaenopsis
(Kurt Hausermann)**

Phalaenopsis (Lipperose)

Feuchtigkeit: Ganzjährig mäßig feucht halten. Immer erst dann gießen, wenn das Substrat etwas abgetrocknet ist. Nicht völlig austrocknen lassen. Hartes Wasser entsalzen! Luftfeuchte ist in Wohnräumen häufig zu niedrig. Sie sollte mindestens 60, noch besser 70 % betragen. Viele moderne Hybriden nehmen mit weniger feuchter Luft vorlieb.
Düngen: Während des deutlichen Wachstums alle 2 Wochen mit Blumendünger in halber Konzentration gießen.
Umpflanzen: Alle 2 bis 3 Jahre im Frühjahr oder auch jeweils nach der Blüte.
Vermehren: *Phalaenopsis* sind monopodial wachsende Orchideen, bilden also eine durchgehende Sproßachse und verzweigen sich nur ganz selten. Sie bilden aber gelegentlich kleine Pflänzchen an den Blütenstielen (Keikis), die nach kräftiger Wurzelbildung einzutopfen sind. Mit Wuchsstoffpasten läßt sich diese Art der Kindelbildung provozieren. Hybriden mit viel *P.-lueddemanniana*-Blut bilden regelmäßig Kindel.
Besonderheiten: Abgeblüte Blütenstiele nicht völlig abschneiden, da *Phalaenopsis* daran mehrmals Blüten entwickeln und sich dort auch – wie erwähnt – Jungpflanzen bilden. Nur auf zwei Augen zurückschneiden.

Philodendron selloum

Philodendron, Baumfreund

Wenn wir an einen undurchdringlichen Urwald denken, dann gehört auch *Philodendron* zu diesem Bild. Sie klettern an Bäumen empor und senden ihre langen Luftwurzeln bis zum Boden herab. Diese Vorstellung trifft nur auf einen Teil der rund 200 Arten zu. Neben diesen kletternden *Philodendron* gibt es aufrecht wachsende, mehr oder weniger hohe Stämme bildende. Manche Arten wachsen zu riesigen Exemplaren mit meterlangen Blättern heran. Das Laub kann ganzrandig oder eingeschnitten bis gefiedert sein. Mit Beginn des 19. Jahrhunderts entdeckte man sie in zunehmender Zahl als attraktive Blattpflanzen. Heute gibt es neben den schon vielzähligen Arten noch manche Kulturformen.

Das Interesse an Baumfreunden hat seinen Grund nicht nur in den attraktiven Blättern, sondern auch in der meist guten Haltbarkeit im Zimmer. Trotz allem ist die Gattung „schwierig", aber weniger für den Kultivateur, sondern für den Botaniker, der sich um eine exakte Unterscheidung bemüht. Ihm stellen *Philodendron* manche noch ungelöste Fragen. *Philodendron* haben zum Beispiel die Eigenschaft, in der Jugend andere Blattformen zu bilden als im Alter.

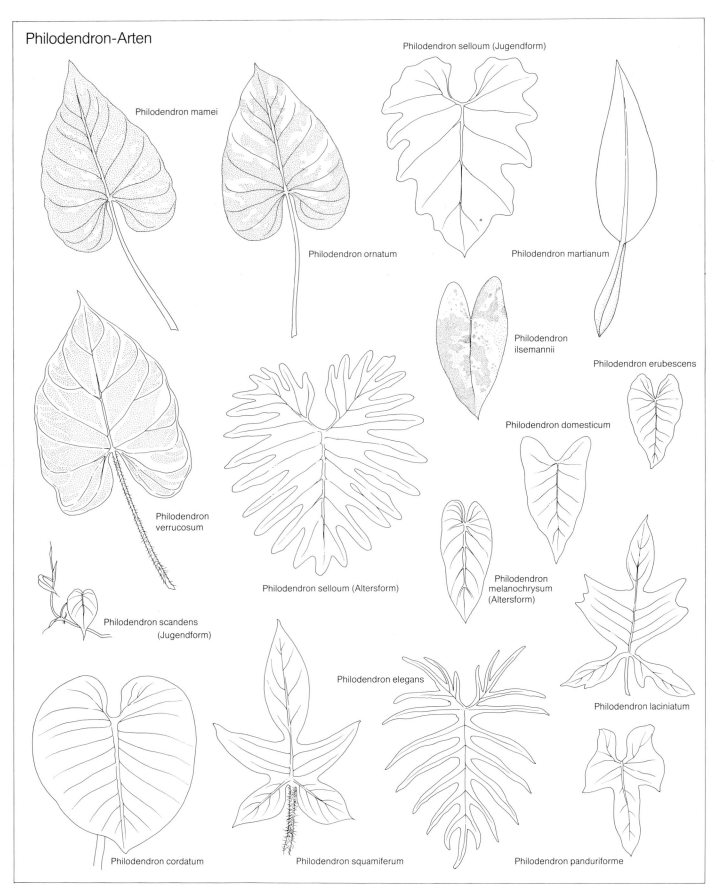

Dies kennen wir auch von unserem Efeu. Die Blätter können aber auch durch verschiedene Kulturbedingungen modifiziert sein. Ein Beispiel dafür ist das schöne, nahezu schwarzblättrige *Philodendron melanochrysum*. Es hat eirunde bis herzförmige Blätter. Daneben unterschied man bislang *P. andreanum* mit nahezu pfeilförmigem Laub. Erst jetzt hat man erkannt, daß *P. andreanum* die Altersform von *P. melanochrysum* ist.

Unter dem Namen *P. selloum* wird in Europa eine Pflanze gehandelt, die sich von der gleichen Namens in den USA unterscheidet. Dort sieht sie aus wie bei uns *P. bipinnatifidum*. Nicht auszuschließen ist, daß es sich um die gleiche Art handelt. Wenn wir nun noch daran denken, daß unser „Zimmerphilodendron" nicht dieser Gattung, sondern *Monstera* zugerechnet wird, dann ist die Verwirrung perfekt. Wir dürfen uns also nicht wundern, wenn gleich aussehende Pflanzen unter verschiedenem Namen gehandelt werden.

Die Pflege der meisten *Philodendron* unterscheidet sich zum Glück nicht. Nur wenige sind bekannt dafür, daß sie besser im geschlossenen Blumenfenster oder im Gewächshaus gedeihen, zum Beispiel *P. martianum*, *P. melanochrysum* und *P. verrucosum*. *P. martianum* fällt wegen der bis 4 cm dicken, wie aufgeblasen wirkenden Blattstiele auf. Die großen, herzförmigen Blätter von *P. verrucosum* changieren in verschiedenen Grün- und Brauntönen. Die Blattstiele sind dicht mit grünen Borsten besetzt. Auf die dunkelgrünen, fast schwarzen Blätter von *P. melanochrysum* (syn. *P. andreanum*) habe ich bereits hingewiesen. Das verbreitetste *Philodendron* ist das – in der ausschließlich kultivierten Jugendform – kleinblättrige *P. scandens*, eine Ampel- oder Hängepflanze ähnlich *Epipremnum aureum*. Wegen des guten Wachstums und der leichten Vermehrbarkeit hat *P. erubescens* mit seinen bis 35 cm langen, länglich-pfeilförmigen Blättern verstärkt Eingang in die gärtnerische Produktion gefunden. Von ihm gibt es Sorten wie die rotlaubige 'Burgundy'. Sein „Blut" mag auch in nicht exakt einzuordnenden Hybriden wie der ebenfalls rotlaubigen 'Mandaianum' stecken. Eine ähnliche Blattform haben *P. domesticum* und *P. hastatum*. Unter den geschlitztblättrigen Arten dominieren *P. selloum*, *P. bipinnatifidum* sowie *P. elegans*.

Viele *Philodendron* werden dort, wo sie sich wohlfühlen, sehr groß und müssen von Zeit zu Zeit zurückgeschnitten werden. Ab einer bestimmten Länge brauchen sie eine Stütze. Blüten darf man nur bei älteren Exemplaren erwarten, nicht bei den Arten, die bei uns nur in Jugendformen vertreten sind. Leicht zur Blüte kommt dagegen *P. erubescens*. Es sind typische Aronstab-Blütenstände mit einem Kolben und dem mehr oder weniger auffälligen Hochblatt (Spatha).

Licht: Helle, aber vor direkter Sonne geschützte Standorte. Auch halbschattige Plätze werden noch toleriert, besonders von *P. scandens*.

Temperatur: Zimmertemperatur, bei hellem Stand im Sommer bis 30 °C. Im Winter nachts bis auf 16 °C absinkend. Empfindlichere Arten wie *P. martianum*, *P. melanochrysum* und *P. verrucosum* nicht unter 18 °C. Bodentemperatur nicht unter Lufttemperatur.

Substrat: Torfsubstrate wie Einheitserde oder TKS; pH 5 bis 6,5.

Feuchtigkeit: Stets mäßig feucht halten. Empfindliche Arten nicht unter 60 % Luftfeuchte. Die meisten ertragen jedoch auch trockene Zimmerluft gut.

Düngen: Von Frühjahr bis Herbst alle 1 bis 2 Wochen, im Winter alle 4 bis 6 Wochen mit Blumendünger gießen.

Umpflanzen: Alle 1 bis 2 Jahre von Frühjahr bis Herbst möglich.

Vermehren: Viele Arten bilden bereits Wurzelansätze an den Sproßknoten aus. Die Stecklinge werden unterhalb dieser Stellen geschnitten und bei Bodentemperaturen über 25 °C sowie gespannter Luft in kurzer Zeit bewurzelt.

Stammbildende Arten lassen sich am sichersten vermehren und verjüngen, indem man abmoost.

Pflanzenschutz: Bei längerem Stand in nasser Erde oder zu niedrigen Substrattemperaturen oder, bei Hydrokultur, Nährlösungstemperaturen tritt Wurzelfäule auf. Pflanzen trockener und im Wurzelbereich wärmer halten. Gießen mit Orthocid 83 kann den Befall nur lindern. Vorsicht, einige *Philodendron* sind empfindlich gegen Blattglanzmittel!

Philodendron elegans

Philodendron melanochrysum (Jugendform)

Phlebodium aureum

Stark behaartes Rhizom von Phlebodium aureum

Phlebodium

Aus dem tropischen Südamerika stammt dieser interssante Farn mit seinen großen, bei alten Exemplaren meterlangen, tief fiederspaltigen blaubereiften Blättern, der den zunächst verwirrenden Namen *Phlebodium aureum* trägt. „Aureus" heißt goldgelb, und dies vermag der Betrachter zunächst nicht mit den bläulich bereiften Blättern in Verbindung zu bringen. Erst wenn auf der Blattunterseite die großen Sporenhäufchen erscheinen, versteht man die Namensgebung. Die Sporenlager sind kräftig gelb gefärbt und stehen so in reizvollem Kontrast zum blaugrünen Blatt. Das Laub entspringt dem flach über den Boden kriechenden, gelblichbraun behaarten Rhizom, das eine weitere Zierde dieser Pflanze ausmacht. Wer Platz genug hat, sollte auf diesen hübschen und haltbaren Zimmerfarn nicht verzichten.

Meist findet man die etwas schwächer wachsende Sorte 'Glaucum' oder die größere 'Mandaianum' mit gekrausten, unregelmäßigen Blattspitzen.

Licht: Keine direkte Sonne; halbschattig, aber nicht zu dunkel.
Temperatur: Gedeiht bei üblicher Zimmertemperatur; im Winter kühler, aber nicht unter 12°C.
Substrat: Wächst gut in Einheitserde; pH um 5,5.
Feuchtigkeit: Erde nie austrocknen lassen; immer für schwache Feuchtigkeit sorgen. Trockene Luft verträgt *P. aureum* besser als andere Farne, dennoch sollte ein mittlerer Wert von mindestens 50% angestrebt werden.

Düngen: Während der Hauptwachstumszeit alle 2 Wochen mit Blumendünger gießen. Kräftiges Wachstum ist gut erkennbar an der Rhizomspitze: Die frischen „Haare" sind hell gefärbt; im Winter dagegen findet man nur die älteren bräunlichen Rhizomschuppen. In der übrigen Zeit nur sporadisch düngen.

Umpflanzen: Jährlich im Frühjahr. Das behaarte Rhizom nicht mit Erde bedecken, sondern anfangs gegebenenfalls mit Draht befestigen.
Vermehren: Sporenaussaat (s. Seite 91) oder Teilung von Rhizomen mit mehreren Spitzen beim Umpflanzen. Selbst Rhizomstücke von nur 2 cm treiben bei mindestens

Phoenix canariensis

20 °C Bodentemperatur wieder aus. In feuchtwarmer Umgebung sorgen die Sporen häufig für eine unfreiwillige Vermehrung des Farns.

Phoenix, Dattelpalme

Eine echte Dattelpalme (*Phoenix dactylifera*) läßt sich leicht aus den großen Kernen heranziehen. Die Früchte bietet jedes Feinkostgeschäft an. Es macht Spaß zu beobachten, wie sich die Sämlinge entwickeln. Allerdings ist es nicht einfach, Dattelpalmen über längere Zeit im Zimmer bei guter Gesundheit zu halten.
Weit besser gedeiht die von den Kanarischen Inseln stammende Verwandte, *Phoenix canariensis*. Die Arten lassen sich in dem für die Topfkultur einzig geeigneten jugendlichen Stadium nicht leicht unterscheiden. *P. canariensis* ist in der Regel kompakter, die Fiederblättchen sind etwas breiter, weniger gefaltet als die von *P. dactylifera* und dunkelgrün. *P. dactylifera* wirkt dagegen mehr graugrün und lockerer im Aufbau. In den Blumengeschäften finden wir nahezu ausschließlich *P. canariensis*. Selten ist die grazilste der drei als Topfpflanzen gebräuchlichen *Phoenix*-Arten geworden, *P. roebelinii*. Die Wedel mit den feinen Fiederblättchen hängen stärker über. *P. roebelinii* bleibt insgesamt kleiner. Leider ist diese Art etwas anspruchsvoller.
Unter optimalen Bedingungen können *Phoenix*-Arten alt und dann auch recht groß werden. *P. canariensis* erreicht am heimatlichen Standort immerhin 20 m, *P. dactylifera* gar 30 m. *P. roebelinii* bleibt mit rund 2 m noch bescheiden und wäre damit die ideale Art, verhielte sie sich ähnlich robust wie ihre Verwandten von den Kanarischen Inseln. *P. canariensis* ist aus diesem Grund der Vorzug zu geben.
Licht: Sonnig, auch im Winter.
Temperatur: Luftiger Stand; ab Mai bis September ist mit Ausnahme von *P. roebelinii* ein Aufenthalt im Garten zu empfehlen. Im Winter um 10 °C, *P. roebelinii* um 15 °C.
Substrat: Einheitserde, der man bis zu $1/3$ krümeligen Lehm mit etwas grobem Sand beimischt; pH um 6.
Feuchtigkeit: Stets feucht halten. Nie austrocknen, aber auch keine Nässe aufkommen lassen. Die Luftfeuchte sollte nicht zu niedrig sein (nicht unter 50 %), da sonst leicht Spinnmilben auftreten.
Düngen: Von Frühjahr bis Herbst wöchentlich, im Winter alle 2 bis 3 Wochen mit Blumendünger gießen.
Umpflanzen: Jungpflanzen alle 2 bis 3 Jahre; ältere Exemplare nur dann, wenn die Wurzeln das Topfvolumen völlig ausfüllen. Soweit erhältlich, hohe Palmentöpfe verwenden. Wurzeln nicht beschädigen!
Vermehren: Aus Samen.
Pflanzenschutz: Regelmäßig auf Befall mit Spinnmilben kontrollieren. Gegebenenfalls mehrmals im Abstand von 5 Tagen mit Präparaten wie Kelthane spritzen.

Phormium-tenax-Hybride

Phormium, Neuseeländer Flachs

Bei der Überwinterung der Kübelpflanzen wurde der Neuseeländer Flachs bereits erwähnt. Als Topfpflanze sind diese Liliengewächse uns bislang weitgehend unbekannt, aber dies sollte sich demnächst ändern. *Phormium tenax*, das bis 2,5 m hoch und auch sehr umfangreich wird, besitzt keine „Topfmaße". *Phormium colensoi* (syn. *P. cookianum*) bleibt bereits etwas kleiner. Von beiden gibt es eine Reihe kleinbleibender Sorten, die kaum 30 cm Höhe erreichen oder noch weniger. Sie zeichnen sich teilweise durch bronzefarbenes oder weißgestreiftes Laub aus. Bei einigen Sorten ist der straff aufrechte Wuchs verlorengegangen. Die Blätter hängen leicht über.
Für kühle, luftige Plätze sind solche – bislang vorwiegend in England verbreitete – Sorten bestens geeignet. Sie sind leicht zu pflegen, anspruchslos und attraktiv. Passen sie in einen 18- oder 20-cm-Topf nicht mehr hinein, werden sie geteilt.
Licht: Hell, nur vor direkter Mittagssonne geschützt. Bei hoher Luftfeuchte auch vollsonnig. Am heimatlichen Standort kommt *Phormium* direkt an Teichen in voller Sonne vor.
Temperatur: Luftiger Stand. Im Winter genügen 6 bis 8 °C, jedoch nicht mehr als 15 °C.
Substrat: Einheitserde oder TKS mit $1/4$ krümeligem Lehm; pH um 6.
Feuchtigkeit: Stets feucht halten; im Winter nur sparsam gießen.
Düngen: Während kräftigen Wachstums wöchentlich mit Blumendünger gießen.
Umpflanzen: Alle 1 bis 2 Jahre im Frühjahr oder Sommer.
Vermehren: Teilen beim Umtopfen meist erforderlich, da sie kräftig auch in die Breite wachsen.

Phyllitis, Hirschzungenfarn

Unser heimischer Hirschzungenfarn (*Phyllitis scolopendrium*) war früher eine verbreitete und beliebte Zimmerpflanze. In England – wo man ihn vorwiegend ins Freie setzte – gab es eine fast unvorstellbar große Zahl von Spielarten, von denen einige wieder verschwunden sind. Unsere Staudengärtner führen die Art und eine oder zwei Sorten, die jedem auch für's Zimmer zu empfehlen sind, vorausgesetzt, er hat einen kühlen Raum zur Verfügung.
Licht: Halbschattig; keine direkte Sonne.
Temperatur: Kühler, luftiger Platz. Im Winter nicht über 10 °C. Freilandaufenthalt von Frühjahr bis Herbst an halbschattigem Platz.
Substrat: Torfsubstrate wie TKS oder Einheitserde; auch gemischt mit Lauberde; pH 5,5 bis 6.

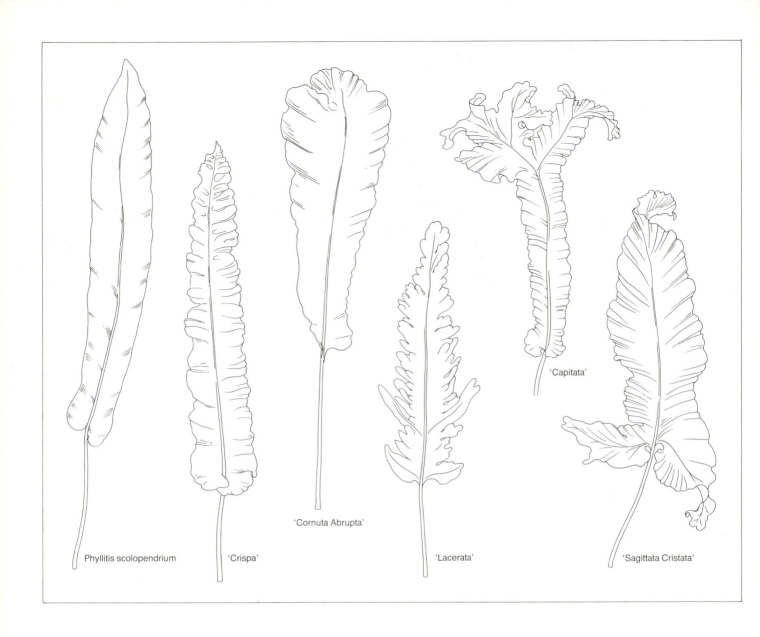

Phyllitis scolopendrium · 'Crispa' · 'Cornuta Abrupta' · 'Lacerata' · 'Capitata' · 'Sagittata Cristata'

Phyllitis scolopendrium 'Crispa'

Feuchtigkeit: Nie austrocknen lassen, sondern stets mäßig feucht halten. Keine trockene Zimmerluft!
Düngen: Von Mai bis September in Abständen von 3 bis 4 Wochen mit Blumendünger gießen.
Umpflanzen: Alle 1 bis 2 Jahre von Frühjahr bis Sommer möglich.
Vermehren: Neben der Sporenaussaat (s. Seite 91) lassen sich abgetrennte Blattstielenden bewurzeln. Dazu trennen wir zwischen Oktober und November die Blätter von den Stielen und stecken die nur wenige Zentimeter langen Stielenden in die Erde. Bei über 20 °C und stets mäßiger Feuchte bewurzeln sie sich und bilden nach 4 bis 5 Monaten kleine Pflänzchen.

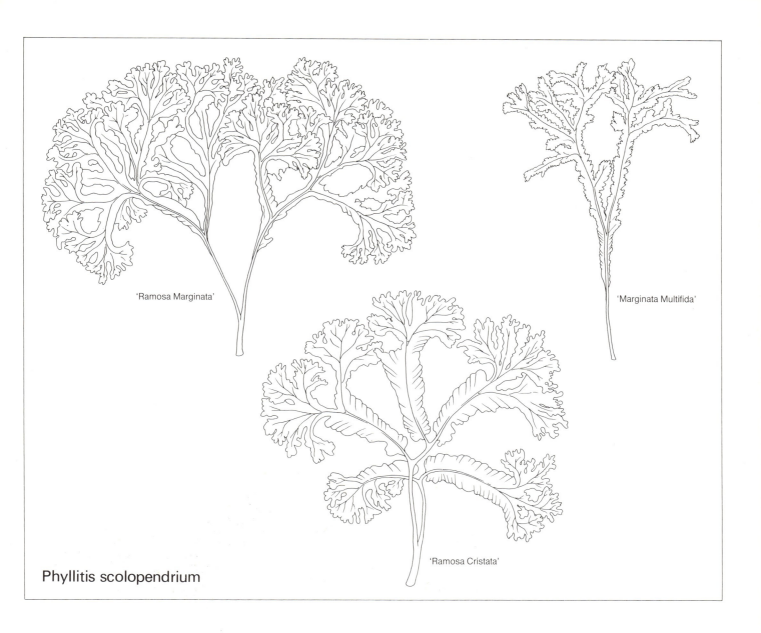

Phyllitis scolopendrium — 'Ramosa Marginata', 'Marginata Multifida', 'Ramosa Cristata'

Phyllocactus

Die beliebten Phyllocacteen sind den Blumenfreunden auch unter Namen wie *Epiphyllum*-Hybriden oder Blattkakteen bekannt. Es ist eine Gruppe schönblühender Pflanzen, die durch Kreuzung verschiedener Arten aus Gattungen wie *Heliocereus*, *Nopalxochia*, *Selenicereus* und Verwandter entstanden. Die Gattung *Epiphyllum* war nicht immer als Kreuzungspartner beteiligt, so daß es sinnvoll ist, diese Mehrgattungsbastarde unter dem Begriff *Phyllocactus*-Hybriden zusammenzufassen. Es gibt unzählige Sorten, die in der Bundesrepublik, in Belgien, England und in der USA entstanden. Die Farben reichen von Weiß über Gelb, Orange bis Dunkelrot. Neben neuen Hybriden mit einem Blütendurchmesser bis zu 30 cm sind altbewährte in den Sortimenten zu finden, wie zum Beispiel 'Pfersdorfii'.

Bei den Eltern der Phyllocacteen handelt es sich um epiphytische, also auf Bäumen lebende oder vom Boden aus auf Bäume hinaufkletternde Pflanzen. Sie kommen in regengrünen Laubwäldern oder den immergrünen Regenwäldern vor. Die Niederschlagsmengen sind besonders an den letztgenannten Standorten erheblich. Wir müssen diese Kakteen deshalb in Kultur viel häufiger gießen als etwa Arten, die aus Trockengebieten stammen.

Ein Problem gibt es bei den Phyllocacteen:

Phyllocactus 'Martha Knebel'

Phyllocactus 'Pfersdorffii'

Die einzelnen Sorten sind Klone, also aus Stecklingen herangezogene Nachkommen jeweils einer Pflanze. Die ständige vegetative Vermehrung hat dazu geführt, daß Krankheitserreger wie Pilze und Viren verbreitet werden und die Bestände heute in hohem Prozentsatz infiziert sind. Abhilfe kann nur die strenge Auswahl von Mutterpflanzen oder aber die Anzucht aus Samen bringen. Leider läßt sich bei der etwas langwierigen Samenvermehrung nicht vorhersagen, ob man eine hübsche oder minderwertige Pflanze erhält. Reingezüchtete Sorten, die „echt" aus Samen fallen, gibt es bislang nicht.

Licht: Hell, aber mit Ausnahme der Wintermonate vor direkter Mittagssonne geschützt. Sonne in den Morgen- und Abendstunden schadet nicht.
Temperatur: Warm; auch im Winter soll im allgemeinen die Temperatur nicht unter 10 bis 15 °C absinken. Aber es handelt sich bei den Phyllocacteen um eine sehr komplexe Gruppe mit – je nach Eltern – unterschiedlichen Ansprüchen. Es gibt auch Pflanzen, denen selbst Temperaturen um 0 °C nichts ausmachen. Man sollte selbst ausprobieren, was den jeweiligen Phyllocacteen am besten bekommt.
Substrat: Kakteenerde mit hohem Torfanteil oder Torfsubstrate wie Einheitserde oder TKS, denen man etwa 1/3 groben Sand beimischt.
Feuchtigkeit: Stets mäßig feucht halten. Auch im Winter immer dann gießen, wenn die Erde abgetrocknet ist. Bei sehr kühler Überwinterung völlig trocken.
Düngen: Von März bis September alle 2 Wochen mit Kakteendünger gießen.
Umpflanzen: Alle 1 bis 2 Jahre nach der Blüte. Große Exemplare teilen.

Vermehren: Pflanzen teilen oder Stecklinge von etwa 10 bis 20 cm Länge schneiden und nach dem Abtrocknen der Schnittfläche in mäßig feuchter Erde bei Bodentemperaturen von mindestens 20 °C bewurzeln. Stecklinge nur von gesund aussehenden Mutterpflanzen schneiden. Messer jeweils nach dem Schnitt über einer Kerze oder besser einer Spiritusflamme abflammen.
Die Aussaat wird man vorwiegend wählen, um gesunde Pflanzen aus infizierten Beständen oder neue Sorten zu gewinnen. Der – vom Fruchtfleisch getrennte – Samen keimt auch bei optimalen Bodentemperaturen von 20 bis 25 °C unregelmäßig, ein Teil erst nach längerer Zeit. Die Sämlinge brauchen auch unter günstigen Wachstumsbedingungen etwa 4 bis 5 Jahre bis zur Blüte.
Besonderheiten: Zwischen den breiten, blattähnlichen Sprossen entstehen gelegentlich dünne, meist dreikantige „Spieße". Sie werden am besten herausgeschnitten, da an ihnen keine oder nur wenige Blüten entstehen. Auch alte Sprosse schneidet man weg, da sie „abgeblüht" sind.
Pflanzenschutz: Häufig entstehen an den Pflanzen ringförmige, sich ausbreitende korkähnliche Flecken. Verschiedene Ursachen können dafür infrage kommen wie zum Beispiel eine Pilzinfektion (*Fusarium* und andere). In den Gärtnereien werden die Pflanzen zwar mit Fungiziden gespritzt, eine sichere Bekämpfung ist aber bislang nicht möglich.

Pilea, Kanonierblume

Mit über 200 Arten ist die Gattung *Pilea* in tropischen und gemäßigten Zonen der Welt verbreitet. Sie gehört zu den Nesselgewächsen (Urticaceae). Die militärisch klingende deutsche Bezeichnung Kanonierblume verdanken sie einer besonderen Eigenschaft: Die windblütigen Blumen schleudern unter bestimmten Bedingungen ihren Blütenstaub fort, so daß er als feine Wolke über der Pflanze zu erkennen ist.
Einige Arten und Sorten eignen sich als Topfpflanzen für warme und temperierte Räume. Die wichtigste Art, *Pilea cadierei*, fand man erst 1938 in Vietnam. Die zwischen den Adern leicht blasig aufgetriebenen gegenständigen Blätter weisen auf grünem Grund in vier Reihen angeordnete weiße Flecken auf. *P. cadierei* ist eine der härtesten Arten und hat nicht so hohe Ansprüche an die Temperatur wie andere Pileen.

**Pilea cadierei (hinten),
P. involucrata 'Norfolk' (links),
P. crassifolia („Moon Valley", rechts)**

Zu den harten Pilea zählt auch *P. microphylla* (syn. *P. muscosa*). Sie hat winzigkleine Blättchen an einem fleischigen, mehr oder weniger waagrecht wachsenden Stengel. Sie ist so anspruchslos, daß sie während der frostfreien Zeit als Einfassungspflanze auf Sommerblumenbeeten dient. Andererseits schadet auch das warme Zimmer nicht.

Nicht unter 18 °C sollte dagegen *P. involucrata* stehen, eine Art mit bronzefarbenen, behaarten, runden Blättern. Sie wird oft als *P. spruceana* angeboten, eine Art, die wahrscheinlich nicht in Kultur ist. Die Sorte 'Norfolk' weist zwei weiße Längsstreifen auf. Wärme und hohe Luftfeuchte verlangt auch eine Kanonierblume, die einiges Kopfzerbrechen bereitet. In den USA bot man sie unter dem Handelsnamen 'Moon Valley' an. Fälschlich nannte man sie dann *P. mollis* und *P. repens*. Nun scheint hoffentlich mit *P. crassifolia* die Identifizierung gelungen zu sein. Sie ist eine der schönsten Kanonierblumen, hat behaarte, eirunde, spitz auslaufende Blätter mit gesägtem Rand. Die frischgrüne Blattfläche ist im Zentrum dunkelrotbraun gefärbt. Das gesamte Blatt ist runzlig.

Neben den genannten gibt es noch einige Sorten wie 'Silver Tree', 'Nana Bronce' und andere, die nicht exakt einzuordnen sind. In Größe und Wuchs entsprechen sie *P. cadierei*, lieben aber etwas höhere Temperaturen.

Die Blüten der *Pilea* sind zwar – wie erwähnt – interessant, aber weniger auffällig, so wie dies bei den Nesselgewächsen üblich ist.

Licht: Hell bis halbschattig, vor direkter Sonne geschützt.
Temperatur: Zimmertemperatur oder wärmer bis zu 25 °C. Die wärmeliebenden Arten im Winter nicht unter 18 °C, *Pilea cadierei* und *P. microphylla* nicht unter 10 °C.
Substrat: Übliche Torfsubstrate wie Einheitserde und TKS; pH 5,5 bis 6,5.
Feuchtigkeit: Stets mäßig feucht halten. Im Winter dem geringeren Bedarf angepaßt weniger gießen. Luftfeuchte bei den wärmeliebenden Arten nicht unter 60%. Sie gedeihen am besten im geschlossenen Blumenfenster oder in der Vitrine.
Düngen: Alle 2 Wochen, im Winter alle 4 bis 5 Wochen mit Blumendünger gießen.
Umpflanzen: Jährlich im Frühjahr oder Sommer.
Vermehren: In der Regel durch Stecklinge, die bei Bodentemperaturen über 18 °C, bei *P. microphylla* auch darunter leicht wurzeln. Manche Arten setzen regelmäßig Samen an und säen sich sogar selbst aus, zum Beispiel *P. involucrata*.

Piper, Pfeffer

Pfeffer ist zwar auch heute noch ein in der Küche unentbehrliches Gewürz, aber seine Bedeutung hat doch im Vergleich zum Mittelalter stark abgenommen. Während wir ihn ausschließlich verwenden, um den Geschmack einer Speise zu verbessern, haben ihn früher seine konservierenden Eigenschaften so begehrt gemacht. Aus dieser Tatsache ist zu verstehen, daß sich das starke Würzen der Speisen vornehmlich in wärmeren Ländern durchsetzte, wo die Haltbarkeit der Lebensmittel besonders kurz ist.

Bei dem Gewürz Pfeffer handelt es sich um *P. nigrum*, eine Liane, die bis 10 m hoch in den Bäumen klettert. Ein besonderer Zierwert kommt seinen grünen, alternierenden Blättern nicht zu. Dies gilt auch für den Betelpfeffer *(P. betle)*, einer Art, die wie die vorige im tropischen Asien weit verbreitet ist. Die Blätter des Betelpfeffers werden heute gerne gekaut, was ein Gefühl des Wohlbefindens verbunden mit einer verstärkten Herztätigkeit hervorruft.

Viel schöner als diese grünblättrigen Pfeffer sind einige buntlaubige aus dieser rund 700 bis 1000 Arten umfassenden Gattung der Pfeffergewächse (Piperaceae). An erster Stelle ist *Piper crocatum* zu nennen. Es ist wie die zuvor genannten eine Liane, trägt aber hübsche Blätter, die entlang der Adern rosa bis weißlich gefärbt sind. Etwas breitere Blätter mit einer feineren, weniger intensiven Zeichnung charakterisieren *P. ornatum*, *P. porphyrophyllum* ist nur entlang der

Piper crocatum

Hauptadern fein weiß gefleckt. Ganz anders *P. sylvaticum*, bei dem die Adern grün bleiben, während sich die Felder dazwischen weißlich aufhellen.

Eine besonders schöne, wenn auch seltene Art sei noch genannt: *P. magnificum*. Es klettert nicht, sondern bildet aufrechte, kantige, geflügelte Sprosse mit bis 20 cm langen Blättern, die oberseits grün, unterseits leuchtend dunkelrot gefärbt sind.

Alle Piper erweisen sich auf der Fensterbank als wenig haltbar. Es fehlt ihnen vor allem die nötige hohe Luftfeuchte. Mehr

Schwarzer Pfeffer, Piper nigrum

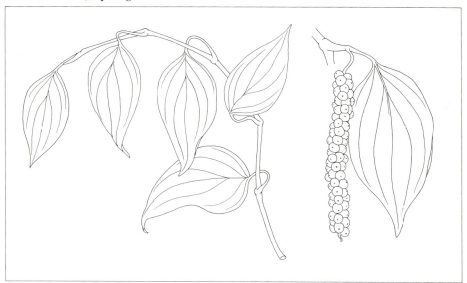

Erfolg ist beschieden, wenn uns ein geschlossenes Blumenfenster oder eine Vitrine zur Verfügung steht.
Licht: Hell bis halbschattig; keine direkte Sonne.
Temperatur: Warm, buntblättrige Arten im Winter nicht unter 18, grünblättrige nicht unter 15 °C. Gleiches gilt für die Bodentemperatur.
Substrat: Torfsubstrate wie Einheitserde oder TKS; pH um 6.
Feuchtigkeit: Stets mäßig feucht halten. Die Luftfeuchte sollte möglichst nicht unter 60% absinken.
Düngen: Von Frühjahr bis Herbst alle 1 bis 2 Wochen mit Blumendünger gießen. Im Winter genügen Gaben alle 4 bis 5 Wochen.
Umpflanzen: Alle 1 bis 2 Jahre im Frühjahr oder Sommer.
Vermehren: Stecklinge bewurzeln nur bei hohen Bodentemperaturen von etwa 25 °C und hoher Luftfeuchte. Gleich mehrere in einen Topf setzen.
Besonderheiten: Auf der Blattunterseite einiger Arten wie *P. crocatum* lassen sich stets kleine weiße Ausscheidungen beobachten, die keine krankhafte Ursache haben.

Pisonia

Eine hübsche Blattpflanze gehört seit der Ausbreitung der Hydrokultur zum Standardsortiment: *Pisonia brunoniana* 'Variegata'. Dieses Wunderblumengewächs (Nyctagynaceae) aus Neuseeland wird heute meist mit der auf den Inseln des Pazifik und des Indischen Ozeans verbreiteten *Pisonia umbellifera* zusammengefaßt. Zwischenzeitlich trug diese Gattung den Namen *Heimerliodendron*.
P. brunoniana ist ein kleiner Baum von etwa 6 m Höhe. Die jungen Triebe sind flei-

Pisonia brunoniana 'Variegata'

Am klebrigen Blütenstand der Pisonia brunoniana bleiben Insekten hängen, ja sogar kleine Vögel sollen sich nicht mehr befreien können.

schig und frischgrün, bis sie verholzen und sich mit einer feinen grauen Borke überziehen. Als Topfpflanze wird *Pisonia* nicht unerwünscht hoch; sie läßt sich auch bei Bedarf bis ins alte Holz zurückschneiden. Die Schönheit der Pflanze machen die dunkelgrün-hellgrün-cremeweiß panaschierten, gegenständigen Blätter aus, die nur an alten Exemplaren eine Länge bis zu 40 cm erreichen.
Nur selten kommt in Kultur ein Exemplar zur Blüte. Die Blüten selbst sind unscheinbar. Interessant ist jedoch der Fruchtstand, der eine klebrige Substanz ausscheidet. Insekten bleiben daran hängen, ja selbst kleine Vögel sollen sich nicht mehr befreien können, weshalb *Pisonia* den Namen „Bird-Catching-Tree" erhielt.
Licht: Hell, doch vor direkter Sonne leicht geschützt.
Temperatur: Warm; auch im Winter nicht unter 18 °C. Niedrige Bodentemperaturen führen rasch zum Faulen der empfindlichen Wurzeln. Dies ist auch bei der Hydrokultur zu beachten!
Substrat: Torfsubstrate wie Einheitserde oder TKS; pH um 6.

Feuchtigkeit: Stets mäßig feucht halten, doch keine Nässe aufkommen lassen. Trockene Luft unter 50 bis 60% Luftfeuchte wird nur schlecht vertragen.
Düngen: Von Frühjahr bis Herbst alle 1 bis 2 Wochen, im Winter alle 3 bis 4 Wochen mit Blumendünger gießen.
Umpflanzen: Alle 1 bis 2 Jahre im Frühjahr oder Sommer möglich.
Vermehren: Nicht zu weiche Kopfstecklinge bewurzeln bei mindestens 25 °C Bodentemperatur und hoher Luftfeuchte.
Pflanzenschutz: Regelmäßig auf Befall mit Schildläusen kontrollieren. Auch Blattläuse treten häufig auf.

Platycerium, Geweihfarn

Von den 17 Geweihfarn-Arten hat nur *Platycerium bifurcatum*, meist als *P. alcicorne* bezeichnet, allgemeine Verbreitung gefunden. Es ist ein aus Australien und Polynesien stammender und dort epiphytisch, also in Bäumen wachsender, sehr dekorativer Farn. Seinen besonderen Reiz machen die unterschiedlichen Blattformen aus. Neben den „normalen" Blättern gibt es Nischenblätter, die dem Sammeln von Humus und Feuchtigkeit dienen. Die älteren Nischenblätter sterben – selbst wieder humusbildend – ab, während neue sich darüberschieben. Diese besonderen Wuchseigenschaften machen die Pflege im Topf zumindest über längere Zeit schwierig, da die Nischenblätter den ganzen Topf überdecken können und der Farn sich einseitig entwickelt. Am besten ist zweifellos die Kultur am Epiphytenstamm. Häufig wird der Geweihfarn auch in Orchideenkörbchen gehalten.

Licht: Absonnig, aber hell, keinen dunklen Zimmerplatz.
Temperatur: Über 20 °C; im Winter nicht unter 15 °C.
Substrat: Torf und Lauberde, auch mit Osmunda gemischt; pH um 5.
Feuchtigkeit: Stets feucht halten. Das Gießen großer Exemplare ist wegen der Nischenblätter etwas schwierig. Am besten zwischen die bereits abgestorbenen alten Nischenblätter gießen. Die Feuchtigkeit des Substrates ist nur schwer zu erkennen; mit ein wenig Erfahrung läßt sich dies am leichtesten am Gewicht abschätzen. Gute Erfahrungen wurden auch gemacht, wenn die Pflanzen in Abständen von etwa 1 Woche in ein Wasserbad getaucht werden. Das Wachstum des Geweihfarns ist am besten bei einer zumindest mittleren Luftfeuchte von 50 bis 60%.
Düngen: Früher streute man getrockneten Kuhdung oder gedüngten Torf hinter die

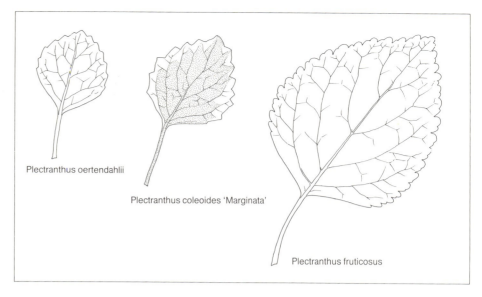

trockenen Nischenblätter. Schwache Düngerlösungen – Blumendünger in halber Konzentration – von Mai bis September alle 3 Wochen erfüllen den gleichen Zweck. Jungpflanzen häufiger düngen.
Umpflanzen: Etwa alle 2 Jahre im Frühjahr; Jungpflanzen häufiger.
Vermehren: An den Nischenblättern entstehen gelegentlich aus Adventivknospen kleine Pflänzchen, die abgetrennt werden können. Vermehrung durch Sporen langwierig (Seite 91).

Pflanzenschutz: Sehr lästig können Schildläuse werden, die hartnäckig gegenüber vielen Pflanzenschutzmitteln sind. Andererseits verträgt der Geweihfarn nicht alle Präparate. Mit Malathion spritzen, nachdem die alten Tiere zuvor abgekratzt wurden.

Plectranthus, Mottenkönig

Ob der Mottenkönig (*Plectranthus fruticosus*) tatsächlich Motten vertreibt, wie sein Name verspricht, weiß ich nicht. Immerhin hielt man die Pflanze schon vor über 150 Jahren, weil man von jener Wirkung überzeugt war. Außerdem schätzte man *Plectranthus fruticosus* als Hausmittel gegen „Wechselfieber". Heute findet man den Mottenkönig nur noch selten, vorwiegend in Bauernhäusern. Die Pflanzen schauen ähnlich wie Buntnesseln (*Coleus*-Blumei-Hybriden) aus, tragen aber reingrüne, weichhaarige Blätter. Reibt man Blätter oder Stengel, so verströmt der Mottenkönig einen nicht unangenehmen Duft. Die Blütenrispe setzt sich aus unscheinbaren, blaßblauen Lippenblüten zusammen.
Von den rund 250 Arten dieser in den subtropischen und tropischen Gebieten der Alten Welt verbreiteten Gattung sind neben dem Mottenkönig nur noch wenige in Kultur. Einer der schönsten ist *P. coleoides* in der Sorte 'Marginatus' mit weißgerandetem Laub. *P. oertendahlii*, eine Art mit niederliegenden oder über den Topf hängenden Trieben und kleinen runden bis ovalen, weißgeaderten Blättern ist sehr zu empfehlen. Die weißlichen, in einer Traube stehenden Blüten fallen nur wenig auf. Als

Platycerium bifurcatum

Plectranthus fruticosus

Bodendecker in Wintergärten und Vitrinen oder in größeren Flaschengärten ist *P. oertendahlii* besonders wertvoll.

Licht: Hell, doch – mit Ausnahme der Wintermonate – vor direkter Sonne leicht geschützt.

Temperatur: Luftiger Stand; im Winter *P. fruticosus* um 10°C, *P. coleoides* und *P. oertendahlii* um 15°C.

Substrat: Übliche Torfsubstrate wie Einheitserde oder TKS; pH um 6.

Feuchtigkeit: Stets feucht halten, jedoch besonders bei kühlem Winterstand Nässe vermeiden.

Düngen: Von Frühjahr bis Herbst wöchentlich, im Winter alle 4 Wochen mit Blumendünger gießen.

Umpflanzen: In der Regel jährlich im Frühjahr oder Sommer.

Vermehren: *P. fruticosus* beginnt mit zunehmendem Alter von unten her zu verholzen und verkahlt leicht. Es empfiehlt sich, von Zeit zu Zeit aus Kopfstecklingen Nachwuchs heranzuziehen. Zur Bewurzelung sind neben der obligatorisch hohen Luftfeuchte Bodentemperaturen um 20°C erforderlich. Auch die beiden anderen genannten Arten lassen sich leicht durch Stecklinge vermehren.

Pleione, Tibetorchidee

Wer bislang keine Erfahrungen mit Orchideen sammeln konnte, hat mit den Tibetorchideen die richtigen Pflanzen für erste Versuche. Sie sind zumindest in einigen Arten ohne Schwierigkeiten erhältlich, blühen regelmäßig und stellen keine schwer erfüllbaren Anforderungen. Man unterscheidet heute nur noch neun vorwiegend im Osten Asiens beheimatete Arten. Die gärtnerisch wichtigsten faßt man unter *P. bulbocodioides* zusammen, obwohl sie sich im Aussehen und auch im Verhalten deutlich unterscheiden. Hierzu zählen die früheren *P. limprichtii*, *P. formosana*, *P. pogonioides* und *P. pricei*. Am robustesten ist *P. formosana*, die an ihren hellrosa Blüten mit dem cremefarbenen Schlund und den gelben und rötlichen Flecken erkenntlich ist. Kräftiger lilarosa ist *P. limprichtii* mit hellerem Schlund und bräunlichen Flecken.

Beide sind Frühjahrsblüher. Das heißt, aus der letztjährigen Pseudobulbe treiben im zeitigen Frühjahr bis zu zwei Knospen. Erst dann entwickelt sich das einzige, maiglockenähnliche Laubblatt. Dabei stirbt die Pseudobulbe ab, während das Blatt die Nahrung für eine neue liefert. Im Herbst färbt sich das Blatt gelb, fällt ab, und die Tibetorchidee geht in eine völlige Ruhe über.

Neben diesen Frühjahrsblühern gibt es Arten, die im Sommer *(P. humilis)* oder Herbst *(P. maculata, P. praecox)* blühen. In der Regel läßt sich schon an der knollenförmigen Pseudobulbe erkennen, womit wir es zu tun haben: Die Pseudobulben der Frühjahrsblüher sind grün und nur bei einigen mehr oder weniger rot überhaucht, bei den im Sommer oder Herbst blühenden weisen sie Warzen oder bräunliche Flecken auf. Ein Nachteil der Tibetorchideen soll nicht verschwiegen werden: Attraktiv sind sie nur während der – recht kurzen – Blütezeit. Anschließend machen sie nicht viel Staat, so daß es sich empfiehlt, sie während dieser Zeit in den Garten zu stellen.

Licht: Hell bis halbschattig. Bei starker Mittagssonne für Schatten sorgen.

Temperatur: Während der Wachstumszeit übliche Zimmertemperatur. Wenn das Blatt im Herbst einzieht kühler stellen. Überwinterung der ruhenden Pseudobulben am besten im Keller bei nur wenigen Grad Celsius. Temperaturen unter 0°C schaden während der Ruhezeit nicht. *P. limprichtii* soll bis −10°C aushalten, *P. formosanum* ist weniger hart. Diese Orchideen sind daher auch für einen Gartenplatz geeignet, wenn es dort im Winter trocken ist. Etwa ab Februar, wenn die Knospen sich zu strecken beginnen, aus dem Winterquartier holen und ans Fenster stellen.

Substrat: Lockere Erde aus Sphagnum und sandigem Lehm oder Sphagnum, Torf und Lehm zu gleichen Teilen. Die Mischung sollte sauer sein (pH 4 bis 5), gedeiht offensichtlich aber auch in neutraler Erde. Gute Dränage erforderlich.

Feuchtigkeit: Während der Wachstumszeit stets feucht halten. Wassergaben einschränken, wenn das Blatt einzieht. Ruhende Pseudobulben ganz trocken halten.

Düngen: Nach der Blattbildung bis August mit üblichen Blumendüngern im Abstand von 14 Tagen bis 3 Wochen gießen.

Umpflanzen: Jährlich, mindestens im Abstand von 2 Jahren in frische Erde setzen. Bester Zeitpunkt ist Dezember/Januar vor dem Wachstumsbeginn. Vorsicht, Blütenknospen nicht abbrechen! Pseudobulben nur etwa bis zur Hälfte mit Erde bedecken. Kleine Schalen sind besser geeignet als tiefe Töpfe.

Vermehren: Jährlich werden einige kleine Pseudobulben (Bulbillen) gebildet, die je nach Größe in einem bis mehreren Jahren blühen.

Besonderheiten: Durch Wachstumsstockungen, etwa durch Beschädigungen der Wurzeln beim Umpflanzen, kann es zum Einrollen des Blattes kommen, wodurch die Assimilationsleistung und damit die Nährstoffeinlagerung in die Pseudobulbe beeinträchtigt wird.

Polyscias, Fiederaralie

Fieder- und Fingeraralie, zwei ähnlich klingende, leicht zu verwechselnde Namen für Araliengewächse (Araliaceae), deren Pflege ebenfalls viele Ähnlichkeiten aufweist.

Pleione bulbocodioides (syn. P. limprichtii)

Pleione maculata

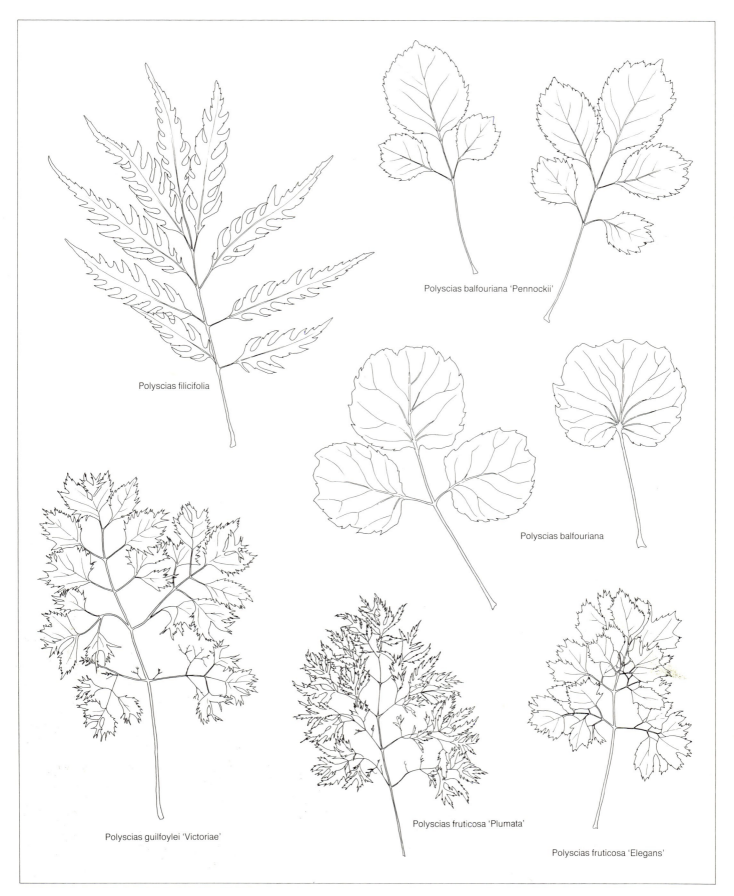

Nur auf einige Arten und Sorten der Gattung *Polyscias* trifft „Fiederaralie" zu, auf *P. filicifolia*, auf *P. fruticosa* und in beschränktem Umfang noch auf *P.-guilfoylei*-Sorten. Ihre Blätter sind mehr oder weniger unregelmäßig, oft mehrfach gefiedert oder zumindest eingeschnitten. Ganz anders sieht die wohl schönste *Polyscias*-Art aus: das Blatt von *P. balfouriana* ist nur andeutungsweise gezähnt, nahezu ganzrandig. Von ihr gibt es sehr schöne Sorten mit weißen Blatträndern oder gelb-grüner Panaschierung. Leider sind sie etwas empfindlicher als die zuvor genannten Arten und reagieren auf falsche Behandlung schnell mit Blattfall.

Von der Gattung *Polyscias* mag es rund 80 Arten geben, doch bedarf sie noch einer gründlichen Bearbeitung. Die Heimat ist in Polynesien und im tropischen Asien zu suchen. Wir ersehen hieraus, daß es wärmebedürftige Pflanzen sind. Da sie auch eine hohe Luftfeuchte verlangen, ist ihr bester Platz im geschlossenen Blumenfenster oder in der Vitrine, wo sie noch mit Schatten vorlieb nehmen.

Licht: Hell, bis schattig; keine direkte Sonne mit Ausnahme der frühen Morgen- und späten Nachmittagsstunden.
Temperatur: Immer über 20, besser 22°C, nachts nicht unter 18°C. Bodentemperatur nicht niedriger.
Substrat: Übliche Torfsubstrate wie Einheitserde oder TKS 2; pH um 6.
Feuchtigkeit: Stets mäßig feucht halten, nie austrocknen lassen. Nässe führt schnell zu Wurzelfäulnis. Luftfeuchte über 60% ist vorteilhaft.
Düngen: Alle 2 Wochen, im Winter alle 4 Wochen mit Blumendünger gießen.
Umpflanzen: Alle 1 bis 2 Jahre im Frühjahr oder Sommer.
Vermehren: Stecklinge bewurzeln nur bei Bodentemperaturen von mindestens 25°C und hoher Luftfeuchte. Ein Bewurzelungshormon scheint vorteilhaft zu sein.
Pflanzenschutz: Für Blattläuse ist *Polyscias* offensichtlich ein wahrer Leckerbissen. Bekämpfung gemeinsam mit den ebenfalls schädlich werdenden Spinnmilben und Schildläusen (s. Seite 133–136).

× **Potinara**

Mit × *Potinara* haben wir eine Orchideenhybride, die gleich auf Eltern aus vier Gattungen zurückblicken kann: *Brassavola*, *Cattleya*, *Laelia* und *Sophronitis*. Bei dieser Kreuzung versuchte man, das geradezu sagenhafte Rot der *Sophronitis* mit den auffälligeren Blütenformen der anderen zu vereinen. Das Ergebnis ist eine attraktive, aber etwas kleinere und meist nicht so gut haltbare Blüte. Ansprüche und Pflege entsprechen weitgehend *Sophronitis*, doch nehmen × *Potinara* mit einer etwas geringeren Luftfeuchte vorlieb.

Primula, Primeln

Die Topfprimeln, das sollte man nicht verschweigen, haben in den vergangenen Jahren gegenüber anderen Zimmerpflanzen oder aber ihren Verwandten im Garten deutlich an Boden verloren. Eine Ausnahme macht die Stengellose Primel *(Primula vulgaris)* und deren Kreuzung mit *P. elatior* und *P. veris*. Sie sind in unzähligen Sorten mit cremeweißen, gelben, roten oder blauen Blüten auf dem Markt. Jährlich werden sie in großer Stückzahl herangezogen und bevölkern schon bald nach dem Jahreswechsel nicht nur den traditionellen Blumenhandel.

Ähnlich rasch, wie sie im Frühjahr erscheinen, verschwinden sie auch wieder, da sie für geheizte Räume denkbar ungeeignet sind. Kühl herangezogen, sollten wir sie in ein ähnlich kühles Zimmer stellen. Ansonsten müssen wir in Kauf nehmen, daß sie nicht länger als ein Blumenstrauß am Leben bleiben.

Die europäische *P. vulgaris* trug früher den Namen *P. acaulis*, was stengellos bedeutet. Bilden die angebotenen Primeln einen mehr oder weniger hohen Stengel, so deutet dies auf *P. elatior* als Elternteil hin. Damit ist die Winterhärte höchst zweifelhaft, denn *P. elatior* stammt aus dem Mittelmeerraum. Sie sind somit für den Garten nicht geeignet.

Auch die anderen Topfprimeln verlangen kühle Standplätze. Am meisten Wärme verträgt wohl *P. obconica*, die Becherprimel, die bei uns gärtnerisch so wichtig wurde, daß man sie im englischsprachigen Raum „German Primrose" nennt, obwohl sie in China beheimatet ist. Tatsächlich hat die Züchtung dieser Pflanze bei uns eine lange Tradition. Auf die priminarmen Sorten wurde auf Seite 27 hingewiesen.

Polyscias guilfoylei 'Victoriae'

× Potinara (Rebecca Merkel) 'Elisabeth'

Primula malacoides

Auch bei *P. malacoides*, der Fliederprimel aus China, gelang es, Sorten mit größeren rosafarbenen oder weißen Einzelblüten zu erzielen, ohne daß der etagige Blütenstand von seiner Grazilität verlor. Bei *P. praenitens* (syn. *P. sinensis*), der Chinesenprimel, erheben sich die meist roten oder cremeweißen Blüten nur wenig über das beiderseits fein behaarte Blatt. In den letzten Jahren unternahm man einige Versuche, die Chinesenprimel auch für die Gestaltung von Sommerblumenbeeten zu verwenden. Die Ergebnisse waren recht ermutigend, so daß wir ihr bald nicht nur als Topfpflanze begegnen werden. Bemerkenswert ist, daß *P. praenitens* zu Beginn des vorigen Jahrhunderts in einem chinesischen Garten entdeckt, ein natürlicher Standort aber bis heute nicht gefunden wurde. Neben den genannten gibt es noch eine ganze Reihe nicht winterharter Primeln – bei einer Gattung mit rund 400 Arten wäre dies auch verwunderlich –, aber sie haben sich bislang nicht durchsetzen können. So sind hübsche Primeln wie die gelbe *P. floribunda* bis heute Raritäten.

Licht: Hell, doch vor allzu greller Sonne besonders während der Mittagsstunden geschützt.

Temperatur: Luftiger Stand; auch im Sommer möglichst nicht viel über 20 °C. Im Winter die meisten Arten, wie zum Beispiel *P. malacoides* und *P. praenitens*, um 10 °C, *P. obconica* bis 15 °C. Die Bodentemperatur sollte nicht niedriger, besser sogar um 2 bis 3 °C höher liegen.

Substrat: Soweit erhältlich, Einheitserde P oder TKS 1. Stärker gedüngte Torfsubstrate „abmagern" (Seite 34); pH um 6.

Feuchtigkeit: Stets mäßig feucht, aber nie naß halten. Besonders im Winter nehmen die Pflanzen Nässe schnell übel. *P. vulgaris* und deren Hybriden, die im Frühjahr ins trocken-warme Zimmer kommen, werden meist zu wenig gegossen.

Düngen: Vom Frühjahr bis Herbst alle 2, im Winter alle 3 bis 4 Wochen am besten mit Hydrodünger gießen. *P. vulgaris* verträgt auch größere Düngermengen.

Umpflanzen: Alle genannten Primeln sind entweder einjährig *(P. malacoides)* oder werden – mit Ausnahme von *P. vulgaris* – einjährig kultiviert. Das Umtopfen erübrigt sich.

Vermehren: Die Aussaat ist nur dem erfahrenen Gärtner zu empfehlen, der über einen kühlen, hellen Raum verfügt. Der Samen ist fein – eine Portion genügt. Die Aussaat erfolgt in der Regel im Sommer. Der Samen, den wir nicht mit Erde abdecken, keimt rasch bei etwa 20 °C.

Pflanzenschutz: Verfärben sich die Blätter gelb, was besonders bei *P. malacoides* häufig geschieht, so kann dies verschiedene Ursachen haben. Nässe und in deren Folge Wurzelschäden stehen an erster Stelle, gefolgt von zu niedrigen Bodentemperaturen. Völliges Austrocknen der Erde hat ähnliche Folgen, ebenso ein zu hoher Kalkgehalt in der Erde (Gießen mit sehr hartem Wasser!).

Pseuderanthemum

Rund 60 Arten soll diese Gattung der Akanthusgewächse umfassen, die in den Tropen der Welt verbreitet sind. Verschiedene Arten und Auslesen sind geschätzte buntblättrige Warmhauspflanzen. Viele von ihnen waren bislang nicht exakt zu bestimmen. Manche mögen der sehr nahe verwandten Gattung *Eranthemum* angehören. Im Blumenhandel taucht in der Regel nur *Pseuderanthemum atropurpureum* auf. Der in den Tropen über 1 m hohe Strauch wird bei uns durch Stutzen und Nachzucht von Jungpflanzen immer niedrig gehalten. Junge Exemplare haben auch die schönsten Blattfärbungen. Das Laub ist mit weißen und purpurroten Flecken bedeckt oder aber ganz purpurrot. Variabel ist die Blattform von *P. reticulatum*. Es gibt sowohl Typen mit schmalen lanzettlichen als auch mit breiteiförmigen Blättern. Die grünen Blättchen

Pseuderanthemum atropupureum 'Tricolor'

Saumfarne

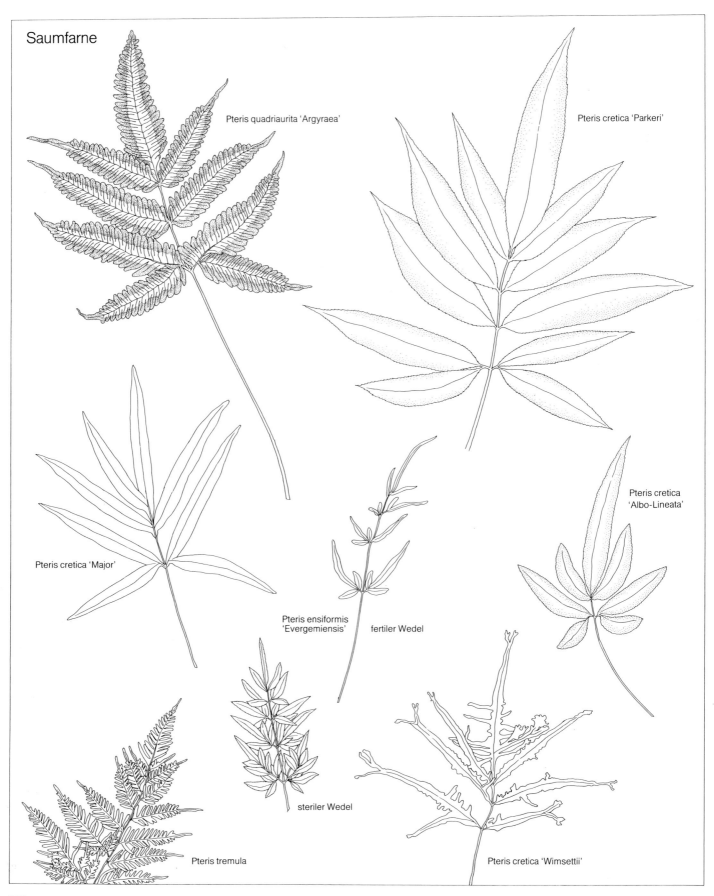

sind mit einer hübschen goldgelben Aderung überzogen.

P. argutum ist der sicher nicht exakte Name einer hübschen Pflanze mit grün-silbrigweiß panaschiertem Laub.

Alle *Pseuderanthemum* werden wie *Chameranthemum* behandelt. Sie werden allerdings viel höher und sind damit nur für große Flaschengärten zu empfehlen; besser ist das geschlossene Blumenfenster. Die größer werdenden Arten und Auslesen stutzt man nicht, sondern zieht sie eintriebig.

Pteris, Saumfarn

Vielleicht der schönste Farn überhaupt ist *Pteris quadriaurita* 'Argyraea', doch ist dieser Tropenbewohner gleichzeitig einer der empfindlichsten und gedeiht nur im geschlossenen Blumenfenster und in der Vitrine. Die großen Wedel mit den feinen dunkelgrünen Fiederblättern weisen einen attraktiven silbernen Mittelstreifen auf. Ebenfalls panaschiert sind die Blättchen des viel kleiner bleibenden *Pteris ensiformis*, der in den Sorten 'Victoriae' und 'Evergemiensis' angeboten wird. Er hält besser im Zimmer aus und ist ein herrlicher Kleinfarn für Flaschengärten. Nur wenn die langen sporentragenden fertilen Wedel erscheinen, büßt er an Schönheit ein.

Zu den meistkultivierten Farnen gehören die Sorten von *Pteris cretica*, einer Art, die im Mittelmeerraum vorkommt, was bereits auf geringere Temperaturansprüche hinweist. Auch *Pteris tremula* aus Neuseeland und Australien ist relativ bescheiden, doch wächst dieser Farn so kräftig, daß er mit seinen fein gefiederten Wedeln 1 m Höhe erreicht und damit die Dimensionen einer Zimmerpflanze sprengt.

Licht: Absonnig und hell bis halbschattig. Keine direkte Sonne!

Temperatur: *Pteris quadriaurita* 'Argyraea' nicht unter 20 °C, *P.-ensiformis*-Sorten nicht unter 18 °C. *Pteris cretica* verträgt auch 10 bis 12 °C im Winter, *P. tremula* 16 bis 18 °C. Während der übrigen Jahreszeiten übliche Zimmertemperatur.

Substrat: Torfsubstrate wie TKS 1 und Einheitserde, auch mit Lauberde gemischt; pH 5,5 bis 6.

Feuchtigkeit: Niemals austrocknen lassen! Stets für schwache Feuchtigkeit sorgen.

Düngen: Von April bis September alle 2 Wochen mit Blumendünger in halber Konzentration gießen, die kräftig wachsenden mit angegebenen Konzentrationen. Während der übrigen Jahreszeit nur sporadisch düngen.

Umpflanzen: In der Regel jährlich im Frühjahr.

Vermehren: Durch Sporen (s. Seite 91), die bei Temperaturen um 22 °C gut keimen.

Punica, Granatapfel

Ursprünglich als Obstgehölz angepflanzt, finden wir den Granatapfel (*Punica granatum*) heute im Mittelmeerraum vorwiegend als Zierstrauch, der, dicht verzweigt, bis zu 4 m Höhe erreicht. Die Wildformen stam-

Granatapfel, Punica granatum

Pteris cretica 'Albo-Lineata'

Punica granatum 'Nana'

men aus dem Gebiet von Persien bis nach Afghanistan, aber man fand wohl schon früh Geschmack an den „Äpfeln", so daß der Granatapfel schon bald rings um das Mittelmeer kultiviert wurde. Heute ist er in allen tropischen und subtropischen Gebieten zu finden.

Die frühe Domestikation führte zu Auslesen unterschiedlicher Typen, darunter auch kleinbleibender, die unter dem Sortennamen 'Nana' bekannt sind. Er ist in allen Teilen kleiner und damit die ideale Kübelpflanze. Neben den roten Blüten zieren die orangefarbenen Scheinbeeren. Gegessen wird übrigens die fleischig-wäßrige Umhüllung der Samenkörner, aus der man fruchtig-herbe Säfte oder delikate Desserts herstellt. Die Schale ist ledrig-hart. Die Frucht und auch die Rinde der Sträucher enthalten viel Gerbstoff, was man früher zur Bandwurmbekämpfung nutzte.

Licht: Vollsonnig. Im Winter verlieren die Pflanzen ihr Laub. Dennoch scheint es günstiger zu sein, ihnen auch im Winter einen hellen Platz zuzugestehen.
Temperatur: Nach den Eisheiligen in den Garten stellen, bis die Gefahr der ersten Nachtfröste droht. Im Winter luftig bei etwa 5 °C aufstellen.
Substrat: Einheitserde mit $1/4$ krümeligem Lehm und $1/4$ grobem Sand; pH um 6.
Feuchtigkeit: Mäßig feucht halten. Im blattlosen Zustand weitgehend trocken halten.

Düngen: Nach Austriebsbeginn bis Ende Juli wöchentlich mit Blumendünger gießen.
Umpflanzen: Etwa alle 2 Jahre zum Ende der Ruhezeit.
Vermehren: Am einfachsten ist es, nur leicht verholzte Stecklinge im Mai bei etwa 20 °C Bodentemperatur zu bewurzeln. Auch verholzte Stecklinge wachsen unter Verwendung eines Bewurzelungshormons an. Aussaat ist ebenfalls möglich.
Besonderheiten: Granatäpfel schneidet man in der Regel nicht zurück, sondern „putzt" sie nur durch. Das heißt, es werden nur schwache oder zu dicht beieinander stehende Zweige am besten im Frühsommer entfernt.

Rebutia

Wer im Winter einen kühlen, hellen Platz zur Verfügung hat, dem seien die Rebutien empfohlen. Es sind kleinbleibende Kakteen mit flachkugeligen bis schlanken, kurzsäuligen Körpern. Ähnlich wie bei den Mammillarien sind die Rippen zu einzelnen Warzen aufgelöst, bei einigen Arten aber noch erkennbar. Die Dornen sind häufig kammartig (pectinat) ausgebildet und liegen flach dem Körper an. In Kultur sind selbst kleine Pflanzen überaus blühwillig. Die bei manchen Arten großen Blüten erscheinen nicht im Scheitel, sondern weit unten an der Basis oder seitlich an der Pflanze.

Eine genaue Abgrenzung der Gattung *Rebutia* ist noch nicht möglich. Im allgemeinen zählt man heute die früher selbständigen Gattungen *Aylostera*, *Digitorebutia*, *Cylindrorebutia* sowie *Mediolobivia* hinzu. 1956, als man erst eine *Sulcorebutia* kannte, schloß man auch sie mit ein, doch läßt sich dies heute nicht mehr aufrecht erhalten.

Rebutien kommen in ihrer Heimat in Höhen zwischen 1500 und 4000 m vor. Entsprechend „hart" sollten sie auch gehalten werden. Neben den rund 30 Arten gibt es unzählige Hybriden.

Licht: Hell, doch vor intensiver Sonneneinstrahlung während der Mittagsstunden geschützt.
Temperatur: Warmer, aber luftiger Platz mit deutlicher nächtlicher Abkühlung. Im Winter um 5 °C.
Substrat: Übliche Kakteenerde; pH um 6.
Feuchtigkeit: Immer erst dann gießen, wenn die Erde weitgehend abgetrocknet ist. Im Winter trocken halten. Rebutien sind sehr empfindlich gegen Nässe!
Düngen: Bei deutlichem Wachstum alle 3 Wochen mit Kakteendünger gießen.
Umpflanzen: In der Regel alle 2 bis 3 Jahre am besten im Sommer nach der Blüte.
Vermehren: Viele Rebutien sprossen besonders im Alter sehr stark, so daß sie sich leicht aus Kindeln vermehren lassen. Ansonsten im Frühjahr Samen aussäen, nicht mit Erde bedecken und bei 15 bis 20 °C keimen lassen.
Pflanzenschutz: Bei zu warmem Stand besonders im Winter werden die Pflanzen leicht von Spinnmilben befallen. Gegebenenfalls mit Mitteln wie Kelthane spritzen.

Rechsteineria

In älteren Büchern ist von einer *Gesneria cardinalis*, *Gesnera cardinalis* oder *Gesneria macropoda* zu lesen, die eine dankbare Topfpflanze sei. In der Zwischenzeit mußten wir uns daran gewöhnen, daß sie zu der rund 70 Arten umfassenden Gattung *Rechsteineria* zählt. Nun haben die Botaniker eine so große Ähnlichkeit mit der Gloxinie festgestellt, daß sie den gleichen Gattungsnamen, nämlich *Sinningia*, demnächst tragen soll. An den neuen Namen *Sinningia cardinalis* muß man sich noch gewöhnen. So wollen wir sie hier noch als *Rechsteineria* beschreiben.

Genau wie Gloxinien bildet *Rechsteineria cardinalis* eine Knolle. Der Sproß trägt weich behaarte, bis 15 cm lange Blattpaare. Aus den Blattachseln schieben sich die gestielten, leuchtendroten, röhrigen Blüten hervor. Sie tragen nur eine kurze Unter-

Rebutia heliosa

Rechsteineria cardinalis

lippe, jedoch eine länger ausgezogene, helmförmige Oberlippe. Ähnlich wie bei Gloxinien ist auch die Pflege.

Während man *R. cardinalis* ganz gut im Zimmer halten kann, empfiehlt sich für *R. leucotricha* ein geschlossenes Blumenfenster oder eine Vitrine. Sie wird bei uns deshalb nur bei wenigen Spezialfirmen, nicht aber im Blumeneinzelhandel angeboten. In den USA ist *R. leucotricha* eine als „Brazilian Edelweiß" verbreitete Topfpflanze. Dieser Name paßt sehr gut zu *R. leucotricha*, deren Blätter über und über mit einem dichten weißen Haarfilz bedeckt sind. Bei Zimmerkultur vermißt sie die hohe Luftfeuchtigkeit des heimatlichen Standorts. Sie soll in Brasilien nur an Felswänden eines Wasserfalls vorkommen. Wer die nötige Luftfeuchte mit der entsprechenden Wärme bieten kann, hat mit *R. leucotricha* ein wahres Pflanzenjuwel, das jeden Betrachter in Begeisterung versetzt.

Licht: Heller bis halbschattiger Platz. Ruhende Knollen kann man dunkel aufbewahren.
Temperatur: Zimmertemperatur oder wärmer bis etwa 25 °C. Die Knollen überdauern trocken bei Temperaturen um 15 °C den Winter.
Substrat: Übliche Torfsubstrate wie Einheitserde oder TKS II; pH um 6.
Feuchtigkeit: Während des Wachstums stets mäßig feucht halten. Ruhende Knollen trocken aufbewahren (s. Besonderheiten). Luftfeuchte bei *R. leucotricha* nicht unter 70, bei *R. cardinalis* nicht unter 50%.
Düngen: Nach dem Austrieb bis zum Herbst alle 2 Wochen mit Blumendünger gießen.
Umpflanzen: Ruhende Knollen vor dem Austrieb im Frühjahr in frische Erde setzen.
Vermehren: Ist bei Zimmerkultur nur beschränkt möglich. Einmal lassen sich große Knollen teilen. Blätter, die man flach auf ein übliches Vermehrungssubstrat legt und deren Adern mit kurzen Schnitten durchtrennt werden, bilden an diesen Stellen Jungpflanzen und Knöllchen aus. Allerdings sind 25 °C Bodentemperatur und hohe Luftfeuchte erforderlich. Die so erzielten Jungpflanzen erreichen aber nicht die erforderliche Größe, um trocken als Knolle den Winter zu überdauern.
Besonderheiten: Viele Überwinterungsversuche von Jungpflanzen schlagen fehl, weil die Knollen zu viel Substanz während der Lagerung in trockener Zimmerluft verlieren. Jungpflanzen sollte man darum besser den Winter durchkultivieren, also ständig gießen und nicht einziehen lassen. Allerdings reicht bei uns das natürliche Tageslicht nicht aus, so daß wir ähnlich wie bei Gloxinien (*Sinningia speciosa*) mit künstlicher Beleuchtung nachhelfen müssen.

Rhapis,
Ruten- oder Steckenpalme

Früher waren die Steckenpalmen häufig in Wintergärten, Eingangshallen oder Treppenhäusern zu finden. Heute sind sie zu Unrecht selten geworden. Es sind dankbare Palmen, die mit weniger hellen Plätzen als die meisten anderen Vertreter dieser Familie vorlieb nehmen. Allerdings – am völlig schattigen Platz vergeilen sie und sind dann keine Augenweide.

Rhapis-Arten bilden viele Ausläufer. Es entstehen so immer vielstämmige, strauchähnliche Gruppen. Ein einzelnes der dünnen Stämmchen ist weniger attraktiv. Auch in Kultur sollten wir mehrere in einen Topf oder Kübel setzen. Angeboten werden in der Regel *Rhapis excelsa* (syn. *R. flabelliformis*) und *R. humilis*, die meist nicht mehr als 4 m Höhe erreichen und aus China zu uns kamen. Sie sind variabel und nicht immer leicht voneinander zu unterscheiden. Außerdem soll es Hybriden geben. Die fächerigen, tief eingeschnittenen Blätter bestehen bei *R. excelsa* aus drei bis sieben, aber auch bis zu zehn Segmenten, die an der Spitze breitabgestumpft sind. Bei *R. humilis* laufen die meist neun oder mehr Segmente spitz zu. Den Winter verbringen Steckenpalmen in einem – nach Möglichkeit – hellen Raum bei 5 bis 10 °C. Ab Mai kommen sie an einem geschützten Gartenplatz, sollten aber nicht in der prallen Sonne stehen. Ansonsten pflegen wir sie wie *Chamaerops*.

Rhapis excelsa

Rhipsalidopsis gaertneri

Rhipsalidopsis, Osterkakteen

Im Frühjahr um die Osterzeit öffnen die *Rhipsalidopsis* oder „Schein-Rhipsalis" ihre Blüten. Dies unterscheidet sie aber nicht zweifelsfrei von den Weihnachtskakteen *(Schlumbergera)*, die außer Weihnachten auch noch zu anderen Jahreszeiten, nicht selten mit den *Rhipsalidopsis* zusammen, blühen können. Am sichersten kann man die Osterkakteen an den Sproßgliedern erkennen. Sie sind nie gezähnt, sondern abgerundet und in der Regel rötlich gerandet.

Im Handel dominiert *R. × graeseri*, eine Kreuzung zwischen *R. gaertneri* und *R. rosea*, von der es rosa und ziegelrote Auslesen gibt. Die rote *R. gaertneri* wird nun wieder häufiger angeboten. Wie die Weihnachtskakteen stammen die beiden *Rhipsalidopsis*-Arten aus den küstennahen Gebirgen Brasiliens, wo sie in den Bergwäldern vornehmlich epiphytisch vorkommen. Die Pflege entspricht weitgehend der unserer Weihnachtskakteen. Für die Blütenbildung der Osterkakteen sind ab Herbst für etwa 2 Monate niedrige Temperaturen um 10 °C erforderlich. Anschließend können sie wieder wärmer stehen.

Wegen der Gefahr der Wurzelfäule werden *Rhipsalidopsis* oft wie Weihnachtskakteen veredelt. Wurzelfäule wird nicht selten durch hartes Gießwasser hervorgerufen, das den pH-Wert der Erde über den Neutralpunkt angehoben hat.

Rhipsalis

Mit den Kakteen verbinden wir die Vorstellung von dornenbewehrten Bewohnern trockener Standorte. Wer schon Weihnachts- oder Osterkakteen gepflegt hat, weiß, daß es auch Vertreter dieser Familie gibt, die ein höheres Feuchtigkeitsbedürfnis haben und nicht in der Lage sind, längere Trockenperioden zu überdauern. Es sind oft epiphytische Pflanzen, die im Mulm der Bäume geeignete Lebensbedingungen finden. Zu diesen epiphytischen Kakteen zählt auch die Gattung *Rhipsalis* mit ihren rund 60 im gesamten tropischen Amerika verbreiteten, sehr vielgestaltigen Arten. Es gibt Pflanzen mit dünnen, röhrigen Sproßgliedern, mit blattähnlich breiten wie bei den Phyllocacteen und mit kantigen ähnlich den Hylocereen, denen wir als Unterlage der bunten *Gymnocalycium* häufig begegnen. Als Zimmerpflanzen sind *Rhipsalis* nur bedingt geeignet. Sie verlangen eine hohe Luftfeuchte, die wir nur in der Vitrine, dem geschlossenen Blumenfenster oder Gewächshaus bieten können. Am besten gedeihen sie, wenn wir sie auf einen Epiphytenstamm aufbinden oder in Orchideenkörbchen setzen. Meist hängen die langen Triebe über, so daß sie ohnehin einen erhöhten Standort verlangen. Im Winter kann Zusatzbelichtung erforderlich werden, denn *Rhipsalis* verlangen viel Licht, ohne direkter Sonneneinstrahlung ausgesetzt zu sein.

Rhipsalis teres (links), R. tonduzii (rechts)

Licht: Hell, aber keine direkte Sonne. Intensivem Licht ausgesetzte Pflanzen können sich rötlich färben, was nicht nachteilig ist.
Temperatur: Luftiger, aber nicht zugiger Platz mit Zimmertemperatur bis 25 °C. Im Winter genügen 10 bis 15 °C.
Substrat: Am besten verwenden wir Mischungen, wie sie für Orchideen gebräuchlich sind, zum Beispiel Sphagnum, feine Rindenstücke, Torf und Styromull zu gleichen Teilen; pH um 5,5.
Feuchtigkeit: Stets feucht halten, aber keine Nässe aufkommen lassen. Im Winter erst gießen, wenn das Substrat abgetrocknet ist. Die Sprosse sollten nicht welken. Beginnen sie trotz Feuchtigkeit zu welken, sind faulende Wurzeln die Ursache. Dann etwas trockener halten. Die Luftfeuchte darf nicht unter 60 % absinken.
Düngen: Von Mai bis etwa September gut bewurzelte Pflanzen alle 3 bis 4 Wochen mit Blumendünger in halber Konzentration gießen.
Umpflanzen: Wird in der Regel alle 2 Jahre erforderlich, wenn sich das Substrat verdichtet hat. Die beste Zeit ist im späten Frühjahr.
Vermehren: Sproßglieder oder Stecklinge bewurzeln leicht bei Bodentemperaturen um 25 °C und hoher Luftfeuchte. Häufig bilden sich schon Luftwurzeln, besonders dann, wenn die Sprosse dem Substrat aufliegen. In Kultur setzen die Pflanzen häufig Samen

an. Sie werden im Frühjahr vom Fruchtfleisch befreit und in eine Mischung von $2/3$ Torf und $1/3$ Sand ausgesät. Er keimt bei 20 bis 25 °C Bodentemperatur.

Rhododendron, Azaleen

Zu den schönsten winterblühenden Topfpflanzen gehören die Azaleen oder – um sie von anderen Gruppen aus der 800 Arten umfassenden Gattung *Rhododendron* abzugrenzen – „Indischen Azaleen". Botanisch werden sie als *Rhododendron*-Simsii-Hybriden geführt. *R. simsii* ist eine in China und Taiwan beheimatete Art. Als 1808 der Ahne unserer Azaleen zunächst nach England, später nach Deutschland eingeführt wurde, handelte es sich bereits um eine Hybride, die aus einem japanischen Garten stammte. Welche Eltern außer *R. simsii* sie zu verantworten haben, ist nicht bekannt.
In der ersten Hälfte des vorigen Jahrhunderts begannen vorwiegend belgische und deutsche Gärtner, Azaleen zu kreuzen und auszulesen. Viele Zuchtziele wurden erreicht, aber eines steht noch als großer Ansporn in den Sternen: eine gelbblühende Azalee. Die weißen, rosa oder roten Azaleen unterscheiden sich in ihrer Blütenform und -zeit. Die frühesten beginnen bereits im Herbst zu blühen, die spätesten erst im Mai. Neben den „Indischen Azaleen" werden zunehmend auch „Japanische" als Topfpflanzen angeboten, die bislang nur als Freilandpflanzen bekannt waren. Ihre einfachen Blüten wirken ursprünglicher, wildnishafter. Dies kommt der Tendenz, keine ebenmäßig runden, zurechtgestutzten Sträucher, sondern locker gewachsene heranzuziehen, sehr entgegen.
Gerade diese natürlich gewachsenen Azaleen lohnt es weiterzupflegen und nicht nach der Blüte wegzuwerfen. Nur wenige korrigierende Eingriffe sind nötig, um sie zu Prachtexemplaren heranwachsen zu lassen. Allerdings stellen diese Heidekrautgewächse (Ericaceae) einige Anforderungen, die unbedingt zu erfüllen sind. Wie auch viele andere Vertreter dieser Familie sind sie empfindlich gegen viel Kalk. Auch warme Wohnräume sind während des Winters ungeeignet. Nicht zuletzt verlangt das Gießen ein wenig Fingerspitzengefühl.
Licht: Hell, aber vor direkter Sonne geschützt.
Temperatur: Luftiger Stand; von Mai bis September an einen luftigen, halbschattigen Platz in den Garten stellen. Nach dem Einräumen sollten sie möglichst kühl bei 5 bis 12 °C stehen, um die Knospen ausreifen zu lassen. Mit dem Anschwellen der Knospen

Rhododendron simsii 'Reinhold Ambrosius', eine wichtige Sorte des Azaleensortiments.

können die Temperaturen bis auf etwa 18 °C ansteigen.
Substrat: Nachdem Nadel- oder Heideerde kaum mehr zu haben ist, verwendet man meist reinen Weißtorf („Düngetorf"), dem man je Liter 0,5 bis 1 g eines Volldüngers wie Hakaphos perfekt, Poly-Crescal oder Mairol beimischt. In Gegenden mit sehr weichem Wasser gibt man noch die gleiche Menge Kohlensauren Kalk hinzu, um Kalkmangel vorzubeugen. Allerdings darf der pH-Wert nicht über den optimalen Bereich von 3,5 bis 4,5 ansteigen.
Feuchtigkeit: Stets feucht halten. Besonders während der Blüte ist der Wasserbedarf sehr hoch. Allerdings darf es nie zu Nässe kommen, denn hierauf reagieren Azaleen rasch mit Wurzel- und Stammgrundfäule. Hartes Wasser entsalzen! Die Luftfeuchte sollte möglichst nicht unter 50 % absinken. Gelegentliches Sprühen – auch im Freien – ist vorteilhaft.
Düngen: Wenn Azaleen kräftig wachsen, erhalten sie wöchentlich, ansonsten alle 2 bis 3 Wochen eine Gabe am besten eines Hydrokulturdüngers. Jährlich mindestens einmal die Erde durchspülen (Seite 52).
Umpflanzen: Alle 1 bis 2 Jahre nach der Blüte.
Vermehren: Dies bleibt in der Regel dem Gärtner vorbehalten. Sorten, die langsam wachsen oder empfindliche Wurzeln besitzen, veredelt man durch Kopulation auf eine Auslese von *R. concinnum* am besten im Sommer. Die Temperaturen sollten bei

etwa 18 °C liegen; die Luftfeuchte muß hoch sein.
Andere Sorten werden durch Stecklinge vermehrt, die bei etwa 20 °C Bodentemperatur Wurzeln bilden. Nach dem Anwachsen ist mehrmaliges Stutzen erforderlich. Bis zur Blüte vergehen rund eineinhalb Jahre.
Besonderheiten: Nach der Blüte die Samenansätze ausbrechen. Auch Stutzen oder Formieren kann erforderlich sein, um schöngewachsene Pflanzen zu erhalten. Das Stutzen sollte möglichst frühzeitig erfolgen, damit es nicht bis ins alte Holz nötig ist.
Pflanzenschutz: Blattfall, Stengel- und Wurzelfäule sind immer die Ursache falscher Pflege. Schädlingen wie Milben rücken wir mit den üblichen Sprühdosen zu Leibe.

Rhoeo

Eine sehr attraktive Staude aus der Familie der Commelinengewächse ist *Rhoeo spathacea* (syn. *R. discolor*). Diese nur eine Art umfassende Gattung ist in Mittelamerika beheimatet, inzwischen in den tropischen Gebieten der Welt weit verbreitet. *Rhoeo spathacea* ist eine dankbare Topfpflanze, die vornehmlich wegen ihrer hübschen Blätter gepflegt wird. Sie sind schmallanzettlich, erreichen über 30 cm Länge und sind oberseits kräftig grün, unterseits tief dunkelviolett gefärbt. Die Sorte 'Variegata', meist als 'Vittata' geführt, zeichnet sich zusätzlich durch gelbe Längsstreifen aus. Die schräg nach oben zeigenden Blätter entspringen einem nur kurzen Sproß, so daß *Rhoeo* an die zisternenbildenden Ananasgewächse erinnert.

Obwohl sie nicht allzu groß sind, sollten wir doch die Blüten nicht vergessen. Sie schieben sich in Folge über längere Zeit aus den beiden muschelförmigen Hochblättern. Obwohl die Ansprüche von *Rhoeo* nicht allzu hoch sind, wird die Pflanze nicht häufig angeboten. Meist erhält sie ein Blumenfreund vom anderen. Im geheizten Zimmer mit nicht zu niedriger Luftfeuchte beweist sie bald, daß sie der geringen Mühen wert ist.

Licht: Hell, aber vor direkter Sonne geschützt. Am schattigen Platz verblaßt die Blattfärbung.
Temperatur: Zimmertemperatur oder wärmer; im Winter nicht unter 16 bis 18 °C. Keine „kalten Füße"! Die niedrige Temperatur der Nährlösung ist oft die Ursache für Mißerfolge bei der Hydrokultur, bei der sie sich sonst prächtig entwickelt.
Substrat: Übliche Torfsubstrate wie Einheitserde oder TKS; pH 5,5 bis 6,5.
Feuchtigkeit: Stets mäßig feucht halten. Die Luftfeuchte sollte nicht unter 50 bis 60 % absinken. Lufttrockenheit begünstigt die häßlichen braunen Blattspitzen.
Düngen: Wöchentlich, im Winter alle 3 Wochen mit Blumendünger gießen.
Umpflanzen: Jährlich von Frühjahr bis Herbst.
Vermehren: Seitensprosse abtrennen, wenn sie herangewachsen sind. Kopfstecklinge bewurzeln leicht bei Bodentemperaturen über 18 °C. Häufig sät sich *Rhoeo spathacea* ohne unser Zutun selbst aus. Die Samen keimen aber nur, wenn genügend Wärme und Luftfeuchte herrschen.

Rhoicissus,
Sumachwein, Kapwein

Wenn wir den Namen Rhoicissus hören, so denken wir noch immer an den Königswein (*Cissus rhombifolia*), den man früher fälschlich als *Rhoicissus rhomboidea* bezeichnete. Von den zehn echten *Rhoicissus*-Arten ist nur eine in Kultur und dies auch erst seit 1960: *R. capensis*. Sie ist eine anspruchslose Kletterpflanze, der wir nur genügend Platz zugestehen müssen.
Wie dem Namen zu entnehmen ist, stammt dieser kräftige Schlinger aus Südafrika. In subtropischen Gärten nutzt man seine

Rhoicissus capensis

Wuchskraft, um Wände zu beranken. Allerdings darf sich das Thermometer nicht allzu dicht dem Gefrierpunkt nähern. Als Zimmerpflanze nimmt *R. capensis* mit Temperaturen bis hinab zu 5 °C vorlieb. Ein heller Standort ist vorteilhaft, obwohl sie auch bei Halbschatten gedeiht. Der fast ungestümen Wuchskraft müssen wir ein kräftiges Klettergerüst zur Verfügung stellen.
Die bis 20 cm breiten, ungeteilten Blätter sind oberseits glatt und zunächst hell-, später dunkelgrün, unterseits dicht rötlich behaart. Auch die jungen Triebe weisen dieses Haarkleid auf. Bemerkenswert ist noch, daß *R. capensis* eine dicke Knolle ausbildet, so daß wir – mit zunehmendem Alter des Sumachweins – große Töpfe benötigen. Ansonsten entspricht die Pflege der von *C. rhombifolia*.

Rochea

Im Mai–Juni findet man in Blumengeschäften hübsche Topfpflanzen mit mehreren meist unverzweigten, 10 bis 20 cm langen Trieben, die dicht mit festen, kreuzgegenständigen Blättern besetzt sind. Das auffälligste aber sind die leuchtenden, scharlachroten Blüten, die an der Spitze der Triebe erscheinen. Es handelt sich um *Rochea coccinea*, ein Dickblattgewächs (Crassulaceae) aus Südafrika. Seit vielen Jahren ist diese Pflanze, die früher unter dem Namen *Crassula rubicunda* verbreitet war, eine beliebte Zimmerpflanze.
Licht: Hell, auch im Winter, jedoch vor direkter Sonne besonders während der Mittagsstunden geschützt.

Rhoeo spathacea 'Variegata'

Rochea coccinea

Temperatur: Zimmertemperatur; im Winter ist kühler Stand für die Blütenbildung unumgänglich. Am besten sind Temperaturen von 7 bis 8 °C; nicht über 10 °C! Bei warmem, dunklem Stand werden die Pflanzen lang und unansehnlich.
Substrat: Einheitserde mit Sand; pH 5,5 bis 6,5.
Feuchtigkeit: Während des Wachstums stets für milde Bodenfeuchte sorgen. Im Winter sparsam gießen.
Düngen: März bis September alle 2 Wochen mit Kakteendünger gießen.
Umpflanzen: Jährlich im Frühjahr.
Vermehren: Stecklinge von April bis August schneiden. Nach dem Bewurzeln (bei 20 °C Bodentemperatur) stutzen, damit mindestens vier Triebe entstehen. Stecklinge blühen oft erst im zweiten Jahr.

Rosa, Rose

Rosen sind auf die Dauer keine Zimmerpflanzen, so reizvoll dies für manchen Rosenfreund auch wäre. Wir können sie zwar über Monate des Jahres im Zimmer halten, wer hieraus aber einen Dauerzustand machen will, muß dies mit einem unangemessenen hohen Aufwand oder Mißerfolgen bezahlen. Daß sich ohnehin nur kleinbleibende Sorten für die Zimmerkultur anbieten, liegt auf der Hand.
Am bekanntesten ist die „kleinste Rose der Welt", die rotblühende *Rosa chinensis* 'Minima', auch *Rosa roulettii* oder 'Pompon de Paris' genannt. Sie ist wohl seit 1823 in Kultur und wird bis heute gerne vermehrt, obwohl ihr andere Rosen den ersten Rang unter den Topfrosen streitig gemacht haben. *R. chinensis* 'Minima' bleibt ausgesprochen niedrig – etwa 15 bis 25 cm, sofern sie wurzelecht, also auf keiner Unterlage steht. Alle anderen Sorten wie 'Scarlet Gem' (feuerrot), 'Zwergkönig' (rosa), 'Baby Maskerade' (gelb) oder die Zwergpolyantharosen 'Muttertag' (leuchtend rot) und 'Vatertag' (lachs) werden deutlich höher. Am meisten Freude mit Topfrosen wird man haben, wenn man sie ihrem natürlichen Wachstumsrhythmus entsprechend während des Winters bei niedrigen Temperaturen ruhen läßt. Den Austrieb zögern wir durch kühlen Stand so weit hinaus, bis die Lichtverhältnisse günstiger sind. Erst dann gewöhnen wir die Rosen langsam an höhere Temperaturen. Nach dem ersten Flor ist es vorteilhaft, die Pflanzen ins Freie zu stellen. Sie kräftigen sich dann bis zum Herbst, so daß sie die Überwinterung gut überstehen.
Licht: Hell bis sonnig, nur vor Prallsonne leicht geschützt.
Temperatur: Luftiger Stand. Im Winter um 5 °C. Etwa ab März langsam an Zimmertemperatur gewöhnen.
Substrat: Einheitserde oder TKS, am besten mit $1/3$ Komposterde – ersatzweise Gartenerde – und ein wenig grobem Sand gemischt; pH um 6.
Feuchtigkeit: Stets mäßig feucht halten. Während der blattlosen Ruhezeit nur sporadisch Erde anfeuchten. Während des Zimmeraufenthalts sollte die Luftfeuchte nicht zu niedrig sein, da sonst Spinnmilben lästig werden.
Düngen: Von Wachstumsbeginn bis Ende August wöchentlich mit Blumendünger gießen.
Umpflanzen: In der Regel alle 2 Jahre vor Triebbeginn.
Vermehren: Die Veredelung – meist auf *Rosa multiflora* – bleibt dem Gärtner vorbehalten. Leichter ist die Stecklingsvermehrung, die sich besonders bei *R. chinensis* 'Minima' anbietet. Im Frühsommer geschnittene mittelharte Stecklinge bewurzeln sich in 4 bis 6 Wochen, wenn wir sie zuvor in ein Bewurzelungshormon tauchen. Natürlich muß für ausreichende Luftfeuchte und Schatten gesorgt werden.
Pflanzenschutz: Bei Zimmerkultur werden besonders Spinnmilben lästig. Regelmäßig kontrollieren und bei Befall mehrmals mit Sprühdosen behandeln. Es gibt Präparate, die speziell für Rosen ausgewiesen sind.
Besonderheiten: Wie Freilandrosen werden auch die Topfrosen im Winter zurückgeschnitten. Abgeblühte Blüten entfernen und die Pflanzen dabei formieren.

Rosa chinensis 'Minima', eine sehr kleine, gut für die Topfkultur geeignete Rosensorte.

Rosmarinus, Rosmarin

Rosmarin, eine unserer ältesten Topfpflanzen, ist heute nicht mehr so häufig anzutreffen. Die warmen Räume behagen ihm nicht sehr. Viel wohler fühlte er sich in den ungeheizten Bauernstuben, die gerade frostfrei blieben. Aber wir sollten den Rosmarin nicht ganz vergessen. Bei Reisen an das Mittelmeer finden wir Rosmarin (*Rosmarinus officinalis*) als reichblühenden, trockenheitsverträglichen, bis 1,50 m hoch werdenden Strauch. Mit seinen schmalen, dunkelgrünen, unterseits grauen, die Ränder nach unten eingerollten Blättern ist er leicht zu identifizieren.

Der aromatische Duft ist besonders stark bei intensiver Sonneneinstrahlung. Wegen dieser ätherischen Öle ist Rosmarin seit langer Zeit als Gewürz und Einreibmittel begehrt. Der weiße oder zartblaue Flor weist ihn als Lippenblütler (Labiatae) aus. Er ist so vielgestaltig, daß manche Botaniker mehrere Arten unterscheiden.

Licht: Vollsonnig.
Temperatur: Luftiger Stand. Von Mai bis Oktober am besten im Garten. Im Winter luftig und kühl, möglichst nicht über 15 °C. Nur an sehr geschützten Orten kann man einen Versuch wagen, Rosmarin im Freien zu überwintern. Im allgemeinen hält man ihn frostfrei, zum Beispiel in einem Treppenaufgang.
Substrat: Einheitserde mit ⅓ grobem Sand oder einer Mischung aus ⅓ Gartenerde, ⅓ eines Torfsubstrats und ⅓ Sand; pH um 6.
Feuchtigkeit: Als Strauch der Macchia kann Rosmarin Trockenheit ertragen, besser als Nässe. Dennoch sollten wir die Erde, besonders während des Wachstums von Frühjahr bis Herbst immer mäßig feucht halten.

Rosmarinus officinalis

Rubus reflexus

Düngen: Von Frühjahr bis Herbst wöchentlich mit Blumendünger gießen.
Umpflanzen: Alle 2 bis 3 Jahre im Frühjahr oder Sommer.
Vermehren: Die Pflanzen werden mit zunehmendem Alter oft sparrig und verkahlen von unten. Dann empfiehlt sich die Nachzucht aus nur mäßig verholzten Kopfstecklingen im Sommer. Sie bewurzeln bei Bodentemperaturen von mindestens 18 °C.

Rubus, Chinabrombeere

Eine hübsche, leider selten angebotene Zimmerpflanze für warme Räume ist *Rubus reflexus*, die Chinabrombeere. Dieses Rosengewächs treibt lange, nur wenig bestachelte Ranken mit bis 20 cm langen, drei- bis fünflappigen Blättern. Das rauhhaarige Blatt ziert oberseits entlang der Adern ein mehr oder weniger ausgeprägter brauner Streifen. Die Unterseite ist cremeweiß. Die weißen Blüten sind in Kultur nur selten zu beobachten.

Licht: Hell bis sonnig; nur in der lichtreichen Jahreszeit während der Mittagsstunden gewährt man leichten Sonnenschutz.
Temperatur: Warm; auch im Winter möglichst nicht unter 15 °C, obwohl auch niedrigere Werte ertragen werden.
Substrat: Torfsubstrate wie Einheitserde oder TKS;
Feuchtigkeit: Stets mäßig feucht halten.
Düngen: Von Frühjahr bis Herbst wöchentlich, im Winter alle 3 Wochen mit Blumendünger gießen.
Umpflanzen: Jährlich, Frühjahr oder Sommer. Mehrere Pflanzen in einen Topf setzen.
Vermehren: Noch nicht zu sehr verholzte Stecklinge bewurzeln nur bei Bodentemperaturen um 25 °C und hoher Luftfeuchtigkeit.

Saintpaulia, Usambaraveilchen

Mit den Veilchen hat diese hübsche Topfpflanze nichts zu tun, wenn auch ihr Aussehen ein wenig an sie erinnert. Die Saintpaulie stammt aus dem Osten Afrikas, wo rund 21 Arten dieser Gattung beheimatet sind. Als Gesneriengewächs ist sie mit der Gloxinie (*Sinningia*), dem Schiefteller (*Achimenes*) und der Drehfrucht (*Streptocarpus*) verwandt. Besonders in den USA gibt es vom Usambaraveilchen, dem „African Violet", eine Vielzahl hübscher Sorten von Weiß über das bekannte Blauviolett bis zum Rosa. Die Blüten sind einfach oder gefüllt, glatt oder gefranst, einfarbig oder gerandet.

Die dickfleischigen, behaarten Blätter lassen schon erkennen, daß die Saintpaulie nicht mit jedem Zimmerplatz vorlieb nimmt wie etwa der robuste Bogenhanf (*Sansevieria*). Es gibt Orte, die ihr gar nicht behagen, etwa kühle Räume oder sonnige Fensterplätze. Aber allzu anspruchsvoll ist sie auch nicht, sonst hätte sie nicht die weite Verbreitung gefunden. Inzwischen sucht man nach Typen, die mit geringerer Wärme vorlieb nehmen.

Licht: Keine direkte Sonne! Die Blätter verblassen sonst und bekommen schließlich braune Flecken. Dies heißt aber nicht, daß die Saintpaulie in einer finstern Ecke stehen will. Hell muß es sein.

Usambaraveilchen, Saintpaulia ionantha

Temperatur: Ganzjährig warm mit Temperaturen um 22 °C, im Winter nicht unter 18 °C. Auch „kalte Füße" sind gefährlich, darum darauf achten, daß auch die Bodentemperatur etwa 19 bis 20 °C beträgt. Temperaturen um 25 °C im Sommer bewirken eine reiche Blütenbildung.
Substrat: Am besten Einheitserde (Fruhstorfer Erde) oder TKS. Selbstgemischte Substrate sollten viel Torf enthalten und einen pH-Wert um 5 aufweisen.
Feuchtigkeit: Usambaraveilchen nehmen Nässe sehr schnell übel und faulen. Darum immer für mäßige Feuchtigkeit sorgen, aber mit Fingerspitzengefühl gießen. Keinesfalls Wasser im Untersetzer stehen lassen! Andererseits sollte die Erde auch nicht austrocknen. Kein kaltes Wasser verwenden. Einmal senkt es die Bodentemperatur, andererseits bewirken Tropfen kalten Wassers auf sonnenbeschienenen Blätter die berüchtigten gelben Flecken.
Düngen: Während des kräftigen Wachstums alle 1 bis 2 Wochen mit Blumendünger gießen, im Winterhalbjahr in größeren Abständen.
Umpflanzen: Jährlich im Frühjahr oder Sommer möglich.
Vermehren: Blätter lassen sich auch vom Pflanzenfreund im Zimmer bewurzeln und zu jungen Pflanzen heranziehen. Man trennt einzelne vollausgewachsene, aber keine alten Blätter ab. Den Blattstiel auf etwa 1 cm einkürzen. Längere Stiele verzögern das Anwachsen. In üblichem Vermehrungssubstrat bewurzeln die Blattstecklinge bei 20 bis 25 °C. Durch übergestülptes Glas oder Folie für feuchte Luft sorgen. Beim Umpflanzen in einzelne Rosetten teilen, damit sich schöne, gleichmäßig gewachsene Pflanzen entwickeln können.
Pflanzenschutz: Usambaraveilchen werden von einer Vielzahl von Schadorganismen befallen. Im Zimmer treten meist nur Blattläuse auf. Der empfindlichen Blätter wegen am besten Mittel einsetzen, die über die Wurzeln wirken wie Croneton-Granulat oder plant pin sowie Paral-Pflanzenzäpfchen.

Sanchezia

Diese leider wenig bekannte Gattung der Akanthusgewächse umfaßt rund 60 in Mittel- und Südamerika verbreitete aufrechte oder kletternde Kräuter und Sträucher. In Sammlungen findet man in der Regel nur *Sanchezia speciosa*, meist fälschlich als *S. nobilis* bezeichnet. Blumenfreunde verwechseln nicht selten *Sanchezia speciosa* mit dem Ganzkölbchen (*Aphelandra squarrosa*). Tatsächlich sieht sie ihr ein wenig ähnlich. Das Blatt ist kräftig grün und entlang der Adern gelb gefärbt, was einen schönen Kontrast ergibt. Im Gegensatz zum Ganzkölbchen ist das Blatt nicht wellig aufgeblasen, sondern plan.
Die heute üblichen *Aphelandra*-Auslesen sind kompakt, meist unverzweigt und wirken ein wenig plump. Ganz anders *Sanchezia speciosa*. Die Pflanzen werden hoch, in ihrer südamerikanischen Heimat nahezu 2 m, und wirken trotz der fast 30 cm langen Blätter fast grazil. Die Blätter machen den besonderen Schmuckwert aus. Aber auch die gelben, rötlich überhauchten, den Deckblättern entspringenden Blüten zieren.

Unter zusagenden Bedingungen wächst sie so kräftig, daß man jährlich zurückschneiden oder noch besser Nachwuchs heranziehen sollte. Wer einen warmen, nicht zu lufttrockenen Raum bieten kann, sollte sich nach dieser schönen Blatt- und Blütenpflanze umsehen, die eine größere Verbreitung verdient.
Licht: Hell bis halbschattig. Keine direkte Sonne mit Ausnahme der Wintermonate. An zu schattigen Plätzen wird die Pflanze lang und blüht kaum.
Temperatur: Zimmertemperatur oder wärmer. Im Winter zwischen 18 und 15 °C.
Substrat: Torfsubstrat wie Einheitserde und TKS; pH 5 bis 6.
Feuchtigkeit: Stets mäßig feucht halten. Die Luftfeuchte sollte nicht unter 60% absinken, ansonsten besser ins geschlossene Blumenfenster oder ähnliches stellen.
Düngen: Von Frühjahr bis Herbst alle 1 bis 2 Wochen, im Winter alle 4 bis 5 Wochen mit Blumendünger gießen.
Umpflanzen: In der Regel jährlich im Frühjahr oder Sommer.
Vermehren: Kopfstecklinge bei mindestens 20 °C Bodentemperatur bewurzeln. Nach dem Anwachsen zur besseren Verzweigung stutzen.

Sansevieria, Bogenhanf

Wir neigen ein wenig dazu, an dem Alltäglichen, dem Unproblematischen das Interesse zu verlieren. Das Rare, Anforderungen Stellende übt einen viel größeren Reiz aus. Somit behandeln wir oft auch Sansevierien recht stiefmütterlich. Es ist – völlig zu Unrecht – ein besseres Unkraut. Dabei ist schon die gewöhnliche *Sansevieria trifasciata*, der Bogenhanf, eine stattliche Er-

Sanchezia speciosa

scheinung. Die Blätter erreichen über 1 m Höhe und sind hübsch quergebändert. Schöner ist die gelbgerandete *S. trifasciata* 'Laurentii', von der man inzwischen vermutet, daß es keine Kulturform, sondern eine natürliche Varietät ist. Weniger verbreitet sind Sorten mit silbrigen, nicht gebänderten Blättern wie 'Silver Cloud'. Wem diese Pflanzen zu groß werden, dem bieten sich die fast rosettenartig wachsenden *S. trifasciata* 'Hahnii' sowie die gelbgestreifte 'Golden Hahnii' und die silbrige 'Silver Hahnii' an. Nicht zu vergessen sind die Blütenstände mit den weißen, sehr intensiv duftenden Blüten. Sie erscheinen bei *Sansevieria trifasciata* nur bei großen Exemplaren. Leider werden andere Sansevierien-Arten nur selten angeboten. Den bemerkenswertesten Blütenstand hat wohl *S. kirkii* aufzuweisen. Interessant sind auch Arten mit im Querschnitt fast eirunden Blättern wie *S. cylindrica*. Die Blätter rundblättriger Sansevierien enden häufig in einem kräftigen Dorn, so daß wir schon ein wenig vorsichtig im Umgang mit diesen Pflanzen sein sollten.
Sansevierien entwickeln starke Rhizome, die den Topf fast völlig auszufüllen und zu sprengen vermögen. Insgesamt gibt es rund 70 Arten, die im tropischen Afrika, in Indien und auf den Inseln des Indischen Ozeans verbreitet sind. Botaniker rechnen sie heute den Agavengewächsen zu.
Licht: Heller bis sonniger Standort; *Sansevieria trifasciata* verträgt aber auch halbschattige Plätze.
Temperatur: Zimmertemperatur oder wärmer; im Winter etwas kühler, aber nicht unter 15 °C.

Sansevieria trifasciata 'Hahnii' (links), 'Golden Hahnii' und 'Silver Hahnii' (rechts)

Substrat: Durchlässige, aber nahrhafte Erde, zum Beispiel Einheitserde mit gleichen Teilen Sand und krümeligem Lehm; pH um 6.
Feuchtigkeit: Jeweils gießen, wenn die Erde oberflächlich abgetrocknet ist. Schäden sind fast nur durch übermäßiges, zur Vernässung führendes Gießen möglich. Auch im Winter regelmäßig, wenn auch ein wenig sparsamer wässern. Keine strenge Ruhezeit.
Düngen: Von März bis Oktober alle 2 Wochen mit Blumen- oder Kakteendünger gießen.
Umpflanzen: Jährlich im Frühjahr oder Sommer. Soweit erhältlich, flache Töpfe, dafür mit größerem Durchmesser verwenden. Beim Umpflanzen teilen oder alte Pflanzen herausschneiden.
Vermehren: Meist reichlich durch an den Rhizomen entstehende „Ableger". Auch Blattstecklinge bewurzeln. Dazu Blätter quer in etwa 6 bis 10 cm lange Stücke schneiden und in einem Torf-Sand-Gemisch bei 20 bis 22 °C Bodentemperatur bewurzeln. Aus Blattstecklingen der gelbgestreiften Sorten erhält man nur die grüne Form.
Pflanzenschutz: Verkorkende Flecken auf den Blättern werden in der Regel durch zu häufiges Gießen in Verbindung mit dunklem Stand und niedrigen Temperaturen hervorgerufen. Nur selten sind Pilze dafür verantwortlich.

Sarracenia, Schlauchpflanze

Wer die attraktiven und interessanten Schlauchpflanzen pflegen möchte, braucht entweder einen sehr hellen, luftigen Platz in einem im Winter ungeheizten Raum, am besten jedoch einen Frühbeetkasten im Garten oder auf der Terrasse. Die neun *Sarracenia*-Arten stammen aus den südlichen atlantischen Moorgebieten Nordamerikas und nehmen im Winter mit Temperaturen knapp über dem Gefrierpunkt vorlieb. Das Frühbeet läßt sich durch Abdecken mit Laub oder ähnlichem frostfrei halten. Daß ihr niedrige Temperaturen nichts anhaben können, hat *S. purpurea* bewiesen: Zunächst in Gärten ausgepflanzt, ist sie in der Westschweiz und in Irland verwildert.
Alle neun *Sarracenia*-Arten bilden keinen Stengel; die insektenfangenden, schlauchförmigen Blätter entspringen direkt dem Wurzelstock. Ungewöhnlich sind die langgestielten, meist kräftig rot oder violett gefärbten lampionähnlichen Blüten. Der Fruchtknoten setzt sich in einem schirmförmigen Griffel fort, der die Staubblätter völlig bedeckt.
Licht: Hell und sonnig. Im Winter schaden während der Ruhezeit einige Wochen völlige Dunkelheit nicht.
Temperatur: Luftiger Stand; im Winter frostfrei. Nur Sämlinge hält man wärmer bei 10 bis 15 °C.
Substrat: Lebendes Sphagnum oder ungedüngten Torf; pH 4 bis 5.
Feuchtigkeit: Sarracenien müssen als Moorbewohner immer feucht stehen. Am besten stellt man die Kulturgefäße auf eine Verdunstungsschale, wie dies bei Orchideen üblich ist (s. Seite 25). Hartes Wasser entsalzen! Luftfeuchte möglichst über 60 %.
Düngen: Nur sehr sporadisch von Mai bis August mit Hydrokulturdünger in $1/4$ der angegebenen Konzentration.

Sarracenia purpurea

Umpflanzen: Jährlich mit Vegetationsbeginn.
Vermehren: Größere Pflanzen lassen sich beim Umtopfen teilen. Auch Aussaat ist wie bei *Drosera* beschrieben möglich, doch setzen die Pflanzen in Kultur nur nach künstlicher Bestäubung Samen an.

Sauromatum, Eidechsenwurz, „Wunderknolle"

Es ist tatsächlich etwas wunderlich bestellt um diese Pflanze, die den treffenden Namen Eidechsenwurz trägt. Im seriösen Fachhandel erhält man sie höchst selten. Aber es gibt Jahre, da überschwemmt uns der mit Sensationsangeboten aufwartende Versandhandel mit der „Wunderknolle", die auch ohne Erde ihre Blüten entwickelt. Dieses in Indien beheimatete Aronstabgewächs (Araceae) trägt den Namen *Sauromatum venosum*, ist aber vorwiegend unter Bezeichnungen wie *Sauromatum guttatum, Arum guttatum* oder *Arum cornutum* zu finden. Der Blütenstand besteht aus dem typischen Aronstabkolben und dem Hochblatt (Spatha), das außen rötlichbraun gefärbt, innen auffällig gelb-braun gefleckt ist. Leider stinkt die Blüte ganz erbärmlich. Nicht selten verbannt man sie deshalb trotz der interessanten Erscheinung aus der guten Stube. Bewundernswert ist es, daß sich die Blüte aus der Knolle hervorschiebt, unabhängig davon, ob diese in Erde sitzt oder völlig trocken auf einem Teller liegt. Im allgemeinen setzt man die Eidechsenwurz nach der Blüte in den Garten. Dort entwickelt sie ihr auf einem Stiel stehendes, exotisch anmutendes, fingerförmig geteiltes Blatt. Selbst in der Blumenrabatte ist dann die Eidechsenwurz eine wundersame Erscheinung.

Licht: Hell bis sonnig. Die Knollen sind zur Entwicklung des Blütenstandes nicht auf hohe Lichtintensitäten angewiesen.
Temperatur: Der Blütenstand schiebt sich in einem warmen Wohnraum hervor. Anschließend am besten in den Garten an einen sonnigen Platz auspflanzen. Nach dem Einziehen des Blattes im Herbst die Knolle ausgraben und trocken bei 8 bis 12 °C aufbewahren. Ab Januar ins warme Zimmer bringen. An geschützten, warmen Stellen überdauert die Eidechsenwurz den Winter auch im Freien, doch ist die Blüte unsicher. Die Überwinterung im Freien gelingt allerdings nicht immer; man muß mit Ausfällen rechnen.
Substrat: Gedeiht in jedem üblichen Gartenboden. Zum Antreiben kann man sie in ein Torf-Sand-Gemisch setzen.

Sauromatum venosum

Feuchtigkeit: Während des Wachstums feucht halten. Geerntete Knollen trocken aufbewahren.
Düngen: Im Garten erhält die Eidechsenwurz gemeinsam mit den umgebenden Stauden oder Sommerblumen gelegentlich Nährstoffgaben.
Vermehren: Brutknollen abtrennen und wie die großen Knollen behandeln.

Saxifraga, Judenbart

Eine der dankbarsten Ampelpflanzen ist der Judenbart (*Saxifraga stolonifera*, syn. *S. sarmentosa*), auch Hängender Steinbrech genannt. Seit langem ist diese aus Ostasien zu uns gekommene Staude eine beliebte Pflanze für kühle, luftige Räume. *S. stolonifera* wächst rosettig, bildet aber mit zunehmendem Alter kurze Stengel. Die langgestielten Blätter sind rund bis nierenförmig und unterseits tiefviolett, oberseits dunkelgrün gefärbt. Das ganze Blatt ist behaart. Aus der Rosette schieben sich die fadenförmigen Ausläufer, die einen halben Meter Länge erreichen können. An ihrem Ende entwickeln sich kleine Pflänzchen, die Wurzelansätze haben und zur Vermehrung zu verwenden sind. Im Sommer ist die große Rispe mit den vielen weißen Blüten eine zusätzliche Zierde.
Wegen der langen Ausläufer müssen wir den Judenbart erhöht aufhängen oder als Bodendecker im Wintergarten verwenden. Dort verträgt er auch Schatten, kommt unter solchen Bedingungen aber kaum zur Blüte.
Besonders schön ist die Sorte 'Tricolor'. Zu der grünen Blattoberseite und der violetten Unterseite kommt ein cremeweißer breiter Blattrand hinzu. 'Tricolor' ist etwas wärmebedürftiger und verträgt weniger Sonne.

Licht: Hell bis halbschattig; vor direkter Sonne zumindest während der Mittagsstunden geschützt.
Temperatur: Luftiger Stand. Im Winter genügen 5 °C, doch schaden auch höhere Temperaturen nicht. 'Tricolor' nicht unter 15 °C halten. Dagegen überlebt die grünblättrige Art einen milden Winter auch an geschützter Stelle im Freien. Ein Gartenaufenthalt im Sommer ist an halbschattigem Platz anzuraten.
Substrat: Torfsubstrate wie Einheitserde oder TKS, denen man bis zu $1/3$ Kompost- oder Gartenerde und die gleiche Menge groben Sand beimischen kann; pH um 6.
Feuchtigkeit: Das Gießen verlangt ein wenig Fingerspitzengefühl. Besonders bei kühlem Winterstand ist Nässe und daraus resultierend Wurzelfäule die häufigste Ursache für Ausfälle. Austrocknen wird schon besser vertragen, aber die beste Entwicklung erfolgt bei ausgeglichener mäßiger Bodenfeuchte. Ausgepflanzte Judenbärte sind deshalb meist am schönsten.
Düngen: Wöchentlich, im Winter nur alle 4 bis 6 Wochen mit Blumendünger gießen.
Umpflanzen: In der Regel jährlich im Frühjahr oder Sommer.

Saxifraga stolonifera 'Tricolor'

Vermehren: Kindel von den Ausläufern abtrennen und nur wenig in feuchte Erde eindrücken. Noch einfacher ist es, den Ausläufer auf die Erde zu legen und erst nach dem Anwachsen von der Mutterpflanze abzutrennen.

Pflanzenschutz: Bei Zimmerkultur werden in der Regel nur Blattläuse lästig, besonders bei zu warmem Stand. Regelmäßig kontrollieren und gegebenenfalls mit Insektizidstäbchen oder ähnlichem behandeln.

Schefflera

Wie bei anderen bereits besprochenen Vertretern der Efeu- oder Araliengewächse (Araliaceae) muß auch bei *Schefflera* zunächst auf die Konfusion der Namensgebung hingewiesen werden. Ursachen sind wiederum die fast ausschließlich in Kultur befindlichen Jugendformen, deren Blattform vom Aussehen der Altersform abweicht, andererseits die Einfuhr durch verschiedene Gärtner und Botaniker aus der ostasiatischen Heimat, die ohne Kenntnis des anderen einen Namen festschrieben. So harrt nun alles einer gründlichen Durchforstung.

Die bekannteste in Kultur befindliche *Schefflera* ist *S. actinophylla* mit bis 30 cm langen, handförmigen, zunächst bis vier-, an alten Pflanzen bis sechzehngeteilten Blättern. Es sind stattliche Topfpflanzen, die vorwiegend in großen Hydrokulturgefäßen verwendet werden. Nur wenige Pflanzenfreunde, die Hawaii, Florida oder Californien bereisten, werden bemerkt haben, daß es sich bei dem bis 12 m hohen Baum exakt um jene Art handelt, dort jedoch verbreitet unter dem Namen *Brassaia actinophylla*.

In jüngster Zeit hat eine weitere Art von sich reden gemacht. Sie ist bei uns unter dem Namen *Schefflera arboricola* (syn. *Heptapleurum arboricola*) bekannt. Nicht eindeutig ist sie von *Schefflera venulosa* abzutrennen, die vornehmlich holländische Gärtner anbieten. *Schefflera venulosa* kommt nicht selten in Gärten des Mittelmeerraums ausgepflanzt vor. Die Blätter von *S. arboricola* ähneln denen von *Schefflera actinophylla*, bleiben aber kleiner und sind etwas fleischiger, weniger ledrig. Der nicht oder nur wenig verzweigte Stengel bleibt länger frischgrün, verholzt erst später. Sie bleibt nur strauchig und erreicht nicht die Höhe von *S. actinophylla*.

Die genannten Arten halten an ihren Freilandstandorten Temperaturen um den Gefrierpunkt aus. Unseren Topfpflanzen müssen wir mehr Wärme zukommen lassen.

Licht: Hell bis halbschattig; Schutz ist nur vor direkter Sonne während der Mittagsstunden erforderlich. Im Winter, besonders bei warmem Stand, so hell wie möglich.

Temperatur: Zimmertemperatur, bei sehr sonnigem Wetter im Sommer (dann für diffuses Licht sorgen!) auch wärmer. Luftig, nachts abkühlend. Kühle Überwinterung bei 16 (tagsüber) bis 10 °C (nachts). Niedrigere Temperaturen können zum Blattverlust, zu hohe Temperaturen zum Vergeilen führen. Bodentemperaturen nicht niedriger als die Lufttemperaturen.

Substrat: Übliche Torfsubstrate wie Einheitserde oder TKS II; pH um 6.

Feuchtigkeit: Stets mäßig feucht halten. Keine Nässe aufkommen lassen, weil dies rasch zur Wurzelfäule führt. Luftfeuchte über 60 % ist empfehlenswert.

Schlumbergera × buckleyi

Schefflera arboricola

Schefflera actinophylla

Düngen: Alle 1 bis 2 Wochen, im Winter alle 4 Wochen mit Blumendünger gießen.
Umpflanzen: Jährlich, ältere Pflanzen in größeren Abständen. Von *Schefflera arboricola* und *S. venulosa* am besten mehrere Pflanzen pro Topf.
Vermehren: Nicht verholzte Stecklinge bewurzeln bei über 22 °C Boden- und Lufttemperatur sowie hoher Luftfeuchte. Große *S. actinophylla* kann man abmoosen.

Schlumbergera, Weihnachtskakteen

Obwohl sie Weihnachtskakteen heißen, blühen sie nicht nur während dieser Festtage. Sie können uns auch ein zweites oder gar drittes Mal in einem Jahr mit ihren Blüten erfreuen und werden dann ihrem Namen nicht mehr gerecht. Ob sie zur Blüte kommen und wie oft, ist vom Licht und der Temperatur, aber auch von der jeweiligen Sorte abhängig. Bei den üblicherweise angebotenen Weihnachtskakteen handelt es sich um gärtnerische Auslesen, die in ihren Reaktionen abweichen können. Früher wurden meist Kreuzungen von *Schlumbergera russelliana* mit *S. truncata* angeboten, wie die berühmte, 1880 in Belgien entstandene *S.* × *buckleyi* 'Le Vesuv'. Heute sind vornehmlich Auslesen von *S. truncata* im Handel, die wir an den stark gezähnten Sproßgliedern erkennen. Die Weihnachtskakteen tauchen häufig noch unter den veralteten Namen *Epiphyllum* und *Zygocactus* auf.
Von Sorten wie 'Le Vesuv' weiß man, daß sie bei Temperaturen von 10 bis 15 °C zur Blüte kommen, bei höheren Temperaturen nur in Verbindung mit Kurztagen von weniger als 10 Stunden Licht. Wer im Herbst oder Winter einen nur mäßig warmen Raum zur Verfügung hat, braucht sich um Blüten keine Sorgen zu machen. Allerdings können sie nur an ausgewachsenen Sproßgliedern entstehen. Die Eltern der Weihnachtskakteen kommen in Brasilien in küstennahen Gebirgen in Höhenlagen von 900 bis 2800 m vor, wo sie im Boden oder epiphytisch wachsen und weitgehend regelmäßig mit Feuchtigkeit versorgt werden. Ihre Pflege entspricht daher mehr den Phyllocacteen und weniger den hochsukkulenten Vertretern dieser Familie.
Licht: Hell, aber vor direkter Sonne – mit Ausnahme der Morgen- und Abendstunden – geschützt.
Temperatur: Zimmertemperatur oder wärmer; im Herbst und Winter um 10 bis 15 °C. Die Bodentemperatur sollte nicht unter die Lufttemperatur absinken, um Wurzelfäule zu vermeiden.
Substrat: Übliche Torfsubstrate wie Einheitserde oder TKS, denen man auch bis zu $1/3$ groben Sand beimischen kann, um Nässe zu vermeiden; pH etwa 5 bis 6.
Feuchtigkeit: Das Gießen verlangt ein wenig Fingerspitzengefühl, denn auf Nässe reagieren die Weihnachtskakteen schnell mit Wurzelfäule und dem Abwerfen der Sproßglieder. Andererseits sollte die Erde nie völlig austrocknen. Im Winter bei mäßig warmem Stand sparsam gießen. Hartes Wasser entsalzen.
Düngen: Je nach Wachstumsintensität alle 2 bis 4 Wochen mit Blumendünger gießen.
Umpflanzen: Alle 1 bis 2 Jahre im Frühjahr nach der Blüte.
Vermehren: Im Frühjahr oder Sommer mehrgliedrige Sproßstücke abtrennen und bei Bodentemperaturen von mindestens 20 °C und mäßiger Feuchtigkeit bewurzeln. Besonders die empfindlichen Arten – aber auch zur Erzielung von Hochstämmchen – kann man auf *Pereskia aculeata*, *Selenicereus* oder *Hylocereus* veredeln.
Besonderheiten: Häufig verfärben sich die Sproßglieder rot. Dies deutet auf einen zu sonnigen Standort hin. Pflanzen besonders während der Mittagsstunden leicht schattieren. Beginnen die Sproßglieder zu schrumpfen, haben in der Regel wegen zu häufigen Gießens die Wurzeln zu faulen begonnen. Sparsamer gießen!

Scindapsus

Bei den meisten als „Scindapsus" angebotenen Pflanzen handelt es sich um *Epipremnum aureum*. Daß man echte *Scindapsus* so selten sieht, hat seinen Grund: Während *Epipremnum aureum* im Zimmer noch an weniger hellen Plätzen hervorragend gedeiht, stellt *Scindapsus* hohe Ansprüche an Temperatur und Luftfeuchte. Im üblichen

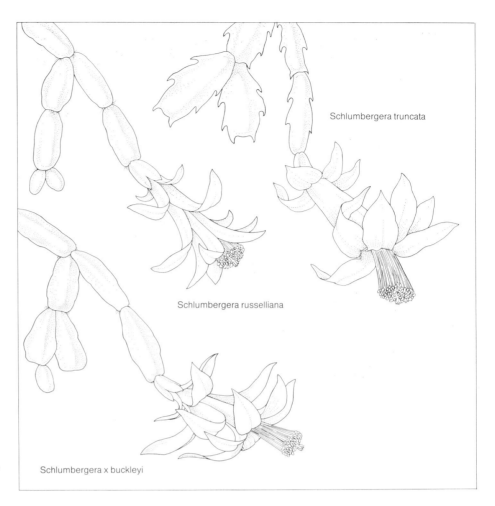

Scindapsus pictus 'Argyraeus'

Wohnraum kann man sie nicht leicht erfüllen. Darum ist Scindapsus nur für das geschlossene Blumenfenster oder die Vitrine zu empfehlen. Etwas häufiger ist Scindapsus pictus in Hydrokulturen zu finden, wo er sich – entsprechende Wärme auch der Nährlösung vorausgesetzt – prächtig entwickelt.
Von den rund 20 Arten dieses vorwiegend im Malaiischen Archipel verbreiteten Aronstabgewächses (Araceae) ist ausschließlich Scindapsus pictus in der Sorte 'Argyraeus' in Kultur. Die Art erreicht mit ihrem kletternden Stämmchen Höhen über 10 m. Wir pflegen ausschließlich eine Jugendform mit hängenden Stielen und Blättern, die meist nicht größer als 10 cm sind. Die Sorte 'Argyraeus' gefällt wegen des tief dunkelgrün gefärbten Blattes mit den silbrigen Sprenkeln und dem silbrigen Rand.
Licht: Hell bis schattig; keine direkte Sonne.
Temperatur: Ganzjährig über 20°C Wärme in Luft und Boden.
Substrat: Torfsubstrate wie Einheitserde und TKS; pH um 6.
Feuchtigkeit: Stets mäßig feucht, nie austrocknen lassen. Luftfeuchte über 60%.
Düngen: Von Frühjahr bis Herbst alle 1 bis 2, im Winter alle 3 Wochen mit Blumendünger gießen.
Umpflanzen: Jährlich, ältere Exemplare alle 2 Jahre im Frühjahr oder Sommer.
Vermehren: Stecklinge bewurzeln bei Bodentemperaturen um 25°C und hoher Luftfeuchte.

Scirpus, Frauenhaar

Aus der Familie der Riedgräser (Cyperaceae) sind nicht nur die Cypergräser geschätzte Zimmerpflanzen. Dem Frauenhaar (Scirpus cernuus) kommt nicht mindere Bedeutung zu. Es ist eine grasähnliche Pflanze mit langen, dünnen, runden Halmen, die zunächst aufrecht stehen, später jedoch überhängen. Deshalb wird das Frauenhaar als Hänge- oder Ampelpflanze charakterisiert, obwohl dies nur beschränkt zutrifft.
Wie lang die Halme werden, ist abhängig von der Lichtintensität. Im Mittelmeergebiet, wo Scirpus cernuus wie in vielen anderen subtropischen und tropischen Gebieten der Erde zu finden ist, bleiben in vollem Licht stehende Pflanzen kompakt und machen keinerlei Anstalt, überzuhängen. Nimmt man solche Pflanzen mit nach Hause, so ändert sich das Bild bald. Unter den lufttrockenen Bedingungen der Zimmerkultur müssen wir dem Frauenhaar mehr Schatten zukommen lassen, woraufhin sich die Halme bald zu strecken beginnen.
Am natürlichen Standort steht das Frauenhaar im sumpfigen, ständig feuchten, aber nicht überfluteten Gelände. Genau so ist es auch in Kultur zu behandeln. In keinem Sumpfgärtchen sollte Scirpus cernuus fehlen, wo wir ihm aber einen erhöhten Platz zubilligen, damit er Platz für seine Halme findet. Ob es sich bei der in Kultur befindlichen Pflanze wirklich um Scirpus cernuus oder eine ähnliche Art handelt, ist bislang nicht eindeutig geklärt.
Licht: Hell, doch vor starker direkter Sonne geschützt.
Temperatur: Zimmertemperatur. Im Winter nicht unter 10°C; höhere Temperaturen schaden offensichtlich nicht.
Substrat: Torfsubstrate wie Einheitserde oder TKS, die man mit rund $1/3$ Sand und bei TKS mit etwa $1/4$ krümeligem Lehm mischt; pH um 6.
Feuchtigkeit: Stets feucht halten, zum Beispiel in einen ständig mit Wasser gefüllten Untersetzer stellen. Nie austrocknen lassen! Je höher die Luftfeuchte ist, desto besser entwickeln sich die Pflanzen.
Düngen: Von Frühjahr bis Herbst alle 2 bis 3 Wochen, im Winter nur alle 5 bis 6 Wochen mit Blumendünger gießen.
Umpflanzen: In der Regel jährlich im Frühjahr oder Sommer.
Vermehren: Jährlich, zumindest alle 2 Jahre teilt man die Büschel, zumal sie dazu neigen, von innen her gelb zu werden.
Pflanzenschutz: Für Blattläuse scheint das Frauenhaar besonders attraktiv zu sein. Vorsicht, viele Pflanzenschutzmittel sind unverträglich! Brauchbar scheint Croneton-Granulat oder das Gießen von Unden flüssig zu sein.

Scutellaria costaricana

Scutellaria, Helmkraut

Staudenfreunde kennen das Helmkraut als wertvollen Sommerblüher für das Alpinum. Diese über 300 Arten umfassende Gattung der Lippenblütler (Labiatae) bietet auch einige sehr attraktive Topfpflanzen. Am wichtigsten ist *Scutellaria costaricana* (syn. *S. mociniana*), eine nur mäßig verholzende, knapp 1 m hoch werdende Pflanze aus Costa Rica. Im Frühsommer entwickelt sie endständige Ähren mit leuchtendrot gefärbten, langröhrigen, kurzlippigen Blüten.
In ihrer Heimat kommt sie in Höhenlagen über 2000 m vor. Dies gibt uns den Hinweis, daß sie nicht kontinuierlich hohe Temperaturen verlangen. Der etwas sparrige Wuchs stand bislang der größeren Verbreitung als Topfpflanze entgegen. Die Behandlung mit Wuchshemmstoffen korrigiert diesen Nachteil. Deshalb werden Scutellarien wieder häufiger angeboten. Selten sind Arten wie *S. incana* und *S. ventenatii*.

Licht: Hell, aber vor direkter Sonne geschützt.
Temperatur: Um 20°C, im Winter genügen 15°C. Die Bodentemperatur sollte nicht unter die Lufttemperatur absinken.
Substrat: Torfsubstrate wie Einheitserde oder TKS; pH um 5.
Feuchtigkeit: Stets mäßig feucht halten. Die Luftfeuchte sollte nicht unter 50% absinken.
Düngen: Von Frühjahr bis Herbst wöchentlich, im Winter alle 3 Wochen mit Blumendünger gießen.
Umpflanzen: Alle 1 bis 2 Jahre im Frühjahr oder Sommer.
Vermehren: Im Frühjahr oder Sommer geschnittene Stecklinge bewurzeln bei Temperaturen über 22°C und hoher Luftfeuchte. Nach dem Anwachsen einmal stutzen. Man kann gleich 2 bis 4 Stecklinge in einen Topf setzen.
Besonderheiten: Gärtner spritzen Scutellarien mit 0,2%igem Gartenbau-Cycocel, wenn die Neutriebe etwa 2 cm lang sind. Die Wirkung läßt nach einiger Zeit nach, und das übliche Längenwachstum setzt ein.

Sedum, Fetthenne

Nahezu über die ganze Welt sind die rund 600 Arten der Gattung *Sedum* verbreitet. Sie bilden damit innerhalb der Familie der Dickblattgewächse (Crassulaceae) die umfangreichste Gattung. Auch bei uns sind einige Arten beheimatet wie der Mauerpfeffer *(Sedum acre)* oder die Große Fetthenne *(S. maximum)*. Sie alle eignen sich nicht als Zimmerpflanzen.
Dazu bieten sich vielmehr Fetthennen aus

Sedum rubrotinctum

Sedum pachyphyllum

Mexiko, aber auch aus Japan an, wie *Sedum sieboldii*. *S. sieboldii* ist auch als hübsche überhängende Pflanze für den Steingarten oder für Mauerfugen bekannt. Im Freien ist sie in der Regel hart und erfriert nur selten einmal in besonders harten Wintern. Erstaunlicherweise überleben auch mexikanische Arten unsere Winter, wenn sie an einem geschützten, gut dränierten Platz sitzen. *Sedum × rubrotinctum* zum Beispiel gedieh über mehrere Jahre aufs beste in einem Alpinum, bis ein harter Winter dieser Pracht ein Ende setzte.
Sedum sieboldii ist eine für kühle Räume empfehlenswerte Ampelpflanze. Nach der Blüte im Oktober sterben die Triebe ab, vorausgesetzt, wir halten die Pflanze kühl genug. Erst im April erfolgt ein neuer Austrieb. Stehen die Pflanzen während des Winters zu warm, dann bleiben zwar die alten Sprosse erhalten, aber die neuen Sproßansätze vertrocknen und treiben nicht aus.
Immergrün ist *S. morganianum*, eine wegen der langen, dicht mit fleischigen, weißbereiften Blättern besetzten Triebe höchst attraktive Ampelpflanze. In gleicher Weise verwendet man auch Arten wie *S. × rubrotinctum*, *S. stahlii* und *S. pachyphyllum*. Weniger überhängend wachsen *Sedum nussbaumerianum* und *S. adolphi*, die darum einen Standplatz beanspruchen können. Ähnlichkeit mit Echeverien hat *S. weinbergii*, die neuerdings den Namen *Graptopetalum paraguayense* führt.
Bei vielen *Sedum*-Arten brechen die fleischigen Blätter bei der leichtesten Berührung ab. Wir müssen uns ihnen daher mit größter Vorsicht nähern, wollen wir nicht eine Perlenschnur ohne Perlen haben. *Sedum stahlii* mit seinen fein behaarten Blättchen ist berüchtigt, auch *S. × rubrotinctum* und *S. morganianum* sind nicht viel besser. Von letzterer gibt es eine neue, aus den USA stammende Sorte mit dem Namen 'Baby Burrow-Tail', die kompakte, nicht zugespitzte Blättchen bildet, die fester an den Stengeln sitzen.

Licht: Hell und sonnig, auch im Winter. Erst bei sonnigem Stand färben sich die Blätter zum Beispiel von *S. × rubrotinctum* und *S. pachyphyllum* intensiv.
Temperatur: Übliche Zimmertemperatur; im Sommer auch Freilandaufenthalt möglich. Im Winter 5 bis 12°C, *S. sieboldii* auch kühler. Überwinterung an geschütztem Platz auch im Freien.
Substrat: Durchlässige Erde mit nicht zu hohem Nährstoffgehalt, zum Beispiel handelsübliche Kakteenerde oder Mischungen aus Torf, grobem Sand und ein wenig krümeligem Lehm; pH 5,5 bis 7.
Feuchtigkeit: Während der Wachstumszeit stets für mäßige Feuchtigkeit sorgen. Bei Freilandaufenthalt vor Nässe bei Regenperioden schützen. Im Winter je nach Temperatur nur sporadisch gießen. *Sedum*-Arten vertragen trockene Zimmerluft hervorragend.
Düngen: Je nach Wachstumsintensität alle 2 bis 4 Wochen mit Kakteendünger gießen. Zu häufiges Düngen verhindert neben dunklem Stand eine intensive Ausfärbung. Im Winter nicht düngen.
Umpflanzen: Alle 1 bis 2 Jahre im Frühjahr oder Sommer.
Vermehren: Geschieht oft schon unbeabsichtigt durch abfallende Blätter. Auch abgetrennte Stengel bewurzeln sich ohne Schwierigkeiten.

Selaginella, Moosfarn, Mooskraut

Die Entwicklungsgeschichte der Moosfarngewächse läßt sich mehrere hundert Millionen Jahre zurückverfolgen. Nur eine Gattung, eben *Selaginella* mit rund 700 Arten, existiert noch heute. Es sind vorwiegend in den Tropen verbreitete Kräuter, aber auch im weniger wirtlichen Europa sind einige Arten zu finden. Bei uns kommen zwei vor, nämlich der Dornige Moosfarn (*S. selaginoides*) zum Beispiel im Schwarzwald und in den Alpen sowie der Schweizer Moosfarn (*S. helvetica*), dessen Verbreitungsgebiet sich vom Bodensee bis zum Bayerischen Wald und in die Alpen erstreckt.
Für die Zimmerkultur sind die exotischen Mooskräuter interessanter. Dabei muß gleich eine Einschränkung gemacht werden: Im Zimmer gedeihen die Mooskräuter in der Regel nicht, da ihnen dort die Wärme, zumindest aber die hohe Luftfeuchte fehlt. Die erforderliche feuchte Umgebung finden sie zum Beispiel im geschlossenen Blumenfenster, in der Vitrine, im Kleingewächshaus, aber auch in Flaschengärten. Dort ist sichergestellt, daß die grazilen Epiphyten oder Humusbesiedler nicht austrocknen.
So variabel wie die Temperaturansprüche ist auch das Aussehen. Es gibt hochwachsende Arten wie *S. grandis*, *S. martensii* und *S. umbrosa*, es gibt rasenbildende wie *S. apoda* und *S. kraussiana* und letztlich sogar klimmende Mooskräuter wie *S. wildenowii*. Mit niedrigen Temperaturen geben sich *S. apoda* aus Nordamerika, *S. martensii* aus Mexiko und *S. kraussinana* aus Südafrika zufrieden. *S. apoda* wird besonders in der

Selaginella uncinata

Selaginella martensii

kleinbleibenden Varietät *minor* in Töpfchen ähnlich wie der Bubikopf (*Soleirolia soleirolii*) angeboten. *Selaginella martensii* und auch *S. kraussiana* erfreuen sich als Unterpflanzung in Wintergärten großer Beliebtheit, wo sie dichte Rasen bilden. Die anderen Moosfarne wollen warm stehen. Winterharte Arten fürs Freiland sind, neben den genannten *S. helvetica* und *S. selaginoides*, *S. douglasii* und *S. rupestris* aus Nordamerika sowie *S. sibirica* und *S. involvens* aus Asien.
Ein ungewöhnlicher Moosfarn sei noch erwähnt: *Selaginella lepidophylla*, auch bekannt als „Auferstehungspflanze" oder „Rose von Jericho". Sie stammt aus Gebieten Mittelamerikas, in denen über längere Zeit Trockenheit herrscht. Die Blätter dieser Rosettenpflanze rollen sich dann zusammen, um bei den nächsten Regenfällen wieder in die ursprüngliche Lage zurückzukehren. Der sehr ölhaltige Zellsaft verhindert das Austrocknen. Trockene *Selaginella*-Kugeln werden häufig angeboten, allerdings sind es bereits abgestorbene Exemplare, die sich jedoch noch beliebig oft auf- und zusammenrollen können. Zum Leben kehren sie aber nicht mehr zurück. Nur am Rande sei erwähnt, daß auch *Asteriscus pygmaeus* und *Anastatica hierochuntica* als „Rose von Jericho" bezeichnet werden.

Licht: Halbschatten; niemals direkte Sonne!
Temperatur: Weniger anspruchsvolle Arten stehen bei Zimmertemperatur, im Winter absinkend bis 10°C. Wärmebedürftige benötigen ganzjährig über 20°C.
Substrat: Torfsubstrate wie Einheitserde oder TKS, denen man $1/3$ eines Torf-Sand-Gemischs beifügt; pH 5 bis 6.
Feuchtigkeit: Stets feucht, aber nie naß halten. Luftfeuchte über 60%. Nie austrocknen lassen!
Düngen: In der Regel nur alle 2 bis 4 Wochen mit Blumendünger gießen.
Umpflanzen: Alle 1 bis 2 Jahre von Frühjahr bis Herbst möglich.
Vermehren: Größere Gruppen beim Umpflanzen vorsichtig teilen. Ausläuferbildende Arten wurzeln von selbst; man kann auch durch Umbiegen der Triebe ein wenig nachhelfen. Arten wie *S. martensii* und *S. kraussiana* lassen sich auch aus Stecklingen heranziehen, die jedoch hohe Luftfeuchte verlangen. Das Anwachsen macht bei allen Arten keine Schwierigkeit, die an ihren Trieben regelmäßig Luftwurzeln ausbilden.

Die abgestorbene Auferstehungspflanze (Selaginella lepidophylla) zieht sich im trockenen Zustand zusammen. Ins Wasser getaucht, strecken sich die Blätter.

Selenicereus, Königin der Nacht

Auch wer nicht viel von Pflanzen versteht, kennt die „Königin der Nacht", jenen sagenhaften Kaktus, der nur zu nächtlicher Stunde seine Blüten öffnet. Leider ist die nichtblühende Pflanze keine Schönheit. Wegen seiner Gestalt hat *Selenicereus grandiflorus*, wie der botanische Name lautet, nur in sehr beschränktem Umfang Eingang in unsere Stuben gefunden. Die Pflanze entwickelt 2 cm dicke, aber mehrere Meter lange Triebe, die in ihrer Heimat auf den Westindischen Inseln auf hohe Bäume hinaufklettern. Im Zimmer oder Gewächshaus müssen wir ein entsprechend dimensioniertes Klettergerüst zur Verfügung stellen und, wenn es gar nicht mehr geht, auch einmal zurückschneiden.

Die Triebe sind mit bescheidenen weißen Borsten verziert. Nur die Blüte ist eine auffällige Schönheit. Sie wird bis 30 cm lang, annähernd so breit und duftet intensiv nach Vanille. Gegen 22 Uhr beginnt sie sich zu öffnen und ist um Mitternacht voll erblüht. Bereits gegen 3 Uhr ist die Pracht vorbei. Die Blütenblätter sind cremeweiß, die äußeren bräunlichgelb gefärbt. Vom Sommer bis in den Herbst können sich an großen Exemplaren mehrere Blüten öffnen. Solch große Pflanzen entwickeln sich am besten ausgepflanzt in einem Gewächshaus. Im Zimmer brauchen wir einen großen Topf oder noch besser einen Blumenkübel.

Licht: Hell, aber, mit Ausnahme der Wintermonate, vor direkter Sonne geschützt.
Temperatur: 22 °C oder wärmer. Auch im Winter nicht unter 15 °C.

Königin der Nacht, Selenicereus grandiflorus

Senecio-Hybriden

Substrat: Kakteenerde mit einem hohen Anteil Einheitserde (bis zu $2/3$); pH um 6.
Feuchtigkeit: Vom Frühjahr bis Herbst stets mäßig feucht halten. Auch im Winter nicht völlig austrocknen lassen, sondern, je nach Temperatur, alle 3 bis 5 Wochen einmal gießen. Die Luft sollte nicht allzu trocken sein (nicht unter 50%).
Düngen: Etwa ab April je nach Wachstumsintensität alle 3 Wochen bis wöchentlich mit Blumen- oder Kakteendünger gießen.
Umpflanzen: Ist bei älteren Exemplaren in großen Gefäßen nur alle 3 bis 5 Jahre erforderlich.
Vermehren: Stecklinge von 5 bis 10 cm Länge bewurzeln leicht bei etwa 25 °C Bodentemperatur.

Senecio-Hybriden, Aschenblumen, „Läuseblumen", Cinerarien

Während es für manche Topfpflanzen gar keinen deutschen Namen gibt, hat die „Cinerarie" gleich mehrere. Dies deutet auf ihre Popularität und Beliebtheit hin. Schon im vorigen Jahrhundert kultivierte man diese auffallend blühenden Stauden in mehreren Sorten. Alle heute angebauten Sorten sind Hybriden. Eine der elterlichen Arten ist *Senecio cruentus* von den Kanarischen Inseln. Weitere Arten wie *S. heritieri* wurden eingekreuzt. Von Weiß über Gelb, Rot und Blau sind heute alle Farben im Sortiment vertreten. Die neueren Sorten wachsen kompakter und passen besser auf die Fensterbank. Alle haben große Blätter und so einen bemerkenswerten Wasserverbrauch. Nicht zu Unrecht bezeichnen wir Cinerarien als Läuseblumen. Sie werden im Zimmer häufig von Blattläusen befallen und erfordern dann die Behandlung mit einem geeigneten Mittel. Obwohl es sich um Stauden handelt, ziehen wir Cinerarien ausschließlich einjährig. Die Sämlinge wachsen so schnell heran, daß eine Überwinterung nicht lohnt. Gelegentlich pflanzt man Cinerarien in Balkonkästen oder in Sommerblumenbeete. In einem verregneten, kalten Sommer entwickeln sie sich dort nicht zu unserer Zufriedenheit.

Licht: Heller Fensterplatz.
Temperatur: Nicht zu warmer, luftiger Standort. Pflanzen entwickeln sich am besten, wenn sie nicht wärmer als 16 bis 18 °C stehen. Sämlinge sollten im Winter etwa 6 Wochen bei 10 bis 14 °C stehen, um eine reiche Blüte anzusetzen. Wer bereits

blühende Pflanzen kauft, kann diese auch wärmer stellen, doch verblühen sie dann rascher. Eine Bodentemperatur von etwa 15°C ist optimal.
Substrat: Jedes Fertigsubstrat mit pH 6 bis 7 ist geeignet.
Feuchtigkeit: Immer feucht halten. Große Pflanzen brauchen im Sommer viel Wasser! Sämlinge sind allerdings bei stauender Nässe empfindlich gegen Wurzelpilze.
Düngen: Im Winter alle 14 Tage, ansonsten wöchentlich mit Blumendünger gießen.
Umpflanzen: Nur bei der Anzucht bei Bedarf, da abgeblühte Pflanzen am besten weggeworfen werden.
Vermehren: Aussaat im Juli (18°C Bodentemperatur). Eine Portion Samen reicht, da 1 g 4000 Korn enthält. Wer keine entsprechend kühlen Räume zur Verfügung hat, sollte lieber knospige oder blühende Pflanzen kaufen.
Pflanzenschutz: Beim ersten Auftreten von Läusen Croneton-Granulat streuen oder plant pin in die Erde stecken.

Senecio, Sukkulente Arten

Die rund 2000 oder gar 3000 Arten umfassende Gattung Senecio bietet neben den Cinerarien noch eine ganze Reihe interessanter Zimmerpflanzen. Meist sind es sukkulente Arten, also solche mit wasserspeichernden Geweben. Häufig in Bauernhäusern findet man den „Sommerefeu" *(Senecio mikanioides)*, der kein Efeu ist, aber efeuähnliche Blätter besitzt. Er ist besonders als Ampelpflanze zu empfehlen. In seiner Heimat – er stammt aus Südafrika, ist aber auch in Nordamerika verwildert – klettert er bis in 5 m Höhe.

Ähnlich zu verwenden, doch noch schöner am Klettergerüst ist der Kapefeu *(Senecio macroglossus)*, der vorwiegend in der grünweiß panaschierten Sorte 'Variegatus' zu finden ist.

Zwei reizende Ampelpflanzen sind auch *Senecio herreianus* und *S. rowleyanus*. Sie sehen aus wie dünne, mit Perlen besetzte Schnüre. Die „Perlen-Blätter" sind rund, an den beiden Enden zugespitzt. Auf dem Blatt von *S. herreianus* erkennen wir feine, durchscheinende Linien. *S. rowleyanus* dagegen ist an dem einzelnen „Fenster" – einem schmalen, langen, durchscheinenden Streifen – zu identifizieren. Ähnlich geformte Blätter hat noch *S. citriformis*, doch wachsen die Triebe mehr aufrecht.

Beliebt ist *Senecio stapeliiformis* var. *minor*, die sich besser als die Art für die Zimmerkultur eignet. Sie entwickelt bis fingerdicke, lange, gegliederte Sprosse, die hübsche weiße Längsstreifen aufweisen. Die winzigen Blättchen fallen bald ab. Die leuchtendroten Blütenköpfe stehen einzeln auf langen Stielen.

Aus der Vielfalt sei eine weitere Art genannt: *Senecio scaposus*. Die auf kurzen Stämmchen sitzenden, bis 7 cm langen, im Querschnitt fast kreisrunden Blätter haben in der Jugend eine dichte weißfilzige Behaarung. Mit zunehmendem Wachstum wird dieses Kleid zu eng und platzt auf, so daß der weiße Filz in Fetzen herunterhängt. Dies sieht recht nett aus, doch empfiehlt sich diese Art nur dem erfahrenen Zimmerpflanzengärtner.

Weniger anspruchsvoll ist der von den Kanarischen Inseln stammende und dort fast 1 m hoch werdende *Senecio kleinia*, früher bekannt als *Kleinia neriifolius*. Die Stämme bilden an der Spitze bis 12 cm lange und nur 1 cm breite graugrüne Blätter, die während der Ruhezeit im Sommer alle abgeworfen werden. Diese Besonderheit ist bei der Pflege der Art zu berücksichtigen.

Licht: Heller Fensterplatz, auch im Winter. Die meisten Arten wollen nur vor allzu starker Mittagssonne geschützt werden. *Senecio mikanioides* nimmt auch mit weniger Licht vorlieb.

Temperatur: Zimmertemperatur. Im Winter sind die meisten Arten mit 10 bis 15°C zufrieden, auch geringfügig höhere Temperaturen schaden offensichtlich nicht.

Substrat: Für fast alle Arten sind durchlässige, aber nahrhafte Erdmischungen geeignet. *S. mikanioides* und *S. macroglossus* gedeihen in Einheitserde oder TKS mit Sand, ebenfalls *S. herreianus*, *S. rowleyanus* und *S. citriformis*. Bei stärker sukkulenten Arten bevorzuge ich Mischungen mit Lava-

Sommerefeu, Senecio mikanioides

Senecio radicans

Setcreasea pallida 'Purple Heart'

Siderasis fuscata

oder Urgesteinsgrus, bei *S. scaposus* reinen Lavagrus, pH um 6.

Feuchtigkeit: Alle sind gegen zu viel Wasser empfindlich. Selbst bei *S. mikanioides* kommt es dann zu Fäulnis. Darum erst dann gießen, wenn das Substrat weitgehend, doch nicht völlig abgetrocknet ist. Im Winter sparsamer gießen. *S. scaposus* und *S. stapeliiformis* weitgehend trocken halten. *S. kleinia* hat eine Ruhezeit im Spätsommer/Frühherbst. Während dieser Zeit wird nicht gegossen.

Düngen: Während der Vegetationszeit kräftig wachsende Arten alle 2 Wochen, langsam wachsende in größeren Abständen mit Blumen- oder Kakteendünger gießen.

Umpflanzen: Je nach Art alle 1 bis 2 Jahre im Frühjahr.

Vermehren: Alle genannten Arten lassen sich im Frühjahr durch Stecklinge heranziehen.

Setcreasea

Als *Setcreasea purpurea* ist eine Topfpflanze aus der Familie der Commelinengewächse bekannt, bei der es sich nach neueren Untersuchungen um *S. pallida* 'Purple Heart' handeln soll. Sie sieht aus wie eine etwas groß geratene Tradescantie und besticht vorwiegend durch ihre tief dunkelrotviolett gefärbten Sprosse und Blätter.

Wer seine Pflanze im Winter an einen ziemlich schattigen Platz stellt, kann allerdings erleben, wie aus der kräftig getönten Pflanze ein langweilig grünes Exemplar wird. Helligkeit ist also unerläßlich, auch wenn wir *S. pallida* vor direkter Sonne besonders in der lichtreichen Jahreszeit schützen müssen. Bei dunklem Stand bleiben auch die rosa- bis lavendelfarbenen Blütchen aus. Ansonsten sind die Ansprüche dieser Pflanze äußerst bescheiden. Sie verträgt relativ trockene Zimmerluft und nimmt im Winter auch Temperaturen von 15 bis 16 °C nicht übel. Die Behandlung entspricht ansonsten der von *Tradescantia*.

Siderasis

Nicht sehr bekannt ist das Commelinengewächs mit dem Namen *Siderasis fuscata* aus den feuchtwarmen Gebieten Brasiliens. Das Bedürfnis nach Wärme und Luftfeuchte steht einer größeren Verbreitung entgegen. Auf der Fensterbank gedeiht *Siderasis* kaum; dazu bedarf es schon eines geschlossenen Blumenfensters oder einer Vitrine. Dort gehört *Siderasis fuscata* zu den auffälligsten Pflanzen. Die Blätter stehen ohne sichtbaren Stengel zu einer Rosette zusammen. Dicht ist das Laub mit fuchsroten Haaren überzogen. Als niedrig bleibende Bodenpflanze wächst *Siderasis* im Schatten hochwachsender Kräuter und Sträucher und muß nur gelegentlich geteilt werden. Die Pflege entspricht weitgehend der von *Calathea*.

Sinningia, Gloxinie

In der Tabelle der beliebtesten blühenden Topfpflanzen nimmt die Gloxinie einen der ersten Plätze ein. Bereits in der ersten Hälfte des vorigen Jahrhunderts fand diese kurz zuvor aus Südamerika eingeführte Pflanze das Interesse der Gärtner. In die variable Art *Sinningia speciosa* kreuzten sie weitere ein wie *S. guttata*, *S. helleri*, *S. regina*, *S. velotina* und *S. villosa*. Die Ergebnisse jahrzehntelanger Züchtungsbemühungen fassen wir heute als *Sinningia*-Hybriden zusammen. Früher rechnete man *Sinningia speciosa* und die daraus hervorgegangenen Hybriden zur sehr nahe verwandten Gattung *Gloxinia*. Diese Bezeichnung hat sich als „deutscher Name" für diese Pflanze bis heute erhalten.

Großblumige Sinningia-Hybride

Die Blüten von Sinningia speciosa waren kleiner und weniger zahlreich, jedoch eleganter und ausdrucksstärker

Zu *Sinningia* zählen über 50 in Süd- und Mittelamerika verbreitete Arten. Alle – bis auf zwei Ausnahmen mit Rhizomen – bilden Knollen aus. Von diesen Gesneriengewächsen sind in der Regel nur unsere Gloxinien in Kultur. In botanischen Gärten findet man einige weitere wie die winzige, fast in einem Fingerhut zu kultivierende *Sinningia pusilla*. Die Zahl der Hybriden ist kaum feststellbar. Es gibt Gloxinien mit roten, weißen und blauvioletten Blüten, es gibt weißgerandete und auch gefüllte Blumen. Zu Recht dominiert das dunkle Signalrot. Bei der Anzucht der Gloxinien in der Gärtnerei hat sich viel geändert. Blühende Pflanzen werden nicht mehr aus Knollen, sondern ausschließlich aus Samen herangezogen. Früher waren zwei Kulturjahre erforderlich, heute sind es kaum mehr als 6 Monate. Da ist es für den Pflanzenfreund kaum mehr sinnvoll, abgeblühte Pflanzen aufzubewahren. Die Knollen dieser schnell großgezogenen Gloxinien sind so klein, daß sie oft die Trockenperiode bis zum nächsten Frühjahr nicht überleben.

Zwar ist es möglich, die Pflanzen ohne Ruhezeit durchzukultivieren, doch ist das nur mit Einsatz von Zusatzlicht zu empfehlen. Bei der Anzucht hat sich zum Beispiel eine Verlängerung des Tages um etwa 8 Stunden durch Leuchten von mindestens 100 Watt je m² zu beleuchtende Fläche bewährt. Die Kosten dafür sind erheblich, so daß sich dieser Aufwand kaum lohnt.

Licht: Hell, aber vor direkter Sonne geschützt. In den Wintermonaten für möglichst hellen Stand sorgen. Zu überwinternde Knollen können dunkel lagern.

Temperatur: Möglichst über 20°C; optimal sind Werte um 25°C. Nur bei der Anzucht können Jungpflanzen für etwa 1 Monat bei 18 bis 20°C stehen. Dies wirkt sich auf den Blütenreichtum positiv aus. Bodentemperatur nicht unter der Lufttemperatur. Große Knollen trocken bei etwa 12 bis 15°C lagern. Ab Februar bei 25°C Bodentemperatur antreiben.

Substrat: Übliche Fertigsubstrate; pH 5,5 bis 6,5.

Feuchtigkeit: Stets mäßig feucht halten. Große Pflanzen haben an einem hellen Platz einen hohen Wasserbedarf. Unbedingt zimmerwarmes Wasser verwenden! Blätter nicht benetzen. Luftfeuchte möglichst nicht unter 50%.

Düngen: Während des Wachstums wöchentlich mit Blumendünger gießen.

Umpflanzen: Jährlich Knollen vor dem Antreiben ab Februar in frische Erde setzen.

Vermehren: Bleibt in der Regel dem Gärtner vorbehalten. Den staubfeinen Samen sät er zwischen Oktober und Februar aus. Er keimt innerhalb von 14 Tagen bei 25°C Bodentemperatur. Die Sämlinge benötigen während der Wintermonate Zusatzlicht. Auch die Vermehrung durch das Teilen der Knollen oder Blattstecklinge verlangt einen ähnlich hohen Aufwand und ist nicht ratsam.

Skimmia japonica

Skimmia

Von den rund zehn Arten der aus Ostasien stammenden Gattung *Skimmia* waren früher einige als hübsche Kalthauspflanzen beliebt. Leider sind sie ein wenig in Vergessenheit geraten. Zwei Arten finden sich bei uns in Kultur: *Skimmia japonica* und *S. reevesiana* sowie deren meist unfreiwillig entstehende Hybriden. Die Arten ähneln sich sehr, so daß sie selbst der Gärtner häufig verwechselt. An geschützten Standorten sind die beiden bei uns winterhart. Wir finden sie aus diesem Grund vorrangig in Baumschulen.

In Töpfe, später Kübel gesetzt, noch besser aber in ein Grundbeet im Wintergarten ausgepflanzt, entwickeln sich die herrlichen immergrünen Pflanzen mit lorbeerähnlichen Blättern am besten. Sie erreichen 80 cm (*S. reevesiana*) beziehungsweise gut 1 m Höhe und erfreuen uns im Frühjahr mit duftenden, in Rispen stehenden weißlichen Blüten. Aus ihnen entstehen rote Beeren, die lange an der Pflanze haften. Früchte darf man bei *Skimmia japonica* allerdings nur dann erwarten, wenn wir eine männliche und eine weibliche Pflanze beisammen haben, da diese Art zweihäusig ist. *S. reevesiana* dagegen trägt zwittrige Blüten.

Licht: Hell, aber keine direkte Sonne.

Temperatur: Stets luftiger Stand; im Winter nicht über 10°C.

Substrat: Übliche Torfsubstrate, denen man jeweils 1/4 krümeligen Lehm und groben Sand beimischen kann; pH 5 bis 6.

Feuchtigkeit: Stets mäßig feucht halten. Im Winter sparsamer gießen.

Düngen: Von Frühjahr bis Herbst alle 2 Wochen mit Blumendünger gießen.

Umpflanzen: Alle 2 Jahre, alte Exemplare auch in größeren Abständen am besten im Frühjahr umpflanzen.

Vermehren: Im Sommer nicht zu sehr verholzte Stecklinge schneiden, in Bewurzelungshormone tauchen und bei Bodentemperaturen von mindestens 18°C bewurzeln. Samen keimen nur, wenn sie während des Winters für einige Zeit niedrigen Temperaturen ausgesetzt waren.

Smithiantha

Ähnlich wie *Kohleria* befinden sich *Smithiantha* in der Gunst von Gärtnern und Pflanzenfreunden derzeit in einem Tief. Dies ist verwunderlich, haben wir es doch mit einer Pflanze zu tun, die sowohl mit auffallenden Blüten als auch hübschen Blättern ziert. Noch vor 50 Jahren waren sie verbreitet, damals noch unter dem Gattungsnamen *Naegelia*. Vier Arten dieses Gesne-

Smithiantha-Hybride

Solanum pseudocapsicum

riengewächses sind aus den Höhenlagen Mexikos bekannt. Der Pflanzenaufbau ähnelt dem von *Kohleria*, doch sind die Blüten mehr glockenförmig und nicht deutlich unterschieden in Röhre und Kronabschnitte. Die Blüten stehen zu vielen in einer endständigen pyramidalen Traube. In Kultur befinden sich fast ausschließlich Hybriden.

Die Blätter sind bis 15 cm lang, behaart und auf hellerem Grund dunkelgrün, bräunlich oder purpurn entlang der Adern gezeichnet. Wie *Kohleria* und *Achimenes* besitzen sie unterirdische schuppige Rhizome. Diese Speicherorgane kann man wie bei den beiden genannten Gattungen zur Vermehrung nutzen. Daneben ist auch die Vermehrung durch Kopf- und Blattstecklinge möglich. Wir behandeln *Smithiantha* genau wie *Achimenes*. Es genügt aber, nur drei bis vier Rhizome pro Topf auszulegen.

Solanum, Korallenstrauch

Dankbare Topfpflanzen für kühle Räume sind die als Korallenstrauch bekannten *Solanum capsicastrum* und *S. pseudocapsicum* aus Brasilien beziehungsweise der Atlantikinsel Madeira. Am häufigsten ist *S. pseudocapsicum* zu finden, die sich im wesentlichen durch die kahlen jungen Sprosse von *S. capsicastrum* unterscheidet, die behaarte besitzt. Die kugelrunden roten, bei einigen Sorten auch gelb gefärbten Früchte gaben ihnen den Namen Korallenstrauch.
Ab Mai/Juni finden wir fruchtende Pflanzen im Angebot des Blumenhandels. Die Früchte halten sich bis in den Winter hinein. Danach werfen wir den Korallenstrauch meist weg, obwohl es sich um mehrjährige Sträucher handelt. Wer einen kühlen Winterplatz besitzt, kann sich mehrere Jahre an seinem Korallenstrauch erfreuen. Dann ist ein kräftiger Rückschnitt im Frühjahr ab März zu empfehlen.

Licht: Hell bis sonnig, nur vor allzu starker Mittagssonne im Sommer geschützt.
Temperatur: Luftiger Platz, im Sommer am besten an geschützter, warmer Stelle auf Balkon oder Terrasse. Dort ist der Fruchtansatz besser als im Zimmer. Im Winter 10 bis 15°C. Nach dem Rückschnitt wärmer bei 18°C.
Substrat: Torfsubstrate wie Einheitserde, TKS oder Compo Sana; pH 5,5 bis 6,5.
Feuchtigkeit: Stets feucht halten. Im Sommer ist der Wasserverbrauch hoch. Im Winter dagegen sparsam gießen, aber nicht völlig austrocknen lassen. Trockenheit im Sommer führt zum Abwerfen der Blüten.
Düngen: Von Frühjahr bis Herbst wöchentlich, im Winter alle 4 bis 6 Wochen mit Blumendünger gießen.
Umpflanzen: Jährlich im Frühjahr beim Rückschnitt.
Vermehren: Samen ab März aussäen. Er keimt gut bei etwa 18°C Bodentemperatur. Sämlinge ein- bis zweimal stutzen, um eine bessere Verzweigung zu erzielen.
Pflanzenschutz: Korallensträucher werden häufig von Blattläusen und, was besonders unangenehm ist, von der Weißen Fliege befallen. Eine erfolgreiche Bekämpfung der Weißen Fliege ist nur mit mehrmaligen Behandlungen zum Beispiel mit den handelsüblichen Sprühdosen zu erwarten.

Soleirolia, Bubiköpfchen

Seit Anfang dieses Jahrhunderts erfreut uns diese zierliche, anspruchslose Zimmerpflanze. Wer seinen Urlaub auf Korsika, den Balearen oder in Sardinien verbrachte, hat vielleicht dieses kleine Kraut mit den glänzend grünen, herznierenförmigen, wechselständigen Blättchen in schattigen Mauerfugen oder an Felsen gesehen. Bei uns gedeiht das Bubiköpfchen, dessen ungültiger Name *Helxine soleirolii* bekannter ist als der nun zutreffende *Soleirolia soleirolii*, in nicht zu warmen Räumen. In Wintergärten ist es ein hervorragender Bodendecker. Auch in Terrarien und Flaschengärten gedeiht das Bubiköpfchen sehr gut. Selbst im Freien überdauert es an geschützten Plätzen milde Winter.

Die Blüten dieses Nesselgewächses (Urticaceae) sind nur klein und unscheinbar. Die Zierde stellen die zierlichen, einen dichten Rasen bildenden Blättchen dar.

Licht: Hell oder halbschattig; nur vor allzu starker Mittagssonne schützen.
Temperatur: Übliche Zimmertemperatur; den Winter überdauert es sowohl bei 20°C als auch in einem ungeheizten Raum, der gerade frostfrei ist.
Substrat: Gedeiht in jeder handelsüblichen Blumenerde; pH 5 bis 7.
Feuchtigkeit: Stets für milde Feuchte sorgen; bei kühlem Stand im Winter sparsam gießen. Nicht austrocknen lassen!
Düngen: Alle 2 bis 3 Wochen mit Blumendünger gießen. Im Winter je nach Stand nur sporadisch düngen.
Umpflanzen: Von Frühjahr bis Herbst bei Bedarf. In der Regel erübrigt es sich, da man

Soleirolia soleirolii

besser jährlich Jungpflanzen heranzieht.
Vermehren: Teilen beim Umpflanzen. Auch Stecklinge der zarten Triebe bewurzeln sich bei Zimmertemperatur leicht. Gleich mehrere in einen Topf stecken.

Sonerila

Das asiatische Pendant zu den südamerikanischen Bertolonien stellen die *Sonerila*-Arten dar, die in etwa 100 Arten in feuchtwarmen Gebieten verbreitet sind. Die kleinen Blüten haben nur drei Blütenblätter, die von *Bertolonia*-Arten stets mehr. Als einzige Art hat sich *Sonerila margaritacea* als Topfpflanze durchgesetzt, bei uns nahezu ausschließlich in der Sorte 'Argentea'. Noch einige weitere Auslesen sind vorwiegend in den USA anzutreffen. *Sonerila margaritacea* stammt aus Java und Burma. Sie wird bis 30 cm hoch und verzweigt sich stark. Die Seitentriebe liegen häufig dem Boden auf. Die oberseits grünen Blätter sind weiß gepunktet, unterseits rötlich überhaucht. Bei der Sorte 'Argentea' ist nahezu das ganze Blatt silbrigweiß gefärbt.
Wegen ihrer hohen Ansprüche an Temperatur und Luftfeuchte sind alle *Sonerila* nur für geschlossene Blumenfenster und ähnliches zu empfehlen. Die Kultur ist ausführlich bei *Bertolonia* beschrieben.

Sophronitis

Sie sind bis heute botanische Leckerbissen geblieben, die sechs Arten der Orchideengattung *Sophronitis*. Dennoch gilt die wohl auffälligste und unter Orchideenfreunden verbreitetste Art, *Sophronitis coccinea*, nahezu als Modepflanze. Von ihrer Gestalt her wären diese Brasilianer ideale Zimmerpflanzen: Sie bleiben klein und bilden leuchtend rote oder violette, ansehnliche Blüten. Doch selbst unter erfahrenen Orchideengärtnern gelten *Sophronitis* als kurzlebig. Das bedeutet, daß ihre Ansprüche nur schwer zu erfüllen sind. Besonders schwierig ist die Kultur auf der Fensterbank, so daß hiervon abzuraten ist.
Am ehesten wird man die Pflanzen an Rinden- oder Osmundastücken aufgebunden am Leben erhalten. Dort kommen die kaum mehr als 10 cm hohe, dicht stehende Pseudobulben mit fleischigen Blättern bildenden Orchideen auch gut zur Wirkung. Besonders wichtig ist ein kühler, luftiger Platz, da *Sophronitis* im Gebirge in 1500 m Höhe beheimatet sind.
Licht: Halbschattiger bis heller Standort ohne direkte Sonne.
Temperatur: Im Sommer Zimmertemperatur, nachts möglichst abkühlend. Im Winter tagsüber 17 bis 18°C, nachts um 14°C. Luftiger Platz!
Substrat: Am besten an Osmunda-, Baumfarn-, Kork- oder Rindenstücken aufbinden.
Feuchtigkeit: Ganzjährig für mäßige Feuchte sorgen. Stauende Nässe, die besonders bei Kultur im Topf vorkommen kann, führt rasch zu Ausfällen. Pflanzen aber auch nicht austrocknen lassen. Hartes Wasser entsalzen. Luftfeuchtigkeit möglichst 70% oder mehr.
Düngen: Alle 1 bis 2 Monate mit Blumendünger in halber Konzentration gießen. Bei Blockkultur die gleiche Düngermenge auf mehrere Gaben verteilen.
Umpflanzen: Nur bei Bedarf in größeren Abständen, am besten im Frühjahr. Durch das Aufbinden erübrigt sich das Umpflanzen weitgehend.
Vermehren: Größere Exemplare lassen sich beim Umpflanzen vorsichtig teilen, aber möglichst große Gruppen belassen.

Sonerila margaritacea 'Argentea'

Sparmannia, Zimmerlinde

Eine Linde ist sie zwar nicht, aber sie zählt zu den Lindengewächsen (Tiliaceae). Somit hat der Name Zimmerlinde für *Sparmannia africana* durchaus seine Berechtigung. In der südafrikanischen Heimat erreicht die Zimmerlinde 6 m Höhe. Auch bei uns ist ein Gardemaß üblich. Weder ihre Größe noch ihre Temperaturansprüche machen *S. africana* zu einer idealen Zimmerpflanze. Dennoch hat sie nun schon rund 200 Jahre immer wieder Freunde gefunden. Zufrieden wird man nur dann mit ihr sein, wenn ein heller, luftiger, im Winter kühler Platz zur Verfügung steht. Im dunklen, ständig warmen Zimmer versagt sie.

Der helle Stand wird zum Problem, wenn die Zimmerlinde allzu sehr in die Breite geht und dann immer weiter vom Fenster zurückweichen muß. Die großen, über 15 cm langen Blätter, die beidseitig weiche Haare tragen, verlangen viel Platz. Schieben wir sie zu weit vom Fenster weg, dann bleiben die hübschen Blüten aus. Die langgestielten, vielblütigen Dolden tragen reinweiße Blüten mit einem Büschel gelber Staubfäden. Sie erscheinen meist noch im Winter. Die gefülltblühende Sorte 'Plena' ist nicht weit verbreitet.

Im dunklen, warmen Zimmer, aber auch bei mangelnder Nährstoffversorgung wirft die Zimmerlinde von unten viele Blätter ab. Die langen Stengel mit den wenigen Blättern an der Spitze sind dann keine Zierde mehr. Ein Rückschnitt bis ins alte Holz ist zwar in größeren zeitlichen Abständen möglich, doch keine Lösung. Suchen wir besser nach einem passenderen Platz, etwa im hellen Treppenhaus.

Licht: Hell bis sonnig; nur vor allzu kräftiger Mittagssonne empfiehlt sich leichter Schatten.
Temperatur: Luftiger Platz; im Winter 5 bis 10 °C.
Substrat: Einheitserde oder TKS, dem man bis zu $1/4$ krümeligen Lehm beimischt; pH um 6.
Feuchtigkeit: Stets feucht halten. Bei luftigem Stand verbrauchen die großen Blätter viel Wasser. Im Winter sparsamer gießen, keine Nässe aufkommen lassen.
Düngen: Von Frühjahr bis Herbst wöchentlich, während des Hauptwachstums auch zweimal pro Woche, im Winter alle 3 Wochen mit Blumendünger gießen.
Umpflanzen: Etwa alle 2 Jahre von Frühjahr bis Herbst möglich.
Vermehren: Nicht zu harte Stecklinge im Sommer schneiden und bei rund 20 °C Bodentemperatur sowie hoher Luftfeuchte bewurzeln. Es empfiehlt sich, Stecklinge nur von Pflanzen zu schneiden, die bereits geblüht haben, da es offensichtlich blühfaule Typen gibt. Keine schwachen Triebe von der Basis verwenden.

Spathiphyllum

Sehr dankbare Topfpflanzen gehören der Gattung *Spathiphyllum* an. Es gibt verschiedene Versuche, deutsche Namen für sie zu finden, zum Beispiel Blattfarne, Einblatt oder Scheidenblatt, aber keiner hat sich durchsetzen können. Mit den Namen hat man ohnehin bei dieser Pflanze seine Schwierigkeiten. In den botanischen Sammlungen und bei den Gärtnern herrscht ein heilloses Durcheinander. Es gibt eine Reihe von Hybriden, die unter Namen wie 'Mauna Loa' und 'Clevelandie' geführt werden. Viele entstanden aus Kreuzungen zwischen *Spathiphyllum cannifolium* und *S. patinii*, aber auch andere Arten wie *S. floribundum* wurden eingekreuzt. Diese Hybriden erreichen eine beachtliche Größe.

Alle *Spathiphyllum* bilden zwar nur ein kurzes, nicht oder kaum zu erkennendes Stämmchen aus, dennoch erreichen sie Höhen von 60, 80 cm, ja sogar mehr. Noch nicht mit eingerechnet ist der langgestielte Blütenstand, der sich noch um einiges über das Laub erheben kann. Die Blattspreite ist 20 cm lang oder länger, der Blattstiel steht nicht nach. Der Blütenkolben macht wie bei den meisten anderen Vertretern dieser Familie nicht den Zierwert aus, sondern das bei *Spathiphyllum* meist reinweiß gefärbte Hochblatt, die Blütenscheide oder Spatha. Die Blüten mancher *Spathiphyllum* verströmen zu bestimmten Tageszeiten einen sehr angenehmen Duft.

Neben den Sorten findet sich bei uns *S. wallisii* im Angebot. Sie bleibt kleiner, bildet häufiger Kindel, so daß dichte, umfangreiche Gruppen entstehen. Leider ist auch die Blütenscheide etwas kleiner.

Alle *Spathiphyllum* werden besonders für die Hydrokultur geschätzt, der es ansonsten an langlebigen Blütenpflanzen mangelt. *Spathiphyllum* kommen außerdem mit recht niedrigen Lichtintensitäten zurecht.
Licht: Halbschattig bis schattig, auch hell ohne direkte Sonne.

Sophronitis previpedunculata

Sparmannia africana

Spathiphyllum-Hybride

Sprekelia formosissima

Temperatur: Zimmertemperatur oder wärmer bis etwa 26°C. Im Winter können die Pflanzen kühler stehen, doch nicht unter 18, minimal 16°C.
Substrat: Fertigsubstrate wie Einheitserde »frux« oder TKS; pH 5 bis 6,5.
Feuchtigkeit: Stets mäßig feucht halten; im Winter sparsamer gießen, doch nicht austrocknen lassen.
Düngen: Von Frühjahr bis Herbst wöchentlich, im Winter alle 2 bis 3 Wochen mit Blumendünger gießen.
Umpflanzen: Alle 1 bis 2 Jahre im Frühjahr oder Sommer.
Vermehren: Größere Pflanzen beim Umtopfen vorsichtig teilen. Dabei Wurzeln weitgehend schonen.

Sprekelia, Jakobslilie

Ein so schönblühendes Zwiebelgewächs wie die Jakobslilie verdient viele Bewunderer, doch hat sich der Reiz dieser ungewöhnlich geformten Blüten noch nicht herumgesprochen. Sie ist mit dem populären Ritterstern, den „Amaryllis" (richtig *Hippeastrum*) verwandt, zählt somit zu den Amaryllisgewächsen. Ein Nachteil sei nicht verschwiegen: Die ganze Pracht hält nur wenige Tage. Die schmalen Blätter allein haben dann keinen großen Zierwert mehr. Der Erhaltung dieser Blätter muß unsere Sorgfalt dienen, denn nur gut und möglichst lange beblätterte Pflanzen blühen auch im folgenden Jahr. Das weniger attraktive Stadium kann die Jakobslilie ab Mai bis zum Herbst im Garten an geschütztem, sonnigem Platz verbringen.
Mexiko und Guatemala sind die Heimat der Jakobslilie, die, einzige Art der Gattung, den Namen *Sprekelia formosissima* trägt. Bereits 1593 kam sie nach Europa, blieb aber bisher den Kennern vorbehalten.
Licht: Hell bis sonnig. Die unbeblätterten Zwiebeln können im Dunkeln aufbewahrt werden.
Temperatur: Während der Wachstumszeit Zimmertemperatur. Nach dem Einziehen der Blätter Zwiebeln bei Temperaturen zwischen 10 bis 18°C lagern. Ab März/April wärmer stellen.
Substrat: Übliche Fertigerden wie Einheitserde, TKS oder Compo Sana; pH um 6.
Feuchtigkeit: Während der Ruhezeit von November bis März nicht gießen. Mit beginnendem Austrieb zunächst vorsichtig wässern, da die Wurzeln noch nicht voll funktionsfähig sind. Anschließend immer mäßig feucht halten. Im späten Herbst Wassergaben mit dem Einziehen der Blätter reduzieren.
Düngen: Belaubte Pflanzen bis Ende August wöchentlich mit Blumendünger gießen.
Umpflanzen: Jährlich vor dem Austrieb in frische Erde setzen. Der Zwiebelhals sollte noch aus der Erde herausschauen.
Vermehren: Die *Sprekelia* bildet regelmäßig eine oder gar mehrere Tochterzwiebeln aus, die beim Umpflanzen abzutrennen sind.

Samen erhält man selten. Man sät ihn sofort aus, da er nicht lange seine Keimfähigkeit behält (über 20°C Bodentemperatur). Sämlinge ohne Ruhezeit durchkultivieren.
Pflanzenschutz: Wie *Hippeastrum* wird auch die Sprekelie vom Roten Brenner befallen. Die dort beschriebene Behandlung mit Grünkupfer empfiehlt sich auch für die Jakobslilie.

Stapelia, Aasblume

Rund 60 Arten bilden diese im Süden und Südwesten Afrikas beheimatete Gattung aus der Familie der Seidenpflanzengewächse (Asclepiadaceae). Es sind Pflanzen mit meist kurzen, fleischigen Stämmchen, die sich rasenartig ausbreiten. Das schönste an den Stapelien sind die oft riesengroßen, in Brauntönen lebhaft gefärbten, oft behaarten Blüten, die nur den Nachteil aufweisen, daß sie bei einigen Arten penetrant nach Fäkalien duften. Die Stapelien bastardieren sowohl am heimatlichen Standort als auch in Kultur so stark, daß man in der Regel keine reinrassigen Arten erhält. Am verbreitetsten ist die sehr variable Art *Stapelia variegata* mit hellgelber, braunrot gefleckter Blüte, die bis 8 cm Durchmesser erreichen. Sie wird neuerdings auch der Gattung *Orbea* zugerechnet.
Die Pflege der Stapelien ist nicht einfach und erfordert schon ein wenig Erfahrung im Umgang mit sukkulenten Pflanzen.

Licht: Hell; besonders im Winter ist genügend Licht für die Vitalität der Pflanzen wichtig. In den Sommermonaten dagegen vor direkter Sonne leicht schützen.
Temperatur: Zimmertemperatur oder wärmer. Im Winter 10 bis 18 °C. Überwinterungstemperatur beeinflußt wesentlich den Gießrhythmus. Je wärmer es ist, um so häufiger muß auch Wasser verabreicht werden.
Substrat: Durchlässiges Substrat unumgänglich. Zum Beispiel Mischungen aus Urgesteinsgrus mit wenig Torf oder Lavagrus mit Torf; pH 5,5 bis 7. Besonders eine hohe Kaliversorgung scheint einen günstigen Einfluß zu haben. Je Liter Substrat 1 bis 2 g Kalimagnesia beimischen.
Feuchtigkeit: Immer erst gießen, wenn das Substrat weitgehend abgetrocknet ist. Ab Oktober Wassergaben reduzieren. Im Winter nur sporadisch – bei sonnigem Wetter, damit Erdoberfläche schnell wieder abtrocknet! – gießen, um stärkeres Schrumpfen zu verhindern.
Düngen: Während der Wachstumsperiode alle 2 bis 3 Wochen mit Kakteendünger gießen. Bei ,,normal'' gedüngten Erden zwei- bis dreimal im Jahr mit 1 g Kalimagnesia je Liter Wasser gießen. Auch mit Kaliumsulfat (0,2%ig) wurden schon gute Ergebnisse erzielt.
Umpflanzen: Im Frühjahr nach Ende der Ruhezeit. Flache Schalen verwenden. Danach mindestens 1 Woche trocken halten, bis Verletzungen abgetrocknet sind. Bei älteren Pflanzen trennt man die ältesten Sprosse im Zentrum ab, da sie kaum Blüten bringen.
Vermehren: Samen wird ständig angeboten. Er keimt leicht bei 20 bis 25 °C, doch gibt es anschließend häufig Ausfälle wegen Pilzinfektionen. Daher Samen am besten trockenbeizen (s. Seite 91). Sproßstecklinge nach dem Abtrocknen der Schnittfläche stecken; sie bewurzeln leicht bei Bodentemperaturen von mindestens 20 °C. Empfindliche Arten kann man auf Knollen von *Ceropegia woodii* pfropfen (s. Seite 107).
Pflanzenschutz: Gefürchtet ist der ,,Schwarze Tod'', eine Pilzkrankheit, die während der Wintermonate zu schwarzen Flecken besonders an der Sproßbasis und zum Absterben der Triebe führt. Vorwiegend langsamwachsende Arten sind gefährdet. Befallene Sprosse sind nicht mehr zu retten. Eine gezielte Bekämpfung ist bisher nicht möglich. Durch möglichst hellen Stand während der Wintermonate Schwächung der Pflanzen verhindern. Das bereits beschriebene Düngen mit Kalium soll die Widerstandskraft erhöhen. Sämlinge kann man mehrmals mit einer 0,1%igen Chinosol-Lösung überbrausen.

Stephanotis, Kranzschlinge

Die Kranzschlinge wird gelegentlich mit der zur gleichen Familie der Seidenpflanzengewächse (Asclepiadaceae) gehörenden Wachsblume verwechselt. *Stephanotis* hat aber im Gegensatz zu *Hoya carnosa* weniger

Stapelia leendertziae

Stephanotis floribunda

Streptocarpus-Hybriden

fleischige, sondern mehr ledrige, dunkelgrüne Blätter und reinweiße Blüten, die kurzgestielt in Scheindolden stehen. Von den rund 15 Arten der Gattung hat nur die in Madagaskar beheimatete *Stephanotis floribunda* Bedeutung als Topfpflanze erlangt. Sie ist etwas anspruchsvoller als die Wachsblume, aber bei ein wenig Aufmerksamkeit doch ein dankbares Zimmergewächs. Wie die Wachsblume braucht sie ein Gerüst, an dem wir die Ranken befestigen. Wenn die Pflanzen zu groß werden oder wegen irgendwelcher Kulturfehler einzelne Triebe verkahlen, ist ein Rückschnitt empfehlenswert.
Licht: Heller Platz ist für einen reichen Blütenansatz unumgänglich. Dennoch muß die Kranzschlinge vor direkter Sonneneinstrahlung besonders während der Mittagsstunden bewahrt werden.
Temperatur: Übliche Zimmertemperatur; im Winter um 12 bis 16 °C.
Substrat: Einheitserde hat sich gut bewährt, auch TKS mit Lehm und Sand; pH 5,5 bis 6,5.
Feuchtigkeit: Während der Wachstumszeit von März bis September/Oktober immer für milde Feuchtigkeit sorgen; nie austrocknen lassen! Auch während der Ruhezeit im Winter regelmäßig gießen, doch keine Nässe aufkommen lassen.
Düngen: Von April bis September alle 1 bis 2 Wochen mit Blumendünger gießen.
Umpflanzen: Alle 1 bis 2 Jahre im Frühjahr.
Vermehren: Triebstecklinge mit mindestens zwei Blättern bewurzeln bei Bodentemperaturen von mindestens 25 °C in etwa 5 Wochen. Die Verwendung von Bewurzelungshormonen ist empfehlenswert.
Pflanzenschutz: Blattläuse sind recht einfach zu bekämpfen. Viel unangenehmer sind Spinnmilben, die in vielen Fällen nicht oder zu spät erkannt werden. Auf punktartige Vertiefungen und silbrige Aufhellungen achten! Nur durch mehrmaligen Einsatz von Schädlingsbekämpfungsmitteln im Abstand von etwa 5 Tagen sind Spinnmilben zu bekämpfen.

Streptocarpus, Drehfrucht

Gegenüber den Gloxinien haben die ebenfalls zu den Gesneriengewächsen (Gesneriaceae) zählenden *Streptocarpus* in den letzten Jahren deutlich Boden gutgemacht. Neue, haltbare Sorten mit vielen, großen Blüten steigerten das Interesse an diesen Pflanzen. Hinzu kommt, daß sie weniger sparrige Blätter als Gloxinien besitzen. Für den Gärtner und Einzelhändler hat dies den Vorteil der geringeren Transportempfindlichkeit, für den Blumenfreund den des beseren „Fensterbank-Formats".
Bisher war ausschließlich von den Hybriden die Rede, jener Vielzahl an Sorten, die seit dem Ende des vorigen Jahrhunderts durch Kreuzung verschiedener Arten entstanden. Auch ohne diese Produkte gärtnerischer Kunst hat die Gattung *Streptocarpus* viel zu bieten. Über 130 Arten sind bekannt, die vorwiegend in Südafrika, aber auch auf Madagaskar und in Asien beheimatet sind. Die Hybriden zählen zu den *Streptocarpus* mit rosettenförmigem Wuchs. Es gibt Arten, die aufrechte beblätterte Sprosse bilden, zum Beispiel *S. caulescens* und *S. kirkii*. Die ungewöhnlichsten dürften jene Arten sein, die nur ein einziges, riesiges Blatt entwickeln. Es sind seltsame Gestalten, die sich nicht für die Zimmerkultur eignen, nur für ein großes geschlossenes Blumenfenster oder Gewächshaus. Arten wie *S. grandis* und *S. wendlandii* bilden ein nahezu meterlanges Blatt. Obwohl man dies in Kultur kaum erreicht, ist der Platzbedarf doch groß. Außerdem darf das Blatt der Erde nicht aufliegen, da es sonst fault. Überhaupt muß es sehr sorgfältig behandelt werden, denn außer diesem Blatt hat die Pflanze keine Assimilationsfläche mehr zu bieten.
Wer sich für diese einblättrigen *Streptocarpus* interessiert, wird lange suchen müssen, bis er eine solche Pflanze erhält. Aber auch Arten aus anderen Gruppen sind selten käuflich zu erwerben. Am ehesten wird man *S. rexii* finden, eine rosettig wachsende Art, die viele lange Stiele bildet, die jeweils mit einigen blauen Blüten besetzt sind.
Bei den Hybriden sind zwei Gruppen zu unterscheiden: Sorten um 'Constant Nymph', die sich durch einen engen Blütenschlund und in der Regel mehrere Blüten pro Stiel ausweisen, und die großblumigen Sorten, die ihre Blütengröße mit einer geringeren Blütenzahl pro Stiel erkaufen. Die großblumigen Hybriden benötigen etwas höhere Temperaturen.

Licht: Hell, aber vor direkter Sonne geschützt.
Temperatur: Hybriden bei Zimmertemperatur bis etwa 25 °C. Großblumige Sorten im Winter um 20 °C, kleinblumige Sorten um 'Constant Nymph' auch kühler, jedoch nicht unter 15 °C. Arten wie die einblättrigen *Streptocarpus* nicht unter 20 °C.
Substrat: Torfsubstrate wie Einheitserde, TKS II oder Compo Sana; pH 5,5 bis 6,5.
Feuchtigkeit: Stets mäßig feucht halten. Im Winter besonders bei kühlem Stand weniger gießen, jedoch Erde nicht völlig austrocknen lassen. Luftfeuchte nicht unter 50 %, besser höher. Die Arten stehen am besten im geschlossenen Blumenfenster.
Düngen: Von Frühjahr bis Herbst wöchentlich mit Blumendünger gießen. Im Winter genügen Nährstoffgaben im Abstand von 4 bis 6 Wochen.
Umpflanzen: Jährlich im Frühjahr oder Sommer.
Vermehren: Der staubfeine Samen wird im zeitigen Frühjahr ausgesät und nicht mit Erde abgedeckt. Eine Glasscheibe sorgt für die erforderliche konstante Feuchte. Die Bodentemperatur sollte bei etwa 22 °C liegen.

Besonders interessant ist die Vermehrung durch Blattstecklinge. Einzelne Blätter – am besten junge Blätter, die gerade ausgewachsen sind – lassen sich in Abschnitte zerteilen und bewurzeln. Steht keine Beleuchtung zur Verfügung, ist die beste Zeit im Frühjahr. Die Blätter teilt man entweder längs der Adern in zwei Hälften, wobei die Hauptader selbst abgetrennt wird. Mit der Schnittfläche kommen die Blatthälften schräg in ein übliches Vermehrungssubstrat und werden bei Temperaturen um 20 °C gehalten.

Eine andere Methode sieht das Zerteilen des Blattes quer zur Hauptader in etwa 3 cm breite Abschnitte vor. Man verwendet nur die Abschnitte aus dem mittleren Teil des Blattes. Die Behandlung ist ansonsten wie bei der zuvor beschriebenen Methode. Sowohl bei der Anzucht aus Samen als auch der aus Stecklingen braucht es rund 7 Monate, bis man blühfähige Pflanzen erhält.

Stromanthe

Nach den bereits erwähnten *Calathea*, *Maranta* und *Ctenanthe* verbirgt sich hinter dem Gattungsnamen *Stromanthe* ein weiteres Marantengewächs. Rund zehn Arten sind aus feuchtwarmen Gebieten Südamerikas bekannt. Für die Pflege im Zimmer sind sie allesamt nicht geeignet. Aber im Blumenfenster oder der Vitrine lohnt sich ein Versuch.

Besonders *Stromanthe amabilis* ist zu empfehlen, die verblüffende Ähnlichkeit mit manchen *Calathea* und *Ctenanthe* aufweist. Sie bleibt recht niedrig, während die anderen Arten doch schnell den ihnen zugedachten Rahmen sprengen und über 1 m Höhe erreichen. Dies trifft sowohl für *Stromanthe porteana* zu, eine Art mit grünen, silbern gezeichneten Blättern, als auch für *S. sanguinea*, deren Blätter oberseits einfarbig grün, unterseits aber blutrot sind. Leider ist

Stromanthe sanguinea

S. amabilis eine Rarität, nach der man lange suchen muß. Die Pflege der *Stromanthe*-Arten entspricht der von *Calathea*.

Sulcorebutia

Die Mehrzahl der Arten der Kakteengattung *Sulcorebutia* wurden vor nicht allzu langer Zeit entdeckt. Rund 20 verschiedene variable Arten mögen es sein, die man in Bolivien fand. Es sind ähnlich wie Rebutien nicht zu groß werdende Kugelkakteen, die jedoch derber, kräftiger bedornt sind. Typisch sind die langovalen Areolen. Die relativ großen Blüten haben leuchtende gelbe und/oder rote Farbtöne.

Als Rübenwurzler sind sie etwas empfindlich gegen falsches Gießen. Es verlangt einiges Fingerspitzengefühl, um die Pflanzen wurzelecht bei guter Gesundheit zu erhalten. Aus diesem Grund werden sie meist gepfropft angeboten. Sitzen sie auf ungeeigneten Unterlagen, werden sie mastig und verlieren ihr charakteristisches Aussehen. Am besten eignen sich noch *Trichocereus*-Arten.
Licht: Heller, sonniger Platz, auch im Winter.
Temperaturen: Luftiger Stand mit nächtlicher Abkühlung. Im Winter etwa 7 bis 12 °C.
Substrat: Durchlässige Kakteenerde mit groben mineralischen Bestandteilen; pH um 6.
Feuchtigkeit: Während der Wachstumszeit nur gießen, wenn die Erde fast völlig abgetrocknet ist. Im Winter trocken halten.

Geöffnete Samenkapsel der Drehfrucht (Streptocarpus).

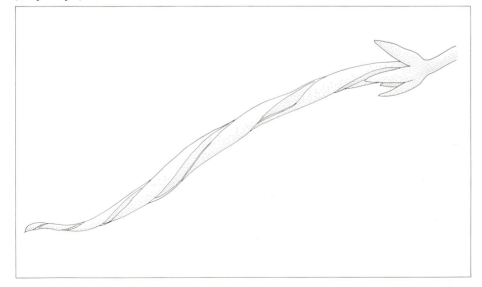

Sulcorebutia arenacea

Düngen: Bei deutlichem Wachstum alle 3 bis 4 Wochen mit Kakteendünger gießen.
Umpflanzen: In der Regel alle 2 Jahre im Winter.
Vermehren: Sulcorebutien sprossen meist reichlich, so daß Kindel abgetrennt und bewurzelt werden können.

Synadenium, Afrikanischer Milchbusch

Etwa 13 Arten umfaßt diese Gattung in Afrika beheimateter kleiner Bäume oder Sträucher aus der Familie der Wolfsmilchgewächse (Euphorbiaceae). Eine Art, *Synadenium grantii*, ist als Jungpflanze für helle, luftige Räume geeignet. Mit ihren großen, bis 17 cm langen Blättern sieht es recht hübsch aus, besonders die rotgefärbte oder gefleckte Sorte 'Rubra'. Im Alter werden die Pflanzen mit bis zu 3 m Höhe zu groß für das Blumenfenster.
Licht: Heller, vollsonniger Platz, auch im Winter.
Temperatur: Übliche Zimmertemperatur; im Winter 8 bis 10 °C.
Substrat: Durchlässige, nahrhafte Erde, zum Beispiel Einheitserde mit Sand und wenig Lehm; pH um 6.
Feuchtigkeit: Während des Wachstums für milde Feuchtigkeit sorgen. Im Winter nur gießen, wenn das Substrat völlig abgetrocknet ist. Mit Wurzelfäule und Blattfall reagiert *Synadenium* auf Staunässe!
Düngen: Von April bis September alle 2 Wochen mit Kakteendünger gießen.
Umpflanzen: Jährlich, größere Exemplare in weiteren Abständen. Wer ein Kleingewächshaus hat, kann *Synadenium* ins Beet auspflanzen und erhält besonders gut wachsende Exemplare.
Vermehren: Stecklinge im Frühjahr oder Sommer schneiden. Sie bewurzeln sich bei Bodentemperaturen von mindestens 22 °C.
Pflanzenschutz: Unangenehm kann die Weiße Fliege werden, die sich nur durch mehrmaliges Sprühen eines Insektenbekämpfungsmittels beseitigen läßt.

Syngonium

Eine erstaunliche Wandlung machen die Blätter dieses Aronstabgewächses durch. In der Jugend sind sie pfeilförmig. Nachdem sie das Jugendstadium überwunden haben, teilen sich die Blätter je nach Art bis zu elffach. Als Topfpflanze pflegen wir meist die Jugendformen, so daß man das ausgewachsene Exemplar eines *Syngonium* nicht als die gleiche Art identifizieren würde, sondern für etwas ganz anderes hielte.
Die etwa 20 im tropischen Amerika beheimateten *Syngonium*-Arten sind kriechende oder kletternde Pflanzen. Wir halten sie daher am besten als Ampel oder schlingen den Stengel um einen Stamm oder ein Klettergerüst im Blumenfenster. Eine ganze Reihe Sorten mit unterschiedlich gefärbten Blättern ist im Handel. Sie gehören meist *Syngonium podophyllum* oder *S. wendlandii* an. Aber es gibt auch Kreuzungen mit anderen Arten. Die Pflege der *Syngonium*-Arten und -Sorten entspricht weitgehend der von *Epipremnum* und *Philodendron*. Wir sollten nur darauf achten, daß die Temperatur nicht unter 20, minimal 18 °C absinkt und die Luftfeuchte nicht weniger als 60 % beträgt.

Tacitus

1972 entdeckte man zufällig in einem unzugänglichen Gebiet Mexikos eine Pflanze, die bald zu einer kleinen Sensation wurde. Zu ihrem rosettigen, hauswurzähnlichen Wuchs schienen die großen, in einer Scheindolde stehenden roten Blüten nicht zu passen. Zunächst vertrat man die Ansicht, daß es sich um eine neue Gattung aus der Familie der Dickblattgewächse (Crassulaceae) handelt. Sie erhielt den Namen *Tacitus bellus*, was man als „stille Schönheit" übersetzen könnte. Inzwischen wird die Eigenständigkeit zunehmend angezweifelt. Einige Botaniker haben sie in die Gattung *Graptopetalum* einbezogen. 1976 gelangten die ersten Pflanzen nach Deutschland. Es verwundert nicht, daß sie gleich begeisterte Pfleger fand. Noch ist sie rar, da sie aber keine großen Ansprüche stellt, ist abzusehen, daß sie einen Platz im Standardsortiment erobert.

Überraschend ist die Vielfalt der Blattformen von **Syngonium podophyllum**. Sie reicht vom ungeteilten spießförmigen bis zum gelappten und geteilten Blatt.

Synadenium grantii 'Rubra'

**Syngonium wendlandii (links),
S. podophyllum 'Green Gold' (rechts).**

Tacitus bellus

Tetrastigma voinieranum

Licht: Sonniger Platz.
Temperatur: Luftiger Standort mit Zimmertemperatur oder wärmer. Im Winter um 10 °C; bei zu warmem Stand bleibt die Blüte aus.
Substrat: Übliche Erde für sukkulente Pflanzen, zum Beispiel $^2/_3$ eines Torfsubstrats mit $^1/_3$ grobem Sand oder eine sehr sandige Komposterde.
Feuchtigkeit: Mäßig, nur während des Hauptwachstums und der Blüte stärker gießen. Im Winter nur so viel gießen, daß die Blätter nicht schrumpfen. Zu viel Wasser besonders während dieser Zeit führt rasch zu Fäulnis!
Düngen: Von Frühjahr bis Herbst alle 2 Wochen mit Blumen- oder Kakteendünger gießen.
Umpflanzen: In der Regel alle 1 bis 2 Jahre im zeitigen Frühjahr oder im Sommer nach der Blüte.
Vermehren: Die Pflanzen bilden Kindel aus, die abgetrennt werden können. Sehr leicht bewurzeln Blattstecklinge, aus denen jeweils mehrere Rosetten entstehen.
Pflanzenschutz: Larven der Trauermücken können schädlich sein. Gegebenenfalls mit Pflanzenschutzmitteln wie Ekamet gießen.

Tetrastigma, Kastanienwein

So schön dieses Weingewächs (Vitaceae) auch ist, man muß vor ihm warnen! Schon mancher hat sich dazu verleiten lassen, ein junges Pflänzchen im Topf zu erwerben und hat anschließend eine Überraschung erlebt: innerhalb nur eines Jahres hat der Kastanienwein Ranken gebildet, die länger als 5 m waren. Die Freude über den schönblättrigen Gesellen wich der Ratlosigkeit, was nun mit diesem Ungetüm anzufangen sei. Ist kein Platz vorhanden, muß man sich notgedrungen wieder von ihm trennen. Wer über einen großen, nicht zu kühlen Wintergarten oder besser ein Gewächshaus verfügt, der hat mit dem Kastanienwein eine überaus dankbare, wüchsige Pflanze, an der Schädlinge und Krankheiten weitgehend unbekannt sind. Auch im Zimmer muß die Pflege nicht erfolglos sein. Ich sah eine schöne Pflanze, die sich einen Epiphytenstamm entlangrankte und mehrmals die Lampe an der Zimmerdecke umrundete. Das ganze Zimmer erhielt eine exotische Note. Weder die trockene Zimmerluft noch die sicher nicht hohe Lichtintensität inmitten des Zimmers schienen den Kastanienwein zu stören.
Von den rund 90 im subtropischen und tropischen Asien verbreiteten Arten wird in der Regel nur *Tetrastigma voinieranum* kultiviert. Es hat an Kastanien erinnernde, langgestreckte, fünfzählige Blätter, die unterseits dicht mit einem braunen Haarfilz bedeckt sind.
Wer die Möglichkeit hat, pflanze den Kastanienwein in ein Grundbeet aus, denn bei Topfkultur hat man Mühe, den Wasser- und Nährstoffbedarf zu decken. Von Zeit zu Zeit ist ein kräftiger Rückschnitt unumgänglich.
Licht: Hell bis halbschattig, von Frühjahr bis Herbst vor direkter Sonne während der Mittagsstunden geschützt.
Temperatur: Zimmertemperatur oder wärmer. Im Winter genügen 10 °C.
Substrat: Einheitserde oder TKS II mit $^1/_3$ krümeligem Lehm; pH um 6.
Feuchtigkeit: Besonders im Sommer hoher Wasserbedarf. Im Winter Wassergaben dem geringeren Verbrauch anpassen.
Düngen: Von Frühjahr bis Herbst ein- bis zweimal pro Woche mit Blumendünger gießen.
Umpflanzen: Bei Topfkultur jährlich; ausgepflanzte Exemplare können viele Jahre am gleichen Platz sitzen.
Vermehren: Die im späten Frühjahr oder Sommer geschnittenen, nicht zu harten Stecklinge bewurzeln bei Bodentemperaturen über 25 °C.

Thunbergia, Schwarzäugige Susanne

Obwohl die Gattung *Thunbergia* mehr als 100 Arten von kletternden oder aufrechten Kräutern und Sträuchern umfaßt, hat doch nur eine Art Bedeutung als Topfpflanze erlangen können: *Thunbergia alata*, die

Schwarzäugige Susanne. Sie ist eine so schöne und dankbare Pflanze, daß man sie gar nicht warm genug empfehlen kann. Genau so schön wie als Topfpflanze ist sie als blühende Kletterpflanze von Mai bis in den späten Herbst auf Balkon, Terrasse und im Garten.

Ganz gleich wo sie kultiviert wird, für die meterlang windenden Triebe braucht sie ein Klettergerüst. Ununterbrochen erfreut sie uns mit ihren reizvollen Blüten. Da stört es nicht, daß die Einzelblüte nicht allzu lange hält.

Der deutsche Name kennzeichnet die Blüte dieses Akanthusgewächses treffend: Die gelben oder orangen bis bräunlichen Blüten mit ihren fünf runden Kronzipfeln weisen in der Mitte einen tiefschwarzen Schlund, ein „Auge" auf. Interessant sind auch die geflügelten Blattstiele.

Obwohl *Thunbergia alata* ein mehrjähriges Kraut ist, empfiehlt es sich nicht, sie zu überwintern. Dies gelingt zwar, und nach kräftigem Rückschnitt im Frühjahr treiben sie willig durch. Aber im Winter sind unsere Wohnräume ein wenig geeigneter Standort. Häufig ist es zu warm, in jedem Fall sind die Lichtverhältnisse für diese aus dem tropischen Afrika zu uns gekommene Pflanze unzureichend. Sie wächst zwar unentwegt mit den – allerdings dünn werdenden – Trieben weiter. Blüten erscheinen nur noch in geringer Anzahl. Täglich kann man viele abgeworfene Blätter aufsammeln. Da ist es schon besser, sie aus den regelmäßig angebotenen Samen jährlich neu heranzuziehen, zumal sie am günstigen Standort schon nach 10 Wochen zu blühen beginnt.

Licht: Hell, auch sonnig.
Temperatur: Luftig, nicht zu warm. Die Tagestemperatur kann bis 15, die Nachttemperatur bis 12 °C absinken.
Substrat: Übliche Fertigerden; pH um 6.
Feuchtigkeit: Stets für ausreichende Feuchtigkeit sorgen. Große Pflanzen haben bei sonnigem Stand einen hohen Wasserbedarf.
Düngen: Sämlinge wöchentlich, größere Pflanzen auch zweimal pro Woche mit Blumendünger gießen.
Umpflanzen: Erübrigt sich, da gleich mehrere Sämlinge in einen zumindest 11 oder 12 cm großen Endtopf gesetzt werden.
Vermehren: Jährlich ab Februar aussäen. Die Samen keimen bei Temperaturen zwischen 10 und 22 °C.

Tibouchina

Nicht oft begegnen wir *Tibouchina urvilleana* im Blumengeschäft oder in der Gärtnerei. Blühende Pflanzen fallen sofort auf, denn die blaue Blütenfarbe ist bei Topfpflanzen rar. Das ins Violett spielende Blau der *Tibouchina* kann – standen die Pflanzen hell genug – sehr intensiv sein. Der Fachmann sieht den Blüten an, daß sie zur wenig bekannten Familie der Schwarzmundgewächse (Melastomataceae) gehört. Um die 350 Arten zählt die Gattung *Tibouchina*, die aus dem tropischen Amerika stammt. Nur die bereits genannte *T. urvilleana* (syn. *T. semidecandra*) hat als Topfpflanze leider nur bescheidene Bedeutung.

Obwohl sie in ihrer brasilianischen Heimat zu einem rund 5 m hohen Strauch heranwächst, läßt sie sich gut im Topf kultivieren. Am schönsten sind jedoch große, im Kübel stehende Exemplare, wie man sie in botanischen Gärten findet. Sie sind überaus reichblühend, und da mehrere Pflanzen in einem Kübel Platz finden, fällt die nur mäßige Verzweigung nicht auf. Bei kleineren Pflanzen mag dies bisweilen stören. *T. urvilleana* wächst ständig in die Höhe, ohne sich zu verzweigen. Auch Stutzen hilft da wenig. Die Gärtner versuchen, mit Hemmstoffen das Längenwachstum zu stoppen, um so einen besseren Pflanzenaufbau zu erreichen. Aber diese Wachstumsregler wirken nur begrenzte Zeit und fördern den Blütenblattfall. So müssen wir einen etwas sparrigen Wuchs in Kauf nehmen, wollen wir uns an der ansonsten reizvollen *Tibouchina* erfreuen. Im Gegensatz zu den anderen erwähnten Schwarzmundgewächsen ist *Tibouchina* nicht für warme Räume geeignet. Ein kühler Platz im Winter verhindert, daß die Pflanzen noch mehr ins Kraut schießen.

Licht: Heller, aber vor direkter Sonne besonders während der Mittagsstunden geschützter Platz.
Temperatur: Stets luftiger, nicht zu warmer Platz. Im Sommer Aufenthalt im Freien an geschütztem Ort. Im Winter 8 bis 12 °C, nur bei genügend Licht auch bis 18 °C.
Substrat: Torfsubstrate wie Einheitserde oder TKS; pH um 5,5.
Feuchtigkeit: Stets mäßig feucht halten; auch im Winter nicht austrocknen lassen, doch weniger gießen. *Tibouchina* ist nicht so empfindlich gegen trockene Luft wie die Verwandten, aber die Luftfeuchte sollte doch nicht weniger als 50 % betragen.
Düngen: Von Frühjahr bis Herbst alle 1 bis 2 Wochen mit Blumendünger gießen. Im Winter nur alle 5 bis 6 Wochen erforderlich.
Umpflanzen: Alle 1 bis 2 Jahre im Frühjahr oder Sommer.
Vermehren: Noch nicht zu stark verholzte Stecklinge im Frühjahr oder Sommer schneiden. Sie bewurzeln nur bei hoher Bodentemperatur über 25 °C und hoher Luftfeuchte, benötigen dazu aber fast 4 Wochen.
Besonderheiten: Blühende Pflanzen nicht anstoßen oder verrücken, da die Blüten sonst leicht abfallen. Das Längenwachstum läßt sich durch Gartenbau-Cycocel bremsen. Die Pflanzen werden behandelt, wenn der Austrieb nach dem Stutzen auf etwa 3 Blattknoten beginnt.

Thunbergia alata

Tibouchina urvilleana

Tillandsia

Nur wenige Ananasgewächse (Bromeliaceae) bieten sich so zum Sammeln an wie die Tillandsien. Besonders die sogenannten grauen Tillandsien erfreuen sich großer Beliebtheit. Es sind attraktive Pflanzen mit reizvollen, wenn auch häufig nicht allzu großen Blüten. Die ganze Pflanze bleibt im Vergleich zu manchen anderen Ananasgewächsen relativ klein – eine wichtige Voraussetzung für die Sammelei.

Allerdings stammen die meisten bei uns angebotenen Pflanzen nicht aus gärtnerischen Anzuchten, sondern der südamerikanischen Heimat. Diesem oft verantwortungslosen Sammeln an den Naturstandorten hat man nun einen Riegel vorgeschoben. Es ist zu hoffen, daß sich die Gärtner auf ihre Möglichkeiten besinnen, denn welcher ernsthafte Pflanzenfreund will der Ausrottung einer Pflanze Vorschub leisten?

Wie viele verschiedene Tillandsien es gibt, ist noch nicht klar. Schätzungen schwanken zwischen 150 und nahezu 400 Arten. Somit können Liebhaber grauer Tillandsien lange „auf Jagd" gehen, ohne je ein komplettes Sortiment zu besitzen. Allerdings sind die Tillandsien nur bedingt für die Zimmerkultur geeignet. Sie verlangen viel Luft, Licht und Sonne und keine zu niedrige Luftfeuchte. Außerdem können die grauen Tillandsien nicht in einen Blumentopf gesetzt werden, zumal einige von ihnen keine Wurzeln ausbilden oder nur wenige, die der Verankerung dienen. Man bindet sie vielmehr an ein Ast- oder Korkstück. Wasser und Nährstoffe erhalten sie, indem sie regelmäßig besprüht werden. Die weißen Saugschuppen nehmen das lebensnotwendige Naß sofort auf. Im Sommer hängen die grauen Tillandsien am besten im Garten. Die übrige Zeit ist ein helles Gewächshaus der beste Aufenthaltsort.

Wer ein sehr sonniges Blumenfenster hat und die Pflanzen regelmäßig besprüht, kann mit etwas Geschick erfolgreich sein. Für die „grünen Tillandsien", also alle Arten ohne weißes Schuppenkleid, empfiehlt sich wegen der erforderlichen hohen Luftfeuchte zumindest ein geschlossenes Blumenfenster. Die grünen Tillandsien wollen im Gegensatz zu den grauen auch im Winter warm stehen. Unter den grünen gibt es viele Arten, die recht groß werden. Entsprechend eindrucksvoll sind auch die Blütenstände.

Leider findet man im Handel nur selten grüne Tillandsien. Einzig T. lindenii und T. cyanea werden, häufig unter dem Namen T. lindeniana, gelegentlich angeboten. Es sind nicht zu große, rosettige, reich- und schmalblättrige Arten mit einem großen Blütenstand aus grünlichen bis roten, dachziegelartig übereinander angeordneten Hochblättern, aus denen die kurzlebigen blauen Blüten hervorkommen. Diese Tillandsien sind zwar nicht ganz so anspruchsvoll wie manche andere grüne Tillandsie, sie schätzen aber ebenfalls Wärme und nicht zu trockene Luft. Alle grünen Tillandsien können, sofern sie nicht zu groß werden, auf Epiphytenstämme gebunden werden.

Aufgrund ihrer Ansprüche lassen sich graue Tillandsien gut gemeinsam mit Kakteen, grüne dagegen mit wärmebedürftigen Orchideen sowie anderen Ananasgewächsen halten.

Licht: Graue Tillandsien vollsonnig, grüne hell, aber mit Ausnahme der Wintermonate vor direkter Sonne geschützt.

Temperatur: Graue Tillandsien warm, aber luftig; im Winter 10 bis 15 °C. Nach den Eisheiligen bis Ende September im Garten an sonnigen Plätzen aufhängen. Grüne Arten ganzjährig warm, auch im Winter nicht unter 18 °C. Lediglich einige robustere Arten wie T. lindenii und T. cyanea halten noch Temperaturen um 15 °C aus.

Tillandsia cyanea

Tillandsia albida

**Links Tillandsia usneoides,
rechts Vriesea carinata**

Substrat: Graue Tillandsien auf Äste oder ähnliches aufbinden. Grüne Arten in durchlässige, humose Mischung aus Torfsubstraten, gemischt mit Sphagnum oder Torf und Styromull; pH um 5,5.

Feuchtigkeit: Grüne Tillandsien stets feucht halten. Nässe führt jedoch rasch zur Fäulnis. Graue Tillandsien von Frühjahr bis Spätsommer ein- bis bis zweimal täglich fein übersprühen. Bei schlechtem, trübem Wetter reduzieren. Im Winter je nach Luftfeuchte nur alle 2 bis 3 Wochen einmal. Veralgen die Pflanzen, was an einem grünen Belag ersichtlich ist, dann werden sie zu häufig eingenebelt. Kein hartes Wasser verwenden! Bei Freilandaufenthalt ist während längerer Regenperioden Schutz erforderlich.

Düngen: Grüne Tillandsien von Frühjahr bis Herbst alle 2 bis 3 Wochen mit Blumendünger in halber Konzentration gießen, im Winter nur alle 4 bis 6 Wochen. Graue Tillandsien von April/Mai bis September wöchentlich mit Hydrokulturdünger in etwa $1/4$ der üblichen Konzentration besprühen.

Umpflanzen: Getopfte Tillandsien alle 1 bis 2 Jahre im Frühjahr oder Herbst. Bei aufgebundenen Tillandsien erübrigen sich solche Maßnahmen, es sei denn, man will größere Exemplare teilen oder neu befestigen.

Vermehren: In der Regel nur durch Kindel, die je nach Art in unterschiedlicher Zahl und Häufigkeit erscheinen. Von grauen Tillandsien abgetrennte Seitentriebe werden gleich aufgebunden und wie die Mutterpflanzen behandelt.

Tolmiea, „Henne und Küken"

Nur noch in Bauernstuben trifft man eine Topfpflanze an, die wegen ihrer ungewöhnlichen Vermehrungsweise früher viele Freunde hatte: *Tolmiea menziesii*. Der deutsche Name „Henne und Küken" kennzeichnet ihre Methode, für Nachwuchs zu sorgen, recht gut. In den Ausbuchtungen der Blätter, dort, wo der Stiel in die Spreite übergeht, entwickeln sich kleine Pflänzchen, die somit dem „Mutterblatt" geradezu aufsitzen. In ihrer nordamerikanischen Heimat wächst *Tolmiea menziesii* als Bodendecker in küstennahen Wäldern. Auch bei uns findet *Tolmiea* als Bodendecker in schattigen Gartenpartien Verwendung. Sie ist weitgehend winterhart; nur in einem Ausnahmewinter ist mit Verlusten zu rechnen. Wer Henne und Küken als Topfpflanze pflegen möchte, erhält sie leichter in Staudengärtnereien als im Blumengeschäft.

Als Bodendecker kann sich *Tolmiea menziesii* durch Ausläufer ausbreiten. Die Vermehrung ist daher unproblematisch. Auch aus den „Küken" läßt sich für Nachwuchs sorgen; am einfachsten stellen wir einen Topf mit feucht zu haltender Erde so unter ein Blatt, daß es mit seiner Spreite flach darauf zu liegen kommt. Das Brutpflänzchen wurzelt bald ein und wird anschließend abgetrennt.

Besonders wertvoll ist Henne und Küken als Bodendecker in Wintergärten. Sie nimmt noch mit sehr schattigen Partien vorlieb. Allerdings darf es im Winter nicht allzu warm sein. Das Thermometer sollte nicht weit über 10 °C ansteigen. Die Pflege entspricht ansonsten weitgehend der von *Saxifraga stolonifera*, dem Judenbart.

Torenia

Das etwas sparrig wachsende einjährige, ab Sommer blühende Braunwurzgewächs (Scrophulariaceae) mit dem Namen *Torenia fournieri* ist nicht allzu häufig zu sehen, obwohl man es schon vor 100 Jahren als Topfpflanze schätzte. Die röhrige blaue Blüte mit dem dunkelblau und gelb gefleckten Saum ist recht hübsch. Da die Pflanzen über längere Zeit blühen, verdient es *Torenia fournieri*, viel häufiger kultiviert zu werden. Sie stammt aus Vietnam.

Andere der insgesamt rund 40 Arten findet man bei uns nicht als Topfpflanzen. Dabei gibt es einige weitere hübsche Vertreter, deren überhängende Triebe mit den reizvollen Blüten sie als Ampelpflanze interessant erscheinen ließen. Erforderlich ist ein warmer Raum, denn kühle Temperaturen vertragen Torenien nicht.

Licht: Hell, aber vor direkter Mittagssonne geschützt.
Temperatur: Zimmertemperatur; nicht unter 18 °C absinkend.
Substrat: Übliche Blumenerden; pH um 6.
Feuchtigkeit: Stets feucht, aber nicht naß halten. Die Luftfeuchte sollte möglichst über 50 % liegen.

Torenia fournieri

Düngen: Jungpflanzen bis in den Herbst wöchentlich mit Blumendünger gießen.
Umpflanzen: Erübrigt sich bei diesen Einjährigen. Nach dem Abblühen im Spätherbst wirft man die Pflanzen weg.
Vermehren: Die sehr feinen Samen werden ab Ende Februar/Anfang März ausgesät und nicht mit Erde bedeckt. Sie keimen bald bei Temperaturen über 20 °C. Die Aussaatschale mit Glas oder Folie abdecken, damit die Samen nicht austrocknen. Von den Sämlingen pikiert man gleich zwei bis drei in einen 10-cm-Endtopf.

Henne und Küken, Tolmiea menziesii

Trachycarpus fortunei

Trachycarpus, Hanfpalme

Als Zimmerpflanze kann man die Hanfpalme nicht empfehlen. Sie wird im Laufe der Jahre viel zu groß. Aber für den Wintergarten oder als Kübelpflanze ähnlich Oleander ist sie wegen ihres attraktiven Aussehens und ihrer Robustheit wertvoll. Von den etwa sechs bekannten Arten hat *Trachycarpus fortunei* die größte Bedeutung. Sie stammt aus Burma und China und erreicht dort bis 12 m Höhe. Auch in subtropischen Gärten finden sich solche großen Exemplare. Sie bildet einen einzelnen, schlanken Stamm. Auf die Unterscheidungsmerkmale zu *Chamaerops* und *Livistonia* wurde auf Seite 202 hingewiesen.

T. fortunei, auch unter den Synonymen *Chamaerops excelsa* und *Trachycarpus excelsa* bekannt, kommt an heimatlichen Standorten in Höhen bis zu 2000 m vor. Dort fällt gelegentlich Schnee, und das Thermometer kann unter 0 °C absinken. Entsprechend hart ist diese Palme. Im Weinbauklima kann sie an geschützter Stelle durchaus einen „üblichen" Winter im Freien überstehen. Im allgemeinen überwintert man sie luftig und frostfrei bei etwa 5 bis maximal 10 °C. Die Pflege entspricht der von *Chamaerops*, allerdings läßt sich *Trachycarpus* nur aus Samen vermehren, da die Stämme nicht sprossen.

Nur die Kurztriebe von Tradescantia navicularis sind reizvoll. Bildet die Pflanze Langtriebe, so verliert sie an Attraktivität.

Tradescantia

Nur wenige Pflanzen lassen sich abschneiden, in ein Väschen mit Wasser stellen und wachsen und gedeihen dort monate-, ja sogar jahrelang. Sporadisch etwas Dünger ist die einzige Notwendigkeit. Tradescantien lassen diese Roßkur über sich ergehen, zumindest einige Arten. Schon rund 100 Jahre weiß man um die Qualitäten dieser Pflänzchen, die seit dieser Zeit viele volkstümliche Namen erhielten, wie zum Beispiel Ampelkraut, Ampelhexe oder Judenkraut.
Als anspruchslose Ampelpflanzen sind Tradescantien kaum zu überbieten, besonders *T. albiflora*, *T. fluminensis* und *T. blossfeldiana*. Diese drei sind am häufigsten zu finden. *T. albiflora* hat gleichmäßig grüne Blättchen, während *T. fluminensis* bei hellem Stand sich durch rötlich überhauchte Blattunterseiten auszeichnet. Außerdem entwickeln sich bei *T. fluminensis* regelmäßig die kleinen weißen Blütchen, während *T. albiflora* nur selten zur Blüte kommt. *T. blossfeldiana* besitzt rotgefärbte Sprosse und Blätter, die unterseits, wie auch die Stengel, weiß behaart sind. Bei hellem Stand erfreuen regelmäßig die zartrosa Blütchen. Der Wuchs von *T. blossfeldiana* ist zunächst aufrecht, bis die Triebe mit zunehmender Länge überhängen.

Weitere dieser mehr als 20 Arten und einige Sorten umfassenden nord- und südamerikanischen Gattung sind nur selten zu finden. Eine Besonderheit sei noch erwähnt: *T. navicularis*, eine sukkulente Pflanze mit kahnförmigen, fleischigen Blättern. Die Blättchen sind bei sonnigem Stand außen kräftig rot gesprenkelt. Leider hat diese wohl interessanteste Tradescantie einen Nachteil. Schön sind nur die Kurztriebe mit dachziegelartig übereinanderliegenden Blättern. Regelmäßig entstehen aber die häß-

Tradescantia blossfeldiana

Trichocereus-grandiflorus-Hybride

lichen, in weitem Abstand beblätterten Langtriebe, die die nähere und weitere Umgebung erreichen und dort gleich einwurzeln.
Licht: Hell, nur vor direkter Mittagssonne geschützt. An dunklen Plätzen verlieren die Pflanzen an Schönheit. *T. navicularis* auch volle Sonne.
Temperatur: Zimmertemperatur, im Winter absinkend bis 10 °C.
Substrat: Alle üblichen Fertigerden; pH 5,5 bis 7.
Feuchtigkeit: Stets feucht halten. *T. navicularis* wird, besonders im Winter bei kühlem Stand, trockener gehalten und nur nach dem Abtrocknen der Erde gegossen.
Düngen: Von Frühjahr bis Herbst alle 2, im Winter alle 3 bis 4 Wochen düngen. *T. navicularis* hungriger halten.
Umpflanzen: Erübrigt sich in der Regel, da man am besten jährlich junge Pflanzen heranzieht.
Vermehren: Gleich mehrere Stecklinge in den Topf stecken. Sie wurzeln leicht bei Bodentemperaturen über 15 °C.

Trichocereus

Die drei Arten *Trichocereus pachanoi, T. pasacana* und *T. spachianus* sind uns als die wohl wertvollsten Veredlungsunterlagen bekannt, die im Vergleich zu anderen „Ammen" die Gestalt des Pfröpflings wenig verändern. Die Gattung *Trichocereus* bietet noch weit mehr. Es sind säulenförmige Kakteen, die zu hohen Bäumen von 10 m Höhe oder Sträuchern heranwachsen. Andere bilden auf dem Boden liegende Gruppen.

Trichodiadema peersii

Alle besitzen große Blüten mit einer schlanken, dicht wolligen Röhre. Die ursprünglichen Arten dieser umstrittenen Gattung öffnen nachts ihre unter 14 cm großen Blüten. Heute zählt man unter anderem auch die früheren *Helianthocereus* mit ihren über 14 cm großen Tagblüten hinzu. Die Helianthocereen sind bei der Pflege im Zimmer blühwilliger und erreichen schon in jüngeren Jahren die Blühreife als die ursprünglichen Trichocereen.
Die reinen Arten pflegen wir, wenn nicht als Unterlage, besonders wegen der schönen Bedornung, zum Beispiel *T. candicans, T. chilensis, T. poco* und *T. terscheckii*. Wer die Blüten schätzt, wählt bevorzugt die aus *T. grandiflorus* hervorgegangenen „Vatter"-Hybriden oder eine der neuen Kreuzungen zwischen verschiedenen Trichocereen oder *Trichocereus* mit *Echinopsis*.
Licht: Vollsonnig; auch im Winter so hell wie möglich.
Temperaturen: Luftiger Platz; im Winter 5 bis 10 °C.
Substrat: Übliche Kakteenerde, die bis zu $1/4$ krümeligen Lehm enthalten kann; pH um 6.
Feuchtigkeit: Während des Wachstums von Frühjahr bis Herbst stets gießen, wenn die Erde weitgehend abgetrocknet ist. Im Winter völlig trocken halten.
Düngen: Während des Wachstums alle 2 bis 3 Wochen mit Kakteendünger gießen.
Umpflanzen: Etwa alle 2 Jahre, ältere Exemplare auch in größeren Abständen im Winter.
Vermehren: Kindel abtrennen oder Säulen köpfen und nach dem Abtrocknen der Schnittfläche in mäßig feuchter Kakteenerde bewurzeln. Der Stumpf treibt willig durch. Aussaat empfiehlt sich nur für den Züchter.

Trichodiadema

Nicht zu Unrecht hat diese Gattung der Mittagsblumengewächse (Aizoaceae) in jüngster Zeit neben den bekannteren wie *Lithops* oder *Faucaria* viele Freunde gefunden. Es sind nur 10 bis 20 cm hoch werdende Zwergsträucher, deren fleischige, meist zylindrische Blätter auf der Spitze einen Schopf feiner Borstenhaare tragen. Dieser Haarschopf dient der Wasseraufnahme, denn am Morgen kondensiert dort die Feuchtigkeit der Luft.
Die rund 30 *Trichodiadema*-Arten sind damit ganz unverkennbare Bewohner trockener Standorte, die viel Ähnlichkeit mit manchen Kakteen haben. Als verzweigte Sträuchlein lassen sie sich gut durch Stecklinge vermehren. Sie sind nicht sonderlich empfindlich und blühen je nach Art meist im Sommer oder Herbst. Die Pflege entspricht der von *Faucaria*-Arten.

Trichopilia

Diese rund 15 Arten umfassende Orchideengattung erfreut sich noch nicht allgemeiner Beliebtheit wie manche andere. Wer aber einen nicht zu warmen Raum mit hoher Luftfeuchte bieten kann, hat mit den *Trichopilia*-Arten dankbar wachsende und blühende Orchideen. Diese Bedingungen finden wir in ihrer Heimat im bergigen Nebelwald des tropischen Amerika.
Die bei vielen Arten wohlriechenden Blüten erinnern an *Cattleya*. Sie erscheinen am Grund der seitlich abgeflachten, länglichen Pseudobulben, die jeweils ein lediges Blatt tragen. Die verbreitetsten Arten sind *Trichopilia fragrans, T. marginata, T. suavis* und *T. tortilis*. Blätter und Blüten hängen meist über, so daß sie als Ampeln zu halten sind.
Licht: Halbschattiger Platz ist ausreichend; keine direkte Sonne.
Temperatur: Luftiger Platz, an dem es auch im Sommer nicht wärmer als im Wohnraum wird. Nachts soll es bis auf 17, minimal 15 °C abkühlen. Freilandaufenthalt ist besonders in Gegenden mit wenig ausgeprägtem Kontinentalklima erfolgreich, also dort, wo es nicht so warm und die Luft nicht so trocken wird.
Substrat: Übliche Orchideenmischung aus Osmunda, Rinde und/oder Mexifarn; pH 5 bis 5,5.
Feuchtigkeit: Ganzjährig feucht halten, doch im Winter mäßiger gießen. Mit dem Neutrieb im Frühjahr Wassergaben steigern. Kein hartes Wasser verwenden. Entscheidend für den Kulturerfolg ist die hohe Luftfeuchte über 70 %, auch im Winter!
Düngen: Mit Beginn des Austriebs alle 2 Wochen mit Blumendünger in halber Konzentration bis zum Spätsommer gießen.
Umpflanzen: Jährlich, spätestens alle 2 Jahre erforderlich, da aus einer Pseudobulbe gleich zwei neue entsehen können und es so rasch größere Gruppen gibt. Beste Zeit ist mit Beginn des Sproßwachstums im Frühjahr.
Vermehren: Teilen beim Umpflanzen.

Triplochlamys, „Pavonie"

In jüngster Zeit wurde wieder einmal der Versuch unternommen, eine seit vielen Jahren bekannte Pflanze in den Handel einzu-

Trichopilia suavis

Triplochlamys multiflora

führen: *Triplochlamys multiflora*, bislang bekannt unter dem Namen *Pavonia multiflora*. Es ist ein knapp 2 m hoher Strauch aus Brasilien, der zu den Malvengewächsen zählt. Er verzweigt sich nur mäßig. Die langgestielten Blätter haben eine schmaleiförmige Spreite. Aus den Achseln der oberen Blätter erscheinen ab Herbst einzeln die auffälligen Blüten. Die zu einem Korb zusammenstehenden Kelchblätter sind kräftig rot gefärbt. Sie sind wirkungsvoller als die purpurvioletten Blütenblätter, die röhrenähnlich zusammengerollt bleiben.

Trotz des interessanten Aussehens wird *Triplochlamys multiflora* wohl ein rarer Vertreter im Topfpflanzensortiment bleiben. Sie ist zwar nicht gerade heikel, aber auch nicht robust. Ein wenig Fingerspitzengefühl gehört schon zur Pflege.

Licht: Hell, doch vor direkter Sonne besonders während der Mittagsstunden geschützt.
Temperatur: Zimmertemperatur bis etwa 28°C. Im Winter nicht unter 18°C. Auch die Bodentemperatur darf nicht niedriger liegen!
Substrat: Einheitserde oder TKS, dem man bis zu $1/3$ krümeligen Lehm zumischt; pH um 6.
Feuchtigkeit: Stets mäßig feucht halten. Die Luftfeuchte sollte nicht unter 50% absinken. Trockene Luft begünstigt den Schädlingsbefall.
Düngen: Von Frühjahr bis Herbst wöchentlich, während des Hauptwachstums auch zweimal wöchentlich mit Blumendünger gießen. Im Winter genügen Gaben in Abständen von 4 bis 6 Wochen.
Umpflanzen: Alle 1 bis 2 Jahre im Frühjahr oder Sommer.
Vermehren: Nicht zu weiche Kopfstecklinge wurzeln nur bei hohen Bodentemperaturen von etwa 25°C und hoher Luftfeuchte. Bewurzelungshormone sind hilfreich. Es empfiehlt sich, nach dem Anwachsen bald zu stutzen, wenn die Sprosse noch nicht verholzt sind, da die Pflanzen später nur schwer und unregelmäßig austreiben.
Besonderheiten: Die Pflanzen verzweigen sich kaum und bilden leicht „Bohnenstangen", weshalb die Gärtner sie mit Hemmstoffen behandeln (Gartenbau-Cycocel 0,1%ig spritzen). Die Wirkung läßt nach einiger Zeit nach und das normale Längenwachstum setzt wieder ein. Bei plötzlichen Änderungen der Wachstumsbedingungen kommt es rasch zum Blütenfall.

Vallota

Im Süden Afrikas ist eine Pflanze beheimatet, die nicht selten als „Amaryllis" gepflegt wird. Sie gehört zwar zu den Amaryllisgewächsen (Amaryllidaceae), nicht aber zu den Gattungen *Amaryllis* oder *Hippeastrum*. Gemeint ist *Vallota speciosa* (syn. *V. purpurea*), eine besonders liebenswerte und leicht zu kultivierende Topfpflanze. Sie läßt sich recht leicht von *Hippeastrum* unterscheiden: Die Blüten von *Vallota* sind scharlachrot und kleiner als die von *Hippeastrum*. Drei bis zehn stehen weitgehend senkrecht auf dem Schaft, während sich die Blüten von *Hippeastrum* beim Aufblühen abwinkeln. Ansonsten ist die Ähnlichkeit wirklich recht groß.

Ihre Robustheit ist sprichwörtlich. Sie gedeiht noch leichter als *Hippeastrum*, will jedoch im Winter nicht völlig trocken stehen. Mit sporadischen Wassergaben sorgen wir dafür, daß sie ihre Blätter nicht verliert. Sie ist so widerstandsfähig, daß aber auch eine völlige Trockenperiode im Winter nicht schaden kann. Dies kommt gelegentlich vor, eben weil sie mit der „Amaryllis" verwechselt wird.

Licht: Hell bis sonnig, auch im Winter.
Temperatur: Übliche Zimmertemperatur. Im Winter genügen 4 bis 6°C, doch wirken sich auch höhere Temperaturen offensichtlich nicht nachteilig aus.
Substrat: Gut bewährt haben sich Einheitserde oder Mischungen von TKS II mit krümeligem Lehm und Sand; pH um 6.
Feuchtigkeit: Während der Wachstumsperiode ständig feucht, aber nicht naß hal-

Vallota speciosa

ten. Auch im Winter gelegentlich gießen. Häufigkeit der Wassergaben von Temperatur abhängig: je kühler sie steht, um so weniger Wasser wird benötigt. Ab März wieder häufiger gießen.
Düngen: Von März bis Oktober wöchentlich mit Blumendünger gießen.
Umpflanzen: Nur dann, wenn die Erde erneuert werden muß oder der Topf zu klein ist. Keinesfalls jährlich! Entweder nach der Blüte im Sommer oder vor Wachstumsbeginn im Frühjahr. Wurzeln weitgehend schonen. Mindestens der Zwiebelhals muß aus der Erde herausschauen.
Vermehren: Beim Umpflanzen Nebenzwiebeln abtrennen.

Vanda

Mit den 1 m lang werdenden beblätterten Stämmchen sind die Orchideen der Gattung *Vanda* wohl keine idealen Zimmerpflanzen, aber die bemerkenswerten Blüten sorgen für einen nicht geringen Freudeskreis. Mit der Blauen Vanda, *Vanda coerulea*, enthält diese Gattung eine der auffälligsten und berühmtesten Orchideen. Die blaue Farbe der Blüten kann so unwirklich sein, daß selbst Schöpfer künstlicher Blumen sich kaum wagen dürften, diese Farbe zu verwenden. Das kräftige Blauviolett ist allerdings sehr rar, genau wie die geschätzte Schachbrettzeichnung. Meist sind die Blüten mehr rosa oder hellblau gefärbt.

Mit insgesamt etwa 60 Arten hat diese Gattung aber noch mehr als nur die Blaue Vanda zu bieten. Nahezu alle zeichnen sich durch auffällige Blüten aus, wenn sie auch nicht immer so bemerkenswert farbig sind. Aus dem Hinweis auf die Länge der Triebe wurde schon deutlich, daß es sich bei *Vanda* um monopodial wachsende Orchideen handelt, also Pflanzen, die eine durchgehende Sproßachse aufweisen. In ihrer Heimat im tropischen Asien und den Malayischen Inseln sitzen sie auf lichten Bäumen und schicken ihre langen, im Verhältnis zum Sproß ungewöhnlich dicken Luftwurzeln zum Boden. Nahezu alle *Vanda* gedeihen in einem besonders im Winter nicht allzu warmen Raum mit hoher Luftfeuchte.

Neben den reinen Arten gibt es inzwischen viele mehr oder weniger blühwillige Hybriden, auch mit anderen Gattungen, die jedoch bisher bei uns noch keine größere Verbreitung gefunden haben. Für die Fensterbank empfehlenswert sind Kreuzungen mit Vertretern der Gattung *Ascocentrum* (× *Ascocenda*).
Licht: Heller Standort, der nur vor direkter Sonne besonders während der Mittagsstunden Schutz bietet. An halbschattigen Plätzen blühen sie nur wenig.
Temperatur: Im Sommer Zimmertemperatur oder etwas wärmer bis etwa 25 °C, nachts auf 20 bis 18 °C abkühlend. Im Winter tagsüber 18 bis 20, nachts 15 bis 18 °C.
Substrat: Sehr durchlässiges Orchideensubstrat aus Osmunda oder Mexifarn sowie Rindenstücken; pH um 5,5. Heute wird vielfach in reiner Holzkohle kultiviert. Ein interessantes Verfahren ist es, die Pflanzen in ein Körbchen zu setzen und dieses über einen großen Topf zu stellen, so daß die herauswachsenden Luftwurzeln in den Topf ragen, in dem sich eine höhere Luftfeuchtigkeit einstellt.

Wie empfindlich die Wurzeln der *Vanda* sind, zeigt sich daran, daß selbst in einem gut durchlüfteten Substrat die Wurzeln nicht so gesund aussehen wie jene, die aus dem Gefäß herauswachsen.
Feuchtigkeit: *Vanda* machen keine strenge Ruhe durch, müssen also ganzjährig gegossen werden, wenn auch im Winter mäßiger. Das Substrat nie völlig austrocknen lassen. Hartes Wasser entsalzen. Luftfeuchte über 60 %.
Düngen: Vom späten Frühjahr bis Herbst alle 2 bis 3 Wochen mit Blumendünger in halber Konzentration gießen.
Umpflanzen: Alle 2 bis 3 Jahre mit Beginn des Wachstums im Frühjahr.
Vermehren: Teilen ist bei den monopodial wachsenden *Vanda* nicht möglich. Die langen Sprosse verkahlen aber meist von unten, so daß es sich empfiehlt, die Pflanzen zu verjüngen. Man schneidet sie unterhalb einer kräftigen Luftwurzel ab. Man kann auch 1 Jahr vor dem Verjüngen durch Abmoosen das Wachstum der Luftwurzel fördern. Das „enthauptete" Unterteil treibt wieder durch, und nach einigen Jahren kann der Neuaustrieb genau so behandelt werden.

Vriesea gigantea

Veltheimia

Eine recht umstrittene Gattung aus der Familie der Liliengewächse ist *Veltheimia* aus Südafrika. Obwohl nur wenige Arten umfassend, hat sich die Konfusion bis heute nicht lösen lassen. Es scheint sich nun die Auffassung durchzusetzen, daß die Gattung zwei Arten umfaßt, und zwar *V. viridifolia* (syn. *V. bracteata*) und *V. capensis* (syn. *V. glauca*, *V. roodeae*, *Aledris capensis*). Beide bilden kräftige Zwiebeln. Die Blätter sind bei *V. viridifolia* beidseitig glänzend grün, etwa 8 cm breit und bis 35 cm lang, bei *V. capensis* graubereift, 30 cm lang und nur 2,5 cm breit. Der Blütenschaft, der bei beiden violett gefärbt und gelb bis grün gesprenkelt ist, erreicht 45 cm Höhe. An seiner Spitze stehen in einer dichten, kurzen Traube die rosaroten, hängenden Blüten, die bei *V. viridifolia* 3 bis 4 cm, bei *V. capensis* selten länger als 2 cm sind. Die Blütenfarbe ist kein Indiz, zumal es bei beiden Arten einige Farbvarianten gibt.
Die Unterscheidung der beiden Arten ist nicht nur von theoretischem Interesse, denn *V. capensis* beansprucht eine strenge Sommerruhe, während sie bei *V. viridifolia* offensichtlich entbehrlich ist.
Licht: Hell bis sonnig, auch während der Ruhezeit.
Temperatur: Luftiger Platz; im Winter möglichst nicht wärmer als 10 °C. Im Sommer und Herbst wirkt sich eine deutliche nächtliche Abkühlung günstig aus.
Substrat: Mischung aus $1/2$ Einheitserde oder TKS, $1/4$ krümeligem Lehm und $1/4$ grobem Sand; pH um 6.
Feuchtigkeit: Wenn im Mai/Juni das Laub abzusterben beginnt, Wassergaben einstellen. *V. viridifolia* verlangt offensichtlich nicht unbedingt eine sommerliche Ruhe. Auch während der Wachstumsperiode, die bei *V. capensis* im September/Oktober wieder beginnt, nur mäßig feucht halten.
Düngen: Von Oktober bis März alle 2 bis 4 Wochen mit Blumendünger gießen.
Umpflanzen: Jährlich vor Beginn der Wachstumsperiode. Die Zwiebeln dürfen nur so tief in die Erde gelangen, daß etwa $1/3$ noch herausschaut.
Vermehren: Beim Umtopfen Brutzwiebeln abtrennen.

Viburnum,
Schneeball, Laurustinus

Mittelmeerpflanzen sind wieder modern, so hieß es kürzlich. Zu den früher sehr verbreiteten, inzwischen bei uns rar gewordenen Bewohnern diese Gebiets zählen auch einige *Viburnum*-Arten. Rund 200 Arten sind aus den gemäßigten und subtropischen Gebieten der Erde bekannt. An unseren heimischen Waldrändern begegnen uns der Wollige (*Viburnum lantana*) und der Gewöhnliche Schneeball (*V. opulus*). In unseren Gärten finden sich viele winterharte Arten, zum Beispiel aus Japan und China, aber auch zahlreiche Kulturformen.
Die Zahl der gärtnerisch interessanten frostempfindlichen *Viburnum*-Arten nimmt sich dagegen sehr bescheiden aus. Die wichtigste Art ist der Laurustinus (= Lorbeerschneeball, *Viburnum tinus*). Dieser bis 2,5 m hohe, immergrüne Strauch besiedelte früher in großer Zahl die Länder rings um das Mittelmeer. Er ist eine charakteristische Pflanze des Steineichenwaldes, der nur noch an wenigen, meist unzugänglichen Stellen erhalten ist, ansonsten gerodet wurde und so zur berühmten Macchie wurde.
Von Indien bis Japan ist eine Art verbreitet, die als Kübelpflanze einige Bedeutung hatte: *Viburnum odoratissimum*. Seine angenehm duftenden Blüten sind reinweiß, während die von *V. tinus* mehr oder weniger rosa überhaucht erscheinen. Beide verlangen einen mit zunehmendem Alter großen Kübel und stehen während der frostfreien Jahreszeit am besten im Freien.
Licht: Hell bis sonnig, doch vor allzu greller Mittagssonne geschützt. Auch im Winter hell!
Temperatur: Luftiger Stand, während der frostfreien Jahreszeit im Freien. Während des Winters 3 bis 10 °C.
Substrat: Einheitserde mit $1/4$ krümeligem Lehm und, sofern vorhanden, $1/4$ Komposterde; pH um 6.
Feuchtigkeit: Hauptwachstum und Blüte sind im Frühjahr. Während dieser Zeit kräftig gießen. Auch sonst nie völlig austrocknen lassen, selbst im Winter nicht.
Düngen: Im Frühjahr und Herbst wöchentlich mit Blumendünger gießen, im Sommer alle 2 Wochen.
Umpflanzen: Nur in größeren Abständen im Sommer.
Vermehren: Im Januar/Februar geschnittene, nicht zu sehr verholzte Stecklinge, die vorteilhaft in ein Bewurzelungshormon getaucht werden, bewurzeln bei Temperaturen von mindestens 20 °C.

Vriesea

Von der Vielfalt der über 200 vorwiegend brasilianischen Arten umfassenden Gattung *Vriesea* ist – schauen wir uns das Topfpflanzensortiment an – nicht allzu viel zu bemerken. Regelmäßig wird *Vriesea splendens* angeboten, die ein schönes bräunlich-grün gezeichnetes Blatt und den auffälligen, schwertähnlichen, rotgefärbten Blütenstand besitzt. Intensität der Färbung sowie Länge und gerade Form des Blütenstands sind

Vanda bensonii neben dem eindrucksvollen Alocasien-Blatt

Veltheimia viridifolia

Viburnum tinus

Qualitätskriterien. Leider bringt man mit bestimmten Tricks schon recht junge Pflanzen zur Blüte, die diese Merkmale dann nicht in Vollendung aufweisen können.
Neben dem „Flammenden Schwert", wie *Vriesea splendens* nach einer Auslese auch genannt wird, finden wir im Angebot vorwiegend Hybriden wie *V.* × *poelmannii* mit reingrünem Laub und dunkelrotem, verzweigtem Blütenstand. Die unscheinbaren Blütchen können es mit den kräftig gefärbten Hochblättern des Blütenstands nicht aufnehmen, zumal jede einzelne Blüte nur sehr kurzlebig ist. Sehr schön und auch nicht sehr groß wird die ebenfalls grünlaubige *V. psittacina*. Die Blüten stehen mehr oder weniger dicht am Stengel und sind recht bunt in den Farben Gelb, Grün und Rot gefärbt. Der Name psittacina (= papageienfarbig) ist sehr treffend. *V. psittacina* ist nur selten in Kultur. Häufiger sind Hybriden beispielsweise zwischen *V. carinata* und *V. psittacina* oder *V. carinata* und *V. barilettii*.
Neben den *Vriesea*, die wegen ihrer auffälligen Blüten gepflegt werden, gibt es einige Arten, die auch ohne Blüte ungewöhnlich attraktiv sind. Sie haben wunderschön gezeichnete Blätter. Beispiele hierfür sind *V. fenestralis*, *V. gigantea* und *V. hieroglyphica*. Sie verlangen allerdings hohe Luftfeuchte und Temperaturen und werden recht groß, so daß sie sich nicht für die Kultur auf der Fensterbank anbieten. Wahre Raritäten sind Pflanzen einer weiteren Gruppe: ihr Körper ist zum Beispiel bei *V. espinosae* dicht beschuppt; sie ähneln mehr den Tillandsien als anderen Vrieseen. Sie sind auch wie Tillandsien zu pflegen.
Licht: Heller, aber mit Ausnahme des Winters vor direkter Sonne geschützter Platz.
Temperatur: Warm; auch im Winter nicht unter 18 °C. Die Bodentemperatur sollte nicht unter die Lufttemperatur absinken.
Substrat: Einheitserde P oder TKS I sowie Mischungen aus Torfsubstraten mit ¼ Styromull oder Sphagnum; pH um 5,5.
Feuchtigkeit: Stets feucht halten, doch keine Nässe aufkommen lassen. Erde nie völlig austrocknen lassen. Wasser auch in den Trichter gießen. Die Luftfeuchte sollte nicht unter 60 % absinken.
Düngen: Von Frühjahr bis Herbst alle 1 bis 2 Wochen mit Blumendünger in halber Konzentration gießen, im Winter nur alle 4 bis 6 Wochen.
Umpflanzen: Alle 1 bis 2 Jahre im Frühjahr oder Herbst. Abgeblühte Pflanzen herausschneiden.
Vermehren: Die meisten Vrieseen bilden im Alter in geringer Zahl Kindel aus, die ab etwa 15 cm Höhe abgetrennt werden können. Sie wurzeln bei etwa 25 °C Bodentemperatur. Die Anzucht aus den behaarten Samen ist langwierig und nur bei hohen Temperaturen und Luftfeuchte erfolgreich.

× Vuylstekeara

Aus dem Jahre 1912 datiert eine Orchideenhybride, die erst in jüngster Zeit beträchtliche Bedeutung erringen konnte. Sie trägt

× *Vuylstekeara* (Cambria) 'Plush'

den schier unaussprechlichen Namen × *Vuylstekeara* und entstand durch Kreuzung verschiedener Orchideen aus den Gattungen *Cochlioda*, *Miltonia* und *Odontoglossum*. Ihren Namen erhielt sie zu Ehren des Belgiers Vuylsteke, dem es als ersten gelungen sein soll, einen Dreigattungsbastarden zu erzielen.
× *Vuylstekeara* (Cambria) 'Plush' ist die bekannteste Sorte. Sie gedeiht bei einigem Geschick auch auf der Fensterbank, wenn die Luftfeuchte nicht zu niedrig ist. Allerdings ist sie nicht gerade klein und beansprucht einigen Platz. Allein der Blütenstand kann eine Länge von einem dreiviertel Meter erreichen. Die Wüchsigkeit ist bemerkenswert. Auch blühen sie sehr willig, ohne dabei eine feste Jahreszeit einzuhalten. Daß sie so sehr an Bedeutung gewannen, liegt nicht zuletzt daran, daß sie sich mittels Gewebekultur leicht vermehren lassen.
Wegen ihrer geringen Größe eignet sich die rotblütige × *Vuylstekeara* (Edna) 'Stamperland' besser für die Fensterbank. Auch sie wird in jüngster Zeit häufig angeboten.
Licht: Heller bis halbschattiger Platz ohne Sonne.
Temperatur: Im Sommer luftigen Standort mit Zimmertemperatur möglichst nicht über 25 °C und nächtlicher Abkühlung um einige Grad. Im Winter tagsüber um 18, nachts absinkend bis auf 13 °C.
Substrat: Durchlässige Mischung aus Osmunda, Mexifarn und Rindenstücken; pH um 5,5.
Feuchtigkeit: Ganzjährig mäßig feucht halten. Auch im Winter nie austrocknen lassen, doch mäßiger gießen. Hartes Wasser entsalzen. Luftfeuchte möglichst 60 % oder mehr.
Düngen: Von Frühjahr bis Herbst alle 2 bis 3 Wochen mit Blumendünger in halber Konzentration gießen.
Umpflanzen: Alle 2 Jahre im Frühjahr mit Beginn des Neutriebs. Die Pflanze kommt so in den Topf, daß der Neutrieb etwa zwei Finger breit vom Topfrand entfernt sitzt.
Vermehren: Beim Umtopfen in Stücke mit etwa drei Pseudobulben trennen.

Washingtonia

Nur zwei Arten umfaßt die Palmengattung *Washingtonia*: *W. filifera* aus den Südstaaten Nordamerikas und *W. robusta* aus Mexiko. Seit ihrer Erstbeschreibung 1879 haben sie auf dem amerikanischen Kontinent einen wahren Siegeszug angetreten. Sie zählen zu den beliebtesten Alleebäumen. Charakteristisch für beide Arten ist, daß die abgestorbenen, nach unten geneigten Wedel lange am Stamm hängen bleiben und ihn mit

Washingtonia filifera

× **Wilsonara**
(Franz Wichmann) 'Alusru'

einem dichten Mantel umgeben – vorausgesetzt, sie werden nicht abgeschnitten. In unseren Breiten wird man diese Besonderheit nur selten beobachten können, da wir in der Regel junge Pflanzen im Kübel halten. Sie zeigen aber schon ein weiteres Merkmal: die mehr oder weniger dicht mit Bastfäden umgebenen Blätter. Die beiden Arten lassen sich – zumindest mit fortgeschrittenem Alter – leicht auseinanderhalten: *W. filifera* besitzt graugrüne, *W. robusta* bräunliche Blattstiele. Als Kübelpflanze dominiert *W. filifera*.

Xanthosoma lindenii 'Magnifica'

Die Pflege unterscheidet sich kaum von der der populären Zwergpalme *(Chamaerops)*. Da *Washingtonia* nicht sprossen, ist die Vermehrung nur durch Aussaat möglich.

× Wilsonara

Aus dem Jahre 1916 datiert die Registrierung eines interessanten Orchideenbastards. An seiner Entstehung waren gleich drei verschiedene Gattungen beteiligt: *Cochlioda*, *Odontoglossum* und *Oncidium*. Das Ergebnis erhielt den neuen Namen × *Wilsonara*. Bis heute ist eine ganze Reihe von × *Wilsonara*-Hybriden bekannt, die sich durch kräftiges Wachstum und Blütenreichtum auszeichnen. Wer für die nicht gerade kleinen Pflanzen Platz hat und die Kulturansprüche der × *Wilsonara* erfüllen kann, hat dankbare Pflanzen mit kräftigen Blütenständen. Die Pflege entspricht weitgehend der von × *Vuylstekeara*.

Xanthosoma

Eine der schönsten Blattpflanzen darf in diesem Buch nicht fehlen, auch wenn sie rar und nur im geschlossenen Blumenfenster, der Vitrine oder dem Gewächshaus erfolgreich zu kultivieren ist: *Xanthosoma lindenii*. Sie ist der einzige bei uns gelegentlich anzutreffende Vertreter einer rund 40 Arten umfassenden Gattung der Aronstabgewächse (Araceae). Die Pflanzen sind im tropischen Amerika verbreitet; Blätter sowie die knollenähnlichen Rhizome werden trotz der Calciumoxalatkristalle von den Eingeborenen als Nahrungsmittel genutzt. Einzelne Selektionen sind arm an diesem unerwünschten Inhaltsstoff.
Xanthosoma lindenii besitzt große pfeilförmige Blätter mit einer hübschen weißen Aderung, die bei der vorwiegend kultivierten Sorte 'Magnificum' noch stärker ausgeprägt ist. *Xanthosoma* pflegen wir wie Alocasien. Im Winter genügen ihnen 16 bis 18 °C.

Yucca, Palmlilie

Seitdem die unbewurzelten Stämme der Palmlilie importiert werden, sind *Yucca* als größere Topf-, besser Kübelpflanzen wieder modern geworden. Der Gärtner steckt die Stämme in die Erde und bietet sie zum Kauf an, wenn sich Wurzeln und ein Austrieb gebildet haben. Der Pflanzenfreund hält die Palmlilie am besten während der frostfreien Zeit im Freien und holt die Kübel nur zur Überwinterung herein.
Meist handelt es sich um *Yucca aloifolia*, die in ihrer Heimat in Nordamerika und Mexiko über 6 m lange Stämme entwickelt und somit zum „Zersägen" besonders geeignet ist. Eine sehr schöne Kübelpflanze ist auch *Yucca gloriosa*, die aber einen nur kurzen Stamm besitzt. Erst im Alter wird sie über 1 m hoch. Von beiden Arten gibt es buntblättrige Kulturformen, die sehr hübsch, jedoch bei uns wenig verbreitet sind.

Yucca aloifolia steht im Sommer vorteilhaft im Freien.

Licht: Heller, vollsonniger Standort. Sie brauchen zur Überwinterung einen hellen Platz.
Temperatur: Während der frostfreien Jahreszeit am besten an einem sonnigen, warmen Gartenplatz aufstellen. Bei Zimmerkultur muß es während dieser Zeit sonnig und luftig sein. Im Winter bei 5 bis 7 °C halten (möglichst nicht viel wärmer!).
Substrat: Nahrhafte, lehmige Erde, zum Beispiel Einheitserde mit Lehm und ¼ grobem Sand; pH 6 bis 7.
Feuchtigkeit: Während der Wachstumsperiode immer nur schwach feucht, aber nie naß halten. Während der Überwinterung nur alle 1 bis 3 Wochen (je nach Kübelgröße und Temperatur) gießen.
Düngen: Von Mai bis September alle 2 Wochen mit Blumendünger gießen.
Umpflanzen: Größere Pflanzen alle 2 bis 3 Jahre in möglichst tiefe Gefäße.
Vermehren: Seitentriebe oder Stammstücke bewurzeln sich nur bei Bodentemperaturen von mindestens 25 °C und hoher Luftfeuchte. Stammstücke mit dem richtigen, also dem unteren Ende in die Erde stecken!

Zantedeschia, Zimmercalla

Die Zimmercalla gehört zweifellos zu den verbreitetsten Zimmerpflanzen. Das Aronstabgewächs (Araceae) kommt im südlichen Afrika auf sumpfigen Wiesen vor, die im Sommer austrocknen. Sie übersteht selbst ungeschickte Pflege und ist ähnlich wie die Sansevierie kaum umzubringen. Die attraktiven Blüten erscheinen aber nur, wenn ihre

Zantedeschia aethiopica

Zebrina pendula

bescheidenen Ansprüche einigermaßen erfüllt werden. Das Blattwerk allein ist nicht sonderlich dekorativ. Verbreitet ist die Auffassung, für die Blüte sei eine sommerliche Trockenruhe entscheidend. Dies trifft nicht zu, die Pflanze entwickelt sich vielmehr besser, wenn sie im Sommer zwar weniger, jedoch sporadisch gegossen wird, so daß die Blätter erhalten bleiben.
Alle diese Hinweise treffen nur auf die „gewöhnliche" Zimmercalla *(Zantedeschia aethiopica)* zu. Die gelbblühende *Z. elliottiana* mit dem hübsch gefleckten Laub und die schlanke, schmalblättrige, rosablühende *Z. rehmannii* haben andere Ansprüche. Ihre Ruhezeit liegt im Winter. Während dieser Zeit werden die Knollen ähnlich wie Gladiolen behandelt, also trocken gelagert. *Z. aethiopica* besitzt keine Knollen, sondern eine rübenähnliche, dicke Wurzel. Werden die unterschiedlichen Ansprüche der drei Arten berücksichtigt, so gehören sie zu den dankbarsten Zimmerpflanzen.
Licht: Heller Standort, nur vor direkter Mittagssonne schützen.
Temperatur: *Z. aethiopica* darf im Winter nicht zu warm stehen. Bis Anfang Dezember 10 °C, anschließend 12 bis 15 °C. Ansonsten übliche Zimmertemperatur. Auch von Juni bis September im Freien. *Z. elliottiana* im Winter bei 15 bis 18 °C halten; *Z. rehmannii* um 15 °C.
Substrat: Am besten Mischungen von Torfsubstraten mit Lehm und ein wenig Sand; pH um 6.
Feuchtigkeit: *Z. aethiopica* hat von Mai bis Juni Ruhezeit, dann nur wenig gießen. *Z. rehmannii* und *Z. elliottiana* haben ihre Ruhe im Winter; etwa von Oktober bis Februar/März Knollen trocken aufbewahren. Während der Wachstumszeit wollen alle Arten hohe Feuchtigkeit (Sumpfpflanze!).
Düngen: Während der Wachstumsperiode wöchentlich mit üblichen Blumendüngern in angegebener Konzentration gießen.
Vermehren: Bei *Z. aethiopica* Kindel abtrennen; die beiden anderen Arten durch Kollenteilung mit einem scharfen Messer.
Besonderheiten: Nicht selten gehen neu erworbene Knollen von *Zantedeschia elliottiana* und *Z. rehmannii* nach dem Eintopfen in Fäulnis über, ohne auszutreiben. Dem begegnet man mit ausreichend hoher Bodentemperatur, die besonders am Anfang nicht unter 20 °C liegen sollte. Das Substrat darf bis zur Wurzelbildung nur mäßig feucht sein.

Zebrina, Zebrakraut

Zebrina pendula, ein Commelinengewächs aus Mexiko, ist ähnlich wie die Tradescantien eine weitverbreitete Ampelpflanze. Auch als Bodendecker, zum Beispiel in Wintergärten, empfiehlt sie sich. Ihre dunkelgrünes Blatt zieren zwei silberne Längsstreifen. Bei der Sorte 'Quadricolor' ist eine Blatthälfte von weißer Grundfarbe und mit rötlichen Stellen versehen. Die Pflege des Zebrakrauts entspricht genau der unserer Tradescantien, allerdings sollte die Temperatur im Winter möglichst nicht unter 12 bis 15 °C absinken.

Zephyranthes, Zephirblume

Viele Blumenfreunde pflegen diese dankbare Topfpflanze, ohne genau zu wissen, um welchen Gast es sich hierbei handelt. Ich erhielt einmal die kleinen, nach oben hin verlängerten Zwiebelchen unter dem Namen „Wasserlilie". Nun, mit Liliengewächsen

Zephyranthes-Hybride

haben sie nichts zu tun. Man sieht ihnen schon an, daß sie mit dem Ritterstern (*Hippeastrum*) verwandt sind, somit zu den Amaryllisgewächsen (Amaryllidaceae) zählen. Von den rund 40 in warmen Gebieten der westlichen Hemisphäre verbreiteten Arten befindet sich nur selten *Zephyranthes grandiflora* in Kultur, meist handelt es sich um Hybriden, die unter den Namen Z. *roseus*, *Habranthus roseus* oder *H. robustus* angeboten werden. Wie sich die Zephirblume von *Habranthus* unterscheiden, ist auf Seite 261 beschrieben.

In mäßig geheizten, luftigen Räumen erweist sich die Zephirblume als unproblematischer Pflegling. Reiche Brutzwiebelbildung sorgt für ständige Verbreitung. Die rosa Blüten erscheinen allerdings an dunklen Standorten nur allzu selten. Die dort sehr lang werdenden linealischen Blätter sind keine Zierde.

Licht: Heller Platz.
Temperatur: Zimmertemperatur; im Winter genügen um 10 °C.
Substrat: Übliche Fertigsubstrate, denen man auch etwas Sand beimischen kann.
Feuchtigkeit: Während des Wachstums stets feucht halten, aber keine Nässe aufkommen lassen. Für den Winter wird gemeinhin sporadisches Gießen empfohlen. Nach meinen Erfahrungen ist es besser, sie trocken zu halten und ganz einziehen zu lassen. Die im Winter bestehende Fäulnisgefahr ist für die Zwiebel damit ausgeschaltet. Ab Februar zunächst vorsichtig mit dem Gießen beginnen.
Düngen: Von Frühjahr bis Herbst alle 1 bis 2 Wochen mit Blumendünger gießen.
Umpflanzen: Jährlich am Ende der Ruhezeit. Zwiebeln so weit in die Erde stecken, daß nur die Spitzen herausschauen.
Vermehren: Beim Umpflanzen die sich reichlich bildenden Nebenzwiebeln abtrennen.

Zygopetalum

Sehr unterschiedlich anmutende Orchideen sind in der rund 20 Arten umfassenden, in Mittel- und Südamerika beheimateten Gattung *Zygopetalum* zusammengefaßt. Einige von ihnen sind seit der Mitte des vorigen Jahrhunderts geschätzte Topfpflanzen, zum Beispiel *Zygopetalum crinitum*. Es ist mit den beiden sehr ähnlichen Z. *intermedium* und Z. *mackaii* heute am häufigsten in Sammlungen zu finden. Es sind Pflanzen mit rund 7 cm groß werdenden, eiförmigen Pseudobulben, die zwei bis drei oder (bei Z. *intermedium*) gar drei bis fünf lanzettliche Blätter tragen. Z. *crinitum* ähnelt Z. *mackaii* so sehr, daß manche Botaniker sie zu einer Art vereinigen.

Der Blütenstand erscheint meist im Winter aus der Basis junger Pseudobulben und erreicht an die 60 cm Höhe. Diese Winterblüte weist schon darauf hin, daß sie keine strenge Ruhe mit wenig Wasser durchmachen. Andererseits lassen sich diese *Zygopetalum*-Arten im Zimmer nur dann erfolgreich pflegen, wenn sie einen luftigen Platz mit im Winter nicht zu hohen Temperaturen erhalten. Bei der Kultur auf der Fensterbank macht auch zu schaffen, daß die Pflanzen insgesamt recht groß werden und viele Blätter ausbilden.

Licht: Hell bis halbschattig; keine direkte Sonne.
Temperatur: Zimmertemperatur oder wärmer. Im Winter tagsüber luftigen Platz mit Zimmertemperatur, nachts auf 15 bis maximal 18 °C abkühlend.
Substrat: Übliche Orchideensubstrate aus Osmunda und/oder Mexifarn; pH um 5,5.
Feuchtigkeit: Ganzjährig für milde Feuchte des Substrats sorgen. Kein hartes Wasser verwenden. Luftfeuchte nicht unter 60%.
Düngen: Vom Frühjahr bis Herbst alle 2 bis 3 Wochen mit Blumendünger

Zygopetalum mackaii

in halber Konzentration gießen.
Umpflanzen: Etwa alle 2 Jahre nach der Blüte im Frühjahr.
Vermehren: Beim Umtopfen Rückbulben abtrennen und zu mehreren eintopfen.

Weiterführende Literatur

Anderson, Günter: Kakteen und andere Sukkulenten. Falken-Verlag, Niedernhausen, 1982.

Backeberg, Curt: Das Kakteenlexikon. Verlag Gustav Fischer, Stuttgart, 1979.

Bailey, L.H.: Hortus Third. Mac Millan Publishing Co., New York, Collier Mac Millan Publishers, London, 1977.

Bechtel, Helmut, Phillip Cribb und Edmund Launert: Orchideenatlas. Verlag Eugen Ulmer, Stuttgart, 1980.

Court, Doreen: Succulent Flora of Southern Africa. A.A. Balkema, Rotterdam, 1981.

Cullmann, Willy: Kakteen. Verlag Eugen Ulmer, 1976.

Encke, Fritz: Die schönsten Kalt- und Warmhauspflanzen, Verlag Eugen Ulmer, Stuttgart, 1968.

Encke, Fritz: Kübelpflanzen. Verlag Eugen Ulmer, Stuttgart, 1982.

Encke, Fritz: Pareys Blumengärtnerei. 2 Bände und Registerband. Verlag Paul Parey, Berlin und Hamburg, 1958–1961.

Encke, Fritz, Günther Buchheim, Siegmund Seybold: Zander – Handwörterbuch der Pflanzennamen. Verlag Eugen Ulmer, Stuttgart, 1980.

Fast, Gertrud: Orchideenkultur. Verlag Eugen Ulmer, Stuttgart, 1980.

Feßler, Alfred: Fleischfressende Pflanzen für Haus und Garten. Franckh'sche Verlagshandlung, Stuttgart, 1982.

Grunert, Christian, Georg Viedt, Hans-Günther Kaufmann: Kakteen und andere schöne Sukkulenten. VEB Deutscher Landwirtschaftsverlag, Berlin, 1977.

Haage, Walther: Kakteen von A bis Z. Verlag J. Neumann-Neudamm, Melsungen, 1982.

Hanselmann, Edwin: Hydrokultur. Verlag Eugen Ulmer, Stuttgart, 1981.

Hawkes, Alex D.: Encyclopaedia of Cultivated Orchids. Faber and Faber Limited, London, 1977.

Herbel, Dieter: Alles über Kakteen und andere Sukkulenten. Südwest-Verlag, München, 1981.

Jacobsen, Hermann: Das Sukkulentenlexikon. Gustav Fischer, Stuttgart, 1982.

Köhlein, Fritz: Pflanzen vermehren. Verlag Eugen Ulmer, Stuttgart, 1979.

Langlois, Arthur C.: Supplement to Palms of the World. University Presses of Florida, Gainsville, 1976.

Mc Currach, James C.: Palms of the World. Harper & Brothers, New York, 1960. Reprint Hort. Books, Inc., Florida, 1977.

Rauh, Werner: Bromelien. Verlag Eugen Ulmer, Stuttgart, 1981.

Rauh, Werner: Die großartige Welt der Sukkulenten. Verlag Paul Parey, Berlin und Hamburg, 1979.

Rauh, Werner: Kakteen an ihren Standorten. Verlag Paul Parey, Berlin und Hamburg, 1979.

Richter, Walter: Zimmerpflanzen von heute und morgen – Bromeliaceen. Verlag J. Neumann-Neudamm, Melsungen, 1978.

Rose, Peter Q.: Efeu. Verlag Eugen Ulmer, Stuttgart, 1982.

Rowley, Gordon: Kosmos-Enzyklopädie der Sukkulenten und Kakteen. Franckh'sche Verlagshandlung, Stuttgart, 1978.

Schubert, Margot: Mehr Blumenfreude durch Hydrokultur. BLV, München, 1979.

Stein, B.: Stein's Orchideenbuch. Reprint des Buches von 1892 als „Handbuch der Orchideenkunde" Band I. Brücke Verlag, Hildesheim, 1980.

Schlechter, Rudolf: Die Orchideen. Erscheint in Lieferungen seit 1970. Verlag Paul Parey, Berlin und Hamburg.

Williams, Brian: Orchideen für jedermann. Franckh'sche Verlagshandlung, Stuttgart, 1981.

Wit, H.C.D. de: Aquarienpflanzen. Verlag Eugen Ulmer, Stuttgart, 1966.

Zeitschriften

Gartenpraxis. Verlag Eugen Ulmer, Stuttgart. Erscheint monatlich.

Kakteen und andere Sukkulenten. Organ der deutschen, österreichischen und schweizerischen Kakteengesellschaft. Erscheint monatlich.

Die Orchidee. Herausgegeben von der Deutschen Orchideen-Gesellschaft e.V. Erscheint zweimonatlich.

Register

Sternchen * verweisen auf Abbildungen

Aasblume s. Stapelia
Abmoosen 94, 95, 96*
Abromeitiella 237
– brevifolia 238*
Abutilon 12, 71, 152
– Hybriden 151
– pictum 151
– striatum s. A. pictum
Acacia 152, 153, 245*
– armata 152
– dealbata 152, 153*
– pycnantha 153*
Acalypha 153, 154
– hispida 74, 108*, 153*
– Wilkesiana-Hybriden 74, 153
Achimenes 154*, 155
– Hybriden 74, 154*, 155
Acorus 155
– gramineus 71, 81, 84*, 92, 155*
Adenium 27, 30, 107*, 156
– obesum 105, 156*
– swazicum 105, 156
Adiantum 12, 23, 34, 52, 75, 92, 156–158
– cuneatum s. A. raddianum
– grossum 156, 157*
– hispidulum 156, 157*
– macrophyllum 156, 157*
– raddianum 156, 157*
– reniforme 156, 157*
– tenerum 156, 157*
– trapeziforme 156, 157*
Adromischus 72, 158
– cooperi 158
– cristatus 158
– maculatus 158*
– pulchellus 158*
– trigynus 158
Aechmea 16, 132, 158–160
– chantinii 158, 159*
– fasciata 74, 129*, 158
– fulgens 158, 159
– miniata 158
– pineliana 159*
Aeonium 118, 160
– arboreum 73*, 160*
– tabuliforme 73*, 160*
Aeschynanthus 23, 76, 81, 160, 161
– lobbianus s. A. radicans
– marmoratus 160, 161
– pulcher 160, 161*
– radicans 160, 161*
– speciosus 118, 160*, 161*
Agapanthus praecox 121
Agave 23, 72, 161
– americana 30, 121, 161
– filifera 161

– megalacantha 161
– victoriae-reginae 161
Aglaonema 18, 95, 162
– commutatum 58*, 75*, 162*
– costatum 75*, 162
– crispum 162
– modestum 162
– nitidum 162
– roebelinii 162
Akarizid 122
Älchen s. Nematoden
Alge 125
Allamanda cathartica 30, 74, 108, 162, 163*
Alocasia 28, 163, 164
– indica 163
– macrorrhiza 163
– odora 163
– sanderiana 163*
Aloë 73, 102, 164
– arborescens 164*
– aristata 164
– variegata 164*
Alpenveilchen s. Cyclamen
Alternanthera amoena 79
– reineckii 79
– versicolor 79
Alternaria 129*, 132
Amaryllis belladonna 71, 128, 164, 165*
– s. auch Hippeastrum
Ampelopsis 165
– brevipedunculata 165*, 206
Ananas 18, 165, 166
– bracteatus 75, 165*
– comosus 28, 30, 75, 104, 165, 166
– sativus s. A. comosus
Ananasgewächse s. Bromelien
Angraecum 45, 142*
Anthurium 18, 27, 50, 95, 132, 166, 167
– Andreanum-Hybriden 58*, 78, 90, 131*, 166*, 167*
– crystallinum 163*, 167
– friedrichsthalii 81
– gracilis 81
– Scherzerianum-Hybriden 23, 52, 75*, 110, 166*, 167
– veitchii 166*, 167
Anubias congensis 84
– lanceolata 84
– nana 84
Apfel 114
Aphelandra 18, 167–169
– goodspeedii s. Chameranthemum
– maculata 79
– sinclairiana 167, 168*, 169

– squarrosa 75, 79, 167*, 169, 343
– tetragona 167, 168
Aporocactus flagelliformis 169*
Aprikose 114
Arachnoides adiantiformis 30
Aralia s. Fatsia
Araucaria 14, 169, 170
– excelsa s. A. heterophylla
– heterophylla 18, 71, 169, 170*
Arbutus unedo 120*, 121
Ardisia 11, 170, 171
– crenata 75, 170*
– crispa 75
– humilis 75*
Agyroderma octophylla 171*
Ariocarpus agavoides 171
– fissuratus 28
– kotschoubeyanus 171*
– retusus 28, 171
Art 149
Arum cornutum s. Sauromatum
– guttatum s. Sauromatum
Aschenblume s. Senecio-Hybriden
× Ascocenda (Meda Arnold) 172*
Ascocentrum 172, 372
Asparagus 18, 90, 92, 172–174
– acutifolius 173*
– asparagoides 173*, 174
– crispus 172*
– densiflorus 71, 172, 173*, 174
– falcatus 172*
– meyeri s. A. densiflorus
– officinalis 172
– plumosus s. A. setaceus
– setaceus 75, 172*, 173
Aspidistra elatior 18, 72, 92, 174*
Asplenium nidus 75, 78, 81, 174*, 175
– ruta-muraria 80
– trichomanes 80
Assimilation s. Photosynthese
Astrophytum 74, 175, 176
– asterias 175*
– capricorne 175
– myriostigma 175*
– ornatum 175*
Aucuba japonica 72, 119, 121*
Aussaat 87–92
Aussaatgefäße 87*, 89
Aussaatsubstrat 87
Ausblühen 38
Australische Silbereiche s. Grevillea
Austrocylindropuntia 176
– calvarioides 176
– subulata 147*, 176
– vestita 176
Avokado s. Persea

Aylostera s. Rebutia
Azaleen s. Rhododendron simsii

Bachbunge s. Veronica
Bacopa amplexicaulis
  s. B. caroliniana
– caroliniana 84
Bakterienfäule 129*, 132, 133
Bauchblume s. Nematanthus
Bauernkakteen s. Echinopsis
Baumfreund s. Philodendron
Baumwolle s. Gossypium
Beaucarnea recurvata 176*, 177
Becherprimel s. Primula obconica
Begonia 18, 75, 76, 88*, 101*, 133, 177–181
– albo-picta 75*, 178*
– boliviensis 180
– boweri 178, 179*
– cinnabarina 180
– Corallina-Hybriden 177*, 178, 180, 181
– × credneri 179
– davisii 180
– dregei 180
– Elatiorhybriden 75*, 133, 180, 181*
– × erythrophylla 86*, 179*
– feastii s. B. × erythrophylla
– glabra 179*
– glaucophylla s. B. limmingheiana
– grandis 72
– heracleifolia 178, 179*
– × hiemalis s. B.-Elatiorhybriden
– hispida 93*, 179
– imperialis 178*, 179
– incana 73*, 179*
– limmingheiana 180*
– listida 177*, 178
– luxurians 178*, 179
– masoniana 179*
– mazae 178
– metallica 179*
– pearcei 180
– Rex-Hybriden 97, 177, 179*
– × ricinifolia 178*
– scharffiana 180
– Semperflorens-Hybriden 180
– serratipetala 179*
– smaragdina 178
– venosa 73*, 179*
– veitchii 180
Beizen 91
Beleuchtungsstärke s. Lux
Belladonnalilie s. Amaryllis
Beloperone guttata 74, 79, 108, 181 182*, 306

379

Bertolonia 76, 182, 183
– maculata 182
– marmorata 182*
– pubescens s. Triolena
× Bertonerila houtteana 182*
Bewässerungssysteme 115*–117*
Bewurzelungshormon 99
Bifrenaria 118, 183
– harrisoniae 74, 183*
Billbergia 18, 183, 184
– decora 184
– nutans 47, 72, 93, 183, 184*
Bimskies 34
Binom 149
Bischofsmütze s. Astrophytum myriostigma
Bitterblatt s. Exacum
Blähton 34, 54, 55
Blasenfüße s. Thripse 134
Blattälchen s. Nematoden
Blattdüngen 53
Blattfleckenkrankheit 129, 132
Blattformen 139*
Blattglanzmittel 132
Blattgliederung 140
Blattkaktus s. Phyllocactus
Blattläuse 133, 135*
Blattpflanzen 138–140
Blattrandschäden 132
Blattstellung 140
Blaustern s. Scilla
Blechnum gibbum 72*, 75, 184*, 185
Bleiwurz s. Plumbago
Blossfeldia liliputana 185*
Blühzone s. Cephalium
Blumendüngen s. Düngemittel
Blumenerde s. Substrate
Blumenfenster 61*, 63*, 64, 65*, 66, 70, 71*–76*, 77
Blumenkrippe 16
Blumenspritze 26
Blumenzwiebel 112–114
Blütenbildung 15, 52, 109–111
Blütenblätter s. Petalen
Blütenpflanzen 140, 141
Blütenschäden 136
Bodenheizung 23, 62*, 97
Bodentemperatur 23, 49, 60, 61, 62*
Bogenhanf s. Sansevieria
Bonsai 121, 122
Borzicactus s. Matucana
Botrytis 127, 129*, 132
Bougainvillea 18, 71, 185, 186
– × bouttiana 185
– glabra 185, 186*
– spectabilis 185
Bowenia 223
Bowiea volubilis 73
Brand-Aloë s. Aloë arborescens
Brassaia s. Schefflera actinophylla
Brassavola nodosa 186*, 187
Brassia (Rex) 187
– verrucosa 187*
× Brassocattleya 187
× Brassolaeliocattleya 187
Bromelien 18, 34, 47, 52, 76, 81*, 90, 111*, 132, 145, 146
– atmosphärische 145
– epiphytische 145*, 146
– xerophytische 145, 146
Bromeliensubstrate 37
Brosimum s. Coussapoa
Browallia 188
– grandiflora 188
– speciosa 74, 188*
Browningia hertlingiana 189*

Brugmansia s. Datura
Brunfelsia calycina s. B. pauciflora
– pauciflora 49, 72, 97, 189*
Brutblatt s. Kalanchoë
Bryophyllum s. Kalanchoë
Bubiköpfchen s. Soleirolia
Bulbillen 92*
Buntnessel s. Coleus

Caladium 76, 118, 190
– Bicolor-Hybriden 190*
Calanthe 24*
Calathea 18, 23, 24*, 76, 92, 190, 191
– crocata 190
– insignis s. C. lancifolia
– lancifolia 190
– leopardina 190, 191
– makoyana 76*, 190
– picturata 190*
– stromata 191*
– zebrina 191*
Calceolaria 18, 71, 191, 192
– arachnoidea 191
– corymbosa 191
– crenatiflora 191
– herbeohybrida s. C.-Hybriden
– Hybriden 21, 47, 71, 90, 129*
– integrifolia 191
– piniata 264*
– rugosa s. C. integrifolia
Calla s. Zantedeschia
– palustris 85
Callisia elegans 79, 192*
Callistemon 192, 193
– citrinus 71, 192, 193
– salignus 193
Camellia japonica 21, 52, 71, 72, 95, 97, 105*, 111, 118, 132, 193*, 194
– sinensis 194*
Campanula isophylla 18, 71, 97, 195*
– pyramidalis 195
Capsicum annuum 28, 195*, 196
Carbonathärte 48, 49
Carex brunnea 71*, 83, 84, 196*
– elegantissima s. C. brunnea
Carnegiea gigantea 28, 196*, 197
Caryota mitis 197*
– urens 197
Catharanthus roseus 197*, 198
Cattleya 37, 45, 52, 129*, 143*, 198, 199
– aurantiaca 198
– bowringiana 198*
– schilleriana 198
Cephalium 147, 148
Cephalocereus 147
– chrysacanthus 199
– hoppenstedtii 199
– palmeri 199*
– senilis 146, 199*, 209
Ceratocamia 223
Ceratopteris thalictroides 84
Cereus azurens 199
– hexagonus 73*
– peruvianus 73*, 199*
Ceropegia dichotoma 200
– distincta 200*
– elegans 200
– fusca 200
– sandersonii 200*
– stapeliiformis 200*
– woodii 74, 81, 107*, 140, 200*, 201
Chamaecereus silvestrii 105, 201*
Chamaedorea 18, 75, 95, 202, 203

– elegans 201*, 202
– ernesti-augusti 202
– geonomiformis 202
Chamaerops 68
– excelsa s. Trachycarpus
– humilis 71, 202*, 203
Chameranthemum igneum 79, 203*, 204
Chinabrombeere s. Rubus
Chionodoxa 114
Chlorophytum comosum 21, 54*, 71*, 72, 75, 93*, 204
Chrysalidocarpus lutescens 204*
Chrysanthemum-Indicum-Hybriden 18, 30, 97, 132, 204, 205*
Chrysothemis friedrichsthaliana 205*
– pulchella 205
Cinerarien s. Senecio-Hybriden
Cissus 75
– adenopoda 107
– amazonica 76*, 206*, 207
– antarctica 18, 21, 72, 206*, 207*
– cactiformis 208
– discolor 76, 81, 206*, 207
– juttae 208*
– quadrangularis 208
– rhombifolia 18, 21, 72, 206*, 207*
– rotundifolia 208
– striata 206*, 207
× Citrofortunella mitis 74*, 208*, 209
Citrus 30, 71, 87, 121, 208, 209
– microcarpa s. × Citrofortunella
– mitis s. × Citrofortunella
Cleistocactus
– baumannii 209
– jujuyensis 73*, 209
– samaragdiflorus 209
– strausii 73*, 209*
– wendlandiorum 147*
Clerodendrum fallax s. C. speciosissimum
– fragrans 210
– phillipinum s. C. fragrans
– speciosissimum 210
– splendens 210*
– thomsoniae 108, 210*
Cleyera japonica 72, 210, 211*
Clivia miniata 18, 21, 71, 110, 211*, 212
– nobilis 211
Coccoloba pubescens 212
– uvifera 212*
Cochlioda 300, 375
Cocos nucifera 74, 212*, 213
– weddeliana s. Microcoelum
Codiaeum-Hybriden 18, 23, 24*, 30, 95, 97, 213*
– variegatum 213
Codonanthe 81
– crassifolia 214
– gracilis 214*
Coelogyne 45
– cristata 72, 214*
– massangeana 75, 144*, 214
Coffea 18
– arabica 30, 74, 214*, 215*
– canephora 214
– robusta s. C. canephora
Colchicum 114
Coleus 49, 74, 98, 99, 215
– blumei 28, 71*, 215*
– fredericii 215
– × hybridus s. C. blumei
– pumilus 28, 215*
– thyrsoideus 215

Collembole 57, 125, 135*
Collinia s. Chamaedorea
× Colmanara 216
Colocasia 28
Columna 143*
Columnea 76, 81, 118, 216
– × banksii 216
– gloriosa 216*
– hirta 216*
– × kewensis 216
– sanguinea 216*
Comparettia 301
Conophytum incurvum 217*
– velutinum 217*
Copiapoa 146, 217
– cinerea 147*, 217*, 218
Cordyline 24*, 95, 218
– australis 218
– congesta s. C. stricta
– fruticosa 16, 18, 75, 218*
– indivisa 218
– stricta 218
– terminalis s. C. fruticosa
Cornus mas 114
Corokia cotoneaster 218, 219
Corylopsis 114
Coryphantha 28, 219
– andreae 147*, 219*
– clava 219
– compacta 219
– elephantidens 219
Cotyledon 72, 102, 164*
– orbiculata 219*
– undulata 219
– wallichii 27, 219
Coussapoa schottii 75, 219, 220*
Crassula 73, 102, 220, 221
– falcata 73, 220, 221
– justi-coderoyi 220
– lycopodioides 220
– obliqua s. C. ovata
– ovata 220*
– perfoliata 220, 221
– perforata 220
– portulacea s. C. ovata
– rubicunda s. Rochea
– schmidtii 220
Crinum 164
Crossandra infundibuliformis 75, 221*
Cryptanthus 75, 79, 94*, 221, 222
– bivittatus 221*
Cryptocoryne albida 84
– wendtii 84
Ctenanthe 76, 222
– lubbersiana 76*, 222
– oppenheimiana 222*
Cultivar 149
Cuphea hyssopifolia 222
– ignea 222*
Cycas revoluta 222, 223*
Cyclamen 11, 223, 224
– europaeum s. C. purpurascens
– persicum 21, 27, 71*, 72, 90, 118, 223, 224*
– purpurascens 223
Cylindropuntia imbricata 224
– tunicata 224*
Cylindrorebutia s. Rebutia
Cymbidium 71, 74, 143*, 225
– ensifolium 225
– Hybriden 225*
– pumilum 225
Cypergras s. Cyperus
Cyperus 18, 47, 74, 83, 84, 92, 102, 225, 226
– albostriatus 226
– alternifolius 100*, 225, 226

– diffusus s. C. albostriatus
– haspan 226
– papyrus 225, 226*
Cyphostemma juttae 73, 208*
Cyrtomium falcatum 72*, 226*, 227
Cytisus 114, 227
– canariensis 28, 227
– maderensis 227
– × racemosus 71, 227*
– × spachianus 71, 227

Dahlia-Hybriden 30
Darlingtonia californica 227*, 228
Dattelpalme s. Phoenix dactylifera
Datura 121
– aurea 28
– suaveolens 141
Dauerbewässerung 115*–117*
Davallia bullata 228*
– canariensis 228
– divaricata 228
– fejeensis 228
– mariesii 228
– pallida 228
– pyxidata 228
– trichomanoides 228
Delosperma cooperi 228
– lineare 228
Dendrobium 45, 52, 228–230
– amethystoglossum 230*
– anosmum 229
– densiflorum 230
– devonianum 230*
– fimbriatum 229, 230*
– kingianum 230*
– loddigesii 229
– nobile 229*, 230
– parishii 229
– phalaenopsis 229, 230
– pierardii 229
– primulinum 229
– thyrsiflorum 230
Dendrochilum 143*
Deutsche Härte 48, 49
Deutzia 114
Dichorisandra reginae 76*
Dickblatt s. Pachyphytum
Dickmaulrüßler 125, 135*
Didymochlaena truncatula 75, 78, 230*, 231
Dieffenbachia 11, 16, 18, 21, 23, 30, 95, 163*, 231, 232
– Hybriden 75*, 231, 303*
– maculata 231
– seguine 231*
Digitorebutia s. Rebutia
Dionaea muscipula 71, 232*, 233
Dioscorea 81, 233, 234
– bulbifera 233
– discolor 233*
– dodecaneura 233
– elephantipes 234*
– mangenotiana 233
– vittata 233
Dipladenia s. Mandevilla
Dipteracanthus 234
– devosinianus 234*
– portellae 79
Discocactus 74, 147
Dissimilation 15
Dizygotheca 234
– elegantissima 58*, 75, 105, 234*, 235
– kerchoveana 234
– veitchii 234
Dochtbewässerung 115*–117
× Doritaenopsis 235
– (Antifer) 235*

Doritis 235
Dracaena 95, 141, 235, 236
– deremensis 18, 75*, 235, 236
– draco 18
– fragrans 18, 75, 236
– godseffiana s. D. surculosa
– goldieana 76, 236
– hookeriana 236
– indivisa s. Cordyline indivisa
– latifolia s. D. hookeriana
– marginata 18
– reflexa 236
– sanderiana 236
– stricta 18
– surculosa 18, 74*, 75, 236
Drachenbaum s. Dracaena
Drachenwurz s. Calla palustris
Drehfrucht s. Streptocarpus
Drosera 30, 236, 237
– aliciae 236*
– anglica 236
– capensis 237*
– longifolia 236
– rotundifolia 236
– spathulata 237
Duchesnea indica 71, 72, 237*, 309*
Duftpflanzen 141
Düngemittel 47, 50, 52, 55, 56*, 130
Düngen 49–53
Dunkelkeimer 90
Dyckia 237
– altissima 73*
– vaginosa 237*

Echeveria 73, 97, 102, 118, 164*
– gibbiflora 238*
– harmsii 238
– nodulosa 238*
– pulvinata 238*
Echinocactus 74, 238, 239
– grusonii 224*, 238, 239
– ingens 238
– polycephalus 238
Echinocereus 239, 240
– albatus 239
– baileyi 239
– caespitosus 239
– chloranthus 240
– dasyacanthus 239
– deleatii 239
– fitchii 239*
– papillosus 239
– pectinatus 147*, 239*
– pulchellus 239
– purpureus 240
– reichenbachii 239
– salm-dyckianus 28, 239
– scheerii 239
– triglochidiatus 28, 239
– viridiflorus 239*
Echinodorus cordifolia 84
Echinofossulocactus 240, 241
– lancifer 240
– phyllacanthus 240
Echinopsis 35, 110*, 241
– eyrisii 241
– Hybriden 241*
– multiplex 241
– oxygona 241
– tubiflora 241
Edelpelargonien s. Pelargonium-Grandiflorum-Hybriden
Efeu s. Hedera
Efeutute s. Epipremnum
Eidechsenwurz s. Sauromatum
Einheitserde 32–35
Eiskraut s. Lampranthus

Elefantenfuß s. Beaucarnea
Elocharis pauciflora 85
Encephalartos 223
Engelstrompete s. Datura
Englische Pelargonien s. Pelargonium-Grandiflorum-Hybriden
Entladungslampen 19
Epidendrum 241, 242
– ciliare 241
– cochleatum 241
– mariae 241*
– parkinsonianum 241
Epipactis atrorubens 141
Epiphyllum s. Phyllocactus und Schlumbergera
Epiphyten 35, 36, 80–83, 142, 143*, 145*
Epiphytenstamm 80, 81*, 82*, 83*
Epipremnum aureum 16, 27, 30, 75*, 81*, 98, 242*
Episcia 76, 81, 242
– cupreata 242*, 243*
– dianthiflora 242*, 243
– lilacina 242*, 243
– punctata 242*, 243
– reptans 76*, 242*, 243
Epithelantha micromeris 28
Eranthemum s. Chameranthemum
Erdraupe 125, 135*
Erica 71, 243
– carnea s. E. herbacea
– gracilis 52, 243
– herbacea 243
– patersonia 243*
– speciosa 243*
– ventricosa 243
– × willmorei 243
Eriobotrya japonica 71*, 121
Eriocereus jusbertii 106*, 244*
Erythrina 245*
– crista-galli 120*
Espostoa 147, 244
– lanata 244
– melanostele 209*
Etiolieren 11, 16
Eucalyptus 29
Euonymus 119, 244
– europaeus 244
– japonicus 121, 244
Euphorbia 30, 73, 74, 133
– atropurpurea 73*, 246
– canariensis 246
– caput-medusae 246
– esculenta 246*
– fulgens 27
– grandicornis 73*, 245*
– lactea 246
– leuconeura 246
– lophogona 245
– × lomii 245
– milii 27, 245, 246
– myikae 245*
– pulcherrima 15, 27, 47, 74, 108* 109, 244*, 245*
– resinifera 246
– splendens s. E. milii
– submammilaris 245
– tirucalli 27, 28*, 245
– trigona 246
Exacum affine 247*

Fadenwürmer s. Nematoden
Farfugium s. Ligularia
Farne 52, 91, 92*
× Fatshedera lizei 18, 21, 72, 95, 247*
Fatsia japonica 18, 21, 72, 90, 95, 248*

Faucaria lupina 248*
Fenestraria aurantiaca 249
– rhopalophylla 249*
Fensterbank 60–62*
Fensterblatt s. Monstera und Fenestraria
Ferocactus 74, 249
– latispinus 147*, 249
– setispinus 249
Fetthenne s. Sedum
Feuchtigkeitsmesser 46
Ficus 30, 75, 250–252
– aspera 79, 250*, 252
– australis s. F. rubiginosa
– benghalensis 251*
– benjamina 74, 250*
– carica 119, 121, 250
– cyathistipula 74*, 250*, 252
– deltoidea 251*, 252
– diversifolia s. F. deltoidea
– elastica 19, 23, 74, 95, 96*, 131*, 132, 250*, 251*,
– lyrata 19, 74, 250*, 252
– macrophylla 250, 251*
– microcarpa 74*, 250*
– pumila 16, 19, 72, 78, 79, 81, 250*
– quercifolia 251*
– radicans s. F. sagittata
– repens s. F. pumila
– rubiginosa 74*, 251*, 252
– sagittata 79, 80*, 81, 250*, 251, 252
– stipulata s. F. repens
– stricta 250
– triangularis 251*, 252
– villosa 81
Fieberklee s. Menynanthes
Fiederaralie s. Polyscias
Fingeraralie s. Dizygotheca
Fischschwanzpalme s. Caryota
Fittonia 253
– gigantea 253
– verschaffeltii 75*, 78, 252, 253*
Flamingoblume s. Anthurium
Flammendes Käthchen s. Kalanchoë blossfeldiana
Flammendes Schwert s. Vriesea splendens
Flaschengärten 77, 78*, 79*
Flieder 113*, 114
Fliederprimel s. Primula malacoides
Fliegender Holländer s. Chlorophytum
Forsythie 113*, 114
Frauenhaar s. Scirpus
Frauenhaarfarn s. Adiantum
Frauenschuhorchidee s. Paphiopedilum
Freesia 30
Fruhstorfer Erde s. Einheitserde
Fuchsia 72, 97, 253, 254
– fulgens 254*
– magellanica 254
– Triphylla-Hybriden 254
Fuchsschwanz s. Acalypha hispida
Fungizid 122, 124
Fusarium 129*, 132

Galanthus 114
Ganzkölbchen s. Aphelandra
Gardenia jasminoides 19, 49, 52, 71, 74, 141, 254, 255*
Gasteria 73, 74, 102, 164, 255
– liliputana 255
– maculata 255*
– verrucosa 255

Gattung 149
Geißklee s. Cytisus
Geogenanthus undatus 75, 99*, 255, 256*
Gesamthärte 48
Gesneria s. Rechsteineria
Geweihfarn s. Platycerium
Gießen 46*-48
Glanzkölbchen s. Aphelandra
Glashauseffekt 15
Gloriosa 256
– rothschildiana 27, 29*, 74, 256*,
– superba 256
Glottiphyllum 256
– linguiforme 256, 257
Gloxinie s. Sinningia
Glühbirnen 17
Goethea cauliflora 257*
Goldorange s. Aucuba
Gomphrena globosa 257
Gossypium herbaceum 257, 258*
Graptopetalum bellum s. Tacitus
– paraguayense s. Sedum weinbergii
Graptophyllum pictum 258*
Greenovia aurea 73*
Granatapfel s. Punica
Grevillea 258
– robusta 71, 258, 259*
– thelemanniana 258
Grex 149
Grünlinie s. Chlorophytum
Grauschimmel s. Botrytis
Greisenhaupt s. Cephalocereus
Gummibaum s. Ficus
Guttation 128
Guzmania 78, 259
– Hybride 76*
– lingulata 259, 260
– monostachya 259, 260*
– zahnii 259*
Gymnocalycium 35, 260
– andreae 261
– baldianum 111, 260
– castellanosii 260
– denudatum 260*
– gibbosum 260
– horridispinum 260
– mihanovichii 105, 147*, 260
– multiflorum 260
– spegattinii 260
– vatteri 260
Gymnadenia odoratissima 141
Gynura 261
– aurantiaca 74, 261*
– procumbens 261
– sarmentosa 261
– scandens 261

Habranthus 261, 262
– robustus s. tubispathus
– tubispathus 261*, 262, 377
Haemanthus 262, 263
– albiflos 73*, 262*, 263
– Hybride 262
– multiflorus 262*
Hamamelis 114
Hamatocactus setispinus 249
Hatiora salicornioides 78, 81, 263*
Hauterkrankungen 29, 30
Haworthia 73, 74, 93, 164*, 263
– cuspidata 263*
– fasciata 263
– glabrata 263
– radula 263*
– reinwardtii 263
Hebe 71
– Andersonii-Hybriden 71

– armstrongii s. H. ochracea
– buxifolia 264
– lycopodioides 264
– ochracea 264
– salicornioides 264
– speciosa 264*
Hechtia 237
Hedera 19, 99, 264
– canariensis 264, 265
– colchica 264*
– helix 21, 30, 72*, 264, 265
Heimerliodendron s. Pisonia
Heizkabel s. Bodenheizung
Heliocereus 325
Helligkeit 12–14
Helmkraut s. Scutellaria
Helxine s. Soleirolia
Hemigraphis alternata 265
– repanda 79, 265*
Henne und Küken s. Tolmiea
Heptapleurum s. Schefflera arboricola
Herbstzeitlose s. Colchicum
Hibiscus 95, 98, 265, 266
– moscheutos 266
– rosa-sinensis 19, 71, 74, 108, 110, 266*
– schizopetalus 265*, 266
– syriacus 266
Hippeastrum 133, 164, 266, 267
– Hybriden 266*
Hirschzungenfarn s. Phyllitis
Hoffmannia 267
– ghiesbreghtii 267
– refulgens 76*, 267*
Holzkohle 36
Hoodia 107
Houttuynia cordata 83, 84*, 85*, 141
Howeia 19, 68, 267–269
– belmoreana 269
– forsteriana 268*, 269
Hoya 29, 97, 269
– bella 111, 141*, 269*
– carnosa 19, 71, 74*, 141, 269*, 270, 359
Huernia 73, 74, 270
– hislopii 270*
Hyazinthus orientalis 30, 112*, 113
Hybride 149
Hydrangea macrophylla 19, 71, 97, 98, 111, 119, 127, 128, 132, 133, 270*, 271
Hydrokultur 53–59
Hydrotöpfe 53*, 54*
Hygrometer 25
Hygrophila stricta 84
Hylocereus 106*
Hymenocallis 271
– narcissiflora 60, 141, 271*
– speciosa 271
Hypoestes 270
– phyllostachya 271*
– sanguinolenta s. H. phyllostachya
– taeniata s. H. phyllostachya

Impatiens 272
– balsamina 272
– glandulifera 272
– holstii s. I. walleriana
– olivieri 272
– repens 272
– sultani s. I. walleriana
– walleriana 71, 90, 99, 272
Indikatorpapier 32, 33*
Indikatorstäbchen 32, 33*
Indoors 122

Insektizid 122, 124
Ionenaustauscher 48*, 49, 56
Iresine herbstii 273*
Iris danfordiae 114
– histrioides 114
– Hollandica-Hybriden 114
– Hybriden 30, 114*
Ismene s. Hymenocallis
Ixora 273
– borbonica 273
– coccinea 273*

Jacaranda 274
– brasiliensis 274
– mimosifolia 74, 274*
Jacobinia 274
– carnea 274*
– floribunda s. J. pauciflora
– magnifica s. J. carnea
– pauciflora 274
– pohliana s. J. carnea
– rizzinii s. J. pauciflora
Jasmin s. Jasminum und Deutzia
Jasminum 29, 274, 275
– beesianum 275
– grandiflorum 275*
– nudiflorum 114, 274
– officinale 275*
– polyanthum 275
– sambac 275
Jatropha podagrica 30, 275*
Judenbart s. Saxifraga stolonifera
Juncus bulbosus 85
Jungfernrebe s. Parthenocissus
Justicia s. Beloperone und Jacobinia

Kaffeestrauch s. Coffea
Kakteen 14, 15, 23, 73, 88, 90, 105, 118, 146–148
Kakteen-Pfropfunterlagen 106
Kakteensubstrate 34
Kalanchoë 19, 73, 102, 133, 275
– beharensis 276
– blossfeldiana 21, 74*, 90, 110, 275, 276*
– daigremontiana 93*, 110, 276*
– Hybriden 110
– manginii 74*
– marmorata 276
– miniata 276
– porphyrocalyx 276*
– pumila 73*
– tomentosa 276
– tubiflora 110, 276*
Kalk 34, 37
Kamelie s. Camellia
Känguruhdorn s. Acacia
Kannenpflanzen s. Nepenthes
Kapheide s. Erica
Kapwein s. Rhoicissus
Kastanienwein s. Tetrastigma
Katzenschwanz s. Acalypha hispida
Keiki 95*, 318
Keimprobe 90*
Keimtemperatur 90*
Kelchblätter s. Sepalen
Keulenlilie s. Cordyline
Kindel 92–94*
Kirsche 113*, 114
Klebsame s. Pittosporum
Kleinia s. Senecio neriifolia
Knollen 112, 114
Kobrapflanze s. Darlingtonia
Köcherblume s. Cuphea
Kohlendioxid 29
Kohleria 277
– hirsuta 276*

Kokospalme s. Cocos
Kolbenfaden s. Aglaonema
Komposterde 33
Königin der Nacht s. Selenicereus grandiflorus
Kopfsteckling 99*
Korallenmoos s. Nertera 299
Korallenstrauch s. Solanum pseudocapsicum und Erythrina
Kornelkirsche s. Cornus
Korkrinde 40*
Korkschrot 36
Kranzschlinge s. Stephanotis
Kritische Tageslänge 15
Kübelpflanzen 118–122
Kugelamarant s. Gomphrena
Kunststofftöpfe 37, 38, 39*
Kurztagpflanzen 15
Kußmäulchen s. Nematanthus
Kutikula 24

Labellum 143*
Lachenalia 278
– aloides 277*
– bulbiferum 278
– tricolor s. L. aloides
Laelia 45, 278
– anceps 278
– autumnalis 278
– crispa 278
– perrini 278
– pumila 278
– purpurata 278*
– speciosa 278
× Laeliocattleya 187, 188
– (Amber Glow) 188*
Lamellenkaktus s. Echinofossulocactus
Lampe 17
Lampranthus 140, 278
– conspicuus 118, 278, 279*
Langtagpflanzen 15
Lantana-Camara-Hybriden 120
Lanzenrosette s. Aechmea
Laurus nobilis 30, 71, 120
Laurustinus s. Viburnum tinus
Läuseblumen s. Senecio-Hybriden
Lavagrus 34*, 35
Lebende Steine s. Lithops
Ledebouria socialis 21, 94, 279*
Lederfarn s. Arachnoides
Lehm 33
Leonotis leonurus 279, 280*
Leuchte 17
Leuchtstoffröhren 17, 18
Licht 12–20
Lichtkeimer 90
Lichtmessung 12
Lichtverträglichkeit 15
Lichtwendigkeit s. Phototropismus
Licuala grandis 280*
Ligularia tussilaginea 72, 280*
Lippe s. Labellum
Liriope 281
– muscari 80, 281*
– spicata 281
Lithops 281
– olivacea 281*
Livistonia 281
– australis 202*, 203, 281, 282*
Lobelia cardinalis 84
Lobivia 110*, 282
– aurea 111
– famatimensis 282
– jajoiana 282
– mistiensis 282
– pentlandii 282

Lobivia pseudocachensis 282
– pugionacantha 282
– rebutioides 282*
– wrightiana 282
Lophophora williamsii 28, 282*, 283*
Lorbeer s. Laurus
Löwenohr s. Leonotis
Ludwigia palustris 84
Luftbefeuchter 25, 26
Luftfeuchte 15, 23–27
Luftkartoffel s. Dioscorea
Lux 12–14, 16, 18, 19
Lycaste 45, 283
– aromatica 141, 283
– cruenta 283*
– skinneri s. L. virginalis
– virginalis 283
Lysimachia nummularia 71, 85, 283, 284*

Madagaskarpalme s. Pachypodium
Mammillaria 35, 73, 74, 284, 285
– armilliata 284
– bombycina 285*
– boolii 284
– crucigera 284
– dawsonii 284
– elegans 73*, 284*
– goldii 284
– goodridgii 284
– guelzowiana 284
– heyderii 28
– hidalgensis 285
– longimamma 147*, 285
– louisae 284
– microcarpa 284
– napina 285
– parkinsonii 284
– pectinata 147*
– pennispinosa 285
– perbella 284
– prolifera 284
– pseudoperbella 284
– rhodantha 284, 285
– schiedeana 285
– schumannii 284
– theresae 285
– zeilmanniana 111, 284, 285
Mandevilla 74, 108, 285
– sanderi 285*
– splendens 285
Maranta 15, 76, 92, 285
– arundinacea 285
– leuconeura 286*
Markottieren 94
Masdevallia 22*, 286
– chimaera 286*
– erinacea 286
– erythrochaete 286
– floribunda 286
– infracta 286
– strobelii 286
Matucana 286, 287
– bellavista 287
– crinifera 286
– haynei 286
– madisoniorum 287
– myriacantha 286, 287*
– pajupatii 287
– paucicostata 287*
– yanganucensis 286
Mauerraute s. Asplenium ruta-muraria
Medinilla 287
– magnifica 23, 76, 118, 287, 288*
Mediolobivia s. Rebutia
Mehltau, Echter 129*, 133
– Falscher 132

Melocactus 74, 147
– neryi 34*
Menyanthes trifoliata 85
Meryta denhamii 105
Mescalin 38
Metzgerpalme s. Aspidistra
Mexifarn 36
Miconia calvescens 288, 289*
– magnifica s. M. calvescens
Microcoelum martianum s. M. weddelianum
– weddelianum 47, 74, 289
Mikania ternata 80
Milben 126, s. auch Spinnmilben
× Miltassia 289, 290
– (Aztec) 290*
Miltonia 45, 290
– crispum 290
– flavescens 290
– (Fritz Wichmann) 290*
– phalaenopsis 290
– roezlii 290
× Miltonidium 289, 290
Mimosa pudica 21, 23, 49, 74, 153, 290, 291*
Mindestbeleuchtungsstärke 18, 19
Monadenium coccineum 291*
Monstera 15, 27, 74, 95, 291
– deliciosa 21, 23, 28, 30, 291, 292*, 293*
– friedrichsthalii 292*
– obliqua 292
Moos 125
Moosfarn s. Selaginella
Mooskraut s. Selaginella
Mottenschildlaus s. Weiße Fliege
Musa 71, 87, 88, 120*
– paradisiaca 30
Muscari armeniacum 114
– botryoides 114
Myrtus communis 21, 71*, 118, 293*, 294

Naegelia s. Smithiantha
Nährstoff 49–53
Nährstoffmangel 130, 131*, 133
Nährstoffüberschuß 130
Narcissus pseudonarcissus 30
Narzissenfliege 126
Nautilocalyx forgetii 294*
Neanthe s. Chamaedorea
Nematanthus 81, 294, 295
– glabra 294
– perianthomegus 294*
Nematoden 33, 126, 131*, 133
Neoregelia 74, 94*, 295, 296
– carolinae 295, 296*
– concentrica 295*
– spectabilis 295
Nepenthes 50, 141, 296, 297
– alata 76*
– Hybriden 297
Nephrolepis 19, 75*, 297
– exaltata 297, 298*
Nerine 133
Nerium oleander 27, 30, 72, 107*, 119*, 120, 141, 298*
Nertera depressa s. N. granadensis
– granadensis 298*, 299
Nesselblatt s. Acalypha-Wilkesiana-Hybriden
Nestfarn s. Asplenium
Nestrosette s. Nidularium
Neuholländer 68
Neuseeländer Flachs s. Phormium
Nichtcarbonathärte 48
Nidularium 75, 295, 299
– billbergioides 299

– fulgens 299
– innocentii 295*, 299*
Nigritella nigra 141
Nolina s. Beaucarnea
Nomaphila s. Hygrophila
Nomenklatur 149
Nopalxochia 325
Norfolktanne s. Araucaria
Notocactus 299, 300
– lenninghausii 299*
– mammulosus 299
– ottonis 299
– scopa 111, 299
– tabularis 111

× Odontioda 300
– (Salam) 300*
× Odontocidium 300
– (Tiger Hambühren) 300*
Odontoglossum 118, 143*, 300, 301, 375
– bictonense 300
– crispum 301
– grande 71, 300*, 301
– harrisianum 300
– laeve 300
– maculatum 300
– pendulum 301
– pulchellum 301
– rossii 301
× Odontorettia 301
– (Mandarine) 301*
Oleander s. Nerium
Oncidium 37, 45, 301, 302, 375
– bicallosum 301
– carthegiense 301
– cavendishianum 301
– cebolleta 28
– flexuosum 301
– forbesii 301
– gardneri 301
– guttata 301
– incurvum 301
– (Kalihi) 301
– kramerianum 301
– lanceanum 301
– ornithorhynchum 301
– splendidum 301
– tigrinum 301*
– triquetrum 301
– variegatum 301
Ophiopogon 72, 302
– jaburan 80, 92, 302*
– japonicus 72*, 302
Oplismenus hirtellus 66, 303*
Opuntia 88, 176, 303
– aciculata 303
– bergeriana 106
– erinacea 303
– fragilis 303
– hystrix 303
– imbricata s. Cylindropuntia
– leucotricha 303
– microdasys 29*, 30, 303*
– phaeacantha 303
– polyacantha 303
– pycnantha 303
– rhodantha s. O. erinacea
– rufida s. O. microdasys
– tunicata s. Cylindropuntia
– ursina 303
– vulgaris 303
Orbea s. Stapelia
Orchideen 19, 27, 44, 45, 52, 118, 142–144, 150, 151
Orchideen-Namen 150, 151
Orchideen-Pflanzstoffe 35–37
Orthophytum vagans 73*

Osmose 49
Osmunda 35–37
Osterkakteen s. Rhipsalidopsis
Oxalis 304
– corniculata 304
– deppei 304*
– hedysaroides 304
– ortgiesii 304*

Pachycereus pecten-aboriginum 28
Pachyphytum 102, 303
– oviferum 305*
Pachypodium 73, 74, 305
– brevicaule 305*
– geayi 305*
– lamerei 305*
Pachystachys lutea 74, 108, 305, 306*
× Pachyveria 305
Palisander s. Jacaranda
Palysota pynertii 306, 307*
Palmfarn s. Cycas
Pandanus 14, 19, 28, 74, 95, 306
– dubius 306, 307*
– gramineus s. P. pygmaeus
– pacificus s. P. dubius
– pygmaeus 306, 307
– utilis 307
– veitchii 54*, 306, 307*
Pantoffelblume s. Calceolaria
Papageienblatt s. Alternanthera reineckii
Paphiopedilum 35, 129*, 132, 143*, 307
– (Asburtoniae) 72*
– bellatulum 144, 307
– concolor 307
– delenatii 307
– fairieanum 307
– hirsutissimum 307
– insigne 307
– (Leeanum) 72*
– niveum 144
– spicerianum 307
– (St. Albans) 307
– sukhakulii 307
– venustum 307
– villosum 307
Parodia 308
– ayopayana 111
– mairanana 308*
– nivosa 308
Parthenocissus 308
– henryana 72, 206*, 309*
– inserta 206*, 309
– tricuspidata 309
Passiflora 12, 19, 309, 310
– alata 310
– caerulea 21, 71, 119, 309*, 310
– coccinea 310
– coriacea 309*
– × decaisneana 309*
– edulis 310*
– incarnata 310
– maculifolia 310
– quadrangularis 310
– racemosa 310
– trifasciata 309*, 310
– violacea 310
Passionsblume s. Passiflora
Pavonia s. Triplochlamys
Payote s. Lophophora
Pedilanthus tithymaloides 30, 310, 311*
Pehameter 32, 33*
Peitschenkaktus s. Aporocactus
Pelargonium 30, 120, 311–313
– capitatum 312*, 313

Pelargonium × citrosum 312*, 313
– crispum 312*, 313
– denticulatum 312*, 313
– exstipulatum 312*, 313
– × fragrans 312*, 313
– Grandiflorum-Hybriden 97, 110, 313*
– graveolens 71, 141, 312*, 313
– odoratissimum 312*, 313
– Peltatum-Hybriden 311
– quercifolium 312*, 313
– radens 71, 141, 312*, 313
– tomentosum 71*, 311*, 312*, 313
– vitifolium 312*, 313
– Zonale-Hybriden 131*, 311*
Pelecyphora aselliformis 28
Pellaea 313, 314
– atropurpurea 313*
– rotundifolia 72, 78, 80, 313*
– viridis 313*
Pellionia 314
– daveauana s. P. repens
– pulchra 79, 314*
– repens 66, 75*, 79, 80*, 314
Pentas lanceolata 314*
Peperomia 19, 76, 102, 314, 315
– argentea 315
– argyreia 74*, 315
– caperata 315
– clusiifolia 315*
– fraseri 315
– glabella 74*, 315
– griseoargentea 315
– magnoliaefolia 74*
– metallica 74*
– obtusifolia 315*
– reptilis 315
– resediflora s. P. fraseri
– serpens 315
– verticillata 315
Pereskia 315
– aculeata 106*, 315, 316*
Pereskiopsis velutina 106
Perlite 36
Persea americana 87, 316, 317*
Petalen 143*
Petunia 90
Peyote (= Peyotl) s. Lophophora
Pfennigkraut s. Lysimachia nummularia
Pfirsich 114
Pflanzenschutz 122–136
Pflanzenschutzämter 124
Pflanzenschutzmittel 122–124
Pflanzenglocke 98*
Pflanzstoffe 35–37
Pflaume 114
Pfropfen s. Veredeln
Phalaenopsis 15*, 45, 52, 75, 95*, 143*, 144, 317, 318
– Amabilis-Hybriden 317
– (Lipperose) 318
– lueddemanniana 317, 318
– violacea 317
Philadelphus 274
Philodendron 19, 27, 30, 75, 95, 128, 319–321
– andreanum s. P. melanochrysum
– bipinnatifidum 321
– cordatum 320*
– domesticum 320*, 321
– elegans 320*, 321*
– erubescens 97, 320*, 321
– hastatum 321
– ilsemannii 320*
– laciniatum 320*
– mamei 75*, 320*
– martianum 320*, 321

– melanochrysum 320*, 321
– ornatum 320*
– panduriforme 320*
– pertusum s. Monstera deliciosa
– scandens 16, 321
– selloum 319, 320
– squamiferum 320*
– verrucosum 320*, 321
Phlebodium aureum 75, 81, 322*, 323
Phoenix canariensis 71, 322*, 323
– dactylifera 28, 71, 87, 88, 323
– roebelinii 323
Phormium colensoi 323
– cookianum s. P. colensoi
– tenax 121, 323*
Photosynthese 15
Phototropismus 13
pH-Wert 31, 32, 34, 37
Phyllitis scolopendrium 21, 72, 92*, 323, 324*, 325*
Phyllocactus 35, 74, 325*, 326*
Phyllokakteen s. Phyllocactus
Phytophthora 129*
Pikieren 91
Pilea 19, 78, 326, 327
– cadierei 72, 326*, 327
– crassifolia 326*
– involucrata 326*, 327
– microphylla 72, 327
– mollis s. P. crassifolia
– muscosa s. P. microphylla
– repens 327
– spruceana 327
Pinzieren s. Stutzen
Piper 19, 75, 81, 327, 328
– betle 327
– crocatum 76*, 327*
– magnificum 327
– nigrum 72, 195, 327*
– ornatum 327
– porphyrophyllum 327
Pisonia brunoniana 75, 328*
– umbellifera 328
Pistia stratiodes 84
Pittosporum tobira 71, 121
Platycerium 19, 81, 328, 329
– alcicorne 328
– bifurcatum 72, 75, 328, 329*
Plectranthus 329, 330
– coleoides 329*, 330
– fruticosus 72, 141, 329*, 330
– oertendahlii 79, 329*, 330
Pleione 36, 92*, 330
– bulbocodioides 50, 330*
– formosana 330*
– humilis 330
– limprichtii 330
– pogonioides 330
– praecox 330
– pricei 330
Plumbago capensis 121
Plumeria 30
Pollinien 144
Polypodium 36, 37
– aureum s. Phlebodium aureum
Polyscias 19, 30, 75, 330–332
– balfouriana 331*, 332
– filicifolia 331*, 332
– fruticosa 331*, 332
– guilfoylei 331*, 332*
Polystichum 72
Pothos s. Epipremnum
× Potinara 332
– (Rebecca Merkel) 332*
Präparation 112
Primula 30, 132, 332
– acaulis s. P. vulgaris

– elatior 332
– floribunda 333
– malacoides 21, 23, 27, 47, 71, 333*
– obconica 27, 52, 332
– praenitens 27, 333
– sinensis s. P. praenitens
– vulgaris 71, 332, 333
Prothallium 91, 92*, 125
Pseuderanthemum 333, 334
– argutum 335
– atropurpureum 333*
– reticulatum 79, 333
Pseudobulben 142
Psychrometer 24
Pteris cretica 72*, 334*, 335*
– ensiformis 78, 92, 334*, 335
– quadriaurita 76, 334*, 335
– tremula 72*, 334*, 335
Pufferung 32
Punica granatum 120, 121, 335*, 336
Pythium 129*

Quecksilberdampf-Hochdrucklampen 19, 20*

Raphidophora s. Epipremnum
Raubmilben 124
Raupen 125, 135*
Rebutia 336
– heliosa 336*
– marsoneri 111
Rechsteineria cardinalis 75, 336, 337*
– leucotricha 337
Reflektorlampen 17*, 18
Regenwasser 48
Regenwurm 125
Rhaphidophora s. Epipremnum
Rhapis 337
– excelsa 19, 337*
– flabelliformis s. R. excelsa
– humilis 337
Rhipsalidopsis 35, 106, 338
– gaertneri 338*
– × graeseri 338
– rosea 338
Rhipsalis 75, 81*, 338
– mesembryanthemoides 78
– rhombea 147*
– teres 338*
– tonduzii 338*
Rhododendron 339
– japonicum 339
– simsii 21, 49, 52, 71, 97, 105*, 118, 132, 339*
Rhoeo discolor s. R. spathacea
– spathacea 21, 30, 339, 340*
Rhoicissus capensis 206*, 340*
– rhomboidea s. Cissus rhombifolia
Ricinus communis 27
Riemenblatt s. Clivia
Rinde 35–37, 40*
Rindenkompost 33
Robinia pseudoacacia 153
Rochea coccinea 111, 340, 341*
Rosa 119, 132, 133, 341
– chinensis 341*
– roulettii s. R. chinensis
Rosen s. Rosa
Rosengeranien s. Pelargonium
Rosenholzbaum s. Palisander
Rosmarinus officinalis 71*, 342*
Rossioglossum s. Odontoglossum
Rote Spinne s. Spinnmilben
Roter Brenner 133
Rubus reflexus 72, 81, 342*

Rückbulben 142
Ruellia s. Dipteracanthus
Ruhmeskrone s. Gloriosa
Ruscus 72

Sagittaria graminea 84
– platyphylla 84
Saintpaulia 19, 342
– ionantha 47, 100*, 102, 129*, 130, 131*, 342, 343*
Salzgehalt 34, 52, 55, 130
Samenbeize 91
Samenkeimung 15, 87–90
Samenlagerung 90
Sanchezia 343
– nobilis s. S. speciosa
– parvibracteata 76
– speciosa 343*
Sand 33, 34
Sansevieria 19, 74, 97, 102, 343,
– cylindrica 344
– kirkii 344
– trifasciata 21, 61, 71, 343, 344*
Sarracenia 344, 345
– purpurea 344*
Saugschuppen s. Schuppenhaare
Säule s. Columna
Saumfarn s. Pteris
Sauromatum guttatum s. S. venosum
– venosum 112*, 114, 141, 345*
Saxifraga stolonifera 72, 80, 309*, 345*
Schädlingsbekämpfung 122–136
Schefflera 19, 75, 95, 346
– actinophylla 122*, 346*, 347
– arboricola 58*, 72*, 99*, 346*, 347
– venulosa 346, 347
Scheinacacie s. Robinia
Scheinerdbeere s. Duchesnea
Scheinhasel s. Corylopsis
Schiefteller s. Achimenes
Schildblume 174
Schildläuse 134, 135*
Schlangenbart s. Ophiopogon
Schlangenkaktus s. Aporocactus
Schlauchpflanze s. Sarracenia
Schlumbergera 35, 106, 109, 347
– × buckleyi 346*, 347
– russelliana 347*
– truncata 347*
Schmierläuse 134, 135*
Schmucklilie s. Agapanthus
Schnapskopfkaktus s. Lophophora
Schneeball s. Viburnum
Schneeglöckchen s. Galanthus
Schönhäutchen s. Hymenocallis
Schönmalve s. Abutilon
Schraubenbaum s. Pandanus
Schuppenhaare 145, 146*
Schusterpalme s. Aspidistra
Schwarzäugige Susanne s. Thunbergia
Schwiegermuttersessel s. Echinocactus
Scilla 30
– pauciflora s. Ledebouria
– violacea s. Ledebouria
Scindapsus 347, 348
– aureus s. Epipremnum
– pictus 98, 348*
Scirpus cernuus 72, 83, 84*, 92, 348
– setaceus 85
Scutellaria costaricana 348*, 349
– incana 349
– mociniana s. S. costaricana
– ventenatii 349

Sedum 73, 349
- acre 349
- adolfii 349
- maximum 349
- morganianum 27, 102, 349
- nussbaumerianum 349
- pachyphyllum 349*
- rubrotinctum 14, 102, 349*
- sieboldii 349
- stahlii 349
- weinbergii 349
Selaginella 76*, 350
- apoda 350
- douglasii 350
- grandis 350
- helvetica 350
- involvens 350
- kraussiana 72, 79, 350
- lepidophylla 350*
- martensii 350*
- rupestris 350
- selaginoides 350
- sibirica 350
- umbrosa 350
- unicinata 79, 350*
- wildenowii 350
Selenicereus 325
- grandiflorus 140, 141, 351*
Senecio 73, 102, 351–353
- citriformis 352
- cruentus 351
- heritieri 351
- herreianus 352
- Hybriden 23, 49, 129*, 132, 351, 352
- kleinia 352, 353
- macroglossus 74*, 352
- mikanioides 72*, 352*, 353
- radicans 352*
- rowleyanus 352
- scaposus 352, 353
- stapeliiformis 352, 353
Sepalen 143*
Setcreasea pallida 30, 353*
- purpurea s. S. pallida
Siderasis fuscata 76*, 353
Silberhaut s. Argyroderma
Silberkerze s. Cleistocactus
Simsenlilien s. Tofieldia
Sinnpflanze s. Mimosa
Sinningia 353, 354
- cardinalis s. Rechsteineria cardinalis
- guttata 353
- hellerí 353
- Hybriden 47, 50, 90, 353*, 354
- pulsilla 354
- regina 353
- speciosa 75, 353, 354*
- velotina 353
- villosa 353
Skimmia 354
- japonica 354*
- reevesiana 354
Smithiantha 47, 90, 354, 355*
Solanum capsicastrum 355
- pseudocapsicum 28, 71, 355*
Soleirolia soleirolii 72*, 79, 92, 355, 356*
Sommerefeu s. Senecio mikanioides
Sonerila 182, 183, 356
- margaritacea 76*, 356*
Sonnentau s. Drosera
Sophronitis 332, 356
- coccinea 356
- previpedunculata 357
Sorptionskapazität 32

Sparmannia africana 11, 12, 21, 30, 71*, 109, 357*
Spathiphyllum 19, 75, 357
- cannifolium 357
- floribundum 357
- Hybriden 357, 358*
- patinii 357
- wallisi 141, 357
Sphagnum 34, 35*, 36, 37
Spierstrauch s. Spiraea
Spindelstrauch s. Euonymus
Spinnmilben 131*, 135*, 136
Spiraea 114
Sprekelia formosissima 75, 133, 358*
Springschwänze s. Collembolen
Sprühdose 122, 123*, 132
Stachelspelze s. Oplismenus
Stammstecklinge 103*
Stapelia 12, 73, 106, 107*, 358, 359
- leendertziae 359*
- variegata 358
Steckenpalme s. Rhapis
Stecklinge 95–105
Stecklingsbewurzelung 97*, 99*
Stecklingssubstrat 97
Stecklingstopf 97
Stenandrium s. Aphelandra maculata
Stenotaphrum secundatum 72, 83, 84
Stephanotis floribunda 74, 97, 98, 359, 360*
Streifenfarn s. Asplenium trichomanes
Streptocarpus 102*, 360, 361*
- caulescens 360
- grandis 360
- Hybriden 47, 75, 90, 110, 360*, 361
- kirkii 360
- rexii 30, 360
- wendlandii 360
Stromanthe 92, 361
- amabilis 361
- porteana 361
- sanguinea 361*
Stutzen 101*, 104*, 105
Styromull 34, 36, 37
Subspezies 149
Substrate 31–37
Sulcorebutia 336, 361, 362
- arenacea 362*
Sumachwein s. Rhoicissus capensis
Sumpfgarten 83–85
Sumpfried s. Elocharis
Sumpflöffelchen s. Ludwigia
Synadenium 361
- grantii 362, 363*
Syngonium 19, 95, 362
- podophyllum 362, 363*
- wendlandii 362, 363*

Tacitus bellus 111, 362, 364
Tageslänge 15, 20
Tee s. Camellia sinensis
Teilsteckling 99*
Temperatur 15, 21–23
Tephrocactus 176
Testudinaria elephantipes 234*
Tetrastigma voinieranum 19, 206*, 364*
Thermometer 21*, 22
Thermostat 22
Thripse 134*, 135
Thunbergia alata 364, 365*
Tibetorchidee s. Pleione
Tibouchina 365
- semidecandra s. T. urvilleana
- urvilleana 72, 365*
Tigerrachen s. Faucaria
Tillandsia 71, 74, 366, 367
- albida 366
- carinata 367*
- cyanea 366*
- lindeniana s. T. cyanea
- lindenii 366
- usneoides 52, 367*
TKS s. Torfkultursubstrat
Tofieldia calyculata 85
- pusilla 85
Tolmiea menziesii 72*, 80, 93*, 368*
Tontöpfe 37*, 38*
Töpfe 37–39
Torenia fournieri 368*
Torfkultursubstrat 32–35
Torfquelltöpfe 87*, 97
Trachycarpus 68, 369
- excelsa s. T. fortunei
- fortunei 72, 202*, 203, 368*
Tradescantia 19, 72, 75, 369, 370
- albiflora 79, 369
- blossfeldiana 369*
- fluminensis 369
- navicularis 73, 369*, 370
Transpiration 24
Traubenhyazinthe s. Muscari
Trauermücke 125, 134, 135*
Treiben 111–114
Trichocaulon 106, 107
Trichocereus 370
- candicans 370
- chilensis 370
- grandiflorus 369*, 370
- macrogonus 106
- pachanoi 28, 106*, 370
- pasacana 370
- poco 370
- spachianus 106*, 370
- schickendantzii 106
- terscheckii 28, 370
Trichodiadema 370
- peersii 370*
Trichopilia 370
- fragrans 370
- marginata 370
- suavis 370, 371*
- tortilis 370
Trichostigma peruviana 76*
Triolena pustulata 76*, 182*,
Triplochlamys multiflora 370, 371*
Tulipa-Hybriden 80, 112–114
Tüpfelfarn s. Polystichum
Turbinicarpus 147
Tussilago s. Ligularia

Umkehrosmose 49
Umtopfen 40, 41*-45*
Urgesteinsgrus 34
Usambaraveilchen s. Saintpaulia

Vallota pupurea s. V. speciosa
- speciosa 71, 93*, 371, 372*
Vanda 37, 45, 118, 144, 372
- bensonii 373*
- coerulea 372
Varietät 149
Velamen 36, 142, 143, 145*
Veltheimia 373
- bracteata s. V. viridifolia
- capensis 373
- glauca s. V. capensis
- roodeae s. V. capensis
- viridifolia 373*
Venusfliegenfalle s. Dionaea

Verdunstung s. Transpiration
Veredeln 105*–107*
Verfrühen 111–114
Vergeilen s. Etiolieren
Vermehren 86–107
Veronica beccabunga 85
Viburnum 373
- lanata 373
- odoratissimum 373
- opulus 373
- tinus 72, 373, 374*
Vinca rosea s. Catharanthus
Vitrine 66*, 67*, 70, 71*–76*, 77
Vorkeim s. Prothallium
Vriesea 16, 78, 94, 373
- barilettii 374
- carinata 367*, 374
- espinosae 374
- fenestralis 374
- gigantea 372*, 374
- hieroglyphica 374
- psittacina 374
- × poelmannii 374
- splendens 52, 373, 374
× Vuylstekeara 374
- (Cambria) 24*, 374*
- (Edna) 374

Wachstumsregulatoren s. Wuchshemmstoffe
Wandelröschen s. Lantana
Wardsche Kästen 77, 79*
Washingtonia 374
- filifera 374, 375*
- robusta 374, 375
Wasseraufbereitung 48
Wasserfarn s. Ceratopteris
Wasserhärte 48, 56
Wasserkapazität 46
Wasserpflanzen 83–85
Wassersalat s. Pistia
Wasserstandsanzeiger 55
Wassertemperatur 47, 56
Weide 113*, 114
Weihnachtskakteen s. Schlumbergera
Weihnachtsstern s. Euphorbia pulcherrima
Weiße Fliege 134, 135
× Wilsonara 375
- (Franz Wichmann) 375*
Wintergarten 67, 68*, 69*
Wollaus s. Schmierlaus
Wollmispel s. Eriobotrya
Wuchshemmstoffe 108, 109
Wunderknolle s. Sauromatum
Wunderstrauch s. Codiaeum-Hybriden
Wurzelfäule 126
Wurzelläuse 11, 125
Wüstenrose s. Adenium

Xantheranthemum s. Chameranthemum
Xanthosoma lindenii 28, 76*, 375*

Yamswurz s. Dioscorea
Yucca 16, 23, 375
- aloifolia 71, 73*, 375*
- gloriosa 375

Zamia 223
Zantedeschia 376
- aethiopica 21, 27, 47, 71, 109, 376*
- elliottiana 376
- rehmannii 376
Zaubernuß s. Hamamelis

Zebrina pendula 72, 75, 79, 376*
Zeitschaltuhr 20
Zephirblume s. Zephyranthes
Zephyranthes 164, 376
– grandiflora 377
– Hybriden 376*, 377
– roseus 377
Ziegelmehl 35
Zierpaprika s. Capsicum
Zierspargel s. Asparagus
Zigarettenblume s. Cuphea
Zikade 135*, 136
Zimmercalla s. Zantedeschia
Zimmerhafer s. Billbergia nutans
Zimmerlinde s. Sparmannia
Zimmerphilodendron s. Monstera
Zimmertanne s. Araucaria
Zimmertemperatur 21
Zungenblatt s. Glottiphyllum
Zusatzlicht 16
Zwergcalmus s. Acorus
Zwergpfeffer s. Peperomia
Zwiebeln s. Blumenzwiebeln
Zygocactus s. Schlumbergera
Zygopetalum 37, 118
– crinitum 377
– intermedium 377
– mackaii 377*
Zylinderputzer s. Callistemon
Zypergras s. Cyperus

Bildquellen

Zeichnungen von Kornelia Erlewein (nach Vorlagen des Verfassers oder aus der Literatur) mit Ausnahme: Seiten 46, 48, 147, 164, 189, 284, 289 und 290 vom Autor.

Fotos

Johannes Apel, Baden-Baden: Seite 120 o., 156 u., 160 r., 165 o. l., 167 o., 169, 170 r., 177 u. l., u. r., 182 o. m., o. r., 183, 187, 189, 190 o., 191 o., 192, 194 o., 195 o., 196 o., 200 u. r., 204 u., 207 u., 210 l., r., 211 l., 227 r., 231 o. l., 234 o., 241 u. r., 242, 255 o., 259, 272, 274 u., 278, 281, 283, 285 r., 289, 298 u. l., 300 u. r., 309 m., 329, 335 r., 338 o., 341, 345 u., 346 o., 351 o., 356 u., 357 r., 364 r., 365 o., 366 l., 368 o., u. r., 371 l., 376 u. l.

Prof. Dr. Wilhelm Barthlott, Berlin: Seite 29 o. r., u. r., 146

Helmut Bechtel, Düsseldorf-Oberkassel: Seite 160 l.

Robert Betten „Praktische Blumenzucht und Blumenpflege im Zimmer". 6. Auflage, 1911. Trowitzsch & Sohn, Frankfurt a. d. Oder: Seite 16

Deutsche Orchideen-Gesellschaft: Seite 188 o., 198 u., 235 o., 300 o., 301, 308 o., 317, 375 o. r.

„Die Zimmer-, Fenster- und Balkongärtnerei". Nach F. W. Burbidge, Domestic Floriculture, 2. Edition, frei bearbeitet von M. Lebe. E. Schweizerbartsche Verlagshandlung (E. Koch), Stuttgart 1878: Seite 36, 61 u., 68, 112 u. l., 116 u.

Holger Dopp, Empfingen: Seite 175 o., 185, 244, 270 u. l., 351 u.

Gustav Espig, Göttingen-Weende: Seite 194 u.

Alois Felbinger (flora-bild, Burda), Leinfelden-Echterdingen: Seite 67, 79 o., 119, 247 r.

Alfred Feßler, Tübingen: Seite 99 l., 215 u., 237 o. l., 257 u., 371 r., 376 o.

Karlheinz Flubacher, Leonberg: Seite 10

Jürgen Frantz, Tübingen: Seite 159 u. l., 184 o., 221 u., 286 u., 366 r.

Maria Geigenmüller, Stuttgart: Seite 129 o. m., 131 u. l., u. r.

Prof. Dr. Gerhard Gröner, Stuttgart: Seite 110, 217, 219 l., 239, 240, 241 u. l., 260 u., 282 u., 284, 285 l., 299 u., 308 u., 336, 362

Martin Haberer, Raidwangen: Seite 345 o.

Edwin Hanselmann, Hockenheim: Seite 59

Dr. Max Heimann, Wiesbaden: Seite 129 u. m.

Institut für Bodenkunde und Pflanzenernährung der Fachhochschule Weihenstephan: Seite 131 o., m.

Prof. Dr. Gieselher Kaule, Stuttgart: Seite 226 o., 245 o., 252, 262 r.

Dr. Wolfgang Kemmer, St. Augustin: Seite 54

Ewald Kleiner, Radolfzell: Seite 160 m., 241 o., 263 o. r., 349, 352 r., 369 r.

Dr. Wolfgang Klopsch, Veitshöchheim: Seite 120

Dr. Harro Koch, Kuerten-Oberboersch: Seite 92 o.

Wolfgang Krahn, Stuttgart: Seite 148, 287

Kuno Krieger, Herdecke-Ende: Seite 69, 97

Fritz Kummert, Wohngraben: Seite 216 o. m., o. r., u., 243 o.

Bruno Müller, Frankfurt: Seite 193 r.

Kurt Petersen, Osterholz-Scharmbeck: Seite 325, 326 o.

Dr. Horst Pfennig, Herford-Stedefreund: Seite 330, 344

Dr. Hans-Georg Preißel, Meerbusch: Seite 107, 145, 176 r., 196 u.

Prof. Dr. Werner Rauh, Heidelberg: Seite 171, 249 o., 291 r.

Wilhelm Schacht, Frasdorf: Seite 297 u.

Margot Schubert „Das vollkommene Blumenfenster", BLV Verlagsgesellschaft, München, 1959: Seite 23, 361., 61 o., 66, 79 (Sammlung Hanna Kronberger-Frentzen, Mannheim)

Gabriel Schumacher, Waiblingen: Seite 225

Otmar Schwerdt, Fellbach: Seite 55

Hans Seibold, Hannover: Seite 29 u. l., 92 u., 210 m., 231 u., 245 u., 256 u., 313, 337 o., 348 u., 354

Sebastian Seidl, München: Seite 24, 58, 114, 191 m., 200 o., u. l., 205 o., 216 o. l., 221 o., 231 o. r., 232, 238 u., 243 u., 248 l., 297 o., 302, 344 o., 346 u. l., 350

Dr. Hans Steiner, Kornwestheim: Seite 129 o. r., u. r., 131 u. m.

„The Floral World", Groombridge and Sons, London, 1877: Seite 63

Walter Vöth, Mödling: Seite 172, 230 o., 374 u., 377

Doz. Dr. Anton Weber, Wien: Seite 28, 142, 143 o., 158, 203 o., 204 o., 205 u., 208 l., 342

Alle übrigen Fotos vom Verfasser